조선단대사

(고구려사 4)

과학백과사전출판사

차 례

머 리 말

고구려는 자기 존재의 거의 전기간 수십차에 걸쳐 쳐들어온 외래침략자들을 반대하여 싸우지 않으면 안되였다. 이 투쟁은 고구려가 자기의 기본정책의 하나로 내세운 고조선의 옛땅을 수복하고 겨레와 강토를 통합하기 위한 투쟁과의 밀접한 련관속에서 진행되였다.

건국초기부터 660년대초까지 고구려인민들은 수많은 외래침략자들의 침공을 반대하여 용감하게 싸움으로써 적들에게 무리죽음을 주고 자기 조국의 자주권과 존엄을 영예롭게 지켜냈다.

고구려는 건국이후 국토통일을 중요한 정책으로 내세우고 그 실현을 위하여 큰 힘을 기울였다. 그리하여 6세기 중말엽에는 동서 6 000리, 남북 5 000리에 달하는 광대한 령역을 확보하고 강국으로서의 면모를 뚜렷이 시위하였다.

그러나 7세기에 들어와서 외세와 결탁한 신라통치배들의 령토확장야망과 배족행위로 하여 고구려는 삼국통일위업의 실현을 위하여 마지막시기까지 투쟁을 계속하였으나 끝내 뜻을 이루지 못하였으며 통치배들내부의 권력다툼으로 종말을 고하였다.

고구려의 종말은 아무리 강대한 경제력과 군사력을 가지고있다 해도 나라안의 통일단결이 보장되지 못하면 무너지고만다는 심각한 력사적교훈을 남기였다.

그러나 고구려인민들은 항전군을 뭇고 고국회복을 위한 투쟁을 줄기차게 벌려 침략군을 압록강밖으로 몰아내고 698년에는 모든 면에서 고구려를 계승한 발해(대왕국)를 세움으로써 이 투쟁을 성과적으로 결속하였다.

조선단대사(고구려사 4)에서는 시기별에 따르는 고구려인민들의 반침략투쟁과 국토통일과정을 주고 고국회복을 위한 고구려유민들의 투쟁과정을 상세하게 서술하였으며 특히 고구려유민의 민족문제에 대한 어용사가들의 그릇된 견해와 관점을 비판극복하였다.

제 8 장 외래침략자들을 반대한 고구려 인민들의 투쟁

우리 나라의 첫 봉건국가였던 고구려는 B.C. 2세기말이후 외래침략자들을 반대하는 투쟁을 성과적으로 벌림으로써 나라의 자주권과 존엄을 굳건히 지켜냈을뿐아니라 동족의 나라들인 백제, 신라, 가야 등에 미치는 외래침략의 위험을 막고 민족의 자주권을 수호하는데서도 커다란 공헌을 하였다.

고구려인민들의 반침략투쟁은 동족의 나라 고조선의 옛땅을 수복하는 투쟁이기도 하였다. 그것은 또한 초기에는 주변의 소국들과 후부여땅을 통합하는 투쟁과 병행하여 진행되였고 2세기이후로는 삼국통일을 위한 투쟁과의 밀접한 련관속에서 진행되였다.

제 1 절 전한 및 신나라의 침략을 물리치기 위한 투쟁 (B.C. 2세기말～A.D. 1세기초)

1. B.C. 2세기말 한나라 현도군의 설치를 반대한 투쟁

고구려인민의 반침략투쟁은 B.C. 2세기말 한(전한) 무제의 동방침공을 반대하는 투쟁으로부터 시작되였다.*

* B.C. 249년(유류왕 11년)에 고구려는 서북변방 산간지대에 있던 선비족의 소국을 쳐서 속국으로 만들었다.

이 선비소국은 가끔 고구려경내에 들어와서 로략질을 하였다. 그러나 그것은 대륙방면에서 밀려드는 대규모의 외래침략과는 달리 일종의 좀도적들의 침습에 지나지 않았으므로 본격적인 외래침략자들의 침공과는 구별된다.

한 무제는 B.C.128년에 고조선의 한 후왕인 예군 남려의 투항을 받아들여 창해군을 두려고 시도하다가 고조선(만조선)인민들의 견결한 투쟁으로 막대한 인적, 물적손실만 내고 실패하였다. 이에 대하여 수치스럽게 여겨오던 그는 고조선에 대한 침략기도를 계속 품고있었다. 그러다가 B.C. 119년에 북방에서 자주 쳐들어오던 흉노족을 멀리 북쪽으로 내몰게 되고 또 B.C. 111년에는 서남이(오늘의 사천성지방의 이민족)를 쳐서 5개 군을 두게 되자 원래 허영심이 강하였던 한 무제는 동방침략의 길에 나섰으며 B.C. 109년에 대군으로 고조선(만조선)에 대한 침략전쟁을 도발하였다.

이 침략전쟁을 일으켰을 때 한 무제는 고구려도 고조선의 한부분으로 생각하면서* 고구려땅에도 침입하였다.

그러나 근 1년이 걸려서야 겨우 고조선(만조선)의 부수도 왕검성을 함락시킬수 있었다. 그리고 그후 침략군을 내몰아 더 동쪽, 동남쪽으로 침공하였으나 고조선인민들의 완강한 투쟁으로 압록강이남지역으로는 나오지 못하였다. 그러나 한 무제는 고구려땅을 강점하여 현도군을 두려고 획책하면서 고구려의 서변으로도 쳐들어왔으며 량맥지방(B.C. 227년에 고구려가 통합한 태자하 중류지역)과 오늘의 신빈현 서변을 강점하고 혼하중류지방(오늘의 청원현 서부)까지 침입하였다.

* 고구려가 고조선의 일부라고 착각하였다는것은 고조선땅을 점령하여 4개 군

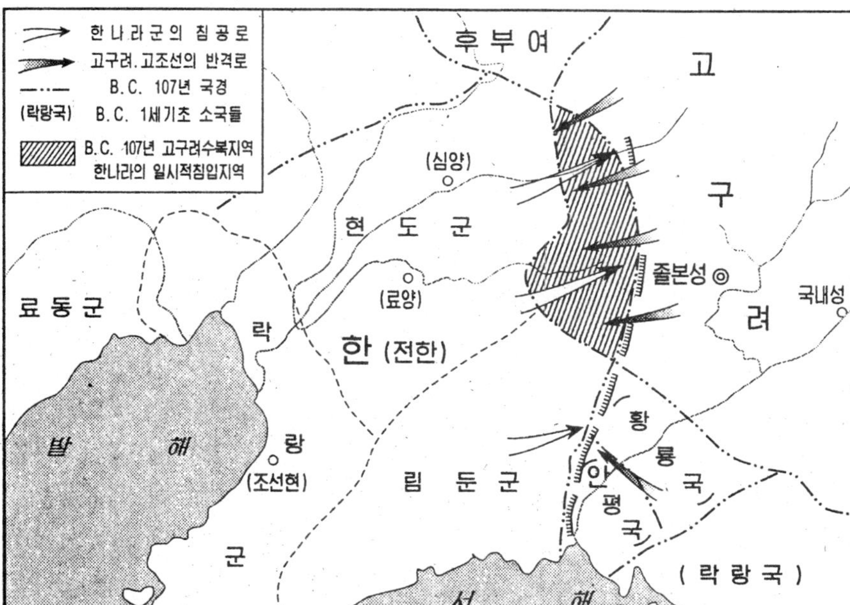

B.C. 109~B.C. 107년 고구려-전한전쟁략도

(락랑군, 림둔군, 현도군, 진반군)을 두었다고 선포한데서 찾아볼수 있다. 이것은 고구려땅에 현도군을 설치할것을 예견하였다는것을 말해준다. 이렇게 된것은 만왕조가 진반, 림둔과 함께 고구려지역까지도 저들이 통제하고있었던 것처럼 한나라측에 허위통보를 하였던것과 관련이 있었다고 생각된다.

고구려인민들은 한 무제가 고조선을 친다고 하면서 고구려의 서변을 들이치자 즉시 반격으로 넘어갔다. 한 무제는 고구려인민들의 거세찬 항전에 부딪쳐 자기의 초기목적을 달성할수 없게 되자 B.C. 107년에 고구려의 서북변, 오늘의 청원현 서부에 《고구려현》을 두고 그 서남쪽에 상은태현, 서개마현을 두었으며 또 료하(고조선의 렬수) 좌우지역에 망평현, 후성현, 료양현, 안시현, 평곽현, 문현 등을 두어 현도군땅으로 삼았다.* 그리고 료동반도의 천산산줄기 동남에는 림둔군을 두었고 이 산줄기 서쪽, 현도군 남쪽, 패수(대릉하) 동쪽에는 락랑군을 두었다(《통전》 권186 변방 2 동이 〈하〉 고구려)*

* 여기에는 고구려가 본래 한나라 락랑군, 현도군의 땅이였다고 하면서 안시, 평곽, 문현 등이 현도군에 속한 땅인것으로 즉 료동군이 동천하기전에는 현도군에 속했던것으로 인정한 주석이 있다.

또한 《한서》 권28 지리지 현도군에 대한 주석에는 현도군이 《옛 진반조선호국》이라고 하였는데 이것은 사실상 현도군의 대부분지역이 옛 조선땅이였다는것을 보여주고있다. 《진반군》으로 말하면 진반땅이 오늘의 함경남도지역이였으므로 그곳에 두지 못하고 현도군에 더부살이를 하게 하다가 B.C. 82년에 통합하였다. 그래서 진반을 현도군의 구성부분이였다고 쓴것이다. 같은 책 현도군 《고구려현》조에는 《옛 구려호국》이라고 하였는데 이것은 《고구려현》을 고구려의 전신국가인 구려땅에 두었다고 하여 그렇게 써놓은것이다. 《고구려현》에 대한 주석에는 료수(소료수—혼하)가 서남으로 흘러 료수현에 이르러 대료수(료하)에 들어간다고 한것만큼 《고구려현》은 오늘의 청원현 서부에 있었다고 볼수 있다.

또 일부 중국사서들에는 현도군의 군치(소재지)가 처음에는 옥저성(오늘의 함경남도 함흥시)에 있었던것으로 써놓았는데 그것은 락랑군소속(본래의 림둔군소속) 부조현을 옥조현으로 잘못 본것으로서 사실과 맞지 않는다.

한나라침략군이 고구려까지 강점하려고 덤벼든것은 전체 고구려인민들의 치솟는 분격을 불러일으켰다. 고구려인민들은 한결같이 일떠서서 적군을 서쪽으로 몰아내였으며 고구려경내에 깊이 들어오지 못하게 하였다. 고구려인민들의 완강한 투쟁으로 한 무제는 얼마 안되여 현도군 《고구려현》을 오늘의 무순 동쪽 7㎞지점의 소갑방고성으로 옮겨가지 않을수 없었다. 《고구려현》이 인차 서쪽으로 옮겨간 사실은 청원현지역에는 한나라때의 그 어떤 유적도 남아있지 않은것을 보아서도 명백하다. 그후에도 고구려는 한나라세력을 자기 땅에서 한명도 남기지 않고 몰아내며 또 고조선땅에 기여든 침략군을 소멸하기 위하여 반침략투쟁을 계속하였다.

이 시기 압록강하류 좌우안지역에는 고조선유민들의 고국회복투쟁이 치렬하게 벌어지고있었으며 그곳에서는 고조선유민들이 황룡국, 안평국을 세웠다. 그들은 고구려인민들과 힘을 합쳐 침략자들을 물리치는 투쟁을 계속 힘차게 벌려나갔다. B.C. 103년이후에도 쉼없이 반침략투쟁이 계속되였던 사실은 그후 한나라통치배들이 림둔, 진반 2개 군을 페지한 사실을 통하여 알수 있다.

2. B.C. 1세기초 한나라의 침략을 반대한 투쟁

고구려인민들과 고조선유민들의 줄기찬 반침략투쟁으로 한나라통치배들은 B.C. 82년에 이르러 《2군 페합》 즉 림둔군은 락랑군에 합치고 이름만 걸고있던 진반군은 현도군에 합치는 조치를 취함으로써 락랑군과 현도군만이라도 유지해보려고 책동하였다. 그러나 한족이주민들도 얼마 되지 않았고 두 군의 인적, 물적력량만으로써는 이 목적을 달성할수 없게 되자 한나라통치배들은 B.C. 1세기 70년대초에 오늘의 산해관안팎에 있던 료동군을 동쪽으로 옮김으로써 저들의 동방침략거점을 강화하려고 하였다. 그것은 료동군이 연나라때이래로 오래동안 동북변방의 최전방에 있으면서 인적으로나 재정적으로 일정한 기초를 쌓았고 또 북방민족들과의 싸움에서 일정한 경험을 가지고있는 전초기지였기때문이였다. 그리하여 한나라통치배들은 락랑군과 현도군에서 많은 지역을 떼내여 료동군에 이관하여 료동군을 중심으로 《방어태세》를 강화하도록 하였다. 이때부터 현도군은 《고구려현》, 상은태현, 서개마현의 3개 현만을 소속시킨 크지 않은 군으로 되였다.*

* 《한서》 권28 지리지에 의하면 료동군은 양평현(오늘의 료양)을 비롯한 18개 현에 5만 5 972호, 27만 2 539명을 가진 군으로, 현도군은 《고구려현》을 비롯한 3개 현에 4만 5 006호, 22만 1 845명을 가진 군으로, 락랑군은 《조선》현을 비롯한 25개 현에 6만 2 812호, 40만 6 748명의 인구를 가진 군으로 되여있다(이 호구수는 A.D. 1세기초경의 수자이다). 여기서 주의하여야 할 점은 이 호구수의 대부분은 본래의 고조선, 고구려주민들이라는것이다. 그리고 현도군이 3개 현밖에 안되는데 그 호구수가 굉장히 많은것은 현도군안의 무순지구, 본계지구에 석탄 및 철광산지가 많았던것과 관련이 있다고 보인다.

B.C. 76년에 한나라통치배들은 전국 각지의 망나니들, 아전으로서 죄를 짓고 도망간자들을 모아다가 료동에 보내여 둔전을 경작하게 하였고 이듬해에는 전국의 죄수들을 모아서 료동 현도성을 축조하게 하였다. 료동 현도성이란 료동군과 현도군의 동변에 쌓은 새원(장성방어시설의 일종)을 가리킨다. 망나니들과 죄수들을 이 공사에 동원시킨것은 새원을 건설한 지대가 고구려인민들과 고조선유민들의 부단한 공격을 받는 위험한 지역이였기때문이였다. 즉 B.C. 108년에 한 무제가 전국의 죄수들을 모아 고조선침공에 내몰았을 때처럼 언제 얻어맞아죽을지 모르는 위험한 곳이였기때문이였다.

한나라통치배들은 고구려인민들의 반침략투쟁의 예봉을 피해보려고 한때 고구려에 고취악기와 기인(악공), 조복(조회때 입는 의복)과 의책(머리쓰개)을 선물로 보내기도 하였는데 그렇게 한 시기는 《북사》에 의하면 한나라 소제때 (B.C. 86년∼B.C. 70년)였다(《북사》 권94 고구려편).

* 《삼국지》에서는 그저 《한나라때》에 보낸것으로 되여있다.
한나라가 조복, 의책 등을 보냈는데 그러한 선물을 보낼 대상자의 명단은 현도군 《고구려현》령이 가지고있었다. 그런데 고구려가 받아가지 않으므로 현도군의 동쪽 경계지대에 작은 성을 쌓고 거기에 물건들을 가져다두면 고구려사람들이 세시(정초)에 와서 가지고간다(《삼국지》 고구려전)고 하였다. 이 기사를 두고 지금도 일부 다른 나라 사람들은 고구려가 한나라 현도군의 관할지역안에 있었다고 주장하고있으나 그것은 사실의 진상을 모르고 일방적으로 해석하는것이다.

료동지방에 새(새원)가 있었다는것은 《한서》지리지 료동군 망평현, 반한현, 현도군《고구려현》조들의 주석 그리고 왕망렬전에 보인다. 이 새원은 B.C. 75년에 쌓은것일수밖에 없다.

료동새가 생겨난 이후시기 수십년사이에는 고구려군이 료동군, 현도군을 쳤다는 력사기록이 남아있지 않으나 이 시기에도 고구려측의 소규모의 공격작전들은 계속되였다고 인정된다. 그것은 새원이라는것이 결코 만리장성과 같이 견고하게 쌓은 장성이 아니고 자연지세를 리용하거나 목책을 세우기도 한 방어력이 약한 시설이였기때문이다. 그리고 대규모의 전쟁이 아니면 중국력사기록에는 남아있지 않고 또 《삼국사기》 등 조선측력사기록은 고구려사를 극히 소략하게 써놓았기때문이다. 한편 그것은 이 시기 고구려도 서변지역에 성곽방위시설들을 쌓아 한나라의 침공에 대처하였고 또 동옥저 등 소국통합사업을 다그치면서 국내의 봉건적통치제도, 질서를 강화하는데 힘을 넣고있었던것과도 관련이 있었다.

3. 고구려-신전쟁 (A.D. 12∼14년)

A.D. 9년에 전한(서한)에서는 외척인 왕망이 정권을 빼앗아 《신》나라를 세웠다. 왕망은 하나라, 은나라, 주나라 초기의 옛 제도를 회복한다고 하면서 최고주권자칭호인 《황제》를 《왕》으로 고쳤으며 그 아래에는 여러 《후》들을 두기로 하고 전한때 주변나라통치자들에게 주었던 《왕새》(《왕》자가 새겨진 도장)를 모두 《후장》(《후》자가 새겨진 도장)으로 교체하도록 하였다. 이때 동방으로는 부여, 고구려, 락랑군, 현도군에 오위장을 보내였다고 하나 실지로 부여, 고구려에 갔다는 기록은 없다.*

* 여기서 락랑군, 현도군을 든것은 락랑군태수를 《락선군 대윤》으로, 현도군 상은태현을 《하은태현》으로 고쳤으므로 오위장을 보냈다는것인데 그렇다면 응당 료동군에도 보냈어야 할것이다. 그리고 서, 남, 북쪽은 다 교외(국경밖)로 가서 여러 나라들의 왕을 《후》로 고쳐부르게 했다고 하였으나 유독 동쪽만은 그에 대한 기사가 없다. 그것은 아마도 이 무렵 신나라 북방에 이민족들

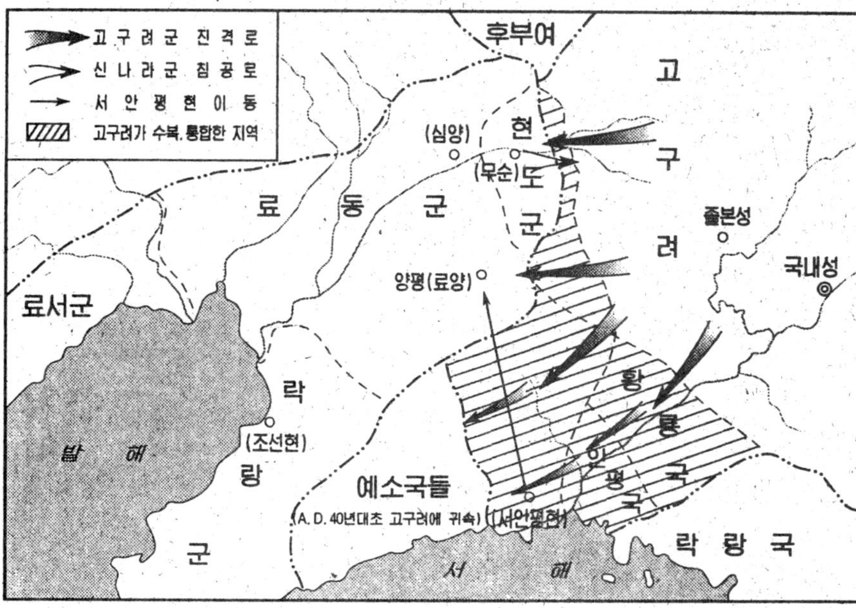

A.D. 12~A.D. 14년 고구려-신전쟁략도

이 많이 살고있었고 또 농민폭동군과 지방할거세력들이 도중에 틀고앉아있었으므로 목적지에 이르지 못했기때문일것이다.

왕망이 흉노선우에게 《흉노선우새》대신에 《신(新)흉노선우장》을 주었고 그후 다시 《항노복우(降奴服于)》라고 고쳐부르게 한데 대하여 크게 격분한 흉노는 신나라북쪽변경에 대한 공격을 강화하였다. 왕망은 흉노에 대한 《토벌》을 하느라고 12명의 장군들을 북변에 보내였고 현도군안에서 살고있던 구려(고구려)사람들을 징발하여 흉노를 치는 전쟁에 내몰려고 하였다. 그러나 구려(고구려)사람들은 자기들과는 아무 상관도 없는 이 전쟁에 동원되는것을 거부하였다. 군현의 관리들이 강제로 내보내려 하자 그들은 다 새(새원)를 넘어서 동족의 나라인 고구려로 망명하였으며 여기서 대오를 무어가지고 현도군안의 각지를 들이쳤다. 유주와 그 산하 군들의 관리들은 이 고구려폭동군을 치려고 무력을 동원하였으나 료서대윤(태수) 전담은 폭동군과 싸우다가 전사하였다. 사태가 이렇게 되자 유주와 그 산하 군들의 관리들은 책임을 지는것을 두려워하면서 고구려왕이 폭동자들을 도와 무장을 대주었기때문에 패하였다고 허위보고를 하였다. 그것을 곧이 들은 왕망은 고구려를 치라고 명령하였다.

당시 흉노를 치려고 어양군에 나가있던 《토예장군》 엄우(嚴尤)는 사태의 진실을 잘 알고있었던만큼 왕망에게 고구려왕은 이번 싸움과는 아무 관계도 없는데 함부로 죄명을 들씌웠다가는 큰 변이 일어날수 있으며 그렇게 되면 부여계통주민들이 다 들고일어날수 있다, 흉노도 이기지 못하였는데 고구려, 부여까지 공격해오면 이것은 큰 근심거리로 될것이라고 보고하였다. 그러나 왕망은 무작정 A.D. 12년에 고구려와의 전쟁을 도발하였다. 고구려와의 싸움에서 패배를 거듭하자 엄우는 하는수없이 간계를 꾸며서 고구려의 장수 연비*를 유인하여다가 목을 베여 고구려왕을 죽인것처럼 허위보고를 하였더니 왕망은 제풀에 크게 기뻐하면서 이제부터는 고구려왕을 《하구려후》로 부르라고 자기 신하들에게 지시하였다(이것은 고구려왕이 《후》로 된것이 아니라 그전대로 왕으로 남아있었다는것을 의미한다).

* 왕망렬전에는 《고구려후 추(騶)》로 되여있으나 당시 고구려왕은 류리명왕으로서 추가 아니며 《삼국사기》에는 《우리 장수 연비》로 되여있다.

왕망의 이 불법무도한 행위에 대하여 분격한 고구려군사들은 신나라의 군들에 대한 일제 공격전을 벌리였다.《삼국사기》 권13 고구려본기 류리명왕 33년(A.D. 14년) 8월조에는 이때 서쪽으로 나가 량맥국을 멸망시키고 더 나아가서 한나라 현도군 《고구려현》을 점령하였다고 하였다.*

* 《삼국사기》의 편찬자들은 B.C. 227년(여률왕 10년)에 있었던 오이, 마리가 지휘하는 2만의 대군이 량맥국을 멸망시킨 사실을 고구려 초기의 력사를 깎아버리면서 A.D. 14년의 사건과 중복시켜놓았다. 그러므로 이때 고구려가 점령한 량맥지역은 《나라》가 아니라 현도군 서개마현지역이였다.

고구려는 현도군치가 있던 소갑방고성도 일단 점령하였으나 적들과의 거리가 너무 가깝기때문에 거기서는 철수하였고 그 동쪽 가까운 계선까지 진출하였다. 이때부터 신나라 현도군치는 오늘의 무순 영안대고성으로 후퇴하지 않을수 없었다.

고구려군의 드센 공격으로 하여 서개마현은 북쪽으로 쫓겨갔으며 그 서쪽에 있었던 료동군 거취현도 페지되고말았다.*

* 거취현은 실위수(탕하)가 북으로 흘러 양평현지경에서 대량수(태자하)에 들어가는 곳에 있었다. 이곳은 양평(료양)동남 90리 량갑산에 있는 《한대》의 옛성에 해당되며 거기에는 4m정도의 두께를 가진 《한대》의 문화층이 쌓여있다고 한다〔《동북력사지리》(중문) 제1권, 1989년, 287페지〕.

이 시기 고구려군은 료동군 동남부지역에 대해서도 강력한 공격을 들이대여 료동군 동부도위부가 자리잡고있던 무차현(봉성현 서남 15리에 있는 류가보고성)을 점령하였으며 그 서남에 있던 서안평현도 점령하여 서안평현으로 하여금 료양동쪽 60리 지점인 안평둔고성으로 쫓기여 들어가지 않을수 없게 하였다(제2장 제2절 참조). 전한의 서안평현은 《위씨 춘추》에 의하면 작은 강이 남으로 흘러 바다로 들어가는 곳에 있었으므로 고구려는 A.D. 12년～14년사이에 소자하계선까지의 고조선 옛땅을 되찾게 되였다. 이때 고구려는 서안평현, 무차현으로 가는 도중에 있던 황룡국, 안평국지역도 통합하였다.

《후한서》 군국지 (1)에 의하면 《한서》지리지에 올라있던 현으로서 군국지에 보이지 않는것은 다 세조(광무)때인 《건무 6년 (A.D. 30년)》에 통합했거나 없애버린것이라고 한다. 무차현, 거취현이 없어지게 된것은 그보다 앞선 A.D. 12~14년에 있은 고구려의 공격에 의한것일수밖에 없다.

중국측 력사기록에는 A.D. 12년의 전쟁에 대해서만 기록하고 그후의 형편에 대해서는 맥인(고구려인)들의 변방에 대한 공격이 더 많아졌다고만 썼다. 그것은 A.D. 12년이후 고구려군의 료동군, 현도군에 대한 공세가 더욱 강화되였다는것을 말해준다.

고구려-신전쟁에 의하여 고구려는 서북쪽으로는 그리 많이 나가지 못하였으나 중서부로는 오늘의 본계시부근 마천령계선까지 진출하였으며 서남쪽으로는 소자하계선까지 나아감으로써 고구려, 고조선의 옛땅가운데서 적지 않은 부분을 되찾는 큰 전과를 거두었다. 그뿐아니라 고구려군의 진격에 고무된 소자하 서쪽, 천산산줄기 동남에 있었던 《락랑군 령동 7현》(구 림둔군소속)의 인민들도 신나라통치배들을 반대하여 들고일어났으며 신나라침략세력을 서쪽으로 밀어냈다. 그리하여 A.D. 30년에 후한은 이 지방도 락랑군에서 《떼버리지》 않으면 안되였다. 그후 얼마 안되여 이 지방은 고구려에 귀속되였다. 이렇게 됨으로써 고구려의 령역은 동서 3 000리로 늘어났다.

제 2 절 후한의 침략을 물리치기 위한 투쟁

(1~2세기)

1. 28년 위나암성방어전투의 승리

후한(A.D. 25~220년) 초기에 그 국내정세는 매우 복잡하였다. 사방에서 지방할거세력들과 농민폭동군들이 활동하고있었고 북방에서는 흉노족의 공격이 그치지 않고있었다. 그리하여 후한 왕조는 료동지방에 대하여 힘을 돌릴 여유가 없었다.

그럼에도 불구하고 후한이 선지 3년밖에 안되는 A.D. 28년에 료동군, 현도군, 락랑군의 관료배들은 신나라때 많은 땅을 잃고 크게 패배한 책임을 추궁받을가봐 두려워하면서 자기 산하의 무력을 동원하여 고구려에 대한 새로운 침공을 감행하였다. 그렇게 함으로써 그들은 《실지를 회복》하는 공을 세우는 동시에 고구려의 재부를 략탈하여 저들의 사욕을 채우려는 목적도 추구하였다.

28년 7월에 료동태수를 우두머리로 하는 후한의 《100만대군》은 불의에 침공을 개시하여 고구려땅 깊이 쳐들어왔으며 수도방위성인 위나암성(집안산성자산성)을 포위공격하였다.

고구려측에서는 우선 수도부근의 병력을 모아 산성을 방위하면서 각지에 련락하여 적의 후방을 차단하고 수도성방위를 지원하도록 하였다. 이에 앞서 후한침략군이 곧바로 고구려의 수도를 향하여 침공해온다는 소식을 들은 고구려왕은 나가서 싸울것인가 앉아서 성을 지킬것인가에 대하여 신하들에게 문의하였다. 이때 우보 송옥구는 지금 중국에는 흉년이 들고 사방에서 《도적(농민폭동군을 얕잡아 이르던 말)》이 봉기하고있는데 료동병력이 침입한것을 보면 이것은 필시 변방의 장수들이 제 리속을 채우느라고 함부로 침공해온것이다, 그러니 험준한 지형을 리용하고 기회를 보아 나가 싸우면 반드시 격파할수 있을것이라고 하였다. 이에 대하여 좌보 을두지는 소수의 무력은 아무리 강해도 다수의 무력에게 사로잡히게 된다는것은 병법에 있는바와 같다, 그러니 꾀를 써서 쳐야지 적은 무력으로 싸우면 이길수 없다, 지금 한나라 군사들이 멀리 와서 달려들고있으니 그 예봉을 당할수 없다, 그러므로 성에 들어가 문을 꼭 닫고 지키다가 적들이 피로해진 다음 나가 치는것이 옳다고 하였다. 결국 국왕은 을두지의 제의를 받아들여 위나암성에 들어가 방어하게 하였다.

수십일간이나 적군은 위나암성을 포위공격하였으나 성은 끄떡없이 고수되였다. 그러나 성안에 있는 적은 무력으로 오래동안 지탱하기는 어렵게 되였다. 이때 을두지는 아마도 적군은 우리가 바위돌투성이인 산성에 들어와있으므로 물이 부족할것이라고 타산하면서 포위를 풀지 않고있는것 같은데 못속의 잉어를 잡아 물풀에 싸고 얼마간의 술을 보내여 적장을 위로하는체 하는것이 좋겠다는 의견을 내놓았다(《삼국사기》 권14 고구려본기 대무신왕 11년 7월).

실지로 그렇게 하였더니 적장은 성안에 물이 많으니 속히 함락시킬수 없다고 생각하였으며 또 저들이 가지고온 식량도 다 떨어졌는지라 고구려측에서 권고하는대로 물러가는것이 상책이라고 생각되여 퇴각명령을 내렸다. 이로써 28년의 위나암성방어전투는 고구려의 승리로 끝났다. 이때 후한의 침공무력이 《100만명》이라고 한것은 고구려측에서 적장을 우롱하느라고 과장해서 한 말이고 실지로는 몇만명밖에 안되였지만 어쨌든 그들이 불의에 쳐들어왔기때문에 고구려는 불리한 정황에서 싸움을 하지 않으면 안되였던것이였다. 후한침략군이 퇴각할 때 그 길목에 있던 고구려군사들이 적군을 습격하여 많은 손실을 주었을것이나 기록에 남은것은 없다.

2. 49년 대원원정과 55년 료서 10성의 축조

위나암성방위전투의 승리이후 고구려는 32년 여름경에 서남방에 있는 락랑국을 쳐서 그 항복을 받아내여 속국으로 삼았다. 락랑국은 후한과 무역을 많이 하던 나라였던것만큼 락랑국을 속국시킨데 대한 후한측의 동향을 아는것이 필요하다고 본 고구려의 대무신왕은 그해 12월에 사신을 후한에 보내였다. 당시에도 후한내부에서는 농민폭동이 그치지 않았고 흉노가 쳐들어왔으며 또 큰 지방할거세력들이 남아있던 조건에서 후한통치배들은 고구려와 좋은 관계를 유지하는것이 필요하다고 보고 사신을 우대하였다.

37년에 고구려가 락랑국왕 최리를 처단하고 락랑국을 일단 멸망시키자 그

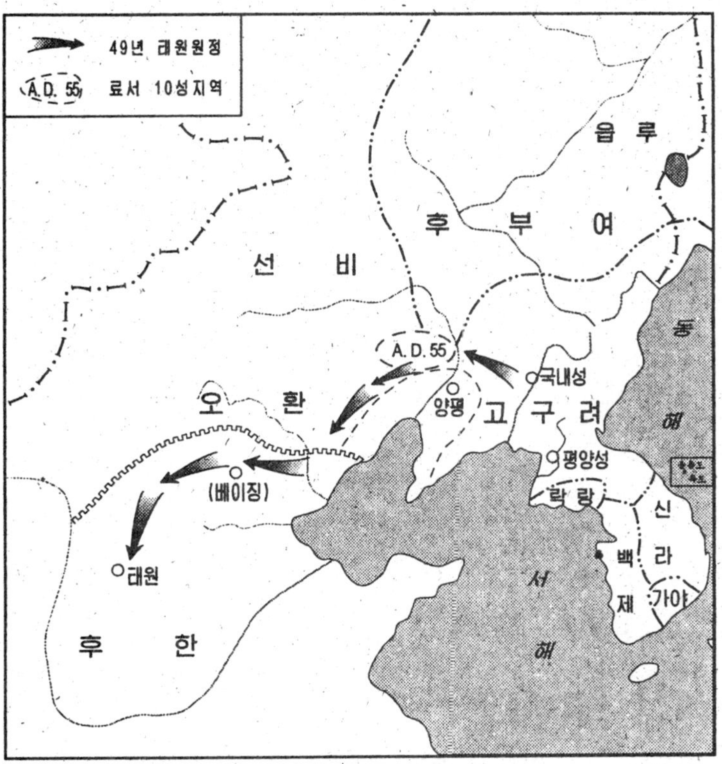

A.D. 49년 고구려군의 태원원정략도

잔여세력들은 자비령산줄기(정방산줄기) 이남지역에서 락랑국의 잔명을 유지하였다. 이 후기락랑국의 통치자는 내부의 반대세력들을 제압하고 44년까지에는 군현들을 정비하였으며 후한에 사신을 보내여 그사이 단절되였던 무역을 재개하였다. 후한통치배들은 락랑국에 사신을 보내여 축하하고 외교무역관계를 맺었다. 이것은 본질에 있어서 고구려의 국토통일정책을 반대하여 나선것이였다. 또한 47년에 천산산줄기 동남에 있던 잠지락부의 우두머리 대승(戴升)은 고구려를 배반하고 자기 관할하의 1만여명의 주민을 데리고 락랑군에 가서 투항하였다〔제2장 참고〕.

후한통치배들이 대승의 투항을 받아들인것은 고구려내정에 대한 엄중한 간섭이였으며 후한이 장차 고구려를 다시 침공할수 있다는것을 보여주었다.

고구려는 고조선의 옛땅을 수복하는것을 시종일관 중요한 정책으로 내세우고있던것만큼 후한과는 늘 적대적인 관계속에 있었다. 그러므로 잠지락부의 투항을 그대로 용인할수 없었다.

49년 봄에 고구려는 후한에 대한 새로운 응징타격을 가할 목적으로 군사들을 내보내여 멀리 후한의 우북평, 어양, 상곡군들을 거쳐 태원(산서성)까지 쳐들어가서 큰 타격을 주고 돌아왔다 〔《후한서》 권1 하 (광무제기) 건무25년 (49년) 정월〕.

이것은 참으로 큰 기동작전이였다. 력사기록에는 남아있지 않으나 이렇게 멀리까지 대기동작전을 벌릴수 있었던것은 로정의 중간에 있던 선비족들과의 협력, 그들이 지경을 통과할수 있게 한다는 량해가 없이는 실현하기 어려운 일이였다.

《후한서》 권20 채동렬전에는 이해에 료동태수 채동(41년에 태수로 된자)이 선비족을 무마설득하여 많은 재물을 주고 흉노를 치도록 하였으며 그 결과 선비족의 한 갈래인 만리(滿離)와 함께 고구려도 료동태수에게로 가서 초구(돈의 가죽으로 만든 옷)와 좋은 말을 가져와서 무역을 하였고 그것으로 하여 후한의 동변이 조용해졌다고 하였다. 그러나 이것은 과장된 기사이다. 그것은 55년에 고구려가 료서지방에 10개 성을 새로 쌓아 후한 료동군, 현도군에 대한 포위환을 형성하고 후한의 침공에 대비하였다고 한것을 보아서도 알수 있다(《삼국사기》 권15 고구려본기 태조태왕 3년 2월).

료서 10성의 위치가 어디에 있었는지에 대하여서는 소료수(혼하)이서, 대료수(료하)이동지역으로 보는 견해도 있었으나 그것은 타당치 못한 견해이다. 왜냐하면 고구려는 이미 B.C. 2세기초에 부여의 남부지방인 서풍, 이통계선을 확보하고있었으며 늦어도 A.D. 55년까지는 료하이동, 현도군이북지역을 자기의 령역으로 삼고있었기때문이다. 일설에는 료녕성 의현 남쪽에 있는 《개의(開義)현고성》(370 × 370m)이 고구려의 거성(巨城)이고 그 부근에 적석묘(돌각담무덤)들이 있는것으로 보아서 료서 10성의 하나로 추정된다*(《고구려연구》 제7집, 학연문화사, 1999년, 454~455페지)고 하였으나 그것은 너무 서쪽으로 나간 감이 있다.

* 고구려가 이 지방까지 나간것은 6세기초경이라고 인정된다.

료서 10성은 당시의 새(새원)밖 오늘의 법고현, 창무현 등 부신이동지역에 축조된것으로 보인다. 고구려의 료서 10성축조는 거기로 가는 도중에 있었던 료동군 망평현(오늘의 철령시부근)을 거쳐야 하였으므로 이때 망평현지역도 고구려가 차지한것으로 볼수 있다. 《후한서》 군국지에 의하면 료동군에 속했던 후성현, 고현현, 료양현이 106년에 현도군으로 이관되였으니 그 북쪽에 있던 망평현이 그전처럼 료동군에 속해있으려면 망평현의 위치가 료양현보다 더 남쪽으로 옮겨져있어야 할것이다. 《진서》 지리지에 망평현이 현도군소속으로 되여있는것은 그후 현도군이 위축되면서(《고구려현》, 고현현, 망평현) 료동군의 북변에 있던 망평현이 현도군으로 이관되였기때문이다. 따라서 원래의 망평현지역은 55년 료서 10성 축조이전시기에 고구려에 귀속되였다고 볼수 있다. 이것은 료서 10성축조이전에 후한과의 교전이 있었다고 볼수 있게 한다.*

* 《동북력사지리》 1권, 279페지에서는 철령시 남쪽 신태자진에 한나라때의 성이 있었다고 하나 《수경주》에 의하면 대료수가 망평현에서 서남으로 흐른다고

하였으므로 망평현은 철령시 또는 그 동북쪽에 있어야 할것이다.

고구려의 료서 10성건설은 후한측의 있을수 있는 공격을 미리 막고 후한 료동군, 현도군에 대한 새로운 공격작전을 준비하는데서 중요한 의의가 있었다. 이 료서 10성지역은 그후 2세기 초엽에 선비족의 세력범위가 확대된것과 관련하여 그리고 고구려가 선비족들과 협동하여 후한을 공격하게 된것과 관련하여 선비족들에게 넘겨주고 고구려는 료하이동으로 철수한것으로 보인다.

3. 105년 고구려군의 료동진격

49년의 태원원정, 55년의 료서 10성축조에 따르는 후한과의 충돌이후 약 반세기동안 후한과의 전쟁은 없었다. 그것은 고구려가 이 시기에 주변의 소국통합에 력량을 집중하여 72년에 조나국을, 74년에 주나국을 통합하였고 또 후부여와의 관계를 개선하면서 장차 후한침략세력에 대한 새로운 공격을 준비하고있었던 사정과 관련되여있었다. 다른 한편으로 후한측에서는 그 사이에 서역(신강성일대)을 다시 복속시키고 북흉노의 빈번한 침범을 격퇴하며 2세기

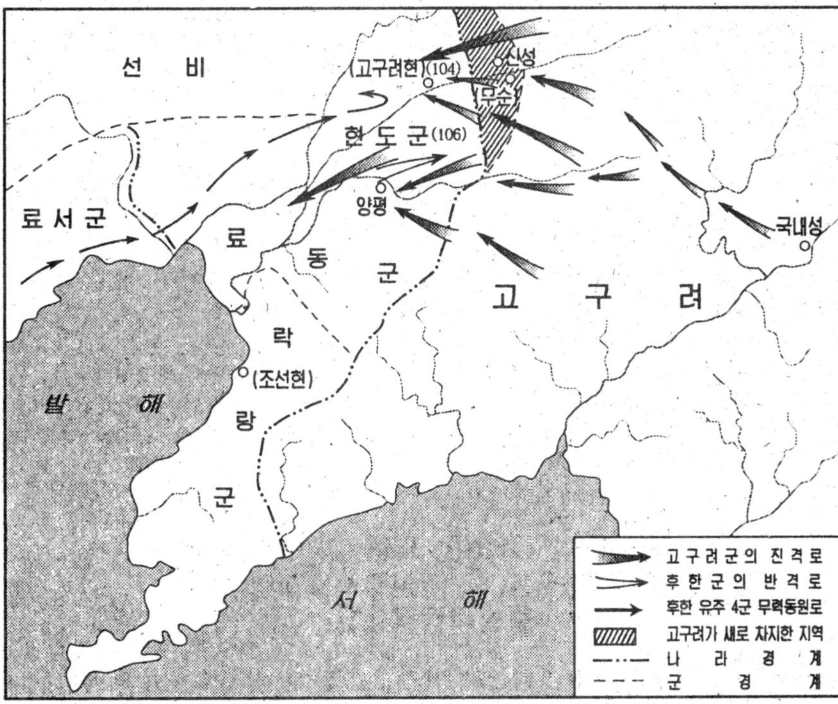

105년 고구려군의 료동지방 진격략도

초부터는 선비족의 침습을 물리치느라고 골몰하고있었으며 북방의 안전을 기한다고 하면서 해마다 막대한 돈과 물건을 지출하고있었으므로 동북방인 료동지방에 힘을 돌릴만한 여유가 없었기때문이기도 하였다.*

* 1세기 말엽에 후한은 북흉노를 치기 위하여 후한편에 붙어있던 남흉노에게 해마다 1억 90여만전, 서역에는 7 480만전을 보내였다〔《자치통감》 권47 영원 3년(91년)〕. 그 이전에도 남흉노에게는 숱한 물건과 식량, 가축을 주었으며 또 해마다 증채(비단, 채색비단) 1만필을 보내주었다. 〔《자치통감》 권44 건무 26년(50년) 가을〕. 또 선비족들에게는 해마다 청주, 서주의 세납 2억 7 000만전을 보내였다〔《후한서》 권90 오환선비렬전 영평 원년(58년)〕. 이것은 후한이 북방의 안전을 위하여 재정적으로도 막대한 손실을 보고있었음을 보여준다.

후한에 대한 공격작전의 준비를 끝낸 다음 고구려의 태조대왕은 105년 봄 군사들을 내보내여 료동새를 넘어 료동군의 6개 현을 들이쳐서 많은 전리품을 획득하였다. 이때 후한은 상곡, 어양, 우북평, 료서군에 있는 오환족을 동원하고〔《후한서》 권101(백납본) 천문지(중) 원흥 원년(105년)〕 료동태수 경기가 지휘하는 무력과 함께 반격해나왔다. 《후한서》에는 이해 9월 경기가 고구려군과 싸워 그 장수를 죽였다고 하였으나 실지로는 이때 료동군과 현도군은 고구려군의 공격으로 그 동부지역의 많은 부분을 잃고 만회할수 없는 큰 타격을 받았던것이다. 특히 현도군의 서개마현, 상은태현은 더 서쪽으로 밀려났으며 현의 체모조차 유지할수 없는 미약한 현으로 굴러떨어졌다. 그것은 이듬해인 106년에 후한이 료동군에서 고현, 후성, 료양의 3개 현을 떼여내여 현도군에 소속시킴으로써 현도군이 군의 체모를 유지할수 있게 보장한 사실을 보아서 알수 있다. 결과 현도군은 1 594호*밖에 안되는 보잘것없는 군으로 전환되였다. 105년에 료동진격은 후한침략자들을 반대한 투쟁에서 고구려가 거둔 거대한 승리로 되였다.

* 《후한서》 군국지(5)에 보이는 료동군, 현도군의 호구수에는 잘못된것이 있다. 락랑군은 6만 1 492호, 25만 7 050명이므로 호당 평균 4명인데 료동군은 6만 4 158호, 8만 1 714명, 현도군은 1 594호, 4만 3 163명으로 되여있으므로 료동군의 호수는 2만호정도이고 현도군의 인구수는 1만명미만이거나 또는 그 호수가 7 590호정도라야 할것이다.

4. 111년, 118년 후부여를 비롯한 동족국가 및 주변종족들과의 반침략공동행동

106년이후에도 후한내부에서는 지진, 큰물 등 자연재해가 계속되였고 서역나라들이 반기를 들었으며 강족 등의 폭동이 일어났고 남흉노가 자주 침입하는 등으로 여전히 정세가 안정되지 못하고있었다. 109년에 후한에

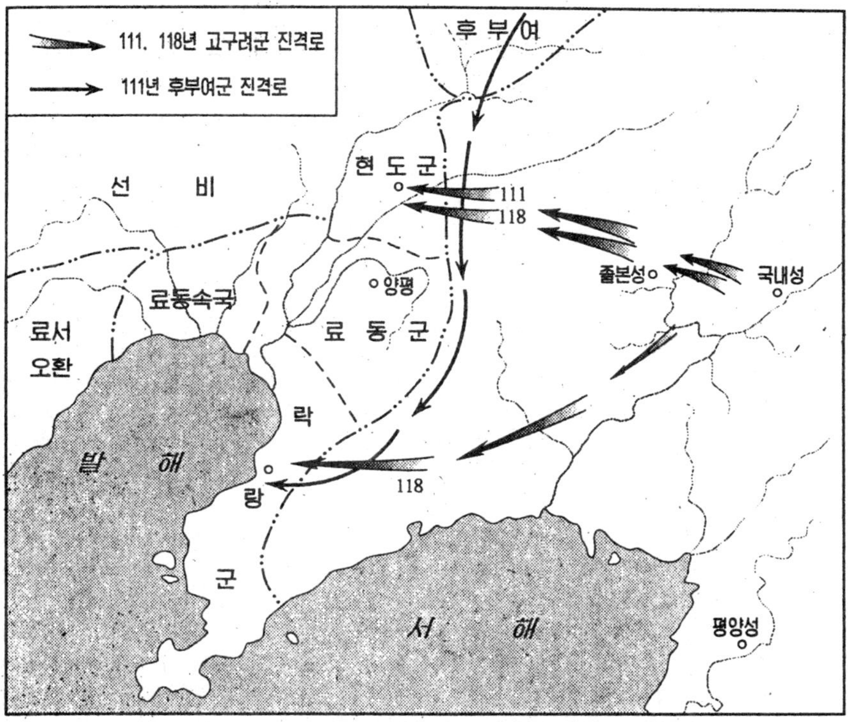

111년, 118년 고구려-후한전쟁략도

갔던 사신의 귀환보고를 통하여 이러한 정세를 알게 된 고구려는 이 기회를 리용하여 후부여와 함께 침략세력인 후한에 대한 또 한차례의 공격전을 벌리였다.

111년 3월에 후부여왕 시(始)는 보병, 기병을 합하여 약 7 000~8 000명의 무력으로 후한의 락랑군을 들이쳐서 관리들을 처단하고 돌아갔으며 고구려는 《예맥》사람들과 함께 현도군을 공격하여 타격을 주었다. 후부여군이 료동군을 거치지 않고 그 남쪽에 있는 락랑군을 칠수 있었던것은 고구려와의 협동으로 고구려의 서변을 지나 락랑군지역으로 진격할수 있었기때문이였다. 이것은 고구려와 후부여가 진행한 반침략공동행동이였다. 또 《예맥》과 함께 현도군을 쳤다는것은 고구려에 속한 조선반도 중부의 《예, 맥》으로 불리운 사람들이 동원되였다는것을 말해준다.

* 《후한서》 고구려전에는 이해에 고구려가 현도군을 통해서 후한과의 평화적무역을 진행한것으로 썼으나 그것은 잘못이며 《자치통감》 권49 영초 5년(111년) 3월조의 기사대로 고구려군이 현도를 쳤다고 보는것이 옳다고 본다.

118년 6월에 고구려는 다시 《예맥》군사들과 함께 현도군과 락랑군 화려성을 들이쳤다. 이것은 북쪽과 남쪽 두 방면에서 공세를 취하였다는것을 의미한다.

111년, 118년의 두 전역에 대해서는 후부여군이 후한 락랑군의 리민(관리와 백성)을 살상하였다는것만이 전할뿐 자세한 기록이 없어서 고구려군의 전과를 알수 없으나 121년에 후한의 유주(베이징부근)군사들이 많은 무력으로 고구려로 침입한것을 보아 후한측이 당한 손실이 컸다는것을 알수 있다.

같은 시기인 115년 8월에 료동선비는 료동군 무려현(오늘의 북진일대)과 부려영(오늘의 료녕성 조양시 동쪽에 있던 창료현〈창려현〉의 딴이름인 천료현의 오기로 본다)을 들이쳤고 117년 4월에는 료서선비가 료서군을 공격하였는데 그것은 고구려군의 현도군공격에 유리한 정세를 조성한것이였다.* 121년에 고구려가 선비와 협동하여 료동군을 들이친 사실로 보아 110년대에도 선비족들과 련계를 가지고있었다고 생각할수 있으나 자세한것은 알수 없다.

* 후한통치배들은 선비족이 강화되여 자주 침입하자 안제때(107～124년)에는 료동군의 3개 현(무려, 험독, 방현)과 료서군의 3개 현(창려, 빈도, 도하)을 각각 떼여내여 료동속국을 둠으로써 선비족의 공격을 막으려고 하였다. 그 결과 료동군은 9개 현만을 가진 작은 군으로 되였다. 전한때의 료동군 서부도위부가 페지되였다가 다시 복구된것은 104년의 일이였고 방분이 료동속국도위로 되여있던것은 121년의 일이므로 료동속국은 대략 118～120년사이에 설치된것으로 볼수 있다. 이러한 개편은 고구려가 료동군, 현도군을 반대하여 싸우는데서 유리한 형국을 조성한것으로 된다.

5. 121～122년 유주 군현무력을 격파한 투쟁

110년대에 있은 고구려의 반침략투쟁으로 하여 큰 손실을 당한 후한통치배들은 그 앙갚음으로 고구려에 대한 침공을 준비하였다. 121년 정월에 유주자사 풍환(馮煥), 료동태수 채풍(蔡諷), 현도태수 요광(姚光)은 산하의 무력들을 동원하여 료동새를 넘어 고구려땅으로 침입하여 《예맥거수》(고구려의 장수)를 죽이고 재물들을 략탈하였다. 이 소식을 들은 고구려의 태조대왕은 아우 수성(遂成)에게 5 000명의 군사를 이끌고가서 반격하도록 하였다. 수성은 2 000명의 병력으로 험준한 지세를 리용하여 적군이 더 침공하지 못하도록 막는 한편 3 000명의 군사들을 은밀히 기동시켜 료동군과 현도군을 들이쳐서 후성현성을 비롯한 성곽들을 불태워버리고 료동군의 료수현까지 깊이 들어가 적군과 관리 2 000여명을 살상포로하였다. 이에 놀란 후한침략군은 퇴각하였다. 유주자사는 저들의 침략책동이 실패하자 다시 광양, 어양, 우북평, 탁군과 료동속국의 기병 3 000여명을 동원하여 급히 가서 고구려군을 치라고

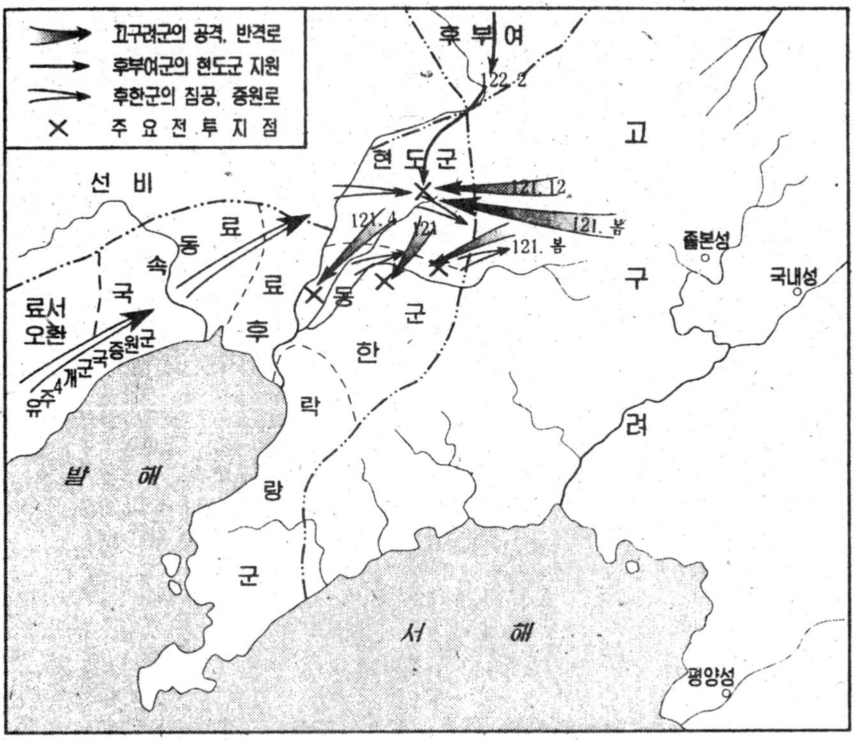

121~122년 고구려－후한 전쟁략도

명령하였다. 그러나 그들이 료동, 현도군으로 나왔을 때에는 고구려군이 이미 철수한 뒤였으며 그들은 감히 추격해오지 못하였다.

4월에 고구려군은 선비족군사 8 000명과 함께 다시 료동군 료수현*[1]으로 쳐들어가서 관리들을 처단하였다. 료동태수 채풍은 고구려군을 추격하다가 신창현(양평현 동북)에서 고구려군과 조우하였다. 고구려군은 채풍지휘하의 군대들을 맞받아 싸움으로써 채풍을 비롯한 료동군의 수급관리 3명을 포함하여 100여명을 죽이고 돌아왔다.

11월에는 고구려와 협동한 선비족군사들이 현도군을 습격하였으며 12월에는 고구려의 태조대왕이 직접 고구려, 마한*[2], 《예맥》의 기병 1만여명을 거느리고 현도성을 포위공격하였다.

*[1] 료수현은 《후한서》 군국지 료동군조에는 보이지 않는 현으로서 후한초에 일단 폐지되였다가 다시 설치된것으로 보인다. 그 위치는 소료수(혼하)가 대료수(료하)에 합치는 곳에 있었다.

*[2] 마한은 A.D. 9년에 멸망하였으나 《삼국사기》편찬자들이 말한것처럼 다시 나라를 세운것이 아니라 마한소국들가운데 일부가 강원도 서부지방에 남아있으면서 고구려의 속국으로 되여있었기에 이 전쟁에 그 동북방에 있던 《예맥》계통 주민들과 함께 동원되여 전투에 참가한것이라고 본다. 마한, 진한의 잔여세력들은 3세기 말엽까지도 백제와 신라의 변방에 일부 남아있어서 서진의 동이 교위가 있던 료동군과 무역을 진행하였다.

현도성포위전투는 약 2개월간 계속되였다. 그런데 이때 고구려가 지나치게 강대해지면 자기들에게 불리하다고 생각한 후부여통치배들은 갑자기 태도를 바꾸어 후한에 지원군을 보내였다. 후부여왕자 위구태(尉仇台)가 거느린 2만명의 군사들이 122년 2월에 현도군으로 나와 고구려를 반대하여 싸웠다. 결과 병력이 상대적으로 적었던 고구려군은 포위를 풀고 되돌아왔다.*

* 《후한서》 고구려전과 안제기 건광 원년, 연광 원년조 그리고 《삼국사기》 고구려본기 태조대왕 69년, 70년조에는 후부여왕자 위구태가 참전한것을 각각 따로 쓰고있어서 마치도 이 전역이 121년말, 122년초에 있었던 두 전역이였던것처럼 되여있으나 실지로는 121년말부터 122년초까지 계속된 하나의 전역이였다. 121년 12월에 고구려군이 현도성을 포위하였을 때 후한의 요청을 받은 후부여가 왕자 위구태를 보내여 참전한것은 122년 2월의 일이였다.

121～122년 고구려군의 현도성포위전투는 후부여의 참전으로 좌절되였으나 후한통치배들에게 커다란 타격을 주었고 그들내부의 모순을 격화시켰다.

그것은 현도태수 요광의 처형과 유주자사 풍환의 투옥, 옥사사건이 잘 보여준다.

《후한서》 권38 풍곤(馮緄. 풍환의 아들)렬전에 의하면 유주자사 풍환과 현도태수 요광의 재임당시 간교한자들을 처벌한데 대하여 불만을 품고있던 자들이 새서(안제의 명령서)를 위조하여 우도(사형때에 쓰는 칼)를 내려보내여 풍환과 요광을 죽이게 하고 료동속국도위 방분에게 따로 지시를 주어 빨리 사형을 집행하도록 하였다. 그래서 방분은 요광을 목베고 풍환은 감옥에 가두었는데 풍환이 자살하려는것을 그 아들 풍곤이 말리면서 이것은 반드시 나쁜놈들의 작간이니 다시 알아보자고 하여 상소하였더니 과연 위조문서였다. 그런데 그 사이에 풍환은 병으로 죽었다는것이다.*

* 이 사건을 《후한서》 고구려전, 풍곤전의 기사에는 년대가 잘못되여 121년에 있었던 사실로 되여있고 또 태조대왕(궁)이 이해에 죽고 그 《아들》(실지는 아우) 수성이 뒤를 이었다고 하면서 요광이 이 기회에 고구려를 칠것을 제의하였으나 상서 진충(陳忠)의 반대로 실현되지 않았던것으로 썼다. 태조대왕은 146년까지 재위하였으므로 《삼국사기》가 지적한대로 이것은 잘못된 기사이다. 태조대왕이 죽은것으로 된것은 121년 11월에 수성으로 하여금 군국(군사와 국가)의 일을 총괄하여 보도록 한 사실이 잘못 전해져 마치 태조대왕이 죽고 수

성이 왕이 된것처럼 뒤바뀌여지게 된것과 관련이 있다. 요광은 121~122년초에는 현도태수직에 있었고 122년 3월 이후에야 고구려를 치자고 건의하였을것이다. 그러므로 거짓새서에 의하여 그가 체포되여 사형당한것은 그후의 사실이였다.

유주자사 풍환과 현도태수 요광, 료동태수 채풍은 고구려와의 싸움을 일으켰다가 여러차례 패전하여 많은 손실을 내였으므로 그 반대파가 가짜 명령서를 만들어 그들을 죽음에로 몰아간것은 사실일것이며 그것은 122년 여름경에 있었던 사건이였다.*

* 일부 견해에는 고구려사람들이 적군내부를 와해시킬 목적으로 이 가짜문서를 만든것으로 보기도 한다〔《외래침략을 반대한 고구려인민의 투쟁》 사회과학출판사, 1974년, 80~82폐지〕.

위조새서사건은 후한 유주지역내부에서 관료배들 호상간의 모순과 대립이 심화되고 부당한 전쟁도발을 반대한 인민들의 투쟁기운이 고조되고있었다는것을 보여준다. 결국 121년전쟁을 도발하였던 유주자사, 현도태수, 료동태수는 다 죽음을 면치 못하였고 적들은 많은 인명손실을 내고 물질적으로도 막대한 랑비만을 초래하였다. 반면에 고구려는 비록 후부여통치배들의 배신행위로 그 목적을 다 달성하지는 못하였으나 적들에게 큰 타격을 주었고 그후 수십년간 감히 고구려를 엿볼수 없게 만들었던것이다.

122년 7월에 고구려는 포로되였던 후한의 군사와 백성들을 돌려보내줄데 대한 후한측의 요청*(《후한서》 권85 고구려전)이 있은것과 관련하여 그들중 수백명을 돌려보냈는데 후한은 그 보상으로 많은 량의 비단을 보내여왔다.

* 후한측은 이때 어른 한사람당 겸포 40필, 아이는 20필을 물어야 하였다. 이것은 당시 고구려에서의 노비의 몸값에 해당한다고 볼수 있다. 겸포는 실을 꼬아서 짠 고급천이므로 그 값은 보통 삼베나 명주보다 훨씬 비싼것이였다.
《후한서》에는 이때 고구려가 현도군에 와서 《항복》하였다고 하였는데 그것은 봉건사가들이 사실을 외곡하여 쓴것이다. 고구려가 전쟁에서 이겼는데 《투항》할리가 없는것이며 실지로는 그들이 포로당한 자기네 사람들을 돌려보내달라고 간청하였기때문에 고구려가 배상을 받고 돌려준것이다.

그후 146년까지 고구려는 후한에 대한 공격을 하지 않았는데 그것은 고구려내부에서 수성(후의 차대왕)과 그 일파들이 왕위를 물려받기 위하여 음모를 꾸미고있었고 수성이 사냥놀이에만 골몰하면서 고조선 옛땅을 되찾기 위한 투쟁에 힘을 넣지 않았기때문이다. 124년에 후한에 사신을 보낸것은 수성일파가 후한과의 관계를 개선함으로써 저들의 안일한 생활을 추구하였다는것을 보여준다.

한편 후한측에서도 121~122년전쟁에서 큰 타격을 받은데다가 그후 124년, 127년에 료동지방의 선비족들이 여러차례 료동군과 현도군을 공격하였고 또 후한의 북변으로도 자주 쳐들어왔으며 북흉노, 남흉노, 오환, 료서선비의 공격도 있었고 후한 각지에서 이민족들과 농민들의 폭동이 계속 일어난것으로 하여 고구려에 대한 침공은 엄두도 내지 못한것과도 관련된다. 후한은 다만 132년 12월에 현도군에 둔전 6부(部)를 다시 설치함으로써 군사들로 하여금 농사를 짓게 하여 모자라는 식량을 자체로 보충하도록 하였을뿐이였다(《후한서》 권6 양가 원년 12월 경술).

6. 146년 서안평진격

146년(태조대왕 94년) 8월에 고구려는 료동군 신안거향(新安居鄕)과 서안평현에 대한 공격을 단행하였는데 때마침 서안평현에 와있던 락랑군 대방현령을 잡아죽이고 락랑태수의 처자들을 포로하였다(《삼국지》 권30 고구려전, 《삼국사기》 권15 태조대왕 94년 8월).

신안거향의 위치가 어디인지는 잘 알수 없고 력대로 그에 대하여 고증한 실례도 없다. 다만 서안평현(오늘의 료양 동쪽 60리지점)*을 동시에 친것으로 보아서 그 북쪽에 있던 향이며 또 그 이름이 보여주듯 다른 지방에서 류랑해온 인민들을 안착시키기 위하여 설치한 작은 향이였다고 볼수 있다.

* 《후한서》 고구려전에서는 이 사건을 기록한 다음 리현의 주석으로 군국지에 이르기를 서안평현과 대방현은 다 료동군에 속했다고 하였다. 그중 대방현은 락랑군 소속현이므로 이 주석은 잘못된것이다.

이때 대방현령과 락랑태수의 처자들이 서안평현에 와있었던것은 그들이 서안평현령(현장) 또는 그 아래 관속들가운데 친척이 있어서 찾아왔던것으로 생각된다. 지난 시기 락랑군을 조선반도안에 있었던것처럼 잘못 인식하고 또 서안평현은 압록강하구부근에 있었다고 생각하면서 대방현령과 락랑태수의 처자들이 락랑군으로 가는 도중에 변을 당한것으로 보는 경향이 있었으나 이때 서안평현은 분명히 양평(료양) 동쪽으로 옮겨와있은지 오래였고 또 락랑군은 료동반도 서남부에 있었으므로 그러한 견해는 성립될수 없다.

146년의 서안평현, 신안거향에 대한 고구려군의 공격은 그리 큰 전투행동은 아니였고 또 인차 철수하였기때문에 령역에서는 큰 변화가 없었다. 그러나 대방현령의 죽음과 락랑태수 처자가 포로된 사건은 료동군, 락랑군의 관리들에게 커다란 충격과 공포를 준 사건으로 되였다.*

* 《자치통감》은 이 사건에 대하여 쓰지 않았다. 그러나 《후한서》 고구려전에는 《질, 환지간(146～167년)》, 《삼국지》고구려전에는 《순, 환지간(126～167년)》에 있었던것으로 써놓았다. 그렇지만 《삼국사기》 고구려본기에는 146년 8월이라고 하여 해와 달까지 밝혀놓았다.

《자치통감》이 이 사건에 대하여 쓰지 않은것은 사마광이 그 사건을 몰라서가 아니라 현령이 죽고 태수의 처자가 사로잡힌것이 수치스러운 일로 된다고 보았기때문일것이다. 이 사건외에도 고구려관계기사로서 통감에서 빠진것이 적지 않다. 그것은 그리 중요하지 않다고 보았기때문이거나 년대가 확실치 않다고 해서 그렇게 하였을수도 있다. 그러나 146년의 사건은 중요한 사건에 속하므로 마땅히 《후한서》 기록을 따라 《질, 환지간》의 첫해나 마지막 해에라도 써놓았어야 할것이다.

이 서안평현 진격사건은 일제사가들이 《삼국사기》가 《자치통감》의 기사들을 옮겨놓은것이 대부분이라고 하면서 《삼국사기》의 사료적가치를 홀시한것이 무근거한 망언임을 보여주고있다.

146년 고구려의 서안평진격은 전투규모는 그리 크지 않았으나 후한강점자들에게 준 타격은 심대한것이였다.

7. 168～169년의 침략을 반대한 투쟁

167년에 후부여왕 부태(夫台)는 2만명의 큰 병력으로 현도군을 들이쳤다. 《후한서》 부여전에는 현도태수 공손역(公孫域)이 부여군을 격파하고 1 000여명을 죽였다고 하였으나 《후한서》 환제기나 《자치통감》에는 그저 격파하였다고만 하였다.

167년의 이 사건은 이 시기에 와서 후부여가 다시 고구려와 협동하여 후한을 반대하였다는것을 시사해준다. 그것은 다음해인 168년에 고구려(《예맥》), 선비가 공동으로 후한의 유주(하북성), 병주(산서성)를 들이쳤다는 사실을 통하여 짐작할수 있다. 예맥은 고구려를 가리키기도 하고 부여를 가리키기도 하므로 지난해에 현도성공격에서 성공하지 못한 후부여로서는 이해에 다시 출전하였을 가능성이 많다.

168년에 고구려가 선비, 부여와 함께 큰 군사행동을 일으킨것은 고구려의 주동적역할에 의하여 단행된것으로 볼수 있다. 그것은 그 다음해인 169년에 현도태수 경림이 고구려를 친것을 보아서 알수 있다.

당시 선비족의 추장 단석괴(137～181년)는 자주 후한을 공격하고있었으므로 고구려와 리해관계를 같이하고 련합작전을 벌린것이였다.*

* 169년 전쟁에 대해서 중국측 기록은 많은 혼란을 보이고있다. 즉 《자치통감》에는 고구려가 먼저 《료동》을 쳤기에 현도태수 경림이 《토벌하여 항복시켰다》고 썼고 《후한서》 고구려전에는 현도태수가 고구려를 치니 《항복》하여 현도군에 《속할것》을 요청한것으로 썼다. 《삼국지》 고구려전에서는 현도태수가 고구려군을 쳐서 수백명을 죽이니 고구려는 료동군에 속하게 되였다고 썼다.

수백명정도의 전사자가 났다고 하여 적에게 항복할 고구려가 아니며 또 현도군이나 료동군에 《소속》되기를 원할 고구려도 아니다. 따라서 이것은 고구려군과 현도군무력사이에 접전이 있었고 현도군과의 관계가 나빠졌기때문에 료동군을 통하여 후한과의 국교관계를 맺었다는 사실을 보여줄 따름이다. 실지로는 후한 현도태수 경림이 지난해에 고구려군이 후한 본토를 들이친데 대한 보복으로 먼저 침공하였고 또 전투과정에 고구려측에서도 얼마간의 전사자가 났지만 후한측에서도 그만한 손실이 있었으나 그다지 큰 사건은 아니였기때문에 고구려는 전투이후 료동군과 련계를 맺은것이였다.

《삼국사기》 권16 고구려본기에는 신대왕 4년(168년)조에 경림의 침공기사가 실려있다. 이것은 189년에 있었던 공손도와의 협동작전기사를 편찬자가 잘못하여 169년조에 옮겨 써놓은것과 관련하여 한해 앞당겨 168년으로 써놓은것이다(《삼국지》 공손도전).

《후한서》(권41) 교현(橋玄)렬전에는 환제말년(166～167년)에 선비, 남흉노, 고구려가 후한에 쳐들어갔기에 교현을 도료장군으로 임명하였는데 그는 임지에 가서 장사들을 휴식시키고 훈련시킨 다음에 고구려 등을 격파

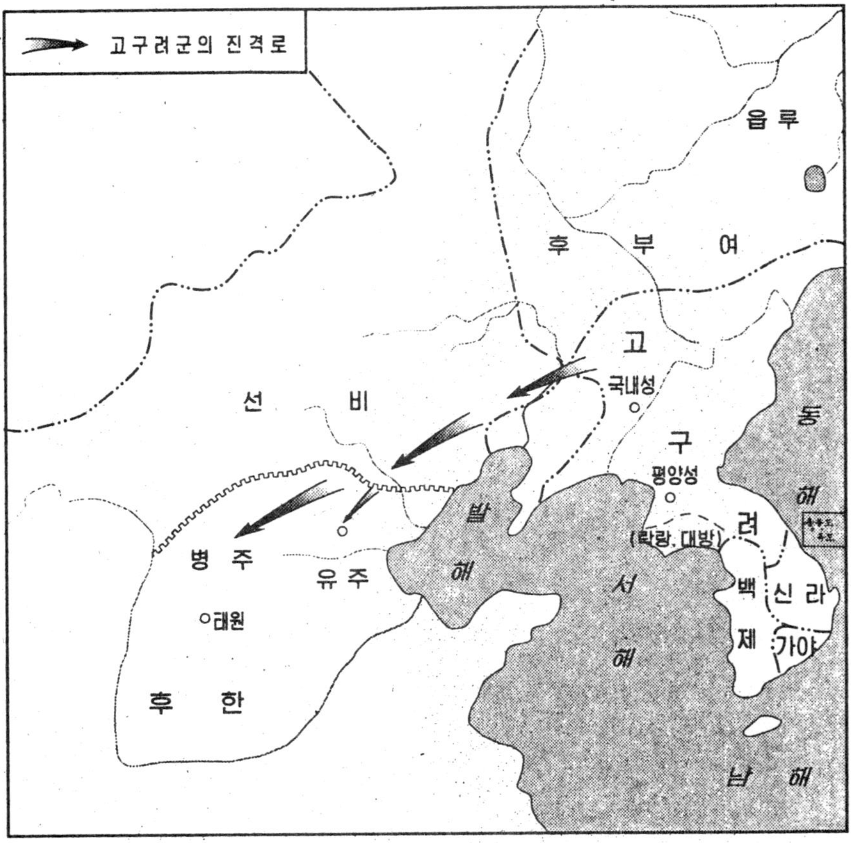

168～169년 후한 유주, 병주에로의 진격

하였고 재직 3년에 변경이 고요하였다고 썼다. 이 역시 심히 파장된 기사이다. 실지로 이 시기에 교현이 전투공로를 세웠다는것은 《후한서》 고구려전, 오환선비전, 남흉노전에도 전혀 나오지 않는다.

168—169년전쟁은 고구려측이 큰 승리를 거두고 후한침략자들에게 큰 타격을 준 사변의 하나였다. 그것은 그 앙갚음으로 172년에 후한이 대군을 내몰아 고구려를 침공한 사실을 보아도 명백하다.

8. 172년 좌원전투에서의 승리

169년의 침입에서 별로 소득이 없었던 후한통치배들은 고구려에 대한 새로운 침공을 준비하였으며 172년 11월에 드디여 대군으로 침입하였다. 고구려에서도 어떤 전략전술로 대처하겠는가를 론의하는 회의를 열었다. 여러 사람들은 한나라군사들이 무력이 많다는것을 믿고 우리를 경시하고있다, 만약 우리가 출전하지 않는다면 적들은 우리가 겁을 먹고있다고 생각하고 더 자주 쳐들어올것이다, 우리 나라의 산은 험하고 길은 좁으니 한사람이 관(길목요충지)을 막으면 만사람도 당해낼수 있을것이다, 한나라군사가 많다고 하지만 우리를 어떻게 할수 없을것이니 군사들을 내보내여 막자고 하였다. 국상 명림답부는 그렇지 않다, 한나라는 인구가 많은데 지금 강한 무력으로 멀리 나와 싸움을 걸었으니 그 예봉을 당하지 못한다, 또 군사가 많은 편은 싸우는것이 좋고 군사가 적은 편은 지키는것이 마땅하다, 이것은 군사가들이 언제나 지키는 정상적인 전법이다, 지금 한나라군사들이 천리길에서 군량을 운반하고있으니 오래 견디지 못할것이다, 만약 우리가 참호(해자)를 깊이 파고 보루를 높이 쌓으며 들판을 비우고서 기다리느라면 적들은 반드시 한달을 넘기지 못하여 기아에 시달리고 피로해서 되돌아갈것이니 그때 우리가 경졸(강한 병사)로써 육박한다면 우리가 뜻을 이룰수 있을것이다고 하였다.

국왕이 명림답부의 의견을 옳게 여기고 성문을 굳게 닫고 성을 고수하게 하였다. 한나라군사들이 성을 공격하였으나 이기지 못하였고 군사들은 굶주리게 되여 퇴각하였다. 명림답부가 수천명의 기병을 거느리고 추격하여 좌원에서 싸우니 한나라군사들이 크게 패전하였고 한마리의 말도 돌아가지 못하였다. 이것은 적군을 완전히 섬멸하였다는것을 의미한다.

국왕이 크게 기뻐하여 명림답부에게 좌원과 질산을 식읍으로 주었다(《삼국사기》 권45 렬전 5 명림답부).

《후한서》를 비롯한 중국측기록에는 이 좌원전투에 대하여 한마디도 언급된것이 없다. 일제어용사가들은 이 좌원전투에서의 고구려의 대승리를 지어낸 이야기라고 떠벌였으나 그것은 중국측기록만을 믿는 그들의 고질적인 사대주의적관점의 산물일뿐이다. 그것은 후한측이 너무도 큰 참패를 당하였으므로 수치스럽게 여겨 력사기록에 남기지 않았기때문이다. 명림답부로 말하면 나이 99살에 정변을 일으켜 폭군인 차대왕을 죽이고 그 배다른 아우 신대왕을 즉위시켰으며 이듬해에는 국상겸 지내외병마사로 임명되고 량맥부락들을 통치할것을 위임받았던 사람이고 179년(신대왕 15년) 9월에 나이 113살로 사망한 사람이였다. 그가 림종에 다달았을 때 국왕은 직접 찾아가 보고 통곡하였으며 죽은 뒤에는 이레동안이나 정사를 보는것을 중지하였다. 또 그의 식읍이 있던 질산에다 례식을 갖추어 장사지내게 하였으며 묘지기 20가(호)를 두게 하였다. 이렇게 명림답부에 관한 사실들은 《삼국사기》에 자세한 기록이 남아있는데 그것은 완전히 례외적인 현상이다. 명림답부는 렬전에도 실려있는 인물이며 고구려의 명장이고 진보적정치가였다. 그러므로 전쟁당시 106살의 년로한 몸이였지만 남달리 왕성한 기력을 가지고있었던 명림답부의 전투공로에 대한 《삼국사기》의 기록은 고구려의 력사기록에 명백히 기록되고 또 대를 이어오면서 전해진것이다. 따라서 172년 좌원전투에서의 대승리는 엄연한 력사적 사실이였다.

좌원의 위치가 어디인지에 대해서는 고증된것이 없다. 전쟁의 경과와 결과로 보아서는 그것은 연나부(서부)의 서북변에 있었던 크지 않은 벌판이였다고 인정된다. 명림답부자신이 연나부출신이고 또 좌원, 질산을 식읍으로 받았으며 질산에 그의 무덤이 자리잡게 된것은 좌원이나 질산이 연나부의 서북부일대에 있었다고 볼수 있게 한다.

172년전쟁에서 고구려가 큰 승리를 거둔것은 전통적인 청야수성전술의 생활력을 다시한번 보여주었다. 이 전쟁에서 만회할수 없는 큰 타격을 받은 후한통치배들은 그후 약 20년동안 감히 고구려를 침범하지 못하였다.

제 3 절 공손세력 및 위나라(조위)의 침공을 물리치기 위한 투쟁

1. 2세기말의 료동정세, 새로운 위험한 공손침략세력의 대두

2세기말에 고구려의 서쪽정세는 크게 변하였다. 후한내부에서는 그보다 앞서 183~184년에 장각(張角)을 지휘자로 하는 황건농민폭동이 일어났고 유주자사와 광양태수가 잡혀죽는 사태가 벌어졌다. 황건농민폭동군은 그후 황보숭 등에 의하여 격파되였으나 각지에서는 농민폭동군이 계속 활동하였으며 북변에서는 선비족, 오환족이 침입하였다. 후한왕정안에서는 189년 4월에 령제가 죽자 그 두 아들을 끼고 관료배들사이의 정권다툼이 벌어졌다. 이 기회를 리용한 장수 동탁(董卓)이 실권을 장악하여 소제(少帝)를 폐위시키고 그 아우를 내세워 헌제(190~220년)로 삼았다. 후한각지에서는 동탁을 반대하는자들이 들고일어났다.

이러한 때인 189년에 동탁은 료동군출신인 공손도(公孫度)를 료동태수로 임명하였다. 공손도는 젊었을 때 현도군의 낮은 아전으로 있다가 태수 공손역의 양자로 되여 공부를 하고 수도로 가서 벼슬살이를 시작하여 기주자사까지 지냈다가 정사를 잘못한다는 비난을 받고 파면되였다. 그러다가 같은 군(료동군)출신인 중랑장 서영의 추천으로 료동태수로 되였다. 공손도가 료동군에 부임하자 군안의 토호들은 그가 본래 현도군의 아전으로 있었다고 하여 경멸하면서 그를 멀리하였다. 공손도는 자기를 업신여긴다고 하면서 100여가(호)에 달하는 사람들을 체포하여 법에 걸어 죽여버렸다. 그는 후한 본토가 란리를 겪고있는 틈을 타서 황제로 될 꿈을 꾸면서* 료동군을 갈라서 료서군, 중료군을 내오고 또 바다건너 산동반도의 동래현 등지를 차지하여 영주자사를 두었으며 자신을 《료동후 평주목》이라고 부르게 하였다.

* 그가 이러한 야망을 품게 된것은 료동군 소재지인 양평현의 연리사(延里社)에서 한길이나 되는 큰 돌밑에 작은 고임돌 3개가 발견되였는데 그것을 두고 어떤 사람이 그가 황제로 될 징조라고 하였기때문이였다고 한다(이것은 양평현에도 고조선때의 고인돌이 있었다는것을 말해준다).

공손도는 료동지방의 실권을 장악하고 제왕행세를 하면서 주변지역들을 침략하려는 흉계를 세우고있었다. 그러나 처음에는 고구려와 좋은 관계를 가지고 공동으로 《부산적》을 치자고 제의하여왔다. 《부산적》(富山賊)의 정체가 무엇이였는지 알수 없으나 선비족의 한 갈래였다고 생각된다. 《부산》은 광개토왕릉비에도 나오는 지명으로서 대체로 현도군의 서북 료하이서지방에 있었다고 보인다. 고구려도 료서지방으로 진출할 의향을 가지고있었으므로 공손도의 제의에 응하였고 대가 우거(優居)와 주부 연인(然人)으로 하여금 군사들을 이끌고가서 《부산적》을 치게 하였다.

공손도는 스스로 료동지방의 《왕》이 된것으로 자처하면서 196년부터 천자(후한 헌제)를 끼고 호령하게 된 조조가 그에게 《영녕향후》라는 벼슬을 보내오자 《내가 료동왕인데 향후가 다 무엇이냐》라고 하면서 임명장을 무고(무기고)에 넣어두도록 하였다. 189년이후 료동지방을 지배한 공손도와 그의 자손들은 50년동안 권세를 부리였으며 고구려에 대한 적대행동을 일삼았다.

※ 공손세력(189－238년)은 공손도가 료동지방에 세운 지방할거정권으로서 그의 손자 공손연(淵)이 연왕(燕王)을 자칭하였으므로 공손연(燕)이라고도 한다.

2. 197년 공손도의 침입과 격파

공손도의 야심은 날로 커졌으며 동방에 있는 고구려를 침공할 기회만 노리고있었다. 이 무렵인 197년에 고구려내부에서는 고국천왕이 죽고 그 두 아우들인 발기와 연우(산상왕)사이에 왕위계승전이 벌어지게 되였다〔제2장 제2절, 제7장 제1절 참조〕.

왕위계승전에서 불리한 형세에 놓이게 된 발기는 료동으로 가서 공손도에게 원조를 요청하였다. 좋은 기회가 닥쳐왔다고 본 공손도는 그에게 3만명의 군대를 주어 고구려를 침공하게 하였다. 그러나 계수(고국천왕의 셋째아우)

가 이끄는 고구려군은 즉시 반격을 가하여 공손도의 군대를 크게 격파하였으며 반역죄를 범한 발기는 계수의 추궁을 받고 부끄러운 나머지 자살하였다. 197년의 이 전쟁에 대하여서는 안팎의 기록에 자세한 정황이 기록되여있지 못하고 도리여 혼란된 기록이 남아있다.*

* 《삼국지》 권8 위서 공손도렬전에는 그가 료동태수로 된 다음에 인차 고구려를 친것으로 잘못 써놓았으며 같은 책 고구려전에서는 백고(伯固. 신대왕)가 죽은 다음 그 맏아들 발기와 둘째아들 이이모(산상왕)사이에 왕위계승을 위한 분쟁이 일어났는데 그때 발기가 공손강(공손도의 아들)에게로 가서 도움을 청한것으로 되여있다.

또 《삼국사기》 고구려본기에는 고국천왕즉위년조에 《삼국지》 고구려전의 기사를 잘못 베껴넣었으며 또 산상왕즉위년조에는 고국천왕의 두 아우인 발기와 연우(이이모)의 다툼에 대하여 자세한 내용을 쓰고있다. 공손강은 204년에 가서야 료동태수로 되였으므로 《삼국지》 고구려전과 《삼국사기》 고국천왕즉위년조의 발기관계기사들은 모두 잘못된것이다.

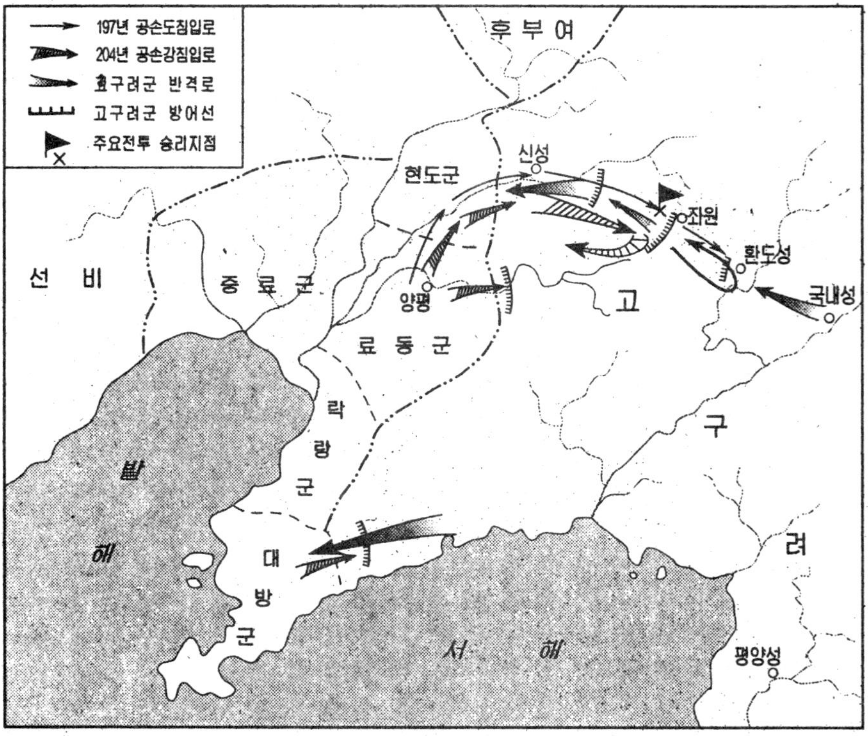

197년, 204년 공손세력 침공격퇴략도

고구려가 공손세력의 침략을 성과적으로 격파한것은 고구려의 강화발전에서 중요한 계기로 되였다. 고구려는 198년에 환도성을 쌓음으로써 앞으로의 서진정책을 보다 잘 추진시켜나갈수 있게 되였다.

3. 204년 공손강의 침입과 격파

204년에 공손도가 죽고 그 아들 공손강이 뒤를 이었다. 그는 197년의 패배에 대하여 앙심을 품고있었으며 고구려에 대한 침공의 기회를 엿보고있었다. 그는 204년에 락랑군 둔유현이남의 7개 현을 떼여내여 대방군을 신설함으로써 자기의 정권을 공고화하는 한개 방편으로 삼았다.

대방군의 신설은 고구려와의 충돌을 동반하였다.

대방군의 설치경위가 그에 대하여 말하여준다. 《삼국지》 권30 위서 한전에 의하면 환령말(환제, 령제의 말년)에 한, 예가 강성하여 락랑군과 그 소속현들을 통제할수 없었고 군현의 백성들이 한나라로 많이 흘러들어갔다. 건안년간(196～220년)에 공손강은 둔유현이남의 황무지들로써 대방군을 두고 공손모(公孫模), 장창(張敞) 등을 보내여 류민들을 모으게 하였다. 그들은 군사를 일으켜 한, 예를 쳐서 옛 백성들의 일부를 찾아왔다. 이후부터 예, 한이 드디여 대방에 속하게 되였다고 하였다.

지난날 일제어용사가들은 락랑군소재지를 평양으로 보면서 락랑군 남쪽일대에 설치한 대방군은 오늘의 경기도 또는 황해북도, 황해남도일대에 있었다고 주장하였다. 다른 나라의 일부 학자들도 료동군 답씨현, 문현, 평곽현, 반한현의 위치를 각각 보란점시 화아산(花兒山)고성, 웅악성부근 또는 대석교부근, 개현 현성의 아래성, 평안북도 박천군 박릉고성으로 잡으면서 락랑군은 청천강이남에, 대방군은 다시 그 남쪽인 경기도 또는 황해남북도로 보고있다. 그리고 B.C. 128～B.C. 126년사이에 한나라 무제가 두려고 하였던 창해군을 두만강부터 강원도에 이르는 넓은 지역에 두려고 했던것으로 보기도 한다(《동북력사지리(중문) 제1권, 흑룡강인민출판사, 1989년, 293～299페지, 322～340페지).

그러나 우리 학계의 연구에 의하면 창해군은 료동반도 천산산줄기 동남에 있었고(《력사과학》 주체88〈1999〉년 3호, 《창해군의 위치문제에 대하여》) 답씨현은 대와현 동부에, 문현은 신민현 서남방에, 반한현은 반산지방에 있어야 마땅하다(《력사과학》 1997년 4호, 주체87〈1998〉년 3호, 《〈한서〉 지리지를 통하여 본 락랑군, 현도군, 료동군의 위치》〈1〉, 〈2〉, 《력사과학》 주체95(2006)년 2호, 《락랑군남부지역〈후의 대방군지역〉의 위치》). 료동군, 락랑군의 일부 현들이 수십리를 사이에 두고 촘촘히 포치되여있었는데 유독 답씨현, 평곽현, 반한현은 수백리씩 떨어진 곳에 위치하고있었다는것은 리치에 맞지 않는다.

중요한것은 료동반도 남단부분에만 하여도 이른바 한나라시기 고성이 여러개 남아있다는것이다. 즉 려순 목양성, 금현(대련시 금주구) 대령둔고성, 금현 마권자고성, 신금현(보란점시) 화아산고성, 비자와유적 환가량자고성 등지에 한나라시기 유적들이 집중되여있다는것이다. 이것은 이 일대 즉 복주하계선이남에 대방군 7개 현이 있었다는것을 증명해주고있다. 또 천산산줄기 동남지방에는 소자하계선까지 료동군소속 현들은 하나도 없었는데 그것은 우연한것이 아니라 바로 이 일대가 《예군 남려》가 있던 《예》사람들의 거주지였고* 후에는 림둔군의 일부로 되였다가 락랑군 《령동 7현》으로 되였으며 A.D. 30년에 이르러 완전히 《방기한》(내버린) 땅이라고 보인다는것이다.

* 료녕성 보란점시 화아산고성에서 《림예승인(臨穢丞印)》이란 인장이 발견된것은 그 부근에 예사람들이 살고있었다는것을 밝혀주고있다(《동북력사지리》 제1권, 345페지).

벽류하계선이동 소자하계선이서지방에 한나라시기 유적이 없는것은 그곳 일대에 설치된 림둔군지역에는 한나라사람들이 거의나 산 일이 없었으며 림둔군은 잠간 있다가 없어진 군이고 또 《령동 7현》으로 있을 때에도 원주민들이 살고있던 일종의 형식적인 현들이였기때문일것이다.

그러므로 3세기초에 대방군을 둘 때 공손모, 장창이 쳤다는 예땅은 바로 1세기 40년대까지에 고구려에 귀속된 천산산줄기 동남지역이였던것이다.

2세기말에 락랑군남부지방의 주민들이 많이 《한, 예》땅으로 류랑해갔고 그 지역이 황무지처럼 된것은 한나라의 지배를 반대한 고조선의 후예들이 동족의 나라들에 많이 이주한 결과였다.

공손모 등이 예땅에 가서 몇몇 사람들을 데려왔을 때 그들이 군대를 끌고왔다고 한것만큼 이것은 고구려의 서남부령역에 대한 무력침범으로 되였다. 공손모 등은 그 일대의 고구려군의 반격을 받았으며 따라서 깊이 들어오지도 못하였을것이다.*

* 이때 《한》나라에도 쳐들어갔다는것은 어불성설이다. 락랑군 남부 현들의 주민들이 《한》지역으로 피난해갈수는 있었겠으나 오늘의 림진강, 례성강중류이남지역이 백제의 령역이였던것만큼 공손모 등이 그쪽으로 쳐들어간다는것은 있을수 없는 일이다. 《삼국지》가 《한, 예》를 병칭한것은 주민들의 류랑의 견지에서는 있을수 있으나 공손모 등의 군사행동이 《한》지역에까지 미칠수 없는것이다(그러한 기록은 《삼국지》의 저자 진수가 락랑군을 서북조선에 있었던것으로 잘못 인식한데서 생겨난것으로 볼수 있다).

대방군설치와 관련한 공손모 등의 군사행동에 대하여서는 《삼국사기》에 아무런 기록도 씌여있지 않다. 그러므로 그것은 그리 큰 충돌은 아니였다고 볼수 있다.

고구려에 대한 공손강의 본격적인 침공은 204년에 있었다. 《삼국지》 고구려전에는 막연하게 건안년간이라고 하였지만 《삼국사기》 고국천왕 6년(184년)조에는 료동태수가 쳐들어왔다는 기록이 있다. 이 사건이 184년조에 정리되여있는것은 《삼국사기》의 편찬자들이 《삼국지》의 잘못된 발기관계기사를 고국천왕즉위년(179년)조에 옮겨놓은것으로 하여 또 189년 공손도와의 협력으로 《부산적》을 친 년대를 20년 앞당겨 169년조에 잘못 써놓았던것과 관련하여 204년에 있었던 공손강의 침입사건도 역시 20년을 앞당겨 184년조에 써놓았기때문이다. 《삼국사기》가 184년에 《료동태수》라고만 하고 공손강이라는 이름을 밝히지 않은것은 그때에는 아직 공손강이 력사무대에 나오기전이였기때문일것이다.

《삼국지》 고구려전에서는 공손강이 고구려의 《국》(수도)을 파괴하고 읍락들을 불태웠다고 하였는데 수도를 공파하였다는것은 허위기사이다.

《삼국사기》에는 료동태수가 침공해오자 고구려왕은 왕자 계수를 시켜 막게 하였으나 성공하지 못하였으므로 왕이 직접 군사들을 이끌고가서 좌원에서 싸워 크게 격파하였으며 적병의 목을 벤것이 산더미처럼 쌓였다고 하였다. 이로 보아 204년에 있었던 공손강의 침공은 이번에도 커다란 참패를 당하는것으로 끝났음을 알수 있다.*

* 《자치통감》에서 공손강의 고구려침공사실을 쓰지 않은것은 그가 참패하였기때문에 빼버린것으로 인정된다.

공손세력과의 전쟁에서 또다시 큰 승리를 쟁취한 고구려는 더욱 적극적인 서진정책을 실시하게 되였다. 산상왕은 209년에 환도성을 림시수도로 삼고 서변지역에 대한 방비를 강화하기 위한 축성사업 등을 추진시켰다. 다른 한편 환도성에로의 진출은 191년의 좌가려반란과 197년의 발기사건으로 하여 반감을 가지고있던 연나부귀족들을 제압하는데도 그 목적이 있었다. 그러나 공손세력을 반대하여야 할 새로운 정세속에서 그후 고구려왕들은 점차 연나부귀족들과의 관계를 개선해나갔다.

그리하여 고구려의 중앙집권력은 더욱 강화되였으며 국내정세는 안정되여갔다. 반면에 공손세력이 둥지를 틀고있던 료동군일대에서는 인민들이 학정을 반대하여 투쟁하고있었다. 《삼국사기》 고구려본기 산상왕 21년(217년) 8월조에 한나라(후한) 평주사람 하요가 1 000여가호의 백성들을 거느리고 고구려에 망명, 투항해왔기에 그들을 나라동쪽의 책성지방에 보내여 안착해서 살도록 하였다고 한것은 평주의 정세가 불안하였다는것을 말해준다(이때의 평주란 곧 료동군과 그 주변지역들을 가리킨다).

197년과 204년 두차례에 걸친 공손세력의 고구려에 대한 침략전쟁은 그때마다 침략자들의 참패로 끝났으며 그것은 고구려의 위세를 널리 시위하는것으로 되였다. 그것은 그후 30여년간 공손세력으로 하여금 고구려에 대한 침공을 감히 할수 없게 한데서도 큰 의의가 있었다.

4. 238년 위(조위)와의 협력에 의한 공손세력의 격멸

204년 전쟁이후에도 고구려와 공손세력간에는 적대관계가 계속되였다. 당시 후한에서는 여러 봉건세력들이 서로 싸우고있었다.

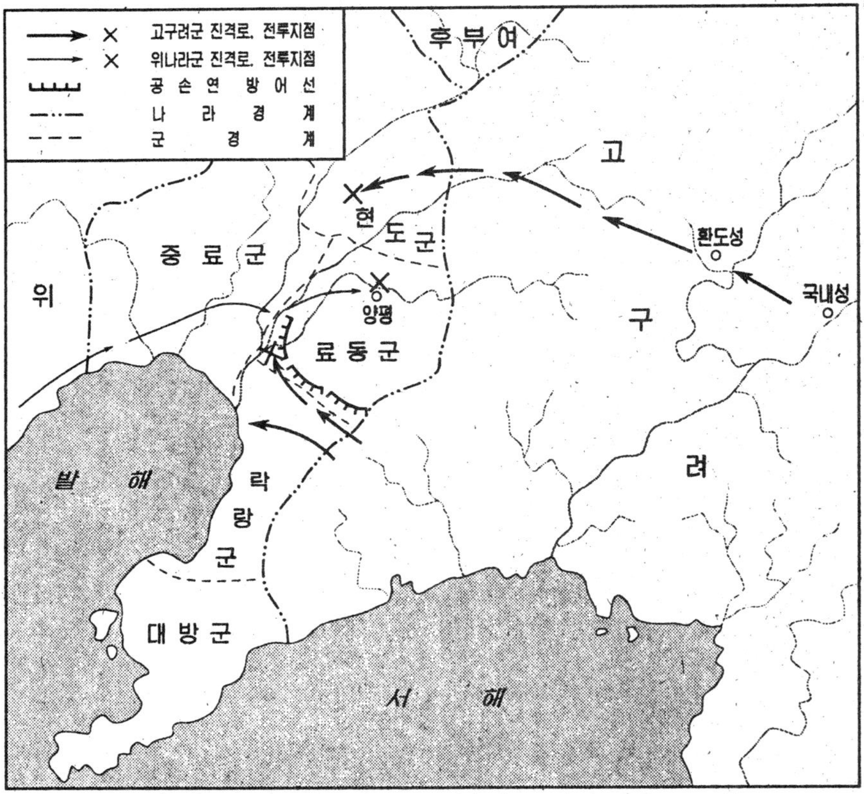

238년 고구려, 위 련합무력에 의한 공손세력 멸망

공손강과 그 계승자들은 이러한 중원의 정세를 리용하여 자기의 지위를 유지하려고 책동하였다. 207년에 조조(조위의 태조, 실제적창건자)는 동북방의 반대세력인 원상(원소의 아들)과 그와 결탁한 오환족들을 치고 만리장성 이북 류성(오늘의 료녕성 조양시일대)으로 나와 크게 이겼으며 원상 등은 료동으로 달아나서 공손강에게 의거하려고 하였다. 그러나 공손강은 그들의 머리를 베여 조조에게 보냄으로써 자기의 안전을 도모하였다.

218년경에 공손강이 죽자 아우 공손공이 료동태수로 되였으나 그는 결단성이 부족하였다. 228년에 공손강의 아들 공손연이 숙부인 공손공을 밀어내고 료동태수로 되였다. 당시 중원지방에서는 220년에 조조의 아들 조비가 후한의 정권을 찬탈하여 위나라(조위)를 세웠고 서남쪽에서는 류비가 221년에 황제를 칭함으로써 촉한(221～263년)이 섰다. 동남쪽에서는 오왕 손권이 222년에 년호(황무)를 제정하였고 229년에는 황제로 자칭하였다. 위나라통치배들은 공손연에게 장군칭호도 보내고 료동태수직도 계속 가지게 하였으나 공손씨를 치려고 계획하고있었다. 이 기미를 알아차린 공손연은 남쪽의 오나라와 손잡고 위나라를 견제하려고 하였다. 그리하여 233년에 오나라의 손권은 사신 장미(張彌) 등을 보내여 공손연을 연왕으로 책봉하였다. 그러나 오나라의 실제적인 원조를 바라기 어렵다고 생각한 공손연은 장미 등의 목을 쳐서 위나라로 보냄으로써 위나라로부터 대사마라는 높은 벼슬을 받았다.

이때 오나라의 사신일행가운데서 진단(秦旦), 장군(張群) 등은 현도군(료동북쪽 200리)의 민가에 감금되였다가 탈출하여 동쪽으로 고구려에 피신해왔으며 거짓으로 오나라왕이 고구려로 보낸 사신이라고 하였다. 고구려의 동천왕은 그들을 우대하고 조의(친위무사) 25명을 호위병으로 삼아 오나라로 돌려보냈다. 234년에 위나라는 고구려에 사신을 보내여 화친할것을 제의하면서 오나라와 친하지 말것을 권고하였다.

235년에 오나라가 사굉(謝宏) 등을 고구려에 보내여 왔을 때 그들은 매우 거만하게 굴었다. 그러므로 이듬해 236년에 오나라의 사신 호위(胡衛) 등이 왔을 때 고구려는 그의 목을 베여 위나라에 보내줌으로써 공손세력과 그를 뒤받침하려는 오나라를 반대하는 자기의 립장을 밝히였다. 이것은 고구려가 자기의 서방에 있는 침략세력인 공손연을 반대하여 위나라와 협력할 용의가 있다는것을 표시한것이였다.

237년에 위나라는 유주자사 관구검을 보내여 공손연을 치게 하였다. 때마침 장마가 계속되여 료하가 범람하였으므로 관구검은 되돌아갔으나 공손연은 위나라가 자기를 멸망시키려 한다는것을 알고 다시 오나라 손권에게 구원을 요청하였으며 한편으로는 위나라에 대해서도 구구한 변명을 하였다. 관구검의 군대가 물러가자 공손연은 연왕으로 자칭하고 소한(紹漢)이라는 년호까지 제정하였다.

238년에 위나라는 사마의를 총지휘자로 하는 대군을 보내여 공손연을 쳤다.

이때 고구려는 위나라군대와 협동하여 공손연을 북과 남에서 공격하였다. 《삼국지》 고구려전에는 이때 고구려가 대가(大加), 주부 등의 지휘밑에 수천명의 군대로 사마의를 도왔다고 간단히 써놓았으나 그것은 진수가 외곡하여 쓴것이고 실지로는 큰 무력을 내보내여 료동군 남부의 일부 지역과 락랑군 북부의 패수, 남함, 증지, 점제, 락도(탄렬현의 개칭인듯)의 5개 현을 점령함으로써 락랑군, 대방군방면에서 료동군 양평현으로 가는 길을 차단하였다.* 또 북쪽에서는 현도군의 몇개 현들을 점령하였다. 이것은 사마의의 군대가 238년 8월에 공손연의 수도 양평성(오늘의 료양)을 함락시킬수 있게 하는데서 커다란 도움을 준것으로 된다.

* 고구려가 이때 대규모의 병력을 내보내여 북과 남에서 료동군을 들이친 사실에 대해서는 제2장 제3절 참조.

공손연의 멸망은 50년동안 고구려의 서방에 있으면서 침략행위를 일삼던 공손세력을 제거하였다는데서 큰 의의가 있는 사변이였다.

5. 239～246년 고구려－위전쟁에서의 종국적승리

238년에 공손연을 멸망시키는데서 고구려군의 역할이 매우 컸음에도 불구하고 위나라통치배들은 그 전과를 독점하였으며 지어 바다길로 해서 락랑군과 대방군지역까지 차지하였다. 본래 고구려와 위나라사이에 어떤 합의가 이루어져있었는지 사료의 결핍으로 하여 알수가 없으나 공동행동을 하게 된데는 전후에 고구려측에도 응당한 보상이 있게 될것으로 약조가 있었을것이다. 그러나 위나라통치배들은 저들이 공손세력의 땅을 다 차지함으로써 고구려를 배신하였다. 이에 분격한 고구려는 새로운 침략세력으로 된 위나라통치배들을 반대하는 전쟁을 벌리지 않을수 없었다.

고구려－위전쟁은 239년부터 246년까지 8년간에 걸쳐 진행된 장기전이였다.

지금 남아있는 력사기록에는 242년에 고구려가 서안평현을 쳤다는것, 그리고 유주자사 관구검이 대군을 이끌고 고구려 국내깊이 침공하였다는 기록이 있을뿐이다.*

* 《삼국사기》 권17 고구려본기 동천왕 16년, 20년 8～10월, 《삼국지》 관구검전에는 244년, 245년 2차에 걸쳐서 관구검이 고구려를 침공한것으로 썼고 《삼국지》 권4 위서 소제기 제4 제왕 방(齊王 芳)기에는 246년 2월에 관구검이 고구려를 친것으로 되여있다. 그리고 집안서북 90리(45㎞) 판석령에서 발견된 석각에 의하면 242년, 244년, 245년에 군사행동이 있었던것으로 되여있다. 그러나 관구검전에는 정시년간(240～248년)에 고구려가 자주 《반란》을 일으켜 침공하였다고 한것을 보면 240～246년에 전쟁이 계속된것을 알수 있다.

고구려－위전쟁은 크게 세개 단계로 나누어 볼수 있다.

그 첫 단계는 239～240년의 고구려군에 의한 료동군 남부와 북부, 현도군 북부에 대한 공격전투가 진행된 시기이다. 고구려는 전쟁의 첫 단계에 먼저 료동군의 남부지역인 답씨현, 안시현지역으로 쳐들어갔으며 련이어 현도군의 북부, 료동군의 북부지역인 문현, 북풍현으로 진격하였다. 그것은 《삼국지》 권4 제왕 방기의 기사들을 보아서 알수 있다. 즉 그가 즉위한 해인 경초 3년(239년) 6월조에는 료동 동답현의 관리들과 백성들이 바다를 건너서 제군(산동성 림치일대)지역에 와서 살므로 고종성(故縱城)을 신답현으로 삼아 이주자들을 살게 하였다고 하였다. 또 정시 원년(240년) 2월 병술조에는 료동군 문현, 북풍현의 백성들이 류랑하여 바다를 건너왔으므로 제군의 서안(西安)현(림치 서부 30리), 림치현, 창국현(산동성 치천현 동북 35리) 땅을 조절하여 신문현, 남풍현을 둠으로써 류랑민들을 살게 하였다고 하였다.

이 시기에 료동지방에 기근이 들었다거나 그밖의 어떤 큰 자연재해가 있었다는 기록은 아무데도 없다. 238년 공손연멸망후 료동군이 평온하였다면 이처럼 몇개 현의 관리들과 백성들이 이웃 현들도 아닌 먼 바다건너 산동지방으로 피난가지 않았을것이다. 이것은 오직 전쟁으로 자기고장을 잃은 3개 현 주민들이 이웃 현에 갔댔자 살길이 없으므로 배를 타고 멀리 산동반도로 가게 된것이라고밖에는 생각되지 않는다. 다시말하여 이 사건들은 고구려군의 공격을 받았기때문이였던것이다.*

* 239년 4월에 오나라가 독군사자 양도(督軍使者羊道)를 보내여 료동수장(료동군의 변방을 지키던 장수)을 치고 인민들을 사로잡아 간 일이 있다(《자치통감》 권74 경초 3년 4월). 그러나 이것은 일시적인 일이였고 또 북풍현이나 문현은 바다가에 있던 현들이 아니므로 오나라군대의 침습으로 피해를 받은 일도 없다.

고구려는 1단계의 전역에서 북쪽으로는 오늘의 신민서남방인 문현지방까지 진출하여 위나라통치배들에게 큰 타격을 주었다. 그후 240년대에 유주자사 관구검의 큰 무력이 역습해온 조건에서 이 방면에서는 종전의 서변 즉 신성(고이산성)계선까지 철수해들어온것으로 보인다.

그러나 남쪽에서는 238년 공손연과의 전쟁때 이미 차지하였던 락랑군 북부 5개 현들은 물론 새로 료동군 남부의 답씨현(동답현), 안시현지역을 더 차지하고 확보함으로써 위나라침략자들에게 큰 손실을 주었다.

이렇게 되였다고 보게 되는 리유는 아래와 같다. 《후한서》 군국지에 보이는 락랑군 18성(현)가운데서 점제, 증지, 남함, 패수, 락도 5개 현과 료동군소속 현들가운데서 답씨, 안시* 2개 현이 《진서》 지리지에는 나오지 않는다. 진(서진)나라가 선 265년이전에 이러한 큰 변동이 일어날수 있었던 계기는 238~246년 고구려-위전쟁때의 변화밖에 없다고 본다.

* 안시현은 고구려후기 645년전쟁때의 유명한 안시성(해성, 영성자산성)의 서쪽, 영구현(대석교) 북쪽의 탕지보(湯地堡. 개주시 동북 70리)의 부근에 있는 영수구(英守溝)고성으로 비정하는 설이 있다〔《동북력사지리》 제1권 291페지〕. 그러나 그것은 남함현소재지였을 가능성이 많으며 안시현성은 해성서북 60리에 있는 서사방대(西四方台)고성으로 보는 편이 옳을것이다. 또 해성동남 40리의 석목(析木)고성을 문현소재지로 보는것은 맞지 않는다. 왜냐하면 문현은 330년대에 있은 문성전투에서 모용황의 군대가 그 아우 모용인의 군대에게 크게 패전한 곳으로서 전투후 료동군지역이 다 모용인에게 투항한것으로 보아 그 서쪽 오늘의 신민서남일대에 있었다고 인정되기때문이다. 그래야 문현, 북풍현(심양서북)의 주민들이 갈이 산동지방으로 피난했던 사실도 합리적으로 설명할수 있으며 또 B.C. 3세기초 고조선-연사이의 경계로 되였던 만반한(문반한)의 위치와도 맞는다. 정약용은 《문반한》이 곧 《만반한》이라고 인정하였는데 이 견해가 옳다고 본다.

안시현지역을 고구려가 대부분 점령하였다고 보게 되는것은 《진서》 지리지에 안평현이 있고 안시현은 없기때문이다. 《진서》 지리지에 서안평현과 안평현이 렬거되고있는것을 두고 혹 안평현은 안시현을 잘못쓴것이 아닌가고 생각할수 있고 실지로 후세사람들이 그렇게 본 실례도 있으나 그것은 잘못이다.

왜냐하면 341년 10월에 조(후조, 석조)의 횡해장군 왕화(王華)가 함대를 이끌고 연나라(전연)의 안평을 습격, 파괴한 일이 있기때문이다〔《자치통감》 권96 함강 7년 10월〕. 《자치통감》의 주석자는 이 《안평》을 《서안평현》으로 보았으나 이는 잘못 본것이다. 앞에서도 본바와 같이 고구려는 료동군 서안평현을 이미 A.D. 1세기초에 점령하였고 그때부터 서안평현은 양평성 동쪽 60리(안평둔고성)지점으로 옮기였다. 230년대 전반기에 고구려가 오나라와의 관계를 가지게 되였을 때에도 안평구(安平口)는 오나라사신이 도착하고 그곳에서 고구려관리들이 담판도 하였다. 그러므로 진나라 료동군 안평현은 압록강어구부근에 있었던것이 아니라 후조의 수군이 공격해올수 있는 료하하구부근에 있었던것이 분명하다. 안평현은 평곽현이 따로 없는것을 보아서 안시현의 일부와 평곽현을 합쳐서 만든 현일것이다.*

* 전연때에 가서 평곽현을 다시 내왔으나 안평현의 이름은 고치지 않고 남겨두었기에 341년 당시에 《안평》이란 지명이 있었던것이다.

이렇게 되여 전쟁 제1단계는 고구려군의 맹렬한 공격으로 위나라측의 침략거점들인 여러 현들을 함락시킨것으로 특징지어진다.

전쟁의 제2단계는 242년 고구려군의 서안평현공격에서 시작되여 245년까지 여러차례에 걸친 위나라군대의 침공을 격퇴한 시기이다(서안평현은 료동군의 동부, 양평성 동쪽 60리 지점에 있었다). 고구려는 이해에 서안평현을 공격, 파괴하였으나 그후 유주의 큰 무력이 들이닥치자 거기로부터 철수한것으로 인정된다. 《진서》 지리지에 서안평현이 남아있는것을 보아서 그렇게 판단할수 있다.

료동군, 현도군에 대한 고구려의 공세가 강화되자 위나라는 유주자사 관구검으로 하여금 고구려의 공격을 막도록 하였으며 관구검은 유주 산하 여러 군의 무력과 오환선우 구루돈휘하의 무력을 내보내여 고구려를 침공하게 하였다.

집안 서북 90리 판석령(대판석령)에서 1906년 도로공사중에 발견되였다는 석각(소위 《관구검기공비》)*에는 《정시 3년(242년)에 고구려가 …하였기에 …7아문(牙門)을 감독하여 고구려를 토벌하였다. 5년(244년)에 …다시 침공하였다. 6년(245년) 5월에 …하였다. 토구장군 위 오환선우(구루돈일것이다), 위구장군 도정후…, 행비장군 령…, 행비장군 …》이라는 새김글이 있다. 이로 보아 242년, 244년, 245년에 위나라군과의 싸움이 있었다는것을 알수 있다. 《삼국지》 관구검전에는 정시 5년(244년)과 정시 6년(245년) 2차에 걸쳐서 그가 고구려를 친것으로 되여있다. 그러나 《위서》 권4 소제기에는 관구검이 정시 7년(246년)에 고구려를 친것으로 되여있고 《삼국사기》나 《자치통감》에도 246년에 침공한것으로 되여있다. 우의 석각을 통해서 알수 있는것은 244년, 245년에도 싸움이 있었다는것이고 따라서 고구려－위전쟁은 239～246년 8년동안 계속되였다는것이다.

* 이 석각은 지난 시기 소판차령(집안 서북 17㎞)에서 발견된것으로 알려져있었

으나 실지로는 집안서북 45㎞, 패왕조산성에서 멀지 않는 곳에서 발견되였다 〔《동북력사지리》 제2권, 36～38페지〕. 이 석각을 관구검이 세운 기공비였다고 본데로부터 그리고 소판차령에서 나왔다고 본데로부터 환도성이 곧 집안 산성자산성이라고 보는 견해가 나왔다. 그러나 관구검이 환도산에 올라 환도성을 함락시킨것은 246년의 일이 분명하다. 그러므로 이 석각은 그 부하가 245년경에 새긴것이라고 볼수 있다.

이 석각은 《집안현문물지》(길림성문물지편찬위원회, 1984년, 91페지)에 의하면 질은 붉은색의 석영을 포함한 돌에 글자를 새긴것으로서 현재 남아있는 길이는 39㎝, 너비는 30㎝, 두께는 8～8.5㎝라고 한다. 일제가 편찬한 《조선사》 1편 3에는 세로 26.5㎝, 가로 26㎝로 되여있다(또 《조선금석고》〈1935년〉에는 세로 26.6㎝, 가로 26.5㎝로 되여있다). 이 석각은 현재 4행 47자를 판독할수 있고 몇자를 더 보충해볼수 있는 정도의것으로서 본래 그리 큰 비석이 아니고 사람의 힘으로써 운반할수도 있고 마소의 잔등에 싣고 다닐수도 있는 자그마한 석각에 불파하다. 관구검전에는 《간환도지산 명불내지성(刊丸都之山 銘不耐之城)》이라고 하였다. 즉 환도산절벽을 깎아서 글을 새기고 불

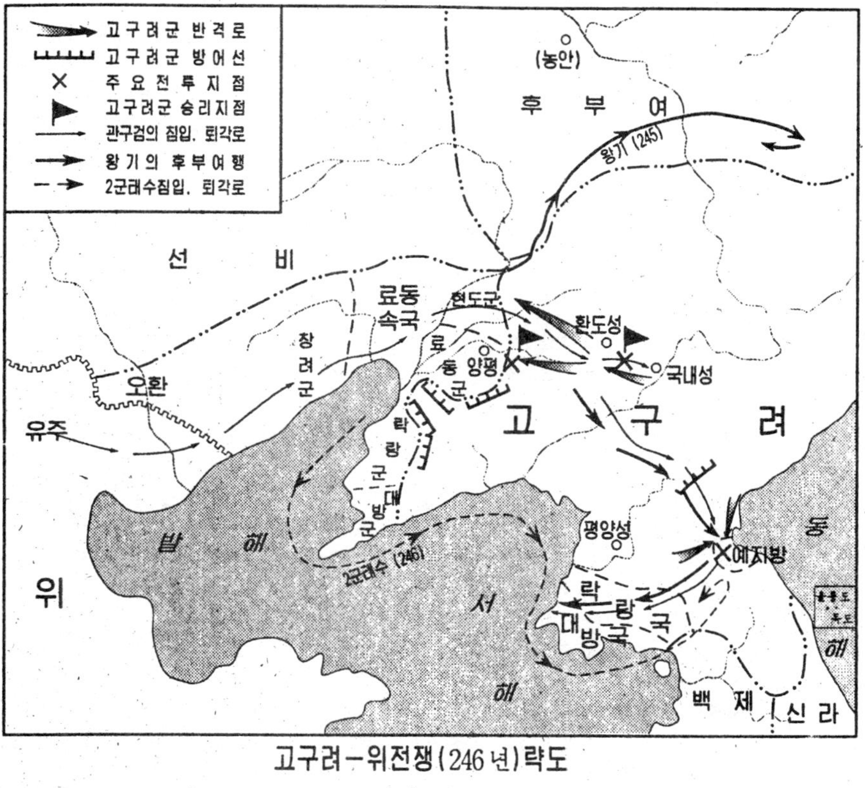

고구려—위전쟁(246년)략도

내성 (국내성) 성돌에 글자를 새겼다고 하였으므로 이 석각은 관구검자신이 새기게 한것이 아니라 그 부하들이 245년경에 가지고 다니다가 내버린 물건이라고 볼수 있다. 이 석각의 다른 쪼각들은 그 부근을 아무리 찾아보아도 없었다고 한다.

전쟁의 제2단계는 유주자사 관구검이 부하인 오환선우 구루돈을 비롯한 총 7명의 아문(직속부대) 장군들을 보내여 고구려령내 깊이 침공한 시기인데 고구려군은 그들과 여러차례 싸워서 격퇴하였다.

관구검은 또 이해에 현도태수 왕기(王頎)를 후부여로 보내여 고구려를 후방으로부터 치게 하려고 하였다. 이때 후부여의 실권자였던 위거(位居)라는자는 위나라군대에 군량을 대주는 배족적행위를 하였으나 왕기는 숙신지방까지 갔다가 천고밀림을 뚫고나가지 못하여 도로 퇴각하고말았다.*

* 《삼국지》 고구려전 등에는 현도태수 왕기가 동천왕을 추격하여 남옥저로 갔고 동천왕이 매구(북옥저)땅으로 달아났기에 북옥저땅까지 추격해갔으며 이어 숙신지경에까지 갔다고 써놓았으나 이는 앞뒤가 맞지 않는 허위기사이다. 그것은 246년에 왕기의 부하가 남옥저의 《매구》라는 곳에 갔던것을 북옥저의 치구루(매구루로 오인)까지 간것으로 잘못 알고 추상적으로 써놓은것이며 또 245년에 왕기가 후부여로 해서 숙신지경까지 왔던 일과 결부시켜 써놓은것이다. 그리고 246년에 위나라군대는 남옥저까지 갔다가 더 이상 진격하지 못하고 락랑국방면으로 퇴각하였으니 남옥저를 거쳐 북옥저로 갔다는것은 완전한 허구이다.

결국 전쟁 제2단계에서 위나라침략군의 공격작전계획은 아무런 실효도 거두지 못하고 실패하고말았다.

전쟁의 제3단계는 유주자사 관구검이 직접 대군을 이끌고 쳐들어오고 다른 편으로는 락랑태수 류무(劉茂)와 대방태수 궁준(弓遵)을 시켜 조선반도 중부지방에 있던 락랑국, 대방국의 남변을 거쳐 령동 예지방(강원도 북부)으로 침입하게 함으로써 남북 두 방면으로 고구려를 침공하여 멸망시키려는 흉계를 파탄시키며 침략군을 반대하여 완강하게 싸워 마침내 고구려군이 종국적승리를 거둔 단계이다.

246년 2월에 관구검은 주력부대를 인솔하고 현도군에서 출발하여 여러 길로 고구려를 침공하여왔다. 고구려인민들은 각지에서 침략군을 반대하여 용감히 싸움으로써 적군의 침공을 저지시켰다. 그리하여 적군은 6개월이 지난 8월에야 비류수(혼강)계선까지 침입할수 있었다.

고구려의 동천왕은 환도성으로 나와있다가 적군이 다가오자 보병과 기병을 합하여 2만명의 군사들을 거느리고 관구검의 침략군을 파구(梁口)*에서 격퇴하였다. 이 비류수가의 전투에서 고구려군은 적군 3 000명을 목베는 큰 전과를 거두었다. 관구검은 황황히 퇴각하여 대량수(태자하)를 따라 도망쳤다. 고구려군은 적군을 추격하여 량맥골짜기에서 다시 3 000여명을 살상포로하였다.

* 과구는 일부 사료들에 량구(梁口)로 되여있고 《갈구》라고 읽는다고 하였으나 《책부원귀》에서는 《과구》라고 밝혀놓았다. 과구는 대체로 오늘의 부이강이 혼강에 흘러드는 곳에 있었다고 추측된다.

두차례에 걸친 전투에서 크게 승리하게 되자 동천왕은 여러 장수들에게 《위나라의 대군이 도리여 우리의 소수 병력만도 못하고 관구검은 위나라의 명장이라고 하는자인데 오늘 그의 운명이 나의 손안에 있구나》라고 하면서 철기(말까지도 갑옷을 입힌 기병) 5 000명을 거느리고 적군을 추격하였다. 그러나 관구검은 방진을 치고서 결사적으로 대항해나섰다. 동천왕의 이 공격전은 무모한것이였다. 보병과의 협동이 없이 기병만으로 방진을 공격하면 적의 장창부대와 쇠뇌부대에 의하여 적진돌파는 커녕 숱한 군사들만 희생되게 된다.

동천왕은 이 점을 고려하지 않고 무모하게 공격하였으며 그 결과 고구려군은 패배하고 많은 사상자를 내게 되였다.*

* 《삼국지》 관구검전에는 이때 고구려군 1 000여명이 죽거나 사로잡혔다고 하였다. 그런데 《삼국사기》의 편찬자들은 1만 8 000여명이 죽었다고 하였다. 이것은 그들이 《량서》 고구려전에서 1만여명을 죽였다고 과장해서 쓴 기사와 《삼국지》 관구검전에서 전쟁 전기간에 죽이고 포로한 인원이 8 000여명이였다고 한것을 합쳐서 1만 8 000명을 죽인것으로 잘못 써놓았던것이다.
  이것은 《삼국사기》편찬자들의 무책임성의 산물이다.

고구려의 동천왕은 공격대오를 수습하기 어렵게 되자 1 000여명의 기병들을 데리고 압록강쪽으로 후퇴하였다. 그는 이 전술상착오를 바로잡기 위하여 마땅히 환도성 또는 국내성(불내성)으로 후퇴하여 대오를 수습하고 반격을 가하여야 하였으나 너무 급한 나머지 압록강쪽으로 후퇴하였으며 현도태수 왕기의 추격을 받아 계속 남으로 가서 설한령, 황초령을 넘어 남옥저방면까지 물러났다. 죽령(화초령?)에 이르러 군사들은 많이 분산되고 얼마 남지 않았다.

이때 동부출신의 밀우(密友)는 결사대를 무어 적진에 쳐들어가서 싸우다가 쓰러졌다. 그 사이에 왕은 사이길을 통하여 남으로 가서 산골에 흩어졌던 군사들을 찾아서 방위할수 있게 되였다. 왕은 누구든지 전장터에 가서 밀우를 찾아오는 사람에게는 후한 상을 주겠다고 하였다. 하부(서부)출신의 류옥구(劉屋句)가 나서서 자신이 가겠노라고 자청하여 나섰으며 싸움터에 가서 땅바닥에 쓰러진 밀우를 찾아서 업어왔다. 왕이 자기의 허벅다리를 베개삼아 베게하고 간호하였더니 한참만에 정신을 차리였다.

동천왕은 그후에도 사이길로 이리저리 돌아서 남옥저로 갔는데 위나라군사들은 추격을 멈추지 않았다. 그래서 어찌할바를 모르고있는데 동부출신의 뉴유(紐由)가 나서서 《형세가 심히 위급하니 그저 죽을수는 없습니다. 신에게 어리석은 계책이 하나 있으니 음식물을 가지고 가서 적장을 위로하는체 하다가 그 기회에 적장을 찔러죽이겠습니다. 신의 계략이 성공하면 왕은 분연히 떨쳐나서서 적을 친다면 반드시 이길수 있을것입니다.》라고 하였다. 왕이 그렇게 하도록 하였다. 뉴유가 위나라군에게로 가서 거짓으로 항복하러 온것처럼 말하면서 음식물을 내놓았더니 위나라장수가 그의 음식을 받아들이려고 하였다. 이때 뉴유는 식기속에 감추었던 칼을 뽑아들고 적장의 가슴을 찌르고 그와 함께 다투다가 둘이 다 죽었다. 그렇게 되자 위나라군대안에서는 큰 혼란이 일어났다. 기회를 보고있던 고구려군이 군사들을 갈라서 세 방향으로 반공격함으로써 위나라군대는 무질서하게 분산되고 드디여 락랑국방면으로 패주하였다.

한편 관구검의 지시를 받고 락랑태수 류무, 대방태수 궁준은 대방국, 락랑국통치배들의 동의를 얻어 그 남변으로 해서 강원도 서북방을 지나 령동지방으로 나오고있었다. 그 과정에 한 나해 등 수십개 부락지역을 통과하였는데 고구려, 백제지역에 속했던 《한》사람들은 침략군을 반대하는 싸움에 떨쳐나 대방태수 궁준이 주둔하고있는 기리영을 들이쳐 궁준을 죽여버리였다.* 위나라군대가 서쪽으로부터도 침공한다는 소식을 들은 비겁한 불내후(강원도 북부지방에 있었던 고구려의 속국통치자)는 위나라편에 가서 투항하였다.

* 이 공격전투를 진행한것은 마한 54국의 하나인 신분활(臣憤活)국의 우두머리였다고 한다.

그러나 동천왕을 추격하던 위나라군대가 고구려군의 반격으로 쫓기워 락랑국방향으로 도주하게 되자 불내후도 그들과 함께 쫓겨났다. 고구려군은 적군이 숨돌릴 짬을 주지 않고 계속 추격하여 위나라편에 가담하였던 락랑국, 대방국의 북쪽지역을 점령하였다.*

* 이 지역은 대략 오늘의 황해북도 서흥군, 봉산군, 은파군의 일부, 황해남도 은천군, 안악군, 은률군, 삼천군, 송화군지역과 신천군 및 재령군의 북부지방에 해당한다. 그것은 그보다 반세기가 지난 4세기초에 안악지방에 고구려의 벽화무덤들이 축조된 사실에 의하여 그렇게 판단할수 있다. 안악지방이 고구려땅이 된 다음 적어도 수십년이 지나야 그곳이 고구려의 공고한 후방으로 되여 왕실, 고위급귀족들의 벽화무덤도 생겨날수 있기때문이다.

위나라침략군은 고구려군의 계속적인 추격을 받고 많은 손실을 내였으나 겨우 도망쳐서 제소굴로 되돌아갈수 있었다. 불내후일당도 그들을 따라 료동반도로 도망갔다.* 이것은 246년 11월경의 일이였다.

* 《삼국지》 예전에 불내후가 그 이듬해 247년에 위나라 수도에 가서 《불내예왕》칭호를 받고 돌아왔으나 민간에서 살았고 한해에 네번씩 락랑, 대방 2군에 가서 인사를 하였으며 락랑, 대방 2군은 그와 그의 추종자들에게 조세, 부역, 군역을 2군의 주민들과 꼭같이 부과하였다고 한다. 이것은 그들이 본래의 고장에 있었던것이 아니라 2군지역으로 옮겨가서 살고있었다는것을 말해준다.

남쪽에서의 위나라군의 패전으로 하여 락랑국, 대방국은 북부의 많은 땅을 잃고 보잘것없는 작은 나라로 되여 겨우 잔명을 유지하게 되였다. 고구려가 247년에 평양성에 림시수도를 정하게 된것은 그 남쪽에 더는 고구려를 반대하여 나설만한 적대세력이 없었기때문이였다.

한편 북쪽에서는 관구검이 계속 침공하여 246년 10월에는 환도산에 이르러 《말허리띠를 조여매고 수레는 달아맨채》 산을 올라가서 환도성을 함락시켰으며 더 나아가서 불내성까지도 점령하였다. 그러나 사방에서 고구려군이 반격을 가해왔고 남옥저방면으로 나갔던 왕기의 부하장수가 이끌던 부대들이 크게 패전함으로써 관구검의 남북협공작전은 파탄되고말았다. 그렇게 되자 관구검은 황급히 환도성과 불내성을 파괴하고 퇴각하였다.*

* 《삼국사기》, 《삼국지》 등에는 당시 고구려가 환도산아래에 수도를 정하고있었다고 하였으나 관구검이 환도산을 올라간것을 보면 당시의 부수도 환도성은 산성과 평지성(아마도 이 평지성은 198년에 오녀산성동남에 쌓은 둘레 800m되는 석축성인 라합성이였을것이다)으로 이루어져있었다고 인정된다.

력사책들에 환도성과 불내성의 호상관계에 대하여 구체적으로 밝힌것이 없기때문에 환도성은 집안의 산성자산성으로, 불내성은 집안의 통구성으로 보는 견해가 나오게 되였다. 그러나 환도성은 《료사》 지리지에 의하면 록주(집안) 서쪽 200리(환산 110㎞정도)지점에 있었으며 비류수(혼강)서쪽에 있었다. 만일 환도성이 산성자산성이라면 통구평야를 흐르는 통구하의 바로 서쪽 언저리에 이 성의 정문(남문)이 있었으므로 《말허리띠를 조여매고 수레를 달아맨채》 올라갈 지형이 아니다. 소위 《관구검기공비》 석각이 집안 서쪽 34리(17㎞)에서 발견되였다는것이 잘못임은 앞에서 본바와 같다. 또 《삼국사기》 등에는 관구검이 환도산에 도착하여 불내성에 새김글을 새긴것으로 되여있으나 이것은《삼국지》 관구검전에 《간(刊)환도지산》이라고 한것을 잘못쓴것이다.

전쟁 3계단인 246년에 관구검이 또다시 침입하였으나 그것은 위나라측에 막대한 손실을 가져다주었다. 비류수가와 량맥골짜기에서만도 6 000명의 손실을 냈을뿐아니라 2월에 침공을 개시한 후 6개월동안에 여러 지점에서 고구려군의 반격을 받아 많은 병력을 잃었을것이다. 그러므로 적어도 근 1만명의 유생력량을 잃었을것이라고 볼수 있다.

위나라침략군은 남부전선에서도 대방태수 궁준이 죽은 이후에도 거의 모든 침략군병사들을 잃었을것이므로 그들의 손실은 훨씬 더 많았을것이다. 동천왕이 2만명의 고구려군이 소수무력이라고 한것으로 보아 관구검이 직접 이끌고온 위나라침략군의 수는 수만명이나 되였을것이다. 관구검전에는 1만명을 거느리고 침입한것으로 축소하여놓았고 그들이 입은 손실에 대해서는 일언반구도 없다. 그러므로 관구검이 혹심한 허위보고를 하였다는것을 알수 있다.*

* 앞에서도 본바와 같이 위나라군대가 동천왕을 추격하여 북옥저지방까지 갔다는 것은 있을수도 없는 거짓말이다. 왜냐하면 그들은 동옥저(남옥저)에서 락랑

국방향으로 달아났기때문이다. 그리고 고구려의 동쪽지경으로 가서 바다동쪽에 어떤 사람들이 살고있는가를 물어보니 순진한 녀인들의 나라(섬)가 있다든가 얼굴이 두개 있는 사람들이 있다든가 하는 해괴한 소리들을 하는것을 들었다고 하였는데 그런 허황한 소리는 동옥저의 바다가에서도 들을수 있는 이야기이다. 그러므로 이런 허른 소리까지 옮겨씀으로써 왕기의 부대가 마치도 북옥저까지 간것처럼 꾸며놓은것은 아무러한 가치도 없다.

이상에서 본바와 같이 유주자사 관구검휘하의 위나라침략군은 239～246년기간에 크게 격파되였으며 비록 일시적인 우여곡절은 있었으나 전쟁은 고구려의 종국적승리로 끝났던것이다.*

* 관구검은 고구려의 부수도 환도성과 기본수도 불내성(국내성)을 함락시키고 파괴하였으니 저들이 승리하였다고 허위보고를 하였고 그 말을 곧이 들은 위나라통치배들은 그것을 평가하여 100여명의 《후》칭호를 주었다고 한다(관구검전). 그러나 그것은 다 빈 이름만 준것에 불과하였다. 관구검전에도 그가 무슨 《후》로 책봉받았는지 밝힌것이 없는것을 보아도 그렇고 245～246년에 큰 공을 세웠다는 현도태수 왕기도 247년에 대방태수로 부임하였다(왜인전)는것을 보면 그들이 받은 《명예》나 보상이 보잘것없는것이였음을 짐작할수 있다.

239～246년 고구려－위전쟁에서 고구려가 승리하였다는것은 238년이래 락랑군 북부와 료동군 남부지역을 차지한 전과를 그대로 견지한 사실을 통해서도 찾아볼수 있다. 246년 관구검이 많은 무력으로 쳐들어온 주되는 목적은 고구려의 수도를 함락시키고 고구려왕의 항복을 받아내자는것이였다. 그러므로 그는 료동군 남부, 락랑군 북부지역의 회복문제를 뒤전에 밀어놓고 고구려종심 깊이까지 쳐들어왔다. 그러나 반년이상 계속된 싸움에서 고구려 동천왕의 실수로 하여 일시적으로 수도로 침공하였으나 인차 고구려군의 반격을 받아 퇴각하였다. 또 남쪽으로 나갔던 락랑, 대방 2군 태수들도 참패하였다. 그러므로 료동군 남부, 락랑군 북부를 지키고있던 고구려군은 그 지역을 계속 고수하고있었던것이다. 《진서》 지리지에 료동군 남부 2개 현과 락랑군 북부 5개 현이 보이지 않는것은 바로 이때문이다.

고구려는 전쟁이 종결된 다음 곧 환도성과 불내성에 새겨진 관구검의 《기공비》(기공석각)를 지워버리고 전쟁총화를 크게 진행하였다.

이 총화에서는 밀우와 뉴유의 공로를 첫째로 평가하여 밀우에게 거곡(巨谷), 청목곡(青木谷)을 식읍으로 주었고 류옥구에게는 압록, 두눌하원(杜訥河原)을 식읍으로 주었으며 죽은 뉴유에게는 구사자벼슬을 추증하였고(죽은 다음에 벼슬을 주는것) 그 아들 다우(多優)에게는 대사자벼슬을 주었다. 그밖의 여러 장수들과 군사들에게도 표창을 하였을것은 더 말할것도 없다. 이 전투공로평가만 보아도 전쟁에서 고구려측의 승리에 대해 잘 알수 있다.

고구려는 247년 2월에 림시로 수도성을 평양성(청암동성)으로 옮기고 환도성과 국내성을 복구하는데 힘을 넣었다. 그리고 전쟁으로 하여 입은 피해들을 빠른 시일안으로 가시고 국방력도 강화하였다.

6. 259년 위나라침략군의 격퇴와 고구려의 서쪽으로의 진격

위나라통치배들은 246년전쟁에서 큰 손실만 당하였던 조건에서 새로운 침략전쟁을 준비하였다.

257년에 현도군 고현현안의 아전들과 백성들이 반란을 일으킨 사건이 있었는데 그것은 위나라의 침략전쟁준비로 하여 인민들에 대한 착취와 각종 국가적부담이 더욱 증대되고있었던 사실을 반영하고있다.

259년 말에 이르러 위나라통치배들은 울지해(尉遲楷)*의 지휘밑에 대군을 편성하여 고구려에 대한 또 한차례의 침략전쟁을 도발하였다. 이번에도 위나라는 고구려의 수도로 곧바로 쳐들어가는 전략전술로 나왔으나 침략군의 주력은 태자하(대량수)를 따라 침입하였다.

* 《삼국사기》에는 적장의 이름이 장룡(고려 인종을 가리킴)의 이름과 같기때문에 빼놓았다. 인종의 이름은 해(楷)이다.

고구려의 중천왕(동천왕의 아들)은 정예로운 기병 5 000명을 선발하여

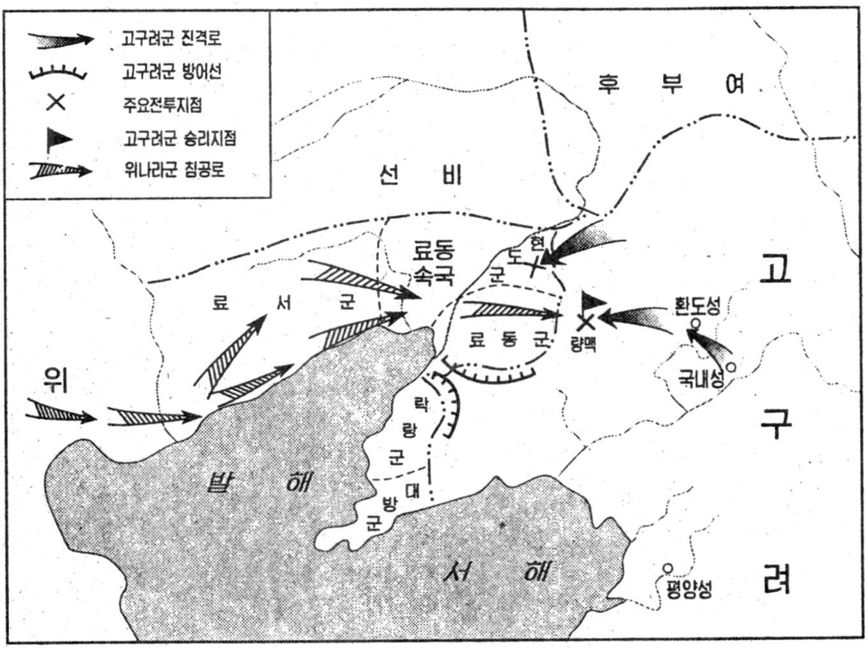

고구려-위전쟁(259년)략도

적군이 고구려땅 깊이 들어오기전에 격멸하도록 하였다.

겨울철이였던만큼 적군의 진공속도는 느리였다. 고구려가 기병정예부대를 파견한것은 빠른 기동으로 적을 불의에 쳐서 소멸하려는것이였다. 고구려군은 량맥골짜기(본계시－본계소시일대)까지 들어온 적군을 기습하여 공격함으로써 8 000여명을 목베였고 큰 참패를 당한 적군은 무질서하게 도주하였다.*

* 259년 전쟁에 대해서는 《삼국지》를 비롯한 중국측기록에는 전혀 나오지 않는다. 그것은 저들이 참패하였기때문에 패전을 은폐하고 상급에 보고하지 않았거나 보고받았어도 수치스럽게 여겨 기록에 남기지 않았을수 있다. 197년, 204년의 전쟁기사를 전혀 남기지 않았거나 왕청같이 외곡하여 놓은것도 같은 리유에서였다.

일제어용사가들은 259년 고구려－위전쟁에 대해서도 중국기록에 없으니 《삼국사기》의 기사는 봉건시대 조선의 력사가들이 조작한 기사라고 떠벌이였다. 그들의 론리는 《울지》라는 성씨가 북위(386～535년)때이후 처음으로 나타나는 성씨라는것이다(이께우찌 히로시 《만선사연구》 상세편 〈일문〉 1951년, 294～295페지). 그러나 《울》 또는 《울씨》, 《울지》라는 성씨 또는 이름이나 지명은 중국에서 오랜 옛날부터 있었다. 춘추시대 정나라 대부에 울지가 있었고 전국시대 사람 울료(자)는 《울씨》사람이였다.

그뿐아니라 《진서》 권125 걸복국인(乞伏国仁) 재기에 의하면 그의 조상때 청해지방의 울지갈권부족을 공격한 일이 있는데 그것은 대체로 4세기 전반기의 일이였다. 이것은 그보다 앞선 시기에 《울지》라는 성씨를 가진 인물이 있었다는것을 시사해주고있다. 따라서 일제사가들의 그러한 견해는 근거가 없다. 또 《삼국사기》에는 중국기록에는 남지 못한 사건, 인명, 지명들이 많으므로 중국사서를 기준으로 한 일제사가들의 주장은 망발에 불과하다.

259년 고구려－위전쟁에 대하여 쓴 《삼국사기》의 기록은 너무 간단하여 이 전쟁의 진모를 밝히기 어렵게 되여있다. 그러나 다른 자료들을 보면 이 전쟁에서 고구려가 승리한 결과 훨씬 서쪽으로 전진하였다는것을 알수 있다.

《후한서》 군국지에는 106년이후 현도군에 《고구려》, 서개마, 상은태, 고현, 후성, 료양의 6개 현이 있다고 기록되여있으나 《진서》 지리지에는 《고구려》, 망평, 고현 3개 현만이 남아있다. 그런데 망평현은 료동군소속이던것이 옮겨진것이다. 따라서 옛 현도군소속 서개마, 상은태, 후성, 료양의 4개 현은 없어진것이다.

그중 료양현은 공손씨집권시기나 그후에 북풍현, 력성현으로 분할, 개편되였다고도 볼수 있으므로 력성현이 《진서》 지리지에 료동군 속현으로 되여있기때문에 료양현전체가 아니라 북풍현이 없어진것이 명백하다. 그러므로 현도군 소속현으로서는 여전히 4개 현이 없어진것이다.*

* 료동군에서도 평곽현, 반한현, 안시현, 답씨현이 없어지고 한때 페지되였던 거취현이 다시 생겨났으며 또 락취현과 안평현이 새로 생겨났다. 그중 안평현은

안시현과 평곽현이 통합된것이라는데 대하여 그리고 답씨현은 고구려군에게 일단 점령되였다는데 대하여 앞에서 이미 보았다. 그리고 반한현은 후한때 료동속국에 속했던 무려현, 방현, 험독현과 함께 244년(정시 5년)에 위나라가 료동선비족들을 안착시키기 위하여 다시 설치한 료동속국에 이관되였다고 볼수 있다. 락취현은 료수현을 개칭한것인듯 하다. 그러므로 료동군의 북부에서는 망평현을 현도군에 넘겨주고 력성현을 새로 소속시켰다고 볼수 있다. 이러한 변화는 대략 265년을 전후하여 일어났다고 생각된다.

현도군에서 4개 현이 없어지게 된것은 언제 있었던 일이였겠는가.

240년대에 관구검이 대군을 이끌고 현도군으로 왔으므로 그 이전시기 문현, 북풍현까지 나갔던 고구려군은 일단 철수하였을것이다. 그리고 246년 위나라군대가 침공한 후에도 관구검이 얼마동안 유주자사로 있었다고 보이는만큼 240년대에 이러한 큰 변동이 생겨났다고 볼수는 없다.

그러므로 현도군지역의 우와 같은 큰 변동은 259년을 내놓고는 생각할수 없다. 그것은 259년에 고구려군이 울지해가 거느린 침략군에게 섬멸적타격을 준 기세로 계속 서진하여 료동군의 북방 현도군을 들이쳐서 그 대부분지역을 차지하였다는것을 말해주고있다.

《진서》 지리지의 료동국(료동군의 개편)의 호수가 5 400호, 현도군의 호수가 3 200호, 락랑군의 호수가 3 700호(대방군호수 4 900까지 합쳐서 8 600호)로 되여있는것은 《후한서》 군국지에 보이는 료동군 6〔(2)의 오자일것〕만 4 158호, 현도군 1 594호 〔1만호 빠짐(?)〕, 락랑군 6만 1 492호와 대비해볼 때 그 호구수가 엄청나게 줄어들었고 료동지방의 서진 군현이 크게 약화되였다는것을 알수 있다. 이러한 변화는 주로 고구려의 공격을 받고 정세가 안정되지 못한것과 관련하여 주민들이 많이 피난해간 결과라고 말할수 있다.

이처럼 259년 고구려－위전쟁은 고구려의 큰 승리로 끝났으며 고구려는 고조선의 옛땅이였던 료하중류 동쪽지방의 넓은 땅을 수복하였던것이다.

제 4 절 진나라(서진) 및 전연의 침공을 반대한 투쟁

1. 290년대 모용선비족의 침입을 물리친 투쟁

270～280년대에 고구려의 서북방에서는 모용선비족의 세력이 현저히 강화되였다. 281년 10월에 그들은 서진의 창려군을 공격하였으며 285년에는 후부여의 수도를 함락시키고 1만여명의 주민들을 강제련행해갔다.

고구려는 새로운 침략세력으로 등장한 모용선비족의 침입에 대처하여 후부여의 수도일대를 제때에 차지함으로써 북방령역을 확장하고 방어를 강화하였다.

모용선비의 추장 모용외는 293년(봉상왕 2년) 8월에 서북국경지대에 침입하였다. 때마침 봉상왕은 서북변방지역을 순시하던중이였는데 선비족이 침입해왔다는 소식을 듣고 신성으로 가서 적을 피하려고 하였다. 왕의 일행이 곡림에 이르렀을 때 모용외는 고구려왕이 나왔다는것을 알고 급히 추격하여 신성부근에까지 왔다. 이때 신성 성주인 북부소형 고노자는 자기 관하의 기병 500명을 거느리고 왕을 맞이하러 나갔으며 적들과 크게 싸워 그들을 쫓아버리였다. 국왕은 고노자의 공로가 크다고 하여 그의 벼슬등급을 대형으로 올려주었으며 곡림땅을 식읍으로 주었다.

모용외는 패배를 만회하려고 296년 8월에 많은 무력을 이끌고 다시 침입하여 고국원(환도성부근)에 이르러 서천왕의 무덤을 파헤치려다가 고구려군의 진격나팔소리를 듣고 도망치고말았다.*

* 《삼국사기》에는 모용외가 무덤을 파헤치자고 시도하였는데 도굴자가운데서 갑자기 죽은자가 생겨났고 또 무덤광안에서 음악소리가 나므로 귀신이 있는가 하고 두려워 되돌아갔다고 하였다. 그러나 실지로는 멀리서 고구려군의 군악소리가 났기에 바빠맞아서 달아난것이였다.

이 사건이 있은 후 봉상왕은 모용선비가 강한 군사들을 이끌고 여러차례 쳐들어오니 어떤 대책을 세울것인가 하고 여러 신하들에게 물었다. 294년에 국상이 된 창조리는 북부 대형 고노자가 현명하고 용감한 사람이니 적을 막고 백성들을 안착시키려면 고노자를 내놓고는 쓸만한 사람이 없다고 하였다. 그래서 고노자를 신성태수로 임명하였더니 그는 정사를 잘하여 위신이 높았다. 그래서 모용외는 다시 침범해오지 않았다.

그후 300년에 봉상왕이 학정을 일삼아 민심을 잃었으므로 국상 창조리는 정변을 일으켜 봉상왕을 자살하게 하고 그의 조카인 을불(미천왕)을 국왕으로 내세웠다.

2. 4세기초 락랑, 대방, 현도군의 구축

300년에 왕위에 오른 미천왕은 293년 9월이후 7년동안 봉상왕의 박해와 추적을 피하여 민간에 숨어서 머슴살이, 소금장사 등을 하면서 당시 조성된 사회적모순을 일정하게 인식하게 되였으므로 그것을 완화시키기 위한 정책을 실시하였으며 또 국력을 강화함으로써 오래전부터 고구려가 추진해오던 고조선옛땅의 수복대책도 강하게 밀고나갔다.

그는 302년 9월에 3만명의 군사들을 거느리고 현도군을 공격하여 8 000명을 포로하여 그들을 평양으로 보냈다. 이것은 평양성의 축조를 다그치기 위한 조치였다고 인정된다.

311년에 고구려는 군사들을 내보내여 료동군 서안평현을 완전히 점령하였다(《삼국사기》 권17 미천왕 12년 8월).

당시 서진의 료동군에서는 동이교위 리진, 봉혁과 료동태수 방본사이에 불화가 조성된데다가 선비족의 침습까지 받아서 그 내부정세가 매우 복잡하였다. 또 4세기초이후 서진국안에서는 《8왕의 란》과 《5호 16국》의 란장판이 벌어져 료동지방에 대한 서진중앙정권의 통제력은 거의나 없어졌다.

이러한 정세를 포착한 고구려는 313년에 먼저 락랑군에 대한 공격을 강화하였다. 료동군출신의 장통이란자는 락랑, 대방 2군의 병력으로 몇해째 맞서다가 결국 락랑사람 왕준의 권고대로 1 000여호의 주민들을 데리고 료서지방에 가서 모용외에게 투항하였다. 모용외는 료서지방에 새 락랑군을 두고 장통을 태수로, 왕준을 참군사로 임명하였다 [《자치통감》 권88 건흥 원년 (313년)].

락랑군지역을 점령한 고구려군은 계속 남으로 나가 314년에는 료동반도 끝부분에 있던 대방군지역도 통합하였으며 315년에는 현도성을 들이쳐서 함락시키고 그 땅을 다 통합하였다. 그리하여 료동지방에는 크지 않은 료동군 하나만이 남아있게 되였다(《삼국사기》 권17 고구려본기 미천왕 15년 9월, 16년 2월).

대방군과 현도군의 관리들의 일부는 얼마간의 주민들과 함께 역시 모용외에게 투항하였으며 모용외는 료서 락랑군의 주변지역에 새로 대방군과 현도군을 설치하였다. 그것은 그후 모용외밑에 대방태수, 현도태수 등의 관직을 가진자들이 여러명 있었던 사실로 보아 알수 있다.*

* 료서로 옮겨진 락랑군, 대방군의 위치는 현 료녕성 의현부근이였다고 한다 [《동북력사지리》(중문) 2권, 1989년, 67~68페지]. 같은 책 (63페지)에서 현도군은 333년까지도 료하이동지역에 있었다고 하면서 《진서》 재기 (제 9)에 이해에 현도태수 고후가 료동지방에 있다가 모용황에게로 달아났다는 기사를 인용하였으나 《자치통감》(권95) 함화 8년 윤10월조에는 고후가 모용황의 부하(광무장군)로서 모용인을 치러간것으로 되여있다. 후자가 옳을것이다. 고후는 그해 6월에 현도태수로 되였고 다음 광무장군이 되여 료서에서 료동으로 나오다가 패하여 퇴각한것이다. 따라서 현도군은 이미 그 이전에 료서지방으로 옮겨가있었다고 보아야 할것이다.

319년에 동이교위 평주자사 최비는 평주산하에 있어야 할 창려군 등의 지역을 차지하고있던 모용외의 세력이 날로 커가는데 불만을 품고 모용선비와 적대관계에 있던 고구려, 단선비, 우문선비에게 함께 모용선비를 치자고 제의하였다. 최비로서는 자기의 재임중에(그는 311년말경에 평주자사로 되였다) 락랑, 대방, 현도의 3개 군을 고구려에게 빼앗겼으니 고구려를 원쑤로 보고있었으나 당면하여 주되는 반대세력으로 등장한 모용선비부터 먼저 치는것이 필요하다고 보았던것이다. 고구려도 그의 속심을 모르는바가 아니였으나 역시 당면한 강적은 모용선비였으므로 그의 제의를 받아들였다.

그리하여 고구려, 단선비, 우문선비 세 나라의 군사들은 모용선비의 수도 극성(조양동남)을 포위하였다. 모용외는 리간책을 써서 우문선비의 추장 실독관(悉獨官)에게 고기와 술을 보내여 위로하는척 하였더니 고구려군과 단선비군은 무슨 음모가 있다고 보면서 철수하고말았다. 우문선비의 추장 실독관은 자기 무력만도 수십만이나 되니 혼자서도 싸울수 있다고 장담하였으나 모용외가 유인전술을 써서 불의에 실독관의 본영을 쳐들어감으로써 크게 격파당하였고 그는 겨우 빠져 달아났다.

최비는 사태가 굴러진것을 알고 수십명의 기병과 함께 고구려로 망명하였다.

이때 고구려장수 여노(여노자)는 하성(河城-료하부근)을 지키고있다가 모용외가 보낸 장통의 무력과 싸웠으나 패배하였다. 그리하여 료동군지역은 모용선비가 차지하게 되였다.

고구려의 미천왕은 모용선비가 차지한 료동군지역을 여러차례 공격하였으나 모용외가 아우 모용한, 모용인을 보내여 방어하였으므로 성과를 거두지 못하였다. 320년에도 고구려는 료동군을 들이쳤으나 성공하지 못하였다. 아마도 큰 무력을 파견하지 않고 소수의 인원으로 공격전을 벌렸던것 같다.

고구려는 조성된 정세에 대처하여 오늘의 하북성과 그 부근일대에 있던 석조〔石趙. 석륵(石勒)이 319년에 세운 나라. 후조라고도 함〕와 동맹하여 모용선비를 견제하려고 하였다. 330년에 고구려가 주동적으로 후조에 사신을 파견한것은 그와 공동행동을 취하기 위한 외교활동이였다고 볼수 있다(《삼국사기》 권17 고구려본기 미천왕 31년).

333년에 모용외는 죽고 그 아들 모용황이 뒤를 이었다. 그런데 그와 사이가 좋지 못했던 아우 모용인과 모용소는 자기들에게 화가 미칠가 보아 형을 반대하여 나섰고 모용인은 자기 관하군대를 이끌고 형을 치려 황수(潢水. 험독현부근)까지 나갔다가 음모가 발각되여 퇴각하였다. 모용황은 부하들을 보내여 모용인을 쳤으나 문성(문현)북쪽에서 크게 패전하였고 사마 동수(佟壽)는 모용인에게 항복하였다. 문성전투이후 모용인은 료동군땅을 다 차지하고 《평주자사 료동공》을 자칭하였다. 334년에 모용황은 료동군을 쳐서 그 소재지인 양평현과 그 부근을 차지하였으며 336년초에는 창려에서 력림구(歷林口)까지 300리를 얼어붙은 바다우로 행군하여 불의에 모용인을 쳐서 승리하였다. 이때 동수, 곽충(郭充) 등은 고구려로 망명하여왔다. 고구려의 고국원왕은 모용선비의 연나라(전연 337년에 연왕을 칭함)와 적대적관계에 있었던만큼 그들을 받아들였으며 동수를 신임하여 장하독(왕궁호위무관장)으로까지 승급시켜주었다.

338년에 후조(석조)는 대군으로 북으로 단선비를 공격하여 상곡, 어양, 계 지역을 차지하였고 다시 모용선비를 치려고 하니 전연의 동이교위 봉추(封抽), 호군 송황(宋晃) 등은 후조에 투항하였다. 후조의 군대는 진격하여 전연의 수도 극성을 포위공격하였으나 도리여 크게 패전하여 퇴각하였고 모용황은 자기 령역이였던 범성(凡城)까지 도로 차지하였다. 후조에 투항하였던 봉추, 송황 등은 신변이 위험하게 되자 고구려로 망명하였다. 고국원왕은 이들도 받아들였다. 이 역시 전연과의 대결을 강화하기 위한 조치였다.

3. 342년 고구려-전연전쟁

고구려는 전연의 침입에 대처하여 335년에 신성을 보수하였으며 또 336년에는 동진에 사신을 보내여 동진이 전연을 도와나서는것을 막으려고 하였다. 그것은 당시 동진이 그 북쪽에 있던 후조(석조)를 견제하기 위하여 전연과 좋

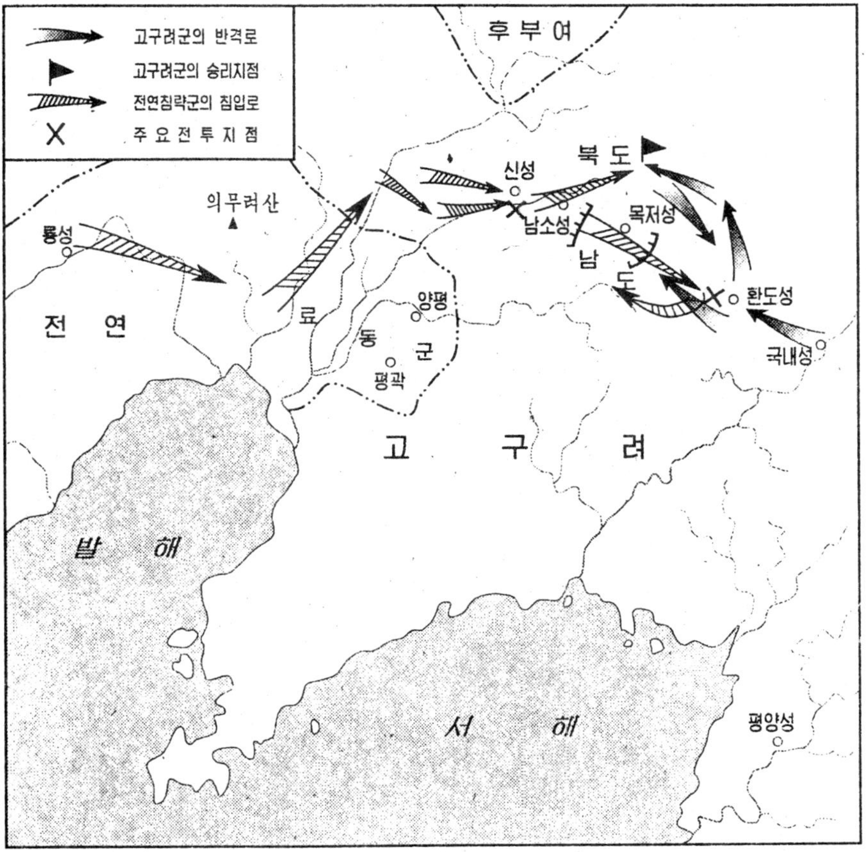

342년 고구려—전연전쟁략도

은 관계를 맺고있었기때문이였다.

한편 이 시기 고구려는 후조와의 협력을 강화하였다. 후조는 고구려와 함께 전연을 반대하여나섰으며 338년 전연 수도 극성에 대한 포위공격에서 실패한 후*1 청주(산동반도)의 앞바다에 있는 섬들에 300만곡(섬)의 군량을 날라다가 두는 한편 300척의 배로써 30만곡의 량곡을 실어다가 고구려땅에 가져다두게 하는*2 등 전연을 칠 전쟁준비를 다그쳤다.

*1, *2 (《자치통감》 권96 함강 4년(338년) 5월 무자, 임진.

당시 고구려는 료동반도의 대부분을 차지하고있었기때문에 후조는 고구려땅에 예비군량을 가져다가 저축하게 할수 있었다. 이 무렵 후조가 전농중랑장 왕전(王典)으로 하여금 1만여명을 데리고 바다가에서 둔전을 경작하게 하였는데 그것은 청주(산동)의 바다가에서였고 고구려땅과는 관계가 없었다.

339년 9～10월에 모용황은 고구려서북방의 주요거점인 신성으로 침공해왔다. 이때 고구려는 싸움준비가 잘 되지 못하였으므로 전연과 화의를 맺었다. 그리고 340년에는 왕세자를 보내여 전연을 방문하게 하였다(《삼국사기》 권18 고구려본기 고국원왕 9년, 10년).

이것은 전연의 내부형편을 료해하기 위한것이였을것이다.

340년에 후조는 전연을 치기 위하여 50만의 대군을 동원하고 락안성(楽安)(하북성 락정〈楽亭〉현 동북, 란하하구부근)에 1 100만곡의 량곡을 운반하였으며 341년 10월에는 황해장군 왕화(王華)를 시켜 바다길로 가서 전연의 료동군 안평현을 습격하게 하였다(《자치통감》 권96 함강 6년 9월). 한편 전연은 모용각을 평곽에 보내여 고구려군과 싸우도록 하였다(《자치통감》 권96 함강 7년 10월).

전연과의 또 한차례의 전쟁이 불가피하다고 본 고구려는 342년 2월에 환도성을 수축하고 국내성도 다시 쌓았다. 그리고 8월에는 고국원왕이 거처를 환도성으로 옮기였다. 수많은 고구려군사들이 환도성부근으로 집결되였다.

342년 10월에 전연은 수도를 극성으로부터 룡성(조양부근)으로 옮기였다. 이것을 계기로 전연에서는 동쪽의 고구려, 서쪽의 우문선비가운데 어느쪽을 먼저 칠것인가를 협의하였다. 이때 모용한의 주장에 따라 먼저 고구려를 침공하기로 하였다. 그는 고구려에는 남도와 북도 두 길이 있다, 남도는 좁고 험하며 북도는 넓고 평탄한데 고구려는 의례히 적군 주력이 북도로 해서 침공하리라 타산할것이니 북도로는 적은 무력을 보내고 주력군은 남도로 해서 침입하자고 하였던것이다.

고구려군의 통수부에서는 실지로 전연군의 주력이 북도로 해서 침입하리라고 보고 왕제 고무(高武)로 하여금 정예로운 군대 5만명을 북도방향으로 파견하였으며 고국원왕자신은 약한 군사들을 거느리고 남도를 지키기로 하였다.

그런데 전연은 국왕 모용황자신이 정예부대 4만명을 이끌고 남도*로 침입하였고 북도로는 장사(長史) 왕우(王寓)로 하여금 1만 5 000명의 병력으로 침공하게 하였다.

* 이때의 남도와 북도에 대해서는 환도성을 집안의 산성자산성으로 보고 집안까지 오는 길로 보는 견해가 있으나 그것은 앞에서도 본것처럼 잘못이다. 환도성은 오녀산성이 되여야 하므로 거기까지 오는 두 길을 찾아야 남도, 북도를 옳게 비정할수 있다. 이 경우에도 남도를 태자하를 따라 거슬러 올라오는 길로 보는 견해가 있으나 《자치통감》주석에 있는것처럼 남협으로 해서 목저성으로 가며 또 《한원》기사처럼 남소성은 잡성(신성의 잘못)동북에 있으므로 남도는 소자하를 따라 들어오는 길이 되지 않을수 없다. 그러므로 신성－남소성－목저성－환도성이 남도로 되는 조건에서 남소성은 살이호산성으로, 목저성은 목기진부근에 있는 오룡산성이 되여야 할것이다. 오룡산성으로 오는 길은 매우 험하며 또 신빈현 영릉〈토성〉에서 오녀산성으로 오는 길도 험

하다.

반면에 남소성부근에서 혼하를 따라 나오는 길은 평탄하다. 물론 청원현 남산성자에서 동남으로 나와 금창령을 넘어 부이강을 따라 남하하는 길도 일부 험하지만 크게 볼 때 북도가 평탄하다고 할수 있다. 이 길은 북치(北置)를 따라가는 길이라고 하였는데 북치란 북도에 있는 역참이라는 뜻으로 리해된다.

북도에서는 고구려군이 수적으로 훨씬 우세하였던만큼 적군 1만 5 000명을 전멸시켰다. 그런데 남도에서는 적의 주력군 4만명이 밀려오는 바람에 고구려의 방어진은 무너지고 장수 아불화도가(阿佛和屠加)는 전사하였다. 이것은 아마도 환도성에서 멀지 않은 오늘의 영릉남쪽 환인현과의 경계지대에서 있었던 전투에서 있은 일이였다고 생각된다.

고구려의 고국원왕은 급한 나머지 소수의 군사들을 데리고 단웅곡(압록강부근)으로 후퇴하였다. 적군은 련이어 환도성을 함락시켰으며 환도성에 와있던 태후(왕모) 주씨와 왕후는 급히 피신하다가 적군에게 붙잡히고말았다. 이것은 고구려통수부의 정황판단의 잘못으로 하여 생겨난 엄중한 사태였다. 전연침략군은 수비무력이 거의나 없었던 환도성을 어렵지 않게 함락시킬수 있었다. 그러나 북도로 보낸 군대가 전멸된데다가 5만명의 고구려군이 남도의 소식을 듣고 급히 달려오고있었으므로 오래 지체하고있을수 없었다.

침략군은 고구려를 굴복시키기 위한 비렬한 술책으로 환도성을 파괴하고 보물들을 략탈하였으며 미천왕의 무덤을 파헤치고 그 시신을 훔쳐갔다. 또 태후 주씨를 비롯하여 많은 인원들(5만여명이라고 한다)을 강제련행하여갔다.

이때 고구려는 무력상으로는 얼마든지 적을 추격하여 큰 타격을 줄수 있었다. 그러나 태후가 잡혀가고 부왕의 시신이 략탈당한 조건에서 고국원왕은 봉건도덕의리에 구애되여 그렇게 하지 못하고 이듬해에 많은 보물들을 보내여 부왕의 시신을 되찾아왔다. 그러나 모용황은 그 어머니를 돌려보내지 않았다.

고국원왕은 343년 7월에 평양 동쪽 황성으로 림시거처를 옮겼으며 동진에 사신을 보내여 외교활동을 벌리였다. 344년초에 전연은 우문선비의 추장 일두귀를 쳐서 그 수도를 함락시키고 5 000여락(부락)을 전연의 중심지대로 옮기였다(《자치통감》 권97 건원 2년 정월). 또 고구려가 전연에 대하여 계속 맞설 태세를 하고있다는것을 안 연나라통치배들은 345년 10월에 다시 고구려땅으로 침입하여 남소성을 함락시키고 수비병을 두고갔다(《자치통감 권97 영화 원년 10월, 《삼국사기》 권18 고구려본기 고국원왕 15년 10월). 고구려는 즉시 반격을 가하여 남소성을 탈환하였다.

346년에 전연침략자들이 후부여의 수도(사평시 일면성)를 함락시키고 국왕 여현과 5만여명의 주민을 강제련행해갔을 때 고구려는 즉시 군대를 내보내여 후부여의 수도일대를 차지함으로써 전연과 계속 맞서나가려는 립장을 표시하였으며 그후 일두귀가 망명해오자 그를 받아들이였다.*

* 《위서》 권103 우문막괴전, 《자치통감》은 344년에 모용황에게 패전한 일두귀가 북쪽 사막지대에 가서 죽은것으로 썼으나 《위서》의 기록이 정확하다고 본

다. 그것은 346년에 고구려가 후부여의 중심지역을 차지한 조건에서 일두귀가 얼마든지 고구려로 망명해올수 있었기때문이다.

고구려는 전연침략세력과의 대결태세를 늦추지 않았으나 태후 주씨의 송환을 위하여 한편으로는 유연한 자세로 림하였다. 349년에는 이전 전연의 동이호군 송황을 돌려보냈으며 355년에는 전연에 치자를 보냄으로써 주씨를 되찾아왔다.

전연이 주씨의 송환에 동의하게 된것은 당시 자기 세력이 강화되여 고구려를 그전처럼 무서워하지 않게 된것과도 관련이 있었다. 즉 350년초에 후조의 장수 염민(冉閔)은 반란을 일으켜 후조를 멸망시키고 위(魏, 염위)나라를 세웠다. 이런 기회를 리용하여 전연은 350년 2월에 만리장성계선을 넘어 후조의 유주를 차지하였고 계(薊)에 수도를 옮겼다. 351년에는 중산지방(中山, 하북성 석가장동북)을 점령하였으며 352년에는 염위를 멸망시켰다. 더 나아가서 안평을 차지하였고 전연왕 모용준은 황제를 자칭하였으며 이제 와서는 고구려가 감히 전연을 반대하여 나서지 못하리라고 타산하였던것이다.

그러나 고구려는 342년에 당한 수치를 결코 잊지 않았으며 자기의 국력 특히 국방력을 강화하는데 큰 힘을 넣으면서 전연에 대한 복수전을 준비하고있었다. 고국원왕은 이 시기에 국내 각지를 순시하면서 조성된 정황을 처리하고 료동지방과 서북조선 각지에 성곽방위시설들을 신축하거나 보수하게 하였다. 또 남평양성을 건설하고 농업, 수공업생산을 발전시킴으로써 군량축적과 무기무장생산을 다그쳐나갔다. 한편으로 남쪽에서 강화된 백제의 북상을 막기 위하여 패수(浿水, 례성강)가에 나가서 싸우기도 하였다.

4. 전연의 멸망과 고구려의 유주진출

전연은 357년에 수도를 계로부터 업성(하남성 림장현 서쪽 40리)으로 옮겼으며 그 령역도 불어났다. 그러나 그 내부에서는 관료들의 부화타락이 심하여 민심을 크게 잃었다. 게다가 남쪽에서는 동진이 공격해왔고 서쪽에서는 전진이 공격의 기회를 노리고있었다. 369년에 전진은 락양을 공격하여 이듬해 2월에는 점령하였으며 7월에는 호관(壺關, 섬서성 장치현 동남)과 진양(晋陽, 산서성 태원)을 공격하였다. 전연의 최고관료인 태부 모용평은 전국에서 정예로운 군사 30만명(40만이라고도 한다)을 모아가지고 전진의 진공을 막으려고 하였다. 그러나 그는 탐욕스러운자로서 병사들이 나무하러 가는것까지도 돈을 내게 하였으므로 병사들의 인심을 완전히 잃어버렸다.

370년 10월 23일에 위원(渭源)전투에서 전연군은 전진군과 크게 싸웠으나 15만명을 살상포로당하고 모용평은 겨우 목숨을 건져 수도로 도망쳤다. 11월초에 전진군은 전연의 수도 업성을 포위하였으며 7일밤 부여, 고구려 등이 전연에 보낸 치자 500여명이 북문을 열어제낌으로써 업성은 함락되였다.

이에 앞서 대륙정세를 주의깊게 살피고있던 고구려는 전연의 후방이 텅 비다싶이 되고 또 전진의 공격으로 전연이 멸망의 위기에 처했다는것을 알게 되였다. 고구려는 이 기회를 놓치지 않고 대기마군단을 보내여 파죽지세로 진격함으로써 짧은 시일안으로 료서지방을 장악하고 만리장성계선을 넘어 유주의 북부지역을 점령하였다.

여기서 대기마군단을 발동시켰다고 보게 되는것은 고구려군이 진격을 개시하여 2 000리나 되는 유주북부지역까지 진출한것이 불과 10여일밖에 안되였기때문이다. 즉 하루 200리를 진격하여야만 하는데 보병부대로서는 그와 같은 높은 진격속도를 보장할수 없는것이다. 이때 고구려군은 한편으로는 룡성(료녕성 조양시)에서 서쪽으로 고북구(베이징 북방)를 지나 남진하였고 다른 한편으로는 림유관을 지나 장성 동남부지역으로 진격하였다고 인정된다.

고구려군은 11월 10일경에 베이징 서남 용성(容城)부근에서 전연왕 모용위(暐)를 추격하여 고양(高陽)에서 사로잡고 계속 북상하던 곽경(郭慶)지휘하의 전진군과 만난것으로 보인다. 일부 사서들에는 곽경이 인차 룡성으로 나온것처럼 썼으나 그것은 용성과 룡성이 같은 음운을 가진 글자이기때문에 잘못 써놓은것이다. 다른 사서들에는 그가 료해(遼海)(발해연안지방)로 갔다고 썼다(《진서》 권113 부견재기).

다시말하여 고구려군은 전진과 싸울 필요가 없었고 전연이라는 공동의 적을 타승하기만 하면 되였던것이다. 또 전진군으로서는 새로 나타난 고구려의 정예로운 군대와 싸울래야 싸울수도 없었다. 그들은 고구려의 정예무력의 진격목적이 전연침략세력과 그 잔여분자들을 소탕하는데 있다는것을 알고 공동으로 전연의 잔여세력을 치기로 하였다고 인정된다.

이에 앞서 전연의 의도왕(宜都王) 모용환(桓)은 1만여명의 무력으로 모용평을 지원하려고 하다가 모용평이 위원전투에서 패하였다는 소식을 듣고 11월 6일에 룡성으로 달아났고 전연왕 모용위, 태부 모용평 등 관료들은 11월 7일에 룡성방향으로 달아났다. 며칠후에 모용위는 고양에서 포로되였으나 모용평은 고구려로 망명하려고 더 북쪽으로 갔다. 그는 만리장성이남지역에서 고구려군에게 붙잡히였고 고구려는 그를 전진측으로 보내였다.*[1] 의도왕 환은 발해왕 량(亮)을 죽이고 그 군대까지 합쳐서 료동으로 갔으나 료동태수 한조(韓稠)는 이미 전진에 투항할것을 계획하고있었으므로 그를 받아들이지 않았다. 이때 한조는 이미 산해관부근으로 도망가있었다.

372년 2월에 곽경은 부하인 주억을 보내여 의도왕 환의 무력을 격파하고 그를 죽여버렸다.*[2]

*[1] 모용평이 얼마 가지 못하여 포로되였다는것은 그의 송환경위를 보면 알수 있다. 그는 11월말 이전에 이미 업성으로 송환되였으니 그가 고구려군에게 붙잡힌 때부터 10여일만에는 업성으로 간것이다. 따라서 그는 산해관이북으로는 도망치지 못한것이다.

*[2] 《자치통감》 등에는 370년 11월 업성함락후 얼마 안되여 모용환이 격멸된것으로 써놓았으나 《진서》 권9 간문제기에는 그가 372년 2월에 가서야 격멸되였다고 쓰고있다. 그러므로 그 사이에 고구려군은 전진군과 함께 전연잔여세력을 소탕하기 위하여 싸우고있었음을 알수 있다.

남조계통의 여러 사서들에 의하면 이 시기에 백제도 료서지방에 진출하였다. 그러므로 당시 백제와 적대관계에 있던 고구려는 백제세력을 료서, 하북성북부지역에서 쫓아내야 하였으며 전연잔여세력도 다 소탕하여야 하였다. 그러자면 많은 시간이 요구되였을것이다. 이 기간의 고구려군의 군사행동에 대해서는 기록에 남은것이 없다. 그러나 덕흥리벽화무덤의 묵서에 의하면 고구려는 이 시기에 대군, 상곡, 어양, 광녕, 연군, 범양국, 료동, 료서, 창려, 북평, 락랑, 대방, 현도의 13개 군, 국, 75개 현을 가진 자체의 유주를 두고있었다. 그러므로 상당히 넓은 지역을 차지하고 그안에 남아있던 전연잔여세력을 소탕하였다고 인정된다.

376년 봄—여름에 이르러 고구려는 이 목적이 다 달성되자 주동적으로 대릉하하류—의무려산계선 이동으로 철수하였다〔제2장 참조〕.

고구려의 유주진출이 가지는 의의는 우선 적대국이였던 전연에 대한 복수전에서 큰 성과를 거둔데 있으며 또한 B.C. 108년이후 중요한 력사적과업으로 제기하였던 고조선옛땅을 수복하는 대업을 성취하고 고구려의 국제적지위를 크게 높였다는데 있다. 고구려는 유주진출을 계기로 자기의 위력을 동아시아에 널리 시위하였던것이다.

제 5 절 일부 남북조나라들(후연, 송, 북주)의 침공을 반대한 투쟁

1. 후연의 침략을 반대한 투쟁

1) 새로운 침략세력 후연의 출현, 385년 고구려군의 료동군, 현도군지역에로의 진공

고구려는 전진과는 시종일관 우호적인 관계를 맺고있었다. 그런데 383년에 전진왕 부견은 자기 국력이 강화된것을 믿고 전 중국을 통일하려고 하면서 100만대군으로 동진을 공격하다가 비수싸움에서 크게 패하고 대오를 수습하지 못한채 퇴각하였다. 이때 전연의 왕족인 모용수는 3만명의 군대를 데리고 부견의 뒤를 따라다니였으므로 그리 큰 손실을 당한것이 없었다. 그는 그후 전진을 배반하고 수만명의 군사들을 모집하여 락양을 치려다가 그만두고 업성으로 돌아가 384년초에 연왕(후연)을 자칭하였다(《자치통감》 권105 태원 9년 정월).

* 모용수는 모용황의 다섯째아들로서 용맹과 지략이 있는것으로 알려졌고 오왕(吳王)으로까지 되였으나 369년에 태부 모용평의 미움을 사서 죽을 고비에 처하게 되자 처자들을 데리고 전진으로 망명하여 경조윤 관군장군으로 되였다.

그후 모용수는 황하류역에서 세력을 확대하고 하북지방으로 나왔으며 점차 전연의 발상지인 료서지방으로 세력을 확대하였다. 385년 5월에 그는 대방왕 좌(佐)로 하여금 룡성에 가서 연나라의 지반을 강화하게 하였다.

이것은 고구려의 서쪽에 새로운 침략세력이 출현하였다는것을 의미하였다. 그러므로 고구려는 후연의 침략예봉을 미리 꺾어버리기 위하여 385년(고국양왕 2년) 6월에 4만명의 군대를 내보내여 후연의 료동군, 현도군(둘다 료서지방에 있었음)을 들이쳐서 함락시키고 룡성에 와있던 대방왕 좌가 보낸 사마학경(司馬郝景)의 군대를 격파하였으며 남녀 1만여명을 데리고*[1] 돌아왔다. 고구려군이 철수한것은 그해 11월이였다.

그것은 모용농(農, 모용수의 아들)이 3만명의 군대를 이끌고 먼저 부여사람 여암(餘岩)이 지휘하는 농민폭동군을 령지(하북성 천안현 서쪽)에서 치고 계속 북상하여온것과 관련되였다. 고구려로서는 후연침략세력의 기를 꺾어놓는것이 기본목적이였으므로 오래동안 료서지방에 머무르고있을 필요가 없었던것이다.*[2]

*[1] 이때 342년에 전연이 강제련행해갔던 고구려사람들의 일부를 데리고 왔을것이다.

*[2] 《자치통감》 등에는 이때 모용농이 료동, 현도 2개 군을 쳐서 회복하였다고 하였으나 그것은 고구려군이 스스로 철수한 다음의 일이였다. 모용수는 모용농을 룡성에 있게 하고 대방왕 좌는 평곽에 있게 하였다고 하였는데 이 평곽도 료서지방에 있던 료동군 소속현이였다.

일부 다른 나라 사가들은 이때까지도 료동군이 료하이동지역에 있었던것처럼 보고있으나 그것은 잘못이다. 395년에 고구려 광개토왕이 북풍, 력성을 지나서 양평으로 간것만 보아도 이때 료동군이 료서지방으로 옮겨가 있었던것을 알수 있고 덕흥리벽화무덤 13군 태수가운데 료동군, 현도군태수들은 그림의 아래자리 7군태수가운데 있었던것을 보아도 370년대의 료동군이 료서지방에 있었던 작은 군이였다는것을 알수 있다.

료서지방에서 고구려군이 인차 철수한 중요한 리유의 하나는 고구려의 남방에서 백제와 첨예한 대립관계에 있었기때문에 료서지방에서 후연과의 큰 전쟁을 벌리는것은 군사전략상으로도 불리하였다는 사정과도 관련이 있었다고 보인다.

이 시기에 유주, 기주의 주민으로서 고구려로 망명해온 사람들이 많았는데 그것은 하북지방에서 전란이 자주 일어난 반면에 고구려의 내부정세는 안정되여있었기때문이다.

2) 400년 후연의 침입과 402년, 404년 고구려군의 반격

고구려의 광개토왕은 392년이후 여러차례 남쪽의 백제와 싸웠고 또 서북방의 거란족 비려부를 쳐서 복속시켰다.

특히 396년에는 백제의 수도 한성을 포위하여 백제왕의 항복을 받아내였다. 이렇게 고구려가 남북으로 싸우고있던 기회를 틈타서 후연왕 모용성(盛. 모용보〈宝〉의 아들)은 400년(광개토왕 10년) 2월에 숙부인 표기대장군 모용희(熙)를 선봉장으로 삼고 3만명의 군대로 고구려를 침공하였다.《자치통감》(권111) 륭안 4년(400년)조에는 이때 후연군이 고구려의 신성, 남소성을《함락》시키고 5 000여호의 인민들을 강제련행해간것으로 썼으며 700여리 땅을《개척》한것으로 썼다.*

* 《삼국사기》 권18 고구려본기 광개토왕 9년 2월조에는《척지(拓地)》로 되여 있다.
  이때 신성, 남소성이 함락되였다는것은 그대로 믿기 어렵다.《진서》 권124 모용성재기에서 두 성에 쌓아두었던것(량곡 등)을 헤쳐놓았다고 한것을 보면 후연군은 두 성의 주변에 있는 낟가리들을 헤쳐놓았다고 볼수 있다. 신성은 고구려서변의 중요한 요새로서 견고하기로 이름난 성이므로 그리 간단히 점령할수 있는 성이 아니다.
  이때 후연군이 700리땅을《개척》하였다는것은 말이 되지 않는다. 그것은 그들이 일시적으로 남소성까지 700리 로정을 왔다는것을 두고 한 말에 지나지 않는다. 남소성에서 700리 서쪽이라면 그곳은 의무려산줄기서쪽 부신부근이며 당시의 경계가 그 부근에 있었다는 말로 될것이다.

이해에 모용성이 침공한 구실은 고구려가《연나라를 섬기는데서 교만하다(례절을 지키지 않았다)》는것이였다. 그것은 아마도 고구려가 보낸 국서의 내용이 후연을 하대하는것이였거나 적어도 동등한 립장에서 글을 써보냈다는것을 의미한다. 고구려의 광개토왕이 크지 않은 후연의 통치자에게《사대》하지 않았다는것은 자명하다.

후연군이 침입했다가 인차 되돌아간것은 고구려군의 즉시적인 반격을 받았기때문이였다. 400년 당시 고구려는 5만명의 대군을 백제－가야－왜의 련합군의 침공을 받은 신라를 구원하기 위하여 내보냈던것만큼 서북방의 방위가 좀 약화될수 있었으나 고구려는 제때에 침략자들을 반격하여 쫓아버렸던것이다.

400년에 있은 후연의 침입은 비록 일시적인것이였으나 적지 않은 고구려인민들이 련행되여간것은 중대한 사태였다. 그러므로 고구려는 후연에 대한 징벌타격을 가하고 강제련행된 사람들을 구출하여야 하였다. 이로부터 고구려는 남방정세가 좀 개선된 다음 402년 5월에 후연에 대한 보복타격으로 후연의 평주소재지 숙군성(룡성 동북)을 공격함락시켰다. 이때 후연의 평주자사* 모용귀(歸)는 성을 버리고 도주하였다. 그는 고구려의 대군이 밀려오자 싸워볼 엄두도 내지 못하였던것이다.

* 《자치통감》의 주석에는 북연 평주소재지는 숙군성이라고 하였으나 북연은 후연의 잘못이다.
  《진서》지리지에는 후연왕 모용희(熙)때 (401년 윤8월～407년 7월)의 숙군성은 영주자사의 치소였다고 하였다. 402년이후에 평주를 영주로 개편하였는지 알수 없으나 숙군성이 룡성 동북방에 있었던것은 확실하다.

숙군성을 점령한 고구려군은 일정하게 사태를 수습한 다음 얼마후에 철수

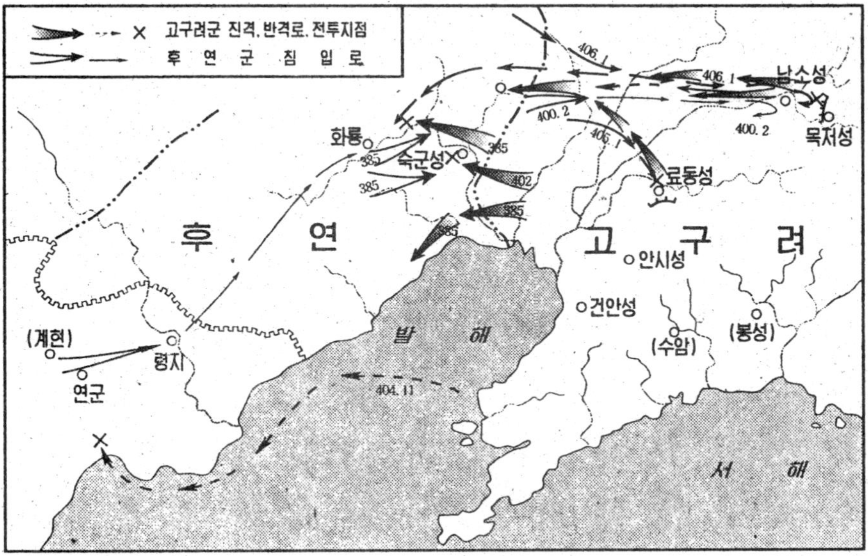

4세기말, 5세기초 고구려-후연전쟁략도

하였다고 보았다. 자세한 기록이 없어서 이때 고구려군이 얼마만한 고구려인민들을 도로 찾아왔는지 또 후연사람들을 얼마나 붙들어왔는지 알수 없으나 400년 전쟁의 피해를 보상할만한 성과를 거두었으리라고 볼수 있다.

404년 11월에 고구려는 다시 수군무력을 파견하여 장성이남에 있던 후연의 연군(소재지는 광계)을 기습하여 100여명을 살상포로하였다. 이 역시 후연의 침공에 대한 보복타격의 일환이였다〔《자치통감》 권113 원흥 3년 (404년), 《진서》 권124 모용희재기, 《16국춘추》 권48 《후연록》 광시 4년 12월〕.

3) 405년, 406년 후연침입의 격퇴

두차례에 걸친 고구려측의 보복타격을 받은 후연왕 모용희는 405년 정월에 또다시 많은 무력으로 고구려땅에 쳐들어왔으며 이달 26일에는 료동성(료양)을 공격하였다. 적들은 미리 준비해가지고 온 충차(성벽파괴용 기구를 실은 수레)를 리용하여 성을 파괴하였으나 고구려군은 그때마다 성벽을 수리해가면서 용감한 방어전을 벌려 끝내 성을 고수하였다. 기록들에는 성이 거의 함락되게 되자 모용희가 장병들에게 먼저 성안에 돌입하지 못하게 하고 자신이 왕후와 함께 수레를 타고 입성하겠다고 하였기때문에 그 사이에 고구려군이 방비를 강화하였고 그래서 성이 끝내 함락되지 못하였다고 하였다.* 그리고 또 때마침 큰 눈비가 내려 후연군사들이 많이 얼어죽었고 그때문에 할수없이 퇴군하였다고도 하였다. 그러나 설사 그 비슷한 현상이 있었다고 하더라도 그때문에 성이 함락되지 않았다는것은 과장이다. 자연재해로 말하면 쌍방이 다 겪은 것이기때문이다. 료동성이 고수된것은 어디까지나 성안의 군민들이 합심하여 제때에 성벽을 보수하고 적군이 가까이 다가오지 못하게 맹렬한 사격을 퍼부었기때문이다. 눈비가 내려서 침략군이 철수하였다는것은 하나의 구실일뿐이며 그들은 고구려군의 강한 반격을 받아 더는 견디지 못하게 되여 도망쳐갔던것이다.

* 《자치통감》의 주석자는 이 사건을 두고 후제(북제)왕 고위(高緯)가 후주의 진주(晋州) 평양성(平陽城. 산서성)을 공격할 때 성이 거의 함락되게 되였는데 후제왕이 숙비(淑妃)와 함께 입성하겠다고 하였다가 도리여 패전하게 된 사실과 비슷하다고 하였다.

  여기에 주목을 돌린 어떤 학자는 405년 료동성전투기사는 후세의 진주 평양성공격전투기사를 보고 꾸며낸 허위기사이고 436년까지는 료동이 후연에 속한 땅이였다고 주장하였다 〔《호태왕비연구》(중문) 길림인민출판사, 1984년, 144~146페지〕. 그러나 405년 당시 료동성이 고구려땅이였다는것은 너무나도 명백한 사실이다. 그것은 앞에서도 본바와 같이 400년에 후연왕 모용성이 남소성까지 700리를 나왔다고 한것, 395년에 고구려의 광개토왕이 양평성(료동성－료양)으로 갔다는 사실에 의하여 확증되는것이다. 또 405년 료동성전투로 말하면 《태평어람》이나 《후연록》에 다 명기되여있는것이다. 또 432년에 북위가 북연의 수도 화룡(조양)부근에 있던 료동군, 락랑군, 대방군, 현도군 등 6개 군의 백성 3만여명을 유주로 강제이주시킨것을 보더라도 후연의 료동군이 료서지방에 있었다는것은 부인할수 없는 사실이다.

406년 정월에 후연왕 모용희는 거란을 치러 갔다가 거란의 군대가 많은것을 보고 싸우지 않고 그 기회에 후방물자는 다 버리고 고구려를 치는데로 방향을 돌리였다. 그리고 2월에는 3 000여리를 강행군하여 고구려의 목저성(신빈현 오룡산성)을 공격하였으나 고구려군의 반격으로 숱한 주검을 남기고 달아났다. 이때 후연의 수많은 군사, 군마들이 피로하고 굶주려서 얼어죽은것이 길가에 쭉 깔려있었다고 한다.

그후 후연은 다시 고구려를 넘겨다보지 못하였다.

407년 7월에 후연에서는 고운(高雲), 풍발(馮跋) 등의 폭동이 일어나 폭정을 일삼던 모용희는 처단되고 고구려사람 고화(高和)의 후손인 고운이 북연의 왕으로 되였다. 409년에 고운이 부하에게 피살되자 풍발이 왕이 되였다. 그러나 풍발은 정세발전추이를 보고 고구려와의 우호관계를 유지하기에 노력하였다.

후연(384～407년)이 존재한 기간에 고구려는 다섯차례나 후연과 싸웠다. 당시 고구려는 남방정세가 긴장하였기때문에 북방에 그리 큰 힘을 돌리지 못하고있었으나 세차례나 후연에 반격을 가함으로써 그 침략야망을 여지없이 꺾어놓았다. 그후로는 북연과의 우호관계를 유지함으로써 삼국통일위업을 다그쳐나갈수 있는 담보를 마련하게 되였다.*

* 일부 다른 나라 학자들은 광개토왕릉비에 후연과의 싸움이 적혀있지 않은것을 그것은 고구려가 패전하였기때문에 수치스럽게 생각해서 쓰지 않았다고 하거나 또는 고구려가 료동반도방면으로는 진출하지 못했기때문이라고 말하고있다. 이것은 부당한 견해이다. 릉비에 후연과의 전쟁기사가 없는것은 첫째로는 광개

토왕이 료서방면으로는 령토를 넓힌 일이 없기때문이고 둘째로는 북연과의 우호관계를 고려하였기때문이다.

일부 학설에는 릉비의 407년전쟁을 두고 후연과의 싸움을 보여주는것이라고 하기도 하나 그것도 잘못이다. 릉비의 407년기사는 어디까지나 백제와의 전쟁기사이다. 그것은 사구성이 백제의 성임을 보아서 명백하다.

2. 438년 송나라의 무력간섭을 반대한 투쟁

광개토왕은 그 재위기간에 남북으로 크게 령토를 넓혔으나 39살의 젊은 나이에 죽고 그 뒤를 이은 장수왕은 427년에 당면한 반대세력인 백제를 더잘 견제하기 위하여 그리고 주요하게는 넓어진 령토를 효과적으로 통치하며 삼국통일위업을 추진시키기에 가장 적합한 장소인 평양성으로 수도를 옮기였다.

430년대에 북위의 강한 공격을 받은 북연은 점차 약화되였고 436년에는 그 수도가 함락되였다. 북연왕 풍홍은 고구려에 망명을 요청하였고 고구려는 갈로, 맹광 두 장수로 하여금 2만명의 군사를 거느리고 가서 그를 맞이해오도록 하였다. 이때 북위편에 섰던 북연의 대신 고니(古埿. 상서령 곽생〈郭生〉이라고도 한다)는 고구려군과 접전하였으나 진압당하였고 북위의 장수 아청(鵝靑), 고필(古弼) 등은 고구려의 무력이 강한것을 보고 감히 접어들지 못하였다.

무사히 고구려땅에 들어온 풍홍(馮弘)은 처음 평곽에서 살다가 북풍에 가서 살게 되였으나 여전히 황제행세를 하면서 교만하게 굴었으며 고구려왕에 대하여 공손하지 않았으므로 장수왕은 그의 시위무력을 해산시키고 세자 인(仁)(왕인〈王仁〉이라고도 한다)을 볼모로 삼았다. 이에 불만을 품은 풍홍은 가만히 사람을 송나라로 보내여 망명할 의사를 표시하였다(438년).

송나라 태조 류유(劉裕)는 그의 청을 받아들이고 왕백구(王白駒) 등으로 하여금 7 000여명의 군사를 이끌고 고구려에 가서 풍홍을 데려오게 하였다. 이것은 고구려내정에 대한 부당한 간섭이였다. 그 소식을 들은 고구려는 장수 손수(孫漱), 고구(高仇) 등을 북풍에 보내여 풍홍과 그 아들 등 10여명을 처단하여버렸다.

료동지방으로 와서 료하를 따라 거슬러 올라오던 송나라의 왕백구 등은 저들이 맡은 의무를 수행하지 못하게 되자 불의에 고구려군을 습격하여 고구를 죽이고 손수를 생포하였다. 이것은 송나라군대가 고구려를 반대하여 로골적인 무력침공까지도 서슴지 않았다는것을 말해준다.

고구려측에서는 즉시 부근의 지방군을 발동하여 송나라군대를 포위공격하고 그들의 항복을 받아내였다. 그러나 송나라와의 종전의 우호관계를 고려하여 왕백구를 죽이지 않고 송나라로 돌려보내여 처형하도록 요구하였다.

송 태조는 제가 시킨 일이라 모른다고 할수도 없어 일단 왕백구를 옥에 가두었으나 얼마후에 슬그머니 놓아주었다.

풍홍의 망명요청을 받아들여 수천명의 군대까지 내보내여 강제로 풍홍을 데려가려고 한것, 더 나아가서는 고구려군을 공격하여 그 장수들을 살해 포로한것은 하나의 소규모전쟁을 방불케 하는 일대 충돌사건이였다. 고구려가 도

발자인 왕백구를 돌려보낸것은 당시 북위도 풍홍을 보내라고 요구하고있었던 조건에서 송나라로 하여금 북위를 반대하는 정책을 계속 쓰도록 하기 위해서였다고 보인다.

3. 577년 북주의 침공을 물리친 투쟁

북주(557～581년)는 장안에 수도를 정하고있던 나라로서 그 동쪽에는 북제가 있었으므로 577년에 북제가 망할 때까지는 고구려와는 서로 국경을 접한 나라가 아니였다. 북제가 망한 다음에도 산서성, 하북성, 료녕성 서북일대에서는 북제의 왕족인 고소의(高紹義), 고보녕(高宝寧) 등이 북주를 반대하여 활동하고있었다.

이러한 정세에서 북주는 북제잔여세력과 싸우기 위하여 산서성 북부와 그 이동지방으로 무력을 내보내였다고 인정된다. 북주의 일부 군대는 이 시기에 고구려서변에까지 침입하였다. 《삼국사기》 권45 온달렬전에는 다음과 같은 사실이 기록되여있다.

후주(북주)의 무제가 군대를 보내여 료동(란하이동을 가리킴)을 공격하니 고구려왕(평원왕)은 군대를 거느리고 배산(拜山)의 벌판에서 맞받아 싸웠다. 이때 온달은 선봉이 되여 날래게 싸움으로써 수십여명을 목베였다. 그것을 본 고구려군은 그 기세를 리용하여 분발하여 싸움으로써 크게 이겼다. 론공행상(공로를 평가하여 상을 주거나 표창하는것)을 할 때 온달이 첫째라고 하지 않은 사람이 없었다. 왕이 기뻐하고 감탄하면서 《이는 나의 사위이다》라고 말하고 례법을 갖추어 그를 맞이하고 대형벼슬등급을 주었다.

온달전에는 그와 평강공주사이에 있었던 전설같은 이야기가 들어있으나 온달장군이 실재한 인물로서 그후에도 국토통일위업을 위해 진격하다가 전사하였다는것은 사실이다. 그러므로 후주(북주)와의 배산전투는 실지로 있었던 전투였다는것은 의심할바 없다. 사료의 결핍으로 배산의 구체적지점을 알수 없고 또 얼마만한 무력이 동원되였는지도 알수 없으나 왕의 친솔하에 여러 《군부대》들이 동원된것으로 보아 그 규모가 상당히 컸다는것을 알수 있다.

그리고 그 시기는 577년말부터 무제가 죽은 578년 6월까지의 기간으로 될것이다. 후주 무제가 직접 배산전투에 참가하지 않았다고 하더라도 그의 지시에 의하여 후주의 군대가 료동으로 나왔다면 후주 무제가 공격해온것으로 볼수 있다. 그리고 배산은 당시의 고구려서변이 570년대에 이미 시라무렌강 중상류에까지 미치고있었으므로 하북성 북동부, 내몽고 적봉시일대에 있었다고 볼수 있다.

그후 581년에는 후주가 망하고 수나라가 섰으므로 북주와의 사이에는 전쟁이 없었다. 북주의 침공을 반대한 전쟁은 고구려가 자기의 보호하에 있는 거란족, 해족의 지역을 확보하고 국토완정을 위한 전쟁으로서 정의로운 성격을 띠고있었다.

※ 이밖에도 550년대초와 570년대 말엽에 돌궐과 싸운 일이 있으나 제2장, 제7장에서 이미 서술하였으므로 여기서는 생략한다.

제 6 절 수나라의 침략을 반대한 고구려인민들의 투쟁

고구려사람들은 일상적으로 말타기, 활쏘기를 비롯한 무술을 익혔으며 높은 민족적긍지와 씩씩한 기상을 지니고 언제나 싸움준비를 잘하여 끊임없이 계속되는 외래침략자들의 침공을 걸음마다 짓부시고 민족의 기상을 높이 떨쳤다.

특히 6세기말~7세기초 고구려-수전쟁때에는 수십, 수백만에 달하는 침략대군이 여러차례 침공해왔으나 적들에게 만회할수 없는 큰 타격을 줌으로써 나라의 자주권과 민족의 존엄을 빛나게 고수하였다.

612년 수나라 300만 대군을 격파한 고구려인민의 투쟁은 세계 고대, 중세 전쟁사에서 류례없는 대승리로써 그후 조선 중세 전시기를 통하여 반침략조국방위투쟁에서 빛나는 모범으로 되였다.

1. 수나라통치배들의 동방침공준비

581년 2월에 후주(북주)의 정권을 가로타고앉은 수 문제(양견)를 비롯한 수나라통치배들은 처음에는 고구려와 우호적인 관계를 맺으려고 하였다. 그것은 북방에서는 돌궐의 침습이 그치지 않았고 동북방에서는 북제의 잔여세력인 고보녕 등이 일부 폭동군과 합세하기도 하고 돌궐군대를 인입하기도 하면서 수나라의 변방을 위협하고있었기때문이였다. 그뿐아니라 남방에서는 진나라와 맞서고있었으며 서남방에서는 토욕혼(청해지방에 있던 나라)의 침입이 또한 중요한 위험으로 되고있었다(《자치통감》 권175 태건13년 8월 임오, 시세, 태건 14년 4월 경인, 5월 병신, 12월 을유).

581년에 돌궐의 타발극한이 죽고 사발략극한이 섰는데 그는 자기 처인 천금(千金)공주(후주왕실 출신)의 말을 듣고 고보녕과 함께 수나라를 공격하였다(《자치통감》 권175 태건 14년 5월 기미). 이때문에 수나라는 여러차례 북변의 성, 장성들을 신축 또는 보수하여 더 높이 쌓고 그 수비병을 증가시키지 않으면 안되였다(《자치통감》 권175 태건 13년 4월 계축, 권176 지덕 4년 2월 정해, 정명 원년 2월 정사).

수나라의 내부사정도 아직 고구려를 침공할 형편에 있지 못하였다. 수나라통치배들은 새 법률을 제정하며 관료들의 등급을 정하는 등 자체내부의 새 제도, 질서를 세움으로써 정권을 공고화하는데 주되는 힘을 돌리고있었다.

이 모든것은 수나라통치배들로 하여금 고구려와의 적대관계를 추구할수 없게 한 요인으로 되였다.

그러다가 583년에 수나라는 돌궐에 대한 대규모의 공격을 진행하여 승리하였다. 또 고보녕은 유주군대와의 싸움에서 패하여 거란으로 달아났다가 피살되였다. 이렇게 됨으로써 수나라의 북방정세는 좀 안정되고 또 수나라는 고구려와 직접 국경을 접하게 되였다.

수나라통치배들은 이 무렵부터 고구려를 제압하려는 야심을 품게 되였다. 그들은 우선 고구려의 영향하에 있는 거란족들을 제편에 끌어당기려고 책동하였다. 언제나 세력이 강한 편에 가붙는 습성이 있던 거란족들은 수나라가 돌궐과 고보녕세력을 이기자 수나라의 유인정책에 넘어가서 584～585년에 장성부근에 가서 수나라와 무역관계를 맺었다. 그러나 아직 시기상조라고 본 수나라통치배들은 거란족들이 자기 고장에서 그냥 살도록 하였다(《수서》 권84 거란전).

586～589년에 거란족은 내부분쟁으로 서로 싸웠고 또 돌궐의 공격을 받기도 하였다. 이러한 형편에서 수나라는 586～587년에 북변에 수십개의 성들을 쌓고 또 장성을 수축하였다.

589년에 수나라는 남방의 진나라를 멸망시키고 중국대륙을 통일하였다.

고구려는 대륙의 정세변화를 알기 위하여 581～584년에 수나라에 사신을 보내여 그 동정을 살펴보고 해당한 대책을 세우려고 하였다.

고구려사신들은 수나라관리들에게 금품을 뢰물로 주면서 수나라의 고구려에 대한 정책을 알아보기도 하였다.* 그 결과 고구려에 대한 수나라의 침략기도가 명백해졌으며 이로부터 고구려는 그후 590년까지 국교를 단절하는 강경정책을 썼다. 그러다가 591년과 592년에 관계개선의 명목밑에 다시 사신을 보내여 적정을 더 깊이 료해하였다〔《수서》 권2 개황 11년(591년), 정월 신축, 5월 갑자, 12년(592년) 정월〕.

* 《자치통감》 권176 지덕 3년(585년) 10월 임진조에는 수나라의 비서감 우위장군 겸 중서(中書) 통사사인(通事舍人) 부재(傅縡)란자가 고구려의 금을 받아먹은것으로 감옥에 갇혀 죽은데 대하여 쓰고있다. 그가 직접 금을 받았는지는 명백하게 밝혀지지 못하였으나 이것은 당시 실지로 그런 일이 있었다는것을 반영하고있다.

《수서》 권81 고구려전에도 수나라 문제(양견)가 내린 《국서》에서 고구려가 몰래 재물을 보내여 관리들을 꾀였다는것이 지적되여있다.

590년대 중엽에 수나라는 거란의 별부 출복(出伏)을 사촉하여 고구려를 배반하게 하였으며 그가 수나라편에 가붙자 그의 통제밑에 있던 거란족들을 갈해나힐의 북쪽에 와서 살게 하였다(《수서》 권84 거란전).

수나라통치배들은 거란족의 일부가 투항해오자 고구려의 령역안에 있거나 영향하에 있던 거란족들까지도 저들의 통치밑에 두려고 595년에 위충(韋沖)을 영주총관으로 임명하였다〔《수서》 권2 고조기(하) 개황 15년(595년) 4월〕*.

* 《수서》 권20 지리지(중)에는 영주총관부를 개황 초년(581~582년)에 설치한것으로 썼으나 그것은 잘못이다. 당시에 영주(조양)지방에는 고보녕의 세력이 있었다.

이 시기까지 수나라는 자체내부의 안정을 위한 여러가지 조치를 취하였으며 그 경제군사적력량이 일정하게 증대되였다. 이때에 와서 수나라의 주변에는 유일하게 고구려만이 큰 강국으로 존재하게 되였다.

수나라통치배들은 이제는 고구려를 칠 때가 되였다고 생각하였으며 고구려의 통제하에 있던 거란족의 별부 출복을 유인하여 제편으로 끌어당겼던것이다. 그것은 고구려의 주권에 대한 직접적침해로 되였으며 영주총관부를 설치한것은 고구려에 대한 침략의 전초기지를 마련하기 위한것이였다.

고구려는 다시 수나라와의 정식외교관계를 몇해동안 중단하는 강경조치를 취하다가 597년에 사절단을 보내여 적정을 알아보도록 하였다. 이 시기 고구려가 수나라의 침공에 대하여 어떤 대책을 세웠는가에 대해서는 597년 수나라 문제가 고구려에 보낸 국서(《조서》)의 내용을 통하여 찾아볼수 있다(《수서》 권81 고려전, 《북사》 권94 고구려전)*.

* 《삼국사기》 권19 고구려본기 평원왕 32년조에는 이 국서가 590년에 전달된것으로 썼으나 그것은 《수서》 권2 개황 10년 7월 계해(신해의 잘못)조의 기사를 옮겨놓은것이다. 실지로는 《수서》 고구려전과 《자치통감》 권178 개황 17년(597년)조의 기사가 옳다.

국서에는 고구려가 《말갈을 강박하여 내몰았고 거란을 굳이 금지하였다》라고 언급되여있다. 이것은 고구려가 말갈족부대들을 동원하여 수나라의 변방을 쳤으며 자기 통치지역 또는 자기 영향하의 거란족들이 수나라에 가붙지 못하게 엄격하게 단속하였다는것을 말해주고있다.

거기에는 또한 《전년에 가만히 재물을 써서 소인들을 꾀였으며 사사로이 쇠뇌기술자들을 데리고 제나라로 달아났다》고 하였으며 수나라 사신이 고구려로 가면 《빈 객관에 앉혀놓고 엄격한 수비를 함으로써 사신이 눈으로 보지도 못하고 귀로 듣지도 못하게 막았으며》 《자주 기마병들을 보내여 (수나라의)변방사람들을 살해하였다》라고도 하였고 《늘 사신을 보내여 가만히 소식을 알아냈다》라고도 하였다.

이것은 고구려가 자기 무장장비를 개선하기 위하여 백방으로 노력하였고 적군이 가지고있는 무기의 성능을 알기 위하여 노력하였다는것을 보여준다. 또한 고구려가 수나라에 대한 강경외교정책을 쓰면서 수나라사신의 행동을 철저하게 제한하고 함부로 고구려내정을 탐지하지 못하게 하였으며 수나라의 침략책동을 미연에 막기 위하여 군사들을 보내여 수나라의 변방을 치기도 하였다는것 그리고 수나라의 동정을 알기 위하여 정찰을 강화하고있었다는것을 말해준다.

이처럼 고구려는 수나라의 침공기도를 미리 알고 그에 대한 여러가지 대책을 세우고있었다.

수나라 문제는 597년 《조서》에서 오만하게도 고구려왕을 내쫓고 다른 관리를 보내겠다는 따위의 희떠운 소리까지 하면서 그리고 장군 한명만 보내면 능히 고구려를 멸망시킬수 있다고 위협공갈하면서 남의 나라 자주권을 심히 침해하는 교만하고 주제넘은 소리도 하였다. 또 《료수(료하)의 너비가 장강에 비하면 어떠하다고 생각하며 고구려의 인구가 진나라와 대비하면 어느 쪽이 더 많다고 생각하는가》라고 하면서 진나라를 멸망시킨 수나라의 《강대성》을 내세우는것으로써 고구려왕을 굴복시켜보려고 획책하였다.

이것은 고구려의 자주권, 자위권을 란폭하게 유린하는 대국주의적침략문서였다.

2. 598년 수나라의 제1차 침공을 반대한 투쟁

597년에 수 문제가 보내온 국서(《국서》)는 사실상 고구려에 대한 선전포고문이나 다름없었다. 오만무례한 언사로 가득찬 이 국서를 받은 고구려의 영양왕은 598년초에 직접 고구려인부대와 말갈인부대 1만여명의 기병을 이끌고 영주를 들이쳐서 큰 타격을 주었다. 이 전쟁은 수나라가 먼저 선전포고를 한 조건에서 고구려가 진행한 자위적조치였다.

《수서》 고려(고구려)전에는 이때 영주총관 위충이 반격하여 격퇴하였다고 썼으나 그것은 엉터리없는 기사이다. 그들이 이겼다면 수나라가 인차 대군을 내몰아서 쳐들어오지 않았을것이다. 그러므로 위충은 겨우 도망가서 목숨이나 건졌던것으로 볼수 있다(《삼국사기》 권20 고구려본기 영양왕 9년)*.

* 《수서》 권2 고조기와 《자치통감》 권178 개황 18년조에는 각각 이해 2월에 고구려군이 공격을 개시한것으로 썼으나 《수서》(권2)에 2월 을사일(4일)에 침략군의 장수를 임명하고있는것을 보아 고구려의 군사행동은 정월에 시작되였던것으로 인정된다.

수 문제는 패전소식을 듣고 한왕(漢王) 량(〈諒〉, 양량〈楊諒〉, 수 문제의 다섯째아들)과 왕세적(王世績)을 행군원수로 임명하고 수륙군 100만명을 출동시켜 고구려를 치러 떠나게 하였다. 《수서》 제기에는 이때 수륙 30만명의 군대를 내보낸것으로 되여있으나 실지로는 100만대군이였다.*

* 《자치통감》 권181 대업 7년 12월 기미조에는 농민폭동군 두령 두건덕(竇建德)이 《수 문제가 〈100만〉대군으로 고구려를 쳤으나 패배하였다》고 한 내용이 실려있다.

수나라가 영주전투소식을 듣자마자 대군을 내몰아 고구려를 침공한것은 수나라통치배들이 이미전부터 고구려에 대한 침략전쟁을 다 준비하고 해당한 무력을 집결시키고있었다는 명확한 증거로 된다.

이때 한왕 량, 왕세적의 휘하에는 행군총관으로서 원포(元褒), 한승수(韓僧壽), 두언(杜彦), 우문필(宇文弼), 장윤(張奫) 등이 있었고 이밖에 수군총관으로서 주라후(周羅睺), 마군총관으로서 리경(李景) 등이 있었다. 한개 군(군단)의 병력수가 612년전쟁때처럼 4만여명이라면 7개 군단의 총수는 30만명으로 될것이다. 한개 군은 50영(營)으로 구성된 실례가 있으므로 1영은 평균 800여명이였던것으로 된다. 그러나 612년전쟁때 후방부대가 전투부대의 2배였으므로 598년 당시에도 전투부대 30여만명에 후방부대 60여만명이면 다 합하여 거의 100만대군으로 되는것이다.

한왕 량 등은 빠른 시일안에 부대들을 편성하고 4~5월에는 수나라 수도를 떠났으며 6월에는 림유관(산해관부근)을 넘어 류성(오늘의 조양서쪽)으로 나왔으며 수군은 수백척의 함선들로 무어진 함대를 편성하고 고구려의 평양성(북평양성, 환도성)을 향하여 떠났다.

《수서》 고려전이나 《자치통감》에 의하면 수나라 륙군은 장마로 하여 후방공급이 안되여 굶주리게 된데다가 전염병까지 돌아서 숱한 군사들이 죽고 겨우 료수(료하)까지 도달하였으나 더 이상 나오지 못하였다고 한다. 또 수군은 폭풍을 만나 많은 함선들이 침몰되였으며 또 고구려가 《정전》을 요구하였기때문에 9월 기축일(11일)에 되돌아갔다고 한다. 이때 《죽은자가 열중에 여덟, 아홉이였다》고 하였다.

그러나 실지 정황은 이와는 완전히 달랐다. 장마, 풍랑과 같은 자연재해는 쌍방의 군대에 다같이 불리한 조건으로 되였으며 그것이 패전의 원인으로는 될수 없다. 또 전염병도 당시의 력사적조건에서는 적군에게만 발생한것이 아닐것이다.

실지에 있어서 적 륙군은 료서지방과 료하계선에서 고구려군의 맹렬한 반격을 받아 숱한 사상자들을 내고 퇴각하였으며 적 수군은 고구려수군의 반격을 받아 장성계선까지 쫓겨간것으로 보는것이 옳을것이다.*

* 신채호의 《조선사》(필사본) 제9편 고구려 대수전역에서는 《서곽잡록》을 인용하면서 다음과 같이 썼다.

고구려-수 사이에 큰 전쟁이 벌어졌는데 고구려의 영양왕은 병마원수 강이식(姜以式)으로 하여금 정예로운 군사 5만명을 이끌고 림유관으로 나가게 하고 왕자신은 《예(말갈)》군대 1만명으로 료서를 쳤으며 또 거란군사 수천명으로 바다를 건너 산동을 치게 하였다. 이듬해에 고구려군사들이 료서에 가서 위충과 싸우다가 거짓 패하여 림유관에 나오니 적군 수륙 30만이 침공해왔으나 고구려군은 보루를 지키면서 나가싸우지 않고 적 수군은 량식을 나르게 하였으나 고구려 수군에게 격퇴당하여 량식이 떨어졌으므로 수나라군대가 굶주림과 질병에 죽은자가 속출(잇달아 생기는것)하였다. 적이 퇴각하자 강이식은 추격전을 벌려 수나라군대를 거의다 섬멸하고 수많은 군수물자를 로획해가지고 돌아왔다.

이 기록대로 하면 전쟁은 597년말에 이미 시작된것으로 된다. 또 고구려 수군은 만리장성안으로 들어갔다가 나온것으로 되고 수나라 영주총관 위충은 장성안에 있다가 유인되여 나온것으로 되며 고구려수군은 발해를 건너 산동반도까지 원정한것으로 된다.

쌍방의 기록이 더 이상 밝힌것이 없으므로 진상을 알기 어려우나 명백한것은 고구려의 애국적인 군사들이 륙군, 수군 할것없이 침략군을 반대하여 여러 전선에서 용감하게 싸웠으며 적군의 대부분을 격멸하였다는 사실이다. 침략군가운데서 유독 행군총관 장윤이 거느린 부대만이 큰 손실이 없이 돌아갔으므로 수문제의 상을 받았다는것을 보아서 적군이 든 여러가지 리유 즉 자연재해요, 전염병이요 하는것이 결코 패배의 기본요인이 아니였다는것을 알수 있다(《수서》 권64 장윤전).

이 전쟁에서 수나라군대의 죽은자가 열에 여덟, 아홉이나 되였다는것은 598년 고구려－수전쟁이 결코 간단한 전쟁이 아니라 고대, 중세전쟁사에서도 중요한 자리를 차지하는 큰 전쟁이였다는것을 말해주고있다.

598년의 반침략전쟁에서 고구려군은 큰 승리를 쟁취하였으며 수나라통치배들은 큰 타격을 받고 허우적거리였다.

3. 612년 수나라의 제2차 침공을 반대한 투쟁

1) 전쟁전야의 정세, 수 양제의 전쟁도발

(1) 수 양제의 새로운 침략전쟁준비

수나라통치배들은 598년전쟁에서 응당한 교훈을 찾을 대신에 이른바 수치를 씻는다고 하면서 새로운 전쟁준비에 미쳐날뛰였다.

그것은 개황 말년(599～600년)에 수나라 왕정과 민간에서 다같이 료동에 뜻을 두고있었는데 류현(劉玄)만이 료동에 대한 침공이 무익한것이라고 비난하였다(《수서》 권75 류현전)는 기록이 있는것을 보면 알수 있다.

그러나 수나라통치배들은 자체내부의 사정으로 하여 인차 고구려에 대한 침략전쟁을 벌릴수 없었다.

600년에 수나라에서는 태자페립사건이 일어나 간계와 모략을 일삼던 둘째아들 양광(楊廣)이 태자가 되였다. 600～602년에 북방에서는 돌궐과의 싸움이 계속되고있었고 남방에서는 료족의 폭동이 일어났다. 양광은 반대파세력을 음모적방법으로 제거하고 604년에는 제 아비(문제)를 독살하고 아우인 한왕 량의 반란을 진압하였다.

수 양제는 그후 605년 농업과 교통운수를 발전시킨다는 명목밑에 장안에서 강도(양주)까지의 사이에 큰 운하(통제거〈通済渠〉) 등을 팠는데 그것은 그의 사치한 생활과 향락을 위한것이기도 하였지만 앞으로 고구려를 침략하기 위한 전쟁준비의 일환이기도 하였다(《자치통감》 권180 대업 원년 8월 신해).

《수서》에는 607년 이전에는 수 양제가 고구려를 치기 위한 준비를 별로 한것이 없는듯이 써놓았으나* 이것은 거짓이고 실지로는 침공준비를 다그치고 있었다. 605년에 거란족이 영주(장성부근)에 쳐들어온것을 구실로 양제는 위운기(韋雲起)에게 많은 군사를 주어 그전에 투항해온 돌궐의 기병 2만명과 함께 거란을 치게 하였다. 그들은 류성(옛 류성. 오늘의 조양)에서 고구려와 교역을 한다고 헛소문을 내고 거란족들이 경각성없이 무방비상태에 있는 틈을 타서 불의에 기습하여 남녀 4만명을 포로하였으며 남자들은 다 죽이고 녀자들과 집짐승들은 돌궐과 절반씩 나누어가지는 만행을 저질렀다(《자치통감》 권180 대업 원년 8월 임인, 《신당서》 권108 위운기전).

* 《수서》 권67 배구전에서는 607년에 고구려사신이 돌궐의 계민극한에게로 갔을때부터 비로소 수 양제가 고구려를 칠 생각을 한것으로 썼다.

이것은 수나라가 또다시 고구려의 전연지역에까지 침략의 마수를 뻗쳤다는것을 의미하였다.

고구려는 7세기초에 수나라의 있을수 있는 침공에 대처하여 우선 후방의 안전을 보장하려고 백제와 신라에 대한 징벌작전을 벌리였다.

이에 앞서 598년 수나라의 제1차 침공때 백제의 위덕왕은 장사(長史) 왕변나(王辯那)를 수나라에 보내여 길잡이노릇을 하겠다고 제기한 일이 있었는데 고구려는 그 소식을 듣고 괘씸하게 여기였다. 백제는 607년에도 한솔 연문진(燕文進), 좌평 왕효린(王孝隣) 등을 수나라에 보내여 고구려를 쳐달라고 요청하였다. 또 신라도 고구려에 대한 적대적립장을 버리지 않았을뿐아니라 608년에는 중 원광(圓光)을 시켜 수나라에 고구려를 쳐줄데 대한 청원문을 쓰게 하였다.

이에 분격한 고구려는 598년에 수군을 보내여 백제의 국경지대를 공격하였고 607년 5월에는 백제의 송산성과 석두성*1을 공격하여 석두성을 함락시켰다. 신라에 대해서도 603년 8월에 북한산성을 공격하였고 608년에는 우명산성*2을 함락시켰다.

*1 석두성(石頭城)은 오늘의 충청남도 당진군 한진리에 있었다. 《증보문헌비고》 권3 여지고 해방(海防) 면천조에 의하면 가리저 동쪽에 석두성이 있었는데 삼국시기 고구려, 백제가 싸운 곳이라고 하였다. 송산성은 오늘의 당진군 송산면에 있었던 송악산성이였을것이다.

*2 우명산성은 위치가 명백치 않다. 당시의 고구려, 신라의 경계선지대인 삼척부근, 태백산줄기계선에 있었을것이다.

한편 고구려는 598년전쟁이후 600년에 사신을 보내여 수나라의 형편을 알아보고는 609년 4월까지 한번도 사신을 보내지 않았다. 그대신 수나라의 북방에 있는 돌궐족과 련합하여 수나라에 대항하기 위한 외교활동을 벌리였다. 고구려는 돌궐의 계민극한(돌리극한의 개칭, 사발략극한의 아들)이 당시 돌궐내부의 분쟁으로 수나라에 속한 하남(황하이남)지역에 와있었으나 수나라와의 련합이 결코 항구적인것으로 될수 없다는 점을 타산하고 그를 수나라를 반대하는 공동행동에 끌어들이려고 하였다.

607년 8월에 고구려사신은 계민극한이 있는 곳으로 찾아가서 교섭을 진행하였다. 때마침 수 양제가 계민극한을 방문하러 왔다가 고구려사신이 와있다는것을 알고 고구려왕이 빨리 수나라로 와서 만나지 않으면 래년에는 계민극한을 거느리고 고구려를 치겠다고 위협하였다〔《수서》 권3 양제기(상) 대업 3년 8월 임오, 권67 배구전, 《자치통감》 권181 대업 6년 12월〕*.

* 이때 황문시랑 배구는 양제에게 《고구려는 본시 기자가 책봉받은 땅이고 한나라, 진나라의 군, 현인데 지금은 신하로 되지 않고 따로 나가 다른 지역으로 되였다. 먼저 임금(수 문제)이 미워하면서 징벌하려고 생각한지 오래되였다. 다만 양량이 능력이 부족하여 군사가 나갔으나 공이 없었다》고 하면서 《고구려를 취하지 않으면 안된다》고 부추기였다.

고구려가 기자조선땅이고 한, 진의 군현이였다는 배구의 말은 거짓으로 일관되여있다. 기자는 더 말할것도 없는 허위조작이고 고구려땅전체가 한, 진의 군현이였다는것도 어처구니없는 거짓말이다. 한, 진의 군현은 고구려땅의 100분의 1도 되나마나하는 작은 땅이였다. 그럼에도 불구하고 일부 다른 나라에서는 오늘날까지도 배구와 꼭같은 말을 반복하는 현상이 아직까지도 남아있다.

수 양제는 또한 고구려와의 전쟁때에 북방의 돌궐세력이 침입할수 있다고 보면서 100여만명의 백성들을 강제동원하여 유림(섬서성 동북부)에서 자하(紫河. 내몽고 화림격이현)에 이르는 지역에 장성을 쌓았다(《자치통감》 권180 대업 3년 7월 갑인). 이것은 한편으로 고구려에 대한 침략전쟁을 도발하기 위한 예비조치이기도 하였다.

608년에 이르러 수 양제의 전쟁준비는 더욱 적극화되였다. 이해 정월부터 부녀자들까지도 포함한 하북지방의 100여만명의 인민들을 내몰아 영제거(永濟渠)를 팠는데 이것은 북으로 탁군(베이징 서남)에 이르기까지 2 000여리를 배로 통하게 하는 큰 운하였다(《자치통감》 권180 대업 4년 정월 을사). 이 운하굴착 역시 고구려와의 전쟁을 준비하는 하나의 공정이기도 하였다. 이해에 양제는 다시 북방장성지대를 순찰하고 200만명을 동원하여 유곡(유림의 서쪽) 동쪽에 장성을 쌓게 하였다(《자치통감》 권180 대업 4년 3월 을축, 7월 신사).

610년에 수 양제는 고구려를 침공할 준비를 한층 더 다그치였다. 그는 전국의 부자들에게 그 재산이 많고적음에 따라 돈을 내여 군마를 사서 바치게 하고 병쟁기를 마련하게 하였는데 정교롭게 새로 만든것이 아니면 그 자리에서 참형에 처하도록 명령하였다. 이때문에 군마 한필의 값이 10만전으로 껑충 뛰여올랐다(《수서》 권24 식화지 대업 6년). 그리고 산동지방에는 따로 말을 키워내는 전문적인 기구를 내왔다(《자치통감》 권181 대업 7년 12월).

또한 수 양제는 유주총관 원홍사(元弘嗣)를 동래(산동반도)로 보내여 300척의 배를 건조하게 하였다. 원홍사는 수많은 장공인들과 인민들을 동원하여 밤낮이 따로 없이 배무이작업을 하도록 내몰았다. 그리하여 고역과 전염병으로 부역나온 수많은 사람들이 목숨을 잃었다(《수서》 권114 원홍사전).

611년에 수 양제는 전국의 군사들을 탁군에 모이게 하였으며(《자치통감》 권181 대업 7년 4월 경오) 또 군량을 탁군으로, 다음에는 로하진, 회원진으로 운반하게 하였고(《자치통감》 권181 대업 7년 7월, 12년 12월 기미)* 그 자신은 탁군의 림삭궁으로 나와서 총지휘를 하였다.

* 여기서 로하진, 회원진은 새로 설치한 료서군의 소속현들인데 그 위치는 조양부근이였다고 한다(《중국고금지명대사전》). 이때의 수나라의 료서군은 류성군을 개편하여 얼마간 전진시킨것이였다. 회원진이 오늘의 의현부근, 로하진이 오늘의 금주부근에 있게 된것은 612년 수나라군대의 동쪽에로의 진출에 따른 후속조치였다고 볼수 있다.

또한 강회(장강, 회수사이)이남의 배사공 1만명, 노수(쇠뇌로 무장한 군사) 3만명, 령남(오늘의 호남, 광동, 광서)지방의 배찬수(排鑽手, 작은 창으로 무장한 군사) 3만명을 징발하였다. 그리고 하남, 회남, 강남지방들에서는 융차(군사용수레) 5만대를 만들어 고양(베이징 남방)으로 보내게 하였다. 이밖에도 록차(鹿車. 사슴 한마리를 실을수 있는 작은 수레) 30만대를 만들어 두 사람당 량곡 3섬씩 싣고(한대에 2명씩) 회원진, 로하진까지 운반해가게 하였는데 길은 멀고 험하여 운반도중에 그것만 가지고서는 도저히 먹고 살수가 없었다. 그래서 그들은 목적지에 도달하기전에 가지고가던 량곡을 다 소모해버리였으며 목적지에 간대야 목이 잘리울것이므로 모두 중도에서 도망가고말았다. 게다가 관리들이 이 기회에 토색질을 일삼으니 백성들이 살아나갈 길이 없어서 그중 힘이 센 자들은 모여서 《군도》(무리도적)로 되였다(《자치통감》 권181 대업 7년 4월 경오, 5월, 7월, 12월 기미).

결과 수나라 동북방 각지에서는 대규모의 농민폭동들이 련이어 일어났으며 수나라 내부는 온통 벌둥지를 쑤셔놓은듯 소란스럽게 되였다.

그럼에도 불구하고 수 양제는 611년 2월에는 고구려를 반대하는 전쟁을 하겠다고 공포하였고 612년 정월까지 수백만 대군을 탁군에 집결시켰다.

수 양제의 침략이 눈앞에 박두해온 정세하에서 고구려도 가만히 있지 않았다.

612년 1월 2일에 공포한 수 양제의 《조서》(선전포고문)의 내용에는 전쟁을 앞두고 고구려가 취한 대응책이 부분적으로 반영되여있다. 거기에는 수나라가 보내온 국서를 고구려왕이 한번도 직접 받은 일이 없으니 《교만》하다는것, 수나라를 의례방문하라는 요구도 언제 한번 실행한 일이 없다는것, 수나라의 망명자들을 수없이 유인하여 받아들이였다는것, 수나라의 변방을 계속 위협하기에 봉화가 그칠사이없이 올라간다는것 등이 렬거되여있다. 또한 《거란의 무리들을 휘동하여 바다가 초소들을 습격하였고 말갈의 버릇을 배워 료서지방을 자주 침공하였으며》 백제, 신라사신들이 수나라로 가는것을 가로막아나섰다고 제멋대로 《죄명》을 만들어놓았다.

수 양제의 이 말은 그가 대국주의적망상에 사로잡혀 부당한 구실을 내걸고 고구려를 비방하고 위협하면서 전쟁도발의 구실을 삼으려고 한것에 지나지 않았다.

국가간의 외교에서 외교문서를 국왕이 직접 받아야 한다는 법은 없다. 특히 적대적인 국가의 국서인 경우 어느 나라 통치자가 그것을 직접 받겠는가. 또 남의 나라 통치자에게 자기 나라에 와서 인사를 하라는것은 다른 나라의 자주권에 대한 란폭한 침해로 된다. 자주성이 강한 고구려가 그러한 요구에 응할리 만무한것이다.

수나라의 망명자들을 수많이 받아들였다는것은 저들이 자국인민들에 대한 착취와 압박을 강화한 결과 피신해온 사람들이 많았다는것을 말해주며 고구려가 그들을 받아들여 안착시킨것은 인도주의적견지에서 볼 때 당연한것이다. 그런데도 그것을 시비하는것은 제 잘못을 남에게 넘겨씌워 생트집을 건것에 불과하다.

거란사람들과 함께 바다가초소를 습격하고 말갈족처럼 료서지방에 들락날락하면서 소란을 피웠다는것은 수나라가 고구려의 영향하에 있던 거란족거주지역을 야금야금 침략하고 지어는 고구려땅에까지 침습해들어왔기때문에 자위적조치로서 반격을 가한것일뿐이다. 백제나 신라의 사신을 가로막았다는것은 두 나라 통치배들이 고구려를 반대하여 수나라편에 섰고 지어는 군대를 보내서 고구려를 쳐달라고 요청하기까지 하고있던 실정에서 고구려로서는 그들이 수나라와 련합하지 못하게 하기 위한 자위적조치로서 응당한것이다.

우에서 든 여러가지 사실들은 고구려가 수나라의 박두한 침공에 대처하여 정치, 군사적으로 적극적인 대응책을 취하고있었다는것을 보여준다.

수 양제는 또 《조서》(선전포고문)에서 저들의 침략전쟁의 본질을 가리우느라고 고구려내정을 헐뜯는 소리도 제멋대로 하였다. 즉 고구려의 《법령이 가혹하고 세납의 징발이 번거롭고 무거우며 세력있는 신하, 귀족들이 나라의 권세를 틀어쥐고 무리를 이루어 당파싸움을 하는데 버릇되였으며 뢰물질을 일삼으니 억울하고 원통한자가 그 마음을 풀 길이 없다》느니 고구려에서 《재해가 거듭되여 집집마다 굶주리고있으며 전쟁이 그치지 않고 부역에 기한이 없어 백성들이 모든 힘을 다하다보니 도랑창에 빠지게 되고 근심과 고통을 당하고있어 누구를 따를것인지 어디로 갈것인지 모르고있다》느니 하면서 하늘의 뜻에 맞게 수나라군대가 고구려백성들을 도와주어야 한다는 등 허구와 날조를 일삼았다. 그러나 이것은 저들의 악독한 침략행위와 고구려에 대한 부당한 내정간섭을 합리화하기 위한 파렴치한 책동이였다.

(2) 612년 수나라 300만대군의 침공 개시

612년초에 수 양제는 탁군에 집결시킨 113만 3 800명의 전투부대들을 좌, 우 각각 12개 군(군단) 합계 24개 군으로 편성하여 여러 길로 고구려를 침공하게 하였다.

24개 군의 명칭과 그 지휘자로서 기록에 보이는자들은 아래와 같다.

〔좌 12군〕

제 1군 루방도
제 2군 장잠도(번자개〈樊子蓋〉. 민부상서, 섭좌무위장군)
제 3군 해명도
제 4군 개마도(토만서〈吐萬緖〉. 좌둔위대장군)
제 5군 건안도
제 6군 남소도(단문진〈段文振〉. 좌후위대장군)
제 7군 료동도(형원항〈荊元恒〉. 좌효의 대장군)(처음에는 검교좌익위대장군 관덕왕 양웅〈觀德王 楊雄〉이였는데 인차 죽었음)

제 8군 현도도(신세웅〈辛世雄〉. 우둔위장군)
제 9군 부여도(우문술〈于文述〉. 좌익위대장군 후에는 평양도)(613년에는 왕인공〈王仁恭〉)
제 10군 조선도(주법상〈周法尙〉)(그는 수군의 부지휘관이였다)
제 11군 옥저도(설세웅 우익위장군)
제 12군 락랑도(우중문〈于仲文〉. 우익위대장군)

〔우 12군〕

제 1군 점제도
제 2군 함자도
제 3군 혼미도(리경〈李景〉. 우무위대장군)
제 4군 림둔도
제 5군 후성도
제 6군 제해도
제 7군 답둔도(사상〈史祥〉. 좌효위장군)(613년에 우익위장군 설세웅)
제 8군 숙신도(양의신〈楊義臣〉)
제 9군 갈석도(조효재〈趙孝才〉. 우무후장군(후에 좌후위장군 조방〈趙方〉)
제 10군 동이도
제 11군 대방도
제 12군 양평도(장근〈張瑾〉. 우어위장군)

※ 이밖에도 장작감 리민(李敏)은 신성도군장으로, 검교좌무위장군 최홍승(崔弘昇)은 수성도총관으로, 형부상서 우어위대장군 위현(衛玄. 위문승〈衛文昇〉)은 증지도군장으로 되였다는것이 있으므로 《도》의 명칭은 더 있었다. 이 《도》명칭들은 되는대로 붙인것으로서 방향도 서로 맞지 않는다. 례컨대 숙신도, 부여도는 수나라침략군의 진공방향과는 아무 상관도 없는 나라 또는 종족명이다. 《도》명칭의 대부분은 한나라때의 락랑군, 료동군, 현도군, 림둔군과 그 산하의 현들의 이름에서 따온것인데 그 위치가 겹치는것도 있고 또 서로 다른 방향에 있는것도 있어서 그 표준이 없다. 그리고 침략군의 진출방향은 수군을 내놓고는 대부분 같은 로정을 밟은것이기때문에 그것은 다만 서로 구분하기 위하여 붙인 명칭일뿐이다. 우문술(부여도)과 우중문(락랑도)은 서로 방향이 다르지만 같이 행동하였다. 또 갈석은 료서에 있으므로 침공방향과 반대되고 답둔은 옛날의 오환 추장의 이름이므로 지명이 아니다. 그러므로 여기에 보이는 《도》명칭들을 가지고 력사지리 고증자료로 삼는것은 무의미한것이고 도리여 혼란만을 조성하는것이다.

24개 군단의 매개 군단에는 대장 1명, 아장 1명이 있고 기병은 40대 (1대는 100명)인데 10대 (1 000명)가 1단을 이루고 편장 1명을 두었다.

보병은 80대 (약 4만명)인데 4단으로 나누었다. 이밖에도 고취악대를 비롯한 보조적부대들과 치중부대가 단마다 따라가고 대장직속, 아장직속 군사들이 따로 있었다.

113만 3 800명으로 24개 군단을 편성하였으니 한개 군단은 평균 4만 7 200여명으로 구성된 셈이다. 그러므로 기병 4 000명에 보병 약 4만명으로 한개 군단이 형성된것으로 볼수 있다 〔《조선인민의 반침략투쟁사》(고조선-발해편), 과학백과사전종합출판사, 1988년, 178페지〕.

24개 군단은 612년 1월 3일부터 매일 한개 군단씩 출발하여 서로 40리씩 사이를 두고 행군하였는데 기발이 960리에 걸쳐 늘어서있었다. 여기에 수 양제의 직속으로 6개 군단이 더 있어서 그 대렬의 길이가 80리나 되였다. 결국 30개 군단의 총길이는 1 040리에 달하였다고 한다.*

그러므로 침략군의 총수는 전투부대와 후방부대까지 도합 300만명을 훨씬 넘었다고 말할수 있다. 《수서》를 비롯한 여러 력사책들에서 강조한바와 같이 이와 같은 대병력은 일찌기 있어보지 못한 큰 규모였다.

* 《수서》 권8 례의지 대업 7년조에 의하면 전투부대 24개 군단외에 《천자 6군》(양제직속부대)이 더 있었다. 이것은 양제를 따라간 12위, 3대, 6성, 9시의 군인, 관료들을 모두 군사적으로 편성한것인데 그 대렬의 길이가 80리였으니 그 한개 군단은 상대적으로 적은 인원수(6군을 다해서 약 10만명 정도)였다고 볼수 있다. 그러나 섭우둔위장군 하조(何稠)가 거느린 어영노수(쇠뇌수)가 3만명이나 되고 또 《륙합성》을 운반하고 만드는데 소요되는 자재와 인원까지도 합하면 그 총인원수는 훨씬 늘어날것이다 〔《수서》 권68 하조전〕.

그밖에도 수나라의 수군은 우익위대장군 래호아, 주법상의 지휘밑에 수백척의 함선에 갈라타고 서로 꼬리를 물고 수백리나 늘어서서 항행하였다. 그 병력수도 645년 당나라 수군의 규모에 비추어본다면 역시 10만명이상이 될것이다. 612년 평양성(봉황성)전투에서 수나라 수군가운데서 뽑은 정예무력만 해도 4만명이였으니 그렇게 말할수 있다.

수 양제의 침공전략은 우선 이렇게 미증유의 대병력을 동원한것으로 보아 수적우세를 리용하여 고구려를 일거에 굴복시키려는 《속전속결》전략이였다는것을 알수 있다. 또한 수륙으로 대부대를 내보낸것으로 보아 그것은 전방과 후방에서 동시에 타격함으로써 수륙병진으로 급속히 전과를 확대하려던 전략이였음을 말하여준다.

612년에 수 양제가 감행한 이 침략전쟁은 동원된 병력수, 군사기자재의 규모에 있어서 그야말로 일찌기 있어보지 못한 가장 큰 규모의 전쟁이였으며 실로 고구려인민과 고구려국가의 생사존망을 판가리하는 심각한 싸움이였다.

어릴 때부터 애국정신과 용감성으로 교양되고 단련되여있으며 우수한 무

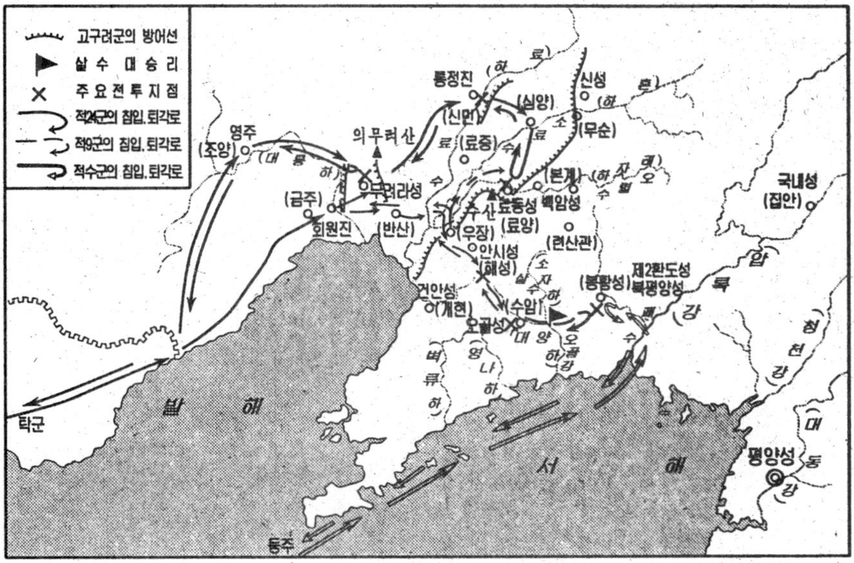

612년고구려－수전쟁략도

술을 소유하고있던 고구려군사들과 인민들은 오래전부터 외래침략자들을 쳐부신 자랑찬 전통을 살려 이번에도 불굴의 기상으로 대적을 맞받아 용감하게 싸웠다.

고구려에는 을지문덕과 같은 명장들이 있었고 영양왕을 비롯한 통치층도 반침략투쟁에서는 강경한 립장을 견지하고있었다. 그들은 적의 대규모침입에 대처하여 전선사령부를 환도성(북평양성)으로 옮기고 주도세밀한 방어작전계획을 세웠다.

수 양제와 그 부하 장수들은 대병력에 의한 수륙병진작전으로 전쟁을 빨리 결속하려는 《속전속결》전략에 매달리고있었지만 그들의 작전적기도는 심각한 약점을 가지고있었다. 그것은 우선 급작스레 강제적으로 모집한 군사들이였으므로 전투경험이 없는자, 똑똑한 군사훈련을 받지 못한자들이 많았고 숱한 군단으로 갈라져 행동하는 조건에서 지휘의 통일성, 민활성을 원만히 할수 없었다. 또한 마소나 사람의 등짐, 달구지, 손수레 등의 운수수단에 의거하지 않으면 안되는 조건에서 전쟁이 조금만 장기화되여도 그 많은 군사들과 관료들, 시중군들과 군마들을 먹여살릴 식량과 마초 그밖의 후방물자들을 2 000여리나 되는 먼곳에서 운반하기란 대단히 어려웠던것이다.

적의 전략에서 이 약점들을 정확하게 포착한 고구려군의 지휘부에서는 우선 전연, 전방방어를 강화하여 시간을 쟁취하고 그 사이에 료하동쪽에 촘촘히 배치된 성곽들을 보수하여 방어력을 강화함으로써 적의 진공을 좌절시키고 장기전으로 넘어가도록 하였다. 그렇게 되면 강제로 침략전쟁에 끌려온 군사들은 싸우지 않아도 스스로 와해상태에 빠지게 될것이고 그때에 총반격으로 넘어가면 쉽게 격멸소탕할수 있을것이였다.

적들은 고구려왕이 기본수도를 떠나 전선가까이에 나와있게 된것을 기화로 《속전속결》전략으로 환도성(북평양성)을 빨리 함락시켜보려고 책동하였다. 그러나 그것은 오산이였다.

애국심으로 불타고 평소부터 무예에 뛰여난 고구려군사들은 전쟁초기부터 적들에게 된 타격을 안기였다.

료서서쪽에 나가있던 고구려군은 적의 대부대가 들이닥치는 조건에서 2월초경에 전략적으로 후퇴하여 대릉하동쪽계선으로 철수하였으며 3월에는 무려라성*[1]을 비롯한 대릉하동쪽계선에서 적의 침입을 막았다. 리경이 거느린 수나라의 선봉부대는 무려라성을 함락시키는데만도 10여일이 걸리였다.*[2] 그후 적군은 동쪽으로 나와 료하서쪽에 집결하였다.

*[1] 무려라성의 위치에 대하여서는 그것을 오늘의 신민현 고태산 동쪽에 있는 고려성으로 보는 견해가 있다. 이 경우 그들은 무려라성을 통정진과 같은곳으로 보고있는것이다〔《동북력사지리》(중문) 제2권, 흑룡강인민출판사, 1989년, 204, 209페지〕. 그러나 고구려가 전초기지를 료하서쪽기슭에 둔다는것은 상식적으로 보아도 있을수 없는 일이다. 이곳은 수나라가 통정진을 두었던 곳으로는 될수 있으나 무려라성은 무려현의 서쪽 즉 대릉하동쪽기슭에 있어야 마땅한것이다.

*[2] 《수서》 권76 리경(李景)전에는 그가 대업 7년(611년)에 고구려의 무려라성을 쳐서 깨뜨렸다고 하였으나 그것은 612년의 잘못이다.

적군은 612년 1월 3일부터 행군을 시작하였으며 매개 군이 하루씩 사이를 두고 출발하였으니 24개 군단이 다 출발하는데도 정월 한달이 꼬박 걸렸을것이다. 탁군에서 대릉하계선까지는 근 1 500리나 되므로 하루에 40리정도씩 행군한것으로 치더라도 약 35～40일이 걸려야 할것이다. 그러므로 적의 선봉부대는 2월초, 중순경에야 대릉하계선에 도착할수 있었을것이다. 거기까지 오는데는 무인지경을 지나온것이 아니라 고구려군의 저항도 받았을것이고 무려라성을 공격하기 위해서도 일정한 준비기간이 필요하였을것이다.

수나라침략군은 의무려산계선에서 고구려군의 방어에 부딪쳐서 10여일간이나 나오지 못하고있다가 3월 초순경에야 료하서쪽 신민부근에 도착하였고 그후 3월 중순이 되여서야 기본부대들이 료하서쪽에 집결되였다.* 그 사이에 고구려군은 료하동쪽기슭일대의 방어진을 강화하였다.

* 《수서》 본기에는 3월 14일에 수 양제가 료하서쪽에 온것처럼 썼으나 이것은 잘못이다. 그는 4월 27일까지도 료서군 류성현 림해둔(산해관부근)에 머물러있었다〔《수서》 권76 우작전〕.

612년 고구려－수전쟁은 우에서 본바와 같이 정월초에 수 양제에 의하여 도발되였고 3월에는 무려라성에서 첫 대규모의 접전이 시작되였다.

2) 료동성전투의 승리

3월 19일에 적군은 3개의 배다리를 만들어가지고 료하를 건느기 시작하였다. 그러나 다리가 짧아서 기슭까지는 한길나마 부족하였다. 적장 우둔위대장군 맥철장(麥鐵杖)은 물속에 뛰여내려 기슭으로 올라갔으나 고구려군의 맹렬한 반격으로 그 자리에서 거꾸러지고 뒤따랐던자들도 전멸되였다. 적군은 황황히 배다리를 걸어갔다가 다시 이틀동안 더 손질하여 늘구어가지고 다시 공격을 개시하였다. 그러나 료하동쪽기슭에서 튼튼한 방어진을 치고있던 고구려군은 언덕우에서 맹렬한 활쏘기, 쇠뇌사격으로 적군을 무찔렀으며 적군이 상륙하면 격렬한 창격전, 육박전으로 타격하였다. 그리하여 료하기슭에서 고구려군사들은 거의 한달동안이나 적군이 발을 붙이지 못하게 가로막았으며 적군은 좀처럼 료하도하작전을 성공시킬수 없었다.

《자치통감》에는 그후의 정황에 대하여 수나라군대가 3월 21일이후 인차 도하하였고 그길로 진격하여 료동성을 포위한것처럼 써놓았다. 또 《수서》 본기에는 수 양제가 《갑오일(3월 15일)》에 료수의 다리에까지 이르렀던것으로 썼으며 《4월 갑오일》에 료수를 건너선것처럼 써놓았다.

그러나 이것은 사실과는 전혀 맞지 않는다. 앞에서도 본바와 같이 수 양제는 4월 27일까지도 산해관부근의 림해둔에서 한가한 나날을 보내고있었고 또 4월에는 갑오일이 없다. 3월 15일 갑오일이후에 처음 있게 되는 갑오일은 5월 16일이였던것이다.

실지로는 고구려군이 거의 한달동안이나 료하동쪽기슭일대에서 격렬한 전투를 거듭하면서 적들에게 심대한 타격을 주었고 4월 16일경에야 비로소 철수하여 신성, 개모성, 백암성, 료동성, 건안성 등 견고한 방어요새들로 들어갔던것이다.

《문관사림》 권669 사유(赦宥) 제5 기사에 의하면 612년 5월 17일(병신일)에 내린 《대사령 조서》에서는 이해 4월 16일 새벽을 기준으로 하여 사형이하의 죄인들은 발각되였거나 안되였거나 관계없이 다 용서해준다고 하였다. 그리고 매개 군(고을)에서 전쟁과 관련된 일을 담당한자는 급복(부역을 면제해주는것) 1년을 주고 탁군까지 왔던자는 급복 2년, 림유관까지 왔던자는 급복 3년, 류성군까지 왔던자는 급복 4년, 로하진 및 회원진까지 왔던자는 급복 5년, 통정진까지 왔던자는 급복 7년, 료하를 건너왔던자는 급복 10년을 각각 준다고 하였다.

이것은 4월 16일에야 적군이 료하를 건넜다는것을 말해주는것이다. 그렇게 보게 되는 중요한 근거는 수나라측에서는 료하를 건너서서 료동성으로 나갈수 있게 된것이 이 침략전쟁에서의 중요한 전환적계기로 되였기때문이였다는데 있다.*

* 《통감고이》에 이르기를 《수서》 제기에는 4월 갑오일에 수 양제가 료하를 건넜으며 을미일에는 대둔(크게 주둔하였다는것)하였는데 큰 새가 날아들었다고 하였다. 《통감고이》(사마광자신이 쓴 책)에서 사마광은 말하기를 《수서》 제기(양제본기)에는 3월 계사일(14일)에는 임금이 군대를 직접 거느렸고(사열하였고) 무술일(19일)에는 맥철장이 죽었으며 갑오일에는 양제가 료

하를 건넜고 을미일에 대둔하였으며 병신일에는 대사령을 내렸다고 썼으나 《장력》에 의하면 이달(3월)은 경진삭이므로 갑오, 을미, 병신일이 없다. 그러니 이것은 틀림없이 잘못일것이다. 그러므로 《수서》에 보이는 날자의 간지들은 다 없앤다고 하였다.

한편 《책부원귀》(권83 제왕부 사유 제2)에서는 양제의 대사령조서가 4월 병신일에 내려진것으로 썼다.

그러나 612년 4월은 경술삭이므로 이달에도 갑오, 을미, 병신일은 없다. 그러므로 이것은 5월의 잘못임이 명백하다. 5월 1일은 기요일이므로 갑오, 을미, 병신일은 16, 17, 18일이다. 아무리 간지가 틀려도 련속 3일간이나 틀릴리는 없으며 또 5월 16일경에 와서야 료하를 건넜던 수 양제가 료하동쪽지역의 일부를 점령하였다고 하여 5월 18일에 대사령을 내린것임이 틀림없는것이다.

5월 18일에 대사령을 내렸다는것은 같은 조서에서 《료좌(료하 동쪽)의 백성들이 새로 황화(황제의 교화)를 받게 되였으므로》 위문승(衛文昇), 류사룡(劉士龍)을 그곳에 보내여 그곳 백성들에게 10년간 급복을 주는 동시에 거기에 군현을 두도록 하였다는것을 통해서도 알수 있다.

이것은 적군이 4월 16일에 료하를 건넜으며 다시 일정한 시간이 지난 다음 료동성을 포위하게 되였음을 말해준다. 또 수 양제는 료하이동지역이 일정하게 평온해진 5월 16일경에 가서야 료하를 건넜다는것을 보여주고있다.

적군에 의한 료동성포위공격전투는 대체로 4월말 5월초에 시작되였다고 볼수 있다. 적군은 여러가지 공성무기들을 동원하여 밤낮없이 료동성을 공격하였으나 고구려군의 완강한 방어전으로 성은 끄떡없이 고수되였다.

당시 료동성(지금의 료양)은 평지성이였으나 성벽을 높이 쌓고 태자하물을 끌어서 서쪽, 남쪽에 판 큰 해자에 흐르게 하였으며 주변에는 가까운 곳에 두개이상의 보조성들이 배치되여있어서 난공불락의 요새로 꾸려져있었다.

료동성이 오래동안 함락되지 않자 조급해난 수 양제는 6월 11일에 직접 료동성 남쪽에 가서 성을 바라보았으며 여러 장수들을 모아놓고 《(내가) 수도에 있을 때 공(公)들이 다 내가 직접 오는것을 반대하였는데 그것은 공들이 전투에서 패하는것을 보여주지 않기 위해서였겠다. 내가 이곳에 온것은 바로 공들이 하는 짓을 보아 공들을 참형에 처하려고 해서이다. 지금 공들은 죽음이 두려워 힘을 다하여 싸우지 않고있으니 내가 공들을 죽일줄 몰라서 그러는가.》라고 으름장을 놓았더니 여러 장수들이 무서워서 사시나무 떨듯 하였다고 한다. 련이어 수 양제는 료동성 서쪽 5~6리되는 곳에 륙합성*을 하루밤사이에 건설하게 하였다.

* 륙합성이란 나무부재들을 리용하여 성모양으로 만든것인데 높이가 10길, 둘레는 8리나 되는 큰것이였다 한다.

한편 료하계선전투이후 고구려군은 료동성외에도 료하동쪽 산간지대의 서부에 건설된 최진보산성, 청룡산산성, 석태자산성, 신성, 개모성, 영안대고성(무순), 탑산산성, 마총둔산성, 백암성, 석성, 고려채, 안시성, 건안성 등 견고한 방어성들로 철수하여 장기전을 할 태세를 갖추고있었다.

무력이 많았던 수나라침략군은 이러한 여러 성들도 료동성과 같이 공격하였으나 고구려군사들은 모두다 용감히 싸워 적군을 족치였다.

그렇게 되자 수 양제는 일부 병력을 떼내여 9개 군(군단)을 따로 편성하여 료동반도 남쪽으로 나가서 수군무력과 함께 환도성(북평양성)을 공격하게 하였다.

료동성방위자들은 그후에도 몇달동안 수십만대군의 포위공격을 물리치는 격전을 거듭하였으며 적군에게 무리죽음을 줌으로써 적을 궁지에 몰아넣었다. 수 양제는 언제 고구려군의 기습을 받을지 모른다고 보면서 륙합성을 해체하고 다시 료동성에서 좀 떨어진 후방으로 피신하였다.

료동성 군인들은 6월 중순이후에도 달포동안이나 모든 수단을 다 동원하여 덤벼드는 침략군의 공격을 물리침으로써 적군의 발목을 틀어잡고 더 이상 침입하지 못하게 가로막았다. 이것은 전반적정황을 고구려편에 유리하게 전변시킴으로써 적의 속전속결전략이 파탄을 면치 못하게 하였다.

료동성방어전투의 승리는 고구려군의 종국적승리에 크게 기여한 커다란 승리였다.

3) 《평양성》전투의 승리

수 양제는 수륙병진으로 래호아(來護兒)휘하의 수군 10만명을 먼저 《평양성》(북평양성, 제2환도성)부근에 진출시켜 교두보를 설정하고 륙군이 오기를 기다려 총공격을 감행함으로써 고구려왕과 통수부가 자리잡은 북평양성을 함락시키려고 꾀하였다.

래호아가 거느린 적 수군은 6월초경에 북평양성에서 60리 떨어진 패수(압록강)어귀에 도착하였다*[1]. 래호아는 고구려의 기본주력이 다 전선으로 나간 조건에서 후방에는 병력이 얼마 없을것으로 타산하고 또 자기 휘하의 무력이 많으므로 수군 단독으로도 북평양성을 공격함락시킬수 있다고 망상하였다. 그리하여 정예군 4만명을 선발하여 수군 단독으로 북평양성을 공격하였다.

이때 고구려측에서는 왕의 아우 고건무(후의 영류왕)가 지휘하는 많지 못한 병력이 지키고있었으나 적의 공격기도를 좌절시키기 위하여 일부러 후퇴하여 북평양성의 라곽(외성)을 비워놓고 적군을 유인하였다. 그리고 빈 절간에 수백명의 군사들을 매복시켜놓았다.

적군은 그런줄도 모르고 라곽안으로 돌입하여 략탈질에 눈이 어두워 돌아쳤고 적군 대오는 산산이 흩어졌다. 이 기회에 매복하였던 고구려의 군사들이 일제히 일어나 적군을 들이치고 내성안의 무력도 문을 열고나와 이에 합세함으로써 적군은 커다란 손실을 냈으며 거의다 섬멸되였다. 일부 적군이 황황히 도망가자 고구려군은 그들을 추격하여 선창가에까지 갔으나 거기서는 적의 부총지휘자인 주법상(周法尙)이 대오를 정비하고 진을 치고있었다. 전투와 강행군으로 피로해진 고구려군은 그들과 대전하여도 승산이 없으므로 되돌아서고 말았다.

《평양성》전투에서 적군은 4만명중 겨우 살아 도망친자는 천명밖에 안되였다. 이것은 하나의 전투치고는 참으로 커다란 승리였다. 적 수군은 앞으로

고구려의 수군이 공격해올것이 두려워 멀리 료동반도남단쪽으로 급히 달아나고말았다.*2

*1 이때의 《평양성》을 고구려의 기본수도 평양성으로 써놓은 력사책들이 많으나 그것은 당시의 전쟁형세에 대한 옳바른 파악이 없었기때문이다. 아무리 유인전술을 쓴다고 하여도 고구려가 기본수도 평양성의 견고한 외성 특히 그 안에 10여만명의 인구가 살고있는 외성을 내여줄리는 만무하다. 그러나 북평양성(제2환도성, 봉황성)이라면 그 라곽(외성)은 나무울타리 또는 흙담으로 축조한것이고 그 안의 주민도 많지 않았기때문에 얼마든지 피난시킬수 있었고 적을 유인소멸할수 있었다. 또 패수, 패강은 오늘의 대동강, 례성강을 가리키는 때도 있었으나 압록강을 두고 이른 실례들도 있다. 례컨대 《일본서기》 권27 천지기 즉위전기 12월조에는 《패수》의 《패》자를 《에》로 읽고있다. 《한서》 지리지에 의하면 압록강은 《염난수》로도 불리웠으므로 《에난물》, 《에강》으로도 략칭될수 있다. 래호아의 수군이 들어왔다는 패수도 그 전후관계로 보아 오늘의 압록강이나 그 지류인 애하를 가리킨것으로 보아야 할것이다.

*2 《수서》 권24 래호아전에서는 수군이 퇴각한것은 우문술 등의 9군의 패전소식을 들은 다음인듯이 써놓았고 그 이전에는 바다가에서 기다리고있은듯이 썼으나 실제에 있어서는 그는 《평양성》전투이후 고구려수군이 두려워 멀리 도망가고말았던것이다. 이에 대해서는 우중문, 우문술의 9군이 《평양성》가까이에 와있었을 때 고구려측에서 당신들이 기다리는 식량을 실은 수군함선들은 패전하여 달아나고 없다고 야유하는 글을 보냈다(《통감고이》)는것을 보아도 명백하다. 또 《자치통감》 권181 대업 8년조의 주석에서 《만약 래호아의 군사들이 패전하여 먼저 퇴각하지 않았더라면 즉 평양성밖에 군영을 두고있었다면 우문술 등의 군사들과 서로 성원하기도 하고 련합하기도 하였을것이며 살수의 랑패를 초래하지 않았을것이다》라고 쓴것을 보아도 래호아의 수군이 멀리 달아나고 없었다는것을 알수 있다.

래호아의 수군이 멀리 퇴각한것은 패잔병들만으로 고구려의 강유력한 수군무력을 이길수 없었기때문이다.

《평양성》전투에서의 승리는 고구려군의 기묘한 전술과 대담성, 용감성을 남김없이 보여주었다. 그것은 적들의 수륙병진작전을 파탄시키는데서 큰 역할을 놀았으며 그후 9군을 반대한 《평양성》방어전과 함께 살수전투에서의 대승리를 이룩하게 하는데서도 중요한 전제를 마련하였다.

4) 살수대승리

수 양제의 지시로 6월 중순경에 새로 별동대로 조직된 적 9군은 30만 5 000명으로 구성되였다.*

* 새로 편성된 9군의 지휘자들과 그들이 달고다니던 도(道)이름은 아래와 같다.

① 좌익위대장군 우문술(부여도)
② 우익위대장군 우중문(락랑도)

③ 좌효위대장군 형원항(료동도)
④ 우익위장군 설세웅(옥저도)
⑤ 우둔위장군 신세웅(현도군)
⑥ 우어위장군 장근(양평도)
⑦ 우무후장군 조효재(갈석도)
⑧ 탁군태수 검교좌우위장군 최홍승(수성도)
⑨ 검교우익위호분랑장 위문승(증지도)
이밖에 위무사로 상서 우승 류사룡이 있었다.

9군중에서 수성도군과 증지도군은 본래 24군을 조직할 당시에는 없었던것이므로 새로 편성한것이다. 그것은 5월 병신일(18일)《조서》에 의하여 료동군의 군현을 설치할 과업을 받았던 위문승이 증지도 군장(軍將)으로 되였고 함께 갔던 류사룡이 위무사로 된것을 보아도 알수 있다. 그밖의 군장들은 료동성부근에 있다가 다른 방향으로 가게 된 자들이였다.

위문승과 류사룡은 료동군현설치에서 실패하였다. 그것은 주민들이 다 피난가고 없었기때문이였다. 료동군설치기도가 실패하자 그들은 강직되였다. 즉 본래 형부상서 정의(正議)대부였던 위문승은 호분랑장으로 떨어지고 수(守)상서 좌승이였던 류사룡도 상서 우승으로 되였는데 이것은 동격조동이라고 하지만 역시 한급 떨어진 셈이였다.

적 9군은 로하진과 회원진에 가서 식량과 무기를 보충받았는데 앞으로 고구려 국내깊이 들어가는 조건에서 식량은 각각 100일분, 갑옷, 방패, 창삭(크고 작은 창), 옷가지, 천막 등을 다 각자가 가지고 떠나게 하였다. 그런데 그 무게가 쌀 3석무게에 해당하였으므로 도저히 지고갈수가 없었다. 그러나 군량을 버리는자는 모두 참형에 처한다는 령이 내렸다. 그리하여 수나라 군사들은 숙영지 천막안에서 땅을 파고 눈에 뜨이지 않는 식량부터 묻어버렸다.

적 9군은 갈 길이 바빴던만큼 준비를 서둘러 끝내고 6월말 7월초에는 로하진, 회원진을 떠났다. 료하의 흐름은 력사적으로 여러번 변하였는데 이 무렵에는 오늘날과 비슷하게 태안(台安)남쪽에서 그 본류가 서남으로 흘러 요양하물을 받아들이고 반산(반금시)부근에서 바다로 들어갔던것으로 보인다.*

* 《한서》 지리지에 의하면 대료수(료하)는 소료수(혼하), 대량수(태자하)의 물과 합쳐서 오늘의 영구북쪽에서 바다로 들어갔고 근년에도 료하의 흐름새는 그와 비슷하였다.

그런데 《당회요》(권 95 고구려)에 의하면 647년 당시 고구려에 침입하였던 적장 리적이 귀환하던 때 백랑수(대릉하), 황암수(요양하?)를 지났는데 두 강이 다 무릎까지도 물이 차지 않는 얕은 강이였다. 그는 괴이하게 여겨 료수의 근원에 대하여 물었더니 안내하던 거란족이 대답하기를 이 두 강이 남쪽으로 몇리 더 가서 합류하는데 그것이 곧 료수이다, 그러니 따로 료수의 근원을 찾을것이 없다고 하였다. 이것은 가을철에 물이 적었을 때의 이야기이지만 대릉하가 동남으로 흘러 료하와 합치던 때의 형편을 묘사한것이다. 또 《산해경》에 지적된것처럼 한나라이전에는 패수(대릉하)가 렬도(列塗)(렬수〈료하〉어귀의 진펄)로 들어간 때도 있었다. 612년당시에도 오렬수(태자하)가 《압록수》로 잘못표기된데에는 료하의 흐름새가 서남으로 흘렀던것과도 관련이 있다고 보인다.

고구려의 군사들이 료하이동의 여러 성들로 철수하여 지키고있던 조건에서 적 9군은 료하하류를 건너서 오렬수(태자하)로 나왔다. 그러므로 여기까지의 그들의 행군로정은 비교적 짧았다고 볼수 있다.

식량을 다 파묻어버리고 행군해온 적군은 며칠이 못되여 식량이 떨어졌으며 오렬수에 도착하였을 때에는 벌써 굶주리게 되였다.

수나라의 30만 대군이 새로운 방면에 나타났다는 통보를 받은 고구려의 지휘부에서는 강화담판교섭을 하자는 명목으로 대신 을지문덕장군을 적진에 보내여 우중문, 우문술과 담판하게 하였다. 이것은 《자치통감》에도 씌여있는 바와 같이 수나라군대의 허실(무력한가 유력한가)을 엿보기 위해서였다. 이때 우중문은 9군전체에 대한 지휘권을 행사하고있었으며 고구려왕이나 을지문덕이 나타나면 사로잡을데 대한 비밀지시를 받았다. 그래서 을지문덕을 억류하려고 하였다가 위무사 류사룡이 그렇게 하면 고구려측의 항복을 받을수 없게 된다고 하면서 말리는 통에 어찌지를 못하였다. 그리하여 대담하게 적진속에 들어가서 적정을 내탐하고 수나라군대가 굶주리고있는 기색을 알아본 을지문덕장군은 되돌아서 강을 건너왔다. 우중문이 수 양제의 비밀지시를 집행하지 못한것을 후회하여 다시 사람을 보내여 강가에 가서 《더 할 말이 있으니 돌아오라》고 하였으나 적들의 속심을 꿰뚫어보고있던 을지문덕장군은 돌아보지도 않고 강을 건너왔다.

이때 우문술은 식량이 다 떨어져가니 되돌아가자고 주장하였으나 우중문은 정예로운 군사를 내보내여 을지문덕을 추격하면 공을 세울수 있으리라고 타산하였다. 우문술이 그만두자고 고집하니 우중문은 《장군이 10만명의 군사를 이끌고 얼마 안되는 적군을 격파하지 못한다면 무슨 면목으로 황제를 만나겠는가. 나는 이번 걸음에 전공이 없으리라는것을 미리 알고있었다. 왜냐하면 옛날 우수한 장군이 전공을 세운것은 한사람의 결심에 따라 움직였기때문이다. 지금 사람마다 딴 마음을 품고있으니 무엇으로 적을 이겨내겠는가.》라고 하였다. 당시 우중문이 9군을 지휘하게 되여있는것을 알고있던 우문술은 하는수없이 강을 건너 고구려군을 추격하였다.

을지문덕장군은 적군이 굶주리고있는것을 아는지라 더 피로하게 할 목적으로 하루에 일곱번 싸워 그때마다 패하는척하면서 후퇴하니 적군은 고구려군이 약하여 패주하는줄로 알고 동쪽으로 진군을 계속하였다. 고구려군은 철저한 청야전술로 적군이 식량 한톨도 구할수 없게 마을과 벌판을 텅 비워놓았다.

적군이 오골성*[1]을 지나오자 고구려군은 그 후방 치중부대를 습격하여 가뜩이나 식량이 부족한 적의 군량과 군수기자재들을 못쓰게 만들었다. 우중문이 군사를 되돌려세워 반격하니 고구려군은 또 지는척하고 물러났다. 적군은 드디여 살수(소자하)*[2]를 건너왔으며 7월 17일경에는 평양성(북평양성) 서쪽 30리지점에까지 들어왔다.

고구려군의 통수부에서는 적을 더욱더 굶주리게 하려고 휴전을 제의하였다. 그런데 닷새가 지나도록 아무런 소식도 없을뿐아니라 을지문덕장군은 적장 우중문에게 시 한수를 써보내면서 그만하면 전공이 있는 셈이니 되돌아가는것이 좋겠다고 야유하였으며 당신네들이 수군을 기다리는것 같은데 수군은 이미 평양성싸움에서 참패하고 달아난지 오래서 공연히 기다리지 말라고 하였다.

적군은 그제서야 속았다는것을 알고 도망치기 시작하였다. 도망을 가면서도 손실을 적게 내려고 방진대형을 짓고 달아났으나 각지에 매복해있던 고구려군은 네면에서 공격하였다.

7월 24일(임인일)에 적군은 살수에 이르러 강을 건느기 시작하였다.

*1 오골성의 위치에 대해서는 지난 시기 많은 학자들이 봉황성(또는 련산관)으로 보았으며 지금도 그렇게 보고있다. 그러나 그것은 잘못이다.

612년전쟁당시 봉황성은 고구려의 제2환도성으로서 북평양성으로도 불리웠으며 고구려의 전선사령부가 자리잡고있던 곳이였다.

《삼국유사》 왕력에서는 (고)국원왕이 임인년(342년) 8월에 수도를 안시성 즉 환도성으로 옮겼나고 하였고 같은 책(권 1) 《순도조려》조에는 《고구려의 수도이름이 안시성(딴이름 안정홀〈安丁忽〉)인데 료수(압록강)북쪽에 있었다. 지금은 안민강(安民江)이라고 한다》라는 기사가 있다. 《삼국사기》(권 37 지리지 4)에는 《안시성은 옛 안십〈촌〉홀〈安十(寸)忽〉인데 환도성이라고도 한다》라고 썼다. 여기에 보이는 안시성은 645년에 당 태종의 군대와 싸운 안시성(해성 영성자산성)이 아니고 648년에 고구려장수 고문(高文)이 오골성, 안지성의 군사 3만명을 거느리고 박작성을 지원하러 갔던 때의 안지성으로서 오늘의 봉황성이였다.

《삼국유사》 왕력에서 든 342년의 환도성은 당시에는 환인현 오녀산성이였으므로 그 년대가 맞지 않는다. 그러나 압록수 북쪽에 안시성—환도성이 있었다는것은 사실이다. 그것은 4세기말 5세기초에 고구려가 봉황성에 새로 둔 부수도로서 제2의 환도성을 두었기때문이다. 당시 고구려에는 기본수도 평양성과 남평양성(신원 장수산성)이 있었다. 그래서 압록강북쪽의 이 성은 북평양성으로도 불리웠던것이다. 《봉황》이란 흔히 황제, 왕과 결부되는 말이기도 하다. 적군은 최종목적이 고구려왕이 있는 성을 함락시키는데 있었던만큼 이 환도성을 평양성으로 오인하였으며 또 태자하의 옛 이름이 오렬수였으므로 그것을 압록수(아루수)로 오인하였던것으로 보인다(설사 그들이 압록강과 평양성이 따로 있다는것을 알고있었다고 하더라도 수 양제에게 9군이 평양성까지 갔다가 왔다고 허위보고하였을수 있다).

*2 지난날의 사서들에는 적군이 압록강—살수—평양성 행로를 오간것으로 되여있는것을 보고 살수는 곧 오늘의 청천강이라고 보았다. 그러나보니 오골성도 서북쪽에서 압록수에 이르기전에 있었던것으로 묘사한 글도 있게 되었다(《수서》 권 60 우중문전). 그러나 《자치통감》(권 181)에서는 그 위치가 정확치 않았다고 보았는지 오골성전투기사는 아주 빼버렸다.

일부 학자들은 오골성을 아골관이나 언골관(련산관)이라고 보기도 하였다.

아골관은 《대청일통지》(권 36)에 의하면 료양동쪽 330리 오늘의 료녕성 청하 동남쪽, 신빈현 위자욕서쪽에 있는 관문으로서 수나라군대가 진격하는 방향과는 전혀 맞지 않는다. 또 언골성은 바위절벽사이에 난 좁은 소로길을 남북에서 막은 관성이고 그 위치는 《한원》에 의하면 평양북쪽 700리에 있었다. 료양에서 압록강까지가 480리이고 압록강에서 평양까지가 450리(《통전》)이므로 언골관은 압록강 북쪽 250리(모두 당나라때 리수임)되는 오늘의 련산관이라야 한다.

오골성은 고구려의 오골성주(옥성주)소재지로서 오늘의 수암부근에 있었다. 오골성은 645년 당 태종의 침공때 안시성, 건안성(개주시)을 두어둔채 오골성으로 가려고 하였던 곳이고 비사성(료동반도 끝 대흑산산성)에서 신숙(하루밤 자는것)이면 가닿을수 있는 가까운 거리에 있었다. 또 백암성, 박작성싸움에 오골성군사들이 지원하러 나갔으니 그 성들과도 비교적 가까운 곳에 있었다. 《신당서》 지리지에 실린 가탐의 도리기를 보더라도 료동반도 끝에 있는 도리진(려순)에서 동쪽으로 바다가를 따라오다가 탁타만을 지난 다음 압록강으로 가기전에 오골강(여기까지 800리)이 있었는데 오골성은 오골강가에 있어야 마땅하다. 그러므로 오골성은 오늘의 수암부근에 있었음이 틀림없다고 보게 된다.*

* 《수암지략》(1857년 편찬)에 의하면 수암부근에는 구 수암성, 신 수암성, 랑랑성, 구 토성, 구성, 신성 등 여러개의 성이 있었다. 《수암지략》의 편찬자는 신 수암성과 랑랑성이 같은것인지도 모른다고 하였으나 그 둘레가 같지 않으므로 서로 다른 성이다. 또 성문수를 보아도 구 수암성과 구성은 서로 다른 성이다. 따라서 수암부근의 성터는 모두 6개이다. 주목되는것은 1780년에 쌓은 신성의 성벽밑부분이 세 돌기씩이나 다듬은 돌로 축조되였고 또 그 성벽의 안쪽도 다듬은 돌로 되여있었다는 사실이다.

  조선에서나 료동지방에서는 후세에 성을 쌓을 때 고구려의 성돌을 흔히 리용하였다. 이것을 미루어본다면 원래의 고구려의 오골성은 구 토성(둘레 8리 약 4.5km)이였는데 후세에 여러번 새로운 성들을 쌓으면서 그 성돌이 다 없어지고만것 같다.

  수암성의 서남쪽 90리에는 고구려산성이 있었고 수암성의 동남쪽 80리, 120리, 180리 지점에도 각각 산성들이 있었다(《수암지략》 권 4). 이밖에도 수암성부근에는 여러 성들이 있으나 수암성은 그 중심적위치에 있다. 수암은 오늘날에도 해성에서 단동지방으로 나오는 중간에 있는 요충지이고 해성—수암사이의 길도 대체로 외통길이다.

다음으로 살수는 청천강이 아니라 료동반도 동남부를 흐르는 대양하의 큰 지류인 소자하(어떤 책에는 이것이 본류로 되여있다)*이다.

* 612년에 적 9군 30만 5 000명은 살수에서 압록수까지의 450리길을 하루사이에 뛰여갔다고 한다.

소자하가의 사리채부근에서 수암, 해성을 거쳐 료하(태자하, 오렬수)동쪽의 우장까지의 거리는 청나라 리수로 340리(수나라때 리수로 450리)가 된다. 《고금도서집성》에 의하면 태자하-우장사이는 10리, 우장-수암사이는 270리, 수암-소자하사이는 60리이다. 수나라때의 1자의 길이는 23.55㎝이고 청나라때 1자의 길이는 32㎝이다(수나라 10리는 4 239m, 청나라 10리는 5 760m). 이것은 수나라때 450리가 대체로 청나라때의 340리와 맞먹는다는것을 말해준다.

또한 소자하(哨子河)라는 강이름은 소아하(哨兒河)-《쇼얼》하와 통하는데 살수의 본래 음은 《셜수》로서 서로 통하는 이름이라고 볼수 있으며 소자하는 남쪽으로 흐르는 강이므로 수나라군대가 살수를 동쪽으로 건넜다는것과도 맞는다.

살수를 청천강이라고 보게 된것은 대체로 12세기말경부터라고 할수 있다. 김부식도 《삼국사기》에서 살수의 위치를 알수 없다고 하였다. 12세기말의 시인 김극기(金克己)가 안주 청천강에 대하여 읊은 시에서 《만고에 처음으로 수많은 사람들이 혼난 곳이거니 푸른 물결은 정자를 감돌아흐르네》라고 쓴것은 대체로 《살수대첩》을 념두에 두고 그렇게 썼던것으로 볼수 있다. 고려말 리조초의 관료학자인 조준(趙浚)은 《넘쳐흐르는 살수는 그지없이 푸른데 수나라 백만대군은 물고기밥이 되였구나》라고 썼다. 또 《고려사》의 저자들은 《청천강은 옛날에는 살수라고 불렀는데 곧 고구려의 을지문덕이 수나라군사 100만명을 패전하게 한곳이다》라고 규정해놓았다. 그후 《동국여지승람》에 이르러서는 리조때의 리수가 고구려때의 리수와 맞지 않는다는 사정을 고려하지도 않고 안주(청천강)에서 의주 압록강까지가 정확히 450리가 되는것으로 거리기사를 만들어놓기까지 하였다.

그리하여 후세에 와서는 612년에 다름아닌 수 양제자신이 300만대군을 이끌고 평양까지 왔다가 청천강에서 명장 을지문덕에게 섬멸적타격을 받고 쫓겨갔다는 전설들이 생겨났고 일부 력사책에 고정되기까지 하였으며(현채〈玄釆〉《조선력사》 제1권 20페지) 안팎의 력사자료들을 구체적으로 보았다는 력사가들까지도 수나라 9군 30만대군이 청천강계선에서 패배하여 퇴각하게 되였던것으로 썼다.

우리 나라 력사에서 청천강은 삼국시기에는 어떻게 불리웠는지는 알수 없고 고려 초기 10세기경에는 청수강으로 불리웠다는 기록이 있을뿐이다.

옛 전설들에는 안주 백상루에서 을지문덕장군이 전투를 지휘하였고 전투총화를 한것으로 전한다. 그러나 이것은 다 후세사람들이 살수의 위치를 잘못알고 지어낸 이야기들이다. 고고학적발굴에 의하면 안주 백상루는 고려때에 와서 처음으로 지은 건물이였다.

우중문, 우문술지휘하의 수나라 9군이 총퇴각할 때 살수와 료동반도 동남부일대에는 수많은 고구려군사들이 매복, 대기하고있었다. 적군이 살수를 절반쯤 건넜을 때 뒤에서 추격해오던 고구려군과 살수서쪽에서 대기하고있던 고구려군은 일제히 떨쳐나서서 총공격을 들이댔다.

살수의 동쪽에서는 적군이 도하를 준비하느라고 무질서하게 돌아치고있었고 살수의 서쪽에서는 방금 강을 건는 적군이 미처 대오를 정비하지 못하고있었다. 바로 이런 때를 리용하여 고구려군이 드센 공격을 들이대자 적군은 대항할 엄두도 내지 못하고 무리로 쓰러졌고 강 동쪽에서는 적장의 하나인 우둔위장군 신세웅이 얻어맞아 죽었다. 그렇게 되자 적군은 더욱 당황하여 수습할 수 없는 대혼란속에 빠졌다. 또 강 서쪽에서는 고구려군의 대부대가 돌진해 들어가니 적군은 완전히 와해상태에 빠졌고 모두 산산이 흩어져서 도망을 쳤다. 그중에서 적장 설세웅의 부대는 백석산*[1]까지 갔으나 고구려군의 포위속에 빠져들어 거의다 섬멸되였다. 설세웅은 200여명의 기병을 데리고 겨우 포위진을 뚫고 달아날수 있었다.

이날 전투에서 적군의 일부는 바다가로 나와 저들의 수군 함선들을 찾았으나 래호아의 수군은 고구려수군의 공격이 두려워 멀리 달아나고 없었다. 7월 24일의 살수전투에서 적 9군 30만 5 000명가운데 압록수(오렬수)까지 하루사이에 450리를 뛰여서 도망간것은 겨우 2 000여명*[2]밖에 안되였다. 적군가운데 10여만명은 죽고 20여만명은 포로되고말았다.*[3]

*[1] 백석산은 오늘의 백사산이다. 《고금도서집성》 등에 의하면 해성－수암사이에는 백산(해성 동남 30리), 활석령(해성 동남 30리), 백사산(해성 동남 98리, 《대청일지》에는 110리로 됨) 등 백석산과 관련이 있어보이는 산들이 있다. 그중 백사산은 백석산과 발음상으로도 비슷하고 또 흰돌이 있어야 흰모래도 있을것이므로 같은 산의 다른 표기라고 보는것이 옳을것이다. 청천강－의주사이에는 백석산이 없다.

*[2] 《자치통감》에는 살수전투이후 수나라군대 2 700명이 살아서 료동으로 돌아왔다고 하였으나 24시간동안에 보병이 450리를 뛴다는것은 어려운 일이므로 기병 2 000여명만이 되돌아갔다는 기록이 더 정확하다고 본다. 《통전》에서는 1 000여명이 돌아갔다고 썼다.

*[3] 《자치통감》 권182 대업 10년 봄조에는 《통감고이》에 이때 적군 10여만명이 죽었다고 쓴 기록이 인용되여있다. 따라서 나머지 20여만명은 포로되였다고 볼수 있다. 641년에 당나라 사신 진대덕(陳大德)이 고구려에 왔을 때 포로되였던 수나라군사들이 찾아와서 고향소식을 물었는데 며칠사이에 소식을 듣고 모여온자들이 들판을 메울 정도였다고 한다. 이것은 612년전쟁에서 포로된자들이 매우 많았다는것을 말해주고있다〔《자치통감》 권196 정관 15년 5월〕.

겨우 살아서 도망해온자들의 보고를 들은 수 양제는 대경실색하여 이제라도 당장 고구려군이 뒤덜미를 칠가 두려워하면서 그 다음날인 계묘일(25일)에 총퇴각을 명령하였다. 료동성부근일대에 있었던 수나라침략군은 가지고갔던 군수기자재들을 다 줴버리고 황황히 퇴각하였다. 료동성과 그 부근에서 싸우던 고구려군은 그들을 추격하여 다시 수많은 적군을 무찔렀다.

살수계선에서의 고구려군의 승리는 동서방의 중세력사에서 보기 드문 큰 승리였다. 특히 한개 전역에서 그것도 비교적 좁은 지역에서 또 현대전도 아닌 중세전쟁에서 그리고 장기적인 군사작전도 아니고 하루사이에 30여만명의 많은 무력을 살상포로하였다는것은 그야말로 희한한 일이 아닐수 없다. 이것은 애국적인 고구려군사들의 용감성의 높이, 고구려군지휘부의 전략전술의 기묘성과 우수성, 대담성을 뚜렷이 보여주었다.

우리 나라 력사에서는 이 전투승리를 《살수대첩(살수대승리)》이라고 하여 길이 전하여왔다.

력사의 대가이시며 탁월한 군사전략적안목을 지니신 위대한 수령님께서는 살수의 위치문제와 관련하여 현대적기계화수단도 없었고 유격전을 하는 방법도 모르던 그때의 형편에서 수나라의 기본부대가 료하계선에서 싸움을 하면서 전선을 뚫지 않은채 수십만이나 되는 무력으로 평양근방까지 쳐들어온다는것은 군사학적으로 불가능할뿐아니라 력사적사실과도 어긋난다고 하시면서 력대 반동사가들에 의해 외곡되였던 살수—청천강설의 비과학성들에 대하여 명철하게 밝혀주시였다.

지난날에는 수나라군대의 행동경로가 《압록수—살수—평양성》이였다는 큰 경로만을 보았고 오골성, 백석산, 환도성 등의 위치에 대해서는 거의나 주의를 돌리지 않았다. 또 수나라군대와 언제 살수에서 싸웠고 료동성부근으로 언제 돌아갔는가에 대해서도 엄밀하게 따져보지 못하였다. 즉 오골성이 오늘의 수암지방에 있었고 백석산이 수암—해성사이에 있었다는것 그리고 평양성이 환도성으로도 되여있는 기록이 있다는것(《수서》 권4 대업 10년 2월 신묘)을 몰랐으며 오골성을 봉황성으로 오인하였기때문에 수나라군대의 행군경로를 잘못 보았던것이다.

또 《수서》 양제기와 《자치통감》에 의하면 수나라 9군이 살수에서 크게 패전한것이 7월 임인일(24일)이였는데 료동성부근에 있던 수 양제가 패보를 듣고 너무도 다급한 나머지 총퇴각명령을 내린것은 그 이튿날인 계묘일(25일)이였다는 사실에 대해서도 깊이 따져보지 못하였다.

만일 살수가 청천강이라면 거기서 패배한 수나라군대가 제정신없이 하루낮, 하루밤사이에 450리를 뛰여 압록강까지 갔다고 치더라도 거기서 료동성까지는 다시 600리이상이였으니 극도로 피로한 수나라군사들이 다시 죽을 기를 써서 뛴다고 하더라도 그 이튿날까지는 도저히 료동성에 가닿을수 없었을것은 명백하다. 아마도 2～3일은 실히 걸려야 그것도 고구려군의 추격이나 방차타격이 없는 조건에서 료동성부근에 갈수 있었을것이다.

수 양제가 그 다음날에 패전보고를 받을수 있었다는것은 《압록수》를 건너선 적군이 한 200리를 더 가서 25일 저녁안으로 당도할수 있는 거리에 그가 자리잡고있었기때문이다. 결국 료동성과 살수사이의 거리는 우회한다고 하여도 수백리밖에 안되였던것이다*.

* 임인—계묘일 관계기사가 너무 촉박하여 불합리하다는것을 감촉한 《책부원귀》의 편찬자들은 살수전투날자를 임오일(7월 4일)로 고쳐놓기까지 하였다. 그러나 이렇게 되면 수나라 9군은 6월 20～25일에는 《평양성》앞까지 가있어야 한다. 그들이 회원진, 로하진에서 떠난것은 아무리 서둘러도 6월말, 7월초였겠으니 앞뒤가 맞지 않는다.

《자치통감》의 저자 사마광은 모든 경우에 날자의 간지를 따져보고 불합리한것은 빼버리거나 바로잡는다고 한 사람이다. 그러나 그는 살수전투날자와 수나라군의 총퇴각날자(임인, 계묘일)는 빼지도 바꾸지도 주석을 달지도 않았다. 그것은 살수전투와 그 귀환보고날자가 임인, 계묘일임이 틀림없었기때문에 고치지 못하였던것이다. 따라서 살수가 청천강이 아니라 료동반도의 소자하였다는것은 이 날자의 간지들만 가지고 따져보아도 명백한것이다.

사실이 이러함에도 불구하고 최근까지도 일부 다른 나라 학자들은 오골성-봉황성설, 살수-청천강설을 고집하고있다〔《동북력사지리》 2권, 301페지, 《고구려의 력사와 유적》 쮸오고론샤, 1995년, 361페지〕.

수 양제는 살수전투에서의 대참패의 책임을 9군 장수들에게 넘겨씌웠다. 우문술은 사돈벌이 되므로(그의 아들 우문사급〈士及〉은 수 양제의 사위였다) 죽이지는 못하고 평백성으로 떨어뜨렸고 위무사 류사룡은 참형에 처하였다. 우중문은 감옥에 갇혔다가 병이 나서 죽었다고도 하고(《수서》 권60 우중문전) 참시(거리에서 참형에 처하는것)당하였다고도 한다(《통감고이》).

수나라군대의 총퇴각과정은 곧 고구려군의 강력한 반공격과정이였다. 력사기록들에는 남지 못하였으나 고구려령역이 멀리 시라무렌강, 로합하류역에까지 나가있었던 조건에서 수나라군대는 끊임없는 추격을 당하고 막대한 손실을 내지 않을수 없었다. 수 양제가 두었다는 통정진이나 료동군 등이 즉시 철폐되고 료하이서의 넓은 지역이 다시 고구려의 수중에 들어왔을것은 더 말할것도 없다.

612년의 침략전쟁에서 수나라군대는 맞아죽고 얼어죽고 굶어죽었으며 동원된 군사들가운데서 죽은자가 열에 여덟, 아홉명이였다고 한 《수서》 권22 오행지(상)의 기사는 그들의 심대한 참패상을 잘 말해주고있다. 다시말하여 수나라는 612년전쟁을 통하여 598년전쟁과 같이 자기 유생력량의 거의 전부를 잃어버렸던것이다.

이해에 신라통치배들은 고구려가 서쪽에서 밀려드는 수나라의 침략대군을 물리치는 전쟁에 총력을 기울이고있는 틈을 리용하여 죽령, 계립령이북 500리땅을 강점하였다(《삼국사기》 권21 고구려본기 보장왕 3년 정월)*.

* 이때 신라가 침공하여 점령한것은 산간지대의 500리땅이였다.

또한 백제통치배들도 국지모(國智牟)를 수나라에 보내여 수나라군대의 군사행동기일을 알려주면 고구려의 후방을 치겠다고 약속하였다. 수 양제는 이 말을 듣고 크게 기뻐하면서 많은 상을 주었고 상서 기부랑(起部郎) 석률(席律)을 보내여 침공계획을 알려주었다(《자치통감》 권181 대업 8년 7월 계묘). 그러나 백제는 고구려와 몰래 련계를 가지고 겉으로만 군대를 동원하여 국경지대에 내보냈을뿐 실지로는 움직이지 않았다.

4. 613~614년 제3차, 제4차 침공을 물리치기 위한 투쟁

1) 613년 제3차 침입의 격퇴

612년의 수치스러운 참패에서 교훈을 찾지 못한 수 양제는 기어이 고구려를 정복함으로써 땅바닥에 떨어진 자기의 《위신》을 추켜세워보려고 망상하였다. 613년 정월 2일에 그는 전국에서 날래다고 하는자들을 모집하여 《효과(驍果. 날쌔고 과단성이 있다는 뜻)》라는 이름을 붙여주고 1월 10일에는 절충, 과의, 무용, 웅무랑장 등을 그 지휘관으로 임명하였다. 이것은 정예무력을 가지고 다시한번 고구려를 침공하려고 한것이며 전해의 경험을 살려 수백만대군의 후방공급을 할수도 없고 또 수백만 대군을 다시 긁어모을수도 없는 형편에서 취한 새로운 대책이였다. 수 양제는 이와 함께 경험있는 장수들도 다시 등용하여 지휘를 맡기였다. 패전장군으로서 서인(평백성)으로 떨구었던 우문술을 다시 등용하여 전선으로 나가게 하였다.

그러나 당시 수나라의 국내정세는 매우 복잡하였다. 각지 인민들이 사방에서 들고일어나 수 양제의 폭정을 반대하는 투쟁은 날로 확대되고있었다. 611년에 벌써 살길이 없어진 백성들이 각지에서 폭동을 일으켰다. 산동지방에서는 왕박(王薄), 류패도(劉霸道), 두건덕(竇建德), 손안조(孫安祖), 고사달(高士達) 등이 폭동을 일으켰으며 《무향료동랑사가(료동으로 가서 헛되이 죽지 말라는 노래)》를 퍼뜨리면서 싸웠고 612~613년에는 북방의 백유사(白瑜娑), 산동, 하북지방의 맹양(孟讓), 곽방예(郭方預), 장금칭(張金稱) 등이 수십만명의 폭동군대오를 거느리고 군현들을 들이쳤다(《자치통감》 권181 대업 7년 12월, 권182 대업 9년 정월, 3월 정축).

그러나 수 양제는 고구려에 대한 침략야망을 버리지 않고 전쟁준비를 더욱 추진하였다. 군량부족으로 골치를 앓던 수 양제는 관중(섬서성)지방의 부자들에게 재산의 많고 적음에 따라 하늘소를 내게 하여 멀리 수천리나 떨어진 이오하원(伊吾河源), 저말(且末)지경*에 가서 량곡을 실어오게 하였는데 수백마리의 하늘소를 낸자도 있었다. 그리하여 하늘소 한마리값이 1만여전으로 뛰여올랐다. 또한 여러 주들의 장정들을 동원하여 4개 번(番)으로 나누어 료서군, 류성군에 가서 둔전을 경작하게 하였는데 오가는 길이 너무도 멀고 간고하여 농사일을 다 페지하지 않을수 없게 되였다. 그리하여 사방에서 농민폭동이 일어나고 오가는 길들이 막히게 되였다(《수서》 권22 식화지 대업 9년). 여기서 각지의 장정들이란 그 절대다수가 농민들이였다.

* 이오하원, 저말 등은 오늘의 신강성 위글족 자치주의 동남부에 있는 저말현 등지이다.

나라의 내부형편이 말이 아님에도 불구하고 수 양제는 다시 수십만의 병력을 긁어모아 료동으로 내보내였으며 자신도 3월초에는 료동을 향하여 떠났고 4월 27일에는 료수를 건너섰다. 그리고 우문술, 양의신(楊義臣), 설세웅 등으로 하여금 전번과 같은 길로 해서 평양성을 치라고 지시하였다.

《수서》 권65 설세웅전에는 그가 답둔도군장으로서 다시 오골성으로 나간것으로 썼으나 그것은 목적지를 가리킨것이고 실지로는 우문술 등과 함께 《압록수》(오렬수)까지 갔을뿐이였다.

한편 수 양제는 래호아, 주법상의 지휘밑에 다시금 수많은 함선들을 동원하여 지난해처럼 수륙병진전술로 고구려 국내깊이 쳐들어가게 하였다.

이해의 료하이서지역에서의 전투는 기록에 전하는것이 없다. 그러나 지난해와 마찬가지로 전초전들이 벌어졌을것이고 상당한 시간이 경과한 다음에야 료하를 건너왔을것이다. 료하이동에 나온 적군은 왕인공(王仁恭)의 지휘밑에 신성을 공격하였다.

신성을 지키던 고구려군 수만명은 성밖에 나와서 진을 치고 적들을 격파하였으며 적군이 계속 밀려오자 신성안으로 들어가서 방어하였다. 적들은 갖은 수단을 다하여 공격해왔으나 신성은 고수되였다.

얼마후 수 양제는 직접 나서서 료동성을 겹겹으로 포위하고 공격해왔다. 적군은 비루(높은 다락이 달린 차), 당차(성벽파괴용 차), 운제(높은 사닥다리)를 리용하여 성벽을 공격하는 한편 지도(땅밑으로 파고 들어가는 길)를 파고 침공하는 등으로 밤낮이 따로없이 공격을 계속하였다. 그러나 고구려군은 적의 기도를 제때에 간파하고 림기응변의 대책을 세움으로써 20여일이 지나도록 끄떡하지 않고 성을 고수하였다.

이렇게 되자 수 양제는 100여만개의 포대에 흙을 채워넣어가지고 너비 80보(약 90m)나 되는 《어량대도》(물고기잡이에 쓰는 살〈그물〉처럼 생긴 큰 길)를 성벽높이와 가지런하게 될 때까지 쌓아올리게 하였으며 그 길을 통하여 군사들이 성벽에 접근한 다음 꼭대기에 올라가서 싸우게 하였다. 또 8개의 바퀴가 달린 다락수레를 만들어 《어량대도》의 좌우에서 성안을 내려다보면서 엄호사격을 하게 하였다(《삼국사기》 권20 고구려본기 영양왕 24년 4월). 한편 땅밑으로 굴길을 파서 성안으로 침입하려고 하였다(《자치통감》 권182 대업 9년 4월).

그런데 이때 수나라에서 양현감(楊玄感)*이 정변을 일으켰다는 소식이 왔다.

* 양현감은 례부상서로서 수나라 건국공신의 하나인 양소(楊素)의 아들이였으며 제3차 침공당시에는 군량운반을 감독하는 임무를 맡고있었다.

양현감은 수 양제의 고구려침공전쟁으로 하여 전국각지에서 인민들의 폭동이 일어나자 독부(양제를 가리킴)가 망할 징조가 나타났다고 하면서 군량운반을 태공하였다. 그러다가 6월 3일에는 여러 사람과 함께 반변을 일으켰다. 그는 림유관(만리장성의 한개 관으로서 산해관 서북에 있었다)을 먼저 점령하여 수 양제의 퇴로를 막는것이 상책이라는 리밀(李密)의 계책을 쓰지 않고 락양을 진공하였으나 성공하지 못하였다. 그런데 양현감의 반변으로 하여 료동에 나와있던 수나라 고관들의 자식들 40여명이 양현감에게 투항하였다. 이것은 수 양제와 그 아래 여러 장수, 관료들의 뒤통수를 치는 큰 사변으로 되였다. 6월 24일에는 양현감과 친밀한 교우관계를 가지고있던 병부시랑 곡사정(斛斯政)이 처단될것이 두려워 고구려의 백애성(백암성)으로 망명하였다.

양현감의 반변소식을 들은 수 양제는 6월 28일에 여러 장수들을 불러다놓고 군수물자, 기자재, 성벽공격기구 등을 산더미처럼 남겨두고 진영을 만들었던 보루, 장막 등도 다 그대로 두어둔채 총퇴각할것을 명령하였다. 적군이 여러 길로 나뉘여 총총히 도망을 가니 고구려측에서는 그들이 퇴각한다는것을 알았으나 그래도 무슨 간계가 숨어있는지 몰라서 성을 비우고 나가 싸우지 않았다. 다음날 낮에야 일부 부대를 보내여 뒤쫓게 하였으며 사방에 정찰을 내보내여 적들이 무슨 기만책을 쓰지 않는가 살피였다. 그러다가 이틀후에야 수천명의 군사들을 내보내여 추격하였다. 그런데 수나라군대가 너무 많아서 치지 못하고 늘 80～90리 사이를 두고 추격하다가 료수(료하)에 거의 다 와서야 수 양제가 이미 강을 건넜다는것을 알고 적의 후군 수만명을 들이쳐서 수천명을 죽였다고 한다. 《자치통감》에 씌여진 이 기사가 어느 정도 사실을 전하는것인지는 분명치 않지만 이때 고구려군이 제때에 강력한 추격전을 벌리지 못한것은 사실일것이다. 이렇게 된것은 6월 26일에 곡사정의 투항을 받은 다음에도 통수부에 보고하고 새 지시를 받아 여러 성들에 전달하여 출정하는데는 일정한 시간이 걸렸을것이고 료동성을 지키던 군사들만으로는 적의 수십만대군을 친다는것이 어려웠던 사정과도 관련이 있었을것이다. 그러나 아무튼 고구려군이 제때에 대규모의 추격을 하지 못한것은 수 양제에게는 천만다행한 일로 되였다.

양현감의 정변은 그가 옳은 전략전술을 쓰지 못하고 소극적으로 행동한것으로 하여 실패하고 8월 1일에는 진압당하고말았다.

그런데 9월에는 동해군(산동성)에서 팽효재(彭孝才)농민폭동군이 일어났고 또 려명성(呂明星)농민군은 동군(東郡. 하북성 복양현일대)을 포위하였다. 그리고 장강이남에서는 농민폭동군의 두령 류원진(劉元振)이 오군(吳郡. 강소성 오현)에서 천자를 자칭하였으며 장구현(산동성)에서는 두복위(杜伏威)가 수만명의 폭동군을 거느리고 투쟁을 계속하고있었다.

수 양제는 폭동군을 쳐서 수많은 인민들을 죽이였으나 그것은 전국각지의 인민들을 더욱더 투쟁에로 불러일으키는 결과만을 가져왔다. 그리하여 전국인민들가운데 10분의 9가 《도적》이 되였다고 할 정도로 폭동의 불꽃은 온 나라를 뒤덮었다(《수서》 권24 식화지 대업 9년).

613년 7월 수 양제는 퇴각하면서도 우후위장군 설세웅을 동북도 대사 행(行)연군태수로 임명하여 회원진에 주재하도록 하였다. 이로써 본다면 613년에는 적에 대한 추격이 약하게 진행되였고 고구려군이 즉시 료서지방을 되찾지 못한것 같다.

2) 614년 제4차 침입의 격퇴

두차례의 직접적침공에서 실패한 수 양제는 나라안이 온통 벌둥지를 쑤셔놓은듯 하였으나 고구려에 대한 침략기도를 버리지 않았다. 그는 614년 2월초에 다시 고위급관료들을 모아놓고 고구려를 칠데 대하여 의논하였다. 그러나 며칠이 지나도록 감히 입을 여는자가 없었다. 그런데도 수 양제는 기어이 전국의 군사들을 강제징집하여 여러 길로 나뉘여 고구려를 치도록 명령하였다.

2월 8일에는 다시 《조서》를 내여 고구려에 대한 침략을 합리화해나섰다. 그 내용인즉 옛날 황제(중국의 전설적임금)는 52회나 싸웠고 성탕(상나라 시조 탕왕)은 27회나 싸워서 천하를 평정하였다, 그런데 양제가 황제가 된 후 천하가 다 신속하였지만 유독 《자그마한》 고구려가 공손치 못하고 수나라의 변방을 쳤으니 이번에는 기어이 료수에서 관병식을 하고 환도에서 말을 먹이겠다고 장담한것이였다(《수서》 권4 대업 10년 2월 무자).

당시 수나라 각지에서는 농민폭동들이 치렬하게 일어나고있었으나 수 양제는 막무가내로 군대를 내몰았으며 3월 10일에는 양제자신이 탁군으로, 21일에는 림유궁(림유관부근에 있는 행궁)으로 나왔다. 이때 간난신고를 견디지 못하여 도망치는 군사들이 길에 잇닿아있게 되자 용서없이 처죽이라고 명령하였으나 그 흐름은 막아내지 못하였다. 《출정한》 군사들은 달아나고 식량도 제대로 보급되지 않았으며 전국에서 징발한 군사들은 거의 다 전선에 도착하지 않았다. 수나라군대는 이제와서는 가만히 내버려두어도 저절로 붕괴될 처지에 놓여있었다. 7월 17일에 회원진에 당도한 수 양제는 진퇴량난의 위기에 빠져 허우적거리고있었다.

이때 고구려는 적군의 이러한 치명적약점을 포착하고 한편으로는 적군을 치고 다른 한편으로는 수나라의 반역자 곡사정을 돌려보내면서 빨리 물러갈것을 요구하였다. 고구려군사도 계속되는 전쟁으로 하여 피해가 적지 않았으므로 평화적외교교섭으로 적군을 물리치는것이 필요하다고 보았던것이다.

궁지에 빠져있던 수 양제는 곡사정의 송환으로 퇴각할 구실이 생겨나자 8월 4일에 총퇴각을 개시하였다.

이에 앞서 래호아가 거느리는 수군은 료동반도의 첫 어귀에 있는 비사성(대흑산산성)을 공격하였으나 아무런 전과도 거둘수 없었다. 래호아는 고구려에 대한 침략전쟁에서 아무 전과도 달성하지 못한것을 두고 화를 내면서 수 양제의 퇴각명령을 받고도 수군력량만으로라도 평양성을 치겠다고 허세를 부리였다. 그러나 부하인 장사(참모장격) 최군숙(崔君肅)과 다른 장수들이 이 기회에 즉시 퇴군할것을 강력히 주장하자 래호아도 자기 생각이 무모하다는것을 깨닫고 물러가지 않을수 없었다.

614년의 제4차 침공에서도 수나라군대는 수많은 인명손실을 내였다.

제4차 침공에 동원되였던 수나라군대의 참상에 대하여 《통전》(권186 고구려전)에서는 다음과 같이 지적하고있다. 《대업 10년(614년)에 또 천하의 군사들을 징발하였다. 때마침 〈도적〉들이 벌떼처럼 일어나서 이르는곳마다 길이 막히고 군사들이 제정된 기간에 도착하지 못하는자들이 많았으며 료수까지 도착한것은 소수였다. 또 기근이 들어서 6군이 서로 략탈하기를 반복하였으며 게다가 전염병까지 많이 돌았다. 그래서 황룡(조양)이동에는 해골이 잇달려있었고 군사들이 숙영하는 곳에서는 다 시체를 쌓아놓고 비바람을 막았으니 죽은자가 열에 여덟, 아홉명이나 되였다.》

이렇듯 제4차 침공에서는 비록 큰 싸움이 없었지만 수나라군대가 입은 손실은 이전의 침공때에 못지 않게 컸던것이다.

수 양제는 11월 2일에 수도 장안으로 가서 곡사정을 활로 쏘고 사지를 찢어죽이고 그 시체를 삶아서 고위관료들로 하여금 그 고기를 먹게 하는 잔인한 방법으로 처형하였다. 곡사정에 대한 잔인한 처형은 패전에 대한 단순한 밸풀이가 아니였다. 다시말하여 그후에도 수 양제는 잠결에도 고구려를 칠 야망을 꿈꾸고있었다.

615년 8월에 그는 안문지방(산서성)으로 갔다가 돌궐군 수십만의 포위속에 들어 위급하게 되였다. 이때 그는 민부상서 번자개(樊子蓋), 내사시랑

소우(蕭瑀)의 충고에 따라 앞으로 다시는 고구려를 치지 않을것을 약속하고 겨우 군사들의 마음을 진정시켰고 높은 벼슬과 많은 상을 주겠다고도 하여 겨우 재난을 모면할수 있었다. 그러나 그는 약속을 지키지 않았다. 수 양제는 안문에서 군사들에게 다진 서약도 다 잊어버리고 동도(락양)로 되돌아오자바람으로 또다시 고구려에 대한 침략전쟁을 하겠다고 하면서 론의를 벌리였다. 이 소식을 들은 수나라 장수, 군사들은 분격하고 원망하지 않는자가 없었다(《자치통감》 권182 대업 11년(615년) 10월 임술).

수 양제는 다시 수천척의 배를 건조하게 함으로써 자신의 안일한 생활을 계속하는 동시에 고구려를 치는데서 병선으로 리용하려고 하였다.

이때 전국각지의 농민폭동은 더욱 치렬해져서 국내정세는 그전보다 더 험악해졌다. 그런데도 수 양제의 측근에서 아첨을 일삼던자들은 다 사실을 감추었으며 양제는 여전히 호화롭고 사치한 생활에 파묻혀있었으며 고구려재침의 망상을 버리지 않고있었다.

616년에 그가 고구려를 치려고 하면서 우문술에게 《요새 도적들의 형편이 어떤가》라고 질문하였더니 우문술은 《점차 적어지고있다》고 거짓말을 하였다. 그런데 납언 소위(蘇威)는 폭동군수가 얼마인지 알수는 없으나 이전에는 산동지방에 있었는데 지금은 가까운 곳(하남성 정주부근)에 있다고 하였으며 그전에 안문에서 《정료(고구려에 대한 원정)》를 그만두겠다고 하였는데 이제와서 다시 군사들을 징발하니 폭동이 어떻게 멎겠는가고 하였다. 그러면서 그는 이번에는 군사를 징발하지 말고 여러 《도적》들을 용서해주면 수십만을 얻게 될것이고 그들을 고구려를 치는데 보내면 그들은 죄를 면하게 된것이 기뻐서 다투어가며 전공을 세울것이니 고구려를 정복할수 있을것이라고 말하였다. 이것은 농민폭동이 수습할수 없을 정도로 강화되고있다는것을 풍자적으로 말한것이였다. 수 양제는 화를 내여 그를 사형에 처하려고 하다가 신분을 평민으로 떨구는것으로 그쳤지만 신하들가운데서 충고하는자들이 있으면 가차없이 죽여버리였다.

616년에 수 양제는 리경에게 고구려침공을 위한 군사기자재들을 북평군에 모아두게 하였다.

그러나 수나라안에서는 각지 농민폭동이외에도 지방관료, 봉건세력들이 여러곳에서 들고일어났으며 북방에서는 돌궐이 자주 침공하여왔다. 그리하여 수나라는 더는 수습할수 없는 지경에 이르렀으며 결국 618년에 수 양제는 독살당하고 수나라왕조는 멸망하고말았다.

5. 고구려-수전쟁에서의 승리의 요인과 력사적의의

6세기말, 7세기초 수나라의 침공을 반대한 전쟁은 가장 대표적인 중세기의 반침략조국방위전쟁으로서 조선인민의 반만년의 투쟁력사에서 빛나는 자리를 차지한다.

고구려인민이 수행한 이 전쟁은 처음부터 남의 나라와 민족을 예속시키려는 횡포한 침략군을 반대하는 투쟁으로서 나라와 민족의 자주권과 존엄을 지키기 위한 정의의 전쟁이였다.

일부 다른 나라 학계에서는 수, 당을 비롯한 중국 력대 봉건왕조들이 고구려와 싸운것을 두고 중국안에서의 《국토통일》을 위한 전쟁 또는 지방할거정권간의 전쟁으로 묘사하면서 그것은 침략전쟁도 반침략전쟁도 아니라고 보고있다. 이것은 민족사, 인민대중의 력사로서의 각국의 력사에 대한 잘못된 관점에서 출발한것으로서 비력사주의적인 그릇된 견해이다. 이와 관련해서는 제7장 대외관계 서술에서도 언급한바 있으나 제8장에서도 필요에 따라 구체적으로 따져보려고 한다.

6세기말, 7세기초의 고구려—수전쟁에서 고구려가 빛나는 승리를 거둘수 있었던 근본요인은 바로 고구려인민들이 평소부터 나라를 사랑하는 정신으로 교양되고 무술을 련마하였으며 모두가 합심하여 반침략조국방위투쟁에 한사람같이 일떠서서 높은 적개심을 가지고 불굴의 투쟁정신을 발휘한데 있다.

침략자들은 전쟁개시 첫날부터 고구려인민들의 생명, 재산, 그들이 수백년동안 창조해놓은 우수한 문화재들을 함부로 빼앗아가고 파괴하는 만행을 저질렀으며 그렇게 함으로써 고구려인민의 투쟁기세를 꺾어보려고 책동하였다.

그러나 그 어떤 강압도 폭력도 고구려인민들의 높은 애국심과 용감성, 불굴의 투쟁정신을 꺾을수 없었으며 그들을 굴복시킬수 없었다. 평상시부터 무술을 익히는것을 자신들의 의무로 여겨왔으며 높은 전투적기백을 가지고있던 고구려의 애국적군사들과 인민들은 수십, 수백배에 달하는 침략군이 덤벼들어도 조금도 두려워하지 않았으며 그들은 조국을 외래침략으로부터 지켜내기 위해서는 자신을 희생시키는 한이 있더라도 끝까지 싸우려는 견결한 투쟁정신을 가지고 결사전을 벌려 그때마다 적들에게 심대한 타격을 주었으며 자기의 신성한 조국강토에서 침략자들을 격멸하고 몰아내고야말았다.

성스러운 반침략조국보위투쟁에는 각이한 신분의 인민들이 남녀로소 할것없이 떨쳐나섰다. 절의 중들까지도 조국이 위기에 처했을 때 수수방관하지 않고 직접 싸움터로 나갔다. 살수전투에서 적군이 강을 건느려 할 때 7명의 중들이 나타나서 그중 6명이 정갱이까지 옷을 걷어올리고 건너가니 적군이 그곳이 얕은 여울인줄 알고 뛰여들었다가 숱한 놈들이 빠져죽었다고 한 전설은 중들도 원쑤들을 치는 싸움에 직접 나섰다는 사실을 반영하고있다. 후의 일이지만 당 태종이 고구려를 침공했을 때 고구려는 승군 3만명을 발동하여 적을 격파하였다고 한다(《고려사》 권113 최영전). 이러한 기록들은 중들도 포함한 각계각층의 애국적인민들이 한결같이 떨쳐나 자기가 태여나서 자라났고 삶을 누리고있는 고향과 나라를 위하여 목숨바쳐 싸웠다는 사실을 말해준다.

반침략투쟁에는 고구려의 국왕을 비롯한 상층귀족들도 참가하였다.

고구려의 영양왕은 598년에 직접 군사들을 이끌고 멀리 료서지방으로 나가 싸웠으며 612년에는 봉황성(북평양성)에 전선사령부를 두고 거기에 나가서 전투를 지휘하였고 왕의 아우 고건무도 봉황성전투를 직접 지휘하였다.

대신—최고관료인 을지문덕도 직접 적진속에 들어가 적의 허실을 알아보고 옳바른 전략전술을 내놓고 살수전투를 총지휘하였다. 이처럼 고구려의 왕이나 왕족, 고위급귀족관료들도 나라를 지키는 싸움에 직접 나섰다. 광범한 농민대중출신의 군사들이 조국수호전쟁에서 영웅적기개를 발휘한것은 더 말할것도 없다.

이렇게 전체 인민이 한결같이 떨쳐나설수 있게 한데는 우선 이 전쟁이 조국수호를 위한 정의의 전쟁이였고 당시 고구려내부에서 상하가 합심할수 있는 조건이 갖추어져있었기때문이기도 하였다.

이와는 반대로 수나라안에서는 수 양제의 폭정으로 하여 상하가 단결되지 못하고있었을뿐아니라 부정의의 침략전쟁에 내몰리우게 된 군사들은 하등의 명분도 없는 침략전쟁에 아무러한 관심도 없었다. 그들은 수나라통치배들의 강요에 의하여 억지로 전쟁터에 끌려나가 온갖 불행을 당하게 된것만큼 전투사기도 없었다. 이러한 군대를 가지고서 단결된 고구려인민들을 이길수 없었던것은 당연한것이였다.

그러므로 당 태종까지도 고구려—수전쟁당시에 고구려왕은 백성들을 돌보아주고 사랑하여 상하가 화합되여있었고 안락하게 지내고있었으므로 이길수 있었다고 말한바 있다(《책부원귀》 권117 정관 18년 11월 경자).

고구려인민들은 모두가 애국심이 강하였고 외래침략자들을 반대하여 나라를 지키는데서는 상하가 리해관계를 같이하고있었기때문에 비록 령토는 상대적으로 작고 인구수도 적었지만 모두가 단결하여 헌신적으로 투쟁할수 있었으며 끝내는 강적을 타승하고 나라의 자주권을 지켜낼수 있었다.

수나라의 백만대군, 3백만대군을 반대하는 싸움에서 고구려인민들이 승리할수 있은 중요한 요인의 다른 하나는 수적우세를 자랑하면서 덤벼드는 적들을 능란한 전략전술로써 대응하였다는데 있다.

수 양제는 전선과의 거리가 멀고 후방보급이 어려운 조건에서 수백만의 대병력으로 그리고 수륙병진전략으로 일거에 고구려 종심깊이 침공함으로써 고구려왕의 항복을 받아내고 전쟁을 마감지으려고 꾀하였다.

그러나 을지문덕장군을 비롯한 고구려군의 통수부에서는 적의 전략전술에는 치명적인 약점이 있다는것을 포착하고 장기전을 벌릴 계획을 세웠으며 진지—성곽방위전술과 청야수성전술, 장거리유인전술, 대규모포위전술을 옳게 배합, 적용하였다. 적의 주력에 대해서는 전방계선에 오래 못박아 두게 하였으며 적의 별동대인 9군 30만에 대해서는 유인전술로써 적을 극도로 피로케 하여 대규모포위전으로 소멸하는 전법을 적용하였다.

신성, 개모성, 백암성, 료동성, 고려채, 안시성, 건안성 등 료하동쪽의 중요한 성들을 철벽으로 강화하여 어느한 성도 함락되는 일이 없도록 하였던것은 고구려 국내깊이 뚫고 들어가려던 수 양제의 기도를 완전히 파탄시켰다.

또한 적 9군이 멀리 우회하여 침공하려고 하자 적군을 종심으로 유인하고 연도의 매개 성들의 방위를 강화하는 한편 철저한 청야전술을 써서 적군이 한알의 쌀도 구할수 없게 하였고 굶주린 적군이 전투력을 상실한 때를 기다려 살수계선에서 일대 반격전을 벌림으로써 중세전쟁사에서 류례없는 대포위전으로 적군 30여만명을 불과 하루사이에 소멸, 포로하였다.

또 이에 앞서 적 수군이 4만명의 정병으로 전선사령부가 있는 평양성(북평양성)으로 달려들었을 때에는 적군을 라곽(외성)안으로 유인하여 섬멸적타격을 줌으로써 침략자들의 수륙병진전술을 그 첫 시작부터 파탄시켰다.

이처럼 고구려군은 각 전선에서 언제나 주도권을 튼튼히 틀어쥐고 적들을 꼼짝달싹 못하게 격파, 소멸하였다. 이것은 고구려군이 수적우세를 믿고 달려드는 적들을 전략전술적우세로 때려부시였다는것을 실증해주고있다.

전쟁승리의 다른 하나의 요인은 고구려가 강력한 경제, 군사적력량을 가지고있은데도 있다.

고구려는 일찍부터 경제와 기술, 문화를 발전시키였다. 무기무장제작수공업에서도 당시의 최고발전수준에 있었기때문에 고구려군은 수나라군대와 맞먹거나 더 우수한 쇠뇌, 활, 창, 칼 등의 무기와 무장장구류들 그리고 견고한 수군함선들을 가지고있었다. 료동성전투가 몇달동안 계속되는동안에 고구려군이 소모한 화살만 하여도 수십만개에 달하였을것이다. 또한 농업, 목축업이 발전된 고구려에서는 중요한 성곽들에 수만석, 수십만석의 군량을 저축하고있었으며 어떠한 장기전도 능히 감당할수 있었다.

그뿐아니라 축성기술도 발전하여 모든 성들을 난공불락의 요새로 꾸려놓았으며 능동적으로 호상지원하면서 적군을 타격할수 있는 성곽방위체계를 갖추고있었다.

이러한 훌륭한 군사기술적, 물질적준비가 되여있었기때문에 고구려군은 평소에 단련한 자기의 힘을 충분히 발휘할수 있었던것이다.

반면에 수나라침략군의 많은 부분은 림시로 긁어모은 농민출신의 군사들로서 전투훈련도 변변히 받지 못한자들로 구성되여있었으니 그들은 잘 훈련되고 애국심이 높았던 고구려군과의 접전에서 패하지 않을수 없었다.

고구려―수전쟁에서의 고구려군의 빛나는 승리는 우리 인민의 투쟁력사에서 거대한 력사적의의를 가진다.

첫째로, 그것은 중세기 우리 인민의 반침략투쟁사에서 가장 빛나는 모범을 보여주었고 반침략조국방위투쟁에서의 우수한 전통을 공고화하였다는데 있다.

수십, 수백만의 침략대군을 무찌른 고구려인민들의 투쟁은 어떠한 강적도 조국의 자주권과 민족의 존엄을 지키기 위한 정의의 전쟁에 하나같이 궐기한 인민들은 정복할수 없으며 쓰디쓴 참패를 당하기 마련이라는것을 엄연한 력사적사실로 보여주었다. 광범한 인민대중을 비롯하여 민족의 자주권수호에 리해관계를 같이하는 각계각층이 합심하여 높은 애국정신을 가지고 싸울 때 이기지 못할 적은 없다.

중세기 전 기간을 통하여 우리 인민은 외적이 침공할 때마다 고구려―수전쟁때의 료동성전투, 평양성(환도성)전투, 살수전투에서의 대승리를 언제나 뇌리에 깊이 새기고 선조들의 애국전통과 투쟁기풍을 계승하고 따라배워 하나같이 일떠서서 외래침략자들에게 무리죽음을 주었으며 나라의 자주권과 민족의 존엄을 영예롭게 지켜내군하였다.

고구려―수전쟁이 가지는 중요한 력사적의의는 또한 그것이 고구려의 대외적위신을 비상히 높여주었다는데 있다.

중국 력대의 봉건통치배들은 고구려를 감히 건드릴수 없는 무서운 나라로 간주하고있었다. 645년 고구려-당전쟁을 앞두고 수나라때에 고구려에 대한 침략전쟁에 참가하였던 이전 의주자사 정원숙은 당 태종에게 《료동은 길이 멀고 량식운반이 어려운데다가 〈동이〉(고구려)사람들은 성을 잘 지키기때문에 졸연히 항복시킬수 없다》고 하였고 647년 당나라의 재침때에도 관료들이 같은 말을 하였다는것은 잘 알려져있다(《자치통감》 권197 정관 18년 11월, 권198 정관 21년 2월). 이것은 수나라의 4차의 침공에서 패배한 쓰라린 교훈을 잘 알고있는 당나라통치배들이 고구려를 무서운 나라, 건드릴수 없는 나라로 간주하고있었다는것을 보여준다.

고구려-수전쟁에서의 승리는 백제, 신라 등 동족의 나라들은 물론 바다건너 왜국(일본)에도 큰 영향을 주었다.

고구려의 승리가 대외적으로 큰 영향을 미치게 된것은 백제, 신라의 외세인입책동이 있었고 특히는 신라통치배들이 고구려가 수나라와의 전쟁에 총력을 기울이고있을 때 고구려 500리땅을 가로챈것과 같은 불리한 정세속에서도 고구려가 강적을 타승함으로써 자기의 강대성을 남김없이 과시한것과 관련된다.

618년에 고구려는 수나라와의 싸움에서 크게 이긴 사실을 왜국에 알려주면서 수나라의 포로 2명과 북을 비롯한 고취악기들, 큰 쇠뇌, 돌을 날리는 포 등 전리품들과 약대 한마리를 보내주었다(《일본서기》 권22 추고기 26년 8월 계유삭). 이것은 왜국사람들에게 고구려의 강대성을 실물로 보여주면서 시위한것으로 되였다. 왜국지배층이 그전보다 더 적극적으로 고구려의 선진문물을 따라배우고 고구려와의 련계를 강화해나가게 된것도 고구려-수전쟁에서의 승리후 그 영향력이 한층 더 강화되였기때문이였다.

고구려-수전쟁에서의 고구려군의 승리가 가지는 력사적의의는 다음으로 그것이 수 양제를 비롯한 수나라통치배들의 몰락과 수나라의 멸망을 촉진시킨 결정적요인으로 되였다는데 있다.

4차례에 걸친 고구려에 대한 침공에서 수 문제, 양제를 비롯한 통치배들은 자국 인민들의 한결같은 반대에도 불구하고 막대한 인적 및 물적력량을 침략전쟁에 쏟아부었으나 결국 얻은것이란 하나도 없이 매번 뼈도 못추리는 비참한 패배만을 당하고야말았다.

수나라통치배들의 고구려침략전쟁도발과 강행은 수나라 내부정세를 극도로 악화시켰으며 각지에서 수많은 농민폭동들이 일어나게 된 근본요인으로 되였다. 수많은 인민들의 반항과 투쟁은 전국적범위에서 확대되였으며 그것은 수나라왕조를 멸망에로 이끌어갔다.

이에 대하여 《수서》 권4 양제기(하) 끝에 실린 사신의 평론에서는 다음과 같은 내용으로 지적하고있다.

…

(수 양제는) 세번 료좌(료동)로 나갔는데 군사들이 든 기발은 만리에 뻗었고 세금의 징수는 백가지나 되였으며 교활한 관리들은 백성들을 못살게 침탈하니 사람들이 그 명령을 감당할수 없게 되였다. 그런데 다급하게 령을 떨구고 포악한 법조를 만들어 시끄럽게 뒤흔들어놓고 엄준한 형벌로 다스렸으며 군

사적위압으로 독려하니 이로부터 나라안이 소란해지고 사람들이 살길이 없어졌다. …군사행동을 더하니 그로하여 기근이 닥쳐오고 길가에 류리한자, 도랑창에 떨어져 죽은자가 열에 여덟, 아홉명이나 되였다. 이에 백성들이 서로 모여 고슴도치처럼 일떠서니 큰것은 몇개 주, 군을 포괄하여 혹은 왕을 칭하고 혹은 황제를 칭하였으며 작은것은 천명, 백명이 모여 고을들을 치니 흐르는 피가 내와 못을 이루었고 사람은 흐트러진 삼대와 같이 쓰러졌다. … 그런데도 《폭동군은 쥐나 개새끼들과 같으니 근심할것이 없다》고 하면서 수 양제는 온밤 놀이에 잠겨있었으니 하늘아래 원쑤가 되지 않는자가 없었고 좌우에 있은자들이 다 적국(적의 나라)으로 되였는데도 끝내 깨닫지 못하고 마침내 한개 사나이의 손에 죽었다. … 제몸은 잃고 나라는 망하였으니 이렇게 심한적은 일찌기 없었다. 옛 경전에 이르기를 《길흉은 사람이 불러오는것이고 요사스런 일은 근거없이 생겨나는것이 아니라》고 하였고 또 《군사란 불과 같은것이여서 그만두지 않으면 스스로 불에 타죽는다》고 하였는데 수나라 왕실의 존망을 보니 이 말이 믿음성있고 징험이 있는것이다. …

《북사》 권12 수 본기(하)에도 이와 류사한 평론이 있다.

4차에 걸치는 수나라통치배들의 침략기도를 단결된 힘으로 물리친 고구려인민의 위대한 승리는 동방 강대국으로서의 고구려의 국위를 세상에 널리 시위한 력사적사변으로 되였으며 그후 중세기 전 기간을 통하여 우리 인민의 반침략투쟁의 고귀한 모범으로, 고무적힘의 원천으로 되였다.

제 7 절 당나라의 침략을 반대한 고구려인민들의 투쟁 (620～660년대초)

고구려인민들은 수나라 300만대군을 물리치는 큰 전쟁을 치른지 얼마 되지 않아서 또다시 횡포한 당나라 태종이 도발한 새 전쟁의 재난을 겪게 되였다.

618년에 수나라를 대신하여 중국대륙을 지배하게 된 리연(李淵. 당 고조), 리세민(李世民. 당 태종) 부자는 처음 얼마동안은 국내형편을 수습하고 북방정세를 안정시키느라고 고구려에 대해서는 《유화》정책을 썼다.

그러나 10여년이 지나자 그들도 고구려를 침략하기 위한 전쟁준비를 시작하였으며 640년대에 들어와서는 본격적으로 침략전쟁을 준비하였고 645년부터 668년까지 20여년간에 걸쳐 끊임없이 전쟁을 도발하고 감행하였다.

고구려인민들은 당나라의 침략을 막기 위하여서도 높은 애국심과 용감성을 발휘하였으며 660년대초까지도 여러차례 침략자들에게 된 타격을 안기면서 승리에 승리를 거듭하였다. 이 시기 고구려인민들의 반침략투쟁 역시 우리 인민의 자랑찬 투쟁전통을 빛내이는데 크게 기여하였다.

1. 620 ~ 640년대초의 국내외정세

1) 대륙정세 및 남방정세

고구려-수전쟁 이전시기 수나라의 동북변에는 598년에 룡산현을 개편하여 둔 류성군 하나만이 만리장성부근에 있었다. 그러다가 제2차 침공때인 612년에 일시적으로 료동군을 두면서 대릉하 서쪽지역에는 료서군, 연군을 두었다.*[1] 수나라가 612년전쟁에서 패전한 후 료서군, 연군 등도 서쪽으로 쫓겨났다가 613년 제3차 침입때에 다시 동쪽으로 나왔다고 보인다.*[2]

*[1] 《수서》 권47 류기(柳機)전에는 그의 조카 류건지가 검교연군사로 있었는데 료동에 갔다가 패하고 돌아온 수 양제에 대한 공급을 잘하지 못하였다고 하여 파직당하고 령남(광동, 광서지방)에 귀양갔다가 죽었다는 기사가 있다. 연군이 생겨난것은 612년에 류성군이 료서군과 연군으로 분할되였다는것을 보여준다.

*[2] 613년 제3차 침공에서 패전하고 돌아가던 수 양제가 설세웅을 동북도 대사 행연군태수로 임명하여 회원진(현)에 주재하게 하였다 〔《수서》 권65 설세웅전〕.

614년 수나라의 제4차 침공이 있은 후 수나라의 내부정세는 동란상태에 있었다. 그러므로 고구려는 인차 본래의 서변인 대릉하중류지역까지 수복하였다고 인정된다. 그후 610년대~620년대에 료서지방 장성이남지방에는 여러개의 군들이 있었으나 그것은 모두 보잘것없는 작은 군들이였다.

당나라가 선 초기에도 그 동북방령역은 만리장성계선을 넘어서지 못하였다. 이 시기 료서지방에는 거란, 해, 말갈족(수나라때 도망갔던 자들)등이 살고있었으며 그 남쪽에도 농민폭동군과 지방할거세력들이 있었다. 그들은 새로 일어난 당나라왕조에 대하여서도 형편을 보아가면서 투항했다가는 다시 적대적인 태도를 취하군하였다.*

* 수나라 양평태수(이 양평군은 본래 료서군소속의 한개 현이였으나 따로 떨어져나가 군으로 된것이였다) 등고(鄧高)는 616년에 자칭 유주총관으로 된 라예(羅藝)에게 투항하여 영주총관이 되였다. 그러다가 618년 12월에는 류성군, 북평군을 가지고 당나라에 투항하여 당나라의 영주총관으로 임명되였다. 라예도 618년말에 어양, 상곡군 등을 가지고 당나라에 투항하여 유주총관이 되였다.

그러나 얼마후 그들은 농민폭동군의 한 두령이였던 두건덕의 공격을 받았다. 또 본래 발해군(천진부근)출신의 농민폭동군의 두령이였던 고개도(高開道)가 득세하여 618년에 북평군, 어양군을 차지하고 연왕을 자칭하였다. 그는 620년에 라예의 소개로 당나라에 투항하여 울주총관이 되였다. 그런데 그후 고개도는 622년에 돌궐의 힐리(頡利)극한과 협동하여 병주(섬서성)의 안문군을 공격하였다. 623년에는 유주, 삭주를 공격하였다가 624년에 그 부하인 장금수(張金樹)에게 피살되였다.

한편 라예는 619년에 당나라로부터 리(李)씨성을 받고 연군왕으로 책봉되였고 그후 여러차례 당나라군대와 함께 돌궐 등을 반대하여 싸웠다. 그 다음

627년에 반란을 일으켰다가 죽었다. 고개도와 라예의 동향은 이처럼 자주 변동되였다.

이 시기에 돌궐과 그와 결탁한 량사도(梁師都), 류무주(劉武周) 등의 남침이 계속되였다. 그리고 하북, 하남일대에서 활동하던 두건덕, 류흑달(劉黑闥) 등의 지휘밑에 있던 농민폭동군의 투쟁도 계속되였다. 631년에 이르러 두건덕은 락양을 중심으로 하고있던 할거세력인 왕세충(王世充)과 함께 당나라를 반대하여 싸우다가 패전하여 죽고 왕세충도 투항하였다.

621년에 류흑달은 두건덕이 차지하고있었던 하북서쪽지역을 다 차지하였고 계속 세력을 확대하였다. 622년초에 그는 한동왕(漢東王)을 자칭하였으며 명주(洺州. 하북성 영평현)를 수도로 정하고 리세민과 맞서 싸우다가 패전하여 돌궐로 달아났고 돌궐군과 합세하여 정주(定州. 하북성 창현 동남)를 공격하였으며 산동지방을 다시 차지하였다. 그러나 623년초에 부하에게 잡혀 죽었다. 이 시기에도 돌궐의 힐리극한은 자주 당나라를 침공하였다.*

우에서 본것처럼 당나라 초기에 그 북방, 동북방, 동방정세는 극히 불안정하였다.

* 당 고조(리연)가 돌궐에 대하여 《칭신조공》한것도 이 시기의 일이였을것이다〔《구당서》 권67 리정전〕.

그러한 속에서도 당나라는 동북방에 있는 이민족들을 끌어당기기 위하여 술책을 썼다. 621년 3월에 료서 서부에 있던 말갈족의 추장 돌지계(도지계)는 형세를 보다가 당나라에 가붙었으며 연주(燕州)총관벼슬을 받았다. 돌지계는 623년 5월에 고개도가 해족, 돌궐과 함께 유주를 공격하였을 때 당나라편에 있었다.

624년 2월 고개도가 죽은 다음부터 고구려는 당나라와 직접 경계를 접하게 되였다. 그러나 당나라에 대한 돌궐의 침공은 몇해 더 계속되였다.

이러한 정세속에서 당나라통치배들은 난국에서 벗어나기 위하여서는 동방의 강국 고구려와의 관계를 개선하는것이 필요하다고 보았다.

고구려에서는 618년에 대외정책에서 강경하였던 영양왕이 죽고 그 아우 영류왕(고건무)이 즉위하였다.

그는 지난 전쟁의 후과를 수습하는데 힘을 넣는 한편 새로 선 당나라의 내정을 탐지할 목적에서 여러차례 사신을 파견하였다(619년, 621년, 622년). 한편으로는 고구려－수전쟁당시 신라가 탈취한 남부지역을 되찾기 위하여 힘썼으며 졸본에 있는 시조묘사당을 찾아가 제사도 지내고 민심을 수습하는 조치도 취하였다.

622년에 당 고조는 고구려의 환심을 사고 또 자국인민들의 민심을 얻을 목적으로 고구려－수전쟁 당시의 쌍방 포로들을 교환하자고 제기하여왔다. 그는 지금 두 나라가 서로 화목하게 지내면서 각기 자기 강토를 지키고있으니 그것은 좋은 일이다, 수나라 말년에 싸움을 몇해째 벌렸는데 그때문에 일가친척들이 서로 헤여져서 원망하고있으니 피차간에 포로되였던 사람들을 돌려보내도록 하자고 하였다. 그는 명목과 실제는 서로 맞아떨어져야 한다, 하필이면 고구려왕에게 칭신하게 함으로써 스스로 존대하게 굴것이 있는가, 즉시 국서를 만들어 나의 이 뜻을 전하게 하라고 하였다.*[1] 그런데 시중 배구(裴矩)와 중서시랑 온언박(温彦博)은 《료동땅은 주나라때 기자의 땅이고 한나라때 현도군일뿐이다. 위, 진시기에도 령역안에 있었으니 신하로 삼지 않으면 안된다. 만약 고구려와 대등한 례법을 취한다면 사이(사방의 이민족)들이 어떻게 우러러보겠는가, 우리와 이적(이민족)을 비유하면 태양과 땅, 별사이와도 같으니 당나라가 존대함을 낮추어 번속(속국－고구려)과 대등하게 대하는것은 리치가 아니다.》라고 하면서 반대하였다.*[2] 그래서 당 태종도 그러한 국서를 쓰는것을 중지하였다고 한다.

*[1], *[2] 《구당서》 권199(상) 고려전. 배구는 이미 607년에 수 양제에게 《기자의 나라》라느니 《현도군 땅》이라느니 하였으며 온언박도 같은 소리를 되뇌였는데 이것은 그들이 대국주의자들로서 터무니없는 말을 한것이다. 기자는 조선에 온 일이 없다. 또 한나라사람들은 한나라이후 서진때까지는 료동의 한모퉁이를 강점하고있었으나 고구려인민들의 투쟁에 의하여 그 잔명을 유지하다가 종국적으로는 쫓겨났을뿐이다. 이것을 비유하여 말하면 란리통에 북방의 이민족이 장성이남의 몇개 군현을 차지한것을 두고 전 중국을 점령하고있은듯이 표현한것과 같은것으로서 그야말로 얼토당토한 론의인것이다.

배구 등의 술책에 의하여 당나라가 우리의 세 나라 왕들에게 《료동군왕》, 《대방군왕》, 《락랑군왕》 등의 칭호를 보낸것을 두고 지금도 일부 다른 나라 학자들은 조선의 세 나라가 당나라(또는 그 이전의 여러 나라)의 《속국》이였다고 주장하는 편향이 있는데 그것은 대국주의적관념에 빠진 관료, 학자들의 망언을 사실로 보는 비력사주의적인 잘못된 견해이다.

더우기 백제왕이나 신라왕에 준 명예칭호에 대방, 락랑 등의 지명을 갖다붙인것은 아무런 상관도 없다. 또 백제, 신라에 대해서도 중국의 《번속》이라고 하지만 그 땅이 중국의 《력사적강역》이 아니라고 하면서 유독 고구려에 대해서만 중국의 《지방소수민족정권》이니 《속국》이니 하는것은 《번속－리론》 자체에서도 스스로 모순된다. 이것은 《번속리론》 그 자체가 성립될수 없는 공허한 리론임을 보여줄뿐이다.

당나라통치배들이 우리의 세 나라 국왕들을 《무슨 군왕》이라고 부르게 된것은 결국 알고보면 당 고종이 안동도호부를 두고 우리의 세 나라땅까지도 다 그 통제하에 두려고 하였던 야심을 속에 품고있었다는것을 나타낸것이다. 물론 그 이전에도 남북조 나라들이 고구려왕에게 《표기대장군 락랑공》이니 《료동군 개국공》이니 《무동대장군 개부의동삼사, 지절 상시 도독 고려왕 락랑군공》이니 하는 명예칭호를 보내온적이 있으나 그것은 그야말로 문구(文具, 문서형식)에 지나지 않았고 고구려령토에 대한 침략을 예견한것도 아니였다.

624년에 당나라통치배들은 이전 형부상서 심숙안(沈叔安)을 사신으로 삼아 고구려에 보내여 《책봉조서》를 전달하는것과 함께 천존상(도교의 최고신상)과 도사들을 보내여 와서 《로자도덕경》을 강설하게 하였다.

고구려의 영류왕은 당시 당나라의 세력이 날로 강화되고있었던만큼 당나라와의 충돌을 피하기 위하여 그것을 받아들이고 자신이 직접 강설을 듣기까지 하였다. 그리고 이듬해에는 불교, 도교의 리론을 배우게 해달라고 당나라에 요청하였다. 이것은 영류왕과 그의 측근에 있던 일부 고위급귀족들속에서 당나라에 대한 사대주의적, 투항주의적사상이 싹트고있었다는것을 말하여준다.

626년 6월에 당나라에서는 리세민이 정변을 일으켜 태자 리건성(建成)을 죽이고 그를 대신하여 태자로 되였다가 8월에는 아비(당 고조)를 밀어내고 제가 황제자리에 올라앉았다. 얼마후에는 돌궐이 대군으로 수도 장안근방까지 침입하였다. 당 태종은 그전에 돌궐과 서로 화친하기로 하고 해마다 금과 비단을 헤아릴수 없이 많이 보냈다고 하면서 물러갈것을 요구하였으며 힐리극한은 앞으로도 많은 물자를 보내줄것을 전제로 하고 화의를 맺고 되돌아갔다.

627년에 당나라통치배들은 내외정세가 좀 완화되자 전국을 10개 도로 나누고 봉건통치질서를 강화하였다. 그리하여 이 시기부터 당나라통치배들은 동방에 대한 정책을 바꾸어 로골적인 내정간섭행위를 일삼는데로 넘어가게 되였다. 그들은 고구려, 백제, 신라사이의 모순과 대립, 충돌을 리용하여 외교적방법으로 내정간섭을 함으로써 어부지리를 얻으려고 책동하였다.

이 시기 고구려는 신라가 차지한 중부조선지역을 되찾기 위하여 계속 남으로 진출하고있었다. 629년에 랑비성(충청북도 청원군)에서 신라와 싸운것은 620년대 중엽에 고구려가 다시 소백산줄기계선까지 남하하였다는것을 보여주고있다. 이것은 신라가 당나라로 가는 길을 막는것으로 되였다.

또 이 시기 백제는 주로 신라를 쳐서 성왕(聖王)이 피살되였던 원한을 씻으려고 하였다. 624년에는 신라의 속함성(경상남도 함양군), 앵잠성 등 6개 성을 점령하였다. 그러나 백제는 고구려에 대해서도 의연히 적대시하고있었으므로 고구려는 수군함선들을 내보내여 백제가 당나라로 보내는 사신들이 가지 못하게 감시하였다.

백제와 신라는 고구려가 저들이 당나라로 가는 길을 가로막고있다고 하면서 당나라에 도와줄것을 요청하였다.

리세민(당 태종)은 좋은 기회가 왔다고 생각하고 626년에 국자 조교 주자사(朱子奢)에게 산기시랑이란 직함을 주어 고구려로 가서 신라, 백제 두 나라와 화해하도록 《중재》하게 하였다.

이때 고구려의 영류왕을 비롯한 귀족관료들은 새로 중국대륙을 통일한 당나라와 맞서는것이 불리하다는것만 생각하면서 《중재》를 받아들였으며 백제와 신라도 그렇게 하였다. 이것은 중대한 사건이였다. 그것은 고구려가 자기의 중요정책인 국토통일정책을 뒤로 미루는것을 의미하였으며 당나라에 양보하는것으로 되였고 앞으로 계속 양보하는 전제를 만드는것으로 되였다.

628년에 나라의 지형을 그린 지도를 당나라에 보낸것은 그들이 나라의 명예보다 자기 한몸, 일가의 안전과 안일을 위하여 나약한 자세를 취하였다는것을 보여준다. 물론 지도는 매우 소략된것으로서 실지 쓸모는 없는것이였다. 그러나 문제는 그러한 형식적인 지도라도 남의 나라에 보내주었다는것자체가 비굴한 립장의 표현이라는데 있다.

고구려통치배들이 나약성을 보이게 되자 당 태종은 더욱 고압적인 태도를 취하게 되였다.

631년에 그는 광주(光州)도독부 사마 장손사(張孫師)를 고구려에 보내여 수나라침략군 전사자들의 해골을 걷어모아 묻고 제사를 지내게 하였으며 또 전승기념물인 경관(적군의 시체를 산더미처럼 쌓아놓고 흙으로 덮은것)을 헐어버리도록 요구해나섰다. 양보를 거듭하던 영류왕은 이에 응함으로써 고구려인민들의 애국적기세에 찬물을 끼얹었다.

영류왕을 비롯한 통치배들은 그러면서도 당나라의 침략위협에 대처하여 방어시설을 꾸리고 강화하는 대책을 세우지 않을수 없었다. 631년부터 646년까지 16년간에 걸쳐 부여성(농안부근)에서 시작하여 서남으로 바다에 이르기까지 1 000여리 구간에 장성을 쌓았다.

천리장성의 축조는 전국의 남자장정들을 총동원하여 진행한 방대한 공사였다. 《삼국유사》 권3 흥법 보장봉로 보덕이암조에는 이 시기 남자들은 다 장성축조공사에 나가고 녀성들이 밭갈이를 하였다고 하였다.* 천리장성의 축조는 소극적인 방어를 목적으로 하였다는 점에서는 제한성이 있었지만 적들의 침공을 막는데서는 일정한 효과가 있었으므로 고구려인민들은 나라를 튼튼히 지키려는 애국심을 가지고 이 공사에 참가하였다. 이밖에도 료동지방, 서북조선지방의 여러 성들을 보수, 개축하는 일도 벌어졌을것이다.

* 대령강장성도 6세기말, 7세기초 수, 당 침략과 관련하여 축조된것으로 보인다. 이 장성도 가지장성까지 합치면 약 600리에 달하는 작지 않은 장성이고 또 품을 많이 들였으므로 고구려인민들은 이 장성공사에 동원되여 많은 피땀을 흘렸을것이다.

고구려인민들은 나라를 지키기 위한 축성공사에 힘을 다 바치였으나 영류왕을 비롯한 집권통치층은 계속 나약한 립장을 발로시켰으며 그것은 당 태종의 침략의욕을 더욱 부채질하는 결과를 초래하였다.

640년(영류왕 23년)에 영류왕은 세자 환권(桓權)을 당나라에 보냈으며 또 귀족자제들을 당나라의 국학(태학)에 입학시켜줄것을 요청하였다.

641년에 당 태종은 직방랑중 진대덕(陳大德)을 《사신》으로 분장시켜 고구려의 성곽방위시설들을 탐지하게 하였다. 직방랑중은 병부(兵部)아래에 속하는 부서의 벼슬(종5품 상)로서 천하의 지도, 성곽, 진수(방어요충지)의 수자들과 군, 국까지의 거리 그리고 사방의 이민족들의 귀화 관계사무를 맡고있었으므로(《구당서》 권43 직관지 제23 병부) 고구려의 군사비밀을 내탐하는데는 가장 적합한 자였다고 볼수 있다.

대외관계서술에서 이미 본바와 같이 그는 고구려땅에 들어서자 수도로 가는 도중에 있던 성곽방위시설들을 알아내기 위하여 고을관리들과 성의 장수, 파수군들에게 비단 등을 뢰물로 주면서 《나는 산수경치를 아주 사랑하는 사람인데 이곳에 경치좋은 곳이 있으면 보고싶다.》라고 하였다. 그리하여 지방의 관리들은 일부러 그를 안내하여 좋다는 곳은 다 보여주니 그가 가지 않은 곳이 없었다고 한다.

그는 귀국한 후 정찰임무를 훌륭히 수행한것으로 하여 당 태종으로부터 칭찬을 받았다. 그는 고창(高昌)국(오늘의 신강성위글자치구 투르판지방에 있던 나라)이 당나라에 의하여 멸망되였다는 소식을 듣고 고구려가 당나라사신에 대한 대우를 각별히 잘해주었다고 하면서 빨리 고구려를 치자고 제기하였다. 당 태종은 크게 기뻐하면서 《고구려는 본래 4군의 땅일뿐이다. 내가 수만명의 군사들을 발동하여 료동을 치면 그들은 반드시 온 나라의 힘을 기울여 료동을 구원할것이다. 이때 따로 수군을 동래(산동반도)로부터 평양으로 내보내여 수륙이 합세하여 치면 어렵지 않게 고구려를 빼앗을수 있다. 다만 산동의 주, 현들이 전쟁의 상처가 아직 회복되지 못하였으니 나는 그들을 수고롭게 하고싶지 않아서 치지 않을뿐이다》(《삼국사기》 권20 고구려본기 영류왕 24년, 《자치통감》 권196 정관 15년 8월 기해)*라고 희떠운 소리를 하였다.

* 《자치통감》의 저자 사마광은 주석에서 태종이 이때 벌써 고구려를 빼앗으려는 욕심을 품고있었다는것을 보여준다고 해설하였다.

당 태종의 이 폭언은 그의 고구려침략계획이 기정사실화되고있었다는것을 보여주고있다.

이러한 당나라통치배들의 동향을 모르지 않았을것임에도 불구하고 영류왕은 조선반도 중부지방에서 신라에게 빼앗긴 땅을 회복한다*고 하면서 당나라에 대한 평화정책에 계속 매달리고있었다.

* 630년대 말엽에 고구려는 동쪽에서 비렬홀(안변)지방을 되찾았고 또 638년에는 신라의 칠중성(경기도 파주시 적성면)을 공격하였다. 637년에 신라가 우수주(강원도 〈남〉 춘천지방)를 둔것은 이 시기에 신라와의 싸움이 중부산간지대에서 계속되고있었다는것을 보여준다.

이러한 환경속에서 고구려내부에서는 국왕을 비롯한 통치층의 당나라에 대한 평화유지정책, 투항주의적정책에 대한 불만이 날로 높아가고있었다.

2) 대당강경정책의 실시

국왕과 그 측근자들의 대당양보정책이 계속되자 고구려인민들은 분개하였다. 봉건귀족들속에서도 나라의 장래를 걱정하면서 국왕의 처사를 비난하고 반대하는 기운이 높아갔다. 서부대인이였던 연개소문은 이러한 반대파귀족가운데서 가장 견결하고 또 유력한 사람이였다.

국왕과 그 측근자들은 642년초에 반대파의 중심인물인 연개소문을 중앙정계에서 따돌리려고 멀리 떨어진 천리장성의 축조를 책임진 감역관으로 임명하였다. 그러나 그는 뜻을 같이하는 동료들을 규합하면서 자기의 지반을 튼튼히 닦았으며 그해 10월에 평양으로 되돌아왔다. 이때 통치층귀족들은 그를 살해할 음모를 꾸미였다. 그는 선손을 써서 부병(자기 관하부대의 군사들)의 열병식을 조직하고 귀족관료들을 초청하였다. 이 기회에 그는 술잔치를 크게 벌려놓고 그들이 술에 취하여 돌아갈 때 군사들을 풀어 100여명을 처단하고 국왕까지도 죽여버렸으며 왕의 조카 보장왕을 올려세웠다. 이때부터 연개소문은 막리지가 되여 나라의 실권을 틀어쥐고 대당강경정책을 실시하는 길에 들어섰다.

연개소문은 정변을 일으킨 후 국력을 강화하기 위한 일련의 대책을 취하였으며 반대파세력을 누르고 자기의 정치적지반을 강화하였다. 그는 당나라와 함께 그와 결탁하려는 신라에 대해서도 강경한 정책을 실시하였다.

642년에 신라의 김춘추가 대야성(경상남도 합천)을 함락시킨 백제를 복수하려고 고구려에 도와줄것을 요청하러 왔을 때에도 그는 신라가 차지한 고구려땅을 다 내놓기전에는 도와줄수 없다고 잘라 말하였으며 백제와의 관계도 능동적으로 개선하여 신라에 대한 타격을 강화하였다.

643년에 연개소문이 유, 불, 도의 3교를 다 골고루 퍼지게 하자고 제기한것도 지난 시기 대관료귀족들과 결탁하고있던 불교사원세력을 억누르기 위한 방책의 하나로 삼자는것이였다.

이해에 고구려는 백제와 함께 신라의 당항성(경기도 화성시 남양면)을 침으로써 신라가 당나라로 통하는 길을 막아버리려고 하였다. 신라의 구원요청으로 당나라가 침공해올 우려가 있게 되자 백제의 의자왕은 당항성공격을 중지하였다. 고구려로서는 당항성이 신라가 차지한 중부조선 서해안지역의 남쪽에 있었기때문에 역시 그곳까지 병력을 내보내지는 못하였다.

연개소문은 국방력을 강화하는데도 큰 힘을 돌리였다. 천리장성축조를 다그쳐 끝내도록 하였고 료동지방의 여러 성들을 신축 또는 보수하였다. 료동반도의 여러곳에는 개소문비라고 불리우는 비석들이 있고 개소문과 관련된 전설들이 남아있는것은 그의 이러한 활동의 일단을 반영하고있다.

또한 그는 도사들의 《도술》에 빙자하여 《룡언성》(청암동성)을 쌓도록 하였다.*

* 《삼국유사》 권3 흥법 보장봉로 보덕이암조에서 저자 일연은 불교를 두둔하는 립장에서 도교도사들을 비난하는 내용으로 쓰고있으나 신월성을 만월성으로 되게 보축한것은 사실이고 그것은 수도의 방위력을 높이는데 도움이 되는것이였다.

연개소문은 또한 신라가 한강하류류역을 차지하고있던 조건에서 신라사람들이 그쪽으로 빠져나가는것을 막기 위하여 중부조선 산간지대인 충청북도 청주지방, 충청남도 연기지방으로 다시 쳐나아가서 신라군을 격파하고 개소문성, 소문성으로 이르는 작은 성들을 쌓았다.*

* 충청북도 청원군 부용면 부강리에는 《개소문성》이 있고 충청남도 연기군 금남면 부용리에는 《소문성》이 있다. 이것은 643～644년경에 연개소문의 군사활동과 관련된것으로 볼수 있다(《조선학보》 104집에는 충청남도 대덕군 구측면 신동리에 소문산성이 있다고 하였으나 부용리의 산성과 같은 성을 가리키는듯 하다).

연개소문은 자기가 정변을 일으켰던 근본목적 즉 대당강경정책의 실현을 위하여 힘을 기울였다.

고구려에서 강경파인 연개소문이 집권하자 당 태종을 비롯한 당나라통치배들은 이에 대하여 못마땅하게 생각하고 고구려가 더 강화되기전에 침략전쟁을 일으키려고 모의하였다. 642년 11월에 박주자사 배행장(裴行莊)은 고구려를 치자고 제의하였다. 그러나 당 태종은 전쟁준비가 아직 완성되지 못하였으므로 고구려왕이 죽고 상례를 치르고있는 때에 공격한다는것은 체면이 서지 않는 일이고 또 산동지방 백성들의 처지가 아직도 그전만 못하다 [《책부원귀》 권142 제왕부 이병(弭兵) 정관 16년 11월] 고 하면서 당장 전쟁을 일으키지는 않았다.

643년 6월에도 고구려에 왔다간 당나라 사신 태상승 등소(鄧素)가 회원진의 방위군을 늘여서 고구려를 압박하자고 하였는데 이때에도 당 태종은 수비군을 200명정도 늘이는것을 가지고는 문제가 풀리지 않는다고 하면서 고구려의 경각성을 늦추려고 하였다.*1

얼마후인 윤6월에 태종은 연개소문이 고구려의 국가정권을 독점하고있으니 참을수 없다고 하면서 거란족, 말갈족군대를 시켜 고구려변경을 소란스럽게 하는것이 어떤가 하고 신하들에게 물었다. 그런데 장손무기(張孫無忌)는 좀 더 참으면서 연개소문이 더 《횡포한》 짓을 하도록 내버려두었다가 치자고 하였다. 그래서 보장왕에 대한 《책봉》놀음을 하였다.*2

*1 *2 《자치통감》 권197 정관 17년 6월 정해, 윤6월.
윤6월조에서도 《자치통감》 저자는 태종의 이 언동을 보면 그의 《웅심(웅대한 마음)》이 하루도 고구려를 치려는 생각을 하지 않는 날이 없었다는것을 알수 있다고 평론하였다.

신라통치배들은 642년에 백제의 공격으로 40여개 성을 빼앗겼고 또 고구려, 백제가 련합하여 당나라로 가는 길을 가로막는다고 하면서 643년 9월에 당나라에 구원을 요청하였다. 이것은 신라통치배들이 민족내부문제의 해결에 외세를 끌어들이는 배족행위를 계속 강행하였다는것을 말해준다.

당 태종은 신라의 《요청》이 있게 된것을 좋은 기회로 보면서 림시 외교적방법으로 고구려와 백제를 굴복시켜보려고 하였으며 그래도 안되면 그것을 군사적침공을 개시하는 구실로 삼으려고 책동하였다.

644년초에 당 태종은 사농승 상리현장(相里玄奬)을 고구려에 보내여 신라를 치지 말라고 《권고》하였다. 이때 남부전선에 나가있던 연개소문은 수도로 되돌아와서 지난날 수나라와의 전쟁때 신라가 차지한 500리땅을 내놓기전에는 신라에 대한 공격을 중지할수 없다고 하면서 당나라의 《권고》를 단호히 거부하였다. 상리현장은 《지나간 일인데 어찌 론할것이 있는가. 료동은 본래 중국의 군현이였는데 천자도 그것을 론하지 않는다.》(《신당서》 권220 고려전)*고 리치에 맞지도 않는 소리를 하였다.

* 상리현장의 이 말은 완전히 기만적인 언사였다. 왜냐하면 고구려가 고조선 옛땅을 다 수복한지도 300년이 되였는데 당 태종은 료동은 본래 중국땅이였으니 되찾아야 한다고 입버릇처럼 말하고있었기때문이다. 그에 비하면 신라가 고구

려남부 500리땅을 빼앗은것은 불과 30년전의 일이였으며 따라서 연개소문의 주장은 너무나도 당연한것이였다.

상리현장은 고구려가 말을 듣지 않으면 래년에는 당나라가 군사적으로 공격해올것이라고 위협하였으나 연개소문은 종내 응하지 않았다.

이처럼 연개소문이 대당강경정책을 실시한것은 당나라통치배들의 부당한 내정간섭에 대한 응당한 반격이였고 또 그것은 고구려가 당나라의 침공에 대처할 준비도 갖추고있었다는것을 보여준다.

644년 2월에 상리현장의 귀환보고를 들은 당 태종은 전쟁도발의 구실이 생겼다고 기뻐하면서 전쟁준비에 박차를 가하였으며 《개소문이 그 임금을 죽이고 그 대신들을 죽였으며 그 백성들을 학대하고 이제 또 나의 지시를 어기고 이웃나라(신라)를 침범하니 토벌하지 않을수 없다》〔《자치통감》 권197 정관 18년(644년) 2월 을사삭〕고 떠벌였다. 이에 대하여 당나라관료들은 찬성, 반대의 두 파로 갈라져서 옥신각신하였다. 리세적(李世勣)과 같은 군대출신은 빨리 칠것을 주장하였고 간의대부 저수량(猪遂良)은 《천하란 비유하면 한 몸과 같은데 두 수도는 심장과 배와 같고 주, 현은 사지(팔다리)와 같으며 사이(사방의 이민족)는 몸밖의 물건이다.》라고 하면서 태종이 직접 싸우러 나가지 말것을 요구하였다. 이것은 사실상 전쟁을 반대한것이라고 볼수 있다. 그밖에도 반대하는자들이 많았다. 그러나 당 태종은 《개소문이 우아래사람들을 업신여기고 학대하니 백성들이 목을 빼들고 구원을 기다린다, 지금이야말로 고구려를 멸망시킬수 있는 때이다.》라고 하면서 최종적으로 침략전쟁을 개시할것을 확정하였다.

2. 당 태종의 침략전쟁도발준비와 일부 선봉부대의 침입

전쟁은 본질상 특별한 폭력수단에 의거한 지배계급의 정책의 연장이다. 당나라통치배들이 7세기 중엽에 도발한 전쟁은 고구려땅을 점령하고 인민들을 예속시키기 위한 당 태종을 비롯한 당나라통치배들의 대외정책의 연장이였다. 그것은 아무런 정당한 명분도 없이 감행한 고구려에 대한 침공으로서 당나라측의 부정의의 침략전쟁이였다.

반면에 고구려인민들이 당나라침략군을 맞받아싸운 전쟁은 반침략, 조국방위를 위한 정의의 전쟁이였다.*

고구려-당전쟁의 이러한 성격은 당나라통치배들이 전쟁전야에 진행한 전쟁준비과정 그리고 그들이 취한 정책에서 명백히 표현되며 전쟁과정에서 더욱 뚜렷이 나타났다.

* 일부 다른 나라 학자들은 고구려－수전쟁, 고구려－당전쟁이 중국안에서 일어난 국내전쟁, 중원왕조가 진행한 통일전쟁이라고 하면서 거기에는 침략, 반침략, 정의와 부정의의 성격이 없다고 주장하고있다 〔《박물관연구》(중문) 1991년, 3기, 43페지, 《중조변계사》(중문) 길림문사출판사, 1993년, 73, 77～78페지〕. 그들은 고구려가 중국의 《소수민족지방정권》으로서 시종일관 중국의 《책봉》을 받고 또 《조공》을 하였기때문에 중국땅의 한부분이였고 따라서 이 시기 고구려와 백제, 신라사이의 경계는 곧 중국의 동남쪽 국경이라고 주장하고있다.

이것은 중세기 민족국가들사이의 관계를 력사적사실과는 정반대되게 외곡한 그릇된 편견에 기초한 부당한 견해이다.

고구려는 중국 중원왕조들과는 아무런 상관도 없이 우리 민족의 강역안에서 독자적으로 선 나라이고 력대로 수많은 외래침략을 물리치고 자기의 자주권을 튼튼히 지켜온 나라였다. 고구려가 중국과는 다른 나라였다는것은 중국의 봉건관료, 봉건사가들도 다 안정하였던 엄연한 사실이다. 그러므로 그 전쟁의 정의성, 부정의성에 대하여 말할수 없다고 하는 견해는 다른 나라, 다른 민족의 자주성을 부인하는 매우 유해로운 견해로 된다. 그것은 력사주의원칙에 어긋날뿐아니라 일부 반동적, 대국주의적관점에 선 봉건관료, 통치배들의 견해와 관점을 답습하는 그릇된 견해로 된다.

당 태종을 비롯한 당나라통치배들이 준비하고 도발한 전쟁이 본질에 있어서 부정의의 침략전쟁이였다는것은 전쟁전에 한 당 태종의 몇가지 발언내용을 놓고보아도 명백하다.

그는 고구려에 대한 침략전쟁에 필요한 군량을 미리 마련하기 위하여 644년에 위정(수나라때 영주총관으로 있던 위충의 아들)을 유주로 보내여 군량을 수송하게 하면서 《유주이북 료수까지 2 000여리에는 (당나라)주현이 없으므로 군량을 가져올데가 없다》라고 하였다(《구당서》 권77 위정전). 이것은 오늘의 만리장성이북이 당나라땅이 아니였음을 자인한것이다. 혹 말갈족(돌지계 등 고구려와 싸우다가 수나라 북변에 망명해가서 있던 북부말갈)들, 해족, 거란족의 일부가 당나라와 련계를 가지고있었으니 료서지방의 일부가 이미 당나라에 속해있었다고 주장할지 모르나 그들이 사는 지역은 644년 당시까지만 하여도 당나라의 정식 령토가 아니였다. 반대로 고구려는 이미 6세기초부터 료서지방의 대부분을 자기의 령역 또는 세력권밑에 두고있었다. 수나라때 일시적으로 대릉하이서지역이 강점되였으나 614년이후 고구려는 다시 수나라 세력을 몰아내였고 료서지방의 많은 부분을 자기의 영향밑에 두고있었다. 그러므로 당나라가 료서지방 깊이 침공하는것자체가 고구려에 대한 침공을 개시한것이나 다름없는것이였다.

당 태종은 또한 앞에서도 본바와 같이 《고려(고구려)는 본래 (한)4군땅일뿐이다.》(《신당서》 권220 고려전, 《자치통감》 권196 정관 15년 8월 기사), 《료동은 본래 중국땅인데 수씨(수나라)가 네번이나 군대를 내보내였다가 얻지 못하였다.》(《자치통감》 권 197 정관 19년 3월 정해)고도 하였다. 이것은 배구나 온언박이 한 소리를 되뇌인것이다.

그러나 료동이 본래 중국땅이라느니 고구려가 4군땅이라느니 하는것은 제멋대로 꾸며낸 무근거한 소리에 지나지 않는다. 고구려는 이미 오래전에 광대한 령토를 가지고있었으며 6세기말에는 동서 6 000리, 남북 5 000리의 넓은 땅을 령역으로 삼고있던 강대국이였다. B.C. 2세기말에 한 무제가 고조선을 침략하여 압록강이북 료동일대에 4군을 둔다고 하였으나 그것은 고구려인민들과 고조선유민들의 반침략투쟁에 의하여 날로 위축되였고 4세기초에는 오늘의 료양을 중심으로 하는 자그마한 료동군이 남아있었을뿐이다. 그것마저도 모용선비족의 전연이 차지하고있다가 370년대에 이르러 고구려에 의하여 대릉하하류－의무려산줄기이동이 다 고구려땅으로 되였으며 그후 그 지역은 근 300년간이나 고구려땅이였으니 그 땅에 대한 령유권을 운운할 근거가 전혀 없는것이다. 더우기 그후 고구려가 료서지방의 대부분을 령유하였거나 영향밑에 두고있던 조건에서 당나라가 그곳을 자기 옛땅이라고 말할 어떤 근거도 없다. 료동땅, 고구려땅이 한4군땅이라는것은 전혀 사리에 맞지 않는다. 당 태종의 이 말은 남의 나라 땅을 침략하기 위한 터무니없는 주장이라고 해야 할것이다.

다음으로 당 태종이 침략전쟁도발의 구실로 내세운 몇가지 리유라는것도 전혀 부당한 침략자의 궤변에 지나지 않았다. 즉 그는 연개소문이 영류왕을 죽이고 대신들을 살해하였으며 고구려국내에서 전횡과 학정을 일삼고있다고 비방하면서 고구려인민들이 구원해줄것을 학수고대하고있다고 떠벌이였으며 또 중국안의 자제들을 위하여 그 부형들의 원쑤를 갚아주어야 한다느니, 고구려사람들을 위하여 왕과 아버지의 수치를 씻어주어야 한다느니, 신라가 구원을 요청하고있으니 도와주어야 한다느니 하는 《리유》들을 내걸었다(《신당서》 권220 고려전, 《자치통감》 권197 정관 19년 3월 정해).

여기서 중국인의 자제를 위하여 그 부형의 원쑤를 갚아준다는것은 수 양제의 고구려침략전쟁에서 죽은자들의 자식, 아우들을 위하여 그 원쑤를 갚는다는것이다. 당나라통치배들은 수나라를 대신하여 나라를 세웠을 때에는 수 양제의 망동, 죄악에 대하여 갖은 욕설을 다 퍼붓던자들인데 이제와서는 태도를 갑자기 바꾸어 수 양제의 동방침공을 정당화하여 나섰으니 이것은 실로 체면도 렴치도 없는 망동이 아닐수 없다. 당 태종이 이런 말을 꺼리낌없이 한것을 보면 그 자신도 수 양제와 꼭같은 《천하》에 대한 지배망상을 꿈꾸는 침략자라는것을 자체폭로해줄 따름이다.

연개소문이 일으킨 정변은 나라의 자주권과 존엄을 지키기 위한 정당하고 애국적인 사변이였으며 고구려의 내정에 속하는 문제였다. 그러므로 그에 대하여 시비하고 마치도 죽은 고구려의 영류왕이나 처단당한 귀족관료들과 그 자손들의 편에 서서 수치를 씻어주는것처럼 가장하는것은 속에도 없는 빈말이고 실은 내정간섭과 침략을 위한 억지구실을 만들려고 한 철면피한 책동의 한 표현일뿐이다.

또 고구려인민들을 학정에서 구원한다는것도, 고구려인민들이 구원을 기다리고있다는것도 완전한 거짓이다. 고구려인민은 그 누구도 당나라의 《구원》을 요청한 일이 없었으며 오히려 연개소문의 떳떳한 대당강경정책을 지지찬양하고있었다.

신라를 도와준다는것도 고구려를 침략하기 위한 구실에 불과하다. 그것은 남의 나라 내정에 대한 간섭일뿐이고 신라통치배들의 배족행위를 부추겨서 저들의 침략명분을 세우고 침략목적을 손쉽게 달성해보려는 간교한 술책이였다.

당 태종이 준비하고 강행한 전쟁의 전 과정은 그 목적이 남의 나라 땅을 강점하고 남의 나라 인민을 노예화하려는 악독한 목적을 추구한것임을 똑똑히 보여주고있다.

당 태종은 수나라때의 실패를 교훈으로 삼는다고 하면서 고구려침공준비를 오래동안 여러 방면으로 다그쳐나갔다.

644년에 당 태종은 태상경 위정을 궤운사로 임명하여 하북지방의 절도(총지휘)권을 주어 군량을 유주로 운반하게 하였는데 이것은 앞에서도 본바와 같이 전방지대에 고구려침략을 위한 군량을 저축하려는것이였다〔《구당서》 권 77 위정전, 《책부원귀》 권 498 방계부(邦計部) 16 조운, 《자치통감》 권 197 정관 18년 7월 갑오〕.

* 위정이 궤운사로 임명된 시기에 대하여 《구당서》에는 정관 19년(645년)으로, 《책부원귀》에는 정관 17년으로 되여있으나 정관 18년(644년)의 잘못이다. 그리고 《자치통감》에는 644년 7월의 일로 되여있으나 7월은 시간적으로 너무 늦은 감이 있다. 왜냐하면 그는 유주에 가서 배를 만들어가지고 식량을 유주(베이징부근) 남쪽 로사대까지 운반하였는데 그러자면 수개월이상의 시간이 필요하기때문이다. 따라서 그가 출발한것은 늦어도 이해 봄이였다고 보아야 할것이다.

위정은 운하가 막혀있는것을 미리 조사하지 않고 유주땅에 들어서자바람으로 600척의 배를 만들어가지고 상간하(桑乾河)를 따라 내려가다가 로사대에서 운하가 메꾸어져 통하지 않게 된것을 알고 군량운반을 다음해 봄으로 연기하였다(《자치통감》 권 197 정관 18년 7월 갑오)*. 당 태종은 래년(645년)봄에 전쟁을 크게 벌리려고 계획하였는데 군량운반을 그때까지 미룬다는 소식을 듣고 대노하여 그를 죄인호송차에 실어오게 하였으며 관직을 박탈하고 백의종군(벼슬하지 않은 사람이 군대를 따라 싸움터로 나가는것)하게 하였다.

* 로사대의 위치가 유주에서 800리 떨어진 곳이라는 《구당서》의 기사는 잘못이고 《중국고금지명대사전》 로사산조에 보이는 고염무의 주석 즉 로사대는 하북성 원평(苑平)현 서쪽 30리(베이징부근 로구교 서쪽)지점이며 800리라는것은 위정이 만든 배가 간 거리라고 한 고증이 더 옳다고 보인다.

이 무렵에 당 태종은 또한 태복 소경 소예(蘇銳)를 시켜 하남지방의 곡식을 산동반도의 가까운 바다가운데 있는 《옛 대인성》에로 운반하게 하였다. 그리고 이해 7월에는 장작 대감 염립덕(閻立德) 등을 홍주(洪卅, 오늘의 강소성 남창), 요주(饒卅, 파양), 강주(江卅, 구강)로 보내여 400척의 배를 만들어 군량을 운반하도록 하였다(《책부원귀》 권 985 외신부 정토, 정관 18년 7월).

이것은 수군 함선의 건조를 겸한것이였다.

또 영주도독 장검(張儉) 등에게 유주, 영주 산하의 군대들과 거란족, 해족, 말갈족 군사들을 인입하여 먼저 료동에 대한 위력정찰을 하여 고구려의 반응이 어떠한가를 알아보게 하였다.

고구려는 당나라의 침공에 대처하면서도 전쟁을 원치 않았기때문에 장검의 위력정찰을 다치지 않고 내버려두었으며 9월에는 평화를 유지할 목적으로 다시한번 당나라에 사신단 50명을 보내여 백금을 선물로 가져가게 하였다. 그러나 당 태종은 부당한 구실을 내걸고 그들 50명을 모두 대리시(형벌맡은 관청)의 감옥에 불법감금하였다. 이것은 그들의 전쟁도발책동이 최종적인것임을 확증해주는 사건이였다. 고구려는 이에 대처하여 고구려에 왔던 당나라 사신 장엄(蔣儼)을 토굴속에 감금하는것으로 대답하였다〔《구당서》 권185(상) 장엄전, 같은 책 권191 장경장전〕*.

* 장엄은 우둔위 병조참군으로서 자진하여 고구려로 갔는데 6년동안이나 토굴속에 감금되여있었다. 그가 귀국하여 당 태종(649년 5월에 죽음)을 다시 만났다고 한것을 보아 644년에 고구려에 파견되였다고 볼수 있다.

고구려는 당나라의 침공에 대처하여 당나라북방에 있던 설연타(철륵의 주도세력)의 추장 진주(眞珠)극한과 련계를 맺고 당나라가 전쟁을 일으키는 경우 그 후방을 들이치도록 약속하였다.*

* 645년 9월에 진주는 죽고 그 아들 다미(多彌)극한이 섰으나 그는 약속을 지켜 수만명의 군사로 당나라의 후방을 쳤다. 《자치통감》(권197 정관 19년 7월)에는 고구려의 이 외교활동이 645년 7월이후에 있은듯이 쓰고있으나 당 태종이 《출정》에 앞서서 진주극한에게 《너희가 고구려와 손잡고 우리를 치겠으면 해보라》라고 위협했다는것을 보면 고구려-설연타사이의 밀약은 그전에 있었던 사실임을 알수 있다.

644년 10월 당 태종은 옹주(雍州. 장안일대)의 로인 1 100명을 불러다놓고 《나는 그 나라(고구려)를 보존하고 그 백성을 돌봐주려고 한다. 한두해면 돌아올것이요. 당신네 자손들로서 따라가는자는 내가 직접 돌아다니면서 돌보아줄것이니 념려하지 말라》고 하면서 침략전쟁을 미화분식하고 청장년들을 전쟁마당에 내보내도록 강박하였다〔《책부원귀》 권109 제왕부 109 연향 제1 정관 18년 10월 계묘(3일)〕.

11월에 락양에 도착한 당 태종은 이전 의주자사 정원숙(鄭元璹. 그는 수나라때 우무후장군으로서 고구려에 대한 침략전쟁에 참가한자였다)을 만나 의견을 물었다. 수나라때에 침략전쟁에 나갔다가 혼쌀이 났던 정원숙은 《료동은 길이 멀어 군량운반이 간고하고 힘들며 〈동이〉(고구려사람을 가리킴)는 성을 잘 지키기때문에 공격하여도 쉽게 함락시킬수 없다》고 대답하였다. 당 태종은 《오늘은 수나라때와 대비할바가 아니니 공은 듣기만 하라》라고 하면서 승산이 있다고 자랑하였다.

이 무렵에 선봉장으로 정찰나갔던 장검이 돌아와서 장마로 료수가 넘쳐나 더 이상 나가지 못하고 되돌아왔다고 하면서 오가는 도중의 산천형세에 대하여 보고하니 당 태종은 참고가 된다고 좋아하였으며 고구려에 대한 침략군의 대오를 최종적으로 편성하였다.

당 태종이 편성한 수륙군의 구성은 다음과 같다.

1. 수로군의 편성

수로군은 바다로 침입할 군대로서 수군만이 아니라 륙군이 기본이였다.

① 평양도행군대총관 형부상서 운국공(隕国公) 장량(張亮)
② 부총관 좌령군장군 상하(嘗河)
③ 부총관 도독 대국공(戴国公) 좌난당(左難當)
④ 행군총관 분주자사 황국공 염인덕(冉仁德)
⑤ 행군총관 미주자사 류영(劉英)
⑥ 행군총관 행무주자사 장문간(張文幹)
⑦ 행군총관 운휘장군 방효태(龐孝泰)
⑧ 행군총관 우호위장군 정명진(程名振)

수로군 총수는 전함 500척에 인원이 4만 3 000명이라고 하였다.

2. 륙로군의 편성

① 료동도행군대총관 태자첨사 좌위수 영국공 리적(李勣)
② 부총관 상서 강하군왕 리도종(李道宗)
③ 행군총관 전 유주도독 괵국공 장사귀(張士貴)
④ 행군총관 우령군대장군 안국공 집실사력(執失思力)
⑤ 행군총관 우효위대장군 장액군국공 설필하력(契苾何力)
⑥ 행군총관 우감문위장군 아사나미사(阿史那彌射)
⑦ 행군총관 우둔위장군 강덕(행)본(姜德〈行〉本)
⑧ 행군총관 좌무위장군 국지성(鞠智盛)
⑨ 행군총관 운휘장군 오흑달(吳黑闥)
⑩ 행군총관 영주도독 장검(張儉)
⑪ 행군총관 좌효위중랑장 안현화(安縣和)

륙로군의 총수는 6만명이였다고 한다*(《책부원귀》 권 117 제왕부 친정 제2 정관 18년 10월).

* 《구당서》, 《신당서》 등에 의하면 울지경덕(尉遲敬德)(행 태상경)이 좌일(左一)마군총관으로 되였고 신성전투에서는 행군총관 장군예(張君乂)가 더 있었다. 또 마주(馬周)가 료동도행군대총관이 되였으며 평양도, 료동도의 행군총관이 16명이였다고도 하였다. 또《구당서》 권 77 양찬(楊纂)전에는 그의 족자(아들벌이 되는 일가) 양홍례(楊弘禮)가 안시성싸움에서 마보군 24군을 거느리고 싸움을 하였다는 기록도 있다.

당 태종은 이때 당나라군대 총수가 10만명이라고 하였으나 《책부원귀》 권 970 외신부 조공 정관 20년(646년)조에 의하면 토번(티베트지방)왕이 당 태종에게 보낸 글에는 100만대군으로 되여있다.

우의 표에서 보는 수로군, 륙로군의 행군총관수만 해도 14명이니 이것은 14개 군단이 동원된것을 의미하며 따라서 전투부대만 해도 약 70만이 동원된것으로 볼수 있다. 이밖에도 24군 등이 있으니 그 총수가 100만이라는것이 옳다고 본다.

10만명이란 극히 축소해서 발표한 수자이다. 당 태종이 이처럼 병력수를 줄여서 발표한것은 수나라때와는 달리 자기는 적은 병력을 가지고도 능히 고구려를 타승할수 있다고 자랑하려는것이였다.

수로군만 보더라도 강(江), 회(淮. 강소성, 안휘성지방), 령(嶺. 광동성, 산서성지방), 협(硤. 사천성지방)의 경졸(강한 군사) 4만명과 장안에서 초모한 3 000명, 전함 500척으로 구성되였다고 하니 실지로는 전문적인 수군까지 합치면 10만명을 넘었을것이다.*

* 《책부원귀》 권157 제왕부 친정 제2 정관 19년 10월 병신조에 의하면 당나라 수로군의 총병력은 3～4만명이 아니라 7만명으로 되여있다. 이것도 축소한 수자일것이다.

당 태종은 11월 30일에 전체 군사들을 유주에 집결시켰으며 행군총관 강행본 등을 시켜 사닥다리와 충차를 만들게 하였다. 당시에 공성기재를 만들어 오는자가 많았는데 태종은 하나하나 검토해보고 좋은것을 취하도록 하였다고 한다.

출정에 앞서 당 태종은 《조서》(명령서)를 작성하여 고구려의 막리지 연개소문이 자기 왕을 죽였고 폭정을 하고있으니 치지 않을수 없다, 수나라때 패전한것은 정사가 안되고 상하가 합심되지 않았기때문이다, 당시 고구려왕은 그 백성들을 사랑하였기에 백성들이 부모를 따르듯 하였다, 양제가 란을 일으키려고 생각하고있는 군사들을 가지고 편안하게 사는 고구려군을 쳤으니 이길수가 없었다, 그러나 지금은 풍년이 들어 식량이 넉근하지만 운반하는데 힘이 드니 소, 양을 많이 끌고가서 군사들에게 공급하려고 한다고 하면서 고구려를 치면 반드시 이길수 있다고 장담하였다.

12월 14일에는 선전포고문을 냈는데 거기에는 연개소문의 《학정》과 신라에 대한 공격을 전쟁도발의 리유로 드는 동시에 고구려가 당나라의 권고를 듣지 않을뿐아니라 당나라의 국경요새들을 엿보고있으며 고구려국내에서는 부담(부과, 징수하는것)이 더욱 잦고 장정들은 다 전쟁에 내몰리우고있으며 어린이들과 로인들은 판축(성쌓는것)에 시달리여 농사와 누에치기를 하지 못하고있어 모두가 기근을 만나고있다는 등의 악담들을 만들어서 저들의 침략행동을 정당화하려고 하였다.

같은 날에 태종은 또한 당나라군사들에게 출격명령을 하달하고 신라, 백제왕에게도 고구려를 치라고 요구하였다.

이로써 당나라의 고구려침략전쟁은 시작되였다. 고구려인민들은 30여년만에 또다시 나라의 운명을 판가리하는 큰 싸움에 떨쳐나서지 않을수 없었다.

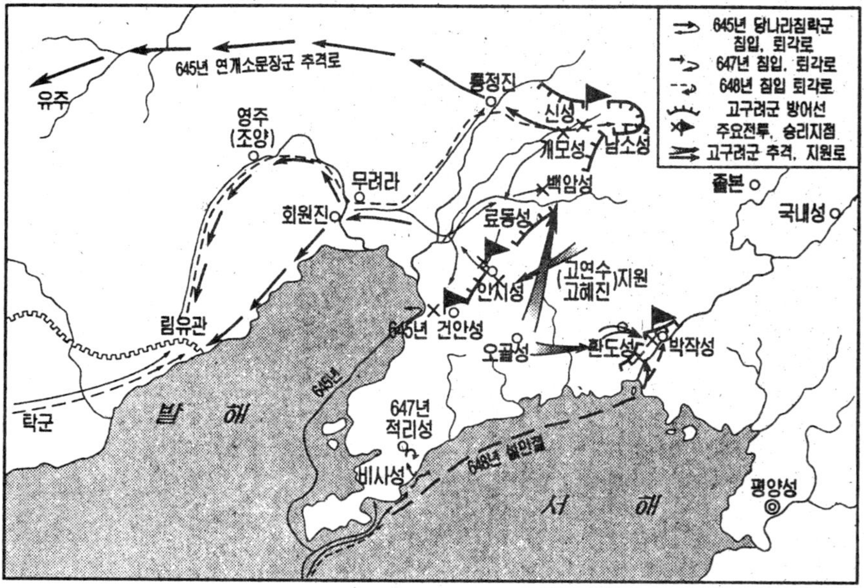

640년대 고구려－당전쟁략도

3. 645년 고구려－당전쟁

1) 당나라침략군의 총공격 개시, 건안성, 신성전투에서의 승리, 료동성방어전투

645년 정초부터 당나라의 수로군, 륙로군은 바다와 륙지로 밀려왔다.

2월초에 당 태종은 백제왕더러 신라로 가는 당나라사신을 보호해줄것을 강박하였으며 신라왕에게는 빨리 정예로운 군사들을 뽑아서 출전하도록 하라고 독촉하였다(《문관사림》 권364 백제왕, 신라왕에게 보낸 글들).

2월 12일에 당 태종은 친위군 6군을 거느리고 락양을 떠났고 2월안으로 료동도행군대총관 리적(리세적)이 군대를 거느리고 락양에서 1 600리 떨어진 유주(베이징)에 도착하게 하였다. 리적은 3월에는 영주를 떠나 고구려의 국경을 지났고 회원진으로 가는척하다가 북쪽으로 방향을 바꾸어 통정진(신민부근)으로 나왔으며 4월초에는 통정진에서 료하를 건너 현도성에 이르렀다. 고구려군은 성문을 굳게 닫고 지켰다. 4월 5일에는 부총관인 강하군왕 리도종(태종의 6촌동생)이 수천명의 군사를 거느리고 신성에 도착하였으나 신성 역시 성문을 굳게 닫고 응하지 않았다.

한편 영주도독 장검은 료하를 건느자 건안성으로 향하였다. 건안성을 지키던 고구려군은 크게 싸워 적군 수천명을 요정냈다.*

* 《구당서》 권83 장검전에는 그가 전쟁초기에 료수를 건너 인차 건안성으로 갔으며 고구려군과 크게 싸워 수천명을 살상한것처럼 써놓았으나 그것은 허위기록이다. 그것은 적들이 645년전쟁에서 《3대전역》으로 꼽는 건안성전투에 대한 자세한 서술을 한것이 없고 신, 구《당서》본기, 고려전 등 장검의 건안성전투에 대하여 한마디도 언급한것이 없는것으로 보아서 알수 있다. 장검이 실제로 고구려군 수천명을 죽였다면 대서특필하였을것이지만 사실은 그와는 반대로 수천명을 잃었기때문에 쓰지 않았던것이다.

4월 15일에 리세적, 리도종은 신성서남에 있는 개모성을 공격해왔다. 개모성에는 고구려군사들과 인민들이 합쳐서 2만여명이 있었고 량곡은 10여만석이나 저축되여있었다. 성은 둘레 20리 남짓한 평지성이였는데 성방위자들은 적군 수만명의 공격을 막아 치렬한 공방전을 벌리였으며 적군 행군총관 강행본을 죽이는 등 많은 손실을 주었으나 4월 26일에 함락되였다. 당나라통치배들은 이곳을 개주로 개편한다고 선포하였다.

한편 장량의 수로군은 3월말경에 산동반도에서 떠나 료동반도끝에 있는 비사성(대련시 금주구 대흑산성)을 공격하였다. 행군총관인 정명진의 군대 수만명이 달라붙었으나 비사성은 사방이 다 험준하고 낭떠러지로 되여있고 오직 서쪽으로만 올라갈수 있었기때문에 적군이 공격하기에는 매우 불리하였다. 비사성에는 고구려군대와 인민이 합쳐서 8 000명밖에 없었다. 그러나 고구려군민은 30여일이나 치렬한 방어전을 벌리였으며 적군에게 큰 손실을 주었다. 수만명의 적군은 밤낮으로 끈질기게 공격해왔다. 비사성은 다른 고구려성들과는 떨어져있어 적의 대군이 상륙한 조건에서 지원부대가 다가갈수가 없었다. 그리하여 결국 5월 2일에 성은 함락되고말았다. 그러나 비사성의 북쪽에 조밀하게 포치되여있던 고구려의 람고산성, 오고산성, 고려성산성, 로백산성 등 수많은 성들은 적의 대군이 더이상 북으로 진격할수 없게 가로막았다.

4월 26일에 개모성을 함락시킨 리세적은 5월 2일에 료동성을 포위하였다. 당 태종은 4월 10일경에 유주를 떠나 10일후에는 북평(우북평군)에 도착하였고 5월 3일에는 료하하구의 200리 진펄지대에 들어섰으며 사흘만에 그곳을 지나 5월 10일에는 료하를 건는 다음 다리들을 철거하고 배수진을 침으로써 자기 군사들이 도망치지 못하게 하였다. 그리고는 료동성공격전투를 그 서남쪽에 있는 마수산에서 지휘하였다.

이에 앞서 료동성이 포위되였다는 소식에 접한 고구려군 총지휘부에서는 5월 8일에 국내성과 신성방면에 있던 보병과 기병 4만명을 보내여 료동성을 지원하게 하였다.

그보다 앞서 신성부근에서는 강하군왕 리도종과 행군총관 장군예가 새로 나타난 고구려군과 대전하게 되였다. 적군은 참호를 깊이 파고 방어하려고 하였으나 고구려군의 진격을 막아낼수 없었고 장군예는 패주하였으며 당나라군대는 대혼란에 빠졌다. 이때 좀 높은 곳에 올라가서 정황을 살피던 리도종은 고구려군의 일부 부대가 채 대오를 정돈하지 못하고있는것을 알게 되자 곧 수하부대들을 파견하여 공격함으로써 천여명의 고구려군을 살상하였다고 한다. 이것이 이른바 《3대전투》의 하나인 신성전투였다. 이 싸움에서 리도종의 불의의 공격으로 고구려군이 얼마간의 손실을 낸것은 사실이였으나 침략군은 이 전투에서 수천명의 사상자를 내였으며 행군총관 장군예는 겨우 도망을 쳐서 살았으나 전패의 책임을 지고 처형당하고말았다. 그러므로 신성전투는 고구려군의 큰 승리로 종결된것이였다. 신, 구 《당서》의 본기에 신성전투에 대한 기록이 없고 장군예를 처단한 사실만 언급된것을 보더라도 이 전투가 그들의 큰 패배로 끝났다는것을 알수 있다.

그러나 고구려군의 료동성에 대한 지원은 수십만의 적군이 중간에서 가로막고있었던 조건에서 성과를 달성할수 없었다.

고구려－수전쟁당시 끝까지 성을 고수하였던 료동성의 군민들은 이번에도 침략군에게 된매를 안겨줄 결사의 각오를 가지고 적들과 용감히 싸웠다.

친위군 갑사(갑옷입은 군사) 6만명을 거느리고 료동성부근에 이른 당태종은 5월 12일에 1만여명의 중무장한 기병을 데리고 직접 전투에 참가하였다.

적군은 료동성을 수십겹으로 포위하였으며 제1군총관 장사귀는 성의 서쪽에서 공격하고 그 일부는 흙을 날라다가 료동성주위의 해자(참호)를 메꾸었으며 포차(돌을 날리는 수레)로 300근짜리 돌을 날려 성벽을 파괴하였다. 고구려군은 성우에 나무를 쌓아 성벽을 만들어서 그것을 막았다. 이렇게 하자 적들은 또 당차(충차)를 가지고 성벽우에 있는 다락집들을 파괴하였다.

적들은 또한 땅밑으로 굴을 파서 성벽을 허물려고 하였으나 그것도 고구려군에게 발각되여 실패하였다.

이렇게 보름동안이나 치렬한 공방전을 벌리고있던중 5월 17일에 이르러 적군은 세차게 불어오는 남풍을 리용하여 여러개의 불화살로 료동성의 서남쪽 각루에 불을 질렀다. 세찬 바람으로 하여 불길이 번지는통에 불바다가 되였다.

이 기회에 적들은 성벽을 타고넘었으며 성안의 큰길과 골목길들에서는 육박전투가 벌어졌다. 고구려군사들은 끝까지 용감하게 싸웠으나 적군 수십만명의 공격을 이겨낼수 없었으며 료동성은 끝내 함락되고말았다.

그러나 17일동안 성을 견지한것은 주변일대의 고구려성들에서 방어력을 강화할수 있는 시간적여유를 주었다는 의미에서 결코 헛된것이 아니였다.

료동성전투가 한창 진행되고있던 무렵 장량의 수로군은 바다길로 료하하구부근의 고구려의 중요한 기둥성의 하나인 건안성서쪽에 상륙하였다〔《구당서》 권69 장량전, 《자치통감》 권198 정관 19년 7월 무자(22일)〕.*

* 여기서는 마치도 장량이 륙로로 북상하다가 건안성앞을 지나간듯이 써놓았으나 료동반도 남쪽에 있는 수많은 고구려성들이 하나도 함락된 일이 없는 조건에서 그것은 수로로 돌아온 사실을 밝히지 않고 간략하여 써놓은것이다. 안시성전투가 시작되던 6월 19일경에 장량은 비사성에 있었다. 그러므로 《자치통감》에서 쓴것처럼 건안성전투는 7월 22일경에 진행된것이 아니라 료동성전투당시 또는 그 직후에 장량이 료동반도서쪽으로 나왔으며 수륙병진작전을 하려고 시도하였던것으로 인정되며 장량은 건안성전투에서 크게 패한 후 모로 비사성으로 도망쳐가서 있었다고 보아야 할것이다.

장량의 수로군은 건안성앞에 와서 진을 치고 성을 공격할 준비를 하였다. 그런데 채 진지를 꾸리기도전에 고구려군의 기습을 받았다. 건안성을 지키던 고구려군사들은 얼마전에 장검지휘하의 당나라군대를 쳐서 크게 이겼던것만큼 사기충천하여 새로 나타난 장량의 수로군을 불의에 습격하였다. 본래 비겁한자였던 장량은 너무도 당황한 나머지 어쩔바를 몰라 그저 호상(휴대용 접이의자)에 앉아 멍하니 앞을 바라다보기만 하였다. 그의 부하들은 먼발치에서 그를 바라보고 그가 대담하여 태연자약하게 앉아있는줄로 생각하고 부하총관인 장금수(張金樹)의 지휘를 받아 겨우 대오를 수습하였다고 한다. 그러나 장량의 수로군은 수천명의 손실을 내고 가까스로 퇴각하여 도로 배를 타고 꽁무니를 빼고말았다. 이것이 이해에 있은 제2차 건안성전투였다. 보는바와 같이 장검이나 장량의 건안성공격은 다 심대한 타격을 받고 패하였다. 때문에 건안성전투를 《3대전투》의 하나라고 하면서도 당나라사가들은 그에 대한 상세한 서술은 하지 못하였다. 장량은 후에 전투의 진상이 밝혀지자 처벌을 받았다.*

* 《신당서》 권92 장량전에 의하면 그는 이듬해 정월말~2월초에 당 태종이 퇴각하던 도중 병주(산서성)에 가있었을 때에 처벌을 받았으며 3월에 장안으로 돌아간 다음 가자(假子. 양자) 500명을 길러 반역을 음모하였다고 하여 사형당하였다(《자치통감》 권198 정관 20년 3월).

당나라침략군의 주력이 료동성공격전투에 참가하고난 뒤에도 신성에는 고구려군 10만명이 있었으므로 적군은 신성방면에도 10만명이상의 병력을 떼놓지 않을수 없었고 신성, 개모성에서 료동성까지의 사이에도 고구려의 여러 성들이 있었던것만큼 거기에도 수많은 병력을 배치해놓지 않을수 없었다. 그리하여 신성일대에서는 적아간의 전투가 끊임없이 벌어졌다. 그것은 적장 위정이 개모성을 지키고있었을 때 거기서 멀지 않은 신성에서 밤낮으로 싸움이 계속되여 북소리와 떠드는 소리가 끊임없이 들려왔다고 한데서 알수 있다(《구당서》 권77 위정전)*.

* 위정이 있었던 개모성을 심양부근 진상둔 동북 3㎞ 지점에 있는 탑산산성 등으로 보는 견해도 있으나 탑산산성은 둘레 1 300m정도의 비교적 작은 성이고 또 거리상으로도 20㎞이상 떨어져있으므로 떠드는 소리가 들릴수 없다. 그러므로 개모성은 무순 서쪽 10여리 지점에 있던 고성자고성이라고 보아야 할것이다(이 성은 일제시기 무순로천탄광채굴로 없어지고말았다).

료동성전투가 끝난 다음 당 태종은 그곳에 료주를 둔다고 선포하였으며 고구려군사들과 인민들가운데서 일부를 당나라로 끌어가려고 책동하였다. 이것은 그가 전쟁을 일으키기전에 한 말과는 달리 실제에 있어서는 고구려땅을 빼앗아 당나라 령토로 만들고 고구려인민들을 노예화하려는 목적을 추구하고있었음을 뚜렷이 실증하여준다.

당나라침략군은 그 다음 동쪽으로 나와 5월 28일에는 백암성(연주성)을 공격하기 시작하였다. 이렇게 한것은 건안성전투에서 실패한 조건에서 서남방향으로 나가는것을 중지하고 동쪽으로 가서 련산관을 지나 북평양성(봉황성)으로 곧바로 침공하려고 하였던것으로 볼수 있다.

백암성은 둘레가 2 600m 되는 그리 크지 않은 성이였으나 태자하를 자연해자로 삼고 그 북쪽에 있는 험준한 산세를 리용하여 쌓은 견고한 요새로서 사람이 붙어서 공격할만한 곳은 서남쪽 50보너비밖에 되지 않았다(《책부원귀》 권 269 장수부 공취 제2 정관 19년). 적군은 여기서도 포차와 충차를 써서 성을 파괴하였으나 2 000여명의 병력밖에 없던 백암성의 고구려군민들은 용감하게 싸웠다. 이때 오골성(수암)에 있던 고구려군 1만여명이 백암성을 지원하려고 달려왔다(《자치통감》 권 197 정관 19년 5월 병신). 성안의 방위자들은 더욱 기세를 올리면서 성밖에 나가 적군을 포위공격하였다. 이 전투에서 고구려의 용사 고돌발(高突勃)은 당나라군 행군총관으로서 《용장》으로 이름났던 설필하력의 허리를 짧은 창으로 찔러 중상을 입히였다(《구당서》 권 109 설필하력전)*1. 또한 적의 우위대장군 리사마(아사나사마. 돌궐족출신)는 고구려군의 화살에 맞아 부상당하였다. 그러나 백암성을 지원하러 갔던 오골성의 군사들은 적장 설필하력을 창으로 찔러 상처를 입히는 등 격전을 벌리던 끝에 끝내는 저지당하였다 [《구당서》 권 199(상) 고려전]. 이렇게 되자 6월 1일에 비겁한 백암성주 손벌음(孫伐音)은 적들에게 투항하고말았다(《신당서》 권 220 고려전).*2

*1 당 태종은 성이 함락되자 고돌발을 찾아내여 설필하력더러 죽이라고 하였더니 그는 고돌발은 자기 왕을 위하여 싸운 의로운 용사이고 또 본래부터 알던 사이도 아니라고 하면서 그를 놓아주었다고 한다. 여기서도 당 태종의 포악성은 잘 나타나고있다.

*2 손벌음은 본래부터 비겁한자로서 은밀히 투항의사를 표시하였다. 그러나 성안의 군민들이 단호히 반대하자 투항할 생각을 그만두었다. 그랬더니 당 태종은 성이 함락되면 성안사람들과 재물을 다 군사들에게 나누어주겠다고 선포하였다. 이때 항복교섭차로 적진에 갔던자로부터 당나라기발을 받은 손벌음은 당 태종의 요구대로 그것을 성벽에다 꽂아놓았다.

이때 대총관 리적(리세적)은 군사들이 죽기를 무릅쓰고 싸우는것은 노비를 얻고저 하는것인데 지금 성이 거의다 함락되게 되였는데 왜 항복을 받아들임으로써 군사들의 마음을 섭섭하게 하는가고 당 태종에게 항의하였다. 《자치통감》의 저자는 이 사실을 두고 리적이 본래 소년시절에 도적노릇을 하던 때의 버릇을 아직 버리지 못하고있는것을 보여준다고 비평하였다(《자치통감》 권 197 정관 19년 6월 정음). 이것은 당 태종뿐아니라 당나라의 군사들이 다 포로를 노비화하고 재물을 강탈하는데 습관된자들이였다는것을 보여준다.

그러나 당 태종자신은 좀더 《원대한》 목적 즉 백암성의 투항을 받아들임으로써 다른 고구려성들을 보다 쉽게 투항시킬 속심을 품고있었으므로 《군사들에게는 국고에서 상품을 주겠다》고 하였다. 그는 또 개모성에 있던 가시(加尸)성 군사 700명을 놓아줌으로써 싸우지 않고 고구려사람들을 굴복시켜보려는 얕은 꾀에 매달렸다. 백암성이 함락된 다음에도 다른 성 출신의 군사들에 대해서는 식량과 병장기를 주면서 제갈데로 가라고 하였다. 이것은 그가 리적보다 한수 더 뜨는 간특한 자임을 보여준다 〔《자치통감》 권198 정관 19년 6월 정유(1일)〕.

당 태종은 백암성도 암주로 고치고 손벌음을 그 자사로 임명하였다.

당나라침략군은 백암성이 함락된 후 곧바로 남으로 나가려고 하였으나 길이 험한데다가 고구려의 크고 견고한 성들이 여러개 있고 고구려통수부에서 많은 군사를 보내여 방어를 강화하고있다는것을 알게 되자 다시 방향을 바꾸어 료동성으로 해서 안시성, 건안성쪽으로 나왔다.

이때 당 태종은 안시성이 험준하고 그 군사들이 용감하다고 하며 그 성주(고을원)가 재능있는 용장이라 하니 건안성을 먼저 치자, 건안성은 지형이 험악하고 식량도 많지만 지키는 군사는 적다고 하니 건안성을 함락시키면 안시성은 치지 않아도 먹은것이나 같다고 하였다.

그런데 리세적은 그렇지 않다, 식량은 료동성에 있는데 서쪽으로 건안을 친다면 고구려군이 우리가 돌아가는 길을 막을수 있으니 안시성을 먼저 치는것만 못하다고 주장하였다. 이러한 론의가 있은 뒤에 적군은 안시성을 먼저 공격하기로 하였다.

2) 안시성전투의 빛나는 승리

적들의 주공방향이 안시성으로 돌려진 조건에서 고구려의 전방방어선에서 안시성(해성 영성자산성. 둘레 2 472m)을 지켜내는가 못하는가 하는것은 645년전쟁의 운명을 좌우하는 중요한 문제로 나섰다.

안시성은 신성, 료동성, 건안성과 함께 료하하류 동쪽에 있는 기본방어선상의 기둥성의 하나로서 그것을 빼앗기면 적들이 천산산줄기를 넘어 오골성(수암), 환도성(북평양성)을 거쳐 압록강으로 진출할수 있는 길목 요충지에 있었다.

신성, 건안성에 아직도 고구려군 10만명이 건재해있는 조건에서 안시성을 견지하기만 하면 적의 침공기도는 파탄을 면치 못하게 되여있었다. 그러므로 연개소문장군을 비롯한 고구려군의 통수부에서는 안시성방어에 큰 전략적의의를 부여하였다.

6월 11일에 료동성을 떠난 당 태종은 먼저 선발대를 보내여 안시성을 포위하게 하고 6월 19일에 안시성에 도착하였다. 그의 도착과 함께 안시성에 대한 총공격이 시작되였다.

고구려군의 통수부에서는 안시성방어의 중요성에 비추어 북부녹살 고연수(高延壽), 남부녹살 고혜진(高惠眞)을 지휘관으로 하는 고구려인부대 약 14만 5 000명과 말갈인부대 약 5 000명을 지원부대로 파견하였다.

그리하여 당나라침략군은 우선 안시성을 지원하러 온 이 고구려군 15만명과 싸우지 않으면 안되였다.

이때 고구려군부대안에는 나이도 많고 지략도 있는 대로 고정의(高正義)가 참모성원으로 참전하고있었다. 그는 고연수에게 《진왕(당 태종의 즉위전 관직)은 안으로 뭇영웅들을 평정하고 밖으로는 북방과 서방의 〈오랑캐〉들을 복종시키고 황제가 된 〈세상에 이름난 인재〉인데 이제 제나라의 군대를 다 끌고왔으니 상대하여 싸우는것은 좋지 못하다. 우리는 군사들을 정돈하고 싸우지 말며 오래 끌면서 별동대를 내보내여 적의 량곡운반도로를 끊어놓으면 적들이 싸울래야 싸울수 없고 돌아갈래야 갈수 없으니 그때야말로 우리가 이길수 있다.》라고 건의하였다.

대로 고정의의 제안은 당시의 전쟁형국에서는 가장 합리적인 전술이였다. 당 태종이하 적군의 우두머리들이 제일 근심하고있던 문제도 바로 그것이였다. 당 태종도 《고연수가 군사를 이끌고 곧바로 전진해와서 높고 험한 산에 의거하여 안시성과 련결된 보루를 쌓고 말갈인부대를 시켜 우리의 마소들을 략탈하면 공격해도 성을 인차 함락시킬수 없고 되돌아가자고 해도 진펄이 막고 있으니 우리 군사들이 앉은 자리에서 곤경에 빠질것이다.》라고 하면서 당황해하였다 〔《자치통감》 권 198 정관 19년 6월 정사 (21일)〕.

그러나 적아간의 력량관계, 지형지세의 리용, 작전방도에 대하여 옳게 판단하지 못하고있던 고연수는 공명심에 들떠서 고정의의 권고를 귀담아듣지 않고 무모하게 전진하여 안시성 40리밖에까지 왔다. 당 태종은 고구려군을 유인할 목적으로 좌(효)위대장군 아사나사이(阿史那社爾. 돌궐 처라극한의 둘째아들로서 당나라에 투항하였던자)로 하여금 돌궐기병 1 000명을 이끌고 나가서 싸우는척하게 하였다. 그는 앞장에서 나오다가 고구려군의 화살에 맞았으나 그대로 전진하여 고구려군과 싸웠다. 그러나 본래 유인전술을 쓸 과업을 받은 그는 얼마 안되여 퇴각명령을 내렸다. 고구려의 고연수 등은 돌궐군사들이 잘 싸운다더니 생각밖에 약하니 손쉽게 이길수 있다, 그러니 당나라군을 쳐서 이기는것은 문제없다고 하면서 추격하여 안시성 동남 8리 지점까지 진군한후 산을 의거하여 진을 쳤다.

당 태종은 시중 장손무기 등과 함께 높은 산에 올라 주위를 살펴보고 매복할 장소들을 정하였다. 그런데 고구려군과 말갈부대가 진을 친것이 40리나 뻗어있는것을 보고는 두려운 나머지 얼굴색이 새까맣게 되였다.

그러나 돌궐과의 전쟁을 비롯한 여러차례의 전투들에서 속임수를 잘 쓴것으로 이름있던 당 태종은 사람을 고연수의 진영에 보내여 거짓말을 하기를 《나는 너희 나라 강신(세력이 강한 신하)이 왕을 죽였기에 그 죄를 물으려고 왔다. 그러니 싸우는것은 나의 본심이 아니다. 너희네 나라에 들어와서 몇개성을 함락한것은 식량과 마초를 해결하기 위해서였을뿐이다. 너희 나라가 신하의 례절을 갖추게 되면 잃은것을 곧 되돌려주겠다.》라고 하였다. 고연수는 본래 연개소문에 대하여 좋지 않게 보던자였으므로 당 태종의 말을 곧이 듣고 싸울 준비를 하지 않았다.

당 태종은 밤중에 여러 신하장수들을 모아놓고 싸울 대책을 토의한 끝에 리세적은 보병, 기병 1만 5 000명을 거느리고 서쪽 산우에 진을 치게 하고 장손무기는 정예로운 군사 1만 1 000명을 별동대로 삼아 산의 북쪽에서 협곡으로 나와 고구려군의 뒤를 치게 하였으며 당 태종은 4 000명의 보병, 기병을 데리고 북소리, 나팔소리를 내지 않고 기발들을 눕힌채 북산에 올라가기로 하였다. 그리고 북소리, 나팔소리가 울리면 동시에 나가서 공격하도록 하였다.

6월 22일에 고연수가 바라보니 리세적이 진을 치고있는것만이 보였다. 그래서 그와 싸우려고 준비를 하고있는데 장손무기의 군대가 먼지를 일으키면서 고구려군의 배후에 나타났다. 바로 이때 나팔소리, 북소리가 울리면서 적군이 여러 방향에서 불의에 고구려군의 진영을 들이쳤다.

고연수는 그제서야 적의 계략에 빠졌다는것을 알고 군사들을 갈라서 방어하려고 하였으나 때는 이미 늦었으며 고구려군의 진은 무너지기 시작하였다. 통일적인 지휘를 받지 못하게 된 고구려군은 크게 싸워보지도 못하고 분산되였으며 적지 않은 사상자들을 내게 되였다(《신당서》 권220 고려전, 《자치통감》 권198 정관 19년 6월 정사, 무오)*.

* 이 책들에 보이는 당나라군대의 수는 심히 축소되였고 또 6월 22일 전투에서 고구려군 2만명을 소멸하였다는것은 심히 과장된것이다(《구당서》 고려전에서는 1만명으로 되여있다). 고구려군의 대부분은 적들의 포위에서 벗어났으며 고연수, 고혜진의 휘하에는 3만 6 800명만이 남아있었다. 이 전투에서 고구려군의 사상자가 얼마 되지 않았다는것은 전투후에 적군이 얻은 철갑옷이 5 000개 또는 1만개였는데 그것은 고구려군 사상자들에게서 거두어모은것이 아니라 고연수, 고혜진휘하의 군사들에게서 빼앗아낸 물건들이였다는것을 보아도 명백하다.

고연수는 남은 무력을 가지고 산에 의거하여 싸우려고 하였으나 적군은 그 산을 둘러싸고 공격해왔으며 적들이 부근일대의 다리들을 다 허물어버림으로써 고구려군대가 되돌아갈 길을 막았고 또 새 지원부대가 오는 길도 차단해버렸다.

이때 고연수, 고혜진은 마땅히 진을 굳게 치고 안시성안의 고구려군과 서로 호응하면서 반격으로 나가야 할것이였다. 그러나 젊은 나이로 경험도 없고 군사에 어둡던 고연수는 형세가 불리해지자 비겁하게도 제 목숨을 살리려고 남은 군사들을 데리고 적에게 투항하고말았다.

당 태종은 고연수, 고혜진 등 2 000명을 포로하여 당나라로 호송해가게 하고 말갈인부대는 늘 선봉에 서서 당나라군대를 무찔렀다고 하여 그들중 남아있던 3 300명을 모두 땅속에 생매장하는 만행을 저질렀다. 이 말갈인부대는 말갈족가운데서도 가장 북방인 흑룡강 북쪽에 있던 북부 흑수말갈출신 병사들이였다(《신당서》 권219 흑수말갈전, 권220 고려전).

안시성동쪽에서 고연수의 실책에 의하여 고구려군은 일시 혼란을 겪었으나 그것은 결코 전쟁국면을 근본적으로 변경시키지는 못하였다. 안시성을 지키던 군사들은 너무도 갑작스러운 정황으로 미처 성문을 열고 나가싸우지는 못하였으나 성주 양만춘(楊萬春)장군의 지휘밑에 방어진을 더욱 튼튼히 다지고 기세드높이 적군과 맞서 싸웠다.

당나라침략군은 그후 며칠동안 대오를 수습하고 전사자들을 림시로 묻는 등 뒤처리를 다그치는 한편 안시성에 대한 포위망을 좁히고 안시성에 대한 대규모공격에 달라붙었다. 적군은 포차를 늘여놓고 쏘아댔으며 당차로 성벽을 마스려고 하였다. 그러나 고구려군은 그때마다 반격을 가하여 무리죽음을 주었다.

7월 14일에는 당 태종이 직접 안시성동쪽 산릉성이에 올라가서 전투를 지휘하였으나 아무런 성과도 없었다. 이렇게 되자 적들내부에서는 새 방책이 필요하다는 분분한 론의가 일어났다.

이때 반역자 고연수, 고혜진은 오골성녹살은 늙은것만큼 굳건히 지키지 못할것이니 당나라군사들을 거기로 보내여 아침에 이르면 저녁에는 성을 함락시킬수 있을것이고 그밖의 길가의 작은 성들도 문제없다고 하면서 오골성만 함락시키면 평양성은 능히 함락시킬수 있다고 줴쳤다. 이것은 제 한목숨을 살리려고 적에게 투항한자의 말로가 얼마나 추악하며 종당에는 조국을 반역하는 길로 굴러떨어지고만다는것을 보여주었다.

여러 당나라 관료들과 장수들도 장량의 수로군이 사성(비사성)에 있는데 그를 부르면 하루밤을 자고 이튿날이면 오골성으로 올수 있으니 힘을 합쳐 오골성을 함락시키고 압록수를 건너가면 곧바로 평양을 점령할수 있을것이라고 하였다. 태종이 그 말을 따르려고 하는데 시중 장손무기만은 《황제가 직접 싸우는것은 여러 장수들과는 달라 위험한 고비를 타고 요행을 바래서는 안된다. 지금 건안성과 신성의 고구려군이 10만명이나 되는데 우리가 만일 오골성으로 향하면 그들은 우리 뒤를 따라올것이니 먼저 안시성을 함락시켜야 한다. 이것이 만전을 기하는 방책이다.》라고 하였다. 그리하여 적들은 먼저 안시성을 기어이 함락시키려고 덤벼들게 되였다(《자치통감》 권198 정관 19년 9월 정사)*.

* 강하군왕 리도종은 이보다 앞서 고연수의 응원군 15만명이 왔을 때에 《고구려가 나라의 힘을 다 동원하여 우리를 막고있으니 평양성방어는 반드시 허술해졌을것이다. 나에게 정병 5 000명을 주면 능히 평양성을 깨뜨릴수 있다.》라고 제기하였다. 그러나 당 태종은 모험이라고 하면서 응하지 않았다. 도종의 제기는 고구려군의 병력수와 방비실태를 잘 알지도 못하고 헤덤비는 하루강아지 범 무서운줄 모르는 격의 망동이였다.

7월 15일경부터 강하군왕 리도종은 안시성 동남 모서리에 흙산을 쌓기 시작하였다. 적군이 흙산을 쌓아올리면 고구려군도 성벽을 더욱 높이 쌓아올렸다.

양만춘장군은 당 태종이 친위병까지 내몰아 하루에도 6~7차씩 집중공격을 해왔으나 그때마다 활, 쇠뇌로 대응사격을 하며 물리쳐버렸다. 적군이 돌을 날려 다락과 성가퀴를 마스면 안시성방위자들은 곧 나무울타리를 만들어 막아버렸다. 때로는 야간습격전을 벌려 적의 군영을 혼란에 빠뜨리기도 하였다. 당 태종은 성안에서 닭이나 돼지 우는 소리가 나면 이것은 필시 병사들을 잘 먹여 싸우러 나가게 하기 위한것이니 오늘밤에 고구려군의 야습이 있을것이라고 하면서 방어대책을 취하게 하였다고 한다(《자치통감》 권198 정관 19년 9월, 《책부원기》 권125 제왕부 료적 정관 19년 9월 기미).

8월 10일 당 태종은 다시 안시성 남쪽으로 공격방향을 옮기고 부하장수들에게 빨리 치라고 독촉하였다.

고구려군은 당 태종의 기발이 나타나면 모두 성벽우에 올라가서 북을 치면서 욕을 퍼부었다.

당 태종이 성이 머리끝까지 치밀어올라 노발대발하니 리세적은 성이 함락되면 성안의 사람들을 다 생매장하여 죽이자고 제기하였다. 사로잡은 적병들로부터 이 소식을 들은 안시성안의 군민들은 더욱 분발하여 원쑤들과 싸웠다.

침략군은 온갖 공성무기들을 다 동원하고 갖은 방법을 다 써가면서 매일 여러차례나 공격해왔으나 고구려군은 완강한 방어로 그때마다 물리쳤다. 침략군은 인원수가 많은것을 리용하여 계속 흙산을 쌓아올렸다. 밤낮으로 60일동안이나 흙산을 쌓아올렸는데 무려 50만공수가 들었다.

그리하여 9월 14일에는 흙산꼭대기에서 성안을 내려다보며 공격하게 되였다.

강하군왕 도종은 부하인 파의도위 부복애(傅伏愛)에게 흙산을 지키게 하였는데 흙산이 무너지면서 성벽의 일부가 파괴되였다. 때마침 부복애는 자리를 뜨고 없었는데 인차 고구려군사 수백명이 성이 터진 틈으로 나와서 흙산의 적군을 들이치고 그것을 점령하였으며 곧 흙산을 깎아 절벽이 되게 하여 적군이 기여오르지 못하게 하였다. 당 태종은 크게 화를 내여 부복애를 참형에 처하고 그 머리를 여러 군부대들에 돌리게 하였다. 강하군왕 도종이 맨발로 태종앞에 가서 죄를 줄것을 청하였으나 태종은 그가 자기의 6촌동생이고 또 신성전투 등에서 공로가 있다 하여 사형을 면제해주었다. 당 태종은 당장 흙산을 다시 탈환하라고 총공격명령을 내렸으나 고구려군의 결사적인 방어로 하여 끝내 점령할수 없었다.

때는 벌써 9월 18일이라 찬바람이 불면서 료동반도에서는 풀들이 다 말라버리고 물이 얼어붙기 시작하였으며 량식도 거의 다 떨어지게 되였다. 하는수없이 당 태종은 총퇴각을 명령하지 않을수 없었다.*

* 당 태종은 안시성싸움때 성밀으로 돌아치다가 고구려군의 화살에 맞아 애꾸눈이 되였다고 한다. 다른 설에는 태종이 탄 말이 수렁속에 빠져 허우적거리고있을 때 양만춘장군이 쏜 화살에 왼눈이 애꾸가 되였다고도 한다〔신채호의 《조선사》 제10권 제1장 참고〕. 고려말의 문인관료인 목은 리색(牧隱李穡. 1328~1396년)은 《정관음》(貞觀吟)이란 시에서 《이곳(안시성)은 주머니속에 든 물건이라 하였더니 어떻게 알았으랴 눈(현화)에 흰깃(화살)이 떨어질줄을》이라고 읊었다. 또 17세기의 문인 삼연 김창흡(三淵 金昌翕)은 《천산시》(千山詩)에서 《천추에 대담한 양만춘이거니 화살로 규염(당 태종)의 눈동자를 뺐다네》라고 하였다.

이리하여 약 90일에 걸친 안시성전투는 고구려군의 빛나는 승리로 끝났다.

고연수, 고혜진의 지원부대가 전술적착오로 패한 다음에도 안시성군민들은 불굴의 기개와 높은 애국적열정을 가지고 대비조차 할수 없는 적의 대병력을 맞받아 용감히 싸워 이겼다.

안시성방어전투에서 애국명장 양만춘은 뛰여난 군사적지략과 림기응변의 전술을 능란하게 적용하여 이 전투를 승리적으로 결속하는데 크게 기여하였다.

신, 구 《당서》들에는 당 태종이 퇴각할 때 《안시성 성주가 성우에 올라와서 작별인사를 하므로 당 태종이 그가 성을 잘 지킨것을 치하하여 비단 100필을 〈선물〉로 보내면서 자기 왕을 잘 섬기라고 하였다》고 썼다.

그러나 이것은 당 태종이 쫓겨가게 된 가련한 몰골을 감추기 위해 봉건사가들이 그릇되게 써놓은것이고 실제로 그런 물건을 보냈다면 그것은 양만춘장군에게 제발 추격하지 말아달라고 애걸하는 부탁이였을것이다. 물론 양만춘장군이 그의 말을 들어주었을리 없다.

안시성싸움에서 수군도 적극적인 적후교란활동으로 적들에게 심대한 타격을 주었다.

당나라침략자들이 퇴각하게 된것은 고구려수군이 산동반도부근의 옛 대인성에 저축해두었던 식량을 나르는 적의 식량수송선들과 함선들을 수많이 파괴하고 불사름으로써 적의 보급로를 끊어버린것과도 큰 관련이 있다.

644년에 당나라는 전함 400척을 건조하여 장량에게 소속시키고 645년에는 500척을 출동시켰으며 그후 647년에 다시 350척을 새로 만들게 하였다(《책부원귀》 권985 외신부 정토 제4 정관 21년 9월).

648년에 당나라군대는 350척의 배에 3만명을 싣고 왔다. 그러므로 645년에 수로군 7만명을 싣고 오려면 적어도 600～700척이 있어야 하였을것이다. 그런데 그들이 발표한대로 하더라도 500척이나 되던 배들은 다 어디로 가고 다시 350척을 새로 무어내야 하였겠는가. 그것은 당시 특별히 큰 자연재해; 태풍피해가 없었던 조건에서 고구려수군에 의하여 수백척의 당나라 함선들이 격파당하였다는것으로밖에 달리 설명할수 없을것이다.

당나라는 645년 전쟁과정에 수로군 7만명가운데서 죽은자가 수백명이라고 축소하여 써놓았으나 그것은 말도 되지 않는다(《구당서》 권59 설만철전).

이것은 고구려의 수군함대들이 적의 수군과 싸워 수많은 적함선들을 격침, 격파하였다는것을 말하여준다. 장량의 수로군이 처음 료동반도쪽으로 나왔을 때 총관 구효충(丘孝忠) 등을 시켜 압록수까지 가서 시위하게 하였다(《자치통감》 권197 정관 19년 5월 기사)고 하였는데 이것은 계획뿐이였지 그후에도 수군의 동향에 대하여 아무런 소식도 전하는것이 없는것으로 보아 실지로는 고구려수군의 반격으로 당나라수군이 꼼짝달싹 못하고있었으며 다시 그후 고구려수군의 공격으로 많은 함선을 잃어버렸다는것을 시사해주고있다.

당 태종이 9월 18일에 총퇴각을 결심하지 않을수 없었던것은 또한 저들의 퇴로가 차단될 우려가 있었기때문이였다. 당시 고구려군은 연개소문장군의 지휘밑에 리세적이 처음 침공한 통정진—현도성간의 길과 통정진에서 대릉하로 통하는 길을 이미 봉쇄하고있었다. 시간이 갈수록 고구려의 포위진이 좁혀지는 조건에서 당 태종은 퇴로가 아주 막힐가봐 두려워하였던것이다.

당 태종이 황황히 총퇴각명령을 내리게 된것은 당시 당나라의 북방정세가 긴장해진 사정과도 관련이 있었다. 연개소문장군은 6월말에 설연타에 사신을 보내여 그 우두머리인 진주극한(이남. 夷男)에게 많은 선물을 주고 당나라로 쳐들어가 그 후방을 교란하도록 부추겼다. 당 태종은 미리 설연타의 진주극한이 침공할수 있다고 보면서 우령군대장군 집실사력(執失思力. 돌궐의 추장으로서 투항한자)으로 하여금 돌궐의 군사들을 이끌고 하주(섬서성 횡산현 서쪽)의 북쪽에 나가서 진을 치고 방어하게 하였다. 진주극한은 선뜻 공격에 나서지 못하고있다가 9월초에 죽고 그 아들인 다미극한이 고구려와의 약속을 지켜 당 태종이 아직 돌아오지 못한 틈을 타서 하남(황하이남)으로 쳐들어가 당나라의 후방을 크게 위협하였다.

기본전선에서 곤경에 빠져있던 당나라침략군은 이처럼 고구려수군부대들의 투쟁과 연개소문장군의 외교, 군사활동으로 더 이상 지체하다가는 전멸의 운명밖에 차례질것이 없다고 생각하고 급기야 총퇴각을 하게 되였던것이다.

645년전쟁에서 당나라측은 그야말로 심대한 패배를 당하였다.

당나라통치배들은 저들의 전과를 자랑하여 현도, 횡산, 개모, 마미, 료동, 백암, 비사, 맥곡, 은산, 후황의 10개 성을 함락시켰다고 하였으나 그중 실지로 함락된것은 개모, 료동, 백암, 비사의 4개 성뿐이고 은성(은산성), 후황성, 현도성, 마미성은 고구려측에서 한때 주동적으로 철수하였던 성들이며 횡산성, 맥곡성 같은것은 전투과정기록에는 보이지도 않는 성으로서 그 주민들이 피난가고 없었던 자그마한 성들이였다.

한편 당나라통치배들은 신성, 건안, 안시성에서의 전투들을 《3대전투》로 묘사하면서 4만여명의 고구려군을 살상하였다고 하였으나 이것은 저들의 패배를 엄폐하기 위한 심히 과장된 수자였다. 안시성전투에서 《1만명》(《구당서》)을 죽였다고 하였는데 실지 놈들이 로획하였다는 갑옷, 투구는 5 000여벌에 불과했고 그것은 투항한자들에게서 걷어낸것이였다.

당나라는 건안성전투에서 수천명, 신성전투에서도 행군총관 장군예가 도망치는 형편이였으니 못해도 죽은자가 수천명에 달했을것이다. 장기간의 신성방어전투에서 고구려군사들과의 결전에서 죽은자는 또 얼마나 많았겠는가. 그밖에도 당나라군대가 총퇴각할 때 료택에서 죽은자만 해도 부지기수였다. 또한 고구려군의 추격과정에 죽은 당나라군대수는 수천, 수만명에 달했을것이다. 따라서 당나라 륙로군의 손실은 수만명에 달했을것이다.

또 당나라함선들이 수백척이나 없어졌으니 수로군의 손실도 수만명에 달하였다. 결국 645년전쟁에서 당나라군사 100만명가운데 못해도 그 10분의 1은 이러저러한 원인으로 하여 죽었다고 볼수 있다.

당나라측의 손실이 너무도 컸기때문에 당 태종은 이번 원정의 잘못을 뉘우치면서 하늘을 쳐다보며 장탄식을 하지 않을수 없었던것이다.

당나라통치배들은 원래 100만대군을 동원시키고도 그것을 축소하여 10만명이라고 하였으니 그 손실도 륙로군은 2 000명, 수로군은 수백명이라고 줄여서 쓰지 않을수 없었다.*

* 당나라측의 기록에는 전쟁에 동원된 병력이 륙로군 6만여명, 수로군 7만명이라고 하였는데 앞에서도 본바와 같이 당 태종을 따라간 6군가운데서 마수산(수산-료동성서남)에 전을 친 갑병만 하여도 6만명이였고 료동성을 수백겹이나 둘러싼 적병이 가지고 다니던 기발만 해도 수백리에 걸쳐 있었다〔《책부원귀》 권117 제왕부 친정 제2 정판 19년 5월 갑신〕고 하며 안시성공격때 양홍례가 거느린 병력만 해도 24개 군이였다. 또 고구려의 석태자산성, 신성에서 안시성에 이르기까지 수백리구간에 있던 수많은 고구려성을 견제하는데도 수십만이 배치되여있었다. 그러므로 적군 총수가 100만명이였다는것은 부정할수 없는

사실이다.

더우기 적군의 매개 군단이 각각 8태(馱)의 짐실은 말과 4만필의 전투용군마를 가지고 떠났는데 말들과 마병들이 죽은것이 10중 8~9였다(《당회요》 권95 고려)고 한것을 보면 적군의 손실은 10만명이상이였다고 말할수 있다.

얼마나 참혹한 패배를 당했으면 당 태종이 645년의 료동걸음을 두고두고 후회하였겠는가. 반역자 고연수는 당나라의 홍려경벼슬까지 받았지만 고구려군이 승승장구하는것을 보고 자신의 잘못을 뉘우치던 나머지 억이 막혀 죽고말았다(《삼국사기》 권21 고구려본기 보장왕 4년 10월).

645년 고구려-당전쟁은 당 태종의 오랜 전쟁준비와 소위 《신통한 전략전술》에도 불구하고 정의의 조국방위전쟁에 일떠선 고구려군민들의 결사적인 투쟁에 의하여 당나라의 여지없는 참패로 막을 내리고말았던것이다.

당 태종이 도발한 고구려를 반대한 전쟁은 어디까지나 침략전쟁, 부정의의 전쟁이였으며 그는 한갖 침략의 괴수일뿐이다. 따라서 정의의 전쟁에 궐기한 고구려인민들의 단합된 힘과 애국정신에 의하여 그는 수치스러운 참패를 당하지 않을수 없었던것이다.

4. 647~648년 당나라침략자들을 격퇴한 투쟁

1) 647년의 침입 격퇴

645년 고구려-당전쟁에서 패전한 당 태종은 거기에서 응당한 교훈을 찾을대신 또다시 고구려를 칠 생각에만 골몰하고있었다. 645년 12월초에 그는 병주(산서성)에 가서 병을 고친다는 핑계로 근 40일간이나 머물러있으면서 줄곧 고구려와의 싸움에서 진것을 분통해하였다. 그후 장안에 돌아와서도 병이 채 낫지 않았다고 하면서 군국의 기무(중요정사)를 태자에게 맡겨버리고 고구려재침공의 망상만 하고있었다.

그는 고구려침공전쟁에서 당한 곤욕에 대하여 후회하면서 리정(李靖. 571~649년)에게 《내가 천하사람들을 가지고서도 자그마한 이족(고구려)에게 곤욕을 당한것은 무엇때문인가》라고 물었더니 리정은 《그것은 리도종이 알수 있다》고 대답하였다. 리도종이 태종의 물음에 안시성전투때 자신이 비여있는 평양성을 치면 이길수 있다고 제기한 사실을 말하였더니 당 태종은 《당시는 너무 바빠서 나에게는 그런 기억이 나지 않는다.》고 말하였다(《자치통감》 권198 정관 20년 3월 기사).*

* 리정은 645년전쟁에는 참가하지 않았으므로 그가 리도종이 알것이라고 한것은 리도종에게서 들은 말이 있었기때문이라고 볼수 있다.

이런 이야기도 당 태종이 고구려침공에서 실패하여 천하의 웃음거리가 된데 대하여 늘 후회하면서도 새로운 침략전쟁을 벌리려고 꾀하고있었던 사실을 반영하고있다.

646년 3월 16일에 이르러 당 태종은 비로소 료동도독부(료주), 암주를 페지한다고 선포하였다. 이 역시 그의 재침기도가 전후까지도 남아있었다는것을 보여주고있다.

그러나 646년에 당나라는 북쪽에서 위협을 주던 설연타세력을 견제하느라고 고구려에 대한 재침전쟁을 일으킬수 없었다. 이해 5월에 고구려는 당나라에 사신을 보내여 내정을 알아보게 하였다.

당 태종은 고구려사신에게 자기가 안시성부근에 있을 때 연개소문에게 활과 화살통을 《선물》로 보내주었는데도 감사하다는 인사말도 하지 않았다느니, 거짓말만 한다느니, 당나라사신을 대하는 태도가 거만하다느니 하면서 시비를 걸었다. 또 늘 당나라의 변방을 엿보면서 틈을 노리고있을뿐아니라 신라를 치지 말라고 했는데 계속 치고있다고 하면서 트집을 잡았다.

연개소문이 당 태종의 《선물》을 받고도 대답하지 않은것은 당 태종이 제발 추격하지 말아달라고 보낸것이므로 너무도 당연한것이다.

당 태종의 이러한 넉두리는 여전히 그가 고구려침공의 부당성을 부인하고 재침의 구실을 만들려는것을 보여줄뿐이다.

647년 2월에 당 태종은 정식으로 문무백관들을 모아놓고 고구려를 다시 칠데 대하여 토의하게 하였다. 그러나 당나라관료들은 《고구려는 산에 의거하여 성을 쌓고있으므로 공격하여도 쉽게 함락시킬수 없다》고 하면서 이태전의 전쟁으로 고구려사람들이 밭갈이도 제대로 하지 못하였고 또 가물까지 들어서 먹을것이 없어 곤난을 겪고있으니 여러번 편사(적은 수의 군대)를 내보내여 들락날락하면서 《공격》하면 반드시 고구려백성들은 따비(작은 보습)를 버리고 성보에 들어가 지킬것이다, 몇해동안 이렇게 하면 천리땅이 텅 빌것이고 민심이 스스로 떨어져나갈것이니 압록강이북은 싸우지 않고도 차지할수 있다고 하였다. 당 태종은 그 의견에 찬성하고 상대적으로 적은 군사들을 내보내기로 하였다.

3월에 당 태종은 좌우위대장군 우진달(牛進達)을 청구도행군대총관으로, 우무후장군 리해안(李海岸)을 부대총관으로 삼고 1만여명의 병력으로 바다길로 침입하게 하고 또 태자첨사 리세적을 료동도행군대총관으로, 우무위장군 손이랑(孫貳朗)을 부대총관으로 삼아 3 000명의 군사들과 영주도독산하의 무력으로 신성으로 가는 길을 따라 침공하게 하였다*. 그러면서 수군뿐아니라 륙군에도 헤염을 잘 치는자들을 선발하여 배속시키도록 하였다.

* 여기서 보이는 당나라 무력수도 축소하여 놓은것이다. 대총관이 수천명 또는 1만명의 병력을 거느린다는것자체가 말이 되지 않는다.

리세적은 실지로는 수만명을 거느리고 출정하여 부하들을 시켜 신성, 남소성으로 나가게 하였다. 고구려군은 다 성에서 나와서 그들을 쳐물리쳤다. 적들은 성주변의 난가리들에 불을 지르고 달아났다.

7월에 우진달의 수군은 료동반도로 침공하여 100여차나 고구려군과 싸웠으며 적리성(積利城)밑에 이르러 고구려군 1만여명과 싸웠다. 그들은 싸움마다에서 《이겼다》고 과장하였으나 실제로는 작은 성 하나를 파괴하였을뿐이고 전과에 대해서는 한마디도 하지 않은것을 보면 숱한 손실을 낸것이 틀림

없다.

이때 리세적은 료하를 건느지도 않고 후방에 있었다. 그것은 그가 귀환할때 황암수(요양하?), 백랑수(대릉하)를 무릎까지만 걷어올리고 건느면서 료하가 어디 있는가라고 물어본 사실을 통해서 알수 있다. 이때 거란족 안내자는 황암수, 백랑수가 몇리 더 아래로 흘러 합류하여 료수(료하)로 된다고 대답하였다고 한다. 물론 가을철이 되여 강물이 줄어든것은 사실이겠지만 료하본류가 그렇게 정갱이까지밖에 물이 차지 않는 얕은 강이였다고는 보기 어렵다. 그것은 료수라고 하지 않고 황암수라고 한것만 보아도 알수 있다.

수륙 두 방면으로 침략군을 내보내여 고구려의 후방을 교란하려고 하였으나 그것이 큰 효력이 없다는것을 알게 된 당 태종은 8월에 송주(宋州, 하남성 상구현부근)자사 왕파리(王波利) 등을 보내여 장강이남 12개 주의 배무이공들을 동원하여 큰배 수백척을 건조하게 하였다.

12월에 고구려왕은 둘째아들인 막리지 고임무(高任武)를 당나라에 보내여 정상적인 관계를 맺자고 하였다. 당 태종은 겉으로는 그렇게 하자고 하였으나 속심은 변함없이 침략전쟁을 다시 도발하려고 하면서 그 준비를 다그쳤다.

647년의 침공무력도 결코 적은 력량이 아니였다. 그러나 고구려군민들은 적이 별의별 방법으로 침공해와도 멸적의 기세높이 싸워 이겼으며 적군을 격퇴하였다. 결국 647년의 침략전쟁에서도 당나라측은 손실만 냈지 이렇다할 소득이 없었다.

2) 648년의 침입 격퇴

648년 1월 25일에 당 태종은 우무위대장군 설만철(당 고종의 딸 단양공주의 남편, 설세웅의 아들)을 청구도행군대총관으로, 우위장군 배행방(裴行方)을 부대총관으로 임명하고 3만명의 침략군을 수백척의 루선(다락배), 전함들에 태워 래주(산동반도)에서 출발하여 압록강하구로 하여 고구려를 치게 하였다.

한편 그들이 떠나기에 앞서 4월 14일에 오호진*[1] 진장 고신감(古神感)에게 바다건너 료동반도로 침공하게 하였다.

고구려는 보병, 기병 5 000명을 내보내여 역산(易山. 갈산〈曷山〉이라고도 한다)에서 싸워 적군을 격파하였다. 그날밤 1만여명으로 증강된 고구려군은 바다로 달아나려고 배에 타고있던 적들을 야간습격전으로 들이쳤다. 습격을 받은 적들은 더 견디지 못하고 도망가고말았다.*[2]

*[1] 오호진은 산동반도 등주에서 대사도, 구흠도, 어도의 세 섬을 지난 다음에 있는 섬이며 여기서 다시 300리를 더 가야 료동반도끝에 이른다〔《자치통감》, 《신당서》 지리지에는 산동반도에서 오호도까지 200리가 된다고 하였다〕.

*[2] 일부 기록들에는 고신감이 고구려군을 격파한것으로 되여있으나 이것은 사실을 뒤집어서 써놓은것이다. 그들이 이겼다면 퇴각할리도 없고 배를 탔을리도 없으며 고구려군이 졌다면 대병력으로 야간습격전을 하였을수도 없다. 이 전투는 배를 탄 적군을 습격한 전투이므로 여기서는 고구려수군과의 협동작전이 진행되였다고 볼수 있다.

6월초경에 설만철이 이끄는 당나라침략군은 압록강하구로 침입하여 먼저 대행성*[1](大行城)을 공격하였다. 박작성*[2]을 지키고있던 고구려장수 소부손(所夫孫)은 보병, 기병 1만명의 군대를 거느리고 대행성의 적을 맞받아나갔으나 적군수가 많아 어려운 전투를 하던 끝에 주동적으로 철수하여 다시 섬에 돌아와 박작성을 지켰다.

박작성은 압록강을 자연해자로 삼고 험한 산세를 리용하여 쌓은 성으로서 방어력이 매우 강하였다.

고구려군과 침략군사이에 치렬한 공방전이 벌어지고있을 때 고구려장군 고문(高文)은 오골성(수앙), 안자성(안시성)의 군사 3만여명을 이끌고와서 두 방면에 진을 치고 당나라군대를 포위공격하니 적군은 진퇴량난의 궁지에 빠졌다 [《삼국사기》 권22 고구려본기 보장왕 7년 9월(8월의 잘못)].

설만철은 형세가 위급하게 되자 원군을 보내주지 않는다고 당 태종을 원망하였으나 고구려군의 드센 공격앞에 도저히 지탱해낼수가 없었다. 결국 그는 8월에 숱한 주검을 남기고 도망가지 않을수 없었다*[3].

*[1] 대행성은 667～668년전쟁 당시에도 나오는 성이름으로서 압록강하구 북쪽에 있었다.

다른 설에 의하면 오늘의 단동시 서남 32리 지점에 있는 랑랑묘산성(娘娘廟山城)이 대행성일것으로 추정하였다. 그러나 이 성은 남북 350m, 동서 210m의 방형토성으로서 대행성이라는 명칭이 붙을만한 성이 못된다. 그러므로 대행성은 지금은 남아있지 않으나 오늘의 단동북방 오롱배 또는 봉황성서남 고려문부근에 있던 성으로 인정된다. 대행성이란 이름을 보아 이 성은 일종의 행성(장성)이였던것 같다.

*[2] 박작성은 압록강하구에서 상류쪽 100여리 되는 곳에 있었다. 《신당서》 권43 지리지에 인용된 가탐의 도리기에 의하면 압록강하구에서 100여리를 거슬러 올라가서 작은 배로 바꾸어 타고 다시 30리를 더 가면 박작구에 이른다고 하였다. 박작구는 박작강구이므로 보통 지금의 대포석하 동쪽에 박작성이 있었던것으로 보아왔으나 거기에는 대령강장성과 그 축조방법이 같은 장성유적이 강 동쪽에 있을뿐이고 개별적인 고구려성이 발견되지 않았다.

그대신 오늘의 애하하구에는 안평고성(애하첨성)이 있고 그 동쪽에는 호산성이 있다. 이 호산성은 명나라때 변장(장성)의 동쪽끝이였다고 하지만 원래 여기에는 고구려의 견고한 고로봉식산성이 있었다. 고구려때 이곳 행정단위가 《박작》고을로 되여있었을수도 있기때문에 호산성이 박작성으로 불리웠을 가능성도 있다.

신, 구 《당서》 설만철전에는 그가 박작성주 소부손을 목베였다고 썼으나 그것은 허위기사이다. 《삼국사기》, 《책부원귀》, 《자치통감》에는 소부손이 죽었다는 기사가 없는것을 보아서 소부손을 죽였다는것은 잘못된 기사이다.

*[3] 설만철은 9월 5일에 귀국하였으므로 그가 박작성부근에서 퇴각한것은 8월 중순경이였을것이다. 그는 귀국한 후 패전의 책임을 진대다가 당 태종을 원망하였다는 죄명을 쓰고 관직을 박탈당하였으며 상주(광서지방)로 귀양까지 가게 되였다. 그러니 그의 전패상이 심각하였다는것을 알수 있다 [《자치통감》 권

199 정관 22년 9월 경진(5일)].

당 태종은 648년 6월에 래년에는 30만대군으로 고구려를 쳐서 일거에 멸망시키겠다고 허세를 부리면서 다시 많은 함선들을 건조하게 하였다.

그는 수나라때에 검남도(대체로 오늘의 사천성일대)는 전쟁의 피해를 받지 않았으며 645년전쟁때에도 동원되지 않았으니 거기에 배를 만들 임무를 주는것이 좋겠다는 하부의 의견을 따라서 7월에 우령좌우부 장사 강위(强衛)를 검남도에 보내여 큰 배들을 뭇게 하였다. 함선가운데 큰것은 길이 100자, 너비 50자에 달하였다. 또 다른 사람을 보내여 무협(사천성과 호북성사이의 장강의 좁은 지대)에서 떠나 강주(江州), 양주(楊州)를 거쳐 산동반도 래주까지 배를 끌어가게 하였다.

파촉(巴蜀. 사천성)사람들은 큰 배를 무어본 경험이 없어서 배값을 물기로 하고 담주(潭州. 오늘의 호남성 장사일대)사람들에게 선박건조를 맡기였는데 큰배 한척값이 겸포(비단실을 꼬아서 짠 천) 1 200필이나 되고 또 목재를 운반하는 값까지 하여 무려 큰배 한척에 비단 2 236필이 들었다. 그러다나니 백성들은 토지와 집 지어는 자녀들까지 팔아도 그 값을 감당해내지 못하였고 낟알값은 껑충 뛰여올랐으며 산료(山獠. 산간지대의 료족)들이 폭동을 일으켰다(《자치통감》 권199 정관 22년 9월 기해, 《신당서》 권200 고려전).

당 태종은 새로운 전쟁을 준비하면서 섬주(陝州)자사 손복가(孫伏伽)등을 시켜 삼산포(三山浦), 오호도에 량곡과 군수기자재들을 날라가게 하였고 또 월주(越州. 오늘의 광동성일대)도독 등에게는 해선(바다항행용 큰배)과 쌍방(双舫. 두 배를 련결시킨것) 도합 1 100척을 건조하게 하였다(《자치통감》 권199 정관 22년 8월 정축).

이상과 같은 사실들은 649년에 당 태종이 645년보다 몇배나 더 많은 무력으로 고구려를 침략할 준비를 하였다는것을 보여주고있다.

당 태종은 이에 앞서 648년 11월에 거란족, 해족의 일부 세력들을 구슬려서 저들편에 끌어당겼다. 그리하여 거란추장 굴가(窟哥)와 해추장 가도자(可度者)는 각각 송막도독, 요락도독의 칭호를 받았다. 해족의 적지 않은 부분이 당나라편으로 넘어간것은 고구려에 불리한 정황을 조성하였다.

648년에 백제의 공격으로 요차성 등 10여개 성을 잃은 신라통치배들은 김춘추(후의 태종무렬왕)와 그 아들 문왕(文王)을 당나라에 보내였다. 윤12월 7일에 당 태종을 만난 김춘추는 당나라와 협동하여 백제와 고구려를 멸망시키고 《평양이남(실지는 대동강이남)은 신라가 차지하고 그 이북땅을 당나라가 가지게 한다》는 배족적인 비밀협약을 체결하였으며(《삼국사기》 권7 신라본기 문무왕 11년 7월 26일, 권8신라본기 성덕왕 34년 2월조에는 《패강이남》으로 됨) 또 당나라의 특진(정2품)벼슬을 받고 신라의 관복을 당나라 관복에 따라 바꾸기로 하였다(《자치통감》 권199 정관 22년 12월 계미).

사대주의사상에 깊이 빠져들어 민족반역행위를 감행한 김춘추는 신라로 되돌아오다가 고구려의 해상순찰선에게 발각되였다. 교활한 그는 자기를 따라오던 온군해(温君解)에게 자기 옷을 입혀서 앉혀놓고 혼자서 작은 배를 타고 먼저 달아났다. 고구려군은 온군해를 김춘추인줄 알고 처단하였다(《삼국사기》 권5 신라본기 진덕왕 2년, 《책부원귀》 권109 제왕부 연향 1)*.

* 여기서는 김춘추가 신라로 돌아간것이 649년 2월로 되여있다.

고구려침공을 다시 도발하려고 기를 쓰던 당 태종은 649년 4월에 병을 만나 죽었다. 그는 유언으로 《료동의 역(고구려를 치는 전쟁)》을 그만두라고 하였다(《삼국사기》 권22 고구려본기 보장왕 8년 4월, 《자치통감》 권199 정관 23년 5월).*

* 《삼국사기》의 4월은 5월의 잘못이다.

당 태종이 일으킨 전쟁은 오직 그의 공명심과 령토욕을 충족시키기 위한 그야말로 아무러한 명분도 없는 부정의의 전쟁이였다.

그는 김춘추를 만난 자리에서 말로는 《산천과 토지는 내가 탐내는것이 아니고 옥과 비단, 자녀(사람)는 나에게도 있다.》라고 하면서 고구려와 백제를 평정하면 평양이남 백제땅은 다 너희 신라에게 주겠다고 하였다. 그러나 실지에 있어서는 645년에 고구려를 침공하였을 때 함락시킨 성들을 다 당나라의 도독부, 주로 만들었고 그 인민들 7만여명을 강제련행해간데서도 명백한바와 같이 그의 침략목적은 더 많은 령토와 인민들을 지배하는데 있었던것이다.

당 태종의 고구려침략전쟁이 무근거한 부당한 전쟁이였다는것은 당나라의 최고관직인 사공(司空)이였던 방현령이 죽기에 앞서 올린 글에도 명백히 씌여있다.

그는 림종을 앞두고 자기 자제들에게 《지금 세상일이 잘 되여가고있다. 그러나 오직 고구려를 치는 일만은 그만두지 않고있는데 왕이 전쟁을 할 결심을 품고있으므로 그 누구도 감히 충고하는 사람이 없다. 내마저 말을 하지 않는다면 한생 부끄러움을 안은채 땅속에 묻히게 될것이다.》라고 하면서 태종에게 다음과 같은 글을 내였다. 《지금 군사들로 말하면 아무러한 죄도 없는데 전쟁마당에 내몰려서 칼날과 창끝밑에서 신음하고있으니 나라 사람들이 관을 실은 수레를 바라보며 시체를 붙안고서 가슴을 치며 울부짖고있다. 이것이야말로 나라의 기강을 약화시키고 화기를 손상시키는것이니 참으로 온 천하가 원통해하는바이다.》 계속하여 그는 고구려가 외교의례를 어겼거나 당나라 백성을 괴롭혔거나 후세까지 우리에게 근심을 끼칠 짓을 한 일이 없는데 나라를 쇠진하게 하면서까지 옛 왕(수나라 양제)을 위하여 《치욕을 씻으며》, 《신라를 위하여 원쑤를 갚아준다》고 하니 이 어찌 리익이 되는 일이겠는가, 그러니 고구려를 침공하기 위해 만든 함선들을 불살라버리고 모집한 군사들은 헤쳐가도록 하는것이 좋겠다고 권고하였다(《신당서》 권96, 《구당서》 권68 방현령전).

방현령의 말에는 물론 대국주의에 물젖은 관료로서의 편견도 들어있으나 당시 고구려가 당나라를 반대하는 그 어떤 침범행위도 하지 않았다는것을 솔직하고 명백하게 밝히고있으며 당 태종의 전쟁도발이 그 어떤 정당한 근거도 없는것임을 뚜렷이 폭로하고있다.

《삼국사기》의 편찬자들은 방현령의 상소문을 요약하여 싣고 그가 이렇게 순순히 알아들을수 있게 말하였는데도 당 태종이 듣지 않고 우리 동방(고구려, 백제 등)을 폐허로 만드는것을 쾌락으로 느끼려고 하다가 죽은 다음에야 그만두었다고 하면서 평론하기를 《큰것을 좋아하고 공세우기를 즐겨하여 먼곳으로 군사를 끌고간것이 이를 두고 한 말이 아니겠는가》라고 하였다. 또 류공권(柳公權)*의 소설에 주필산(안시성)싸움때 고구려부대와 말갈부대의 대오가 40리 사방에 가득 차니 태종이 그것을 바라보고 두려워하는 기색이 있었다고 하였으며 또 당 태종의 6군이 고구려군의 공격으로 거의나 위축되여있는데 척후가 영공(리세적)의 검은 기발이 포위되였다고 보고하니 황제(태종)가 크게 무서워하였다. 비록 마지막에는 위기에서 벗어났지만 저렇게 위태로와 하고 두려워하였는데도 신, 구《당서》나 사마공(사마광)의 《통감》에서 그것을 언급하지 않은것은 나라의 체면을 위하여 감춘것이라고 비평하였다(《삼국사기》 권22 고구려본기 보장왕 8년 4월).

* 류공권은 고려때의 문인관료가운데도 같은 이름을 가진 사람이 있었다. 그런데 그는 1133~1196년에 생존한 사람으로서 김부식 등이 《삼국사기》를 편찬하던 때에는 아직 10여살의 소년이였다. 그러므로 소설을 쓴 류공권은 당나라사람으로 보는것이 옳을것이다.

이처럼 당 태종은 안시성싸움때에도 무서워서 벌벌 떨기까지 하였으니 수십년간 자기가 진행한 싸움에서 패배를 몰랐다고 우쭐대던 그가 고구려에 대한 침략전쟁에서는 얼마나 혼쌀이 났으며 그 앙갚음을 하자고 죽기 직전까지도 침략야망을 버리지 않고있었음을 알수 있다.

5. 650년대 료서지방에서의 반침략투쟁

태종의 뒤를 이은 당 고종은 제 애비의 고구려침략전쟁의 실패에서 응당한 교훈을 찾을 대신에 선대의 망상을 기어이 실현해보려고 책동하였다.

고구려에 대한 당나라의 침략책동이 계속된것과 관련하여 신라와 백제는 서로 다른 립장을 취하였다.

650년에 신라는 그 전해에 백제와의 싸움에서 승리한것이 당나라의 덕택이기라도 한듯이 아첨하면서 《5언태평송》(五言太平頌)이라는 시를 지어 그것을 비단에다 수를 놓아 김법민(김춘추의 아들, 후의 문무왕)을 시켜 당나라에 갖다바치게 하였다. 이것은 그들이 계속 당나라에 굴종하면서 라당련합을 강화할 목적을 추구하고있었다는것을 말해준다.

644년에 당나라에 사신을 보낸 후로는 한번도 사신을 보내지 않고있던 백제는 651년에 국교를 재개하여 당나라의 립장을 타진하였다. 이때에 당 고종은 백제왕에게 국서를 보내여 해동삼국이 오래동안 싸우고있어 편안한 해가 없고 백성들이 죽을 형편에 처해있다, 지난해에 고구려, 신라사신이 왔을 때에도 서로 싸우지 말라고 권고하였다, 그런데 신라사신 김법민이 말한데 의하면 고구려와 백제는 서로 엇바꾸어가면서 쳐들어왔으며 신라의 큰 성들이 다 백제가 차지하여 싸우지 않을수 없다고 하였다, 나는 그의 말이 옳다고 생각하며 백제가 차지한 성들과 포로들을 다 송환하도록 하고 신라도 포로들을 다 돌려보내라고 하였다, 이제 백제가 우리(당나라) 말을 듣지 않는다면 신라로 하여금 백제와 결전을 벌리도록 허용할것이며 고구려로 하여금 백제를 후원하지 못하게 하겠다, 만일 고구려가 말을 듣지 않으면 곧 거란족 등을 시켜 료수를 건너 쳐들어가게 할것이니 왕은 깊이 생각하고 후회함이 없도록 하라(요지)고 훈시하였다(《삼국사기》 권28 백제본기 의자왕 11년, 《자치통감》 권199 영휘 2년 시세, 《신당서》 권220 백제전).

이것은 음흉한 외교적수법으로 고구려, 백제사이에 리간을 조성시키고 신라에 유리하게 사태를 돌려세워 앞으로 있게 될 고구려에 대한 침공에서 당나라에 유리한 형세를 만들어보려는 간교한 계책이였다.

고구려도 652년에 당나라에 사신을 보내여 당 고종이 어떻게 나오는가를 탐지하도록 하였다. 그러나 당나라의 침략기도는 달라지지 않고있었다.

이러한 실정에서 고구려는 고구려를 배반하고 당나라에 가붙은 거란족들을 복종시키기 위하여 654년 10월에 장수 안고(安固)가 거느리는 고구려인부대와 말갈인부대들을 내보내여 송막도독부의 거란추장 리굴가[*1]가 도사리고있는 거란의 신성[*2]을 공격하여 함락시켰다.

한편 고구려는 645년의 고구려-당전쟁때 당나라와 련합한 신라통치배들이 5만명의 군대를 내보내여 고구려의 수구성(水口城)을 함락시켰던 일을 교훈삼아 당나라의 침략을 막기 위해서는 먼저 신라를 쳐서 후방의 안전을 보장하여야 한다고 생각하고 이로부터 654년말에 백제와 협동하여 신라북변의 33개 성을 함락시켰다.

신라통치배들은 이번에도 당나라에 구원을 요청하였다.

당 고종은 이 소식을 듣고 655년 2월 25일에 영주도독 정명진(程名振), 좌위중랑장 소정방(蘇定方)을 시켜 군사를 거느리고 고구려를 침공하게 하였다. 5월 13일에 당나라침략군은 귀단수에서 고구려군과 싸웠다.[*3]

신성을 지키던 고구려군은 성문을 열고 귀단수를 건너가서 싸우다가 도로 철수하여 성문을 굳게 닫고 지키였다. 적군은 신성을 함락시킬수 없게 되자 그 외성과 주변의 마을들을 불태우고 달아나고말았다.

[*1] 리굴가는 당나라가 거란추장 굴가에게 리씨성을 준 이후에 불렀던 이름이다.

[*2], [*3] 654~655년에 당나라군대와 교전한 신성, 귀단수는 오늘의 료서지방 거란족지역에 있었던 성과 강의 이름이였다고 인정된다. 655년의 귀단수, 신성전투에 대하여 《자치통감》 권199 영휘 5년 10월, 6년 2월 을축(25일), 5월 임오(13일)에서는 신성을 료수동쪽에 있던 고구려의 신성(무순 고이산성)일것으로, 귀단수는 그 서남쪽에 있는 강으로 보았으나 그것은 잘못이다. 왜냐하면 고구려장수 안고가 거느린 군대가 공격한것은 거란의 신성이였기때문이다. 그리고 무순 고이산성이라면 외성은 토성이므로 불태울수가 없고 또 그 부근에 넓은 초원지대가 있었을수도 없으므로 거란이 화공전술을 쓸수도 없다. 그리고 신, 구《당서》 본기나 정무정(程務挺. 정명진의 아들)전, 고구려전 등에는 귀단수와 신성은 료수와는 관계가 없는 지명으로 되여있다. 정명진 등의 당나

라군대가 《료수를 건너서》 온것으로 쓴것은 《책부원귀》(권 986)에서 처음 나오는 말로서 편찬자들이 자의로 보탠것이며 《자치통감》은 그것을 되받아서 썼을뿐이다. 《자치통감》주석에는 《구당서》 정명진전에 그런 말이 있는것처럼 썼으나 그것은 근거가 없다(만일 료수를 건넜다면 그것은 료하의 상류인 로합하를 두고 료수라고 하였을수는 있다).

더우기 이때로 말하면 646년에 고구려의 천리장성이 완공된 다음이고 당나라는 647년에 멀리 신성방면으로 나와 남소성, 목저성까지 침공하였지만 648년에는 천리장성의 방어가 강하여 감히 그쪽으로는 쳐들어올 생각을 하지 못하고 압록강으로 해서 침입하였다는 사실을 고려한다면 또 후에 언급되지만은 650년대의 전투들이 모두 토호진수(로합하) 류역에서 벌어졌던 사실을 고려한다면 655년의 신성과 귀단수도 료서지방에 있었으며 이 신성은 거란족의 성이던것을 고구려가 점령한것으로 보아야 한다. 7세기말의 거란족의 신성은 류성서쪽 400리에 있었다. 《신성》이란 새로 쌓았다는 성으로서 고구려에도 고이산성외에도 나라의 동북부에 큰 성인 신성이 있었고 중국 각지에도 력대로 여러개의 신성들이 있었으며 지금도 심양북쪽에 신성자가 있다. 그러므로 《신성》이란 말만 가지고 그것을 무순 고이산성(신성)으로 볼수 없다. 《구당서》에는 657

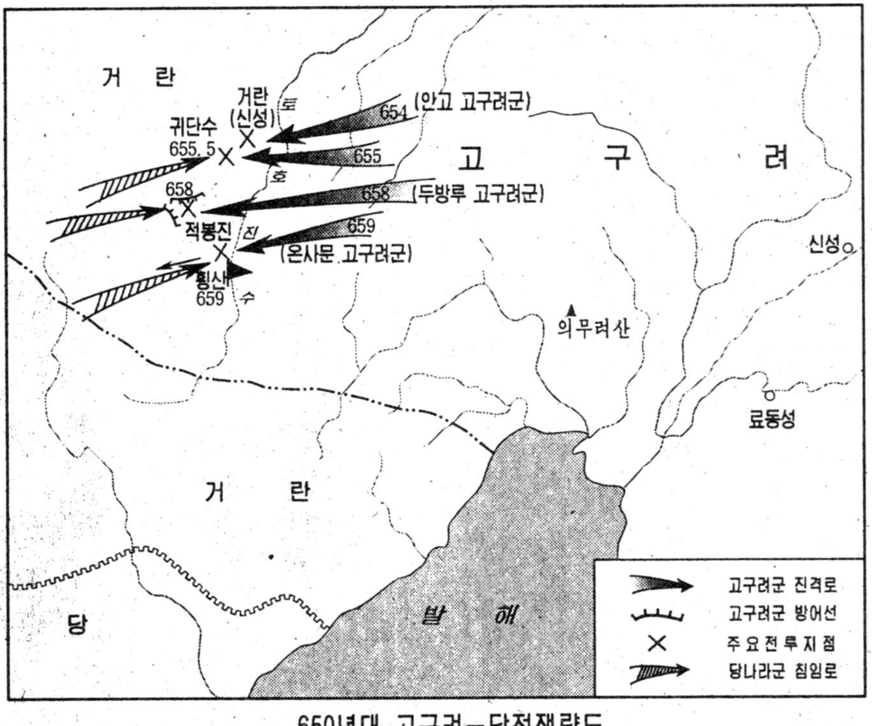

650년대 고구려-당전쟁략도

년에 설인귀가 정명진의 부장으로 되여 귀단성을 쳤다고 하였는데 여기서도 신성과는 상관이 없는 지명으로 되여있다. 그리고 당나라군대가 귀단성을 함락시키지 못한것으로 되여있다. 이 기사는 655년기사의 중복일수 있다. 《책부원귀》에 정명진이 657년에 귀단수와 신성에서 싸운것으로 되여있는것에 비추어 그렇게 볼수 있다.

658년에 영주도독 겸 동이도호 정명진은 우령군 중랑장 설인귀와 함께 고구려의 적봉진(赤烽鎭)을 쳐서 함락시켰다. 이 적봉진은 오늘의 내몽고자치구 적봉시에 있던 크지 않은 성이였다고 인정된다. 당시 그곳에는 고구려군 500명이 지키고있었다. 당나라의 대군이 쳐들어왔으나 적봉진의 고구려군은 마지막까지 성을 지켜 완강하게 싸웠다. 그러나 수적으로 너무도 현저한 차이가 있었기때문에 결국 성은 함락되였다.

적봉진전투소식을 들은 고구려측에서는 대장 두방루(豆方婁)에게 3만명의 군사를 주어 적군을 막게 하였다. 정명진은 거란족군사들을 거느리고 고구려군과 전투를 벌려 크게 이겼다고 하지만 그것은 믿기 어렵다. 659년에 당 고종이 좌효위대장군 설필하력을 료동(란하이동지역)에 보내여 통치하게 한것은 정명진의 전투공로가 없었고 도리여 패배하였기때문에 지휘권을 빼앗고 대신 설필하력을 보낸것이다.

고구려에 대한 여러차례의 공격이 실패로 끝나자 659년에 당나라통치배들은 우령군 중랑장 설인귀, 장군 신문릉(辛文陵), 로룡부 과의 위대가(韋待價) 등을 보내여 다시 침공하게 하였다.

신문릉의 군사가 토호진수(로합하)계선에 이르렀을 때 고구려군은 매복전술을 써서 적군을 불의에 답새겼다. 갑자기 포위속에 든 신문릉이 허우적거리고있자 그 뒤를 따르던 위대가와 설인귀가 신문릉의 부대를 구원하려고 달려들었으나 전투에서 위대가는 왼쪽 발에 화살을 맞아 중상을 입고 신문릉은 겨우 목숨을 건져 도망감으로 하여 이 토호진수전투에서 적들은 큰 손실을 내고 쫓겨갔다.

이해에 고구려의 대장 온사문(温沙門)은 당나라침략군을 추격하여 횡산*에서 싸웠다. 횡산전투에 합세한 적장은 설필하력과 량건방(梁建方)이였다. 이것은 고구려군이 더욱 서쪽으로 진격하여 설필하력의 본영에 가까운 곳까지 나아갔다는것을 말해준다. 이때 고구려의 한 활쏘기명수는 횡산아래에서 적병 10여명을 련거퍼 쏘아죽이였다고 한다.

그러나 당나라군대는 이 전투에서도 패배하고말았다. 그것은 당나라측 기록에 그 전과에 대하여 감히 쓰지 못한것을 보아서 알수 있다. 적군이 이겼다면 또는 조금이라도 전과가 있었다면 의례히 몇백명을 죽였다고 대서특필하였을것이다.

* 횡산, 석성, 흑산 등 지명들은 다 료서지방 로합하류역 또는 그 부근에 있었던 지명들이다. 《승덕부지》 권5에도 부근에 석성, 흑산 등 지명이 여러개 있었다는것이 나온다. 이러한 지명들은 중국 동북지방 각지에 있었다.

횡산전투가 있은 후 설인귀는 신문릉과 함께 흑산에서 거란왕 아복고(阿卜固)를 사로잡아 당나라 동도(락양)에 끌고감으로써 중랑장으로부터 좌무위장군으로 승급하였다고 한다〔《구당서》 권 83, 《신당서》 권 111 설인귀전, 《자치통감》 권 200 현경 5년 (660년) 4월 무진〕*

* 이때 아복고를 사로잡은 자가 정양도독 아사덕추빈(阿史德枢賓)으로 되여있다. 당시 설인귀가 아사덕추빈의 휘하에 있었을수도 있다.

이것은 아주 중대한 사변이였다. 그것은 658년경까지도 거란족의 추장 리굴가가 당나라의 앞잡이로 되여 고구려를 반대하여 싸웠으나 그가 죽은 후 그의 아들 아복고는 고구려가 련전련승하는것을 보고 해족과 함께 당나라를 반대하여 나서게 되였다는것을 의미하기때문이다. 아복고가 당나라군대와 싸우게 된것은 그가 고구려와 동맹하여 당나라를 반대하게 되였다고 볼수 있게 한다.

당나라통치배들은 660년 4월에 정양도독 아사덕추빈, 거연주(居延州. 습족 거주지)도독 리합주(李合珠) 등 3명을 랭견도(冷汧道)행군총관으로 임명하여 먼저 해족을 치게 하였고 다음 그들을 사전도(沙磚道)행군총관으로 임명하여 거란족을 치게 하였다(《자치통감》 권 200 현경 5년 (660년) 5월 무진). 이러한 사변들은 659～660년사이에 있었다. 그것은 648년말에 일단 당나라편에 투항하여 송막도독부, 요락도독부의 장관으로 되였던 거란족, 해족의 우두머리들이 10년후에는 다시 당나라를 반대하여나섰고 고구려와 손을 잡게 되였다는것을 의미하는것이다. 그들의 투쟁은 비록 오래가지 못하였으나 이러한 사변들은 650년대에 벌어졌던 고구려군과 당나라군의 전투들이 료서지방에서 진행되였다는것을 뒤받침해주는 또하나의 근거로 되는것이다.

650년대에 당나라가 고구려의 변방을 계속 침공한것은 고구려측에 휴식할 틈을 주지 않으려는 이른바 《신경전》전술을 쓴것이였다. 그들은 대체로 자기가 복속시킨 거란족군사들을 앞장에 세워 화살받이로 삼고 자기 군대의 손실은 적게 내면서 침략목적을 달성하려고 꾀하였다. 그러나 그들의 침공기도는 매번 파탄을 면치 못하였다. 그것은 이 시기 소정방, 설필하력 등이 고구려를 쳤으나 모두 큰 공이 없이 되돌아갔다고 한것을 보아도 명백하다〔《구당서》 권 199(상) 고려전〕.

650년대의 여러 전투들이 진행된 지점, 지역으로 볼 때 고구려가 645～648년전쟁 당시와 그후 650년대까지도 거란족, 해족의 거주지역가운데 많은 부분을 차지하거나 통제하고있었다는것을 알수 있다. 이것은 고구려가 서북방의 령토완정을 위하여 계속 큰 힘을 기울이고있었다는것을 보여준다.

6. 661～662년 남북 두 전선에서 침공한 신라-당련합군을 물리친 투쟁

당 고종을 비롯한 당나라통치배들은 640년대, 650년대의 전쟁들에서 패전을 거듭하게 된 교훈에 비추어 고구려와 백제가 련합하고있는 조건에서는 승산이 없다는것을 알게 되였다. 그것은 신라로 하여금 남쪽에서 고구려를 치게 하려는 전략적목적을 실현할수 없게 하기때문이였다.

그리하여 당 고종은 먼저 신라와의 협동으로 국력이 상대적으로 약한 백제부터 정복한 다음 남북 두 방면으로 고구려를 침공하려고 타산하였다.

660년 3월에 당 고종은 좌무위대장군 소정방을 신구도(神丘道)행군대총관으로 삼고 좌효위장군 류백영(劉伯英), 좌령군장군 김인문(金仁問, 신라 태종무렬왕의 둘째아들)을 부대총관으로 삼아 13만여명의 대병력으로 백제를 치게 하였다. 또 신라의 태종무렬왕(김춘추)은 김유신, 김진주(金眞珠) 등으로 하여금 5만명의 군사로 백제를 치게 하였다. 신라왕은 6월 18일 자신이 직접 남천정(경기도 리천)으로 가서 태자 법민으로 하여금 병선 100척을 가지고 덕물도(덕적군도)로 가서 소정방을 맞이하게 하고 백제 수도를 칠 작전을 토의하게 하였다. 당나라군대는 금강하구 기벌포로 해서 침입하고 신라군은 탄현(리치)으로 해서 침공하자 백제군은 동쪽과 서쪽에서 달려드는 침략군과 싸우지 않으면 안되였다. 게다가 백제의 의자왕을 비롯한 통치층은 부패타락하여 군사력을 강화하지 못하고있었으며 백성들의 원성은 높고 재해는 계속되여 국력은 허약해졌다.

계백을 비롯한 백제의 애국적군민들이 결사적으로 싸웠으나 력량상부족으로 백제는 얼마 견디지 못하고 7월 18일에는 종말을 고하고말았다.

당나라통치배들은 백제땅을 강점한 후 그곳에 5개 도독부를 설치하고 군정을 실시하였다. 이것은 648년 신라와의 비밀협약을 어기고 고구려를 반대한다는 구실밑에 침략군을 장기주둔시키고 앞으로 백제땅을 영원히 강점하려는 기도를 드러내놓은것이였다. 그들은 더 나아가서는 이 기회에 신라까지도 타고앉으려고 망상하고있었다.*

* 소정방이 그해 9월에 당나라로 돌아가자 당 고종은 《왜 이번 기회에 신라까지 정복하지 않았는가》고 따져물었다. 소정방은 신라는 비록 나라는 작지만 상하가 합심되여있어 정복할수가 없었다》고 대답하였다〔《삼국사기》 권42 렬전2 김유신전(중) 태종무렬왕 7년 9월 3일〕.

그러나 신라통치배들은 당나라의 이러한 속심을 알고있으면서도 고구려를 멸망시키기 위해서는 당나라와 계속 손을 잡아야 한다고 하면서 당나라와의 협력관계를 유지하였으며 백제유민들의 항전을 진압하였다.

신라통치배들과 련합하여 손쉽게 백제를 강점한 당나라통치배들은 전승에 도취되여 즉시 고구려에 대한 공격에로 넘어갈것을 계획하였다.

고구려에 대한 침략군의 편성은 백제침략때보다 몇배나 더 큰 규모에서 진행되였다.

12월 16일에 당 고종은 좌효위대장군 설필하력을 패강도행군대총관으로, 좌무위대장군 소정방을 료동도행군대총관으로, 좌효위장군 류백영을 평양도행군대총관으로, 포주자사 정명진을 루방도총관으로 임명하고 각기 제정된 길을 따라 고구려를 공격하게 하였다.

당나라통치배들은 661년 정월 19일에 하남, 하북, 회남지방의 67개 주들에서 4만 4 646명의 군사들을 모집하여 류백영부대에 편입시켰다〔《구당서》 권

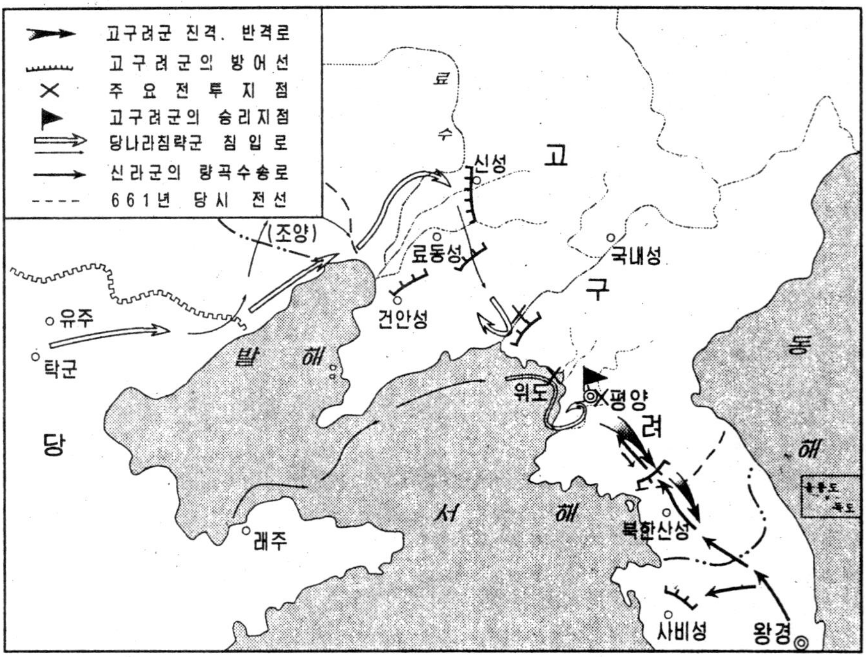

661~662년 고구려—당전쟁략도

4 고종기(상) 현경 6년 정월 을묘〕. 또 며칠후에는 홍려경 소사업을 부여도행군총관으로 삼아 회흘(위글) 등지의 군대들을 이끌고 평양으로 진공하게 하였다(《자치통감》 권200 현경 5년 12월 임오, 룡삭 원년 1월 을묘, 《구당서》 권4 룡삭 원년 정월 을묘). 이밖에 좌효위장군 방효태를 옥저도행군총관으로 임명하였다.

4월 16일에는 부대편성을 바꾸어 바다싸움에 경험이 있는 소정방을 평양도행군총관으로, 설필하력을 료동도행군총관으로 병부상서 임아상을 패강도행군총관으로 각각 임명하여 총 35개 군(군단)을 이끌고 바다와 륙지로 고구려를 침공하게 하였다.

수나라때 300만대군도 수 양제의 친솔부대까지 합하여 30개 군단이였다는 것을 고려할 때 661년에 당나라가 내보낸 침략무력이 얼마나 대규모의것이였는지 짐작할만하다. 심지어 당 고종자신도 또 6개 군을 이끌고 출전하겠다고 하다가 말리는자들이 있어서 중지할 정도였다.

당나라침략군의 기본무력은 료동지방으로 공격해왔다.

수백만 대군을 맞받아나간 고구려군은 료동지방에서 적들의 침공을 수개월간이나 저지시켰다. 그러나 적들은 645년전쟁의 경험을 살린다고 하면서 평양으로 가는 도중에 있는 고구려성들을 함락시키는데 시간과 병력을 소모하지 않고 직접 고구려의 수도를 향하여 뚫고나가는 전법을 쓰려고 하였다. 그리하여 적들이 압록강가까이까지 침입하였다.

고구려는 연남생이 거느리는 정예로운 군사 수만명을 압록강계선에 배치하고 그쪽으로 쳐들어오는 당나라침략자들을 막기 위한 방어를 강화하였다.

당나라군대는 고구려군의 강한 방어진에 부딪쳐 압록강계선에서 더 전진하지 못하였다.

한편 소정방, 임아상, 방효태 등은 수백척의 함선을 타고 산동에서 떠나 평양서북에 있는 위도*1에서 고구려수군과 격전하고 계속 남하하여 8월에는 패강(대동강)하구로 기여들었다. 그리하여 평양성근처까지 들어온 적군은 마읍산을 점령하고 평양성을 포위하려고 하였다.*2

*1 위도는 《고려사》 권104 김방경전에 보이는 섬으로서 지금의 청천강, 대령강 하구에 있었던 섬이였다. 지금은 륙지로 되여 평안북도 박천군 단산리의 한부분으로 되였다.

《구당서》 권4 고종기 룡삭 2년(662년) 3월조에 소정방이 위도에서 싸운것으로 되여있으나 그것은 잘못이고 661년 6~7월경에 있었던 전투였다.

*2 소정방지휘하의 무력은 660년 백제침공 당시의 규모였다고 보더라도 13만명이상이였을것이다. 마읍산의 위치는 잘 알수 없으나 대체로 평양서남쪽에 있었다고 보인다〔《신증동국여지승람》 권51 평양부 고적〕.

당나라침략군과 련합하기로 되여있던 신라군은 백제유민의 항전을 제압하느라고 북으로 진출하지 못하고있었다. 이미 660년 10월~11월에 백제유민들을 지원하기 위하여 신라의 칠중성을 공격한적이 있었던(《삼국사기》 권5 신라본기 태종무렬왕 7년 11월 1일, 권47 필부전) 고구려군은 661년 5월 9일 장군 뇌음신, 말갈인부대 장군 생해(生偕)의 지휘밑에 신라의 술천성(경기도 려주군)을 치고 이어 북한산성을 공격하였다(《삼국사기》 권5 신라본기 태종무렬왕 8년 5월 9일). 고구려군은 포차를 늘여놓고 돌을 날려 신라의 방어시설들을 파괴하면서 련속 공격을 들이댔으나 신라군의 완강한 방어로 함락시키지 못하였다.

그러나 술천성, 북한산성에 대한 공격전투는 적군의 남북협공작전을 저지파탄시키는데 크게 기여하였다.

압록강일대에서는 12월에 들어서자 날씨가 몹시 추워지면서 강물이 완전히 얼어붙었다. 이 기회를 리용하여 적군은 얼음을 타고 물밀듯이 밀려와 고구려군의 진지에 달려들었다. 그러나 고구려군은 압록강 남쪽의 방어진에 튼튼히 의거하여 적군의 공격을 물리침으로써 적들에게 심대한 타격을 주고 이 계선을 고수하였으며 적들은 수많은 시체를 남기고 쫓겨가고말았다*.

* 중국측 기록들인 신, 구《당서》, 《자치통감》 등에는 이때 설필하력의 군대가 고구려군을 격파하고 수십리를 추격하여 3만여명을 죽였으며 연남생은 겨우 도망갔다고 써놓았다. 그리고 당나라군대는 고종의 명령이 있어서 되돌아간듯이 써놓았다. 그러나 이것 역시 완전한 날조이다.

《구당서》 권199(상) 고려전에는 임아상, 소정방, 설필하력 등이 고구려를 쳤으나 모두 큰 공은 세우지 못하고 돌아왔다고 하였다. 만일 3만명이 아니라

3 000명만을 죽였다고 하더라도 아마 그들은 대서특필하여 저들이 크게 이겼다고 썼을것이다. 그러나 그들은 침입할 때에도 퇴각할 때에도 료동지방에 있는 여러 고구려성의 군사들의 반격으로 막대한 손실만 냈다.

고구려는 남쪽과 북쪽전선을 일정하게 수습한 다음 많은 병력을 수도에 집결시켰다. 그 결과 평양을 포위하려던 소정방의 당나라침략군은 도리여 고구려군에게 포위당하고 군량마저 다 떨어져 굶어죽게 되였다. 이런 형편에서 소정방은 신라에 사람을 보내여 빨리 식량을 보내며 저들을 도와나설것을 요구하였다.

신라측에서는 661년 12월 10일에 김유신, 김인문, 김진복(眞服), 김량도(良圖) 등 9명의 장군들을 시켜 2 000여대의 수레에 쌀 4 000섬과 조(결곡) 2만 2 250섬을 싣고 평양으로 가게 하였다.

그들은 고구려군의 방어진을 겨우 뚫고 662년 2월 1일에 장새성(수안)까지 도착하였는데 평양까지의 거리는 아직도 3만 6 000보(약 64.8㎞)가 남아있었다. 이것은 소정방이 그때 당시 평양서북쪽에 있었다는것을 말해준다. [《삼국사기》 권5 신라본기 문무왕 2년 정월, 권42 김유신전(중), 권44 김인문전, 권44 렬기전].

김유신은 보기감 렬기(裂起) 등을 시켜 식량을 전달하기 위한 대책을 취하게 하였으며 2월 6일에 김량도 등은 양오(楊隩)에 이르러 소정방에게 식량과 은, 세포(가는 베), 우황 등을 전달하였다. 이로써 소정방의 당나라침략군은 겨우 잔명을 유지할수 있게 되였다. 그러나 2월 18일에 고구려군은 사수(보통강)벌에서 당나라군영을 습격하여 옥저도총관 방효태*를 포함한 많은 유생력량을 소멸하였다. 적장 소정방은 방효태가 죽었다는 보고를 받자 겁을 먹고 황황히 도망쳤으며 평양에 눈이 많이 와서 《포위》를 풀고 돌아왔다고 거짓말을 하였다. 소정방은 남은 병력을 데리고 해안가에 정박해있던 수군함선으로 도망가서 겨우 목숨을 구원할수 있었으나 그나마 끌고오던자들도 고구려군의 추격으로 전멸되다싶이 하였다.

* 방효태는 원래 남방의 이민족출신으로서 겁이 많은자였으나 뢰물질을 많이 하여 지위를 유지해오던자였다. 당 고종의 측근자였던 허경종(許敬宗)은 많은 뢰물을 받아먹고 계속 그가 용맹한 장수라고 허위보고를 하였다 [《신당서》 권233(상), 《구당서》 권82 허경종전].

고구려군은 또한 군량을 가져다주고 되돌아서는 신라군도 맹렬히 추격하였다. 많은 손실을 내면서 퇴각하던 김유신은 표천(림진강)가에서 대기하고 있던 신라군의 도움으로 겨우 살아서 돌아갈수 있었다.* 그리하여 당나라군대와 련합하여 고구려를 치려던 신라의 계획은 완전히 파탄되였다.

* 《삼국사기》 권6 문무왕 2년, 권42 김유신전(중)에서는 이때 신라군이 반격을 가하여 일시에 화살을 날려 고구려군 1만명을 죽였다고 하였으나 그것을 사실로 인정하기는 어렵고 심히 과장된것으로 보아야 할것이다(《삼국사기》 신라

본기에는 고구려멸망후 당나라로 강제련행된 고구려사람의 수자를 20만명으로 즉 몇배로 과장해놓은 기사도 있다. 《삼국사기》의 이 기사들은 다 신라통치배들의 과장된 기록을 그대로 옮겨놓은것이다).

661～662년에 수백만의 대군으로 고구려를 일거에 강점해보려고 하던 당고종의 계획은 수포로 돌아가고 이번에도 고구려군민은 자기 조국을 영예롭게 지켜냈다. 661～662년전쟁은 645년전쟁보다도 더 간고한 싸움이였으며 적군은 고구려의 수도 평양성에까지 침입하였고 또 백제가 멸망하여 그 도움을 받을수 없는 불리한 정황속에서 진행된 전쟁이였다. 그러나 명장 연개소문의 지휘밑에 고구려의 영웅적군인들과 인민들은 결사적으로 싸워 적군을 쳐물리쳤다. 이것은 612년 고구려－수전쟁, 645년 고구려－당전쟁에 못지 않은 대승리였다.

제 9 장 삼국통일을 위한 고구려의 투쟁

제 1 절 삼국통일정책실현을 위한 투쟁의 본격적개시

6세기 중엽 즉 대가야가 신라에 의해 멸망한 562년에 이르러 우리 나라에는 3개의 봉건국가-고구려, 백제, 신라가 남게 되였다. 한편 북쪽에서는 대막로국(달말후국)이 6세기 중엽까지도 남아있었으므로 국토통일위업은 전국적범위에서 계속 진척시켜야 할 과업으로 남아있었다. 그러나 고구려의 국토통일에서 주되는 대상은 백제와 신라 두 나라였다. 그런 의미에서 고구려가 직접 백제, 신라와 맞서게 된 때부터 특히는 369년이후의 백제와의 심각한 대결부터 삼국통일을 위한 고구려의 투쟁은 본격적으로 시작되였다고 보아야 할것이다.

1. 1~4세기 중엽 백제 및 신라와의 관계

고구려가 동족의 나라들을 하나로 통합하기 위한 과업을 국가정책으로 내세운것은 이미 건국직후부터였다고 말할수 있다.

이 과업을 수행하는데서 340년대까지는 부여를 포함한 주변나라들의 통합은 기본적으로 끝났고 또 370년대까지는 당시 주되는 과업으로 나서고있던 고조선의 옛땅을 수복하기 위한 장구한 투쟁도 결속하였다. 그러므로 4세기중엽이후 삼국통일을 위한 투쟁과업이 전면에 나서게 되였다고 할수 있다.

고구려는 백제와 신라에 대해서는 이미 3~4세기초에 와서 예맥이나 마한같은 중간에 개재하는 세력이 없이 직접 국경을 접하게 되였다.

고구려와 백제가 처음으로 관계를 가지게 된것은 A.D. 19년(고구려 대무신왕 2년, 백제 시조왕 37년)에 한수(한강) 동북지방에 기근이 들어 백제 백성 1 000여호가 고구려로 살길을 찾아서 온 사건이 있은 때부터였다. 그러나 당시 백제와의 사이에는 락랑국의 영향하에 있던 《말갈》(예맥, 마한계통사람)이 있어 직접 국경을 접하는데까지는 이르지 않았다. 그후 1세기 중엽에 고구려가 맥국(강원도 북부)을 자기의 속국으로 만든 다음에도 백제와의 사이에는 《말갈》로 표현된 예맥, 마한잔여세력들이 3세기 말엽까지도 일부 남아있었다. 2세기 20년대에 고구려는 마한, 예맥의 기병들과 함께 후한의 현도군을 친 일이 있었고 246년에 위나라(조위)의 침략군이 락랑국, 대방국의 남쪽계선을 지나서 령동방면으로 침공하였을 때에 백제나 마한세력들도 위나라 침략군을 물리치는 전쟁에 참가하였다. 그러나 이 시기까지도 속국, 속령을 사이에 두고있었고 고구려와 백제사이의 국가적관계가 어느 정도 있었는지는 잘 알수 없다.

286년에 이르러 고구려가 락랑국, 대방국을 쳤을 때 백제의 책계왕은 대방국왕이 자기의 장인이라고 하여 대방국을 지원하는 무력을 내보냄으로써 고구려군의 진격을 저지시켰다. 이것은 백제와의 군사적충돌이 있었다는것을 말해준다. 그러나 이때 역시 간접적인 관계였고 300년에 이르러 고구려가 락랑국, 대방국을 완전히 통합하게 되자* 비로소 백제와 직접 국경을 접하게 되였다. 이때에 와서 고구려, 백제 두 나라는 례성강, 림진강 중상류, 북한강 중류까지 비교적 긴 경계선을 가지고 서로 대치하였다.

* 《삼국사기》 권2 신라본기 기림니사금 3년(300년) 3월, 권24 백제본기 분서왕 7년(304년) 2월조에 백제는 락랑서현을 치게 하였으나 그것은 료동반도에 있던 락랑군의 서쪽 현이였다고 볼수 있다.

그러나 백제왕실은 고구려왕실과 같이 동명왕을 공동의 조상으로 삼고있었다. 그리고 고구려는 주로 고조선 옛땅의 수복에 주력하고있었고 백제는 신라와 령토문제를 가지고 대립되여 계속 싸우고있었던것만큼 고구려와 백제는 서로 우호적인 관계를 유지하고있었다.

고구려가 대국이고 맏형벌이 되는 나라인것만큼 이 시기 백제는 고구려에 사대하는 관계에 있었다고 볼수 있다.

신라와의 관계는 A.D. 18년에 고구려소속 7개 소국이 진한(사로)에 투항하였는데 42년에 고구려가 신라를 쳤다(《삼국유사》 권1 제2 남해왕, 제3 노례왕)고 한것으로 보아 이 무렵부터 간접적인 관계가 있었다고 볼수 있다.

신라와의 직접적관계는 245년 10월에 고구려가 신라의 북쪽변경을 공격한 사건으로부터 시작되였다(《삼국사기》 권2 신라본기 조분니사금 16년 10월).

이것은 아마도 246년 고구려—위전쟁때 고구려군이 반격하던 도중 신라의 령역을 거쳐서 간 일이 있었던 사실을 반영한것이라고 볼수 있다. 그 이전에 이미 위나라와 전쟁상태에 있었던 고구려가 남으로 신라를 쳤다고는 생각되지 않는다. 어쨌든 246년경에 무슨 리유로 하여 고구려—신라사이에 접촉이 있었던것은 사실이다. 그것은 248년 2월에 신라가 고구려에 사신을 보내서 화친을 맺었다고 한것을 통하여 알수 있다. 즉 이때 북방에 있는 큰 나라인 고구려와의 관계를 좋게 가지는것이 백제와의 대립관계에 있었던 신라로서는 절실히 필요하였기때문에 신라가 고구려에 접근한것으로 볼수 있고 그후에도 신라는 고구려에 대하여 사대하는 관계에 놓여있었다고 할수 있다. 광개토왕릉비에 《백제와 신라는 옛날에는 속민(신하)이였다》고 한것은 이러한 관계를 표현한것이라고 생각된다.

3세기 중엽～4세기 초엽에 백제와 신라는 한때(286년, 337년, 366년, 368년) 좋은 관계를 가진적도 있으나 대체로는 대결상태에 있었다. 따라서 신라는 고구려에 대하여 선린우호관계를 유지하는것이 필요하였다.

360년대에 와서 백제의 국력은 강화되였다. 백제의 근초고왕(재위 346년 10월~375년 11월)은 가야나라들과 《형제》, 《부자》의 관계*(《일본서기》 권19 흠명기 2년 4월, 7월)를 맺게 됨으로써 그 영향력이 커졌다. 366~368년에 백제와 신라와의 사이가 개선된것도 이와 관련이 있었다고 보인다.

* 《일본서기》의 원문에는 왜가 백제나 가야땅 일부에 가있었던것으로 묘사하였으나 이것은 물론 후에 조작된 기사이다.

남방에서 백제가 강화되여 가야나라들과 신라까지도 자기의 영향밑에 두게 된것은 삼국을 통일하기 위한 과업을 내세우고있던 고구려에게는 매우 불리한 정세의 변화였다. 력사기록에는 백제가 먼저 고구려의 남쪽변경을 침공하였다는 기사는 전하지 않으나 그런 일이 있었을수도 있고 그렇지 않더라도 백제가 침공할수 있는 조건은 성숙되여가고있었다. 그것은 369년에 있은 고구려-백제간의 충돌이후 근초고왕이 한강이남에서 큰 열병식을 벌려놓고 기발은 모두 누런기발 즉 천자(황제)가 쓰는 기발을 쓰게 한 사실로 보아 백제가 이때 고구려와 맞서려고 하고있었다는것을 짐작할수 있기때문이다.

2. 369년 치양에서의 충돌

고구려는 4세기 초중엽까지 여러 갈래로 갈라져서 서로 옥신각신하던 남쪽 나라들이 백제의 주도밑에 하나의 세력으로 규합되는것을 가만히 보고만 있을수 없었다. 더우기 지금까지 고구려에 대하여 《사대조공》을 해오던 백제가 고구려의 통제를 받지 않게 되였을뿐아니라 신라까지도 자기 산하에 인입한것은 고구려의 리해관계와 체면을 심히 손상시키는것으로 되였다.

이러한 정세의 변동속에서 그리고 백제의 침범이 눈앞에 다달은 조건에서 고구려의 고국원왕은 369년 9월에 직접 보병과 기병 2만명의 병력을 거느리고 백제 북변의 치양*[1]땅에 나가 주둔하였다.

이 소식에 접한 백제의 근초고왕은 태자(후의 근구수왕)를 시켜 많은 무력을 이끌고 급히 치양으로 달려가서 싸우게 하였다. 이때는 고구려군이 아직 진지를 차지하기전이였다. 불의의 기습을 받은 고구려군은 많은 사상자를 내고 후퇴하였다. 백제군은 추격하여 수곡성*[2]의 서북쪽까지 쫓아왔다. 그러다가 백제장군 막고해(莫古解)의 충고로 더이상 추격하지 않고 돌을 쌓아 기념물을 만들었다고 한다.

*[1] 치양의 위치에 대해서는 황해남도 배천군의 치악성으로 보는 견해도 있다.

그런데 치악성은 치양과는 다르며 이때 치양성에서 싸웠다는 기록도 없다. 또 치악산은 강원도 원주에도 있고 황해남도 장수산도 일명 치악산이라고 불리웠다.

그리고 치악성은 495년에 고구려군이 백제군을 포위한것을 신라군이 와서 백제군을 도와주었다는 곳인데 그 위치도 명백치 않다. 《치악》, 《치양》이란 꿩이 많이 사는 산, 들이라는 뜻으로서 여러곳에 있을수 있는 지명이다. 치양전투이후 고구려군이 수곡성쪽으로 후퇴한것을 보면 치양은 그보다 남쪽 례성강 좌안, 오늘의 금천부근에 있었던 지명이라고 볼수 있다.

《삼국사기》 권24 백제본기 근구수왕 원년(375년)조에 의하면 백제군은 이때 반걸양(半乞壤)에서 고구려군과 싸운것으로 되여있다. 《치양》과 《반걸양》이 같은 지명인지도 모른다.

*2 수곡성은 《삼국사기》 권37 지리지 4 한산주 수곡성현조에는 《매단홀(買旦忽)》이며 《신증동국여지승람》 권42 황해도 신계현 고적조에 협계(陜溪)고현은 본래 고구려의 수곡성으로서 고구려때 《매차홀(매단홀의 오기)》이라고도 불렀다고 한 고을로서 신계현 남쪽 30리 지점에 있다고 하였다. 《대동여지도》에도 신계서남 30리 지점에 협계고현(협계현은 고려때에 고친 이름)이 표식되여있다. 이곳에서는 아직 고구려성유적이 알려진것이 없으나 신은천이 례성강에 들어가는 요긴한 곳에 있으므로 앞으로 성터가 발견될수 있을것이다.

369년 치양전투이후 고구려-백제관계는 악화되였다. 그전만 하여도 감히 고구려를 건드리지 못하던 백제가 이제와서는 고구려에 정면으로 도전하는 세력으로 되였다. 앞에서도 본것처럼 그해 11월에 백제가 한강 남쪽에서 큰 열병식을 벌리고 천자(황제)가 쓰는 누런기발만을 사용하였다는것은 백제가 고구려와 대등한 나라로 자처하게 되였다는것을 보여준다.

3. 371년 백제군의 남평양성공격과 그 격퇴

360년말에 이르러 고구려는 서북방면에서 전연침략세력에 대한 일대 공세를 취하여 유주로 진출하였고 376년 초경까지는 전연침략자들의 잔여세력을 소탕한 후 주동적으로 철수하여 대릉하하류-의무려산줄기계선을 차지함으로써 고조선의 옛땅을 완전히 회복하였다.

고조선 옛땅수복의 력사적과업이 완료되고 전진과의 우호관계가 수립됨으로써 서북방의 정세가 안정되였다. 이제 와서 고구려앞에는 남방의 백제, 신라를 통합하는 삼국통일위업을 당면한 가장 중요한 기본정책으로 내세울수 있게 되였다. 그러나 376년까지 고구려는 여기에 힘을 돌릴수 없었다. 고구려군의 기본주력은 그때까지만 하여도 유주에 나가있었으며 남쪽에는 일부 잔여세력들이 방어태세를 취하고 저항하고있었다.

이러한 기회를 리용하여 백제는 371년 10월에 3만명의 무력으로 고구려남부지방에 먼저 쳐들어왔다.

《삼국사기》 백제본기에는 이해에도 고구려가 먼저 백제를 쳤으며 패하(례성강)에서 백제의 매복에 걸려 패하였고 그해 겨울에 백제가 군사3만명으로 고구려의 평양성을 공격한것으로 되여있다. 그러나 고구려본기에는 고구려가 먼저 쳤다는 기사는 없고 백제군이 10월에 고구려 평양성을 친것으로만 쓰고있다(《삼국사기》 권18 고구려본기 고국원왕41년 10월, 권24 백제본기 근초고왕26년).

369년이후 두 나라의 관계가 악화되고있었던만큼 이때 고구려가 먼저 백제를 쳤을수도 있다. 그러나 백제가 인차 대군을 출동시킨것을 보면 그것은 어디까지나 백제의 대규모침공을 미리 알아차리고 선제타격을 가할 목적에서 진행한것이였을것이다.

백제군은 오늘의 황해북도 금천군지경에서 례성강을 건너 황해남도 평천군을 거쳐 고구려의 남평양성(신원군 장수산성)을 공격하였을것이다. 당시 남평양성에 나와있던 고구려의 고국원왕은 나이가 많았으나(그는 315년에 태자로 되였으니 371년에는 못해도 60살이상이였을것이다.) 직접 방어전투를 지휘하다가 날아오는 화살에 맞은것이 원인이 되여 10월 23일에 사망하였다. 이것은 우연적인 사건이였으나 그후 고구려, 백제사이에 화해할수 없는 적대관계가 오래도록 지속된 주요 요인의 하나로 되였다. 고구려군은 비록 적은 병력이였으나 험준한 산세와 튼튼한 성곽을 리용하여 잘 싸웠으며 끝내 백제군을 격퇴하고야 말았다.

△고국원왕무덤 및 미천왕무덤의 위치

앞에서도 본바와 같이 371년에 백제가 공격한 평양성은 남평양성이였으며(《삼국사기》 권24 백제본기 근초고왕 26년, 권37 백제 주군현, 《삼국유사》 권2 남부여, 전백제)* 그 직후 백제가 수도를 옮기였던 한성은 북한성(오늘의 서울북부)이였다.

* 이 남평양성은 오늘의 황해남도 신원군, 재령군의 경계선에 있는 장수산성과 그 아래의 토성을 아울러 가리키는 말이였다.

지난 시기에는 371년의 평양성을 대동강반의 평양성으로 잘못 인식하였다. 이와 관련하여 고국원왕의 무덤소재지에 대해서도 시체를 묻은 곳의 이름을 따라 《고국원》에 있었던것으로 보았다. 《고국원》은 296년에 모용외가 침공하였을 때 서천왕무덤이 있던 곳의 이름이기도 하였다.

그러므로 고국원왕릉은 환도성부근 또는 압록강부근인 《고국원》에 있었다고 보았으며 안악3호무덤은 그의 아버지인 미천왕의 무덤일것이라고 보았다.

미천왕무덤이라고 본 설의 근거는 371년에 평양성에서 죽은 고국원왕을 그보다 100리이상 남쪽, 백제가 자주 쳐들어오는 지방에 내다 묻었을리가 없다는것이였고 또 안악3호무덤안의 묵서에 보이는 동수(289～357년)는 미천왕의 시신을 넘겨받고 무덤을 만드는데서 중요한 역할을 하였기때문에 그의 공로를 평가하여 장하독의 한사람으로 그려준것이라고 하는것이였다.

다른 나라의 일부 학자들은 동수가 바로 이 안악3호무덤의 피장자라고 하였으며 오늘도 이 주장을 되풀이하고있다.

그러나 안악3호무덤은 고국원왕릉이다.

안악3호무덤이 고구려왕릉이라는것은 그것이 벽화가 있는 고구려의 돌칸흙무덤가운데서 가장 규모가 크고* 또 벽화들이 매우 화려하기때문이라고 말할수 있다. 특히 그 안칸을 둘러싸고있는 복도(회랑)의 동벽, 북벽에 그려진 대행렬도의 무덤주인공이 탄 수레앞에는 《성상번》(聖上幡)이라는 기발을 들고 가는 광경이 그려져있는데 《성상》이란 곧 왕을 가리키는 말이기때문이다.

* 1949년에 발굴된 안악3호무덤은 외형상 큰 방형으로 되여있고 그 아래부분은 동서길이가 약 33m, 남북길이는 약 30m이다. 그리고 무덤안은 문칸(남북 2.17m, 동서 2.12m), 앞칸(남북 2.73m, 동서 4.88m, 높이 3.47m), 안칸(남북 3.32m, 동서 3.8m, 높이 2.82m), 회랑(동쪽 길이 4.79m, 너비 0.87m, 북쪽 길이 5.34m, 너비 0.69m), 서쪽결간(동서 1.70m, 남북 3.13~3.23m), 동쪽결간(동서 1.22~1.27m, 남북 2.99m)으로 구성되여있다.
  이것은 지금까지 발견된 벽화있는 고구려돌칸흙무덤가운데서 가장 큰것이다.

또한 앞칸 서쪽결간에 그려진 주인공부부의 화상이 국왕과 왕후만이 쓸수 있는 의관형식을 갖추고있는것을 보아도 왕릉임을 알수 있다.

이 무덤이 고구려의 고국원왕릉이라는것은 앞칸 서벽에 그려져있는 장하독 동수와 고국원왕의 호상관계를 보아서도 알수 있다. 미천왕(300~331년)으로 말하면 동수와는 생전에 한번도 만난 일이 없는 사이였다. 동수가 미천왕의 시신을 돌려받아오는데서 또는 미천왕무덤을 만드는데서 큰 역할을 하였을것이라는것은 허황한 가상에 지나지 않는다. 반면에 동수는 고국원왕밑에서 336년부터 357년까지 20여년동안 복무하였으므로 왕의 신임을 얻어서 장하독(왕궁호위 무관장)으로 승진하였을수 있으며 다른 나라 사람으로서 높은 벼슬을 받았고 또 국왕의 특명에 의하여 왕릉안에 특별히 그의 경력을 쓰게끔 한 인물이 되였다고 볼수 있다.

다음으로 《고국원》, 《국원》이라는 지명은 압록강류역이나 환도성부근에만 있었던것이 아니라 여러군데 있었다. 례컨대 광개토왕릉이 있는 집안부근도 《국강(상)》 즉 《국원》이였고 충청북도 충주도 고구려의 《국원성》이였다. 그리고 고국원왕의 본래의 시호는 《국강상왕》, 《국원왕》이였고 《고》자는 후에 덧붙인것이다. 그것은 《국양왕》을 후에 《고국천왕》으로 부르게 된것과 같다. 그리고 《고국원》은 296년에 서천왕의 무덤이 있던 곳인데 《국원왕(고국원왕)》은 331년~371년에 왕이였으니 압록강, 혼강일대의 《고국원》과는 관계가 없다.

그러므로 고구려의 지명가운데서 옛날 소국의 수도가 있었던 지방에는 《국원》, 《고국원》이라는 이름이 붙을수 있으며 안악3호무덤이 있는 황해남도 안악군 오국리는 본래 고구려의 《양악》*으로서 그뒤 약 5리 지점에는 양산산성(둘레 2㎞ 남짓 되는 고로봉식산성)이 있어서 옛 소국의 중심지였다고 볼수 있다.

* 《양악》은 조선고어로 《버들나/버러나/부루나》의 한자식표기라고 하며 그것은 수도를 의미하는 《국내》, 《불내》, 《국원》과 통한다.

이곳이 백제와 가깝기때문에 위험하다는것은 리치에 맞지 않는다. 그것은 이곳을 미천왕무덤으로 보는 경우에도 그대로 해당되므로 이 견해는 잘못이다. 당시 안악지방은 고구려의 공고한 후방으로서 이미 4세기 전반기부터 고구려의 벽화고분 례컨대 복사리벽화무덤, 봉성리1호무덤, 평정리 벽화무덤 등이 축조된 곳이였다. 따라서 그곳은 고구려의 지방통치질서가 확립되여있던 공고한 후방이였다는것을 알수 있다.

안악3호무덤의 옆에서 안악4호무덤이 발견되였을 때 그것을 미천왕의 빈장무덤(림시무덤)이라고 보는 견해도 있었으나 이 무덤은 100리밖인 남평양성에서 전사한 고국원왕의 빈장묘로 보아도 조금도 이상할것이 없다(371년말까지 왕릉축조가 채 끝나지 않았으면 빈장묘를 만들수도 있다).

이 모든것은 당시 남방경영에 힘쓰던 고국원왕이 생전에 자기가 묻힐 곳을 오국리(구 류설리)에 있는 언덕을 지정하고 수릉(생전에 만드는 무덤)을 건설하였거나 죽은 뒤에 마저 건설하였다고 보면 이 무덤을 고국원왕릉으로 볼수 있는것이다.

이 무덤이 동수의 무덤이 아니라는것은 서쪽결칸앞 북벽에 또하나의 장하독이 그려져있는데 그 오른쪽의 천정 아래벽면에 《안(安)》, 《호(好)》, 《유(遊)》의 세 글자가 1990년에 발견되였으며 또 1966년에 화가들이 벽화를 모사하러 갔을 때 그 오른쪽벽면에 먹물이 많이 흘러내려있었고 그중에서 《흥(興)》, 《렴(濂)》 두 글자를 알아볼수 있었다고 한것으로 보아 본래 15～20자가량의 설명문이 있었다는것이 명백하다. 따라서 앞칸 서쪽결칸 입구 남쪽벽의 장하독 머리우에 씌여진 설명문(동수의 경력)도 바로 동수에 대한 해설문임을 알수 있으며 그것이 결코 묘지명이 아니라는것이 밝혀지기때문이다.

그러면 미천왕무덤은 어디에 있었겠는가 하는것이다. 미천왕의 시신이 전연으로부터 반환된것은 343년이였고 그때 고국원왕은 평양 동황성에 나와 있었다.

봉건적도덕관념으로 볼 때 고국원왕으로서는 부왕의 무덤을 하루빨리 만들고 제사를 지내는것이 매우 중요한 일로 되였을것이다. 그러므로 새 미천왕릉은 국왕이 와있던 평양부근에 마련하였다고 보는것이 더 합리적일것이다.

1954년 여름에 평양역전에서 발견된 두칸무덤은 그 크기로 보아 고구려의 왕릉급 무덤이다(안칸 동서 3.78m, 남북 2.45m, 앞칸 동서 3.12m, 남북 2.88m, 앞칸에는 동, 서 결칸이 있다). 또한 이 무덤은 그 벽화의 구성, 화법이 안악3호무덤과 매우 가깝다. 이러한 사실을 념두에 둘 때 이 무덤이 바로 343년경에 만들어진 미천왕의 무덤이였을것이라고 생각된다.

미천왕무덤은 그후 고국원왕이 자기의 무덤을 크게 만들면서 부왕의 무덤도 그만큼 품을 들여 크고 화려하게 만들려고 하였을것이다.

최근에 평안남도 강서군 태성리에서 발견된 3호벽화무덤은 그 구조와 크기에서 안악3호무덤과 거의 같다는것이 판명되였다. 이 무덤은 심히 파괴되였지만 본래의 구조만은 짐작할수 있는데 안악3호무덤과 꼭같이 문칸, 앞칸, 결칸, 안칸과 회랑으로 되여있다. 다만 회랑이 안악3호무덤과는 달리 서쪽과 북쪽으로 《Г》형으로 되여있는것이 다를뿐이고 크기도 안악3호무덤보다 약간 작을뿐 거의나 같다. 이것은 고국원왕이 부왕을 위하여 급히 만든 평양역전무덤대신에 보다 훌륭한 무덤을 만들려고 생각하고 축조한것이라고 볼수 있다(이에 대해서는 앞으로 보다 과학적인 년대측정을 하게 되면 더 자세히 밝혀질수 있을것이라고 본다).

여기서 고국원왕릉, 미천왕릉문제를 언급하게 되는것은 안악3호무덤이 고국원왕릉이라는것과 남평양성의 위치와 서로 긴밀한 관계를 가지고있기때문이다.

4. 375년 수곡성전투의 승리

371년 10월에 있은 전투에서 백제는 남평양성을 함락시키지는 못하였으나 그 기세는 늦추지 않고 북방에로의 진출을 강화하기 위하여 곧 수도를 남한성(오늘의 광주부근)에서부터 북한산(북한성, 서울 북부)으로 옮겼고 373년에는 청목령에 성을 쌓았다.

백제인민들은 봉건통치배들이 저들의 계급적리익을 위하여 고구려와의 전쟁을 계속 강행하려고 하면서 인민들을 강제동원하여 성쌓기 등 고역에 동원시키는것을 반대하는 투쟁을 각지에서 전개하였다. 373년의 청목령*[1]성쌓기와 관련하여 고역을 견딜수 없게 된 인민들의 참상을 차마 보다 못해 독산성*[2]주는 300명의 인민들을 데리고 신라로 도망갔다. 이것은 백제인민들의 반봉건투쟁의 한 표현이였다. 신라는 그들을 받아들여 수도 6부지역에 나누어 살게 하였다. 백제왕은 신라왕에게 국서를 보내여 《두 나라가 좋은 관계를 맺고 형제같이 될것을 약속하였는데 지금 대왕(신라 나물니사금)이 우리의 도망간 백성들을 받아들인것은 심히 화친의 뜻을 어기는것이다》고 하면서 돌려보낼것을 요구하였다. 신라왕은 백제가 강화되는것을 원하지 않았고 또 고구려가 유주로 진출하여 크게 위세를 높이고있는 때여서 장차 백제보다도 고구려에 접근할 생각을 품고있었다. 그리하여 그는 《백성들이란 고정된 마음이 없다. 그러므로 생각이 있으면 오는것이고 싫으면 가는것이 그 본성이다. 대왕(백제 근초고왕)이 백성들이 안착되지 못하고있는것은 근심하지 않고 오히려 나를 책망하는것이 어찌 그리도 심한가》라고 회답하였더니 백제왕이 더 말을 하지 못하였다고 한다(《삼국사기》 권3 신라본기 나물니사금 18년, 권24 백제본기 근초고왕 28년 7월).

*[1] 청목령은 백제 초기부터 나오는 산이름이며 386년에도 그 북쪽은 팔곤성까지, 그 서쪽은 바다까지 관방(장성)시설을 구축하였다는것을 보아 그리고 그 이름으로 보아 오늘의 개성시 송악산일대로 인정된다.

*[2] 독산성의 위치는 잘 알수 없으나 신라와 이웃한 지역인 경기도 포천부근에 독현(禿峴)이 있으므로 그 일대로 비정해볼수 있다.

백제가 이렇게 전쟁준비를 다그친것은 이 시기 백제가 료서지방으로 진출한데 대하여 고구려가 강하게 반대해나섰고 백제군이 물러우게 된것과도 관련이 있다고 보인다.

이러한 정세에서 고구려는 유주정세를 빨리 수습하는 한편 군량과 전투기자재 등을 준비하여 백제의 북상을 미리 꺾어버리는것이 중요하다고 생각하고 유주지방에서 전연의 잔여세력을 소탕하고 백제세력을 밀어내는 일이 기본적으로 끝나게 되자 거기에 나가있던 무력의 일부를 떼내여 남쪽으로 돌리게 하였으며 375년 7월에는 남진하여 371년이후 백제가 점령하고있던 수곡성을 함

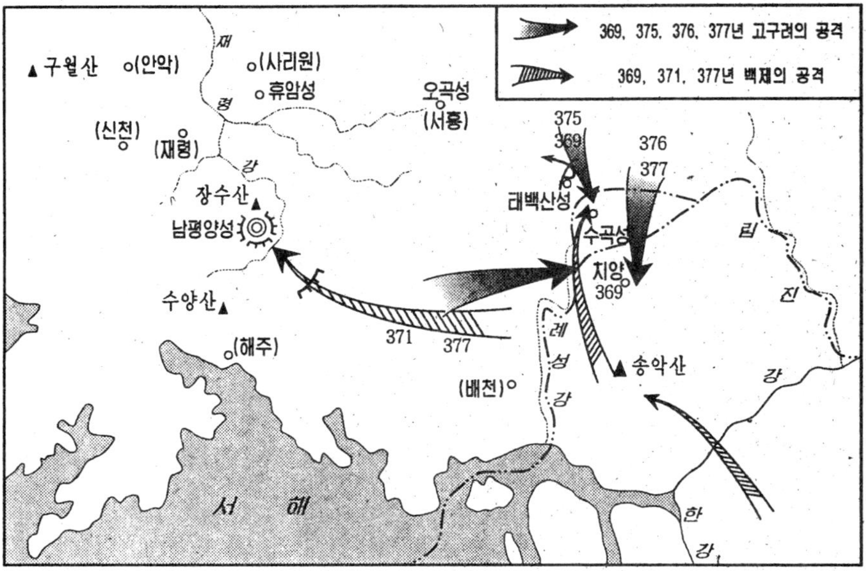

369~377년 고구려-백제전쟁략도

락시켰다. 수곡성전투의 승리는 고구려의 삼국통일을 위한 본격적인 진출의 첫 신호로 되였다. 그러나 고구려의 남진정책은 백제의 완강한 저항과 대륙정세의 변화로 하여 첫 시작부터 고초를 겪지 않으면 안되였다.

5. 377년 남평양성전투와 그후의 각축전, 신라의 고구려에로의 접근

375년 수곡성전투에서의 고구려군의 승리이후 백제는 패배를 만회해보려고 새로운 반격을 준비하였다. 이 시기 신라는 고구려의 위력이 강화되자 백제와의 우호관계를 파기하고 고구려에 접근하기 시작하였다. 신라가 고구려에로 접근하게 된것은 고구려측에서도 적극적으로 신라를 끌어들이기 위한 사전공작들을 하였던 결과이기도 하였으나 그 구체적내용이 무엇이였는지에 대하여 력사기록에 전하는것이 없다. 다만 377년에 고구려사신이 신라의 사신과 함께 전진을 방문한 사실을 보면 376년까지에는 신라와의 새로운 국교관계가 맺어진것으로 볼수 있다. 당시 신라는 직접 중국의 여러 나라들에 사신을 보낼수 없었고 고구려를 통과하여야만 보낼수 있었다(《자치통감》 권104 태원 2년 봄). 신라가 고구려에 접근하게 된것은 앞으로 있게 될 백제와의 대결에서 유리한 조건을 지어주는것으로 되였다.

377년 10월에 백제왕은 직접 3만명의 무력을 이끌고 남평양성을 다시 공격하였다. 그러나 고구려군의 반격으로 성을 함락시키지 못하고 퇴각하고말았다. 그것은 고구려의 대군이 나오고있었기때문이였다. 371년에는 고구려군의 주력이 유주에 나가있었으나 376년에는 거기서 철수하여 고구려로 돌아와있었다. 그러므로 백제의 제2차 남평양성공격은 아무런 소득도 얻지 못하였을뿐아니라 고구려군은 퇴각하는 백제군을 추격하여 다음달인 11월에는 벌써 국경선을 넘어 백제의 북쪽변경을 공격하였다. 377년전투에 대한 구체적인 기록이 남아있지 않으나 이때에 와서는 백제가 력량상으로 밀리우게 된것이 명백하다. 그러나 이때 고구려군의 반격은 새로운 일대 공세를 취한것으로는 되지 못하였다. 그것은 유주에서 돌아온 군사들을 일단 집에 돌려보내여 휴식시켰고 중요하게는 북방정세의 변화와도 관련이 있었다고 본다. 378년에 거란족들이 고구려북쪽변경의 8개 부락을 점령하고 인민들을 랍치해가는 사건이 발생하였다. 또한 385년에 고구려는 새로운 침략세력으로 등장한 후연의 료동군, 현도군을 치는데 4만명의 대군을 보내게 되였다. 이러한 사정들로 하여 고구려는 377년말이후 남방에 계속 큰 힘을 돌릴수가 없었던것이다.

한편 백제는 386년초에 전국각지에서 15살이상 되는 남녀들을 동원하여 청목령에서 북으로는 팔곤성(백계현 고성, 리조시기의 백치진, 오늘의 황계치고개)에 이르고 서쪽으로는 바다에 이르는 방어시설(장성)을 구축함으로써 고구려의 공격에 대비하였다(《삼국사기》 권25 백제본기 진사왕 2년 봄).

386년 8월에 고구려는 백제에 대한 진공작전을 개시하였으나 백제의 완강한 방어로 큰 성과를 거두지 못하였다(《삼국사기》 권18 고구려본기 소수림왕 3년 8월, 권25 백제본기 진사왕 2년 8월). 387년 9월에 고구려군은 말갈인부대와 함께 백제를 쳐서 관미령전투에서 승리하였다(《삼국사기》 권25 백제본기 진사왕 3년 9월).

* 관미령의 위치는 잘 알수 없으나 황해북도 장풍군 석촌리에 관미마을이 있으므로 그 부근이거나 장풍군에서 강원도 철원군(북) 삭녕리로 넘어가는 도중에 있는 감물현(甘勿峴)고개쯤으로 될것이다.

389년 9월에는 백제군이 고구려의 남쪽변경에 쳐들어와서 마을들을 습격하고 사람들을 련행하였으며 390년에는 백제의 달솔 진가모(眞嘉謨)가 군사를 이끌고 와서 고구려의 도곤성(도압성이라고도 함. 위치 잘 모름)을 함락시키고 200명의 군사, 백성을 붙잡아가는 사건이 일어났다. 당시 고구려에서는 389년의 심한 가물과 병해충의 피해로 하여 기근이 들이닥쳐 백제에 대한 즉시적인 반격을 하지 못하고있다가 391년 4월에 다시 고구려군사들이 말갈족출신군사들과 함께 백제를 쳐서 적현성*을 함락시켰다.

* 적현성의 위치는 잘 알수 없으나 216년(백제 구수왕 3년)에도 《말갈》인들이 그곳에 쳐들어왔고 그보다 앞서 210년에는 적현성과 사도성을 쌓고 동부의 백성들을 그곳으로 이주시켰다는것으로 보아 백제의 동북부에 있었다고 볼수 있다.

이처럼 377년 남평양성전투이후 10여년사이에 고구려와 백제사이의 대결은 상대적으로 작은 규모의 전투를 진행하면서 일진일퇴를 거듭하였다. 그것은 당시 백제가 모든 힘을 다하여 고구려의 남방진출을 가로막고있었고 고구려 이 내부사정도 자연재해, 흉년 등으로 어려웠던데다가 북방정세도 긴장한것과 관련이 있었다. 또한 고국양왕(재위 384～391년)은 불교의 독신자로서 전쟁의 규모를 확대하는것을 싫어하는 립장에 서있었던 사정도 작용하였다고 보인다.

그러나 고구려는 신라와는 관계를 개선함으로써 앞으로의 백제와의 대결에서 유리한 정세를 마련하였다. 381년에 신라국왕 루한(樓寒)이 사신 위두(衛頭)를 전진에 보냈는데 이번에도 역시 그는 고구려사신을 따라 전진에 갔다고 인정된다〔《삼국사기》 권3 신라본기 나물니사금 26년, 《태평어람》 권381 신라조에 인용된 《진서》(전진의 력사책)〕.*

* 이때 전진왕 부견은 해동(우리 동방)의 일들이 달라진데 대하여 물었다고 한것을 보면 나물왕은 니사금이 아니라 《삼국유사》 왕력에 보이는것처럼 마립간(한)이라는 칭호를 쓰고있었다고 볼수 있다. 그러므로 흔히 우에서 든 《루한》은 마루한(마립한)을 가리킨다고 보고있다. 그밖에도 신라라는 국호도 그전에 쓰던 《사로》, 《사라》대신에 《신라》로 쓰게 되였다고 인정된다. 《신라》라는 국호와 왕호가 고착된것은 503년〔지증마립간(왕) 4년〕부터였다.

고구려가 신라를 자기 편으로 인입하기 위하여 힘쓴것은 당시 국토통일을 저애한 주되는 세력이던 백제를 고립시키고 백제가 가야, 《왜》 세력과 련합한데 대한 대응책으로 취한 조치였다.

고구려의 남방진출이 큰 규모로 본격화된것은 391년 여름 유능한 군사가였던 광개토왕의 즉위이후부터였다.

제 2 절 4세기말－5세기초 백제의 《왜》세력인입과 이에 대처한 고구려의 군사정치활동

1. 4세기말엽 백제－가야－《왜》련합의 형성과 이에 대처한 고구려－신라 련합의 성립

391년경에 백제는 고구려와 맞서기 위하여 손아래동맹자인 가야나라들을 통하여 북규슈의 《왜》의 무력까지 끌어들여 그들을 선봉대로 내세울 계략을 꾸미였다. 그리하여 많은 《왜》군사들이 가야, 백제땅에 와서 신식무기로 무장하고 훈련을 받고 고구려, 신라와의 전선에 나타나게 되였다.*

* 이 《왜》인들은 본래 가야, 백제(마한)계통이주민의 후예들이 지배계급으로 되여있던 북규슈의 왜왕국(소국련합체)의 주민들이였다. 족속을 따져보면 그들가운데 일부는 조선사람이고 일부는 혼혈인들이였으며 또 일부는 규슈의 원주민들이였다고 말할수 있다. 그러므로 이 왜왕국은 조선적성격을 농후하게 가지고있던 나라로서 백제-가야에 추종하였다.

백제에 의한 《왜》세력의 인입은 백제, 가야, 《왜》 세 나라사이의 관계가 더한층 밀접해지고 이 련합이 군사행동을 같이하는 단계로까지 심화발전되였다는것을 의미하였다.

이러한 사태의 변화는 고구려에 있어서 매우 심중한 문제가 아닐수 없었다. 그것을 그냥 내버려두면 신라가 정복될수 있고 고구려의 삼국통일을 위한 투쟁이 좌절될수 있었다.

그러므로 광개토왕은 서남쪽으로 백제에 대한 타격을 강화하며 동남쪽으로는 신라를 보다 적극적으로 인입하는 정책을 세우고 이를 힘있게 밀고 나갔다. 광개토왕릉비에 《왜가 신묘년에 왔으므로 바다를 건너 백잔(백제)을 격파하고 동쪽으로 신라를 …하여 신민으로 삼았다》고 한것도 바로 이러한 삼국간의 사태발전의 경위를 전하는것이다.*

* 광개토왕릉비문의 이 부분에는 글자가 보이지 않는것이 몇개 있다. 그러나 본래 《백잔》글자다음에 《동》(동녘 동)자가 있었다는것은 수십년간 탁본을 찍어내는 일을 생계로 삼았던 초균덕(初均德)부자의 탁본정리용 저본(밑본)에 《동》자가 명백히 씌여있다는것에 의하여 확인된다(《호태왕비연구》 그림 2의 7 참조). 따라서 이 문장은 마땅히 우와 같이 읽어야 한다.

광개토왕릉비의 이 부분 문장을 우와 같이 읽는것은 력사적사실과도 전적으로 부합된다. 즉 고구려는 392년 1월에 신라에 사신을 보내여 《왜》세력의 진출은 무엇보다먼저 신라를 겨냥한것임을 해설하고 신라가 고구려의 보다 적극적인 비호를 받으려면 볼모를 보내며 형제, 상하의 관계를 맺는것이 필요하다는것을 설득시켰다. 그 결과 신라의 나물니사금은 이찬(제2벼슬등급) 대서지(大西知)의 아들이며 자기의 조카인 실성(實聖)을 고구려에 볼모로 보냈다. 실성은 당시 신라에서 왕위계승후보자로 지목되고있던 인물이였다.* 이것은 광개토왕릉비문에 보이는바와 같이 신라왕이 고구려왕의 《신민》으로 되였음을 의미한다.

* 실성은 후에 실지로 나물니사금의 후계자로 되였다. 《삼국사기》 신라본기 실성니사금 즉위년조에는 그가 김알지의 후손 대서지 이찬의 아들로 되여있고 왕비는 미추니사금(재위 262-284년)의 딸로 되여있다. 또 고구려본기에는 그가 나물왕의 조카인것으로 되여있다〔《삼국유사》 왕력에는 대서지가 《미추왕》의 아우로 되여있다〕. 신라본기 나물니사금 즉위년조에는 나물왕의 아버지 말구(末仇)각간이 미추왕의 아우로 되여있다. 이들의 호상관계에는 서로 맞지 않는 기사들이 있고 또 실성왕(재위 402~417년)과 미추왕사이에는 년대상

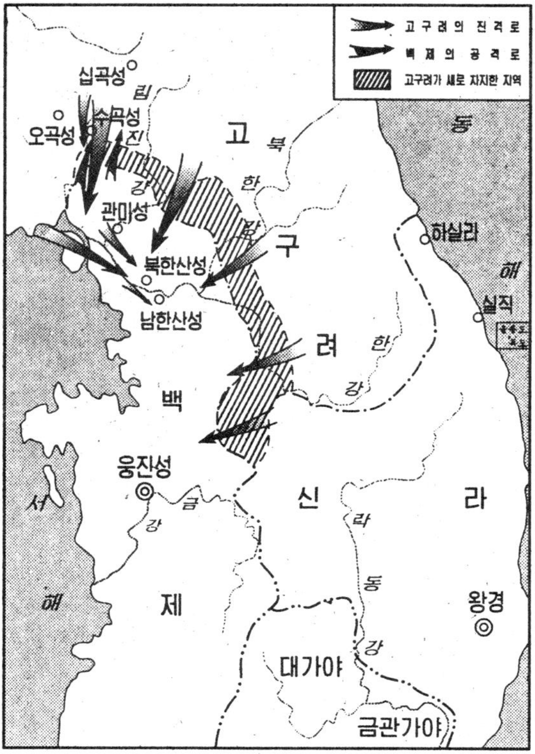

392~396년 백제전역략도

현저한 차이가 있으므로 그가 미추왕의 사위였다는것은 잘못된것이라고 본다. 나물왕과 대서지 이찬이 형제간이라면 실성은 나물왕의 조카로 될수 있고 또 신라왕실의 혼인풍습과 왕위계승관계를 본다면 다만 나물왕의 조카이자 사위로서 그 후계자가 된것으로 볼수 있을것이다.

한편 고구려는 391~395년 기간에 서북방에서 소란을 피우고있던 거란족에 대한 토벌작전을 벌리면서 주되는 힘을 백제와의 투쟁에 돌리였다. 392~395년 기간의 백제와의 전쟁은 고구려가 삼국통일정책의 실현을 위하여 벌리게 된 첫 대규모의 전역이였으며 이때로부터 고구려는 남진정책을 보다 강력히 추진시키게 되였다고 말할수 있다.

392년 7월에 광개토왕은 4만명의 군사들을 거느리고 백제 북쪽의 석현성(개성 서북 청석령부근 또는 려현)을 비롯한 10개 성을 점령하였다〔《삼국사기》 권18 고구려본기 광개토왕 원년(2년의 잘못) 7월, 권25 백제본기 진사왕 8년 7월〕. 병법에 능한 군사가로 알려진 그가 대군을 이끌고 련이어 성들을 함락시키자 백제는 반격할 엄두도 내지 못하고 퇴각하였으며 한강이북의 많은 지역들은 고구려가 차지하게 되였다.

※ 《삼국사기》 고구려본기에는 광개토왕의 즉위년을 392년으로 하여 그의 재위년대를 한해씩 뒤로 미루어 쓰고있다. 이것은 광개토왕릉비의 기사에 의하여 시정되여야 하며 그렇게 하여야 백제본기, 신라본기의 기사와도 맞게 된다. 그러므로 고국양왕 9년은 8년으로 고쳐야 하며 광개토왕 즉위년조의 《가을 7월》앞에 《2년》이 있어야 한다. 그 다음 광개토왕 2년부터 22년까지는 한해씩 앞당겨져야 한다. 이것은 잘 알려진 사실이므로 이 글에서도 그렇게 고치고 쓰기로 한다.

뒤이어 고구려군은 10월에 백제의 관미성*을 공격하였다. 관미성은 백제

서북방의 요새로서 네면이 험한 벼랑으로 되여있고 또 물이 둘러막고있어서 난공불락의 성으로 알려져있었다. 고구려군은 7개 방향으로 나뉘여 20일동안이나 쉼없는 공격을 들이댐으로써 마침내 이 성을 함락시키고야말았다. 그리하여 고구려는 백제의 례성강방면으로의 진출을 봉쇄하고 림진강하류지역을 제압하며 장차 한강을 건너설수 있는 요긴한 길목을 틀어쥐게 되였다.

* 관미성의 위치에 대해서는 여러 설이 있으나 고구려군이 이미 10여개 성을 함락시킨 다음에 집중적으로 공격한 성이므로 림진강북쪽 또는 남쪽기슭에 있었던 성이라고 볼수 있다.

또한 오늘의 파주시 탄현면 축현리에 있는 오두(烏頭)성터로 보는 설도 있다. 그러나 한강이북의 많은 땅이 고구려군에 의하여 점령되였다는것은 이해의 전체 전투과정의 결속으로 쓰인것이며 그것은 한강하류를 기준으로 삼아서 쓴것일 가능성이 많다. 그러므로 관미성은 오늘의 개성시 림한리(구 성내리) 관산(冠山. 관뫼)과 관련이 있다고 볼수 있다. 거기에는 림진강 하류에 형성된 작은 반도가 있으므로 《사방》이 험한 절벽으로 되여있다는 기록과도 들어맞는다고 본다.

관미성이 매우 중요한 성이라는것은 백제 아신왕(392～405년)이 393년 8월에 자기의 외삼촌이며 군사관계사업을 책임지고있던 좌장 진무(眞武)에게 관미성을 포함한 5개 성을 탈환할 임무를 주면서 《관미성은 우리 나라 북쪽변경의 옷깃(관문)과 같은 요충지이다. 지금은 고구려의 소유로 되였으니 이는 내가 가슴아파하고 아까워하는바이다. 그대는 마땅히 애를 써서 수치를 씻어야 할것이다.》라고 강조하였다는것을 보아서 알수 있다.

백제 아신왕의 명령에 따라 백제의 좌장 진무는 1만명의 군사를 거느리고 고구려의 남쪽변경을 쳤고 자신이 직접 대오의 앞장에서 날아오는 화살과 돌도 무릅쓰고 공격하였으며 5개 성가운데서 관미성부터 먼저 함락시키려고 애썼다. 그러나 고구려사람들이 성문을 굳게 닫고 지킴으로 하여 진무는 결국 식량이 떨어져 하는수없이 되돌아서고말았다.

그 이듬해인 394년 7월에 백제군은 다시 수곡성까지 쳐들어갔으나 광개토왕은 정예로운 기병 5 000명을 거느리고 출전하여 백제군을 격파하였다.

백제군의 공격이 우심해지는 조건에서 고구려는 그해에 남쪽지역에 7개의 성을 쌓아 백제의 침공에 대처하였다.

이 《국남 7성》의 위치에 대하여 종전에는 서흥 대현산성, 평산 태백산성, 봉산 휴류산성, 재령 장수산성, 해주 지성산성(수양산성), 배천 치악산성, 곡산 십곡성으로 비정하기도 하였다. 그러나 고구려는 4세기초까지는 락랑국, 대방국땅을 다 통합하였고 369년이후에는 늘 패하(례성강)계선에서 백제와 다투게 된것만큼 장수산성, 대현산성, 태백산성, 휴류산성 등은 이미 그 이전시기 즉 남평양성을 쌓을 무렵에 다 쌓은것으로 인정된다. 그러므로 《국남 7성》은 그 남쪽 황해남도 남부지역을 강화하여 백제의 있을수 있는 공격을 막으려고 쌓은것으로 생각된다. 즉 배천 치악산성, 연안 봉세산성(시엽성), 해주 수양산성, 옹진 옹천성, 태탄 오누이산성 등 주로 멸악산줄기이남지방의 7개 성일것이다. 그렇지 않다면 례성강 하류지방에 있었던 7개 성으로서 배천군 정촌리 동아산성, 운산리 럴미산성(토성. 둘레 2.5㎞), 금성리 미라산성, 강호리 강서사고성, 연안군 해남리토성, 라진포리의 남대리산성(토성. 둘레 4.8㎞), 황해북도 평산군 봉탄리 철봉산성 등 여러 성이 있을수 있다(《대동여지도》 문화보존연구소 자료).

《국남 7성》의 위치를 황해남도 남부해안지역에서 찾게 되는것은 당시 기본수도가 국내성(집안)에 있고 그 남쪽에 수많은 고구려성들이 있었으니 《국남 7성》이란 말이 잘 어울리지 않는 표현이라는데도 있다. 그러나 《국남 7성》을 부수도 평양성 특히는 부수도 남평양성의 남쪽으로 제한하여 본다면 그 지역이 좁아지고 또 백제를 견제하기 위하여 쌓았다는 사실과 잘 부합된다(409년의 《국동 6성》의 경우는 더욱 그러하다).

395년 8월에 다시 백제군은 좌장 진무의 지휘밑에 고구려의 남쪽변경에 쳐들어왔으나 광개토왕은 직접 7 000명의 군사들을 이끌고 패수(례성강)가에서 싸움으로써 크게 이기고 백제군 8 000명을 살상포로하였다. 이것은 너무도 심각한 패전이였으므로 백제의 아신왕은 그것을 보복하려고 11월에 직접 7 000명의 군사들을 거느리고 한강을 건너 청목령까지 진출했으나 때마침 큰 눈이 내려서 얼어죽는 군사들이 많이 생겨났으므로 북한산성으로 되돌아가고말았다.

이렇듯 392～395년사이에 있은 여러 전투들에서 고구려는 련전련승하였다. 이것이 바로 광개토왕릉비문에 보이는 《○*[1]을 건너 백제를 격파하였다》는 구절과 잘 대응되는 기사들이다.*[2]

*[1] 릉비문의 이 부분 기사에서 《○》은 종전에는 《바다 해》자로 읽는것이 보통이였다. 그런데 《바다 해》자는 탁본마다 그 위치와 형태, 크기가 서로 다르게 되여있고 실제로는 잘 보이지 않으며 적외선사진으로도 그 글자가 명백치 않다. 보건대 이 글자는 《바다 해》가 아니라 《패(浿)》자에 더 가깝다. 릉비문을 처음 세상에 소개한 일본학자들이 릉비문을 저들에게 유리하게 해석하느라고 더러 변조하거나 깎아버린것도 있다고 보이는것만큼 이 글자는 그런 부류에 속한다고 볼수도 있다. 《浿》는 쉽게 《海》로 변조할수 있기때문이다.

《浿》라면 《삼국사기》의 기록과 정확히 맞는것이다. 그러나 설사 본래 《바다 해》자였다고 하더라도 해석이 안되는것은 아니다. 그것은 《위서》(권 100 고구려전, 백제전)에 두 나라사이에는 《하나의 작은 바다》(강화만을 가리킨것)가 있다고 하였기때문이다. 따라서 크게 사태가 달라지는것은 없다.

*[2] 일본학자들은 이 부분의 해석에서 《왜가 신묘년에(또는 신묘년이래) 바다를 건너 백제, ○○, 신라를 격파하여 (왜의) 신민으로 삼았다.》라고 읽었으며 지금도 그렇게 하고있다〔《고구려사와 동아시아》(일문) 이와나미서점, 1989년, 152～186페지 등〕.

일본학자들은 이 《왜》를 야마또(긴끼지방)왜라고 보면서 그것이 4세기 중엽까지에 일본렬도의 주요부분을 통일한 큰 나라로 되여있었고 그 기초우에서 조선의 남부지방—가야나라들을 격파하고 백제와 신라까지도 굴복시켰다고 주장하였으며 지금도 그런 견해의 소유자들이 적지 않다. 그들은 릉비문의 이 구절을 가지고 소위 《임나일본부》설의 가장 주되는 론거로 삼고있다.

그러나 광개토왕릉비의 내용은 어디까지나 광개토왕의 업적 특히 령역확대와 관련한 업적들을 위주로 쓴것이기때문에 비문의 이 구절을 두고 《왜》(일본)가 조선의 백제, 신라 등 나라들을 자기의 《신민》으로 삼았다고 보는것은 사리에 맞지 않는다. 고구려 광개토왕을 (생략된) 주어로 보면 백제의 손아래동맹자인 《왜》가 왔기때문에 그들을 끌어들인 백제를 격파하였고 또 동쪽으로 신라를 《초》(초유)하여 자기의 신민으로 삼았다고 읽는것이 옳으며 그것은 《삼국사기》 고구려본기, 백제본기, 신라본기의 기사내용들과 잘 부합된다. 그뿐아니라 고고학적연구성과들에 비추어보더라도 야마또왜가 남부조선까지 왔다는것은 성립될수 없다. 4세기말은 물론 그후시기까지도 일본렬도안에는 기비(오까야마현)지방을 비롯한 여러곳에 야마또지방과 대등한 국력을 가진 소국들이 있었으며 또 4세기말 5세기초 당시의 낑끼지방의 무덤이나 그밖의 유적들에서는 3~4세기에 계속 쓰인 거울, 검, 동탁, 추형석(가공해서 팽이처럼 만든 돌), 파형(巴形)동기 등이 나올뿐 당시 조선의 여러곳에서 쓰던 괘갑(쇠찰쪽을 무어 만든 철제갑옷)이나 기마용 마구류들은 나온 일이 없다. 무기무장이 락후하고 기마술도 몰랐으며 먼바다항행용 대형선박도 변변한것이 없었던 야마또왜가 그보다 서쪽에 있던 다른 《왜국》들을 뛰여넘어 조선의 남부지방에 《진출》하였다고는 볼수 없다. 그에 비하면 북규슈지방에는 4세기말~5세기초의 무덤인 로오지고분 등에 기마전투에 쓰이는 무기류, 마구류 등이 조금씩 보이기 시작하는데 이것은 그 무덤의 피장자들이 가야계통 《왜》왕국의 귀족통치배들로서 백제, 가야의 요구에 의하여 조선에 왔다가 얻어간 물건들이라고 볼수 있다.

그러므로 릉비문의 이 구절을 리용하여 《임나일본부》설의 근거로 삼으려는 일본학자들의 시도는 초보적인 리치에도 맞지 않는다. 이 구절의 일부분을 《왜가 신묘년부터》라고 읽어서 이 부분 문장의 주어가 《왜》라고 하는것이 틀림없다는 주장을 하는 사람들도 있다. 한문에 아무리 《문법이 없다》고 한다고 하여도 이 구절은 《왜가 신묘년에(으로써) 왔으므로》 라고 읽어야 문맥이 통하게 되여있으므로 그러한 주장도 성립될수 없다.

그리고 일부 사람들처럼 해석은 일본학자들처럼 읽는것이 마땅한데 《왜》는 북규슈지방의 해적세력이라고 보는 견해 〔《호태왕비연구》(중문) 길림인민출판사, 1984년, 150~162페지〕도 있으나 《왜》는 《삼국유사》에도 나오듯이 《왜국》이므로 《해적세력》으로 볼수는 없고 《삼국지》 왜인전에 보이는 여러 왜소국들의 련합체로 보는것이 마땅하다.

그들은 또 일본학자들의 독법대로 읽으면서 해적이라 하더라도 백제나 신라가 어느한때 해적들에게 굴복한 일이 있었기때문에 그렇게 표현한것이라고 하였다. 이것은 백제나 신라의 국력을 얕보고서 한 말인데 천만부당한 견해이다. 백제칠지도 명문에도 밝혀져있는바와 같이 당시의 《왜》왕은 어디까지나 백제의 한 후왕에 지나지 않았으며 또 백제와 《왜》는 늘 좋은 관계를 가지고있었는데 후왕인 《왜》왕이 백제를 친다는것은 상상도 할수 없는 일이다.

391~395년사이에 고구려는 서북방 오늘의 서료하일대에 있던 거란족의 비려부(필혈〈이〉부)를 치는 전역을 벌리였으므로 광개토왕은 매우 바쁜 나

날을 보내고있었으나 백제와의 대결이 주되는 문제로 나서고있었던것만큼 392년 7월, 395년 8월에는 직접 출전하여 백제와 싸웠던것이다.

2. 396년 고구려의 대규모공세와 백제의 항복

광개토왕릉비문에 의하면 왕은 396년(병신년)에 례성강하류-림진강중하류일대 그리고 경기도와 충청북도 서부일대의 전선에서 백제에 대한 전면적인 공격을 가하도록 하는 한편 자신은 그동안 준비하였던 수군을 인솔하고 한강을 거슬러 올라갔으며 한강하류남쪽기슭에 상륙하였다. 이것은 우회전술로 백제의 방비가 허술한 곳을 들이치고 그 수도 한성을 공격하려는것이였다. 그 사이에 고구려의 주력군은 백제수도의 북쪽 한강 북쪽기슭까지 진출하여 공격할 태세를 취하게 되였던것으로 보인다. 그러나 백제군은 저항을 멈추지 않고 수도성(남한성)밖으로 나와서 고구려군과 싸웠다. 고구려군의 공격이 강화되자 백제군은 다시 성안으로 들어갔고 성은 완전히 포위되였으며 백제는 더이상 견딜수 없게 되였다. 백제의 아신왕은 나라가 아주 망하게 될 위기가 닥쳐오자 고구려와 화의를 맺을것을 제기하였다.

그리하여 남녀 생구(노비) 1 000명, 가는 베 1 000필을 바치고 58개의 성, 700촌*[1]지역을 떼주기로 하였으며 또 왕의 아우와 대신 10명을 볼모로 보내였으며 아신왕자신이 《성하지맹》(성아래에서의 항복맹세)을 하기 위하여 광개토왕앞에 무릎을 꿇고 《이제부터는 영원토록 고구려왕의 노객(신하, 하복)이 되겠다》고 맹세하지 않을수 없었다.

396년 전역에서 고구려군은 《파남(최전연지대의 성보방위시설들이 집중되여있던 곳)》지방의 호(?)팔성, 구모로성, 각모로성, 간저리성, ○○성, 각미성, 모로성, 미사성, 고사조성, 아단성, 고리성, ○리성, 잡진성, 모리성, 구모성, 고수야라성, 수추성, ○○성, ○이야라성, 전성, 어리성, 농매성, 두노성, 비성, 비리성, 미추성, 야리성, 대한산성, 소가성, 돈발성, ○○○성, 루매성, 산나성, 나단성, 세성, 모루성, 우루성, 소회성, 연루성, 석지리성, 암문종성, 미성, ○○성, ○○성, ○리성, 취추성, ○발성, 고모루성, 윤노성, 관노성, 삼양성, 증발성, 종고로성, 구천성, ○○○성 등 55~56개 성을 함락시키거나 투항시켰다.*[2]

*[1], *[2] 고구려가 이 전역끝에 백제의 58개 성, 700개 촌을 차지하게 되였는데 그것은 백제와의 경계선에서 그리 멀지 않은 곳에 있던 성, 촌이였을것이다. 그중 각미성은 392년에 고구려가 점령한 관미성과 같은 성으로 보기도 한다. 그런데 이 성은 396년에 새로 점령된 성이므로 관미성과는 서로 다른 성일수도 있다. 만일 같은 성이라면 고구려가 점령하였다는 성들은 392년~396년사이에 점령한 성들을 다 합한것으로 될것이다.

미추성은 백제의 미추홀, 고구려때의 매소홀로서 오늘의 인천부근에 있던 성으로 인정되고있다. 고모루성은 충청북도 음성의 《고산성》(모루-산)에 비길수 있다. 세성은 충청남도 목천의 세성(산)으로, 모로성은 경기도 룡인의 옛 이름인 멸오(성)로, 비성은 경기도 통진의 옛 이름인 비사성(比史城)으로 각각 비정해볼수 있을것이다. 이러한 성들의 비정은 다 정확하다고는 할수 없겠지만 당시 고구려군의 진격방향이 넓은 범위에 걸친것임을 짐작케 한다.

고구려가 396년에 격파, 점령하였다는 55~56성은 전후에 백제로부터 넘겨받은 58개 성과는 다르다고 보아야 한다. 왜냐하면 그중 미추성, 아단성(아치성)을 비롯한 일부 성들은 백제에 반환되였기때문이다. 그것은 469년(백제 개로왕 15년)에 백제가 청목령(송악산부근)에 큰 울타리성을 만들고 북한산성(서울)의 군사로 하여금 지키게 하였다는것으로 보아 미추성을 비롯한 한강하류이남의 여러 성들뿐아니라 한강하류, 례성강하류 동쪽이북의 적지 않은 지역은 백제에 도로 돌려주었기때문이다. 또 광개토왕이 직접 데리고왔다는 《신래 한예》(새로 온 한, 예사람들)안에는 사수성(沙水城), 무비압잠(한), 구모객두, 구저(한), 경고(炅古)성, 파노(巴奴)성, 모수(牟水)성, 백제남거(한), 취자(就咨)성 등 396년에 격파, 점령, 탈취한 성이름에는 없는 여러 성들이 있는데 그중 4~5개 성은 격파한 성들가운데 글자가 보이지 않아서 알수 없는 성들과 중복되였다고 본다 하더라도 량자는 서로 일치하지 않는다. 이러한 현상은 우선 고구려가 일단 격파, 점령하였으나 그후 화의를 맺으면서 반환한 성들이 있다는것, 다음으로는 고구려군의 점령지역에도 백제군이 저항하지 않고 내버리고 달아난 성들도 있어서 격파하려던것에 들지 않았던 성들이 있었다는것 등에 의하여 설명될수도 있다. 또 백잔(제) 남거한과 같이 고구려군에게 포로된 백제사람들속에는 백제 수도부근이남지역 주민으로서 전투에 참가하였다가 포로된 사람들이였는데 그후 고구려땅에 가서 살게 된 사람들도 있었다고 인정되는것이다. 요컨대 396년에 격파(공취)한 백제성은 비문을 아무리 따져보더라도 55~56개 성을 넘지 못하며 따라서 그것은 전후 고구려가 차지한 58개 성과는 서로 다른것이다.

일본을 비롯한 일부 다른 나라 학자들은 격파(공파)한 성의 수와 전후에 차지(얻은)한 성의 수를 일치시켜보려고 모지름을 쓰고있다. 그것은 그들이 영락 17년(정미년)조에 보이는 사구성 등을 6개 성으로 보고 영락 20년(경술년)조 동부여전역이 끝난 다음 고구려가 《성 64개, 촌락 1 400개》를 공파한것을 광개토왕이 일생동안에 공파한 백제성의 총수로 또 1 400개 촌은 비려의 600~700개 영과 백제에서 넘겨받은 700개 촌을 합한것으로 오해하고 그것을 합리화하려는데 목적을 둔것이다. 그러나 보는바와 같이 396년의 공파한 성과 획득한 성은 서로 같지 않다. 영락 20년조의 《성 64개, 촌락 1 400개》는 어디까지나 동부여전역에서의 전과에 지나지 않는다. 만일 영락 20년조 기사에 계속하여 나오는것이 광개토왕의 평생업적으로서 쓴것이라면 거기에는 응당 398년 식신(숙신)정벌때의 막사라성, 400년 신라구원작전때의 임나가라 종발성 등과 402년 후연의 숙군성 등도 들어가야 하므로 더 늘어나야 할것이다.

396년 고구려의 백제에 대한 공격이후 백제는 고구려의 속국으로 되였다. 이것은 고구려의 큰 승리였으며 삼국통일위업의 수행에서 획기적인 사변으로 되였다.

고구려는 삼국통일을 위한 투쟁에서 주되는 장애로 되고있던 백제를 크게 눌러놓았으므로 앞으로 점차적인 방법으로 통일위업을 밀고나갈수 있으리라고 타산하고 서해안의 많은 지역들을 백제에게 되돌려주었던것 같다.

그러나 고구려는 백제가 약속을 어기고 달리 행동할수 있다는것을 신중히 타산하지 못하였다. 그들은 백제전역에서의 큰 전과에 만족하고 있을수 있는 백제의 배신행위에 대하여 경각성이 부족하였다. 고구려군은 이때 전면적으로 철수할것이 아니라 백제의 요충지들에 자기 군사들을 주둔시키고 백제통치배들의 행동을 감시하고 제압하여야 하였다. 그러나 고구려는 한강이남은 물론이고 그 이북의 적지 않은 지역까지도 백제에게 되돌려주었다. 즉 이 전역이후 고구려는 대체로 오늘의 개성동쪽 림진강이북지역, 경기도 포천시 북동부지역, 경기도 동남 일부, 강원도의 서북지역을 차지하였다고 보인다.

3. 399~400년 백제-가야-《왜》련합세력의 신라침공과 고구려의 구원작전

백제통치배들은 396년에 《성아래의 맹세》를 하였던것을 수치스럽게 여기면서 고구려와의 약조를 어기고 비밀리에 새 전쟁을 준비하였다.

그동안 몇해사이에 백제는 많은 인적손실을 냈던것만큼 부족되는 군사인원을 보충하기 위하여 가야, 《왜》 등 손아래동맹자들의 무력을 보다 더 적극적으로 인입하려고 하였다.

백제는 397년(아신왕 6년)에 왕태자 전지(腆支. 후의 전지왕)를 《왜》국으로 보내여 군사들을 모집, 동원시키도록 하였다.* 당시 백제는 비록 고구려에게 패하였으나 가야, 《왜》에 대하여서는 여전히 큰 나라, 선진적인 나라로 행세하고있었다.

* 일본학자들은 《삼국사기》에 전지를 《왜》국에 치(質)로 보냈다는 구절이 있는것을 보고 흔히 《왜》가 대국이였기때문에 백제가 볼모(인질)를 보냈다고 보고있다. 그러나 이것은 당치 않은 말이다. 왜냐하면 408년에 제작된 백제칠지도에도 명백히 새겨져 있는바와 같이 당시의 《왜》왕은 백제의 후왕에 지나지 않았기때문이다. 그리고 《치, 질(質)》이란 말은 큰나라가 작은 나라에 신의를 표시하기 위하여, 또 동등한 나라들이 서로 동맹을 뭇는다는 의미에서 보내는 《치자》도 있고 작은 나라가 큰 나라에 보내는 《질자(볼모)》를 가리키는 말이기도 하였다. 백제가 《왜》국에 보낸것은 다른 력사적사실들로 미루어볼 때 첫번째 경우에 해당한다고 보아야 하는것이다.

412년에 《왜》왕의 요청에 의하여 신라가 보낸 미사흔(미해)도 《치》로 표현되였는데 이것은 동등한 나라끼리 보낸것에 지나지 않는다 〔《력사과학》 과학, 백과사전출판사, 1983년 4호, 27페지, 《광개토왕릉비》 사회과학원출판사, 1966년, 72~73페지〕.

한편 백제는 397년 가을에 한강남쪽에서 대규모의 열병식을 벌리였다. 398년 3월에는 쌍현성(한강북쪽)을 쌓았으며 8월에는 아신왕이 군대를 출동시켜 고구려를 치려고 북한산 북쪽에 마련된 큰 울타리성에까지 진출시켰다가 큰 별찌가 백제군영에 떨어지는것을 보고 나쁜 징조라고 하면서 군사행동을 중지하였다. 그리고 그해 9월에는 수도사람들을 모아 서대(수도 서쪽에 있는 사격훈련장)에서 활쏘기련습을 시켰다. 또한 399년에도 고구려를 치려고 많은 군사와 군마들을 징발하였는데 백제인민들은 너무도 고역에 시달리여 많은 사람들이 신라로 달아났으며 그바람에 백제의 호구가 줄어들었다(《삼국사기》 권25 백제본기 아신왕 6년 7월, 7년 3월, 8월, 9월, 8년 8월).

399년에 백제는 군사와 군마들을 대대적으로 동원하는 한편 가야, 《왜》의 군사들을 더 많이 인입하여 고구려와 신라를 반대하는 새 전쟁을 일으켰다. 백제는 먼저 가야, 《왜》의 병력으로 신라를 쳐서 신라서부의 일부 지역을 점령하게 하였다(광개토왕릉비 제2면). 이것은 신라를 먼저 굴복시킨 다음 고구려와 정면으로 맞서보려는 계획이였음을 보여준다. 신라매금(왕)은 고구려왕의 《노객》으로서 고구려에 원조를 요청하는수밖에 없었다.*[1]

때마침 광개토왕은 백제-가야-《왜》의 련합세력의 공격이 예견되는 조건에서 평양에까지 나가서 그에 대처할 준비를 하고있었다.*[2] 신라사신이 와서 구원을 요청하자 광개토왕은 비밀계획을 알려주었다. 그것은 이제 곧 대군을 어느 방면으로 내보내겠으니 그사이 서부국경의 성들을 견지하라는것이였을것이다.*[3]

*[1] 일부 론자들은 릉비문에 《왜인들이 그 국경에 가득차서 성들을 무너뜨리고 파괴하였으니 〈노객〉(신라왕의 자칭)은 (당신의) 백성으로서 왕에게로 가서 구원명령을 받기를 요청한다.》라고 한 신라왕의 말을 그릇되게 해석하면서 《국경》을 《국토》로 보거나 또 왜인이 노객(신라왕)을 《왜》의 백성으로 삼았다고 해석하고있다. 이것은 그 다음구절에 나오는 《신라성》을 신라의 수도성을 포함한 여러 성으로 보면서 그렇게 해석한것이다 〔《호태왕비연구》(중문) 174페지〕.

그러나 《국경》은 어디까지나 나라의 경계를 가리키는 말이지 《국토》전체를 의미하는것이 아니며 또 《신라성》은 신라의 어느 한 두개 성을 의미하는것이지 수도성을 포함한 전체 또는 대부분의 신라성을 가리키는 말이 아니다. 왜냐하면 신라수도 왕경(경주)에는 금성, 월성, 명활성, 남산성 등 여러개의 성들이 있었는데 《신라성》이 이 성들을 가리키는 말로는 될수 없기때문이다. 또 만일 신라왕이 《왜인의 노객》으로 화하였고 신라성이 수도성이라면 신라왕이 어떻게 고구려에 사신을 보낼수 있었겠는가. 그러므로 우와 같은 해석은 성립될수 없다. 또 어떤 학자는 이 《노객》이 백제왕이라고 해석 〔《고구려사와 동아시아》(일문) 140~142페지〕하는데 그것도 당치 않다. 그것은 391년(신묘년)에 백제가 《왜》의 노객(신민)으로 되였다는 가정밑에서 생각해낸것인데 백제는 언제한번 《왜》의 《노객》으로 된 일이 없고 반대로 《왜》가 백제의 노객(손아래동맹자)으로 되여있었다. 또 백제왕이 《노객》이 된다면 신라왕이 무엇때문에 그 사실을 고구려왕에게 보고하겠는가. 이 문장에서는 백제왕이 나올수가 없다. 따라서 이 부분 문장이 간접화법(어떤 사람의 말이나 글의 내용을 자기 말로 고쳐서 풀어옮겨 서술하는 방법)으로 되여있다고 하더라도 그것(노객)은 신라사신이 신라왕을 두고 한 말일수밖에 없다.

*2 릉비문의 이 부분에 나오는 평양은 남평양일 가능성이 많다. 《순하평양》의 《하평양》은 곧 남평양성을 의미할수 있다. 세나라시기 남쪽을 가리켜 《아래 하》자를 쓴 실례들이 몇군데 있다. 그렇지 않더라도 당시의 정세하에서 여러차례 패하(패수－례성강)까지 나오기도 하였던 광개토왕이 남방정세에 대처하기 위하여 남평양으로 나와 자리잡고있었다고 생각하는것이 더 합리적이기때문이다.

*3 종전에 이 부분은 판독되지 못하였으나 최근에 와서 《밀계》(비밀계획)임이 확인되였다.

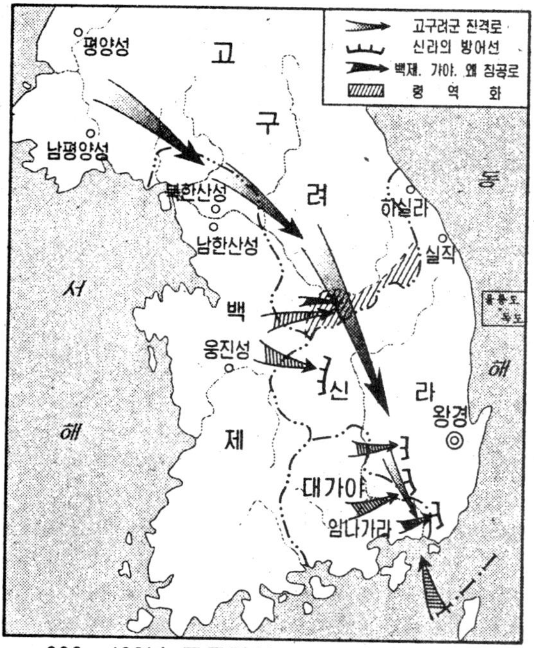

399~400년 고구려의 신라구원작전략도

400년(영락 10년 경자년)에 고구려왕은 보병, 기병 합하여 5만명의 지원무력을 보내여 신라구원작전을 크게 벌리였다. 고구려군이 남거성(고구려의 남쪽변경에 있던 성. 그 위치는 알수 없음)에서 출발하여 신라성(신라변방의 한개 성)에 이르니 그 안에는 왜군이 진을 치고있었다. 잘 무장되고 여러가지 기발을 높이 쳐든 고구려군의 기병, 보병의 대부대가 진격해오는것을 바라본 《왜》의 군사들은 사기가 떨어져 싸울 엄두도 내지 못하고 도망쳤다. 고구려군은 신라군과 협력하여 급히 추격하여 임나가라(가야. 오늘의 김해지방)의 종발성까지 진출하였다. 종발성을 지키고 있던 가야군과 《왜》군도 역시 싸워보지도 못하고 투항하였다. 고구려군은 여기에 신라군을 두어 지키게 하였다.*

뒤이어 고구려군은 《왜》군에게 점령되였던 신라의 성염(?)성을 들이쳤다. 《왜》군은 크게 싸워보지도 못하고 성을 버리고 달아나면서 성안의 주민들을 강제로 끌고가려고 하였으나 성안에 있던 많은 신라사람들이 그것을 거부하였다. 그리하여 여기에도 신라사람으로 수비병을 주둔시켰다.

* 《안라인수병(신라사람수비병을 두었다)》이라는 말은 릉비문에 3개 소(보이지 않는 부분은 제외하고)가 나오는데 이것을 두고 일본학자들은 《임나일본

부》소속 《아라(안라)가야인의 수비병》이라고 주장하고있으나 그것은 말이 되지 않는다. 도대체 비문에 《안라》가 갑자기 나올 까닭이 없다. 그뿐아니라 릉비 제3면 제2행의 《안라인수병》우에는 《성》자가 있으므로 《안라사람 수비병》이 주어라면 술어(동사)가 없고 또 보어라면 그우에 ○성을 함락시켰다는 말이 있으니 보어로 될수가 없다. 그러므로 이것은 어디까지나 《신라사람수비병을 두었다》로 보아야 통하는 말이다. 일부 학설에는 《라인》을 《순라병》, 《수병》을 《수비병》으로 보기도 하는데 대체로 뜻이 통하지만 그것은 《라수병》이라면 되지 《라인수비병》이라는 표현은 잘 맞지 않는다고 본다.

《안라인수병》을 기어이《안라사람수병》으로 읽으려고 하는 사람들은 비문 제2면마지막줄 제29~31자가 《신라성》으로 판독된것도 부인하면서 《만(滿)○○》으로 읽고 또 제3면 제2행의 1~4자가 《逃拔○城》으로 판독된 다음에도 그 넉자를 알수 없는 글자《○○○○》로 만들어놓고있다 〔《고구려사와 동아시아》(일문) 432~433페지〕. 이것은 과거 일제사가들의 독법을 어떻게 하나 긍정하려고 하면서 그것을 합리화해보려는 어리석은 짓이다. 여기서도 《안라인》이 나올수가 없다. 만일 《안라인》이라면 《안라인》과 왜인의 관계에 대한 해설문이 선행되여있어야 할것이다. 그들이 여기에 보이는 《라인》을 신라인이 아니라고 주장하는 근거는 릉비문에 신라를 두고 그저 《라》라고 표현한 실례가 없다는것이다. 그러나 《백잔》을 《잔》으로, 《동부여》를 《여》로 표기한 실례는 각각 4개 소, 2개 소나 있다. 또 일반적으로 신라를 략칭하여 《라》로 표현한 실례는 얼마든지 있으며 릉비문에서도 《라인》이라고 해도 그 뜻이 명백한 경우 얼마든지 썼을수 있는것이다.

그후에도 여러곳에서 고구려-신라의 련합군은 백제-가야-《왜》의 련합군과 싸웠다. 릉비문의 40여자가 보이지 않아서 그 구체적인 과정을 알수 없으나 《잔왜(백잔과 왜)》가 무너져서 도망갔고 그 성을 함락시켜 신라사람 수비병을 두었다는것이 비문 제3면 제1~2행에 나온다.*[1]

400년의 신라구원작전은 큰 승리로 끝났다. 이 전역에서 고구려군이 발휘한 위력은 실로 컸으며 이르는곳마다에서 백제, 가야, 《왜》의 군사들은 크게 싸워보지도 못하고 무너지고말았다. 이것은 고구려군의 무기무장과 전술, 전투력이 비할바없이 우월하였기때문이였다.*[2]

*[1] 일부 학자들은 400년전역이 고구려, 신라 대 가라(가야), 《왜》의 싸움이였다고 하면서 백제는 이 전역에 관계하지 않았을것으로 보고있으나 신라보다 강하다고 할수 없는 가야나 《왜》가 독자적으로 신라의 여러 변방 성들을 함락시켰다고 주장하는것은 무리한 해석이다. 비문에도 《잔왜》(백잔과 왜)가 나오기도 하며 또 《삼국사기》 권25 아신왕 12년(403년) 7월조에도 백제군이 신라의 변경을 침범하였다는 기사가 있고 이 시기 백제와 《왜》가 련합하였다고 볼수 있게 하는 기록들이 여러곳에 보인다. 릉비문에도 백제가 약속을 어기고 《왜》와 화통하였다는것이 나온다. 그러므로 이 시기 백제-가야-《왜》의 련합이 이루어졌다는것은 의심할바없는 사실이다.

《삼국사기》 고구려본기, 백제본기, 신라본기에 이 시기의 고구려－백제, 고구려－신라, 고구려－가야간의 관계가 거의다 빠지고 없는것은 신라의 편사자들이 신라의 수치로 되는 사건들을 다 삭제한것과 관련된다고 볼수 있다.

*2 최근에 부산시 동래구 북천동에서 출토한 쇠갑옷, 쇠투구, 긴칼 등 무기무장, 마구류들은 당시로서는 매우 발전된 제품으로서 고구려벽화들에 보이는것들과 같다. 그것들은 이 시기 고구려군이 직접 그곳에 나가있었거나(《삼국사기》 권45 박제상전에도 몇해뒤의 일이기는 하나 5세기초에 고구려군사들이 신라의 국경지대에 온 왜의 순찰병을 잡아죽였다는 기록이 있다) 고구려에서 신라군에게 공급해준 물품들이였을것이다〔《동아시아의 고대문화》(일문) 1988년, 7～15페지 참조〕.

400년에 고구려의 지원으로 파멸의 위기에서 구원된 신라매금(나물니사금)은 너무도 감사한 나머지 이전의 관례를 깨뜨리고 직접 고구려땅에 찾아와서 광개토왕을 만나 사의를 표하고 조공례물을 바치였다.

이 싸움이 있은 다음에도 고구려군은 신라의 요충지와 전방지대에 주둔하면서 백제, 가야, 《왜》의 침공을 저지시키는데서 큰 역할을 하였다.

400년전쟁의 결과는 고구려의 동남방경계지대로 되였던 소백산줄기북쪽 충주지방에서의 고구려의 령토완정사업을 공고발전시키는데서 중요한 작용을 하였다.

4. 404년 《왜》군 격파와 407년 백제전역, 신라에 대한 영향력의 강화

1) 404년 《왜》군 격파

백제통치배들은 396년과 399～400년에 련속 큰 타격을 받았으나 자기의 옛 지위를 되찾아보려고 고구려를 반대하는 전쟁준비에 계속 골몰하였다. 402년 5월에 백제왕은 《왜》국에 사신을 보내여 병력을 더 내보낼것을 요구하였으며[*1] 403년 2월에 《왜》국사신이 오자 그를 특별히 우대하였다.[*2] 이렇게 한것은 다 《왜》국을 구슬려서 더 많은 병력을 내보낼것을 요구한것이였다. 같은해 7월에 백제는 신라의 서쪽변경을 공격하였는데[*3] 이것은 고구려와 신라를 반대한 새로운 전쟁을 도발하였다는것을 보여준다. 백제의 전쟁도발책동은 이듬해인 404년에 이르러 더욱 본격화되였다.

*1, *2, *3 《삼국사기》 권25 백제본기 아신왕 11년 5월, 12년 2월, 7월. 402년의 사신파견은 큰 구슬을 구해달라고 한것으로 되여있으나 그것은 구실이고 실지로는 더 많은 병력을 요구하였다는것이 불보듯 명백하다.

404년(영락 14년. 갑진년)에 백제의 사촉과 후원을 받은 《왜》군은 백제군의 선봉에 서서 바다길로 대방계(오늘의 황해남도 남쪽 해안지방 옛 대방국의 남부지방)에 침입하였다.

이것은 400년～404년사이에 고구려가 서북방의 침략세력인 후연과의 공

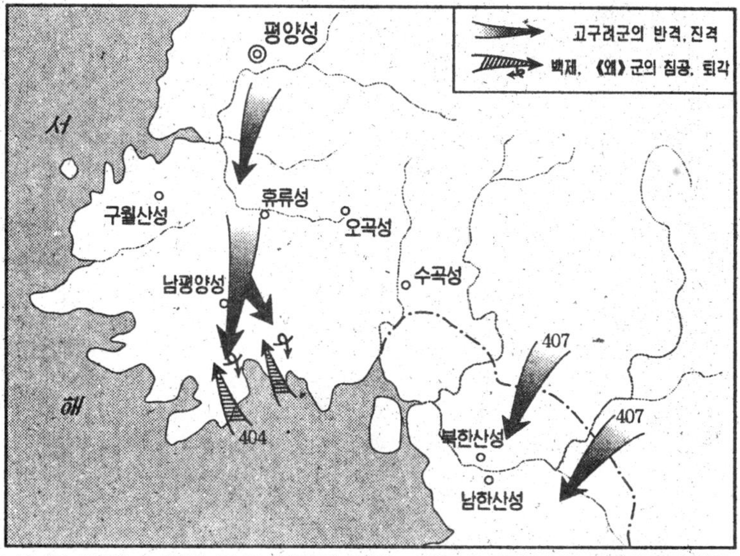

404년 백제－《왜》군의 침공과 격퇴, 407년 고구려의 징벌작전략도

방전을 여러차례 벌리지 않으면 안되였던 정세를 리용하여 고구려를 치면 이길수 있으리라는 타산밑에 감행된 새로운 침공행위였다.

광개토왕은 서북방뿐아니라 남방의 정세변화도 예리하게 주시하고있었으며 백제－《왜》의 련합군이 대방계에 침입하였다는 소식에 접하자 즉시 자기가 직접 부대를 이끌고 나가 반격을 가하였다. 그는 평양성(이 평양성 역시 남평양성이였다고 본다)으로부터 출격하여 적군이 얼마 침입하지 못한 때에 백제－《왜》의 련합군을 냅다쳤다. 비문에는 주로 《왜》군과 싸운 사실이 나오는데 그것은 백제군은 후방에 있으면서 그들을 앞장에 세웠기때문이다. 고구려의 왕당(국왕직속부대)은 적군을 여러 지점으로 분산시켜놓고 포위하여 섬멸적타격을 주었다. 결국 404년의 전투에서 선봉에 섰던 《왜》군은 괴멸되고 패전당한 백제－《왜》련합군은 더 침입할 엄두도 내지 못하고 숱한 주검을 낸채 도망가고말았다.

그리하여 백제의 사촉으로 고구려와의 전쟁에 많은 무력을 내보냈다가 쓰디쓴 참패만 당한 《왜》국통치배들은 그후 승산없는 고구려와의 싸움에 더는 나서지 않게 되였다. 405년에 《왜》는 신라의 수도에 있는 명활성을 공격했다가 300여명의 손실만 내고 패하였으며 407년에 또다시 신라의 동쪽과 남쪽의 변방을 침공하였으나 좌절되고말았다. 5세기초이후 북규슈의 《왜》국통치배들은 방향을 바꾸어 동쪽으로 세력을 확대할 차비를 하게 된것으로 보인다.

2) 407년의 백제전역

405년 9월에 백제에서는 아신왕이 죽고 그 아우인 훈해(訓解)가 림시로

국왕대리를 하였다. 백제사람들은 《왜》국에 가있는 태자 전지가 돌아오기를 기다리고있었는데 막내아우인 혈례(碟禮)가 반란을 일으켜 형인 훈해를 죽이고 왕이 되는 사건이 발생하였다. 이때 전지는 《왜》국에서 떠나 남해의 어느한 섬에 상륙하였는데 한성사람 해충(解忠)이 와서 사건전말을 알려주면서 수도로 당장 가지 말라고 충고하였다. 그후 얼마 안되여 백제사람들이 혈례를 죽여버리고 전지를 맞이하여 왕자리에 앉히였다(백제 전지왕). 그러나 백제의 반고구려적립장에는 아무런 변화가 없었다.

고구려는 404년에 백제가 《왜》인을 앞장세우고 대방계에 침입한데 대한 보복전을 준비하고있다가 백제내부가 복잡한 틈을 리용하여 새로운 징벌타격을 가하기로 하였다.

407년에 광개토왕은 보병, 기병 합하여 5만명을 남쪽으로 출동시켰다. 고구려군은 사방에서 백제군을 격파하였으며 투구와 갑옷 1만여벌을 로획하였다. 그밖의 군사물자들도 헤아릴수 없을 정도로 많이 로획하였다. 그리고 백제의 사구성, 루성, 우전(?)성 등 6~7개 성을 빼앗고 개선하였다.*

이 407년 백제전역이후 백제는 오래동안 감히 고구려를 반대하여 나서지 못하였다.

* 407년전역을 후연과의 싸움으로 보는 견해도 있었으나 사구성은 《삼국사기》 권25 백제본기 전지왕 13년(417년) 7월조에 백제가 동부, 북부의 백성들을 동원하여 쌓았다는 사구성(沙口城)과 같은 성으로 인정되며 또 《루성》도 조선의 세 나라에 흔히 보이는 《○루성》처럼 조선적성격이 강한 성이름이다. 그리고 407년전쟁은 404년 전역에 련결되는것으로 보이므로 이 전역은 어디까지나 백제와의 싸움이였다고 보인다. 후연이라면 해당한 설명이 비문에 나와야 하였는데 그런것은 전혀 없다. 원래 광개토왕릉비문에서 왕의 업적으로서 주로 들고있는것은 그의 령토확장업적인데 후연과의 관계에서는 여러번 싸우기는 하였으나 새로 령토를 확장한것은 없었으므로 생략되였다고 보는것이 옳을것이다.

407년 백제전역이후 고구려는 이미 쟁취한 성과를 공고히 할 목적으로 409년 7월에 독산성*을 비롯한 《국동 6성》을 쌓고 평양주민들을 이주시킴으로써 390년대이후 새로 차지한 지방의 방어를 강화하였다.

* 독산성은 앞에서도 본것처럼 경기도 포천북쪽의 독현부근에 있었다고 보인다. 《국동 6성》은 국내성이나 평양성(오늘의 평양)의 동쪽에 쌓은 성이 아니라 남평양성동쪽에 쌓은 성으로 볼수 있다. 그것은 다음 달인 8월에 광개토왕이 고구려의 남부지방을 순시하였던 사실을 미루어서도 백제의 침공에 대처하여 쌓은 성이였다고 인정된다.

《국동 6성》의 위치에 대해서는 이미 전방, 종심성곽방위체계의 서술에서 언급하였다.

392년이후 약 15년간에 걸친 고구려-신라 대 백제-가야-《왜》의 전역은 고구려의 커다란 승리로 종결되였다. 그후 백제, 《왜》는 신라에 대해서는 이따금 침범하였으나 고구려는 감히 건드리지 못하였다. 이로써 고구려는 남쪽에서도 반대세력을 제압하고 삼국통일정책을 더 힘있게 추진시킬수 있는 조건을 마련하였다.

3) 신라에 대한 영향력의 강화

고구려는 백제를 강하게 제압하는 한편 신라에 대한 영향력을 더욱 강화하였다. 고구려군은 그후에도 《왜》의 침입을 자주 받는 신라를 도와 자기의 군대를 신라의 수도를 비롯한 요긴한 곳들에 주둔시켰으며 수군무력으로 동해의 남쪽까지 순찰하면서 《왜》국 선박들의 준동을 막아주었다.

392년에 고구려에 볼모로 왔던 실성은 401년에 신라로 돌아갔고 이듬해에 매금(왕)으로 되였다. 고구려는 412년에 나물니사금의 아들 복호(卜好)〔보해(寶海)〕를 다시 볼모로 받았다가 418년에 돌려보냈다. 그리고 418년에 평양주대교가 건설되였을 때에는 신라사람들까지도 공사에 동원시킨바 있었다.

417~418년사이에 고구려의 수군이 《왜》의 순라병을 붙잡아 죽인것은 고구려가 정치군사적으로 신라에 큰 영향을 미치고있었다는것을 실증해준다. 424년에 신라가 고구려에 사신을 보냈을 때에도 고구려는 특별히 우대함으로써 신라와의 관계를 좋게 가지기 위해 힘썼다. 고구려군이 신라땅에 주둔해있은것은 470년대까지도 계속되였다〔《중원고구려비》 참조〕. 이것은 고구려와 신라를 자기 편으로 삼고 당면한 주되는 반대세력인 백제를 제압하는데서 유리한 정세를 조성하였다.

제 3 절 5세기 중엽 고구려의 남진정책의 적극적추진과 백제-신라의 련합

1. 고구려-신라관계의 변화

앞에서 본것처럼 고구려는 4세기 말엽부터는 신라를 적극 인입하고 백제를 고립시키는 정책을 썼으며 392년에는 신라를 자기의 보호국으로 삼았다. 신라통치배들도 당면하게 백제 및 그와 련합한 가야, 《왜》세력의 침공을 막으며 또 고구려의 선진적인 제도와 문물을 받아들여 자기의 경제, 문화를 발전시키는데 큰 관심을 가지고있었다. 그들은 또한 백제-가야-《왜》의 련합세력의 침공을 막는데서 앞으로도 고구려의 군사력에 크게 의거하려고 하였던만큼 고구려와 좋은 관계를 유지하기 위하여 적극 노력하였다.

그러나 신라통치배들가운데 일부는 고구려에 너무 매여달리는것을 굴욕으로 생각하고있었으며 또 고구려가 장차 자기 나라를 완전히 통합하려고 한다는것을 알고 고구려에 대한 적대적감정을 가지고있는자들도 있었다. 그들은 고구려에 의한 삼국통일을 달가와하지 않았으며 신라가 자립하기 위하여서는 자기의 무력을 하루빨리 강화하는것과 함께 지금까지 적대적관계에 있던 백제에 접근하는것이 필요하다고 보고있었다.

백제통치배들도 고구려의 거듭되는 압력을 모면하기 위해서는 신라와의 관계를 개선하는것이 필요하다고 생각하고 지금까지의 정책을 바꾸어 신라와 좋은 관계를 맺으려고 하였다. 433년(백제 비유왕 7년, 신라 눌지마립간 17년) 7월에 백제가 먼저 신라에 사신을 보내여 화친할것을 제기하였으며 이듬해 2월에는 백제왕이 좋은 말 2필을, 9월에는 흰매 한마리를 신라왕에게 선물로 보냈다.

이렇게 되여 백제-신라관계는 현저히 개선되였다. 이때부터는 백제가 신라를 침공하는 일이 없어졌다.

그러나 5세기 후반기에도 신라는 북규슈의 《왜》인들의 공격을 계속 받고있었다〔《삼국사기》 권3 신라본기 실성니사금 4년(405년) 4월, 6년 3월, 6월, 14년 8월, 눌지마립간 15년(431년) 4월, 24년(440년) 6월, 28년(444년) 4월〕.* 그러므로 고구려의 보호를 계속 받는것이 필요하다고 보았으며 고구려와의 긴밀한 련합관계를 유지하였다.

* 이 시기에도 《왜》는 신라수도에 있는 성들인 명활성, 금성에까지 침입하였다.

그런데 450년에 이르러 고구려-신라관계에서는 불상사가 생겨났다. 신라의 하실라성주 삼직(三直)이 실직(강원도 삼척)벌에 나가 사냥하던 고구려 변장(변방을 지키는 장수)을 습격하여 죽이는 사건이 일어났던것이다〔《삼국사기》 권3 신라본기 눌지마립간 34년(450년) 7월, 권18 고구려본기에는 장수왕 28년(440년)〕.

실직벌충돌사건은 당시 고구려의 동남변방을 지키던 장수가 사냥을 나갔다가 하실라성(강릉)북쪽에 있던 신라와의 국경을 넘어 실직벌까지 짐승을 쫓아나갔던것과 관련되였다. 당시 두 나라의 관계가 좋고 또 고구려군대가 신라에 주둔하고있으면서 공동으로 《왜》, 가야, 백제의 침공을 방어하고있었던 실정에서 고구려군사들이 간혹 국경을 넘어서서 사냥을 하더라도 별로 문제시하지 않던 관계가 있었다고 보인다. 신라의 하실라성주는 고구려에 대하여 좋지 않게 생각하는 귀족관료들가운데 한사람이였다. 그는 고구려의 변방장수가 예고도 없이 자기의 관할구역을 통과한데 대하여 못마땅하게 생각하고 자기 휘하의 군사들을 보내여 불의에 고구려장수를 습격, 살해하였다. 두 나라사이의 관계를 보아서는 그저 단속만 해도 될것인데 죽여버린것은 확실히 지나친 행동이였다.

이 사건은 고구려측에서 볼 때 종전의 관계에는 어긋나고 또 고구려의 덕을 많이 보고있던 신라로서는 배은망덕한 행동으로 인정되였다. 그러므로 고구려의 장수왕은 이 사건에 대한 보고를 받자 성을 내면서 신라에 사신을 보내여 두 나라의 관계가 더할바없이 우호적이였는데 《군사를 내몰아 우리의 변방장수를 죽이였으니 이것이 무슨 도리인가》라고 추궁하였으며 또 고구려군사들을 출동시켜 신라의 서쪽변경(오늘의 경상북도, 충청북도의 경계지대였을것이다)을 치도록 하였다.

신라의 눌지마립간은 자세를 낮추면서 잘못을 사과하지 않을수 없었다. 고구려측은 신라왕이 사과하는 조건에서 다시 그전과 같이 좋은 관계를 유지하기로 하고 군대를 돌려세웠다.

그러나 신라통치배들은 고구려가 지나치게 내정간섭을 한다고 생각하면서 뒤에서 남몰래 백제에 더 접근하려고 하였다. 력사기록들에는 백제, 신라사이에 어떤 관계가 맺어졌는지 전하는것이 없으나 454년 7월에 고구려가 신라의 북쪽변경(강원도 동해안방면)을 공격하였다*고 한것을 보면 신라가 또다른 불상사를 일으켰기에 그러한 군사행동이 있게 된것으로 추측된다.

* 《삼국사기》 권3 신라본기 눌지마립간 38년(454년) 8월, 권18 고구려본기 장수왕 42년(454년) 7월, 신라본기 눌지마립간 39년(455년)조에는 이해 10월에 고구려가 백제를 침범하므로 신라왕이 군사를 보내여 백제를 구원해준것으로 되여있으나 이에 해당한 기사가 고구려본기에나 백제본기에는 보이지 않는다. 또 《중원고구려비》(앞면기사)에도 470년대 초엽까지 신라왕(자비마립간)이 고구려땅에 와있던것으로 되여있는것만큼 455년에 신라가 백제를 도와서 출병하였다고 보기는 어렵다. 그러므로 신라본기의 눌지마립간 39년조기사는 475년 9월에 있었던 사실을 잘못해서 2중으로 묘사해놓은것으로 볼수 있을것이다.

468년(고구려 장수왕 56년, 신라 자비마립간 11년) 2월에 고구려군은 《말갈》인 부대와 함께 신라 북변의 실직성을 함락시켰다가 철수하였다.* 신라는 이에 대한 대책으로 9월에 하실라주의 15살이상되는 인민들을 동원하여 니하(강원도 강릉북쪽 련곡천?)계선에 성을 쌓았다. 468년 2월의 이 충돌사건의 원인에 대해서는 언급한 기록이 없다. 그러나 이 사건은 당시 두 나라사이의 우호관계에 금이 가고 모순이 커가고있었던 사실의 반영으로 볼수 있다. 아무튼 이때에도 신라의 자비마립간은 고구려에 사죄한것으로 생각된다. 그리고 고구려는 이번에도 신라통치배들이 사과하였으므로 자기 군대를 본래의 계선으로 철수시켰다고 볼수 있다. 《삼국사기》 고구려본기에는 이때 고구려가 실직성을 점령하였다고만 썼으나 신라가 그후 곧 하실라주 백성들을 동원하여 축성한것을 보면 고구려군은 도로 철수한것으로 보인다.

* 《일본서기》 권14 웅략기 8년(464년)조에는 고구려가 정병 100명을 신라수도에 보내서 지키게 하였는데 고구려군사 1명이 휴가를 받아서 귀국할 때 함께 갔던 신라사람 전마(말지키는 사람)에게 《너희 나라는 우리 나라에 의하여 격파될 날이 멀지 않다.》라고 말하였다. 신라사람은 거짓으로 배가 아프다고 하여 뒤떨어졌다가 자기 나라(신라)로 되돌아와서 그 소식을 전하였다. 신라왕은 고구려군사들이 속임수로 신라 수도를 지키고있다는것을 알고 신라국민에게 집집마다에서 기르고있는 수닭을 죽이라고 일렀더니 나라사람들이 그 뜻을 알고 나라(수도)안에 있던 고구려사람들을 다 죽여버렸다. 오직 고구려군사 1명만이 탈출하여 사연을 보고하니 고구려왕이 즉시 군사들을 출동시켜 축족류

성 (혹은 도구사기성이라고도 한다)에 둔을 치고 노래부르고 춤을 추었다. 이에 신라왕이 사방에서 노래, 춤이 벌어진것을 알고 적 (고구려사람)이 신라땅에 들어온 사실을 알았다. …그래서 고구려, 신라사이에 원망하게 된것이 이때부터 생겼다. … 〔원문에는 신라왕이 가야왕을 통하여 일본부행군원수에게 구원을 요청하였고 그들의 도움으로 고구려군을 격파한것으로 꾸며놓았으나 이것은 모두다 어처구니 없는 거짓말이다.〕

이 기사는 일본인들이 후세에 만들어낸 설화로 볼수 있다. 웅략기의 이 기사는 일본렬도안에 있던 고구려국과 신라국사이의 관계를 다소 굴절된 형태로 보여주는것으로 생각해볼수도 있으나 그것은 별로 현실성이 없다. 그리고 당시 고구려, 신라사이의 관계로 볼 때 이 꾸며낸 이야기가 력사적사실이라고 볼수도 없다. 거기에서 그 어떤 사실의 요소라도 찾아본다면 450년에 있은 일부 반고구려적립장을 취하고있던 신라통치배들의 과격한 행동으로 고구려의 변방장수가 죽은 사건이나 신라땅에 주둔하고있던 고구려군사 한두사람을 죽인 사건이 과장되여 전달된것으로 볼수도 있다.

신라가 고구려에 대하여 사죄한것은 이 시기까지도 북규슈의 《왜》인들이 신라를 자주 침범하였기에* 신라로서는 고구려의 도움을 받는것이 필요하다고 보았기때문일것이다.

* 《삼국사기》 권3 신라본기 자비마립간 5년 (462년) 5월, 6년 (463년) 2월조들에는 왜인이 신라의 활개성, 삽량성 (량산)을 침공하였다는 기사들이 있다.

고구려로서는 440년대 중엽부터 백제와 대결상태에 있었으므로 신라가 백제편으로 넘어가지 못하도록 하는것이 중요하였다. 그리하여 신라측에서 간혹 고구려에 대한 적대행위를 한 경우에도 그들이 사과하는 조건에서는 너그럽게 대해주고 신라와의 좋은 관계를 유지하는것이 필요하였다.

450년사건, 468년사건 등은 당시 신라통치배들이 한편으로 고구려를 무서워하면서 백제, 가야와 접근하는 정책을 쓰고있었으며 다른 한편으로는 《왜》의 일부세력들의 침습을 계속 받고있던 실정에서 고구려의 원조를 받아야 할 처지에 있었기때문에 고구려와 정면으로 맞서는것을 피하고 좋은 관계를 유지하려고 하였다는것을 보여준다.

고구려는 450~460년대에 신라와의 관계에서 신축성있는 정책, 군사활동을 벌리면서 소백산줄기이북지역을 거의다 차지하고 자기의 령역으로서 공고화하였다. 그것은 충청북도 중원군 로은면에서 건흥5년 (476년) 기년명이 있는 고구려불상이 나왔다는 사실 등을 통해서도 알수 있다.

2. 475년 백제 수도 한성의 함락

1) 440년대이후 백제에 대한 제압의 강화, 신라에 대한 신축성있는 정책의 실시

고구려는 427년에 기본수도를 평양으로 옮긴 다음 삼국통일위업에 더욱 큰 힘을 넣게 되였다. 그러나 수도를 옮긴 후에도 도시 리방건설을 비롯하여 전국적으로 교통망, 통신망을 정비하고 봉건통치체제를 정비강화하는데 주력하여야 하였으며 또 신라와의 관계를 조절하여야 하였던만큼 10여년간은 당면한 투쟁대상이였던 백제에 대한 군사적공격은 하지 못하고있었다. 그러다가 440년대부터는 백제에 대한 제압을 강화하는데로 넘어갔다고 보인다. 지금 남아있는 사료들에는 이 시기의 백제와의 관계는 거의나 기록이 없으나 백제의 개로왕이 472년에 북위에 보낸 국서에는 436년 북연이 망하고 풍홍이 고구려로 도망간 후 고구려가 점차 강성하게 되여 백제는 고구려의 《릉멸과 침략을 받고 전화가 계속된지 30여년이나 되였으며 재력이 탕진되고 점점 더 쇠약해졌다》고 한것을 보아서 고구려, 백제사이에 440년대부터 소규모의 충돌사건이 계속되고있었다는것을 알수 있다(《삼국사기》 권25 백제본기 개로왕 18년, 《위서》 권100 백제전).

《삼국사기》에는 469년 8월에 백제가 고구려의 남부변방을 쳤고 10월에는 쌍현성을 보수하고 청목령에 큰 울타리시설을 만들었다는것이 지적되여있을뿐이지만 그 이전에도 두 나라사이에 여러차례 전쟁이 있었으며 그때문에 백제의 재력이 크게 소모되였다는것은 사실일것이다(《삼국사기》 권18 고구려본기 장수왕 57년 8월, 권25 백제본기 개로왕 15년 8월).

고구려는 이 시기 백제에 대하여 필요한 경우 군사적타격을 주는 한편 백제의 국력을 약화시키기 위한 내부와해공작도 진행하였다. 그리고 이미 본바와 같이 중국의 여러 나라들이 백제를 지지하여 나서지 못하도록 능란한 외교활동을 진행하였고 신라를 계속 자기 편으로 끌어붙이기 위한 신축성있는 정책을 썼다.

이 시기 고구려가 백제 내부와해공작을 진행하였다는것은 중 도림(道琳)을 백제왕정에 깊이 침투시켜 백제의 내정을 문란시킨데서 찾아볼수 있다.

이에 대하여 《삼국사기》 권25 백제본기 개로왕 21년조에는 다음과 같은 내용을 전하고있다.

고구려의 장수왕이 백제땅에 가서 간첩노릇을 할만한 사람을 수소문하였을 때 중 도림이 와서 《저는 아직 불도(불교의 진리)를 원만히 터득하지 못한 사람인데 그럴바에는 나라의 은혜에 보답할 생각을 하게 되였소이다. 대왕께서 신이 어리석다고 하지 않는다면 지정된 기간안으로 명령을 어기지 않겠나이다.》라고 하였다. 그래서 장수왕은 기뻐하며 비밀리에 그를 보내서 백제를 속이게 하였다.

도림은 거짓으로 죄를 범하고 도망가는것처럼 가장하고 백제로 들어갔다. 당시 백제왕 근개루(近蓋婁)(개로왕)는 장기와 바둑두기를 즐겨하였다. 도림이 백제 왕궁의 문앞에 와서 문지기에게 말하기를 《나는 어릴적부터 바둑을 배워서 꽤 묘한 수를 알고있으니 원컨대 왕의 좌우 측근신하에게 이 사실을 알려주오.》라고 하였다. 왕이 그를 불러들여 바둑을 두어보니 과연 국수였다. 그래서 그를 존대하여 상객(웃손님)으로 받들고 아주 친근하게 대했으며 상봉이 늦어진데 대하여 한스럽게 여기였다.

하루는 도림이 개로왕과 마주앉아 조용히 말하기를 《신은 다른 나라 사람이오이다. 왕께서 저를 차별하지 않고 은혜를 매우 두텁게 베푸시는데 저는 다만 한가지 재주만 가지고있을뿐 아직도 자그마한 도움이 되는 일을 하지 못하고있나이다. 이제 한마디 말씀을 올리려고 하는데 왕의 뜻은 어떠하신지요.》라고 하였다. 왕이 《그런것이 있다면 어서 말해보라. 만약 나라에 리익되는 것이 있으면 그것은 내가 대사에게 소망하는바이다》라고 대답하였다. 도림이 《대왕의 나라는 사방이 모두 산과 언덕, 강과 바다로 둘러막혔으니 이것은 하늘이 설치한 요새지이며 사람의 힘으로 된 지형이 아니오이다. 그러므로 이웃 사방의 나라들이 감히 엿볼 생각을 내지 못하고 받들어 섬기기를 원하기에 겨를이 없나이다. 그런즉 대왕은 마땅히 높은 권세와 부유한 재력으로 사람들이 보고 듣기에 놀라도록 하여야 할것인데 성곽은 수축되지 않고 왕궁은 수리되지 않았으며 선왕의 해골은 땅우에 림시로 묻은채로 있고 백성들의 집은 강물에 무너져가고있으니 이것이 대왕을 위하여 좋지 않다고 생각하고있나이다.》라고 하였다. 개로왕은 《알만하다, 내가 이제 그렇게 하도록 하겠다.》라고 하면서 온 나라 백성들을 다 동원하여 흙을 구어 성을 쌓고 궁전과 루각, 축대와 정각을 웅장화려하게 지었다. 또 욱리하(아리수—한강)에서 큰 돌을 날라다가 돌곽무덤을 만들어 아버지(비유왕)의 유해를 장사지내고 사성 동쪽으로부터 숭산 북쪽까지 강을 따라 방뚝을 쌓았다.

이때문에 나라의 창고는 텅 비고 백성들의 생활은 빈궁해졌으며 나라의 위태로움이 닭알을 쌓아놓은것처럼 심하게 되였다.

그제야 도림이 도망쳐서 장수왕에게 보고하니 장수왕이 기뻐하면서 백제를 치라고 군사들을 장수들에게 주었다는것이다.

한편 고구려는 475년 백제징벌에 앞서 신라와의 관계를 개선시키는데 큰 힘을 넣었다.

중원고구려비*[1]에 의하면 470년 5월에 고구려의 태왕조왕(太王祖王. 장수왕)은 신라매금(자비마립간)과 그 태자 공(共)이 찾아오자 두 나라가 형제간의 관계를 계속 유지하며 상하간의 관계를 더 화목하게 할것을 약속하였다. 그러면서 매금의 의복을 비롯한 여러가지 물품들을 선사하였다. 신라매금 일행은 고구려땅에 오래동안 체류하다가 12월 25일*[2]에야 우벌성(于伐城. 경상북도 영풍군 순흥면)으로 되돌아갔다.

*[1] 중원고구려비는 1979년 충청북도 중원군 가금면 룡전리 립석부락 어귀에 있던 비석을 조사하여 고구려비로 확인한것이다. 비석은 4각기둥모양으로 생겼는데 본래 네면에 다 글자가 있었으나(비면 높이 126～144㎝, 웃너비 32～55㎝, 아래너비 31～49㎝) 지금은 주로 두개 면에만 글자가 보인다. 제일 많은 면에 10행 23자씩 230자가 새겨져있었으나 그중 20여자는 잘 보이지 않는다. 그 다음면은 7행 23자씩(제7행은 17자) 모두 155자가 있었으나 지금은 50여자가 보일뿐이다. 그나마도 개별적인 글자, 단어만이 보일뿐 문구, 문장으로 된것은 거의나 없다.

*[2] 《고구려사》(1) 1990년, 358페지에서는 475년 11월 23일로 보았으나 《중원고구려비연구》(학연문화사, 2000년)에 수록된 탁본들을 대조해보니 분명히 《12월 25일 갑인》이다. 그렇게 되는 해로서는 403년, 470년, 496년이 있으나 당시는 3국간의 정세로 보아 470년이 가장 적합하다고 본다. 그것은 비문에

《흉귀 개로(凶鬼 蓋盧)》라고 하여 백제 개로왕(455～475년 재위)이 보이며 또 450년대이후 468년까지 고구려－신라사이에 충돌사건들이 있었으나 그때마다 고구려왕은 신라측의 사죄를 너그러이 받아들이고 신라가 백제에 접근하지 않도록 유화정책을 썼기때문이다.

비문내용은 많은것이 지워져서 알수 없으나 470년을 전후한 10～20년간의 사건들을 중심으로 고구려－신라관계를 썼던것으로 추측된다.

보통 앞면으로 불리우는 글자가 제일 많은 면에는 12월 25일경에 전부대사자 다우환노, 주부 귀덕(貴德) 등으로 하여금 신라령토안에서 300명의 사람을 모집하게 하라는 지시가 있었는데 이때 신라땅안에 있었던 고구려의 당주 하부 발위사자 보노○소노는 백제왕 개로에게도 신라령토안에서 사람을 모집하자는 계책을 내놓았고 그때문에 신라내부가 소란스러워졌으나(다우환노 등의 노력으로 진정되였다.) 그 다음면의 내용은 거의나 지워져서 알길이 없다. 다만 신유(년)(481년)이 두어번 나오고 《동이매금》, 《고모루성*수사(守事)》, 《하부 대형》등이 보일뿐이다. 그러나 481년에 고구려가 475년에 백제를 도와나섰던 신라에 대한 일대공세를 취하여 미질부성(경상북도 영일군)까지 진격하였던 사건과 그 뒤처리 등에 대하여 썼던것으로 짐작될뿐이다.

* 고모루성은 《옛산성》이란 뜻으로 충청북도 음성군 음성동쪽 3리에 있는 수전산성으로 비정된다.

470년에 신라매금 등의 고구려방문이 실현된것은 신라의 행동을 견제함으로써 고구려에 의한 백제수도 한성함락에 유리한 조건을 지어주는것으로 되였다.

2) 백제 수도 한성의 함락

백제에 대한 내부와해공작에서 성공하고 또 신라가 백제를 도와줄수 있는 길을 봉쇄한 다음 고구려 장수왕은 475년 9월 드디여 3만명의 군사들을 이끌고 백제에 대한 공격을 개시하였다.

진격을 시작한 고구려군은 백제의 전방방어선을 돌파하고 백제 수도 한성(북한성)으로 육박하였다.*[1]

개로왕의 그릇된 정사로 하여 백제군의 무장장비는 빈약하였고 군사들은 훈련을 잘 받지 못하였으므로 싸움준비를 잘하고 떠난 고구려군의 진격을 막아낼수 없었다.

이런 위급한 정세속에서 백제의 개로왕은 자기의 잘못을 후회하면서 태자인 문주에게 《내가 어리석고 현명하지 못하여 간사스러운자의 말을 듣고 이 지경에 이르게 되였다. 백성들은 무력해지고 군사들은 약해졌으니 위기가 닥쳐왔으나 누가 나를 위하여 힘써 싸우겠는가. 나는 여기서 사직(나라)을 위하여 힘껏 싸우다 죽으려니와 너는 여기에 남아있다가 함께 죽는것이 무익한 일이다. 그러니 피난을 가서 나라의 명맥을 이어야 한다》고 말하였다(《삼국사기》 권 25 백제본기 개로왕 21년 9월). 그러면서 신라, 가야에 구원을 요청하도록 하였다.

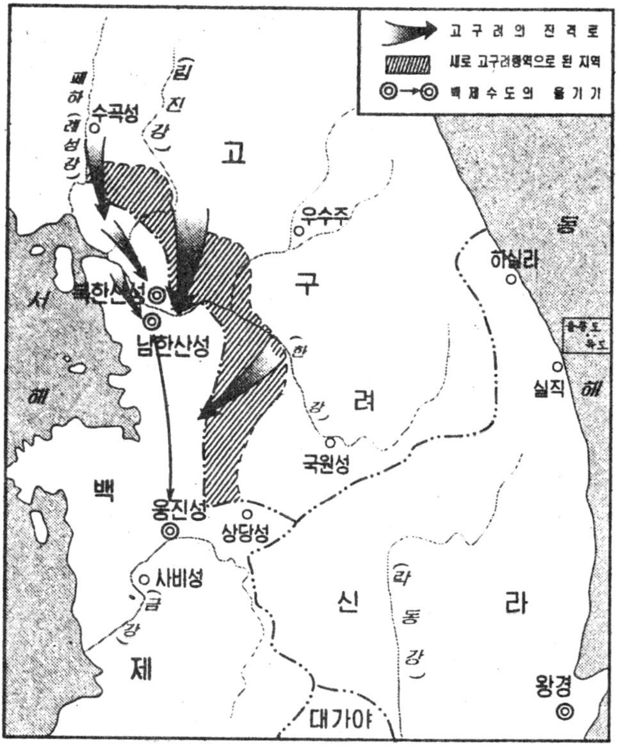

475년 백제전역략도

문주는 목협만치(木協滿致), 조미걸취(祖彌桀取)(목협, 조미는 다 두 글자로 된 성〈복성〉이다)와 함께 남쪽으로 갔다. 문주자신은 신라로 가서 원병을 요청하였고 목협만치는 가야에 가서 군사적지원을 해주도록 설복하였던것으로 보인다.

고구려군은 대로(제1벼슬등급) 제우(齊于)와 재증걸루(再曾桀婁), 고이만년(古尔萬年)(재증, 고이 역시 두 글자로 된 성이다)의 지휘밑에 북성(북한성—서울북부)을 7일만에 함락시키고 련이어 남성(남한성—몽촌토성)을 공격하였다.*2 백제군은 성문을 굳게 닫고 방어하였으나 고구려군은 4개 방향으로 나뉘여 성을 공격하였으며 때마침 불어오는 바람을 리용하여 성문을 불태웠다. 이렇게 되자 백제군의 사기는 저락되고 항복하려는자들이 생겨났다.

개로왕은 급해맞은 나머지 수십명의 기병을 데리고 성문을 빠져나가 서쪽으로 달아났다. 그러나 고구려군은 그의 앞길을 막고 그를 붙잡아 재증걸루에게로 데리고갔다. 재증걸루, 고이만년은 본래는 백제사람이였는데 죄명을 쓰고 고구려로 달아났던 사람들이였다.

개로왕이 말에서 내려 재증걸루를 보고 절을 하였더니 걸루는 왕의 낯에 세번씩이나 침을 뱉았고 왕이 범한 죄를 조목별로 들면서 규탄하였으며 왕을 묶어서 아차성(서울 동쪽 아차산에 있던 성)으로 보냈더니 거기에 있었던 고구려군에 의하여 처형당하였다.

*1 고구려군의 백제공격의 개시날자에 대해서 《삼국사기》 고구려본기와 백제본기에는 475년 9월로 되여있고 신라본기에는 474년 7월로 되여있다. 고구려, 백제본기의 기록이 더 옳을것이다.

*2 북성, 남성이란 한성에 두개 성이 있었음을 의미한다. 북성은 371년(근초고왕 26년)에 수도를 옮겼다는 한산(북한산, 북한성)이고 남성은 한성이남에 있던 몽촌토성(옛 위례성?)으로 볼수 있다. 혹 이 남한성은 평지성과 산성(남한산성)의 결합이였을수도 있다. 이것은 백제가 371년에 북한성으로 수도를 옮긴 후에도 남한성은 제2의 수도 또는 수도 한성의 한부분으로 남아있었다는 것을 보여준다.

백제왕자 문주의 원병요청에 접한 신라통치배들은 앞으로 자기들도 백제왕과 같은 처지에 놓일수도 있다고 우려하면서 고구려와의 동맹약조를 저버리고 1만명의 군사를 지원무력으로 내보냈으나 그들이 한성에 가기도전에 벌써 한성은 함락되고말았다.

《삼국사기》의 고구려본기에는 이 전역에서 고구려군이 한성을 도로 내주고 8 000명의 백제사람들을 붙들어온것으로 되여있고(《삼국사기》권18 고구려본기 장수왕 63년 9월) 백제본기에는 고구려군은 비록 물러갔으나 한성은 크게 파괴되여 수도로 다시 리용할수 없게 되였으므로 웅진으로 수도를 옮긴것으로 되여있다(《삼국사기》 권26 백제본기 문주왕 즉위년). 그리고 그후에도 6세기 초엽까지 한산성, 한성(한강이북)은 계속 백제땅으로 남아있었던것으로 되여있다〔《삼국사기》 권26 백제본기 동성왕 4년(482년) 9월, 5년 봄, 21년(499년), 무녕왕 7년(507년) 10월, 23년(523년) 2월 등〕.*

* 이로 보아 종전에 일부 사가들이 475년 백제 수도 함락이후 고구려가 아산만계선까지 다 차지한것으로 본것은 타당하지 않은것으로 인정된다.

또한 일부 사가들이 고구려의 광개토왕때 이미 현재의 서울시 성동구 동쪽지역을 차지하였다고 보고있는것도 잘못이라고 생각한다. 만일 396년경에 이미 고구려가 한강북안까지 진출하고있었다면 백제가 한성에 수도를 두고 있을수가 없기때문이다.

고구려가 475년에 백제 수도 한성을 함락시킨 후 그 이상 더 전진하지 않은 리유가 어디에 있었는지는 잘 알수 없다.*

혹 고구려군 3만명만으로써는 백제군 및 그와 련합한 신라군과 싸우기에는 병력이 부족하다고 보았기때문이였는지도 모른다. 그러나 그보다는 백제에 대한 징벌타격이 강하게 주어졌다*고 생각하고 또 백제, 신라의 힘을 과소평가하여 앞으로 큰 싸움이 없이도 점차적인 방법으로 통일을 실현할수 있으리라고 타산한데 주요원인이 있었던것 같다.

* 475년 전역이후 백제와 어떤 강화조건을 해결하였는지 기록에는 8 000명의 백제사람들을 련행해왔다는것밖에 전한것이 없다.

  그러나 이 8 000명은 396년 광개토왕 당시 백제가 보낸 1 000명의 생구(노비), 10명의 인질(왕의 동생, 대신 등)보다도 더 많은 《보상》에 해당하였다고 볼수도 있다. 즉 그 안에는 백제의 왕실, 귀족관료도 많이 포함되여있었을수 있다. 또 중요한것은 고고학적자료에 의하면 서울시 성동구 구의동 동쪽 중랑천, 왕숙천계선에는 수많은 고구려성보유적들이 남아있다는 사실이다. 이것은 장수왕때에 설정된것으로 보이는것만큼 광개토왕때보다도 백제 수도 한성을 지척에 두고 제압할수 있게 되였다고 인정되므로 396년의 강화조건보다 더 엄격하였다고 볼수 있다.

그러나 고구려가 이때 더 남진하여 백제가 앞으로 다시 일어날수 없게 백제지역안의 요충지들에 군대를 주둔시키거나 이 기회에 백제를 통합하지 못한것은 고구려의 실책이였다고 인정된다.

당시 백제의 군사력이 그리 강하지 못하였던 조건에서 그리고 고구려가 료동방면에서 북위와의 관계를 좋게 가지고있어 아무런 근심도 없었던 조건에서 고구려는 능히 이 목적을 달성할수 있었을것이다. 그런데 백제의 요청대로 한강계선이남으로 나가지 못하였고 더우기 한강하류, 오늘의 서울시 중구 서쪽, 개성부근까지의 땅을 도로 내준것은 백제로 하여금 다시 사태를 수습하고 고구려를 반대하여 나설수 있는 틈을 주게 하였다. 실지로 그후 5세기말~6세기초 백제의 북방진출이 있게 된것은 475년 전역때 고구려가 지나친 아량으로 전후처리를 하였다는것을 보여준다.

그렇다고 475년 백제 수도 함락전역이 무의미하였던것은 아니다. 이때 고구려는 충청북도 서부에서도 일정하게 진출하였다고 보이며 그것은 백제와 신라사이의 련계를 약화시키는데 일정한 도움을 주는 조치였다. 그리고 이 전역이후 백제는 한동안 고구려를 반대하여 나설수 없었다는 점에서도 그 의의가 있었다고 말할수 있다.

3. 480~490년대 고구려의 신라징벌

1) 481년 고구려군의 미질부진격

475년 백제수도 함락당시 신라통치배들이 백제를 지원하여 1만명의 병력을 파견한것은 그들이 고구려를 반대하고 백제와 련합하는 정책으로 이행하였다는것을 공식적으로 표현한것이였으며 지난 시기의 고구려와의 약조를 배신적으로 어긴것이였다. 고구려는 이에 대하여 묵과할수 없었다.

주되는 투쟁대상인 백제를 일단 꺾어놓은 조건에서 신라에 대한 징벌작전을 벌림으로써 삼국통일과정을 더욱 다그치는것은 미룰수 없는 과업으로 제기되였다. 이로부터 고구려는 479~480년 서북방의 지두우족 거주지역을 차지하기 위한 큰 원정작전이 끝나는 차제로 동남방으로의 출전준비를 진행하였으며 480년 11월에는 말갈인부대를 신라북변에 내보내여 위력정찰을 하도록 하였다〔《삼국사기》 권8 신라본기 소지마립간 2년(480년) 11월〕*[1].

신라의 소지마립간은 고구려군의 공격이 예견되는 정황에서 481년 2월에 북변의 요새인 비렬성*[2]으로 가서 군사들을 위문하고 군복을 주는 등으로 사기를 돋구어주었으며 백제, 가야와는 공동으로 방어할데 대하여 교섭을 진행하였다.

*[1] 이 사건은 고구려 본기에는 반영되지 않았다. 또한 그 이듬해의 호명성전투, 미질부전투의 내용은 고구려본기, 백제본기에도 실려있지 않다. 이것은 고구려, 백제의 사료가 거의 남지 못한 사정과 관련이 있을것이다.

*[2] 《비렬성》은 300년에 기림니사금이 방문하였다는 《비렬홀》과 함께 556년에 신라가 강원도 안변지방에 둔 비렬홀주의 소재지로 보는 견해도 있으나 4~5세기 신라의 북변은 대체로 강릉계선, 소백산줄기계선이였으므로 이 비렬성의 위치도 그 이남지역에서 찾아야 할것이다. 《비리》(畀離), 《비류》(沸流), 《부루나》, 《부리》(富利), 《부로》(夫老) 등의 지명은 삼국시기와 그 이전시기 조선각지에 흔히 있었던 지명이므로 후세의 력사편찬자들이 구분없이 써놓았을수 있다. 비렬성은 후세의 지명가운데서 좀 가깝다고 보이는 지명을 《대동여지도》에서 찾아본다면 경상북도 영주서쪽 도솔산남쪽에 있는 부로산(夫老山)고성으로 견주어볼수도 있다. 이곳은 당시 신라의 북변에 있던 요새지의 하나였다.

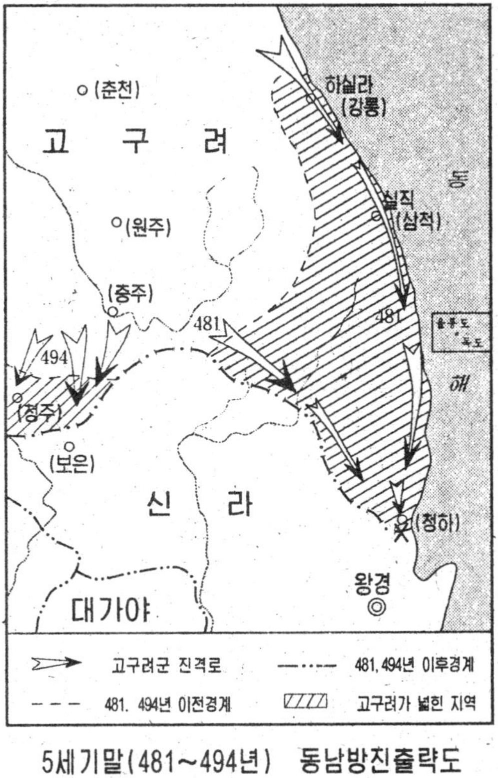

5세기말(481~494년) 동남방진출략도

481년 3월에 정예로운 기병, 보병으로 구성된 고구려군은 동남방향에서 대규모의 군사행동을 개시하여 신라군의 저항을 물리치고 호명성*[1]을 비롯한 7개 성을 점령하였으며 그 기세로 미질부성*[2]에까지 진출하였다.

*[1] 호명성은 경상북도 영덕으로 비정된다. 영덕의 고구려때 이름은 《야시홀》이

고 《야시》는 《여우》의 옛말 또는 사투리이다. 당시 소백산줄기 남쪽으로도 고구려군은 진격하였던것으로 보이지만 주공방향은 동해안쪽이였기에 그 방향의 중요전투기사가 전한것으로 생각된다.

호명성 등 7개 성은 480년전투에서 이미 울진, 평해이북이 고구려의 수중으로 들어갔다고 본다면 영덕이남의 성들을 가리키는 말로 될것이다. 호명성은 영덕군지역이 이 시기 동해안방면에서의 가장 중요한 신라의 거점이였기때문에 그 이름을 밝힌것으로 볼수 있다.

*2 《주관6익》에 의하면 미질부(경상북도 흥해, 오늘의 영일군 의창읍)에는 남, 북 두 성이 있었다. 남미질부성은 망창산성(토성, 둘레 6 000자)일것이다 〔《신증동국여지승람》 권22 흥해군 고적〕. 북미질부성(토성, 둘레 5 500자)은 의창읍 흥안리에 있다〔《조선성곽일람》(경상남북도편)《조선학보》 103집, 127페지〕.

고구려군이 신라수도 왕경(경주)에서 불과 90～100리 정도밖에 안되는 가까운 지점에까지 밀고내려온 조건에서 신라봉건국가의 운명은 글자그대로 《바람앞의 등불》신세가 되였다. 급해맞은 신라통치배들은 백제, 가야의 원조를 요청하였고 그들과 합세하여 여러 길로 갈라져서 고구려군의 남진을 막아나섰다. 력량관계의 급변으로 하여 니하*1(신광천《곡강》) 서쪽 전투에서 고구려군의 진격은 저지당하였다. 그러나 그후 고구려군은 미질부 북쪽 아혜현*2(영일군 청하면) 계선을 확보하였다(《삼국사기》 권35 유린군, 《신증동국여지승람》 권23 청하현 건치연혁).

*1 481년에 전투가 있었던 니하를 강릉 북쪽에 있던 니하(니천, 련곡천)와 같은 것으로 보면서 이때 신라가 다시 강릉부근까지 북상한것으로 생각하고 고구려가 청하(아혜현) 이북지역을 차지한것은 그 이전시기였다고 보는 견해도 있다. 그러나 450년, 468년이선에 고구려가 강릉이북지역을 차지하고있었다는것이 명백한것만큼 그러한 견해는 성립될수 없다. 따라서 481년의 니하는 후세의 흥해군 신광천이라야 할것이다.

*2 《삼국사기》에는 아혜현(청하현)이북이 다 고구려의 옛땅으로 되여있는데 이렇게 될수 있었던 시기는 481년전역이후일수밖에 없다.

481년에 고구려군이 진행한 신라에 대한 징벌작전은 삼국통일정책추진의 한부분이였으며 따라서 큰 력사적의의를 가진다.

그것은 고구려가 대규모의 군사활동을 벌림으로써 동남쪽으로 멀리 나가게 되였던 사실을 보여주고있다. 이해의 고구려의 군사행동에 대해서는 중원고구려비에도 신유년(481년)이라는 년대가 나오는것을 보아서 큰 사변이였다는것을 알수 있다. 또 《삼국사기》지리지를 비롯한 력대 지리지들에 경상북도 동북부, 강원도 남부의 많은 지역들이 본래 고구려의 군현으로 되여있는것도 바로 이 시기에 고구려가 이 지역을 차지하고 자기의 군현을 설치하였기때문이다.

《삼국사기》 지리지, 《고려사》지리지, 《신증동국여지승람》, 《대동여지도》 등의 옛 고구려현으로 기록된 강원도 남부, 경상북도 동북부의 고을이름들을 보면 아래와 같다.

5세기말 고구려 동남지방 군현명 일람표

번호	고구려때 군현명 (딴이름, 전기 신라때 이름)	현재	비고
1	실직군 (실직주성, 사직)	강원도(남) 삼척시 삼척읍일대	《삼국사기》 권37에는 고구려때 지명이 빠짐
2	만약현	〃 〃 근덕면 동막리	삼척 남쪽 30리
3	파리현	〃 〃 원덕읍 일대	〃 〃 약 90리
4	죽현현(나생어)	〃 〃 하장면 두타산 남쪽	〃 서쪽 약 50리
5	우진야현(고오이)	경상북도 울진군 울진읍일대	
6	파차현(파풍)	〃 〃 원남면 덕신리 일대	울진 동남 약 30리
7	근을어	〃 〃 평해읍 일대	
8	우시(르)군	〃 영덕군 녕해면 일대	
9	야시홀군	〃 〃 영덕읍일대	
10	고은현	〃 영양군 영양읍일대	《삼국사기》에는 없고 《고려사》, 《신증동국여지승람》에는 고구려지명으로 밝히지 않았으나 고구려땅이였음이 분명하다
11	칠파화현	〃 청송군 진보면일대	
12	조람현(재람)	〃 〃 〃 진안동	
13	청기현	〃 〃 청송읍일대	
14	이화혜현	〃 〃 안덕면 일대	
15	아혜현	〃 포항시 청하면 덕성동일대	
16	고사마현	〃 봉화군 봉화읍일대	
17	급벌산군	〃 영주시 풍기읍일대	
18	이벌기(지)현 (자벌기)	〃 〃 부석면일대	
19	나기군	〃 봉화군 봉화읍 서쪽 20리	《삼국사기》에는 본래 백제의 군으로 되여있으나 《고려사》 권57 지리지에는 본래고구려나기군으로 됨
20	매곡현	〃 안동시 례안면일대	
21	굴화군	〃 〃 림하면 일대	

※ 강릉이북은 본래 신라땅이 아니였으므로 제외함

표에서 보는바와 같이 고구려는 삼척남쪽, 청하 북쪽, 안동 동쪽과 북쪽의 넓은 지역을 차지함으로써 사실상 신라의 목덜미를 누른것으로 되였다. 이때 고구려가 신라를 완전히 통합하지 못한것은 너무도 전선이 멀어져서 인원보충, 무기무장, 식량 등의 후방공급이 어려워졌던 반면에 신라가 백제, 가야와 련합하여 완강하게 저항해나선데 그 주되는 원인이 있었다고 보인다.

481년 미질부진격과 아혜현(청하) 이북지역의 확보는 고구려의 남방령토를 현저히 넓히였으며 490년대 중부산간지대에로의 고구려의 남하에 유리한 국면을 열어놓은것으로 되였다.

이로써 고구려는 삼국통일정책실현에서 다시한번 중요한 한걸음을 더 내디디였다.

2) 480년대 중엽~490년대 백제, 신라의 련합을 제압하기 위한 고구려의 투쟁

475년 한성함락이후 백제는 웅진(공주)으로 수도를 옮기면서 방어력이 강한 고구려의 고로봉식산성의 축조형식과 방법을 받아들여 웅진성(공주성)을 쌓았으며 전쟁의 후과를 가시기 위한 일련의 대책을 세웠다. 476년 2월에는 대두산성(한강 남쪽)을 보수하고 제 고장에서 떠나온 한강북쪽지방의 백성들을 이곳에서 살게 하였다.

476년 8월에는 해구(解仇)를 병관좌평으로 임명하였으며 477년 2월에 왕궁을 다시 수리하고 4월에는 왕의 동생 곤지(昆支)를 내신좌평으로 삼았다. 이것은 국내통치질서를 강화하려고 한것이였다.

그러나 백제귀족통치층내부는 통일되지 못하였고 그들은 제가끔 자기의 권세를 늘이기에 골몰하고있었다. 477년에 해구는 정변을 일으켜 문주왕을 살해하고 13살 나는 태자를 삼근(三斤)왕으로 올려세웠으며 국가와 군사에 관한 모든 권한을 장악하였다(《삼국사기》권26 백제본기 문주왕 4년 8월)*.

* 여기서 4년은 3년의 잘못이다. 같은 책 년표참조.

백제왕정내부에는 해구일파를 반대하는 귀족관료세력들도 있었다. 《송서》권 37 백제전에 의하면 450년대에 백제에는 좌, 우 현왕, 각종 장군칭호들이 다 있었다. 당시 백제가 고구려의 강한 압력을 받고있었지만 백제는 백제대로 천자국으로서의 체계를 갖추고있었던것이다. 그러므로 한성함락이후에도 백제왕정이나 지방들에는 제노라고 하는자들이 적지 않게 있었다고 볼수 있다.

해구일파는 고구려와의 관계를 악화시키지 않으면서 자기의 권력을 유지하려고 한것으로 보인다. 그러나 백제의 귀족관료들가운데에는 고구려에 대하여 보복할것을 주장하는자들도 적지 않았으며 그들은 해구일파를 정권에서 몰아내기 위한 준비를 진척시키고있었다. 형세가 불리하게 된 해구일파는 478년 봄에 대두성에 의거하여 반기를 들었다. 그들의 세력이 상당히 강하였다는것은 좌평 진남(眞男), 덕솔 진로(眞老)가 두차례에 걸쳐 그들을 토벌하여 겨우 진압한것을 보아서 알수 있다. 이때 해구일파였던 은솔 연신(燕信)은 고구려로 망명하였다(《삼국사기》 권26 백제본기 삼근왕 2년 봄).

481년에 신라가 고구려의 급속한 남하로 위급한 처지에 놓였을 때 백제는 가야와 함께 신라편에 서서 공동으로 고구려를 반대하여 나섬으로써 475년의 맹약을 공공연히 위반하였다.

이와 관련하여 고구려는 다시 백제에 대한 징벌타격으로 이듬해인 482년 9월에 말갈인부대를 시켜 한산성(북한산성)을 쳐서 함락시켰다. 이것은 고구려가 신라에 대한 공격이 일단락 지어진 다음 다시 백제를 제압하기 시작하였다는것을 말해준다.

484년 7월에 고구려는 백제와 중국 남제와의 련계를 끊기 위하여 다시 수군을 내보내여 남제로 가는 백제사신 좌평 사약사(沙若思)의 앞길을 가로막았다(이보다 앞서 476년에도 백제가 남조 송나라에 보내려던 사신만이 탄배도 고구려수군의 단속으로 송나라에 가지 못하고 되돌아선 일이 있었다).

고구려는 또한 백제와 신라사이의 련합을 방해, 좌절시키기 위한 조치도 취하였다. 484년 가을에 고구려는 오늘의 충청북도 남부지방에서 신라의 북변에 대한 새로운 공세를 취하였다. 그러나 정황은 고구려가 예견한대로 되지 못하였다. 그것은 신라의 요청을 받은 백제가 재빨리 군대를 충청북도 방향으로 내보냈기때문이였다. 이 시기 백제의 동성(東城)왕(재위 479－501년, 문주왕의 아우 곤지의 아들)은 무술에도 능하고 지략도 있어서 점차 국내통치질서를 정비하고 군사력도 강화하였다.

백제군이 모산성*(母山城)방면으로 고구려군을 측면에서 공격하자 고구려군앞에는 신라보다도 백제와 대결하는것이 더 긴급한 임무로 나섰다.

* 모산성은 보통 충청북도 진천읍 동쪽 6리에 있는 대모산성(둘레 약 800m)으로 본다.

485년에 백제는 신라에 사절단을 보내여 고구려를 반대하는 공동행동을 강화하기로 하였으며(《삼국사기》권3 신라본기 소지마립간 7년 5월, 권26 백제본기 동성왕 7년 5월) 493년에는 백제왕이 신라왕에게 청혼하였다. 신라는 진골귀족(왕실) 이벌찬(제1벼슬등급) 비지(比智)의 딸을 백제왕에게 시집가게 하였다(《삼국사기》권3 신라본기 소지마립간 15년 3월, 권26 백제본기 동성왕 15년 3월).

이것은 백제, 신라 두 나라의 관계를 더 밀접하게 만들었으며 고구려의 삼국통일정책추진에 장애를 조성하였다. 이렇게 된데에는 이 시기 백제의 경제력, 군사력이 급속히 증대된것과 깊은 관련이 있었다.*

* 480년대에 백제의 군사력이 강화되였다는것은 488년(동성왕 10년)과 490년에 북위가 수많은 무력을 내보내여 산동반도일대에 있던 백제군주둔지역을 공격하였다가 두번 다 백제군에게 크게 격파되였던 사실을 통하여 알수 있다〔《삼국사기》 권26 백제본기 동성왕 10년, 《남제서》 권58 백제전, 《자치통감》 권136 영명 6년(488년)〕.

백제의 강화, 백제와 신라의 련합이 긴밀함에도 불구하고 고구려는 삼국통일정책을 결코 포기하지 않았으며 불리한 조건들을 극복하면서 남쪽으로의 진출을 계속하였다.

489년 9~10월에 고구려군은 신라 북변의 과현(戈峴)을 지나 호산성*[1](狐山城)을 함락시켰다. 또 494년에는 고구려지역으로 침입한 신라군을 살수*[2]벌에서 격퇴하였으며 계속 추격하여 견아성*[3]을 포위하였다.

이때 백제군 3 000명이 신라군을 도우러 들이닥쳤으므로 고구려군은 일단 철수하였다. 그러나 494년전투의 결과 백제와 신라는 남쪽으로 더 밀리웠으며 소백산줄기계선으로 전면적으로 후퇴하지 않을수 없었다. 즉 이 시기에 와서 고구려는 오늘의 충청북도 청원군지역까지도 다 차지하였다고 볼수 있다.

*[1] 과현, 호산(狐山)성의 위치는 잘 알수 없다. 호산은 충청남도 례산의 옛 지명인 《호산》과 글자가 같으므로 이곳으로 비정하는 견해도 있으나 당시 이곳은 백제땅이였으므로 신라의 북변으로 될수 없다.

*[2] 이 살수는 충청북도 괴산군 청천면(옛 살매현)에 있었던 강으로서 지금의 달천강상류에 해당한다 〔《신증동국여지승람》 권15 청주목 건치연혁조, 산천조 참조〕.

*[3] 견아(犬牙)성의 위치는 잘 알수 없으나 대체로 오늘의 청원군과 보은군의 경계지점에 있었던 성으로 볼수 있다. 경상북도 문경군 가은면의 옛성으로 비정하는 설도 있으나 소백산줄기를 넘어서 그곳까지 갔다면 백제의 원군이 제때에 당도하기 어려웠을것이다.

《동사강목》 권3(상)에는 삼등현(평양시 강동군)이 아닌가 라고 하였으나 이것은 살수를 청천강으로 잘못 생각한데서 나온 억측이다. 또 《강역고》(4)에서는 영동-황간사이로 보고있으나 이것은 남쪽으로 너무 내려간다고 보인다. 당시 보은군지경에는 신라의 삼년산성(470년 축조, 486년 개축)이 있었으므로 그 남쪽까지 내려갔다고 보기는 어렵다.

495년(문자명왕 4년) 8월에 고구려는 백제의 치양성*[1]을 공격하였으나 신라가 장군 덕지(德智)의 원병을 보내였으므로 력량상 불리하게 된 고구려군은 철수하였다. 이듬해에는 고구려가 신라의 우산성*[2]을 공격하였으나 신라는 니하계선에서 이를 저지시켰다. 우산성은 다시 1년이 지난 497년 8월에 가서야 고구려의 수중에 들어오게 되였다.

*[1] 치양성은 369년 고구려-백제간의 첫 충돌이 있었던 《지양》과는 다른 곳이다.

강원도 원주 치악산으로 보는 설도 있으나 고구려가 충청북도의 거의 전 지역을 차지하고있었던 조건에서 백제가 원주까지 나올수 있었겠는지 의심스럽다. 그러므로 이 치양성은 현 충청남도 동북부, 충청북도 서부지방에 있었던 또 하나의 치양(성)이였을것이다.

*[2] 우산성의 위치도 잘 알수 없으나 니하(산광천)계신에서 전투가 있었던것으로

보아 영덕 서남방의 우현(牛峴)부근일수 있다.

494 ~ 497년간의 투쟁에 의하여 고구려는 중부산악지대에서도 소백산줄기 이북지역을 확고히 차지하게 되였다. 이것은 고구려가 백제 수도를 측면에서 공격할수 있는 가능성을 조성하는것으로 되였다.

《삼국사기》 지리지를 비롯한 력대 지리지들에 충청북도 일대의 《본래 고구려 군현》으로 지적되여있는 고을이름들은 이 시기 고구려의 남부계선의 일단을 보여주고있다.

5세기말 중남부산간지대 고구려군현명 일람표

번호	고구려때(백제때)		현재	비고
	고을이름	딴이름		
1	울아단현		충청북도 단양군 영춘면일대	
2	적산현	적성현	〃 단양군 단양읍일대	
3	나토군	대제	〃 제천시일대	
4	사열이현		〃 단양군 청풍면일대	
5	국원성	미을성, 탁장성, 완장성	〃 충주시 일부	
6	상모현		〃 괴산군 연풍면일대	
7	잉근내군		〃 괴산군 괴산읍일대	
8	청야현		〃 청안면일대	고구려, 백제, 소속표식없음
9	도서현	도분	〃 도안면일대	
10	살매현		〃 청천면일대	
11	잉홀		〃 음성군 음성읍일대	
12	금물노군	만노, 신지, 수지	〃 진천군 진천읍일대	
13	랑비성(상당현)		〃 청주시 청원군일대	
14	(일모산군)		〃 청원군 문의면일대	

이 표를 보면 당시 고구려의 중부산간지대에서의 남쪽령역은 단양군, 제원군, 중원군, 청원군, 진천군 일대에까지 미치고있었다는것을 알수 있다.

우에서 든 고을가운데는 이미 광개토왕시기에 그 일부 또는 전부가 고구려의 령역으로 되고있었다고 보이지만 괴산군 남부, 청원군지역은 대체로 494년 이후의 남진에 의하여 새로 소속된 지역이라고 볼수 있다.

고구려는 백제, 신라의 봉건통치배들이 고구려를 반대하여 싸움을 걸어온 때에는 해당한 반격을 가하면서 남진정책을 추진시켰다. 그러나 인민들이 전란을 피하여 또는 자연재해로 하여 고구려땅으로 들어오는 경우에는 그들을 안착시켜 살아나갈수 있게 도와주었다. 499년 여름에 백제땅에 왕가물이 들어 백성들이 굶주리였고 농민폭동이 각지에서 일어났을 때 백제의 한산(漢山)지방사람들 2 000명이 고구려에 넘어왔을 때에도 그러한 조치를 취하였다.

제 4 절 6세기 전반기 서남방면에서의 결정적승리, 삼국통일정책의 가일층 추진

1. 백제의 강화와 백제-신라간의 모순의 증대, 신라의 중립화

5세기말, 6세기초에 백제는 점차 국력을 다시 강화하였다. 475년말이후 490년대 중엽까지 백제는 신라와 좋은 관계를 맺고 서로 군사적으로 도와주었고 이로 말미암아 고구려의 남진정책은 적지 않은 장애를 받았다.

백제는 이 시기 국내통치질서를 강화하고 경제발전에 힘썼으며 군사력을 강화하였다. 그리하여 이미 본바와 같이 488년, 490년에는 북위의 수십만대군을 격파하는 큰 승리를 거두기도 하였다. 498년에는 탐라국(제주도)이 조공을 바치지 않는다고 하여 백제의 동성왕은 그에 대한 보복으로 원정군을 이끌고 남하하여 무진주(전라남도 광주)까지 가서 위협하자 탐라가 사죄하므로 중지하였는데 이것은 백제가 강화되였다는것을 보여주는 실례의 하나이다.

신라통치배들은 고구려의 남진을 막기 위하여 백제와 손을 잡기도 하였으나 5세기말 6세기초에 이르러 백제가 다시 강화되는것으로 하여 그전처럼 자기의 리해관계가 침범당하게 될것을 우려하게 되였다.

이 시기 신라통치배들은 강대한 고구려와 직접 맞설수는 없다는것을 알고 먼저 자기의 국력을 강화하는 방향으로 나가게 되였으며 힘이 상대적으로 약한 가야나라들을 정복해보려고 꾀하였다. 그런데 가야나라들은 백제의 비호를 받고있었다. 고구려의 남하를 막기 위해서는 백제와 련합하여야 하였고 가야땅을 정복하기 위해서는 백제의 간섭을 배제하여야 하였다.

백제와 신라가 이러한 미묘한 관계속에 있는 기회를 리용하여 고구려는 대담하게 새로운 정책을 쓰는데로 나아갔다. 그것은 신라에 대하여 일정하게 양보함으로써 그를 중립화시키고 당면한 투쟁대상인 백제부터 먼저 공격하려고 한것으로 볼수 있다.

이런데로부터 고구려는 신라통치배들에게 소백산줄기이남의 점령지대와 삼척이남의 령동지역을 단계별로 되돌려주고 신라로 하여금 백제와 적극적으로 련합하지 못하도록 하였다.

500년(신라 소지마립간 22년) 9월에 신라왕이 나기군(捺己郡)*1으로 두어차례 갔다가 벽화(碧花)부인과 친해졌고 그를 수도로 데려왔다고 한 사실(《삼국사기》 권3 신라본기 소지마립간 22년 9월)을 보아서 500년초경에는 소백산줄기이남의 일부 지역에서 고구려군이 철수하였다는것을 알수 있다. 또한 백제가 이러한 변화를 알고 신라를 더는 믿을수 없다고 보면서 501년(백제 동성왕 23년) 7월에 탄현*2에 울타리성을 쌓음으로써 신라의 있을수 있는 침공에 대비하였다는 사실을 통하여 그렇게 짐작할수 있다.

*1 이때 신라왕이 갔다는 나기군은《삼국사기》(권 35, 권 37)에는 백제의 고을이였다고 하였으나 그 이웃에 있는 고을인 고사마현(경상북도 봉화)과 매곡현이다. 본래의 고구려현인것으로 보아서 나기군도 고구려땅이였음이 분명하다. 《대동여지도》에는 봉화서쪽 20여리에 옛 나성(나기)군소재지가 표식되여있으며 《고려사》권 57 지리지에는 그곳이 본래 고구려현으로 되여있다. 소지마립간 관련기사가 사실을 반영한 기사이라는것은 《화랑서기》(잔본)에도 벽화부인에 관한 이야기들이 나오는것을 보아서 알수 있다.

*2 탄현은 여러곳에 있으나 신라가 침입할수 있는 길목에 있는 가장 요긴한 탄현은 660년 계백이 싸운 황산벌(충청남도 련산동쪽 5리)의 위치로 보아 충청남도 금산군 진산면 서남에 있는 리치였다고 볼수 있다. 그렇지 않으면 후세까지도 탄현으로 불리웠던 금산군 소재지 서남방의 고개였을수 있다.

그것은 또한 496년이후 548년까지 50여년간 신라통치배들의 량면전술에도 불구하고 고구려, 신라사이에는 전쟁이 없었던 사실로 미루어 알수 있다.

고구려의 양보정책이 단계별로 이루어져서 고구려가 경상북도 동북지방과 강원도 삼척지역까지 신라에 내준것이 504년초경이였다고 볼수 있는것은 신라가 504년(지증마립간 5년) 9월에 파리성, 미실성, 진덕성, 골화성 등 12개 성을 쌓았고 505년에 실직주(삼척)를 처음으로 둔 사실을 두고 추측할수 있다.

파리성은 삼척 남쪽 90리 지점인 파리현에 쌓은것으로 볼수 있다. 또 미실성은 미질부성으로 볼수 있으며 골화성은 옛 골화소국이 있었던 경상북도 영천군 림고면일대에 있었다. 504년에 이 지구에서 축성사업이 진행된것을 보면 늦어도 504년 봄까지에는 고구려군이 우에서 든 지방들에서 철수하였다는것을 추정할수 있다.

2. 503년 수곡성전투와 506~512년 고구려-백제사이의 각축전

동성왕은 말년에 정사를 돌보지 않으면서 사치한 생활을 일삼고 사냥놀이에만 몰두하였다. 그는 499년(동성왕 21년)에 큰 가물이 들어서 굶주리는 백성이 많았으나 창고를 열어 구제사업을 하자는 신하들의 제의도 거부하였으며 이듬해에는 공산성안의 왕궁동쪽에 림류각이라는 큰 집을 짓고 못을 팠으며 진귀한 새들을 기르면서 측근신하들과 함께 밤새워 술놀이만 하였다.

501년에는 가림성(충청남도 부여군 림천면)을 쌓고 위사좌평 백가로 하여금 가서 지키게 하였으나 그는 아프다는 핑게를 대고 가지 않았으며 동성왕이 강요하자 할수없이 가기는 하였으나 왕을 원망하고있었다. 동성왕이 10~11월사이에 웅천(공산성부근) 북쪽벌과 사비(부여) 서쪽벌에서 사냥하다가 큰 눈이 와서 마포촌(馬浦村)에서 숙영하는것을 안 백가는 자객을 보내여 왕

을 죽이였다.*[1]

동성왕의 뒤를 이어 그 둘째아들인 무녕(武寧)왕이 섰으나 502년초에 백가는 가림성에 의거하여 반란을 일으켰다. 그러나 그것은 얼마후에 진압되였다. 이렇게 국내형편이 안정되여있지 못하였으나 백제는 502년 11월에 군사를 내보내여 고구려의 남변을 침범하였다〔《삼국사기》 권99 고구려본기 문자명왕 11년(502년) 11월, 권36 백제본기 무녕왕 2년(502년) 11월〕.

백제군의 국경침범사건에 대한 반격으로 고구려는 이듬해인 503년 9월에 일부 말갈인부대를 보내여 백제의 마수책을 불사르고 고목성을 공격하였다.*[2] 백제는 11월에 달솔 우영(優永)이 지휘하는 5 000명의 군대를 출동시켜 이에 반격을 가하였으며 그 기회에 고구려의 수곡성에까지 침공하였다.*[3]

*[1] 《삼국사기》 권26 백제본기의 이 부분기사에는 잘못이 있다. 같은 책 권30 년표(중)에는 무녕왕의 즉위년을 501년 신사년으로 썼으니 동성왕은 501년 12월이 아니라 11월에 죽었다고 해야 유월칭원법에 맞는다. 따라서 무녕왕 즉위년《봄 정월》앞에는 《2년》이 있어야 한다. 그리고 《2년 봄》기사는 백가반란사건의 서술다음에 이어져야 한다. 또한 501년 11월조에 보이는 《달솔 우영이 5 000명 군사를 거느리고 고구려의 수곡성을 습격하였다》는 기사는 3년 9월조 말갈인부대의 고목성공격기사 다음에 와야 한다.

그것은 고구려본기 문자명왕 12년(503년) 11월조에 우영의 수곡성공격사건이 기록되여있기때문이다. 백제본기 무녕왕 3년(503년)조에는 백제가 고목성을 공격해온 말갈인부대를 5 000명의 병력으로 격퇴하였다고 하였는데 그것은 바로 달솔 우영이 거느린 5 000명군사였을것이다. 그래야 고구려본기기사와 앞뒤가 맞는다.

*[2] 마수책과 고목성의 위치는 잘 알수 없으나 고구려가 475년이후 오늘의 파주시 동부, 포천시지역, 양주시지역의 많은 부분, 서울시 동부지역을 차지하고있었던 조건에서 백제초기인 B.C. 11년, A.D. 34년의 마수성(馬首城)처럼 당시의 백제동북부 지방에 있었던 방어시설은 아니였다고 본다. 503년이후의 마수책과 고목성은 아마도 우에서 든 고구려지역보다 서쪽에 있었던 방위시설이였을것이다.

*[3] 《삼국사기》권19 고구려본기 문자명왕 12년 11월, 권26 백제본기 무녕왕 즉위년 11월의 이 기사는 마땅히 무녕왕 3년 고목성전투기사다음에 있어야 한다.

502년 11월이후 백제군이 고구려의 남부변방을 침범하였고 503년에는 수곡성까지 침입한것은 중대한 사건이였다. 비록 수곡성은 함락되지 않았으나 백제는 일정하게 북방으로 진출하였으며 그것은 백제가 고구려의 남변을 위협하는 세력으로 되살아나게 되였다는것을 의미하였다.

이러한 백제의 동향에 대하여 고구려는 보고만 있을수 없었으며 동남쪽으로 신라에 대한 양보로써 신라로 하여금 고구려를 치지 않도록 하는 한편 당면한 투쟁대상인 백제를 치는데 주되는 힘을 돌리게 되였다.

506년 7월에 고구려는 먼저 말갈인부대를 내보내여 백제의 고목성을 공격,

함락시키고 600여명을 살상, 포로하였다.*[1] 11월에 고구려는 더 남진하려고 하였으나 큰 눈이 내려서 동상을 입은 군사들이 많이 생겨났으므로 중단하고말았다(《삼국사기》 권19 고구려본기 문자명왕 15년 11월, 권26 백제본기 무녕왕 6년 7월).

백제는 이듬해인 507년 5월에 고목성 남쪽에 울타리성 2개를 설치하고 또 장령성*[2]을 축조하여 말갈인부대의 진공로를 막았다.

같은 해(507년) 10월에 고구려의 장군 고로(高老)는 말갈인부대와의 협동으로 한성을 치려고 하면서 횡악(橫岳)*[3]아래까지 진출하였으나 한성방어에 큰 힘을 돌리고있던 백제군의 반격으로 이번에도 성과없이 돌아섰다.

*[1], *[2] 고목성은 고목근(高木根)성(교동도)은 아니고 오늘의 경기도 고양군 고령산(고봉산)일대에 있었다고 볼수 있다. 그것은 고목성남쪽에 두 목책을 세웠고 또 장령성을 쌓았는데 이 장령성은 고양군의 장령산에 쌓은것으로 인정되기때문이다.

*[3] 횡악의 위치도 잘 알수 없으나 당시 고구려가 한성(북한성)의 동쪽일대까지 차지하고있었던 조건에서 그것은 삼각산서부에서 동서로 뻗은 산줄기를 가리키는것으로 볼수 있을것이다. 《대동여지도》에는 그 산줄기 중간에 려현(礪峴 갈고개)이 있는데 이것은 《가로고개(횡악)》의 줄음으로 《갈고개》로 된것이 아닌가 한다.

512년에 고구려는 새로운 방향에서 즉 측면으로 백제를 타승하였다. 이해 9월에 고구려군은 가불성을 점령하고 련이어 백제땅 깊이 들어가서 원산(圓山)성을 점령하였다.*

* 가불성의 위치는 잘 알수 없으나 충청북도 옥천군지경에 있었다고 보인다. 원산성은 충청남도 금산군 추부면 마전리일대(옛 진산현)의 원산향으로 인정된다. 원산향은 고구려가 차지하고있었던 오늘의 청원군남변에서 금강을 건너 옥천땅을 거쳐서 가면 약 70리 되는 지점이므로 고구려군이 능히 진출할수 있는 곳이였다.

일부 견해에는 원산성은 경상북도 례천군 룡궁면(옛 이름 원산〈圓山〉)으로 비정하고있으나 그곳은 신라땅이며 한자도 서로 다르고 또 전선에서 거리가 멀므로 당시의 전쟁정세와는 잘 맞지 않는다고 생각된다.

그런데 이번에도 고구려군은 자만하여 상대방을 홀시한 후과로 하여 모처럼 거둔 성과를 보람없는것으로 만들어버렸다. 즉 백제 무녕왕이 날랜 기병 3 000명을 데리고 위천(葦川)의 북쪽에 나타났을 때 고구려군은 그 병력이 많지 않은것을 보고 진을 치지 않고 있다가 백제군의 기습공격을 받아 큰 손실을 내였다.*

* 521년에 량나라로 파견된 백제사신이 가지고 간 국서에 《여러차례 고구려를 격파하였다》라고 한것은 이러한 사실을 두고 말한것으로 볼수 있다〔《량서》 권 54 백제전〕.

3. 529년 오곡벌전투와 고구려군의 아산만－금강계선 진출

519년에 고구려에서는 문자명왕이 죽고 그 맏아들인 안장왕이 즉위하였다. 그는 장수왕이래의 남진정책을 더 적극적으로 추진시키기 위하여 노력하였다. 대외적으로는 524년이후 북위의 동북방정세가 달라짐에 따라 그 이웃에 있던 거란족거주지역의 일부를 고구려의 통제밑에 두게 되였으며 또 중국의 남조나라인 량나라와 련계를 밀접하게 가짐으로써 량나라가 백제를 뒤받침해주지 못하게 하는데 주의를 돌리였다. 520～527년사이에 고구려가 북위에는 사신을 한번밖에 보내지 않았는데 이 기간에 량나라에 네번씩이나 사신을 보낸것은 그 표현이라고 할수 있다.

대내적으로는 521～523년간에 기근이 들었을 때 국가창고의 알곡을 풀어 구제대책을 세우고 또 가난한 백성들을 돌보아주는 등(《삼국사기》 권 19 고구려본기 안장왕 3년 5월, 5년 10월) 민심을 수습하기에 힘썼고 군사력도 강화하여 기회가 조성되면 백제를 다시 치려고 준비하였다.

그는 백제의 내정을 탐지하기 위한 정찰활동을 강화하는* 한편 백제에 대한 군사적타격도 벌리였다.

* 《해상잡록》에는 이와 관련하여 다음과 같은 이야기가 전한다.

안장왕이 태자로 있을 때 장사군행색을 하고 개백현(지금의 경기도 고양시 행주)에 가서 백제의 형편을 정찰하다가 기찰군에게 발각되였다. 그는 이때 그곳의 장자(부자) 한씨의 집 후원에 숨었는데 그집 딸 한주가 나온것을 만나 친밀하게 되여 백년을 해로할것을 약속하였다.

태자는 고구려로 돌아가자 곧 왕이 되였다. 그사이에 그곳 백제의 고을원이 한주의 미모를 탐내여 청혼하였으나 한주는 이미 약속한 사람이 있다고 하여 거절하였다. 이로 말미암아 그는 고을원의 박해를 받았다. 그후 안장왕은 계책을 써서 개백현을 회복하였다.…

《삼국사기》(권 37 지리지 4) 고봉현조에는 《개백현이라고도 한다. 한씨미인이 안장왕을 맞이한 곳이기에 (고을을) 〈왕봉〉이라고 이름지었다》고 하였다. 또 같은 책 달을성현조에는 《한씨 미인이 높은 산꼭대기에서 봉화를 올려 안장왕을 맞이한 곳이므로 그 후에 〈고봉현〉이라고 부르게 되였다》는 기록이 있다. 한씨 미인이 봉화까지 올렸다는것을 보면 《해상잡록》에 실린 전설의 내용에는 다소 윤색, 파장된것이 있겠으나 력사적사실을 일정하게 반영하고있다고 볼수 있다. 즉 이러한 기록들이 남아있다는것은 우연한것이 아니라 실지로 안장왕이 젊었을 때 백제내정을 렴탐한 사실이 있었다고 볼수 있게 한다. 《삼국사기》에는 국왕이나 태자가 직접 전투에 참가하기도 하였으므로 이러한 정찰활동을 하였다고 해서 이상할것이 없다.

안장왕은 523년 8월에 군대를 내보내여 백제를 치게 하였다. 그런데 고구려군이 패수가에 이르렀을 때 백제의 좌장 지충(志忠)은 고구려의 군사행동을 미리 알아차리고 1만명의 병력으로 격퇴하였다. 그리하여 이해의 군사활동도 성과없이 끝났다.

백제는 고구려의 공세가 예견되는 조건에서 그사이 한강이북의 쌍현성을 보축하였으며 또 웅진성(공주 공산성)을 보수하고 사정(沙井)책도 세웠다. 그리고 525년에는 신라와의 사이가 버그러져 있었던것도 다시 수습하고 좋은 관계를 맺기로 하였다(《삼국사기》 권26 백제본기 성왕 3년 2월).

고구려의 안장왕은 백제와 결판을 내기 위하여 오래동안 준비한 기초우에서 529년 10월 드디여 자신이 직접 군대를 지휘하여 남으로 진격하였다. 이때 고구려는 기본주력은 례성강좌우안계선과 한강하류계선에, 보조력량은 오늘의 경기도 동남부, 충청북도 서부계선에 배치하여놓고 총공격명령을 기다리게 하는 한편 먼저 수군으로 혈구성(혈구군 《갑비고차》. 오늘의 강화도)으로 진출하여 이 성을 함락시켰다. 이것은 백제의 주의를 딴 방향으로 쏠리게 하려는 하나의 전술적조치였다고 보인다.

그러나 백제군은 고구려군의 의도를 간파하고 좌평 연모(燕謨)의 지휘밑에 보병과 기병을 합해서 3만명의 주력부대로 도리여 고구려의 종심깊이 들어오려고 기도하면서 고구려의 기본전선을 뚫고 오곡벌에 진출하였다.

오곡벌은 오늘의 황해북도 서흥지방의 오곡군안의 벌방지대이다. 《삼국사기》백제본기에는 백제군이 오곡벌에서 고구려군을 막았다고 함으로써 마치도 그 이전에 백제가 오곡지방에 진출해있었던것처럼 썼다. 당시 고구려의 남방계선이 패수(례성강)－개성－서울동부계선이였던만큼 이것은 백제가 대군으로 북상하여 고구려령역안으로 상당히 깊이 들어왔다는것을 보여준다.

백제로서는 이것은 대담한 작전이였으며 전쟁의 운명을 건 군사행동이였다. 고구려군은 백제군이 결전을 시도하는 조건에서 그들을 일정한 계선까지 유인하는 전술을 썼다고 보인다. 그리하여 결전은 오곡벌에서 벌어졌다. 고구려군은 오곡벌전투에서 크게 싸워 백제군 2 000여명을 살상포로하는 승리를 거두었다. 패전한 백제군은 총퇴각을 하는수밖에 없었다. 그러나 백제 북부지방을 동쪽으로부터 위협하고있던 고구려군은 오늘의 경기도 서부지방을 몇개 토막으로 잘라버림으로써 백제군의 퇴로를 차단하였다. 이로 말미암아 백제군은 일대 혼란속에 빠졌으며 사면초가의 형세로 되여 무질서하게 물러가게 되였고 그들의 대부분은 고구려군의 포로가 되고말았다.

충청북도 서부에서 경기도 남부로 진출한 고구려군은 백제군의 퇴로를 가로막기 위하여 아산만방향으로 진출하였다. 이렇게 되자 아산만이북지방에 있던 백제의 무력은 붕괴되였고 그 지역은 고구려가 차지하게 되였다.

이때 신라는 고구려의 사전공작에 의하여 중립을 지키고 백제를 지원하지 않았다. 그것은 고구려군의 전투승리를 보장하는데서 유리한 형세를 조성하였다.

529년전역의 결과 고구려는 서남지방에서 일시에 수백리를 진출함으로써 백제를 더욱더 어려운 처지에 몰아넣게 되였다. 529년전역은 고구려－백제사이의 력량관계를 근본적으로 변동시키는 전환적계기로 되였다. 고구려는 이때 오늘의 충청남도 천원군, 연기군의 일부까지도 점령하였다.

《삼국사기》고구려본기나 백제본기에는 이때에 오곡벌전투가 진행되였다는것만을 기록하고있다.

그런데 바로 이 시기에 고구려가 아산만계선까지 수백리를 단꺼번에 남진하였다고 보게 되는것은 무엇때문인가.

그 중요한 근거는 조선의 력대 지리지에 오늘의 경기도와 충청남도 북부, 충청북도 서부에 수많은 《본 고구려 군현》들이 있는것으로 되여있으며 오늘의 서울시 서부, 개성시 중심부와 한강하류이남 경기도 광주, 룡인, 안성서쪽, 평택지역은 본래 즉 529년이전에는 백제땅이였다고 인정된다는데 있다.

아산만계선이북이 고구려에 귀속된것은 오직 529년의 오곡벌전투를 계기로 한 고구려의 남진의 결과였다고 볼수밖에 없다. 그것은 백제가 다시 북상하여 한강하류지역을 차지한 551～552년까지의 기간에는 고구려가 더 남진하였다고 볼만한 사변이 없었기때문이다.

529년 고구려의 남진으로 하여 백제수도 웅진성(공주)은 전선에서 불과 60～100리좌우밖에 안되는 가까운 곳에 있게 되였다. 그러므로 백제는 수도의 안전을 위하여 538년에 수도를 사비성(충청남도 부여)으로 옮기지 않을수 없었다.

이 시기 5세기말, 6세기초엽 고구려가 자기의 군현으로 계속 유지하고있었거나 수복하였거나 새로 두었다고 추측되는 고을들을 표로 제시하면 다음과 같다.

6세기 전반기 고구려 서남방 군현명 일람표

번호	고구려때(백제때)		현재	비고
	고을이름	딴이름		
1	부소갑		개성시	
2	동비홀		〃 개풍동일대	
3	정주		〃 풍덕리일대	
4	장천성현	야야, 야아	황해북도 장풍군 장풍읍일대	○
5	약(지)푸치현	지성, 삭두	〃 〃 세골리 일대	○
6	장항현	고사야홀차	〃 〃 림강리 일대	○
7	마전천현	니사파홀	경기도 련천군 미산면일대	○
8	덕물현	인물	개성시 덕수리일대	
9	칠중현	난은별	경기도 파주시 적성면일대	○
10	진림성현	오아홀	〃 〃 문산읍일대	
11	파해평리(사)현		경기도 파주시 파평면일대	
12	술이홀현	수니홀	〃 〃	
13	천정구현	굴화, 어을매곶	〃 〃 교하읍일대	
14	량골현		〃 포천시 영중면일대	○
15	마홀군	명지	〃 포천 일대	○
16	내을매현	내이미	〃 양주시 은현면일대	○
17	매성군(현)		양주 일대	
18	(개백현)	왕봉현	〃 고양시 일대	
19	달을성현	고봉현	〃	
20	북한산군	평양, 남평양	서울시 북쪽	
21	근평군,	병평	경기도 가평군 가평읍일대	○

표계속

번호	고구려때 (백제때)		현재	비고
	고을이름	딴이름		
22	심천현	복사매	경기도 가평군 하면일대	○
23	골의노현		경기도 남양주시 화도읍일대	○
24	혈구군	갑비고차	인천시 강화군 강화읍일대	
25	동음내현	아음	〃 〃 길상면일대	
26	수지현	신지	〃 〃 량도면일대	
27	교목근현	달음참, 대운도	〃 〃 교동면일대	
28	평준(유)압현	별사파의	경기도 김포시 월곶면일대	
29	수이홀		〃 〃 대곶(한곶)면일대	
30	검포현		〃 〃 김포동일대	
31	동자홀현	구사타의, 동산현	〃 〃 하성면일대	
32	제차파의현		서울시 강서구일대	
33	주부토군		경기도 부천시일대	
34	매소홀	(미추홀)	인천시 일대	
35	잉벌노현		경기도 안양시일대	
36	장항구현		〃 시흥시 군자동일대	
37	률목군	동사힐	〃 〃 과림동일대	
38	당성군		〃 화성시 남양동 일대	
39	매홀	수성	〃 수원시일대	
40	부산현	송촌활달, 연달	〃 평택시 진위면일대	
		부곡, 금산	〃 〃 팽성읍일대	추정
41	(고)하팔현			
42	상홀현	차홀	〃 〃 고덕면일대	
43	(남한산성)		광주시 일대	
44	구성현	멸오	룡인시 일대	
45	나혜홀		안성시 안성동일대	
46	사복홀		〃 양성면일대	
47	개차산군		경기도 안성시 일죽면일대	
48	양근현	항양현	경기도 양평군 양서면일대	○
49	술천군	성지매	〃 려주군 금사면일대	○
50	골내근현		〃 〃 릉서면일대	○
51	남천현		〃 리천시 부발읍일대	○
52	노음죽현		〃 〃 장호원읍일대	○
53	(아술현)		충청남도 아산시 령인면일대	
54	사산현		〃 천안시 직산읍일대	
55	(대목악군)		〃 〃 목천읍일대	
56	(구지현)		〃 연기군 전의면일대	

※ 《삼국사기》 권35~37 지리지, 《고려사》 권56 지리지, 《신증동국여지승람》 해당 군현조 참조

《○》표식을 한것은 529년 이전시기에 이미 고구려령토로 되였다고 보이는 고을들임.

고구려는 아산-천안-청원계선에서 백제와 대치하게 되면서 전방방위를 위한 여러개의 성들을 쌓거나 보수하였다. 그중 지금까지 알려진것은 다음과 같다.

5세기말(일부는 7세기초엽) 고구려남방 중부산간지대 군(성보)현명 일람표

번호	성이름	위치	형식	재질	크기(둘레) m	비고
1	사산성	충청남도 천안시 직산읍	고로봉결합	돌	1 450	
2	고구려성	충청남도 연기군 전의면	산정식	흙, 돌	360	
3	상당성	충청북도 청원군 북이면 부연리, 토성리	〃	돌	4 000	
4	랑비성	〃 청원군 북이면 선암리	〃	돌	850	
5	로고산성	〃 〃 〃 령하리	〃	돌	574	
6	부모산성	〃 〃 내수읍 비하리	〃	돌	약 800	
7	저산성	〃 〃 강내면 저산리	〃	돌	약 350	
8	양성산성	〃 〃 문의면 미천리	고로봉결합	돌	1 200	
9	성새산성	〃 〃 〃 문덕리	산정식	돌	약 300	
10	개소문성	〃 〃 부용면 부강리	〃	돌	약 300	7세기 초엽축성으로 추정
11	소문산성	충청남도 연기군 금남면 부용리	〃	돌	400	〃

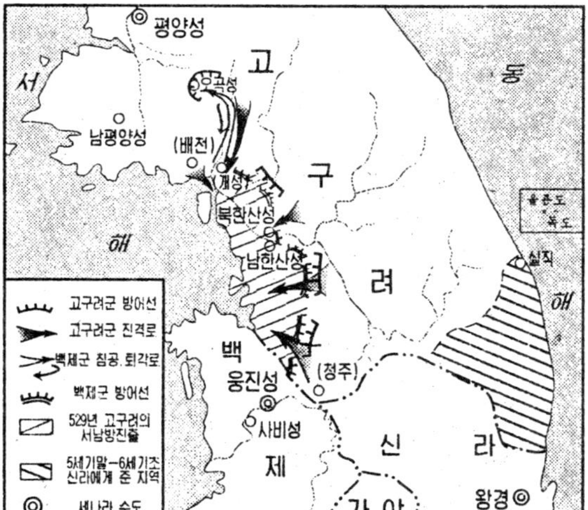

529년 고구려의 서남방 진출략도

※ 《고구려력사연구》 김일성종합대학출판사, 1985년, 131, 146페지 《조선성곽일람》(경기도, 충청남북도편) 1982년, 《조선학보》 제104집, 109~122페지

우에 제시한 표들을 통하여 고구려의 서남방계선은 충청남도 아산시 령인면 아산리 남쪽계선, 고분다리천(곡교천) 북쪽의 야산 등성이를 경계로 하였다고 추정된다. 그 동쪽으로는 직산 남쪽, 천안시 동쪽, 청원군 목천면, 성남면 남쪽

을 지난것으로 보인다. 그 다음으로는 연기군과 청원군의 경계지대, 미호천(금강지류), 금강본류를 따라 내려가다가 청원, 보은군의 경계를 지났다고 추정된다.

4. 고구려의 남방진출이 가지는 력사적 의의 - 삼국통일의 완성단계

481～529년사이에 고구려는 삼국통일정책을 정력적으로 밀고나감으로써 동남방면, 중남방면, 서남방면으로 현저히 진출하였으며 남쪽으로 최대한 령토를 확장하였다. 이것은 민족사발전에서 거대한 력사적의의를 가지는 사변이였다.

그 의의는 무엇보다먼저 고구려가 원대한 계획을 가지고 세기에 세기를 이으면서 추진시켜왔던 삼국통일정책이 거의나 완성단계에 이르게 되였으며 앞으로의 그 완전한 실현을 위한 매우 유리한 조건을 마련한데 있다.

고구려는 475년의 백제수도 한성함락에 뒤이어 481년에 신라의 동북부지방을 제압하였으며 490년대 중엽에는 중부산간지대에서 소백산줄기계선을 확보함으로써 신라에 대한 결정적우위를 차지하게 되였다. 그후 정세의 변동에 대처하여 동남방면에서 약간의 양보정책을 실시하는 대신에 서남방면에서 백제를 제압하기 위한 투쟁을 벌리였다.

고구려의 최대판도

5세기말이후 백제가 다시 강화되여 고구려의 남쪽변경을 넘겨다보는 위험한 세력으로 자라나게 되자 20여년간이나 계속된 대치상태 - 각축전끝에 일대 반타격작전을 벌려 백제를 멀리 남쪽으로 밀어내였고 이로써 백제의 세력을 결정적으로 약화시켰다.

고구려가 새로 차지한 최전방지대인 아산만 - 금강계선에서 백제의 수도 웅진성까지는 약 60리～100리밖에 안되게 되였다. 이것은 고구려가 준비만 잘하면 임의의 시각에 백제수도를 포위하고 최종적항복을 받아낼수 있는 유리한 조건을 가지게 되였다는것을 의미하는것이였다.

남쪽에서 아산만－금강－소백산줄기－청하(후에는 삼척)계선을 차지하게 된것은 백제와 신라, 가야를 조선반도 남부의 일부 지역으로 압축한것으로 된다. 이로써 당시 고구려가 차지한 령역은 서쪽은 내몽고 대흥안령산줄기 더 나아가서는 오늘의 몽골공화국 동남부지역까지, 북쪽은 눈강하류, 동류송화강류역까지, 동북쪽은 수분하류역을 넘어 우쑤리강상류류역까지 미치게 되였으며 남쪽은 조선반도의 3분의 2이상 지역을 차지하게 되였다.

당시 고구려는 백제, 신라, 가야나라를 다 합친것보다 약 13배나 되는 큰 령역을 가진 강대국으로 되였다. 다시말하면 고구려의 령토는 삼국(가야 포함)의 전 령역가운데 10분의 9이상을 차지하였던것이다* 이 사실은 고구려에 의한 겨레와 강토의 통일과업이 거의 완성단계에 이르렀다는것을 웅변적으로 증명해주고있다.

* 《고구려력사연구》김일성종합대학출판사, 1982년, 142페지에서는 당시의 고구려령토가 국토의 약 90%를 차지하였다고 하였다. 지두우지역까지도 계산에 넣는다면 고구려령토는 전 국토의 92%이상이였다고 말할수 있을것이다. 따라서 백제, 신라, 가야가 차지한 면적은 8%미만이였다고 할수 있다.

그 의의는 또한 고구려가 조선반도 남부지역에서 새로 많은 지역을 차지하고 자기의 국력을 더욱 강화하게 됨으로써 고구려의 선진적인 정치제도, 경제 문화적인 성과들이 백제, 신라, 가야나라들에 더 큰 영향을 미치여 민족의 공통성을 더욱 강화하게 되였다는데 있다.

6세기 전반기에 오늘의 개성시지역과 서울시지역, 경기도의 대부분, 충청남도의 일부와 충청북도의 대부분을 차지하게 된것은 5세기말에 차지한 동남부지역의 적지 않은 부분을 500～504년경에 신라에 넘겨주었지만 면적상으로 볼 때에도 더 넓은 지역을 차지한것으로 되였을뿐아니라 정치적으로나 경제 문화적으로 볼 때에는 양보한 동남부지역에 대비가 안될 정도로 유리한것이였다. 즉 서남부지방의 비옥한 평야지대는 경지면적, 고을수에 있어서 동남부의 척박하고 인구가 적은 지대보다 나라의 정치적, 경제적력량을 강화하는데서 몇배, 몇십배나 되는 큰 리익을 주는것으로 되는것이였다.

이것은 백제, 신라, 가야 등 동족의 나라들에 대한 고구려의 정치, 경제, 문화적영향력을 더욱 강화하게 하였다.

고구려는 529년이후 곧 장수산부근에 있던 부수도 남평양을 백제의 북한산(북한성. 오늘의 서울 중심부)으로 옮겼다*. 그렇게 함으로써 확장된 서남부지방의 령역을 더 성과적으로 통치할수 있게 되였다.

* 《삼국사기》권35 지리지 (2) 한양군조와 권37 지리지 (4) 고구려 주군현조에는 고구려의 북한산군이 《평양》(남평양)이며 고려 중엽에 《양주 옛터》였다고 쓰고있다. 또 같은 책 권10 신라본기 헌덕왕 17년(825년)조에는 김헌창(金憲昌)의 아들 범문(梵文)이 고달산농민폭동군과 합세하여 평양에 수도를 정하

려고 신라의 북한산주를 쳤는데 이 평양이 《지금(고려 중엽)의 양주》라고 하였다. 이로 보아 신라의 북한산주가 곧 평양임을 알수 있다.

이밖에도 《삼국유사》 권1 실성왕조에는 413년에 《평양주 대교》가 완성된 것을 쓰면서 《아마도 남평양일것이다. 지금의 양주이다.》라는 주석이 붙어 있다〔이 평양주는 오늘의 평양인데 잘못 주석을 단것이다〕. 이로부터 12세기 중엽의 《양주 옛터》, 13세기말의 양주가 어디냐 하는 문제가 제기되여 복잡한 론의들이 거듭되여왔다. 이 시기 고구려의 남평양이 현주(지금의 의정부 또는 양주시 양주동)에 있었다고 하는 설도 있다(《고구려력사연구》 1985년, 107페지). 그렇게 되면 백제의 북한산(북한성), 신라의 북한산주 소재지와는 일정한 거리가 있게 되며 남평양이 오늘의 서울시 중심부에 있었던것이 아니라는 결론이 나오게 된다.

그런데 《고려사》지리지에 의하면 북한산군은 755년(신라 경덕왕 14년)에 한양군으로 고쳐지고 고려초에 양주로 고쳤다가 1067년(문종 21년)에 남경류수관으로 되였으며 1308년에 한양부로 되였다. 이곳이 1394년에 리왕조의 수도로 됨에 따라 본래의 고려 한양부는 다시 양주로 개편되고 그 치소도 동쪽으로 옮겨졌다가 1397년에 현주 옛터(오늘의 의정부)로 옮겼다.

《대동여지도》에서는 현주는 양주시 주내면 고읍리에, 양주는 주내면 남방리 일대에 표식하여놓았다. 이 두곳은 서로 이웃한 리이다.

이상을 종합하여보면 《삼국사기》, 《삼국유사》에서 말하는 《지금의 양주》란 고려초이래의 양주(남경을 그 지역안에 포괄하고있는)를 념두에 둔것이다. 남경은 《목멱양》(서울 남산부근)이 있는 곳이므로 오늘의 서울이지만 리조때에도 서울 동대문 10리밖은 양주땅이였다. 범문이 수도로 정하자고 한 평양은 곧 북한산주 소재지(한양, 서울)이였다. 551년에 백제가 먼저 차지하였다는 《평양》은 고구려의 남평양으로서 오늘의 서울시(한강북쪽) 중심지대라고 보아야 할것이다.

5세기 말엽～6세기 초엽에 고구려의 남부령역이 서해안 중부지대, 중부산간지대, 동해안 남부지대에까지 미치게 됨으로써 수많은 백제, 신라사람들이 고구려의 주권밑에서 살게 되였으며 그들속에 고구려의 선진적인 경제문화적성과들이 급속히 전달되게 되였다. 그들을 통하여 또는 이 복잡한 환경속에서도 호상래왕을 계속한 세 나라인민들에 의하여 고구려의 앞선 기술과 문화제도들은 백제, 신라, 가야 등 이웃나라들에 끊임없이 전달되여 전반적으로 민족의 공통성을 강화하고 경제와 문화발전에 크게 이바지하였다.

백제와 신라에서 고구려의 우수한 성곽축조방식인 고로봉식산성축조방식을 널리 받아들이기 시작한것은 그 대표적실례의 하나이다. 백제와 신라에서는 성곽축조에서 처음에는 산정식방법을 썼으나 후에는 고구려의 고로봉식산성제도를 받아들여 웅진성(공산성), 건지산성(충청남도 서천군 한산면 건지리), 석성산성(부여군 석성면 현내리), 부소산성(부여), 청아산성(부여) 등 고로봉식산성을 여러곳에 쌓았으며 신라에서도 삼년산성(충청북도 보은군 보은읍, 470년 축조), 명활산성(474년, 554년 개축) 등을 고로봉식으로 쌓거나 이미 있던 성을 고로봉식으로 개축하였다.*

* 사산성(충청남도 천원군 직산면)이나 당성(경기도 화성시 서신면)은 본래는 산정식산성이였던것을 후에 고로봉식으로 개조한것이다. 이 지역은 고구려의 령토로 된 곳이기때문에 고로봉식산성이 반드시 백제에 의하여 건설되였다고 단정할수 없으나 그 군사적중요성으로 보아 백제때에 벌써 고로봉식산성으로 개조하였을수 있다.

무덤축조법에서도 고구려의 돌칸흙무덤축조법이 백제, 신라에서 점차 보급되게 되였고 무덤 등에 벽화를 그리는 수법도 고구려의것을 받아들이였다.

백제의 릉산리벽화무덤(부여)의 사신그림, 천정의 련꽃무늬, 구름무늬는 고구려의 진파리 1호무덤, 내리 1호무덤, 강서큰무덤의것들과 매우 비슷하고 공주 송산리 6호무덤의 사신도들도 그러하다.

신라의 어숙지술간무덤(경상북도 영풍군 순흥면)의 녀인상은 장천2호무덤(집안)의 녀인상과 비슷하고 순흥리벽화무덤의 력사(장사)그림은 고구려벽화그림과 류사하다.

신라가 고구려의 군사제도, 관직제도를 받아들였던 사실은 505년(지증왕 6년)에 주, 군, 현제를 실시하고 주의 장관으로서 군주를 둔 제도에서도 찾아볼수 있고 이밖에 지방관으로서의 도사를 두는 제도, 당(군사집단), 당주제도를 받아들인데서도 찾을수 있다. 이밖에 520년 신라에서 률령제도를 실시하고 백관의 공복제도를 제정한것도 다 고구려의것을 본딴것이였다(《수서》권 81 신라전).

백제의 경우 기록에 남은것이 별반 없으나 주, 군, 현제도의 실시, 수도(기내)에서의 5부제도의 실시, 지방관의 하나로서 도사를 두는 제도 등은 다 고구려의것을 받아들인것이라고 할수 있다. 《수서》등에서 백제의 의복제도는 대략 고구려와 같다고 한것도 신라의 경우와 같이 고구려의 영향에 의한것이다.

그 의의는 다음으로 고구려의 삼국통일정책의 정당성과 군사전략, 대외활동의 령활성을 보여주었으며 고구려의 강대한 군사정치적위력을 내외에 널리 시위하고 통일정책을 종국적으로 실현완성시켜나갈수 있는 확고한 토대를 마련하였다는데 있다.

이 시기 고구려가 백제, 신라사이의 모순을 잘 리용하여 신라를 중립화하고 백제를 고립시킨것은 529년 백제전역에서 큰 승리를 이룩하게 한 중요요인의 하나로 되였다.

또한 고구려가 5세기 말엽, 6세기 초엽에 군사들을 정예무기로 무장시키고 무술훈련을 강화한것도 백제와의 대결에서 승리를 거두는데서 중요한 요인으로 되였다.

그리고 이 시기 고구려가 중국의 남북조나라들, 서북방의 여러 종족들과의 관계를 잘 조절하면서 동북방에서는 494년에 동부여의 투항을 받아들이고 말갈족들의 침습을 제때에 물리친것 등은 고구려의 대외정세를 안정시키는데 기여하였다.

삼국통일을 위한 투쟁에서 고구려가 달성한 새로운 성과들은 고구려의 위력을 더욱 강화하게 하였으며 그 국제적지위를 한층 더 높여주었다.

당시 고구려는 중국의 남북조나라들과 함께 동아시아의 3대강국으로서 높은 국제적위신을 가지고있었다.

이 모든것은 겨레와 강토를 하나로 통일하려는 고구려국가의 기본정책의 정당성을 뚜렷이 보여주었으며 또 그것을 적극 추진시키는것을 당면한 과업으로 밀고나가게 하였다.

제 5 절 6세기 중엽 백제－신라련합 세력의 북상, 그후 고구려에 의한 삼국통일정책의 추진

1. 6세기 중엽 고구려의 내부정세와 백제－신라관계의 변천

529년 아산만계선에로의 진출이후 고구려는 새로 점령한 지대들의 방비를 공고히 하면서 장차 삼국통일과업을 계속 추진시켜나갈 준비사업을 진행하였다. 그러나 그후 고구려의 내외정세는 복잡하였다. 535년 5월에 나라의 남쪽지역에서 력사상 류례가 드문 큰물이 나서 수많은 집들이 떠내려갔고 200여명의 인민들이 죽는 불상사가 났으며*그해 12월에는 전염병이 크게 돌았고 또 이듬해 봄～여름에는 왕가물이 들고 병해충의 피해까지 입었다. 고구려봉건국가의 《흉년구제》가 537년까지도 계속되였다는것은 530년대 중엽의 자연재해의 엄혹성을 잘 말해준다.

* 남평양(황해남도 신원군일대)도 이때 큰물피해를 입었던것으로 보인다. 신원군 월당리의 고구려도시유적우에 250㎝이상 흙, 모래가 쌓여있고 재령강 동쪽기슭이 많이 깎이워나간것은 이때 큰물피해를 입은 후과였다고 볼수 있다. 이시기 부수도(남평양성)는 북한성(오늘의 서울시 중심부)으로 옮겨갔으므로 그후 이 도시의 복구사업은 진척되지 못하였다. 그것은 월당리도시유적우에 가로세로 흙담을 쌓아 일정한 구획을 지어놓은 흔적이 있을뿐이고 흙담밑에는 기와쪼각이 많이 있으나 흙담자체안에는 기와쪼각이 거의 없다는것을 보아서 알수 있다. 즉 큰물이 난 다음 다시 원래의 규모대로 도시구획을 형성하려고 하다가 부수도 남평양이 옮겨지고 주민들이 많지 못하여 도시복구건설을 중지하였다고 보이는것이다. 월당리의 우물도 이 흙담의 밑에 있다. 흙담이 모래투성이로 된것은 거기에 흙, 모래가 많이 쌓였다는것을 보여준다. 또 월당리 건너편의 아양리쪽 재령강서쪽기슭은 그 깊이(두께)를 가늠할수 없을 정도로 흙이 많이 쌓여있는데 그것은 이 지역에서 이때 있었던 큰물로 인한 재령강의 범람과 관련된것으로 인정된다.

한편 고구려는 6세기 초중엽에 겨레와 강토를 하나로 통일하는 사업의 일환으로서 북쪽 눈강중류에 있는 오락후국과 동류송화강 북쪽에 있는 대막로국을 통합하여야 하였으며 또 목단강하류류역 등지의 말갈족들을 복속시키기 위한 사업도 추진시키고있었다.

고구려가 내부사정으로 어려움을 겪고있을 때 백제는 잃었던 한강류역이남땅을 되찾아보려고 자주 군사행동을 일으켰다. 540년(고구려 안원왕 10년, 백제 성왕 18년) 9월에 백제는 장군 연회(燕會)를 시켜 고구려의 우산성(대략 오늘의 경기도 평택, 안성일대에 있었던 성으로 보인다)을 포위공격하였다. 고구려는 정예로운 기병 5 000명을 출동하여 백제군을 물리쳤다. 백제는 고구려남변에 대한 공세를 강화하여 일부 남변지역을 점령하였다. 그것은 548년에 고구려가 예인(강원도지방출신 군사)들을 위주로 하는 6 000명의 무력으로 백제의 한북 독산성(한수이북의 독산성*)을 공격하였던 사실로 미루어 알수 있다. 이 독산성포위전투는 오래 계속되였으나 백제의 요청으로 신라장군 주진(朱珍)이 3 000명의 갑졸(경졸. 갑옷 입은 강한 군졸)을 보내여왔으므로 력량상 차이가 생겨 성공하지 못하였다.

* 한북 독산성은 한강본류의 북쪽으로도 리해되는 표현이지만 당시 고구려가 한강서남의 넓은 지역을 차지하고있었던 조건에서 백제가 한강을 건너오기는 어려웠을것이다. 그러므로 이 《한북》은 경기도 안성강의 지류인 《한수》의 북쪽 옛 양성현지역으로 보는것이 옳을것이다. 일부 견해에는 475년 한성함락이후 고구려가 바로 이 안성시의 《한수》이북을 차지하였던것으로 보기도 하나 그것은 《삼국사기》 권26 문주왕 즉위년조의 《고구려군사들이 물러갔으나 한성은 파괴되고 왕은 죽었다.》는 기사와 맞지 않는다.

다른 한편 신라는 6세기초 고구려의 정책변경에 따라 삼척까지의 고구려 점령지역을 반환받는 유리한 조건을 리용하여 자기 리속을 차리는데로 지향하였다. 즉 신라통치배들은 백제와의 관계에서 아주 손을 끊지 않고 겉으로는 좋은 관계를 유지하는체 하면서 가야나라들을 하나둘씩 복속시켜나갔다.

신라는 522년(법흥왕 9년)에 가야(대가야)왕실과 혼인관계를 맺음으로써 (《삼국사기》 권4 신라본기 법흥왕 9년 3월, 《신증동국여지승람》 권 29 고령현 건치연혁)* 가야나라들의 련합을 가로막고 남쪽으로 령토를 넓히였다. 524년에 신라의 법흥왕은 남쪽지역을 돌아보았는데 이때 가야왕이 와서 만났다고 한다(《삼국사기》 권4 신라본기 법흥왕 11년 9월).

* 이때 신라는 급찬 비조부(比助夫)의 딸을 대가야왕에게 시집보냈다.

신라는 법흥왕때 안라가야(안라, 아라, 경상남도 함안지방)를 통합함으로써 가야나라들의 중간허리를 잘라버리였다(《삼국사기》 권34 지리지 함안군). 결과 고립무원하게 된 금관가야(경상남도 김해지방)는 신라의 압력에 견디지 못하여 자진해서 신라에 투항하고말았다(《삼국사기》 권4 신라본기 법흥왕 19년).

신라통치배들은 6세기 전반기에 고구려, 백제의 제도를 본따서 내정개혁도 많이 진행하였다. 503년 10월에 통치자칭호를 마립간으로부터 왕으로 그리고 국호도 여러가지로 부르던것(사로, 사라, 계림, 신라 등)을 《신라》로 고착시키기로 하였다. 505년에는 주, 군, 현제를 실시하기 시작하였고 509년에는 수도에 동시(동쪽 시장)를 개설하였으며 512년에는 우산국(울릉도, 독도)을 통합하고 514년에는 아시촌(阿户村. 위치 잘 모름)에 소경(작은수도)을 두고 왕기 6부의 주민들과 남부지방의 주민들을 그곳으로 이주시켰다. 또 528년에는 불교를 공인하였다(《삼국사기》 권4 법흥왕 15년).*[1] 531년에는 나라일을 총괄해서 보는 최고관직인 상대등*[2]을 두었다(《삼국사기》 권4 법흥왕 18년 4월).

*[1] 이것은 신라에서의 불교전파의 개시를 의미하는것이 아니였다. 그 이전 눌지마립간때(417 — 458년)에 이미 고구려로부터 묵호자(墨胡子)가 와서 포교하였다고도 하고 비처왕(소지마립간 479 — 500년) 시기에 고구려로부터 중 아도가 와서 포교하였다고도 한다. 아도는 374년에 고구려로 왔다는 인물이므로 묵호자와 아도가 같은 인물이라는 설도 있다. 어쨌든 신라에로의 불교의 전파는 고구려에서 중들이 간데로부터 시작된것은 사실이다.

*[2] 《상대등》은 일본측기록에 의하면《마가리다로》라고 불리웠다고 하며 그것은 곧 고구려의 《대대로》와 같은 뜻이라고 볼수 있다. 그러나 고구려의 대대로는 벼슬등급이며 상대등은 관직이므로 그것은 고구려의 영향이라고 볼수는 있으나 실지 내용에서는 차이가 있다.

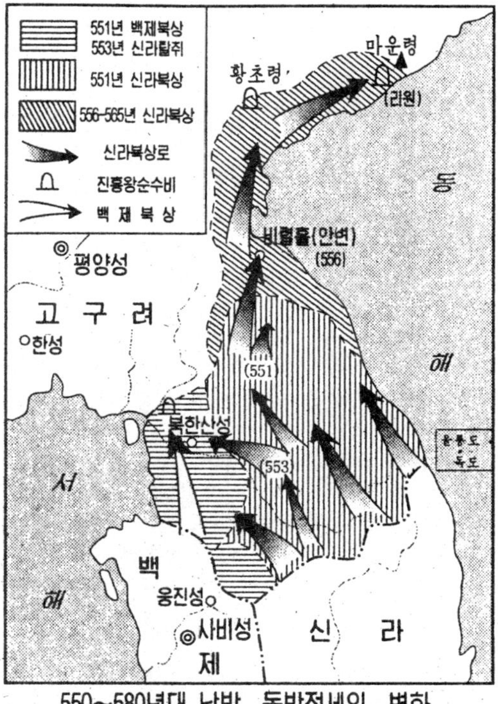

550~580년대 남방, 동방정세의 변화

고구려에서는《국초》에《류기》(100권)가 있었고 백제에서는 375년에 《서기》를 편찬하였으므로 545년에 신라에서《국사》를 편찬하게 된것도 고구려나 백제의 영향이였다.

백제는 신라가 비화가야, 아라가야, 금관가야를 병합한데 대하여 큰 불만을 가지고 한때 신라를 멀리하였으나 당면한 강한 적수인 고구려를 반대하기 위해서는 신라의 가야나라들에 대한 침범과 병합을 묵인하고서

라도 신라와 손을 잡아야 하겠다고 인정하고 541년에 신라에 사신을 보내여 화친할것을 제의하였다. 548년 한북 독산성싸움에서 신라가 구원병을 보낸것은 백제－신라간의 《동맹》이 실지로 회복되였다는것을 보여준다. 그러나 백제와 신라통치배들사이에는 가야나라들의 귀속을 둘러싼 모순과 암투가 계속되였다.

2. 6세기 50년대 한강류역과 동해안 일부 지역에서의 정세변화

1) 550년대초 백제－신라 련합무력의 공세에 의한 한강류역의 상실과 신라의 배신적인 한강하류지역 병탄

550년 정월에 백제장군 달기(達己)는 1만명의 군사를 거느리고 고구려의 도살성을 함락시켰다. 고구려는 이에 대한 반격으로 3월에 백제의 금현성을 포위공격하여 함락시켰다(《삼국사기》 권4 신라본기 진흥왕 11년 정월, 2월, 권26 백제본기 성왕 28년 정월, 4월)*.

신라는 고구려, 백제 두 나라군사들이 피로한 틈을 타서 이사부(異斯夫)로 하여금 두 성을 들이쳐서 차지하고 증축하였으며 1 000명의 갑사를 두어 지키게 하였다(《삼국사기》 권4 신라본기 진흥왕 11년 3월). 고구려군이 금현성을 되찾으려고 공격하였으나 실패하고 이사부는 고구려군을 추격하여 크게 이겼다고 한다(《삼국사기》 권44 이사부전).

* 도살성은 충청남도 천안의 옛 지명인 《동서 도솔》과 음이 비슷하므로 그곳으로 비정하기도 하고 또 고구려의 도서현(충청북도 괴산군 도안면)에 있었다고 보기도 한다. 후자가 더 합리적인것으로 볼수 있다.

그것은 천안부에 고구려의 고을이 있었다는 기록도 없고 천안은 고려초에 탕정, 대목, 사산현의 일부를 떼여내여 설치하였다는것이기때문이다.

금현성은 충청북도 진천의 옛 이름이 금물노였으므로 이곳으로 비정하기도 하나 잘 알수 없다.

신라가 도살성, 금현성을 가로챈것은 백제에 대한 배신행위였으나 백제는 당면하게 고구려를 반대하는 싸움에서 신라와 련합하려고 하면서 계속 신라와 협동하였다.

당시 고구려는 북방정세가 긴장하였으므로 547년(양원왕 3년) 7월에 백암성(등탑현 연주성)을 고쳐쌓았고 신성(무순 고이산성)도 보수하였다. 이것이 551년에 돌궐이 신성과 백암성을 공격한것과 관련이 있다면 두 성의 보수에 관한 《삼국사기》의 기사년대가 잘못되여 몇해 앞으로 된것인지도 모른다. 그러나 그것이 아니라도 앞에서도 본바와 같이 눈강류역 및 동류송화강북쪽에서 국토통일, 령토완정을 위한 사업이 진행되고있었던것만큼 북방정세는 긴장되여있었다고 할수 있다.

또한 540년대 중엽경에 고구려에서는 통치배들내부에서 권력다툼이 일어나 국방에 큰 힘을 돌리지 못하고있었다*[1]. 이러한 약점들을 리용한 백제와 신라는 550년 말경에 련합하여 고구려의 남부지역으로 침공하였다.

이때 백제는 한성(경기도 광주), 평양(오늘의 서울시 중심부) 등 6개 군 지역을 차지하였고 신라는 죽령, 계립령을 넘어 북으로 고현(강원도 철령)까지 10개 군 지역을 차지하였다(《삼국사기》 권44 거칠부전, 《일본서기》 권19 흠명기 12년 시세)*[2].

*[1] 《삼국사기》 권44 거칠부전에는 551년 당시 고구려중 혜량이 《지금 우리 나라 정치는 어지럽고 오래지 않아서 망할것이다.》라고 하였다는 기사가 있다. 그 구체적내용은 알수 없으나 고구려내부의 통일이 잘 되지 못하고있었다고 볼수 있다.

*[2] 이때 백제는 대체로 림진강 남안계선까지 진출한것으로 보인다. 그것은 그후 전투들이 칠중성, 북한산성 등지에서 벌어지고있는것을 보아서 알수 있다.

이것은 고구려의 남부전선에서 일어난 큰 변화였다.

고구려는 이때 마땅히 총력을 기울여 남부전선을 강화하여야 하였으나 552년이후 새 평양성(장안성)을 건설하는 등 소극적인 방어력강화에만 집중하였다. 이것은 그후의 사태를 더욱 불리하게 만들었다.

553년 7월에 신라는 불의에 백제가 차지하였던 한강하류류역까지도 점령하였으며 이 지역에 신주를 두었다*[1]. 이것은 신라통치배들이 자기 령토확장에만 욕심을 부리면서 백제와의 동맹관계는 안중에도 없이 하루아침에 물거품처럼 저버리는 신의가 없는자들임을 보여주었다. 그러면서도 신라의 진흥왕은 고구려왕에게는 자기는 고구려를 칠 의사가 없다고 통치함으로써 고구려의 환심을 사려고 하였다*[2].

*[1] 《삼국사기》 권4 신라본기 진흥왕 14년 7월조의 기사를 보면 이때 신라통치배들이 무슨 구실을 붙여 백제를 납득시켰는지 알수 없다. 그러나 그해 10월에 진흥왕이 백제 왕녀를 작은 왕비로 맞아들인 사실은 고구려의 반격이 예견되는 조건에서 신라군이 백제군과 함께 또는 백제군을 대신하여 한강하류지역을 지켜주려고 일시적으로 그 땅에 들어갔다는 등의 거짓말을 하였을수 있으며 백제는 그것을 곧이 듣고 당장 신라를 반대하는 전쟁을 일으키지 않았다고 볼수 있을것이다.

*[2] 《삼국유사》 권1 기이 진흥왕조에는 백제가 신라와 합세하여 고구려를 치자고 제기하였을 때 신라는 마지못해 전쟁에 참가하지만 고구려와 맞서 싸울 생각이 없다는 내용의 뜻을 고구려에 전달하였다는것이 지적되여있다. 즉 진흥왕은 《나라의 흥망은 하늘에 달려있다. 만약 하늘이 아직 고구려를 싫어하지 않는다면 내가 어떻게 감히 그럴것을 바라겠는가.》라고 하면서 이 말을 고구려에 전하게 하였더니 고구려가 감사히 생각하여 신라와 좋은 관계를 맺었고 백제는 그것을 원망하여 554년에 신라를 치게 되였다고 썼다.

백제와 신라에 의한 한강류역의 점령, 신라에 의한 한강하류류역의 탈취로 고구려는 한때 자기 남부의 적지 않은 지역을 상실하였다. 그것은 또한 앞으로 삼국간의 관계에서 중대한 변화를 일으키게 하는 요인으로 되였다.

2) 554년 고구려군의 웅천성공격과 신라에 의한 동해안 일부 지역의 점령

신라가 백제와의 약속을 어기고 한강하류지역까지 타고앉았을뿐아니라 고구려와도 내통한것은 백제의 격분을 불러일으켰다. 554년 9월 (7월의 잘못)에 백제군은 신라의 어진성(於珍城)을 공격하여 주민 3만 9 000명과 말 8 000필을 빼앗아갔으며 (《삼국유사》 권1 기이 진흥왕)*[1] 련이어 백제 성왕은 대가야와 련합하여 신라의 관산성(충청북도 옥천)을 공격하였다.

그러나 이때 성왕은 제가 직접 소수의 인원(보병, 기병 합계 50명)을 데리고 전장으로 나가다가 밤중에 구천(狗川)이라는 곳에서 신라의 신주 군주 김무력(금관가야의 마지막왕인 김구해의 셋째아들)이 이끄는 신라증원군의 매복에 걸려 전사하였다(《삼국사기》 권4 신라본기 진흥왕 15년 7월)*[2]. 그후 백제는 관산성부근전투에서 좌평 4명을 비롯하여 2만 9 600명의 군사들을 잃었다고 한다(《삼국사기》 권26 백제본기 성왕 32년 7월).

*[1] 《삼국사기》에는 어진성(위치 잘모름)관계기사는 없고 전쟁시일도 9월이 아니라 7월로 되여있다. 7월이 옳을것이다.

*[2] 《일본서기》에는 554년 12월에 성왕이 전사한것으로 씌여있으나 잘못일것이다.

이 사건은 그후 백제－신라관계를 완전한 적대관계로 되게 하는 중요계기로 되였다.

신라통치배들이 고구려를 반대하여 싸울 의사가 없으며 고구려가 백제를 치더라도 신라는 상관하지 않겠다고 한 조건에서 고구려는 그것의 사실여부도 알아보고 또 백제의 앞으로의 침공을 미리 막을 심산으로 일부 무력을 내보내여 554년 10월에 백제의 북방중심지인 웅천성(공산성)을 공격하였다. 그러나 웅천성공격은 실패로 끝났다(《삼국사기》 권19 고구려본기 양원왕 10년 겨울, 권27 백제본기 위덕왕 원년 10월). 이렇게 된데는 신라통치배들이 량면전술에 매여달리면서 백제측에 사전에 고구려군의 진격에 대하여 알려준것이 작용하였을수도 있다.

백제는 신라통치배들이 한강류역을 배신적으로 차지하였을뿐아니라 고구려를 막겠다고 한 종전의 약조를 뒤집어엎고 고구려군이 한강하류지역을 무사통과하여 웅천성까지 남하하게 한것을 보고서 신라의 배신행위와 량면전술이 극도에 이른데 대하여 더욱더 분격해하였으며 그후 백제말기까지 신라와 싸움을 계속하였다.

신라통치배들은 고구려와 백제사이에서 롱간을 부리면서 어부지리를 얻었으며 웅천성전투에서 실패한 고구려를 얕보면서 이번에는 고구려의 동남부지역으로 침공해왔다.

이 시기 고구려는 남북 두 전선에 군사력을 분산시키고있었으며 또 552년이후 새 평양성(장안성)을 쌓는 방대한 건축공사를 계속 벌려놓고있었다.

이렇게 고구려의 력량이 분산된 기회를 리용하여 신라통치배들은 556년에 비렬홀(안변)로 나와 비렬홀주를 두었으며 557년에는 신주를 북한산주로 개편하였다.

한편 신라는 562년에 백제와 련합한 대가야(경상북도 고령지방)를 쳐서 멸망시켰다.

그후 신라는 계속 북쪽으로 진격하여 568년까지에 마운령(함경남도 리원군)과 황초령(함경남도 영광군)계선에 진출하여 진흥왕순수비를 세웠다.

이렇게 동해안일대에서 신라가 현저히 북상한것은 고구려에 대한 중대한 위협으로 되지 않을수 없었다. 고구려에 있어서 자기 력량을 수습하여 신라에 대한 결정적인 반공격으로 이행하는것은 당면한 긴급과제로 되였다.

3. 삼국통일정책의 추진을 위한 고구려의 계속적투쟁(6세기 중엽~7세기 중엽)

6세기 중엽에 와서 고구려, 백제, 신라의 세 나라사이에 조성된 새로운 정세는 고구려의 삼국통일정책수행에서 커다란 장애로 되였다.

백제는 신라에게 기만당하여 한강하류지역을 잃었을뿐아니라 국왕이 전사하는 사태까지 빚어지게 된것과 관련하여 신라를 원쑤로 대하였지만 고구려에 대해서도 종전의 적대적태도를 버리지 않았다. 게다가 신라가 득세하여 멀리 북쪽으로 나오게 된것은 고구려의 수도를 측면으로부터도 공격해올수 있는 위험한 판국을 조성하였으며 신라에 의한 가야지역(경상북도 남부와 경상남도의 넓은 지역)의 병탄은 신라의 국력을 급속히 강화할수 있게 함으로써 고구려에 대한 위협을 더욱 증대시켰다.

비록 이러한 정세는 고구려의 삼국통일정책의 추진에 큰 방해로 되였으나 고구려는 자기의 통일정책을 결코 포기하지 않았으며 신라통치배들이 외세와 직접 결탁하여 나선 7세기초이후의 어려운 시기에도 삼국통일을 위한 투쟁을 멈추지 않았다.

6세기 중엽이후 고구려의 삼국통일을 위한 투쟁은 598년, 607년의 백제에 대한 공세를 포함하여 크게 볼 때 8차에 걸친 남진과정을 통하여 진행되였다.

1) 568년 신라에 대한 반격(1차남진)

550~568년기간에 조성된 정세하에서 고구려는 당면하여 동해안쪽으로 깊숙이 들어온 신라세력을 밀어내기 위한 비상조치를 취하였다.

신라에 대한 첫 반공격전은 568년 가을경에 시작되였다. 그것은 이해 8월에 신라의 진흥왕이 황초령, 마운령일대까지 새로 점령한 지역을 순시하면서 순수비들을 세운 직후에 시작되였다.

《삼국사기》등에는 이해에 고구려가 공세를 취했다는 기록은 남아있지 않다. 그러나 신라가 568년 10월에 북한산주를 폐지하고 남천주(리천)를 두었으며 또 비렬홀주를 폐지하고 달홀주(고성지방)를 두었다고 한것을 통하여 고구려가 서해안과 동해안지방에서 동시에 남으로 공격해나갔다는것을 알수 있다. 비렬홀(안변)에서 달홀(고성)까지, 북한산(서울)에서 남천(리천)까지는 퍼그나 먼 거리므로 이것은 신라가 그 최전방 주소재지들을 그만큼 후퇴시킨것은 고구려군이 북한산과 비렬홀 가까운 곳까지 진출하였다는것을 보여준다.

또 572년에 신라에서 전사한 군사들을 위하여 7일간이나 절에서 위령제행사를 벌린것(《삼국사기》 권4 신라본기 진흥왕 33년 10월 20일)은 그동안 10년가까이 백제와의 전쟁이 없었던것만큼 고구려와의 전쟁에서 죽은자들을 《위안》하기 위하여 진행하였다는것을 말해주는것으로 볼수 있다. 이러한 사실들은 고구려가 다시 오늘의 강원도 북부계선까지의 지역을 수복하였다는것을 립증하고있다*. 서해안쪽에서는 어디까지 다시 나갔는지 잘 알수 없으나 포천시, 양주시의 북부계선까지 나아갔다고 볼수 있을것이다.

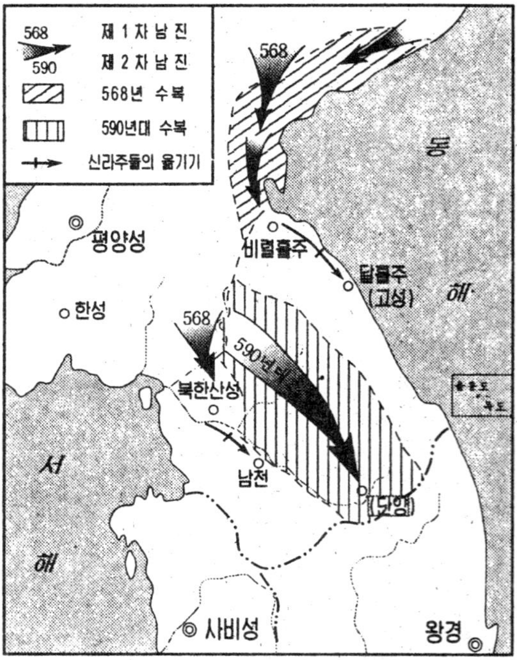

6세기말엽 고구려의 제1, 2차남진략도

* 지난 시기 진흥왕순수비가 마운령에도 있었다고 하여 612년 고구려－수전쟁, 또한 645년 고구려－당전쟁시기까지 신라의 북쪽지경이 오늘의 함경남도 리원지방까지 미치고있었다고 보는 경향들이 있었으나 그것은 잘못이다.

2) 590년대 소백산줄기계선에로의 진출 (2차남진)

570～580년대에 고구려는 새 평양성건설공사에 계속 큰 힘을 넣었고 또 581년 수나라의 성립이후에는 그 침략책동을 막기 위하여 서북방의 방어를 강화하는데도 많은 힘을 기울여야 하였으며 북방에서 말갈족들을 완전히 복종시키는데 적지 않은 무력을 돌려야 하였다. 이로 말미암아 남방으로의 진출은 한동안 중지상태에 있었으나 590년에 영양왕이 즉위하자 신라가 점령한 남부령역을 회복하기 위한 일대 진공작전을 벌리였다.

《삼국사기》 권45 온달전에 의하면 온달장군은 양강왕(양원왕이 아니라 영양왕을 가리킴)이 즉위하자 《신라가 우리의 한강이북땅을 저들의 군현으로 삼고있으니 백성들이 통절하게 한탄하고있으며 부모의 나라를 잊은적이 없다》고 하면서 자기에게 군사를 맡겨주면 나가서 꼭 우리 땅을 되찾겠다고 하였다. 왕이 그렇게 하라고 허락하니 온달은 떠나기에 앞서 《계립령, 죽령이서 땅을 되찾지 못한다면 나는 돌아오지 않겠다》고 맹세하였다. 그는 신라군과 아단성(을아단－충청북도 단양군 영춘면)아래에서 싸우다가 향방없이 날아오는 화살에 맞아 전사하였다. 단양군 영춘면 소재지의 남쪽에 온달고성(석축. 둘레 800m)이 있는데 그것은 온달장군의 지휘밑에 쌓아진 성이라고 한다.

단양군 영춘면은 죽령에서 멀지 않은 곳에 있다. 그러므로 이때 고구려군은 다시 소백산줄기계선까지 남으로 밀고내려갔음을 알수 있다.

598년의 고구려-수전쟁때 백제는 사신을 보내여 수나라군대를 안내해주겠다고 제기하였다. 실지로는 수나라군대가 크게 패배하여 료동으로 얼마 나오지 못하여 이 제의는 실현되지 못하였으나 고구려는 수나라편에 서려고 꾀하던 백제의 북변을 타격한 일이 있었다(《삼국사기》 권20 고구려본기 영양왕 9년 9월, 권27 백제본기 위덕왕 45년 9월). 이것은 고구려가 수군무력으로 백제 북변을 친것을 의미한다.

3) 603~608년 백제, 신라에 대한 징벌타격 (3차남진)

7세기에 들어와서도 고구려는 백제와 신라가 다같이 고구려를 반대하는 조건에서 두 나라를 다 징벌하고 그 과정을 통하여 삼국통일정책을 실현하려고 하였다.

603년에 고구려의 장군 고승(高勝)은 서남방면으로 다시 진출하기 위하여 신라의 북한산성을 공격하였다. 그런데 신라의 진평왕은 1만명의 군대를 이끌고 한강을 건너왔고 북한산성안의 병력과 합세하여 반격하려고 하였다. 고승은 력량상 대전할 형편이 못된다는것을 알고 북한산성의 포위를 풀고 되돌아왔다(《삼국사기》 권20 고구려본기 영양왕 14년, 권4 신라본기 진평왕 25년 8월). 이 작전은 비록 결실을 보지 못하였으나 신라에 대한 일정한 타격을 준것으로 된다.

607년에 수나라의 고구려침략책동이 로골화된 환경에서 고구려는 후방의 안전을 보장할 목적밑에 한차례의 해상기동작전을 벌리여 백제의 송산성(松山城)을 치고 그것이 함락되지 않자 그 이웃에 있는 석두성(石頭城)을 들이쳐서 3 000여명의 주민들을 붙들어왔다(《삼국사기》 권20 고구려본기 영양왕 18년 5월, 권27 백제본기 무왕 8년 5월)*.

* 송산성은 충청남도 당진군 송악면에 있는 송악산성(석축. 둘레 270m)일것이고 석두성은 송악면 한진리에 있었던 성이라고 인정된다. 《증보문헌비고》 권33 여지고 21 관방 9 해방 3 면천(沔川)조에는 삼국시기에 평양(고구려)과 백제가 서로 싸워 빼앗은 석두창이 있었는데 수군의 군량을 두었던 곳이라고 하였다. 중요한 창고의 주변에는 성을 쌓았으므로 석두성도 그러한 성이였을것이다.

607년의 백제북변에 대한 공격은 612년 고구려-수전쟁때 수나라를 돕겠다고 한 백제로 하여금 형세를 보아가면서 움직이려던 시초의 계획을 파탄시키는데 크게 작용하였다고 말할수 있다.

608년에 신라통치배들은 고구려가 여러차례 신라를 공격해오는것을 막는다는 구실밑에 수 양제에게 고구려를 쳐달라고 빌붙는 글을 고승이라는 원광(圓光)을 시켜서 만들게 하고 그것을 수나라에 전달하였다. 이것은 동족의 내부문제해결에 외세를 끌어들여 자기 나라를 외래침략자들의 유린에 내맡기려는 용서할수 없는 반민족적, 사대주의적인 망동이였으며 신라통치배들이 자기 일신, 일가의 안일과 사치를 위하여서는 민족을 반역하는 길에도 서슴지 않고 나서는 배족적인 집단이라는것을 보여주었다.

고구려는 이 소식을 듣자 곧 608년 2월에 출병하여 신라의 북변을 쳤으며 8 000명을 포로하였고 4월에는 신라의 우명산성(牛鳴山城)을 함락시켰다.

이것은 신라통치배들의 반역행위에 대한 응당한 징벌타격이였다. 그러나 신라통치배들은 그후에도 수나라편에 서서 침략행위를 계속하였다.

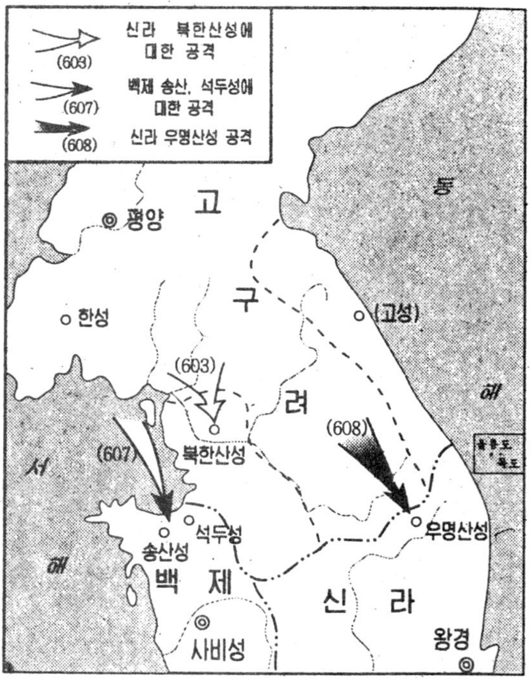

7세기초 신라, 백제에 대한 정벌, 고구려의 남진략도(제3차)

4) 620년대 신라에 대한 반격 (4차남진)

고구려가 612년 수나라 300만대군을 물리치는 어려운 투쟁을 벌리고있을 때 신라통치배들은 많은 무력을 내보내여 고구려의 남부지역을 침공하였다. 고구려는 수나라와의 전쟁에 총력을 기울이고있었던만큼 남부계선에 큰 힘을 돌리지 못하였다. 그 틈을 타서 신라는 또다시 죽령, 계립령이북 500리땅을 공격함으로써 550년대의 북상시기와 거의 같은 지역을 차지하였다(《삼국사기》 권21 고구려본기 보장왕 3년 정월, 권41 김유신전(상), 권44 온달전).

고구려-수전쟁은 613년, 614년에도 계속되였고 그후에도 고구려는 전쟁에서 입은 피해를 가시기 위하여 여러가지 대책을 세우느라고 남방에 힘을 돌리지 못하였다.

수나라가 망하고 당나라가 서게 되자 처음 얼마동안은 당나라와 평화적관계를 맺고있었다. 이 기회에 고구려는 신라가 빼앗은 땅을 도로 찾기 위하여 대략 620년대 초엽부터 신라를 물리치는 싸움을 하게 되였다. 그것은 625년에 신라가 당나라에 사신을 보내여 고구려가 당나라로 가는 길을 막고있다고 하면서 그렇게 하지 못하도록 해달라고 당나라에 요청하였으며 또 고구려-신라, 백제-신라사이에 여러차례 싸움이 계속되고있다고 한 사실을 통하여 알수 있다. 〔《삼국사기》 권4 신라본기, 진평왕 47년(625년) 11월, 48년 7월, 《구당서》 권199(상) 고(구)려전, 백제전, 권189(상) 주자사전〕.

삼국간의 분쟁을 리용하여 저들의 목적을 달성하려던 당태종이 626년 국자 조교 주자사를 보내와서 싸우지 말것을 권고하였을 때 당시 고구려의 영류왕은 당나라에 양보하여 신라와 화친을 약속하였다. 그러나 백제와 신라는 그후도 계속 싸웠으며 고구려도 신라가 백제와의 싸움에 몰두하고있는 틈을 리용하여 중부산간지대에서 옛 령토를 거의다 회복하였다.

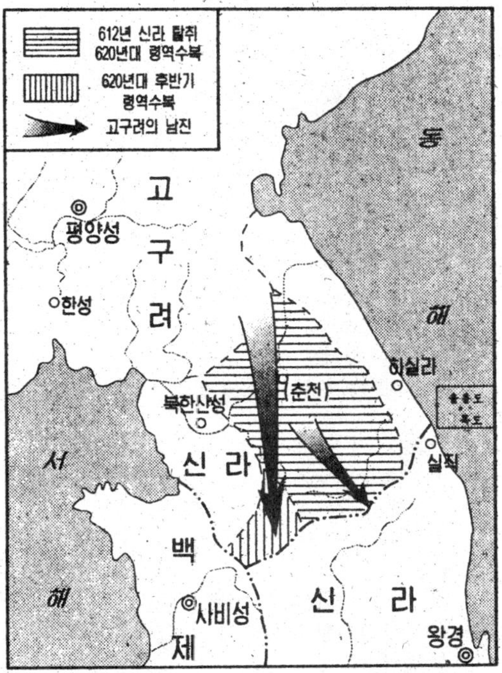

620년대 고구려의 제4차 남진략도

628년에 백제와의 가잠성싸움에서 우세를 차지한 신라는 629년에 고구려의 랑비성(충청북도 청원군 북이면 부연리)을 공격하였다. 이 전투에서 고구려군은 실패하여 성이 함락되였다.

그러나 이것은 고구려가 620년대에 다시 강력하게 남방진출을 내밀어 다시 소백산계선까지 나아갔다는 사실을 말해준다.

그후에도 고구려는 중부산간지대에서 충청북도 북부지역을 견지하고있었다고 보인다.

5) 638년 고구려의 남방진출정책의 계속추진 (5차남진)

신라는 고구려와 백제의 공격을 받으면서도 한강하류지역만은 기어이 고수하면서 당나라침략세력과의 련계밑에 고구려에 대한 새로운 공세를 준비하였다. 신라통치배들은 637년에 북한산주의 무력을 동쪽으로 내보내여 고구려의 우수주소재지(춘천)를 점령하고 군주(주 장관)를 두었다 〔《삼국사기》 권35 지리지 (2) 삭주〕.

신라가 고구려의 남부지역 중허리를 자르려고 시도하는것을 알게 된 고구려는 이듬해 638년에 새로운 반격을 가하였다. 즉 638년에 고구려는 우수주에 침입하였던 신라군을 쳐서 몰아냈을뿐아니라 그해 10월에는 신라의 북변인 칠중성(경기도 파주시 적성면)을 공격하였다. 그러나 신라가 대장군 알천(閼川)이 거느리는 큰 무력을 보내오자 불리하게 된 고구려군은 철수하였다.

서해안지역에서 고구려는 크게 남진하지 못하고말았으나 중부산간지대와의 통로는 확보하였다.

이해에 고구려는 또한 동해안지역에서도 신라를 공격하여 비렬홀(안변)을 탈환하였다. 비렬홀을 탈환하였다는것은* 안변 남대천류역지방도 차지하였다는것을 의미한다.

* 《삼국사기》 권7 신라본기 문무왕 11년 7월 26일 설인귀에게 보낸 글에는 비렬(卑列)성을 668년이전 30여년전에 고구려가 차지하였다고 하였다.

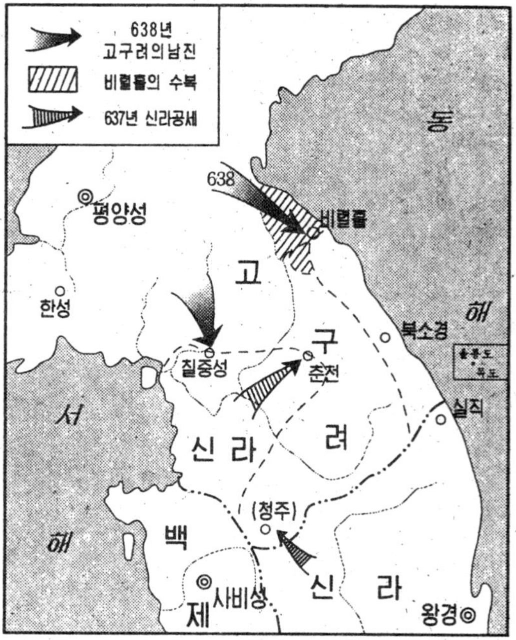

638년 고구려의 제5차 남진략도

639년에 신라가 하실라주에 북소경을 설치한것은 동해안지역에 대한 통치를 강화하는 동시에 고구려의 남진을 막으려는 조치이기도 하였다.

6) 643～644년 백제와의 협력에 의한 신라서북부 수십개 성의 함락 (6차남진)

642년 10월 연개소문의 정변이후 고구려는 대당강경정책을 쓰는데로 넘어갔으며 후방의 안전을 보장하기 위하여 백제와의 오랜 적대관계를 극복하고 신라를 반대하는데서 공동보조를 취하게 되였다.

642년 겨울에 백제의 공격으로 대야성(경상남도 합천), 미후성 등 40여개 성을 빼앗긴 신라는 너무도 급한 나머지 김춘추를 고구려에 보내여 후원을 요청하였으나 연개소문은 계립령, 죽령이북의 고구려땅을 다 내놓지 않으면 신라를 도와줄수 없다고 잘라 말하였다. 김춘추가 그렇게 하겠다고 거짓말을 하고 귀국한다는것을 안 고구려측에서는 김춘추를 추격하였으며 그를 마중나온 김유신의 신라군과 싸웠다. 또한 백제와 련합하여 서해안의 신라의 중요항구인 당항성(경기도 화성시 남양면)을 치려고 하였다.

643년에 연개소문장군은 직접 군사들을 거느리고 출전하여 오늘의 금강계선에 진출하였다. 충청북도 청원군 부용면에 개소문성이 있고 충청남도 연기군 금남면에 소문성이 있다는 사실은 이 시기 연개소문이 이 일대에까지 나가서 활동하였다는것을 말해준다.

644년초에 당나라는 사농승 상리현장(相里玄奘)을 보내와서 고구려가 신라를 치는것을 중지하도록 권고하였으나 연개소문은 수나라때 신라가 차지한 500리 땅을 다 되돌려주지 않는 한 전쟁을 그만둘수 없다는 립장을 다시 천명하였다.

643～644년사이에 연개소문의 총지휘밑에 진행된 남방진출작전의 결과

중부산간지대에서는 강원도 령서지역, 충청북도의 대부분지역을 다시 되찾았으며 그것은 645년 고구려—당전쟁을 앞두고 고구려의 후방을 공고히 하는데서 중요한 의의가 있었다.

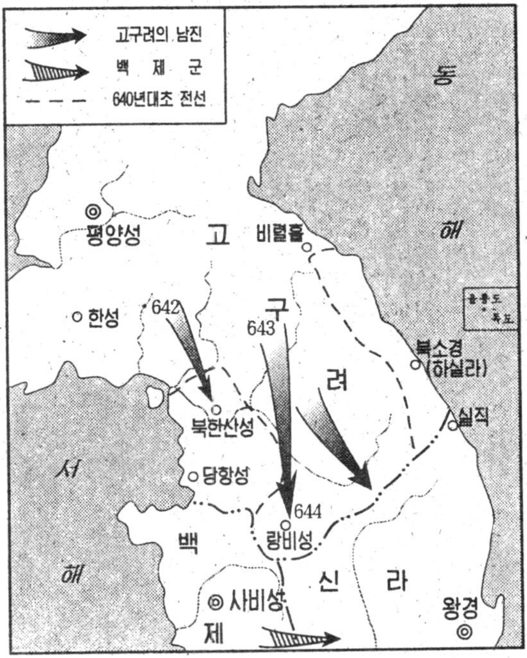

643~644년 고구려의 제6차 남진략도

7) 654년 신라에 대한 일대공세 (7차남진)

645년초에 당 태종은 고구려에 대한 대규모침공을 시작하면서 신라에 대해서는 있는 무력을 총동원하여 고구려의 남부를 치라고 지시하고 백제에 대해서도 역시 군사들을 발동시켜 고구려에 대한 침공을 개시하며 신라로 가는 당나라 사신을 잘 호송해달라는 국서를 보내였다(《문관사림》 권364 백제왕, 신라왕에게 보내는 당나라의 국서).

백제는 당시 고구려와 동맹관계에 있었기때문에 당나라의 요구를 받아들이지 않았다. 그러나 신라통치배들은 좋은 기회가 왔다고 생각하면서 645년에 3만명의 군대를 내보내여 중부산간지대를 다시 점령하였다.

이때 신라는 고구려의 수구성(水口城)을 점령하였다*는 기사밖에 전하는것이 없으나 647년, 648년에도 당나라가 고구려를 침공한것을 리용하여 신라는 또다시 남부지역을 적지 않게 점령한것으로 인정된다. 그것은 647년에 대아찬 수승(守勝)을 우두주(牛頭州)군주로 임명한 사실(《삼국사기》 권5 신라본기 진덕녀왕 원년 2월)을 통하여 알수 있다.

* 《신당서》 권220 신라전, 《삼국사기》 권37 《미상지분》(지명만 있고 분명치 않은 지역들)안에도 수구성이 있으나 본기, 렬전 등에는 수구성이 나오지 않는다.

수구성은 강원도 김화군(옛 금성), 회양군일대(고구려의 옛 통구현, 수입현 등), 오늘의 창도군 읍 철벽리부근으로 비정된다. 《대동여지도》에는 옛 통구현표식만 있고 옛 수입현표식은 없으나 수입창이 있으므로 수입성을 수구성으로 보는것이 보다 근사할것이다.

647년 10월에 백제는 신라의 무산성, 감물성, 동잠성*을 공격하였으며

648년 3월에는 백제장군 의직(義直)이 신라 서변의 요차성 등 10여개 성을 함락시켰다.

* 무산성은 충청북도 중원군 대림산성으로, 동잠성은 중원군 동악성으로, 감물성은 중원군 감물내미부곡 덕주산성으로 각각 비정된다.

이때 신라가 백제군을 반격하여 물리쳤다고는 하나 이 시기에 신라는 백제의 공격으로 곤경에 빠졌으므로 김춘추는 당나라에 가서 앞으로 공동으로 고구려, 백제를 쳐서 평양(실지로는 패강)(대동강)이남지역*은 신라가 차지하고 그 이북땅은 당나라가 차지한다는 비밀협약을 맺었다(《삼국사기》 권7 문무왕 11년 7월 26일). 이것은 신라통치배들이 외래침략세력을 끌어들여 동족의 나라들을 멸망시키려는 천추에 용서못할 배족적행위인것이였다.

* 원문에는 《평양이남》으로 되여있으나 신문왕 34년(735년)조에는 《패강이남》으로 되여있고 《고려사》 권58 지리지에도 함종, 룡강 등 대동강이북지역의 고을들이 《본래 고려땅(발해의 고려후국)》으로 되여있다.

신라통치배들의 배족행위에 분개한 고구려와 백제는 654년에 신라의 북쪽지경에 있는 33개 성을 함락시켰다.

이 33개 성이 구체적으로 어느 지방의 성들인지는 잘 알수 없으나 그것은 아마도 오늘의 강원도 령서지역, 충청북도지방의 중부산간지대였다고 볼수 있다. 강원도 령서지방, 충청북도 북부지방에는 예로부터 고을들이 많지 않았고 성들도 얼마 없었으므로 그것은 고구려가 다시 남진하여 충청북도 동북부까지 나갔으며 백제는 충청북도 서부 청원군, 괴산지역으로 나왔다는 것을 의미할것이다.

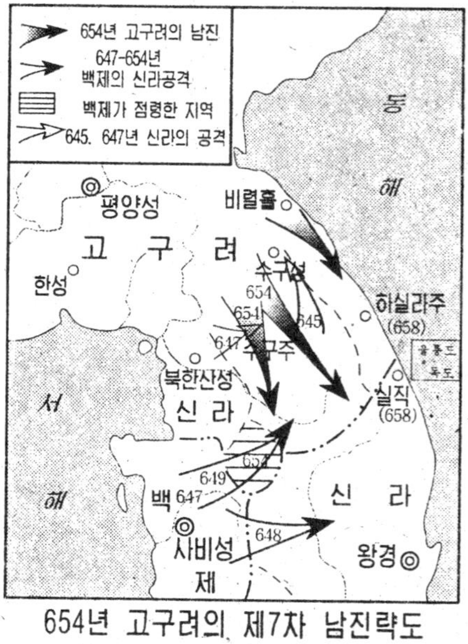

654년 고구려의 제7차 남진략도

658년 3월에 신라가 하실라(강릉)는 지경이 《말갈》과 가까와서 사람들이 편안치 못하다하여 경(북소경)을 페지하고 다시 주(도독)을 두었으며 그 남쪽인 실직(삼척)을 북진(북방의 군사적거점)으로 삼은것은 고구려가 동해안방면으로도 남하하여 오늘의 고성군, 양양군일대까지 내리밀었다고 볼수 있게 한다. 그러므로 654년에 고구려는 5세기말, 6세기초의 남부 령토를 거의 다 되찾았다고 볼수 있다.

고구려는 이처럼 6세기 중엽이후

에도 삼국통일을 실현하기 위한 남진정책을 계속 밀고나갔다. 그것은 수, 당, 침략자들과 결탁한 신라통치배들의 배족적책동을 꺾어버리고 국토통일을 기어이 완수하려는 고구려의 변함없는 립장을 잘 보여주고있다.

그러나 외세와 손잡은 신라통치배들에 의하여 660년에 백제가 멸망한것은 고구려의 남부정세를 극히 불리하게 만들었다. 이것으로 하여 고구려의 삼국통일정책은 중도에서 좌절되게 되였다.

8) 660~661년 고구려군의 칠중성공격 (8차남진)

660년 7월에 라-당련합군의 공격으로 백제가 멸망한 다음에도 고구려는 남진정책을 계속 추진하였다. 백제유민들이 사방에서 일어나 싸우고있었던 조건에서 이것은 그들에 대한 고구려의 지원으로도 되였다.

660년 11월 1일 고구려군은 신라의 북변인 칠중성을 공격, 함락시켰다. 칠중성전투는 20여일간이나 격렬하게 진행되였다. 고구려군은 때마침 불어오는 바람을 리용하여 화공전술로 성을 돌파하였고 이때 신라의 현령인 필부(匹夫)는 전사하였다(《삼국사기》 권5 신라본기 태종무렬왕 7년 11월 1일 권 47 필부전).

이듬해인 661년 5월에 고구려 장군 뇌음신(惱音信)은 말갈인부대의 장군 생해(生偕)와 함께 술천성(경기도 려주)을 공격하였으며 성이 함락되지 않게 되자 북한산성을 공격하였다. 고구려군은 포차로 돌을 날려서 성우의 시설물들을 깨뜨렸다. 그러나 신라의 북한산성주 동타천(冬陀川)이 림기응변하여 절간의 창고를 털어다가 나무다락을 만들어 포차가 날리는 돌을 막았고 성안에도 노포(큰 쇠뇌와 석포)를 설치하였으므로 싸움은 20여일간이나 계속되였다.

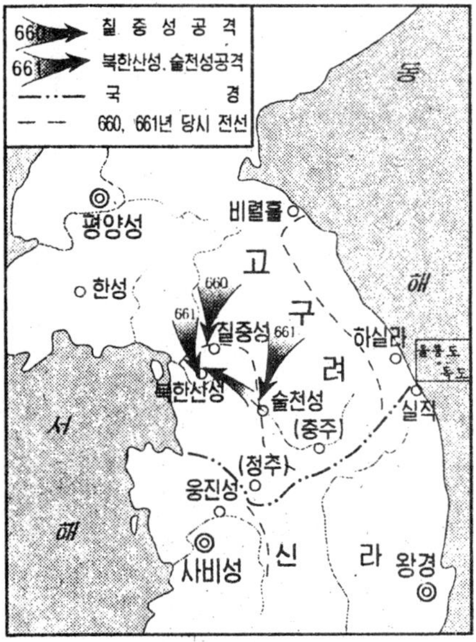

660~661년 고구려의 제8차 남진략도

성안의 식량이 다 떨어지게 되였을 때 큰 별찌가 고구려군의 진영안에 떨어지고 우뢰가 울면서 비가 쏟아지자 뇌음신 등은 미신에 사로잡혀 불길한 징조라고 하면서 포위를 풀고 되돌아서고말았다(《삼국사기》 권5 신라본기 태종무렬왕 8년 5월 9일, 권22 고구려본기 보장왕 20년 5월).

660년말~662년초에 당나라는 수백만의 대규모 침략무력을 동원하여 북쪽과 남쪽, 대동강으로 고구려를 침공하였다. 이러한 어려운 정황에서 고구려의 남진정책은 더이상 실현하기 어렵게 되였다. 663년말~664년초에 백제유민들의 고국회복투쟁도 실패로 끝났다. 그후 고구려에서는 통치층내부에서 정권쟁탈전이 일어났고 그 결과 나라는 종말을 고하게 되였다. 고구려의 삼국통일정책은 결국 신라통치배들의 외세의존책동과 당나라의 끊임없는 침략책동에 의하여 중도반단되였으며 마침내는 실현할수 없게 되였다.

고구려가 추진시킨 삼국통일을 위한 투쟁은 그것이 본격적으로 벌어진 때로부터 300여년간이나 줄기차게 계속되였다. 특히 6세기 중엽이후 100여년사이에 고구려는 앞뒤로 적대세력의 침공을 받는 어려운 조건에서도 여러차례 꾸준히 반복하여 남진을 계속하였다.

수백년을 두고 계속 추진되였던 고구려의 삼국통일정책이 좌절되고만 주요요인은 신라통치배들이 자기의 계급적리익만을 추구하면서 외세를 끌어들여 동족의 나라들을 반대하는 배족행위를 끈질기게 감행한데 있다. 특히 660년 백제를 멸망시킨 후 당나라통치배들이 신라까지도 집어삼켜보려는 야망을 드러냈음에도 불구하고 패강이북의 고구려땅, 대부분의 국토를 당나라에 떼주더라도 기어이 동족의 나라 고구려를 멸망시키려고 책동하면서 당나라와의 련합정책을 계속 추구하고 앞뒤로부터 공격을 감행하여 고구려의 력량을 분산시켰다.

한편 주요요인의 다른 하나는 고구려통치배들이 대당정책에서 일관성을 견지하지 못하고 양보를 거듭하였으며 자기의 국방력을 더욱 반석같이 다지지 못하였을뿐아니라 통치층내부에서 분렬이 일어난데 있다.

고구려의 내부분렬로 인하여 국가의 통수체계와 방위체계가 마비되지 않았던들 고구려는 적대세력의 침공을 성과적으로 물리치고 나라를 보존할수 있었을뿐아니라 마침내 삼국통일도 성취할수 있었을것이다.

그러나 삼국통일을 위한 고구려인민들의 투쟁은 결코 헛된것이 아니였다. 6세기 초중엽에 고구려가 국토의 대부분을 차지하게 된것은 세 나라인민들의 민족적공통성을 강화하게 하였으며 7세기 말엽이후에도 고구려의 옛 강토를 다 수복하려는 우리 인민의 지향*1을 더욱 강하게 만들었고 고구려를 계승한 여러 나라들이 일떠서게 하였으며*2 마침내 10세기초에 고려에 의한 국토통일의 위업이 완수되게 하였다.

*1, *2 590년대초에 온달장군이 《신라가 우리의 한강류역이북땅을 떼여내여 자기의 군현으로 만들었기에 백성들이 통탄하면서 부모의 나라(고구려)를 한시도 잊은적이 없다》고 한것은 조선반도 중부지역인민들의 심정을 그대로 대변한것이였다. 그후 궁예의 후고구려국이나 왕건의 고려국도 이 지역인민들의 지향과 념원을 실현하기 위한 투쟁과정에 성립되였던것이다.

고구려에 의한 삼국통일정책의 추진과 그 과정에 있었던 여러 사건들은 우리 민족사에서 심각한 교훈을 남겼다. 그것은 민족성원들모두가 합심하여 외래침략세력을 물리쳐야만 나라와 민족의 자주권과 존엄을 튼튼히 지키고 륭성번영하는 통일국가를 세울수 있다는것을 똑똑히 가르쳐주고있다.

제 10 장 고구려봉건국가의 종말, 고국 회복을 위한 고구려인민의 투쟁

제 1 절 고구려봉건국가의 종말

1. 663 ~ 666년 고구려의 내외정세, 연개소문의 사망과 고구려통치층내부모순

661 ~ 662년 당나라의 침략을 물리친 전쟁은 고구려인민들에게 있어서 나라의 운명을 판가리하는 또 한차례의 일대 결전이였다. 이 전쟁에서 고구려군은 적들에게 큰 타격을 주고 또다시 승리를 쟁취하였으나 고구려측이 입은 피해도 적지 않았다. 그것은 지난 시기와는 달리 적군이 북쪽 료동지방에서뿐아니라 대동강하구로부터도 침입하여 전쟁이 넓은 범위에 걸쳐 진행되였기때문이였다.

전쟁이 끝난 후 고구려는 곧 파괴된 성새와 도시와 농촌들을 복구하고 보강하는 일을 힘있게 벌려나갔다. 특히 648년과 661 ~ 662년에는 적군이 압록강과 대동강하구로 침입한 전례가 있었던것만큼 료동지방과 조선반도의 서해안지구와 강하천어귀 지방의 방어를 강화하는데 큰 힘을 돌리지 않을수 없었다.

또 전쟁으로 인하여 제때에 농사를 짓지 못하고 땅을 묵이기도 한 지대들에서 빨리 경지를 다시 일구고 알곡을 재배하여 군량을 보충하는것이 중요하였다. 료동성, 신성, 건안성, 안시성, 환도성(봉황성)을 비롯한 크고작은 성들에 많은 량의 군량을 확보해두는것이 초미의 문제로 나섰다. 또한 수공업을 급속히 복구하여 마사지고 무디여진 병쟁기들도 다시 벼리고 더 만들어내야 하였다.

이러한 전쟁피해복구를 위해서는 많은 로력이 요구되였다. 그러나 백제가 멸망한 후에는 신라, 당세력의 위협이 강화되고있는 조건에서 남쪽 성들을 지키는 무력도 크게 줄일수 없었다.

연개소문장군은 이러한 불리한 형편에서도 짧은 시일안으로 새로운 전쟁에 대처할 준비를 완성하기 위하여 힘을 기울였다.

662 ~ 663년에 백제 옛땅에서는 인민들이 도처에서 반침략투쟁에 나섰으며 사비성과 웅진성으로 당나라침략군을 압축하고 많은 지역을 탈환하였다.

그러나 662년 가을 당나라는 좌(우)위장군 손인사(孫仁師)를 웅진도행군총관으로 임명하고 〔《구당서》 권199(상) 백제전〕 40만명의 대군을 내보내여 덕물도로 해서 웅진성으로 가게 하였으며 신라는 김유신 등 28명의 장군이 거느리는 20만대군을 백제땅에 내보내여 백강(白江)싸움에서 백제-《왜》련합군을 격파하였다. 그들이 이어 항전군의 주요거점인 주류성을 함락시키게 되자 백제유민들의 항거투쟁은 하강선을 긋게 되였다*. 백제유민들은 임존성(충청남도 례산군 대흥면)에서 투쟁을 계속하였으나 결국 그해말경에는 성이 함락되였고 664년 3월에는 사비산성에 의거하여 다시 투쟁을 벌렸으나 오래가지 못하였다(《삼국사기》 권6 신라본기 문무왕 4년 3월).

* 《삼국사기》 권6 신라본기 문무왕 3년 5월조에는 손인사의 당나라군 인원수가 40만명으로 되여있다. 《구당서》 백제전, 《자치통감》(권200 룡삭 2년 7월조)에는 치주, 청주, 래주에서 보낸 수군무력이 7 000명으로 되여있다. 그런데 당시 신라무력이 20만명인것으로 보아 그보다 더 많은 40만명이라는것이 더 근거가 있는것으로 보인다.

당나라침략자들은 백제 옛땅을 가로타고앉을 기도를 더 로골적으로 드러냈을뿐아니라 신라까지도 병탄할 목적으로 663년 4월에는 신라왕을 《계림주대도독》으로 임명하였다(《자치통감》 권201 룡삭 3년 4월 을미, 《삼국사기》 권6 신라본기 문무왕 3년 4월). 그럼에도 불구하고 신라통치배들은 여전히 고구려를 멸망시키려는 야망을 버리지 않고 당나라와 협력하였다.

신라통치배들은 664년 7월에 일선주(경상북도 선산군), 한산주(경기도 광주)에서 군사들을 동원하여 웅진성에 있던 당나라 무력과 함께 고구려의 남변에 있는 돌사성을 공격하여 함락시켰다(《삼국사기》 권6 신라본기 문무왕 4년 7월).

당나라통치배들은 백제땅을 영원히 강점할 목적밑에 의자왕의 태자였던 부여륭을 《웅진도독》으로 임명하여 백제의 민심을 무마하는 한편 백제, 신라사이의 관계를 《정상화》한다고 하면서 신라왕으로 하여금 웅진도독(부여륭)과 함께 《동맹》을 뭇는 의식을 거행하도록 강요하였다.*

* 《구당서》 권199(상) 백제전, 권84 류인궤전에는 류인궤가 웅진도독으로 되여있다. 또 《자치통감》 권201 린덕 원년(664년) 10월 경진조에서는 류인궤가 《검교웅진도독》으로 있었다고 하였다. 그런것만큼 《자치통감고이》에서는 부여륭을 《웅진도위》로 쓴 당나라 《고종실록》의 기사가 정확하다고 보았다. 그러나 665년 8월에 부여륭이 《웅진도독》으로 된것은 사실이므로 그전에 류인궤의 직위가 달라졌다고 보아야 할것이다.

그리고 《삼국사기》(권6 문무왕 4년〈664년〉 2월조)에는 신라의 김인문(김춘추의 둘째아들) 등이 당나라의 류인원, 백제의 부여륭과 함께 웅진에서 《동맹》행사를 한것으로 되여있으나 여기에는 신라왕이 참가하지 않았다. 《구당서》 백제전, 《삼국사기》 신라본기 (권6 문무왕 5년 8월), 《천지서상지》(권22)에는 665년 8월 13일에 취리산에서 정식으로 신라왕이 참가하여 《동맹》의식을 거행하였다고 썼다.

당나라통치배들이 이러한 《동맹》의식을 거행하도록 강요한데에는 백제에 괴뢰정권을 세워놓음으로써 앞으로 신라를 그와 동등한 지위에 놓고 다루려는 간교한 기도가 깔려있었다.

사대주의가 혹심하였던 신라통치배들은 자기의 체면마저 집어던지고 《동맹》놀음에 참가하였다. 그들은 이 시기에 신라까지도 속국화하려는 당나라침략자들과 마땅히 결별하고 고구려와 손잡고 외세를 물리치는 투쟁에 나서야 할것이였다. 그러나 신라통치배들은 648년에 당 태종과 맺은 비밀협약대로 패강(대동강)이남지역이라도 차지해볼 욕심으로 당나라와의 협동정책을 버리지 않았다.

665년 겨울에 신라는 일선주, 거렬주(경상남도 거창, 진주 등지) 백성들에게 군자(군수기자재, 군량)를 하서주(강릉)로 날라가게 하였다. 이것은 동해안쪽으로 내리미는 고구려의 압력을 막는 동시에 장차 있게 될 고구려에 대한 침공의 물질적준비를 닦아나가려는것이였다.

고구려에서는 그 사이 연개소문장군이 나이도 많고 병도 생겨서 665년에 맏아들 남생에게 군사와 국가의 중요직무들을 다 맡기였다*.

* 《삼국사기》 권49 개소문전, 《(천)남생묘지명》 등에 의하면 연남생(634-679년)은 9살에 선인(先人)으로 되였고 15살에 중리소형으로, 18살에 중리대형으로 되였으며 23살(656년)에 중리위두대형으로 임명되였다. 24살에는 장군직을 겸하였다. 그는 28살(661년)에 막리지 겸 3군대장군이 되였으며 32살(665년)에는 태(대의 오기)막리지가 되였다. 이것은 661년에 연개소문이 대막리지로, 665년에는 태대막리지로 되였다고 볼수 있게 한다. 그러나 마지막까지 연남생의 벼슬등급은 태대형(정2품급)이였다.

연개소문의 맏아들로서 풍파도 겪어보지 못했고 경험도 부족한 젊은 나이에 국가의 최고요직을 맡게 된 연남생은 국가사업을 총괄하게 되자 당나라에 대한 강경정책을 얼마간 완화시켰다.

그것은 665년말에 당나라 고종이 진행한 소위 《봉선》(태산에서 지내는 제사의식)행사에 고구려왕자 복남을 참가시킨데서도 표현되였다. 적대국가인 당나라의 종교행사에 신라, 백제(괴뢰), 탐라, 《왜》의 사신과 함께 참가한다는것자체가 일종의 타협정책의 발현이였다.

남생의 아우 남건은 무술에 능하였다. 남생보다 남건을 내세우고 그 기회에 자기의 정권욕을 충족시켜보려고 한 고구려의 일부 귀족층은 남건파를 형성하였다.

두 아들사이의 관계가 심상치 않게 되여가는것을 보고 연개소문은 림종의 시각에 《너희들 형제는 서로 화목하기를 고기와 물사이처럼 되게 하며 작위(벼슬)를 가지고 다투지 말라. 만약 그렇지 못하면 반드시 이웃의 웃음거리가 될것이다.》라고 유언하였다고 한다〔《일본서기》 권27 천지기 3년(664년) 10월〕*.

* 이 년대는 666년의 잘못일것이다.

《자치통감》 권201 건봉 원년(666년) 5월조에는 이달에 연개소문이 사망한것으로 썼다.

《구당서》 권5 고종기 건봉 원년조에는 연개소문이 6월 임인(7일)에 죽었다고 날자까지 찍어놓았다. 《신당서》 권3 고종기에서는 6월 임인일에 남생이 당나라에 내부(투항)한것으로 되여있다. 이러한 여러 기록들을 참고한다면 연남생은 이해 5월보다 더 앞서서 지방을 순시하러 떠난것으로 보인다. 늦어도 3월경에는 남생이 평양성을 떠났어야 그후의 사건들이 벌어질수 있는 시간적여유가 있다. 따라서 연개소문이 사망한것은 이해 3월초쯤 되였을것이다.

고구려국가의 기둥이며 유능한 정치가이고 애국명장인 연개소문이 666년에 사망한것은 고구려로서는 커다란 손실이였다.

연남생은 아버지를 대신하여 대막리지로 되여 나라의 정치군사적실권을 쥐였으나 그는 일부 귀족관료들의 리간책동을 미리 알아차리지 못하였다.

당나라와 신라의 봉건통치배들이 호시탐탐 고구려에 대한 침공의 기회를 노리고있던 정세속에서 남생, 남건 형제간의 불화는 고구려의 운명에 어두운 그림자를 내던지고있었다.

2. 신라－당련합군의 남북협공과 평양성 함락, 고구려봉건국가의 종말

666년 3월경에 대막리지 연남생은 새로 국가전반사업을 맡아보게 되자 얼마후 여러 지방을 순시하기 위하여 수도 평양성을 떠났다. 그러면서 두 아우인 남건, 남산에게 자기가 없는 사이에 일을 맡아보도록 하였다.

이때 남생의 반대파귀족관료들은 남건, 남산에게 이번에 형 남생이 지방순시라는 명목으로 나가서 무력을 집결하여 두 아우를 죽이고 제혼자서 정권을 독차지하려는 음모를 꾸미고있다고 거짓말을 하면서 먼저 손을 써야 한다고 부추기였다. 한편 이자들은 남생에게도 두 아우가 형이 돌아오면 자기들의 권세를 빼앗을가봐 두려워하면서 왕에게 제기하여 형이 돌아오지 못하게 하려는 음모를 꾸미고있다고 거짓말을 하였다. 이렇게 형제간에 쐐기를 박은것을 보면 력사기록에는 남지 않았으나 당나라나 신라의 앞잡이로 전락된자들의 간책이 숨어있었다고도 볼수 있다.

어쨌든 이 소식을 들은 연남생은 처음에는 설마 그런 일이야 있겠는가고 의심스럽게 생각하였으나 사실여부를 확인하기 위하여 비밀리에 수도에 사람을 보내여 형편을 알아보게 하였다. 두 아우 역시 처음에는 형이 자기들을 해치려 한다는 말을 믿지 않았다. 그런데 남생이 렴탐하러 보낸자가 남건파 관료들에게 붙들리게 되자 남건, 남산은 실제로 형이 자기들을 해칠 의도가 있는것으로 오해하고 왕의 명령으로 남생을 소환하였다.

이리하여 연개소문의 세 아들은 아버지의 유언을 잊어버리고 정권을 노리는 귀족세력들의 간계에 넘어가 서로 대립되게 되였다. 이때 남생은 마땅히 수도로 돌아가서 진상을 해명하고 사태를 수습하여야 하였다. 그러나 자기 목숨이 위태롭다고 생각한 그는 평양성으로 되돌아오지 않았으며 따라서 왕명을 거역한것으로 되였다. 이렇게 되자 남건은 막리지가 되여 평양성에 남아있는 남생의 아들 헌충을 죽이고 왕명으로 형을 치려고 군사들을 내보내였다(《삼국사기》 권22 고구려본기 보장왕 25년, 《신당서》 권110 천남생전)*.

* 《삼국사기》는 《자치통감》의 기사를 옮겨놓으면서 《남건이 스스로 막리지가 되였다》고 하였으나 이것은 잘못된것이다. 왜냐하면 바로 그해 8월조에 왕이 남건을 《막리지 겸 지내외병마사》로 삼았다는 기사가 있기때문이다.

사태가 위급하게 되자 남생은 자기의 세력지반이 될수 있다고 본 국내성으로 달아났으며 거기서 군사들을 모아가지고 평양성을 들이치려고 《오골》(이 오골은 후세의 아골관〈본계 동쪽〉으로 인정된다)로 나왔다.

그러나 자기 힘으로 정세를 수습할 의지도 능력도 없던 남생은 적대국가인 당나라의 구원을 요청하는 반역행위를 하는데로 굴러떨어졌다. 이 역시 그의 측근에 나쁜놈들이 있어서 그렇게 하도록 부추겼기때문일것이다.

남생은 부하인 대형 불덕(弗德)을 당나라에 보내여 사태를 알려주고 투항할 의사를 전하게 하였다. 이것을 알게 된 남생의 수하 장병들은 아무러면 적대국가인 당나라의 구원을 요청하겠는가고 하면서 불덕을 억류하였으며 남생을 규탄하였다. 바빠난 남생은 료동지역에서 되돌아서서 현도성방면으로 후퇴하였으며 거기서 다시 대형 염유(冉有)를 당나라로 보냈다. 또 이어 아들 헌성(獻誠)을 보내여 당나라에 방조를 요청하는 반역행위를 감행하였다.

666년 6월에 연헌성이 당나라로 가서 고구려를 치는 싸움에 길잡이로 나서겠다고 하자 당 고종은 천재일우의 좋은 기회를 만났다고 기뻐하면서 우(좌)효위대장군 설필하력을 료동도 안무대사로 삼아 고구려를 침공하게 하였다.

666년 9월에는 연남생에게 《특진(2품상계) 평양도행군대총관 겸 사지절안무대사》라는 벼슬을 주어 고구려계 군사들을 거느리도록 하였으며 설필하력과 함께 고구려를 치도록 하였다(《(천)남생묘지명》). 설필하력밑의 행군총관으로서는 좌금오위장군 방동선(龐同善), 영주도독 고간(高侃)을 임명하였고 또 좌무위장군 설인귀와 좌감문위장군 리근행(李謹行. 수나라때 투항한 속말말갈족의 추장 돌지계의 아들)으로 하여금 그들에 대한 후원부대를 지휘하게 하였다〔《자치통감》 권201 건봉 원년 6월 임인, 《(천)남생묘지명》, 《구당서》 권109 설필하력전, 권199(상) 고려전〕.

당나라군의 선봉장으로 된 방동선은 666년 9월에 고구려땅에 이르러 고구려의 전방방어선을 돌파하였다. 이것은 연남생의 투항으로 하여 고구려군의 통수체계가 마비되였고 특히 서북지방에 있던 거란족, 말갈족 부대의 일부가 남생의 편에 서서 당나라군대와 싸우지 않았던것과 관련된다(《신당서》 권110 천남생전). 이 무렵에 연남생은 당나라군영에로 넘어갔다고 보인다.

그러나 료동지방에서는 고구려군의 강한 방어로 더 깊이 전진하지 못하였다. 이렇게 되자 666년 12월에 당 고종은 고구려에 대한 본격적인 대규모침공을 위하여 당나라군대를 재편성하였다(《신당서》 권220 고려전, 《자치통감》 권201 건봉 원년 12월).

부대명칭과 지휘관은 다음과 같다.

료동도행군대총관	리적 (리세적) 李 (世) 勣
부대총관	학처준 (郝處俊)
〃	방동선 (龐同善)
〃 겸 안무대사	설필하력 (契苾何力)
압록도 행군총관	독고경운 (獨孤卿雲)
적리도 〃	곽대봉 (郭待封)
필렬도 〃	류인원 (劉仁願)
해곡도 행군총관	김대문 (金待問)
운량사 〃	두의적 (竇義積)

이밖에도 행군총관으로 고간, 설인귀, 리근행이 더 있었으며 모두 리적의 지휘를 받게 되여있었다.

그들에게는 하북도의 모든 조세미가 군량으로 할당되였다.

곽대봉은 산동반도에서 출발하며 수군을 인솔하게 되여있었다.

류인원을 필렬도 행군총관으로 삼은것은 665년에 일단 백제땅에서 당나라로 돌아갔던 그를 다시 백제땅으로 내보냈다는것을 말해준다.

666년 12월에 연정토 (淵淨土. 연개소문의 아우) 는 자기 관할하의 12개성의 763호의 주민 3 543명을 이끌고 신라측에 투항하였다 (《삼국사기》 권6 신라본기 문무왕 6년 12월). 이것은 고구려의 남동부지방의 방어를 크게 약화시키는것으로 되였다.

667년에 연남생은 당나라 본토로 갔는데 그 기회에 당 고종은 그에게 이미 준 벼슬외에 《사지절 료동대도독 상주국 현도군 개국공》이라는 벼슬을 달아주었다 〔《(천)남생묘지명》, 《자치통감》 권201 건봉 원년 9월, 《삼국사기》 권22 보장왕 25년 9월〕. *

* 연남생의 동향에 대해서는 여러 기록들이 적지 않은 차이를 보이고있다. 《구당서》 권83 설인귀전에는 설인귀가 667년 10월이후 남소성, 목저성, 창암성을 함락시킨 다음에 남생과 만난것으로 되여있으나 《신당서》 권111 설인귀전에는 이 무렵 그가 《남생의 군사들》과 만난것으로 되여있다. 묘지명에는 남생자신이 당나라로 간것으로 되여있는것만큼 《신당서》의 기사가 옳을것이다.

또 묘지명에는 그가 당나라로부터 《료동대도독》 등의 벼슬을 새로 받은것은 668년의 일로 되여있다.

666～668년 당나라침략군의 총수는 얼마인지 신, 구 《당서》에도 나온것이 없으나 전쟁과정에 나오는 병력수를 보면 설필하력휘하의 군대수만 하여도 50만명이였으니 (《신당서》 권110 설필하력전) 총무력은 100만명을 훨씬 넘었을것이다.

또 이 기간에 신라가 내보낸 병력수는 총 20만명이였다 (《삼국사기》 권44 김인문전)*.

* 668년 6월 21일에 작성한 신라군의 부대명칭과 그 지휘자－총관들은 아래와 같다.

① 대당 대총관 대각간 김유신(金庾信)
② 대당 총관 각간 김인문(金仁問)외 8명
③ 경정 총관 이찬 진순(춘)(陳純〈春〉)외 1명
④ 귀당 총관 이찬 품일(品日)외 3명
⑤ 비렬도총관 이찬 인태(仁泰)
⑥ 한성주행군총관 대아찬 도유(都儒)외 1명
⑦ 비렬성주행군총관 잡찬 숭신(崇信)외 2명
⑧ 하서주행군총관 파진찬 선광(宣光)외 2명
⑨ 서당총관 파진찬 의복(宜福)외 1명
⑩ 계금당총관 아찬 일원(日原)외 1명
(계 9개부대 29명)

667년 8월에 신라의 문무왕이 인솔한것이 대각간 김유신 등 30장군이라고 한 것을 보면 그 편성도 668년 6월의것과 비슷하였으리라고 본다.

667년 7월에 당 고종은 신라의 파진찬 지경(智鏡), 대아찬 개원(愷元)을 장군으로 삼아 료동전역에 나가라고 하였고 또 대아찬 일원(日原)을 운휘장군으로 임명한다고 하였다. 그리고 웅진성에 있던 류인원과 김인태(이찬)는 비렬도를 경유하여 진격하고 그밖의 신라군은 다곡(多谷)도, 해곡(海谷)도로 진격해서 평양에서 모이라고 하였다 한다〔《삼국사기》 권6 문무왕 7년 7월〕. 신라군의 편성에서 비렬도총관 김인태는 당나라의 그것과 중복된다.

리적이 거느린 당나라 침략대군은 667년 2월에야 고구려의 서북방 요충지인 신성에 도착하여 공격을 개시하였다. 리적은 부하장수들에게 《신성은 고구려 서쪽의 진성으로서 으뜸가는 요새로 되는 곳이니 이 성부터 깨지 못한다면 다른 성들을 쉽게 함락시킬수 없다》고 하였다. 이것은 력대로 신성이 차지하고있던 군사전략상 중요한 지위를 적들도 잘 알고있었으며 리적자신이 647년전쟁때에 함락시키지 못한 경험이 있었기때문에 신성부터 치자고 한것이였다.

리적은 처음부터 장기전을 할것을 각오하고 신성의 서남쪽에 나무울타리성을 만들었으며 공격도 하고 방어도 하면서 오래동안 싸움을 계속하였다. 고구려군은 때때로 성문을 열고 나가서 야간습격전도 벌리였다. 장기간의 포위전끝에 성안에서는 먹을것이 다 떨어지고 외부와의 련계도 끊어졌다. 이 어려운 고비에 다달았을 때인 9월 신미일(14일)에 신성안에서는 반역자가 나타났다. 사부구(師夫仇)라는 놈은 불의에 성주(고을원)를 결박하여 성문을 열고 적군에게 투항하였다. 성을 지키던 고구려군은 그래도 용감하게 싸웠으나 7개월 남짓한 기간 견지된 신성은 드디여 함락되고말았다〔《자치통감》 권201 건봉 2년 9월 신미, 《구당서》 권199(상) 고려전〕.

리적은 설필하력, 방동선, 고간으로 하여금 신성에 남아 지키게 하고 그 자신은 부근의 16개 성을 공격함락시켰다고 한다.

연남건은 신성함락의 보고를 듣고 15만명의 군대를 료수방면으로 내보내여 신성을 탈환하고 적후도 교란하도록 하였으나 성과를 거두지 못하였다. 또 연남건은 남소성(신빈현 살이호산성)에 말갈인부대 3만명을 보내여 성을 차지하고 방어하게 하였다(《신당서》 권 110 설필하력전, 권 111 설인귀전, 《구당서》 권 83 설인귀전)*.

* 여기서는 설필하력이나 설인귀가 료수부근에 온 고구려군과 남소성에 있는 고구려군을 다 격파한것으로 썼으며 고구려의 남소성, 목저성, 창암성을 함락시키고 처음으로 남생(또는 남생의 군사들)과 만난것으로 썼다. 그러나 667년 9월경 남소성에 고구려군 3만명이 있었던것으로 보아 그것은 666년 9월경에 연남생이 자기 휘하의 남소성 등 3개 성의 무력을 가지고 당나라군을 맞이하여 합세한 사실을 잘못 쓴것으로 볼수 있다. 667년에 료수부근에 나간 고구려군이 큰 성과없이 돌아왔다고 하더라도 3만명군사들이 지키는 남소성이 그렇게 간단히 함락될수는 없었을것이다. 그리고 남소성을 철배산성(계빈성)으로 보지 않고 살이호산성으로 보게 되는 리유도 철배산성은 성안이 좁아서 3만명 대군을 수용할수 없기때문이다.

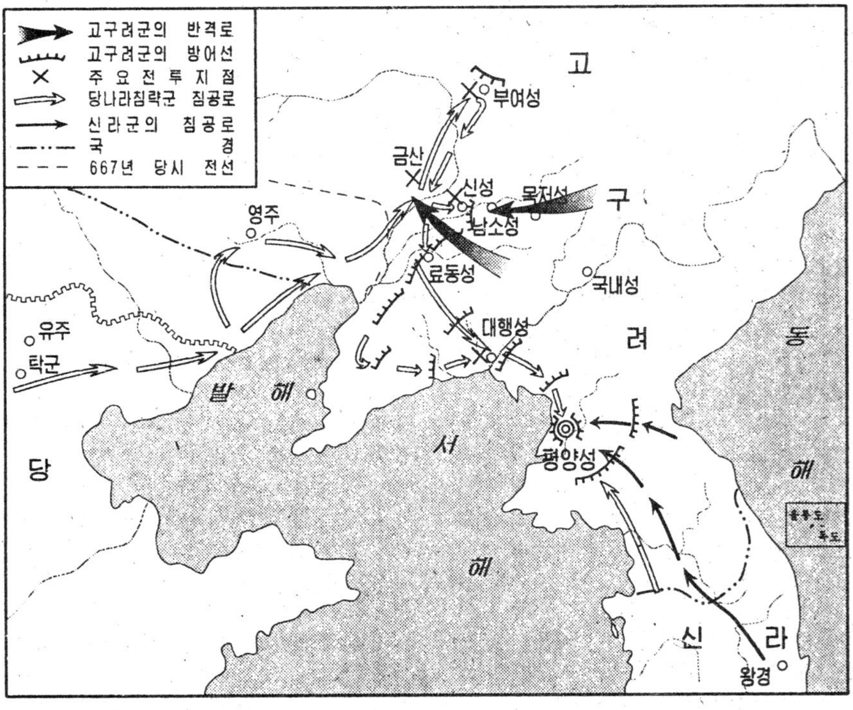

667~668년 고구려-당전쟁략도

적장 고간은 이 무렵(667년 10~11월경)에 금산을 공격하였으나 고구려군의 강력한 반격으로 크게 패전하였다. 고구려군은 이긴 기세로 북을 울리면서 진격하였는데 설인귀의 원군이 나타나서 정황은 뒤바뀌고 고구려군은 후퇴하였다(《신당서》 권111 설인귀전, 권220 고려전)*.

* 금산의 위치는 잘 알수 없다. 《신당서》의 기록순서로 보아서는 신성에서 남소성으로 가는 도중에 있는듯 하나 앞에서도 본것처럼 적군이 남소성을 함락시켰다고 볼수 없다. 금산은 《중국고금지명대사전》에 의하면 료녕성 강평현에 있다고 하였다.

  한편 개원현 서북방에는 동금산, 금산, 서금산이 300여리에 걸쳐 있다고 하였다.

  이 금산(산줄기)은 지금도 있는 지명이지만 부여성보다도 더 서북쪽에 있으므로 맞지 않는다.

  금산전투에서 적군이 고구려군 5만명을 소멸한듯이 《자치통감》에는 씌여있으나 《신당서》 설인귀전에는 5 000명으로 되여있다. 이렇게 엄청난 차이가 있는것만큼 당나라 군대의 전과라는것은 전혀 믿을것이 못된다.

금산전투가 있은 후 668년초에 설인귀는 부여성(길림성 사평시 일면성. 후부여의 마지막수도)에 대한 공격을 개시하여 2월 28일에는 성을 함락시켰다〔《자치통감》 권201 총장 원년 2월 임오(28일)〕*[1]. 부여성에 대한 공격전은 적군이 자기 후방에 고구려의 많은 병력이 있는 조건에서는 남쪽으로 나갈수 없다고 보았기때문에 진행한 작전이였다.

이보다 앞서 고구려군의 통수부에서는 적들의 기도를 파탄시키기 위하여 5만명의 군대를 내보내여 부여성을 지원하게 하였다. 그러나 이 원군은 668년 2월 4일에 있은 설하수전투에서 실패하였다(《구당서》 권5 고종기 건봉 3년 2월 무오)*[2]. 부여성이 함락된 후 부여천(주)일대의 30~40여개 성은 당나라측에 투항하였다고 한다. 그것은 이 일대의 고구려성들이 연남생편으로 넘어갈것을 희망한것을 두고 한 말일것이다. 그런데 부여주의 이 성들은 669년초에는 당나라에 투항하지 않은것으로 되여있다. 그러므로 부여성주(부여주)나 그 산하의 고을들은 한때 당나라(연남생)편으로 넘어갔다고 하더라도 얼마 안되여 고구려군이 도로 수복하였다는것을 알수 있다.

*[1] 《구당서》 설인귀전에는 부여성전투에서 고구려측이 1만여명을 잃었다고 하였다.

*[2] 설하수(오늘의 개원부근을 흐르는 청하로비정된다)전투에서의 고구려군의 손실에 대해서는 《구당서》 고종기와 《신당서》 고려전에서는 3만 5 000명을 살상포로하였다고 하였으나 《자치통감》에서는 3만여명이라고 하였고 또 신, 구 《당서》 설인귀전에는 부여성함락때까지 다 해서 1만여명을 죽인것으로 되여있다. 그러므로 이러한 《전과》에 대해서는 심한 과장들이 있다고 보는수밖에 없다. 전투들에서 당나라군대의 손실도 매우 컸으나 중국기록에는 전혀 언

급이 없다.

한편 667년 8월에 수도 왕경을 출발한 신라군은 당나라군대가 빨리 남하할것을 기대하면서 중부조선(한성정)에서 기다리고있었다. 그러던중 당나라의 독촉을 받고 11월 11일에는 장새(수안)까지 나갔으나 당나라군대가 압록강을 건느지 못하였다는것을 알고 되돌아서고말았다(《삼국사기》 권6 신라본기 문무왕 7년 9월~11월)*. 그것은 백제땅에 있는 당나라장수 류인원도 보조를 맞추어 나와야 하겠는데 움직이지 않았던것과도 관련이 있었다. 신라통치배들은 신라군의 힘만으로는 고구려를 칠수 없다고 타산하였던것이다.

* 여기에는 리적이 667년 10월 2일에 평양북쪽 200리 지점에 와있으면서 이동혜촌주 대나마 강심(江深)으로 하여금 거란기병 80여명의 호위를 받으면서 아진함성(안협)을 거쳐 한성에 가서 신라군이 진군할것을 독촉하게 하였다는 기사가 있다. 이것은 무슨 착오일것이다. 실지로는 당나라군의 주력이 당시는 신성일대에서 머뭇거리고있었기때문이다. 혹 곽대봉의 수군가운데 일부가 리적의 련락을 받고 통신련계를 가졌던것을 이렇게 표현하였는지도 모른다.

또 《삼국사기》나 《자치통감》에는 667년말경에 평양방면으로 나간 곽대봉의 수군에 대한 후방공급때문에 리적이 별장 풍사본(馮師本)을 곽대봉에게 보냈는데 파선을 당하였다고 씌여있다. 곽대봉의 군사들이 심히 굶주리게 되였을 때 곽대봉이 비밀보장을 위하여 《리합시》(쓰고싶은 글자를 넣어서 쓴 시, 일종의 암호문)를 써서 리적에게 보냈더니 리적이 《군사가 급한데 시는 써보내여 무엇하는가. 죽여버리고 말겠다.》고 성을 내였는데 원만경(元萬頃)이라는 기실(서기)이 시의 뜻을 해석해주어서야 다시 량곡을 보내게 되였다는 이야기가 실려있다. 풍사본의 배가 파선된것은 단순한 자연재해가 아니라 고구려수군의 공격을 받은 결과였을것이다〔《자치통감》 권201 건봉 2년 9월 신미〕.

부여성함락이후 후방의 근심을 좀 덜게 된 당나라침략군의 주력은 남으로 방향을 돌려 압록강쪽으로 밀려왔다. 그들의 기본목적은 도중에 있는 고구려성들을 다치지 않고 수도 평양을 향하여 곧바로 침공하는것이였다. 그러나 한편으로는 후방의 안전을 위해 설인귀로 하여금 료동반도의 해안지대로 돌아나오면서 고구려군이 집결되지 못하게 견제하게 하였다. 신, 구 《당서》 설인귀전에 《병해략지(並海略地. 바다를 끼고 지역들을 제압하는것)하였다》라고 한것은 바로 설인귀의 부대가 부여성전투이후 료하하류 동쪽, 료동반도 해안지대를 거쳐 고구려군을 견제함으로써 주력부대의 진격을 보장하였다는것을 보여준다(《구당서》 권83, 《신당서》 권111 설인귀전)*

* 일제어용사가 이께우찌 히로시는 부여성을 함흥부근으로 보고 설하수를 성천강으로 보면서 설인귀가 그후 함경남도, 강원도의 해안지대를 거쳐 평양으로 나온것처럼 《론증》하였으나 〔《만선사연구》 상세편 2(일문) 요시까와꼬붕깡 1980년, 371~374페지〕 당시 설인귀는 압록강이북에서 리적과 만나게 되여있었기때문에 이 견해는 전혀 성립될수 없는 망설이다 〔《구당서》 권67 리적전

참조〕.

668년 4월이후 당나라군 주력은 압록강으로 밀려들었다. 고구려군은 연남생의 반역으로 력량이 분산되고 지휘체계가 잘 서지 못한것으로 하여 금산부근전투, 부여성전투, 설하수전투들에서 실패를 겪다나니 형세가 어렵게 되였다.

그러나 용감한 고구려군은 당나라침략군에게 계속 타격을 주었다. 당나라의 부대총관 학처준이 안시성밑에까지 와서 휴식할 때 고구려군 3만명은 적의 서렬이 정돈되기전에 불의에 기습하였다. 당나라군대는 일대 혼란에 빠졌다가 겨우 위기를 수습할수 있었다〔《삼국사기》 권22 고구려본기 보장왕 26년(667년) 9월〕.* 적의 대군은 중간에 있는 고구려성들을 위협만 했지 실지로 싸워서 함락시키지는 못하였다. 그것은 669년 2월에 리적, 연남생이 도독부, 주, 군을 둘 대상지를 당 고종에게 보고하면서 든 함락된 성, 점령한 성이 얼마 되지 않는 사실을 보아서 잘 알수 있다. 이때 안시성도 함락되지 않았던것이다(《삼국사기》 권37 지리지 4).

당나라군은 압록강북쪽의 대행성(大行城)을 함락시키고 압록강북안에 총집결하였다.

* 이것은 668년 4월경의 사실을 잘못 편집한것이다.

당나라의 수십만 대군이 밀려오는 조건에서 고구려군은 압록강남쪽에 튼튼한 방어진을 구축하였다*. 이때 압록강계선 방어를 책임진 고구려군의 장수는 연남산이였다(《구당서》 권67 리적전). 그는 압록강이남의 나무울타리성을 보강하고 방어를 강화하였으며 적군으로 하여금 한동안 압록강을 건느지 못하게 하였다.

* 《신당서》 권201 원만경전에는 리적밑에서 서기노릇을 하던 원만경이 격문을 쓰면서 고구려가 《압록강의 험한 지대를 리용할줄 모른다》고 빈정댔기때문에 고구려의 막리지(남건)가 비로소 압록강방어를 강화하였다고 썼다. 결과 당나라군대가 도하할수 없었으며 원만경이 그 책임을 지고 령남(오늘의 광동, 광서지방)에 귀양을 갔다고 하였다.
그러나 이것은 잘못 써놓았다고 보아야 할것이다. 아마도 리적이 몇달동안 압록강을 건너서지 못한 리유를 원만경이 격문을 잘못 쓴데 있다고 하면서 그에게 책임을 전가시켰을것이다. 압록강 남쪽의 방어진으로 말하면 이미 661~662년에 견고하게 구축되여있었던것이다.

한편 668년 정월에 당 고종은 고구려에 대한 공격에서 큰 전진이 없게 되자 백제지역싸움에서 경험이 많다는 우상 류인궤를 료동도 행군부대총관으로 임명하였다. 《삼국사기》에는 그의 관직명이 《료동도 안무부대사 료동도 행군부대총관 겸 웅진도 안무대사 행군총관…》으로 되여있다. 이것은 그가 고구려 남방에 있던 침략무력을 총지휘할 임무를 맡았다는것을 보여준다.

6월 12일에 류인궤는 당항진(오늘의 경기도 화성시 남양면)에 와서 신라로 하여금 빨리 군대를 내보내라고 강하게 촉구하였다. 그리고는 천강(泉岡)으로 갔다(《삼국사기》 권6 신라본기 문무왕 8년 6월 12일). 류인궤가 이쪽으로 나온것은 웅진도독부의 장수 류인원이 우물거리면서 잘 진격하려 하지 않는것을 독촉하기 위해서이기도 하였다(《신당서》 권220 고려전)*[1]. 류인궤의 재촉을 받은 신라는 김유신을 대총관으로 하는 20만명의 대병력을 무어 고구려와의 전쟁에 출동시켰다(《삼국사기》 권6 신라본기 문무왕 8년 6월 21일)*[2].

*[1] 류인원은 약속된 때에 오지 않았다고 하여 리적의 추궁을 받고 8월 9일에 요주(姚州. 운남성 요안현)에 귀양을 갔다.

*[2] 6월 29일조에 의하면 김유신은 풍병을 만났기에 떠나지 않았다.

고구려군이 북쪽 압록강계선에서 당나라군의 침공을 막고있던 시기인 668년 6월 22일에 남쪽에서는 대곡성(황해북도 평산), 한성(황해남도 신원)의 12개 성의 무력이 백제 옛땅에서 북쪽으로 올라오고있던 당나라장수 필렬도 행군총관 류인원에게 투항하였다. 이것은 신라군의 대규모출동과 함께 고구려의 남방방어에서 더 큰 위험이 닥쳐왔다는것을 의미하였다.

6월 29일에 대오정비를 끝내고 출발한 신라군은 평산, 안변계선까지* 아무런 전투도 없이 북상하였다. 이리하여 남부전선에서도 신라-당련합군이 평양성 가까이에까지 침입하게 되였다.

* 이때 신라군은 다곡(多谷), 해곡(海谷) 2개 도로 해서 협공하게 되여있었다. 대곡은 후에 대곡진을 둔 평산지방이므로 다곡도는 평산을 거쳐 북상하는 길이고 해곡도는 아마도 안변(비렬홀)을 거쳐 동해안쪽으로 가는 길을 가리킨것이였을것이다.

7월 초순경에 당나라침략군은 드디여 압록강남쪽의 고구려방어선을 뚫고 들어왔다.

리적, 설필하력 지휘하의 당나라 주력부대는 얼마후 욕이성*(《삼국사기》 권6 신라본기 문무왕 8년 7월, 권7 문무왕 11년 7월 26일, 권22 고구려본기 보장왕 27년 9월)을 함락시키고 8월에는 평양성으로 바투 다가왔으며 영류산(평양북쪽 20리)에 이르러 진을 쳤다.

7월말, 8월초에 신라의 비렬성주 행군총관 김문영(金文穎)이 이끄는 선봉군은 평양성밑에 도착하여 사수벌(보통벌)에서 고구려군을 격파하였다. 그리고 리적 등이 이끄는 당나라군대와 합세하여 평양성을 포위하였다. 평양성은 고립무원한 상태에 놓이게 되였다.

* 《자치통감》 권201 총장 원년 9월 계사조에 의하면 욕이성은 압록강에서 200여리(100여㎞) 되는 곳에 있다고 하였다. 대략 오늘의 평안북도 가산(운전군) 부근에 있었던 성으로 인정된다.

시시각각으로 위험이 닥쳐왔으나 평양성을 지키던 고구려군사들과 인민들은 신심을 잃지 않고 용감하게 싸웠다. 그러나 포위가 한달나마 계속되자 고구려지배층안에서는 동요가 일어났다. 우선 보장왕을 비롯한 무능하고 비겁한 자들은 적에게 투항할것을 결심하고 연남산*[1]이하 귀족관료들을 뽑아 당나라 군영에 보냈다.

연남건은 이를 반대하면서 끝까지 성을 고수하려고 분투하였다. 그는 성문을 굳게 닫고 방어를 강화하였으며 자주 성밖으로 군사들을 내보내여 적을 기습하였다. 그런데 연남건이 가장 신임하고 군사지휘권을 맡기였던 중 신성(信誠)이 그를 배반하였다. 신성은 은밀히 소장 오사(烏沙) 등을 적진에 보내여 몰래 응할것을 약속하였고 닷새후에는 성문을 열어주었다*[2]. 이 기회에 신라, 당나라군대가 성으로 기여올라 네 모서리에 불을 질렀다. 평양성 대문, 북문, 평양소성 대문 등으로는 신라군이 선봉이 되여 일시에 침공하였다. 이때 신라의 날랜 기병 500명이 먼저 성안에 뛰여들었다(《삼국사기》 권7 신라본기 문무왕 11년 7월 26일). 고구려의 군주 술탈(述脫) 등은 적과 결사적으로 맞서 끝까지 용감하게 싸웠다. 그러나 적군이 성안으로 물밀듯이 들어오자 고구려군은 혼란에 빠져 오래 견디지 못하고 마침내 성은 함락되였다*[3]. 연남건은 자살하려고 검으로 찔렀으나 죽지 못하고 포로가 되였다.

*[1] 《남산묘지명》에 의하면 그는 30살때(668년)에 태대막리지로 되였다고 한다. 이것은 아마도 그의 형 연남건이 대막리지로 되고있었는데 보장왕의 지시를 반대하고 항전을 계속하였기때문에 연남산에게 더 높은 태대막리지벼슬을 줌으로써 남건보다 더 큰 권한을 부여하였던것일수 있다.

*[2] 《신당서》 권110 천남생전에는 남생이 비밀리에 사람을 시켜 중 신성과 내통하게 하고 또 은밀히 정예로운 군사(남생부하)를 보내여 보장왕을 사로잡은것으로 썼다.

*[3] 《삼국사기》 권6 문무왕 8년 9월 21일조에는 이날에 신라군이 당나라 대군과 합세하여 평양성을 포위한것으로 썼다. 그런데 이때 신라의 문무왕은 평양으로 가던 도중 홀차양(肹次壤)에서 머무르고있었다. 그후 그는 평양을 향하여 떠났으나 리적 등이 본국으로 돌아갔다는 소식을 듣고 홀차양에서 되돌아섰다. 《구당서》 고려전에는 11월에 평양성이 함락된것으로, 12월에는 보장왕 등이 당나라 수도로 간것으로 썼으나 한달사이에 갈수는 없으므로 9월에 평양성이 함락되였다고 보는것이 옳을것이다. 《구당서》 권5 고종기 건봉 3년조, 《신당서》 본기, 《자치통감》에는 다 9월 계사일(12일)에 함락된것으로 썼다.

이리하여 근 1000년의 유구한 력사를 가지고 동방일각에 대강국으로 거연히 서있던 고구려봉건국가는 종말을 고하였다. 자기 존재의 천년력사에서 수십차례의 외래침략세력을 그때마다 격파분쇄하고 나라와 민족의 자주권을 굳건히 지켜오던 강대국 고구려가 이처럼 끝마치게 된것은 심각한 력사적교훈을 남기고있다.

그것은 내부의 단결이 파괴되고 력량이 분산되면 승리할수 없다는것 더우기 내부에서 반역자가 나와 적들과 내통하게 되면 아무리 많은 무력이 있고 금성철벽으로 꾸려놓은 요새, 성곽방위체계가 있어도 제구실을 할수 없다는것을 똑똑히 보여주었다.

연개소문장군이 죽은 후 그 세 아들사이에 불신과 불화가 생겨난것은 고구려통치층내부에서 일부 음모군들이 권력다툼을 하면서 저저마다 연남생과 남건, 남산 세 형제를 등에 업고 보다 큰 권력을 틀어쥐려고 책동한것과 관련된다. 여기서는 또 신라와 당나라의 앞잡이로 전락된자들의 사촉도 중요한 작용을 하였을것이다.

연남생이 옳게 처신하려면 형제간에 쐐기를 박으려는자가 누구인가를 끝까지 조사하고 옳바로 규명해냈어야 하였다. 필요하면 자기 한몸이 위태롭게 되는 한이 있더라도 수도로 되돌아가서 문제를 해명하여야 하였다. 그러나 그는 음모군의 간계에 말려들어 제 한몸의 안전만 생각하면서 나라를 배반하고 침략자의 앞잡이로 굴러떨어졌다. 그 결과 고구려는 크게 두 부분 즉 연남생을 지지하는 세력과 연남건, 연남산을 지지하는 세력으로 분렬되였다. 물론 고구려사람들의 많은 부분은 적들의 편으로 돌아선 남생일파를 증오하고 그를 반대하여 나섰으나 국내성을 비롯하여 남소성, 목저성, 창암성, 감물주성 등 주요지역과 료서지방이 중앙의 통제에서 벗어났고 또 연정토가 신라에 투항하였으며 후에는 대곡성, 한성을 지키던자들도 적들에게 투항해버린 조건에서 고구려의 통수체계, 방위체계는 마비상태에 빠지지 않을수 없었다.

고구려국가의 비밀을 거의다 알고있던 연남생이 길안내로 나섰기때문에 적들은 비교적 손쉽게 고구려 국내깊이 침공해들어올수 있었고 고구려가 개별적지역들의 무력을 발동하여 진행한 몇차례의 작전들도 응당한 결실을 맺지 못하였다.

고구려가 장기간의 전쟁 특히는 661～662년의 대규모전쟁으로 하여 상당한 정도로 인적 및 물적 손실을 보았던것은 사실이지만 그것은 연개소문장군때인 663～665년사이에 거의다 수습되고 회복되였다. 그러므로 고구려의 내부정세만 안정되여있고 그전처럼 내부의 단결이 확고히 보장되여있었다면 그 어떤 강적, 대적이 쳐들어와도 능히 쳐물리칠수 있었다. 그러나 항전대오안에서 분렬이 생기고 게다가 최고통치층안에서 투항분자들까지 나타난 조건에서 고구려의 군사력은 분산되고 각개격파당하지 않을수 없었다. 고구려말기의 이력사적사실은 정도의 차이는 있으나 력사상의 여러 나라들의 마지막 비극적운명은 거의 례외없이 내부의 분렬, 단결의 파괴에 의하여 초래되였다는 심각한 교훈을 남기고있다.

그것은 또한 외래침략세력과 결탁하고 그 앞잡이로 전락되여 나라를 망하게 하고 겨레를 참화속에 몰아넣은자들은 천추에 용서받지 못할 큰죄를 범하게 된다는것을 똑똑히 보여주고있다.

고구려내부의 반역자들뿐아니라 자기의 협소한 계급적리익만을 생각하면서 민족의 리익을 저버린 신라봉건통치배들의 외세의존정책 역시 가장 수치스럽고 추악한 반민족적악행으로서 규탄받고 저주받을 행위였다. 이것은 그후의 력사발전행정이 더 똑똑히 증명해주고있다. 신라봉건통치배들의 배족행위로 하여 초래된 직접적결과는 당나라침략자들에 의한 고구려땅의 강점과 파괴략탈이였으며 그들의 침략책동에 의한 전민족적재난의 계속이였다.

고구려를 비롯한 세나라 인민들은 그후 30년동안이나 침략자들을 반대하는 간고한 투쟁을 벌리지 않으면 안되였다. 장기간의 전쟁과정에 국토는 황폐화되고 경제는 파괴되였으며 수많은 인민들이 생명재산을 잃고 모진 고통을 강요당하였다. 적지 않은 사람들은 적들에게 강제련행되여 노예로, 천민으로되여 인간이하의 천대와 굴욕을 당하였다.

또한 오랜 력사적기간에 이룩하여놓은 고귀한 문화재들이 전면적으로 파괴략탈당하였다. 외세의 강점하에 놓였던 여러 지역들에서 고구려의 수많은 고분들이 도굴의 대상으로 되였으며 1 000년이라는 오랜 기간 축적되였던 기술문화적진보의 산물인 귀중한 력사유적유물들이 파괴, 략탈당하였다. 그리하여 고구려의 력사와 문화를 자랑할수 있는 자료들이 대부분 소실되였다. 이것은 참으로 큰 손실이였다.

당나라통치배들의 침략책동, 신라통치배들의 반민족적행위는 이처럼 고구려인민들뿐아니라 백제, 신라의 인민들에게 헤아릴수 없는 고통을 들씌웠으며 우리 민족의 력사발전에 막대한 부정적후과를 미치였다.

제 2 절 고국회복을 위한 고구려 유민들의 투쟁

1. 당나라의 고구려강점책동

668년 9월 고구려왕조는 종말을 고했으나 그것은 결코 고구려인민들이 적들앞에 굴복한것을 의미하는것이 아니였다. 고구려인민들은 당나라와 신라의 강점기도에 대하여 처음부터 완강한 대중적인 항전으로 맞섰으며 고국을 되찾고 국권을 회복하기 위하여 투쟁하였고 침략자들이 물러갈것을 요구하였다.

그러나 당나라통치배들은 강점 첫날부터 고구려땅을 저들의 령토의 한 부분으로 삼으려고 갖은 책동을 다하였다.

원래 당나라통치배들은 고구려가 신라와 싸우지 말라는 저들의 《권고》

를 받아들이지 않기에 《징벌》한다고도 표방하였고 신라를 도와주기 위하여 출병한다고도 떠벌이였다. 그렇다면 그들은 고구려를 패망시킨 다음에는 응당 제나라로 되돌아가야 할것이였다. 그러나 그후의 당나라통치배들의 책동은 이것이 한갖 고구려를 비롯한 우리의 세 나라땅을 강점하고 지배하기 위한 구실에 불과하다는것을 보여주었다.

당나라통치배들은 648년 신라와의 비밀협약까지 무시하고 고구려의 5부 176개 성을 다 차지하며 나아가서는 백제땅, 신라땅까지도 강점하려고 파렴치하게 책동하였다. 이를 위하여 당나라통치배들은 고구려의 수도였던 평양에 군사통치기구로 안동도호부라는것을 설치하고 〔《당회요》 권78 안동도호부 총장원년(668년) 12월 7일〕* 설인귀를 《검교안동도호》로 임명하여 2만명의 무력으로 인민들의 반항투쟁을 진압하도록 하였다.

* 안동도호부는 당나라가 주변의 다른 나라, 다른 민족들을 정복하고 지배하기 위하여 설치한 통치기구의 하나였다. 즉 안북도호부, 안서도호부, 안남도호부와 같은 성격의것으로서 그 산하에는 직할지도 있었고 본래의 통치자, 국왕을 내세워 간접적으로 통치하는 지역도 있었다. 안동도호부의 경우에도 고구려땅과 함께 백제땅은 직할지로 만들고 신라땅은 간접통치대상으로 삼으려 한것이였다.

당나라통치배들은 고구려멸망당시에는 그 옛땅에 9개 도독부, 42개 주, 100개 현을 두고 고구려의 투항분자, 변절자들을 그 장관인 도독, 자사, 현령으로 임명할것으로 계획하였다. 그러나 당나라관리들을 《참리(통치에 참가시키는것)》하게 함으로써 실지로는 당나라관리들이 실권을 장악하게 하였다. 이것은 고구려라는 나라 그 자체를 아예 없애고 고구려땅을 저들의 사실상의 직할지로 만들려고 획책하였다는것을 보여준다*.

* 당나라는 고구려의 마지막 왕인 보장왕과 왕자들, 대신들을 붙잡아가고 연남건은 검주(오늘의 사천성 팽수현)로 귀양보냈으며 고구려땅에 망명해있던 백제왕 부여풍은 령남(광동, 광서지방)으로 귀양보냈다. 보장왕은 자기 의사에 따라 정치를 한것이 아니니 죄가 없다고 하면서 사평태상백(공부 상서) 원외동정(정원외의 정직대우를 해주는 벼슬. 정3품)으로 임명하고 반역자 중 신성에게는 은청광록대부(종3품)벼슬을 주었으며 연남생에게는 우위대장군(정3품)벼슬을 더 주고 그 아들 헌성에게는 위위경(정3품)벼슬을 주었다.

당나라통치배들이 두려고 하였던 9개 도독부란 《신당서》(권43 지리지)에 의하면

① 신성주도독부 ② 료성주도독부 ③ 가물주도독부 ④ 위락주도독부 ⑤ 사리주도독부 ⑥ 거소주도독부 ⑦ 월희주도독부 ⑧ 거단주도독부 ⑨ 건안주도독부였다*[1]. 이 가운데서 《구당서》(권39 지리지)에 보이는것은 ①, ②, ③, ⑨의 4개뿐이다. 이 4개 도독부는 대체로 료하계선이동의 옛 고구려의 기본령토안에 속해있는 료동반도와 그 부근에 있었으며 한때 실지로 도독부가 설치되

였을수 있다.

④, ⑤, ⑥, ⑦, ⑧의 5개 도독부는 대체로 해족, 거란족 거주지역인 고구려때의 속령지역에 두려고 계획하였던것으로 보이지만 실제로는 설치하지 못한것들이다.

그리고 당나라가 두려고 한 42개 주들가운데 《신당서》지리지에 보이는 것은

① 남소주 ② 개모주 ③ 대나주 ④ 창암주 ⑤ 마미주 ⑥ 적리주 ⑦ 려산주 ⑧ 연진주 ⑨ 목저주 ⑩ 안시주 ⑪ 제북주 ⑫ 식리주 ⑬ 불녈주 ⑭ 배한주의 14개 주뿐이다*[2]. 그 가운데서 《구당서》 지리지에도 보이는것은 ①부터 ⑩까지이다. 그러므로 ⑪~⑭는 설치된 일이 없거나 일부 사로잡혔던 말갈족들에게 주이름을 달아주었을뿐 실지로는 어느 한 지역에 둔 일이 없었던것으로 볼수 있다.

*[1], *[2] 우에서 본 도독부, 주들의 위치문제에 대해서는 제3장 제5절 지방관제에서 보았다.

당나라통치배들이 고구려인민들의 투쟁도 무릅쓰고 실지로 도독부, 주, 현을 두려고 계획한것은 669년 2월이였다. 이때 리적과 연남생이 협의하여 앞으로 주, 현을 둘수 있는 대상으로 렬거한 지명(주, 성)들은 아래와 같다. 여기에는 압록강이북의 여러 주, 성들만이 지적되여있다.*[1]

△ 아직 정복되지 않은 성들

① 북부여성주 ② 절성 ③ 풍부성 ④ 신성주 ⑤ 도성 ⑥ 대두산성 ⑦ 료동성주 ⑧ 옥성주 ⑨ 백석성 ⑩ 다벌악주 ⑪ 안시성(환도성)

△ 주민이 피난가고 비여있는 성들

① 연성 ② 면악성 ③ 아악성 ④ 취악성 ⑤ 적리성 ⑥ 목은성 ⑦ 리산성

△ 이미 투항한 성들

① 량암성 ② 목저성 ③ 수구성 ④ 남소성 ⑤ 감물주성 ⑥ 룡전곡성 ⑦ 심악성 ⑧ 국내주 ⑨ 설부루성 ⑩ 후악성 ⑪ 자목성

△ 당나라군대가 공격 점령한 성들

① 혈성 ② 은성 ③ 사성

압록강이북지역에서 실제로 당나라가 지방통치단위를 부분적으로 둔것은 669년 여름이후 즉 설인귀가 신성으로 안동도호부를 옮긴 이후시기였고 다시 정비한것은 677년 연남생이 안동도호부의 《도호》(관직명)로서 취임한 다음 680년대초에 안동도호부가 료서지방으로 쫓겨갈 때까지의 기간이였다*[2].

*[1] 669년 2월 당시 압록강이남지역에서는 고구려유민들의 치렬한 반침략투쟁이 계속되고있었기때문에 대부분 지역은 주, 현을 둘 형편이 못되였다. 또 료동지방을 내놓고는 당나라군대가 부여주처럼 일시적으로 들어왔다가 쫓겨난 곳이였거나 발을 들여놓지도 못한 곳들이였기때문에 부, 주, 현으로 삼을만한 대상지역으로는 되지 못하였다. 아직 정복되지 못한 지역인 북부여성주와 다벌악주 등을 두려고 계획한것은 당나라군대가 앞으로 들어갈것을 예견한것으로 볼수

있다.

*2 《천남생묘지명》에는 그가 안동도호로 임명되여 부임한 다음에 주, 현을 고쳐 두었다고 하였다.

당나라통치배들이 고구려 옛땅에 두었을수 있다고 보이는 14개 주(도독부, 주)의 명칭들은 669년 2월에 주, 현을 둘수 있다고 한 지명들과도 많은 차이를 보이고있으며 그것은 고구려유민들의 투쟁 그리고 670년대 당나라침략군의 계속되는 침공과도 밀접한 관계가 있다.

례컨대 아직 항복하지 않은 성들속에 신성주가 있는것은 667년 9월에 일단 당나라군대가 점령하였던 신성(무순 고이산성)이 그후 고구려인민들에 의하여 다시 탈환되였던 사실을 보여준다. 설인귀와 연남생이 주재하였다는 신성, 신성주도독부는 료하서쪽 오늘의 신민부근에 있는 료빈탑이였다. 또 료동성주, 안시성(환도성), 건안성은 670년이후 당나라 군대가 다시 쳐들어오면서 점령하였기때문에 당나라가 료성주도독부, 안시주도독부, 건안주도독부를 한때 둘수 있었다고 인정된다. 당나라에 투항한 고을가운데는 국내에 있던 주가 있으나 14개 주에는 들어있지 않은것으로 보아서 국내주-국내성은 그 군사들이 연남생편에 서서 내란에 참가하였기때문에 투항한것으로 묘사되였을뿐이고 실지로는 고구려유민들이 계속 장악하고있었다고 볼수 있다.*

* 남소성, 목저성, 감물주성(가물주도독부) 등도 실지로 당나라군대가 점령 또는 당나라측에 투항하였는지 의심스럽다. 그것은 앞에서도 본바와 같이 667년에 설인귀가 남소성, 목저성, 창암성 등을 점령하였다고 신, 구 《당서》 등에는 씌여있으나 그의 군사행동은 신성전투이후 금산전투, 부여성전투, 설하수전투, 료동반도 바다가지역의 제압행동으로 이어지고있으므로 실지로 그가 남소성, 목저성방면으로 나와서 이 성들을 함락시키고 연남생의 군사들과 합세하였다고 보기 어렵기때문이다. 아마도 666년에 당나라침략군이 료동으로 나왔을 때 연남생이 그전에 자기 편으로 넘어왔던 남소성, 목저성 등지의 군사들을 데리고 당나라군대와 합세하게 된것을 설인귀가 점령한것으로 잘못 써놓았던것일것이다. 남소성, 목저성 출신의 군사들은 연남생에게 속했다가 그후 당나라통치배들에게서 남소주, 목저주의 이름을 가지고 자기 본고장이 아닌 다른 지역에서 살게 되였을수 있다. 남소성에는 늦어도 667년 9월 현재 연남건이 보낸 말갈인부대 3만명이 있었으니 당나라군대가 남소성을 함락시켰다고 볼만한 근거가 없다. 결국 남소성, 목저성, 감물주성 등은 연남생이 반역, 투항할 때 자기를 지지한 고을들이라고 하여 자기 체면을 세우느라고 이미 투항한 성들안에 포함시킨것일따름이지 실지로는 그후 연남생이나 당나라의 통제밑에 들어가지 않았다고 볼수 있다. 설인귀가 함락시켰다는 창암성(량암성)도 이와 같을것이다.

적리주, 리(려)산주는 본래 료동반도 남부에 있었던 고을들이였는데 669년 2월현재 주민들이 다 피난가고 없었다. 그러다가 그후 당나라군대들이 다시 쳐들어오면서 그 주민의 일부가 투항하였던것으로 보이며 그들중 일부는 당나라군의 퇴각과 함께 붙들려갔거나 또는 그들중 당나라의 벼슬을 지낸자들이 따라나선것으로 하여 료서지방에 옮겨간 후에도 적리주, 리산주의 이름을 달고있었을수 있다*.

* 신, 구 《당서》에 보이는 14개 주는 다 기미주(형식적으로 이름만 달고있는 주)로서 안동도호부가 료서지방 또는 만리장성이남지방으로 옮겨가있던 때에 고구려의 피난민집단이 내걸고있던 주이름들이였고 거기에는 성곽도 없었으며 또 그 주민들은 당나라에 《역속》되지도 않았다(《구당서》권39 지리지).
  이 14개 기미주의 주민들은 처음에는 다 합해서 1 582호밖에 안되였는데 천보년간(742~755년)에 와서 5 718호 1만 8 156명으로 늘어난것으로 되여있다. 이들은 고구려사람으로서 당나라 말단행정단위의 관리가 되였거나 또는 강제련행당한 사람들과 그 후손들이였다.

당나라통치배들은 고구려인민들의 치렬한 투쟁에도 불구하고 어떻게 하나 고구려땅을 강점하려고 하면서 여러차례 많은 군대를 내보내여 침공하였으나 초기의 강점계획을 실현할수 없었다. 그렇게 되자 그들은 677년 2월에는 당나라관리들을 철수시켰으며 옛 고구려의 마지막 왕인 보장왕을 《료동주도독 조선군왕》으로 임명하고 당나라에 련행되여갔던 일부 고구려사람들을 같이 보내여 료동성(료양)을 중심지로 하는 괴뢰국가를 만들어 고구려사람들을 무마해보려고 책동하였다. 그리고 677년에 연남생을 《안동도호》로 삼아 그로 하여금 신성(오늘의 신민북쪽 료빈탑)에 가있으면서 보장왕을 감독하게 하였다.

그러나 료동으로 온 보장왕은 다시 고구려국가를 재건하기 위한 활동을 벌리였다. 그는 고구려인민들의 반침략투쟁의 성과가 커가는데서 고무를 받고 자신도 그 투쟁에 합세하려고 하였던것이다. 그는 《말갈》(당나라통치배들은 본래의 말갈족뿐아니라 고구려사람들까지도 〈말갈〉이라고 외곡해서 불렀다)과 은밀히 련계를 가지고 나라를 다시 세우려다가 발각되였다. 681년에 그는 당나라로 다시 붙들려갔으며 공주(사천성 공래현)로 귀양갔다가 이듬해에 그곳에서 죽었다. 그러나 고구려인민들은 반침략투쟁을 계속하여 얼마후 신성에 있던 안동도호부를 몰아내고 자기 고장에서 침략자들을 모조리 쫓아버림으로써 당나라통치배들의 강점지배책동을 완전히 짓부셔버렸다.

당나라침략자들은 고구려 옛땅에서 쫓겨난 다음에도 오래동안 재침기도를 버리지 않았다. 686년에 보장왕의 손자 고보원(高寶元)을 《조선군왕》으로 임명하였고 698년에는 다시 《좌응양위대장군 충성국왕》으로 삼아 료동으로 보내려고 하였으나 실패하였다.

699년에는 보장왕의 아들 고덕무(高德武)를 《안동도독》*으로 임명하였다. 당나라의 안동도호(도독)부는 그후도 오래동안 남아있으면서 동방침략의 거점으로, 책원지로 되고있었다.

* 이때의 안동도독부는 장성이남지역에 있었다. 7세기말, 8세기초엽 안동도호부(도독부)의 위치는 여러번 변하였다.
  《자치통감》 권205 만세통천 원년(696년) 9월 정사조에는 거란족의 폭동이

있었을 때 폭동군이 안동도호부를 공격하였는데 《구당서》(권 39 지리지)에는 개원 2년(714년)에 안동도호부를 평주에 옮겼다고 썼지만 696년당시(이전)에 이미 평주(료서)로 옮겼을것이라고 하였다. 714년에 옮겨간 평주는 산해관 서쪽 로룡에 있었으며 696년 당시에는 영주동남 270리 오늘의 료녕성 금현부근에 있었으니 서로 다른곳이다.

《신당서》나 《삼국사기》 고구려본기에는 보장왕이 681년에 다시 붙들려갔을 때 안동도호부부근에 있던 고구려사람들까지도 당나라의 하남, 롱우(오늘의 감숙성, 신강위글자치구, 청해성 일대)지방으로 옮겨갔으며 빈약한자들만이 안동도호부 신성곁에 남아있었다고 하였다. 그러므로 안동도호부도 681년 또는 그후 인차 료서로 옮겨간것이 분명하다.

696년 거란족 폭동 당시 영주에 있던 고구려, 말갈사람들도 폭동에 궐기하였다. 그러므로 696년 9월이후 인차 료서에 있던 안동도호부도 만리장성안으로 옮겨갔다고 볼수 있으며 698년 6월에는 보잘것없는 존재로 되였기때문에 안동도독부로 급을 떨군것이였다. 고덕무가 698년에 《안동도독》으로 된것은 이때문이였으며 그는 기껏해서 얼마 안되는 《피난민》부락을 통제하는 당나라 관리로 되였을뿐이다.

705년(신룡 원년)에 안동도독부는 다시 도호부로 승격되였으나 료서지방으로 나오지 못하였고 714년에 평주에 가있다가 743년(천보 2년)에 료서군고성(하북성 청룡일대)으로 나왔다. 지덕년간(756~757년)에 안동도호부는 최종적으로 폐지되였다. 그것은 료하계선이동지역은 이미 오래전에 발해땅으로 되여있었으며 732~733년 발해-당전쟁에서 당나라가 패배한 후에는 다시는 료동지방으로 안동도호부를 되돌려 보낼 가능성이 없어졌기때문이였다.

그러나 당나라가 안동도호부를 수십년동안 두고있었다는것은 당나라통치배들이 고구려 옛땅을 다시 강점해보려고 얼마나 집요하게 책동하였는가를 잘 보여준다.

2. 검모잠항전부대의 투쟁, 한성을 중심으로 한 《고구려국》의 재건

당나라침략자들의 강점을 반대한 투쟁은 고구려봉건국가가 멸망한 직후부터 벌어졌다. 적들에게 강점당하지 않고있던 성(고을)들의 인민들은 더 말할것도 없고 피난갔던 성들의 인민들도 적들의 주권을 인정하지 않았으며 적들에게 강점된 지역의 인민들과 함께 강점자들을 반대하는 투쟁에 일떠섰다.

668년 9월 평양성이 함락된 이후에도 압록강이남 여러 고을의 군민들은 적들에게 투항하지 않고 완강하게 버티고있었다. 그들은 힘을 합쳐 적의 아성으로 된 평양성의 적들을 들이치기도 하면서 투쟁기세를 올리였다.

이러한 때인 669년 2월에 고구려 보장왕의 서자 안승은 4 000여호의 백성들을 데리고 신라땅에 망명하였다*. 그것은 당나라통치배들이 신라까지도 병탄하려는 의도를 로골적으로 드러낸것으로 하여 신라－당관계가 긴장되고 신라군민들이 당나라를 반대하는 투쟁에 일떠선것과 관련된다. 당나라침략군의 우두머리 리적(리세적)은 평양성함락전투에서 당나라군대가 논 역할은 보잘것없었음에도 불구하고 오히려 신라군이 협동작전기일을 어겼다고 트집을 잡으면서 신라 장수들을 군률에 걸겠다고 위협하였고 또 신라가 차지한 비렬성(안변)이 본래 고구려땅이였으니 《안동도호부》에 넘기라고 독촉하였다(《삼국사기》 권7 신라본기 문무왕 11년 7월 26일). 이것은 신라군인들의 분노를 불러일으키게 하였고 신라통치배들에게도 이제와서는 당나라와의 대결과 전쟁이 없이는 저들의 처음목표도 달성할수 없다는것을 명백히 인식하게 하였다.

* 안승(安勝)은 안순(安舜)이라고 쓴 기록도 있다. 중국사서들에는 그를 보장왕의 외손자라고 하였고 《삼국사기》에는 연정토의 아들이라고 쓴 개소가 있다. 그러나 670년 8월 1일부 신라국서에는 그를 동명왕의 후손이라고 밝혀놓았다. 그러므로 그를 보장왕의 서자라고 한 《삼국사기》 고구려본기의 기사가 정확하다고 보아야 할것이다.

668년말 늦어도 669년초에 수림(水臨)성출신의 무인인 대형 검모잠(劍牟岑)은 궁모성을 거점으로 하여 고구려유민들의 큰 항전부대를 묶고 반침략투쟁을 개시하였다.*

* 《삼국사기》 권6 신라본기(문무왕 10년 6월조)에는 그가 투쟁을 개시한것이 670년 6월인듯이 써놓았으나 그것은 잘못된것이다. 이 시기의 고구려유민들의 투쟁과 관련한 《삼국사기》나 중국기록들의 년대는 유관사실들을 어느 한곳에 몰아서 써놓은것이 많으므로 그대로 믿을수 없다.

669년 2월에 안승이 신라로 갔고 4월에는 당나라가 고구려사람 2만 8 000여호를 강제련행해갔으며 669년 여름경에는 설인귀가 신성으로 안동도호부를 옮긴것으로 보아서 검모잠항전부대의 투쟁은 668년말 늦어도 669년초에 이미 개시되였다고 보아야 할것이다.

기록에는 남지 못하였으나 앞에서도 본것처럼 강점지역을 다시 탈환한 사실이 많았다는것은 이 시기 당나라의 강점지역 도처에서 고구려인민들의 반침략투쟁이 벌어지고있었다는것을 말해준다. 설인귀는 2만명의 무력만으로는 도저히 고구려인민들의 투쟁을 막을수 없다고 보고하였으며 당 고종은 669년 4월에 고구려의 귀족, 부유층을 위주로 하여 2만 8 300여호를 당나라의 강회, 산남, 경서(수도 장안이서) 등의 황무지들에 강제로 이주시키는 폭거를 감행하였다*1. 그러나 이것은 고구려사람들의 투쟁기세를 더욱 높아지게 할뿐이였다. 안동도호 설인귀는 2만명의 병력을 가지고있었으나 련속 타격을 받고 더는 그 자리를 유지하기 어렵게 되자 669년 여름경에 평양성을 내놓고 신성(료빈탑)으로 퇴각하였다.*2

*1 《삼국사기》 고구려본기 끝에는 3만 8 300호라고 하였으나 《당회요》 권 95에는 2만 8 000호라고 하였다. 2만 8천여호가 더 정확하다고 본다. 그들이 다 바다길로 배를 타고 가지 못한것만큼 륙로로 가던 사람들은 도중에 많이 달아났을수 있다.

강회(江淮)란 장강이북 회수이남 오늘의 강소성, 안휘성 일부지역을 가리키며 산남(山南)이란 오늘의 호북성 장강이북, 섬서성 종남산이남지역을 가리킨다.

*2 《구당서》 권 39 지리지와 《자치통감》 권 202 의봉 원년 2월 갑술조에는 676년 2월에 안동도호부를 료동고성(료양)으로 옮겼다고 하였다. 《통감고이》에는 670년에 양방(楊昉), 고간 등이 안순(안승)을 《토벌》하려 안동도호부(평양)를 점령하고 곧 료동주로 도호부를 옮겼다고 하였다.

그러나 이것들은 모두 잘못된 기사들이다. 《신당서》 권 111 설인귀전에는 그가 안동도호부를 신성으로 옮기고 《정치를 잘해서》 백성들을 안착시켰다고 과장하여 써놓았다. 그런데 그는 670년 4월에는 토번(티베트지방)을 치러 당나라 본토로 불리워갔다. 이렇게 되려면 그는 늦어도 669년 여름 5～6월쯤에는 신성에 가있어야 한다. 따라서 도호부는 이때 신성으로 옮겨간것이다. 또 양방, 고간 등은 671년 7월에야 료동에 나와 안시성에서 싸웠으므로 670년에 평양을 점령했다는 《통감고이》의 기사도 잘못된것이다.

검모잠항전부대는 남쪽으로 진격하면서 669년 6월 대동강 남쪽지역에서 당나라의 관리들과 중 법안(法安)을 처단하였다(《삼국사기》 권 6 신라본기 문무왕 10년 6월)*. 그리고 대동강이남지역을 자기들의 기본활동중심지역으로 튼튼히 꾸리였다.

* 이 년대는 9년 6월의 잘못일것이다. 당나라 중 법안은 669년 1월에 신라 수도로 가서 자석을 구하였는데 5월에 신라에서는 자석 두 상자를 구해서 급찬 기진산(祇珍山)등을 시켜 당나라로 보내였다. 그러므로 그와 동행한 법안도 평양으로 해서 당나라로 가려하던 도중에 처단된것으로 보아야 할것이다. 670년에 서북조선에는 당나라군이 없었다.

고구려국가를 재건할것을 지향하고있던 검모잠은 안승이 서해의 사야도(덕적군도의 소야섬)에 피신해가있다는것을 알고 자신이 그곳으로 가서 안승을 만나보고 그를 한성(신원)으로 데려다가 국왕으로 내세우고 고구려국의 재건을 선포하였다. 이것은 대체로 669년말 670년초의 일이였다*고 인정된다(670년 3월에 고구려 태대형 고연무 등의 대규모군사작전은 안승의 고구려국이 이미 재건되였음을 증시하는것이다).

* 검모잠의 활동에 대하여 《삼국사기》는 문무왕 10년(670년) 6월조에, 《자치통감》은 권 201 함형 원년(670년) 4월조에 각각 밀몰아서 써놓았다. 《자치통감》에는 이때 당 고종이 고간을 우두머리로 하는 《토벌군》을 보낼것을 명령한것으로 썼다. 그러므로 검모잠에 의한 고구려국의 재건은 그보다 썩 앞의 사

실이였다고 보게 된다. 또 《삼국사기》에는 670년 6월에 안승이 검모잠을 죽이고 신라로 달아난것을 신라가 금마저(전라북도 익산)에 가있게 하였다고 하였는데 이것은 썩 후의 일을 밀몰아서 써놓은것이다. 당시 금마저땅은 아직 신라땅으로 되지도 못한 곳이였다.

안승을 국왕으로 하는 고구려국이 다시 선것은 고구려사람들을 크게 고무하였다. 고구려항전력량은 안승을 중심으로 집결되였고 그들은 당나라의 침략정책을 반대하는데 리해관계를 가지게 된 신라와의 협동으로 반침략투쟁을 힘있게 벌리게 되였다.

670년 3월에 고구려의 태대형 고연무(高延武)가 지휘하는 정예부대 1만명은 신라의 사찬 설오유(薛烏儒)가 지휘하는 정예부대 1만명과 합세하여 적들을 추격하여 압록강을 건너 옥골(오골성－수암)로 진출하였다. 이때 당나라군대는 그 방패막이로 말갈족부대를 앞세우고 개돈양에 와서 대기하고있었다. 4월 4일에 고구려－신라련합군은 적들과 맞서 격전을 벌려 많은 적군을 살상포로하는 큰 승리를 거두었다. 그러나 당나라군대는 계속 력량을 증강하였으며 불리하게 된 고연무와 설오유의 부대는 후퇴하여 백성을 지켰다. 백성(白城)의 위치가 어디인지 잘 알수 없으나 대체로 압록강계선이였다고 볼수 있을것이다.

전선이 고착되고 적아간에 큰 싸움이 없는 사이에 개건된 고구려국은 국내의 질서를 정리하고 6월에는 소형 다식(多式)을 신라에 보내여 좋은 관계를 맺을것을 협의하였다. 신라통치배들도 당시 남쪽에서 백제땅을 강점한 당나라군대와 싸우고있었던 조건에서 안승(고안승)의 고구려국을 지원하는것이 필요하다고 보고 사찬 수미산(須彌山)을 시켜 다음과 같은 국서(8월 1일부)를 보내여왔다.

《…공의 태조 중모왕(동명왕)은 덕을 북쪽땅에 쌓고 공을 남쪽바다에 세워 위풍이 청구(조선)에 떨치였고 어진 교화는 현도지방을 덮었다. … 공은 마땅히 유민들을 설복시켜 모으고 옛 전통을 이어 일으켜 길이 이웃나라가 되여 형제같이 지낼것이다. …》(《삼국사기》 권6 신라본기 문무왕 10년 4월, 7월)

이 국서는 물론 신라를 우위에 놓고 신라왕이 고구려왕을 책봉하는 형식으로 되여있으나 내용은 고구려의 부흥을 《희망》하는것으로 되여있다. 이 국서는 신라통치배들이 고구려인민들의 반침략투쟁기세를 리용하여 당나라와의 싸움에서 리득을 보자는 목적으로 보내온것이였다. 그러나 이 국서를 통하여 신라와의 관계에서 일정한 진전이 이룩됨으로써 고구려국은 자체의 정치군사적력량을 강화하는데서 유리한 조건을 얻게 되였다.

670년 4월에 동주도(東州道)행군총관으로 임명되여 신라와 고구려를 칠 임무를 맡았던 당나라의 좌감문대장군 고간은 유주, 병주로 나와 악소(망나니)들을 모집하여(《삼국사기》 권7 신라본기 문무왕 11년 7월 26일) 훈련을 시켰고 리근행(돌지계의 아들)의 말갈군대를 앞세워 고구려땅으로 쳐들어왔다. 671년 7월에 그들은 안시성에 의거하고있던 고구려유민들을 격파하였으며 〔《자치통감》 권202 함형 2년(671년) 7월 을미삭〕* 9월에는 4만명의 무력으로 평양에까지 침입하였다. 그리고는 해자를 깊이 파고 토루(토성)를 높이 쌓아

장기전을 준비하였으며 남쪽으로 나와 오늘의 황해도지방에도 침습하였다(《삼국사기》 권7 문무왕 11년 9월). 그러나 고구려군은 그들의 퇴로를 차단하고 포위할 태세를 갖추었으며 반공격을 들이대였다. 더는 배겨날수 없게 된 고간의 침략군은 다시 압록강북쪽으로 쫓겨갔다.

* 여기에 보이는 안시성은 648년에 박작성을 지원하였던 《안지성》(봉황성)일것이다. 그것은 669년 2월 현재 《아직 투항하지 않은 성들》(《삼국사기》 권37 지리지 4) 가운데 하나가 《안시성(안촌홀, 환도성)》이였는데 당나라의 안동도호부산하 기미주의 하나에는 안시주가 있으며 또 이 안지성(안시성)은 료동지방에서 평양으로 가는 길목에 있기때문이다.

당 고종은 670년 8월에 토번과의 싸움에서 패하여 철직되고 서민으로 신분이 떨어졌던 설인귀를 그후 다시 등용하여 행군총관으로 임명하고 수군을 지휘하여 바다로 가서 고구려, 신라, 백제지역에서 싸우도록 하였다. 설인귀는 고구려를 반대하는 몇차례의 싸움과 자기가 《안동도호》로 있을 때 고구려유민들과의 싸움에서 발휘된 고구려사람들의 높은 애국심, 견결한 투쟁정신을 잘 알고있었던만큼 이번에는 바다로 빙빙 돌면서 서뿔리 륙지로 올라오지 않았다.

그는 671년 7월에 신라의 문무왕에게 편지를 보내여 무력침공으로 달성하지 못한것을 외교적방법으로 달성해보려고 책동하였다. 편지에서 그는 당 태종이 신라의 김춘추를 우대하고 그의 요청을 받아들여 당나라군사들을 내보내여 신라를 도와주었는데 지금 문무왕은 그 은혜를 잊어버리고 자기를 위문하러 오지도 않는다고 비난하면서 고구려의 안승은 나이가 어리고 고구려백성들은 절반도 남지 않았으니 어찌할바를 모르고있다느니, 강토를 지킬 능력이 없다느니 하면서 비방하였다. 또한 고간의 당나라 기병들과 리근행의 번병(말갈족군대), 오, 초(절강, 강소성일대)의 배들은 모여들고 유, 병(하북, 산서성일대)의 악소(망나니)들이 사방에서 구름떼처럼 모여들어 험한 곳에 성을 쌓고 기름진 땅을 경작하게 만든다면 신라의 고황(고치기 힘든 가슴속병)이 될것이다, 왕이 나라를 망치지 않으려거든 스스로 자기의 행위에 대하여 명백히 까밝히라고 위협하였다. 이것은 신라측이 당나라에 항거하지 말고 순종할것을 요구한것이였다.

이에 대하여 문무왕은 《648년에 당 태종이 산천토지는 자기가 탐내는바가 아니고 옥백, 자녀(재산과 사람)도 다 가지고있는것이니 (고구려, 백제) 두 나라를 평정하면 평양이남, 백제땅은 다 신라에 주어 영원토록 편안하게 지내도록 하겠다》고 하였는데 그후 백제라는 나라를 다시 세워 그 옛땅을 다 차지하게 하였고 또 고구려를 치는데서는 신라군이 선봉에서 싸워 결정적역할을 하였는데도 신라장수들을 처벌하겠다느니 비렬성(안변)을 도로 (안동도호부에) 넘겨주라느니 하였다. 또 소식통에 의하면 당나라에서 선박들을 수리하는것을 두고 겉으로는 왜국을 치기 위한것이라고 표방하지만 실지로는 신라를 치려고 한다고 하니 신라가 어떻게 가만히 있겠는가 라고 반박하였다.

문무왕의 답서는 당나라의 야심을 폭로한 점에서는 옳았지만 여전히 당나라에 빌붙으면서 억울하다고 호소하는것으로 되여있다. 이것은 신라통치배들이 사대주의적립장에서 벗어나지 못하고있었음을 보여준다.

설인귀는 그후에도 서해안 각지를 돌아치면서 신라, 고구려를 굴복시키려고 책동하였다. 그러나 설인귀의 수군은 670~671년에 정주(황해북도 개풍군) 등지의 앞바다로 침공하였다가 신라 수군에게 패전하였다(《삼국유사》 권2 문무왕 법민)*.

* 여기서는 불교비법의 힘으로 당나라 함선들을 두차례나 전부 패몰시킨것으로 되여있으나 실지로는 신라 수군의 공격으로 패한것이다.

이 바다싸움에 대응되는 《삼국사기》의 기사로서는 671년 10월 6일에 신라 수군이 당나라의 운송선 70여척을 격파하고 랑장 겸이대후(鉗耳大侯) 등 100여명을 포로하였으며 물에 빠져죽은 적군이 헤아릴수 없이 많았다고 한 기사를 들수 있다〔《삼국사기》 권7 문무왕 11년 10월 6일〕.

안승의 고구려국은 당나라침략군이 앞으로도 쳐들어올것을 예견하고 압록강이남 해안지대의 방어를 강화하였다.

672년 7월에 고간은 다시 당나라군대 1만명과 리근행의 말갈군 3만명을 이끌고 평양에 침입하여 8개 군영을 짓고 주둔하였다. 8월에는 한시성, 마읍성을 공격, 함락시키고*[1](《삼국사기》 권7 문무왕 12년 7월, 8월) 남쪽으로 나와 백수성 앞 500보 지점에 군영을 만들었다. 고구려군과 신라군은 협동하여 이들을 맞받아침으로써 적병 수천명의 목을 베였다. 고간의 당나라군은 퇴각하여 석문(石門)*[2]에서 매복전을 준비하였다. 그런데 고구려-신라 련합군은 승리에 자만한 나머지 경각성없이 추격하다가 적의 함정에 빠져 많은 손실을 내고 물러나왔다.

*[1] 마읍성은 661~662년 소정방이 침공했을 때 마읍산을 점령하고 평양성을 포위하였다고 한 마읍산(평양서남방)에 쌓은 성일것이다. 한시성과 함께 그 구체적위치는 알수 없다.

*[2] 백수성의 위치는 알수 없으나 석문은 대체로 자비령산줄기(정방산줄기)계선에 있었다고 추정해볼수 있다.

그후 전선은 한동안 교착상태에 있었다. 그 사이에 당나라군대는 더욱 증강되였고 12월에는 백수산(백빙산)*[1]에 있던 고구려군을 기습하였다. 신라군의 지원이 있었으나*[2] 이 전투에서 실패한 고구려군은 후퇴하였다.

*[1] 《자치통감》에는 백수산으로, 《삼국사기》 고구려본기에는 백빙산(白氷山)으로 되여있다.

*[2] 적군이 증강되는 조건에서 신라는 응당 이때 많은 무력을 내보냈어야 할것이였으나 신라통치배들은 이를 방관시하면서 고구려군과 당나라군이 다 손실을 보고 피로해질것을 바랬던것으로 보인다.

673년 봄에 당나라침략군은 계속 력량을 보강하면서 남하하였다. 그리하여 고구려국은 서해안일대의 많은 부분을 상실하게 되였다.

이 무렵에 국왕 안승은 끝까지 고구려땅에 남아서 싸울것을 주장하는 검모잠을 살해하고 비겁하게도 신라땅으로 달아났다.

이해 (673년) 5월에 고구려군은 리근행이 이끄는 당나라군대와 호로하 (림진강) 서쪽에서 큰 싸움을 벌렸으나 수적으로 우세한 적군에게 밀리웠다. 이때 고구려군은 자기 산하의 말갈인부대와 함께 적장 리근행의 처 등이 머무르고있던 벌노성(伐奴城)을 공격함으로써 적군의 후방을 타격하였으나 성을 함락시키지는 못하였다(《자치통감》 권202 함형 4년 윤5월).

그러나 그후 9월에 고구려군은 신라군과 함께 일대 반격전으로 넘어가 당나라군대와 그 방패역할을 하던 거란족, 말갈족의 군대와 9차례나 싸워 크게 이기고 적병 2 000여명을 소멸하였다.

이 전투들에서 호로하, 왕봉하(한강하류 행주부근)에 빠져죽은 적병수는 헤아릴수 없이 많았다.

이해 겨울에 당나라군은 고구려의 우잠성(황해북도 금천)을 함락시켰으며 거란군, 말갈군은 대양성〔강원도(남) 양구〕, 동자성(경기도 김포시 군하리)을 함락시켰다. 그러나 고구려군과 신라군은 침략군을 반대하여 완강하게 싸움으로써 적들에게 큰 타격을 주었다. 적군은 다시 림진강이북으로 쫓겨갔다.

이렇게 되자 당 고종은 674년초에 류인궤를 계림도행군대총관으로 임명하고 위위경 리필(李弼), 우령군대장군 리근행을 각각 부대총관으로 삼아 20여만의 대군으로 고구려와 신라를 치게 하였다. 이자들은 몇달동안 출전준비를 한 다음 그해 가을에 료동으로 나왔다. 당시 신라는 백제 옛땅을 다 차지하였고 고구려의 남부지역도 차지하고있었다.

신라통치배들은 안승의 고구려국의 서부령역이 적군에게 일시적으로 강점되고 고안승이 남쪽으로 도망쳐와있던 기회를 리용하여 674년 9월 안승을 안전한 곳에 보낸다는 구실로 금마저(익산)에 가있게 하였으며 그곳을 《보덕성》으로 부르게 하고 안승을 《보덕왕》으로 부르게 하였다. 이에 대하여 김부식은 《삼국사기》(권7 문무왕 14년 9월조) 주석에서 《10년 (670년)에 안승을 봉하여 고구려왕으로 삼았는데 이때 다시 봉하였으니 〈보덕〉이란 말은 〈귀명(帰命. 임금에게로 와서 그 명령을 받는다 혹은 투항한다는 뜻)〉을 의미하는지 또는 지명인지 알수 없다》고 하였다. 그러나 이것은 장차 당나라침략군을 몰아낸 다음에도 고구려국이 다시 그 옛땅에서 복구되는것을 막아보려고 한 신라통치배들의 간교한 술책이였다. 《보덕》이란 신라왕의 덕에 보답한다는 뜻이였으며 고안승을 《보덕왕》으로 임명한것은 사실상 고구려국의 명칭을 없애는것과 같았다. 신라통치배들은 그러면서도 고구려국 군사들에게 아직도 자기의 국왕도 있고 나라도 있는듯한 인상을 줌으로써 당나라를 반대하는 싸움에서 고구려사람들의 힘을 계속 리용하려고 타산하였던것이다.

675년초에 다시 대대적으로 침입해온 류인궤는 2월에 칠중성(경기도 파주시 적성면)에서 크게 싸웠고 한편으로는 말갈족군대를 시켜 해상으로 신라의 남쪽지방으로 침범하게 하였다. 얼마후 류인궤는 본국의 소환으로 되돌아가고 리근행이 《안동진무대사》로 되여 매초성(경기도 양주)에 주둔하고있으면서 당나라군사들을 지휘하였다.

이 무렵에도 고구려군은 계속 신라군과 협동하여 반침략투쟁을 벌려나갔다. 고구려국 군대는 자기의 본고장에서 멀리 떨어져있는 불리한 정황에서도 용감히 싸웠다.

675년 9월에 적장 설인귀는 신라의 반역자 김진주(金眞珠)의 아들 풍훈(風訓)을 길잡이로 하여 천성(泉城. 위치 잘 모름)을 포위공격하였다가 반격을 받고 패배하여 1 400명의 유생력량과 1 000필의 군마, 40척의 배를 잃고 달아났다.

9월 29일에 고구려군과 신라군은 매초성에 있던 리근행휘하의 당나라 20만대군을 들이쳐서 그들을 물리치고 3만 380필의 군마와 그에 맞먹는 병장기들을 로획하였다.

그리하여 당나라군대는 다시 례성강이북지역으로 퇴각하였다.

당나라침략군은 그후 다시 력량을 보강하여 칠중성을 공격하였다. 또 동쪽으로는 말갈족부대를 시켜 아달성(아진함성)과 적목성을 공격, 점령하였으며 석현성(개성부근)을 쳐서 함락시켰다. 그러나 이것은 일시적인것이였으며 그후 고구려, 신라군은 크고작은 18차의 전투에서 승리를 거두었고 적병 6 047명을 소멸하였다.

676년 7월에 당나라침략군은 도림성(강원도 통천)을 공격하여 함락시켰으나 이것은 그들의 마지막발악에 지나지 않았다. 고구려군과 신라군은 륙지와 바다에서 적군에게 심대한 타격을 주고 멀리 쫓아버렸다. 676년 11월에 설인귀는 수군을 이끌고 기벌포(금강하구)로 침입하였다가 신라수군의 기동타격전술에 의하여 22차의 싸움에서 패배하고 4 000명의 병력을 잃어버렸다. 력사기록에는 그후의 당나라군대의 동향에 대하여 전하는것이 없다. 이로 보아 676년말까지에 침략군은 조선반도와 서해안일대의 바다에서 완전히 쫓겨났다고 볼수 있다.

이에 앞서 676년 2월에 당나라는 안동도호부를 료동고성(료양)으로 옮긴다는것을 정식으로 선포하였다. 이것은 신성에 가있던 도호부가 671년 말경에 료동성으로 나와있다가 더는 평양으로 옮길 가능성이 없어진것과 관련하여 취한 조치였다.

677년이후 당나라침략군은 다시는 압록강이남지역으로 침공하지 못하였다. 이것은 료동지방과 백두산(태백산)지방을 비롯한 고구려 옛땅의 도처에서 고구려유민들이 반침략투쟁을 힘있게 벌리고있던 형편에서 침략자들이 더는 남쪽으로의 침공을 계속할수 없게 된 사정과 관련된다.

이러한 정세에서 신라통치배들에게 진실로 겨레와 국토를 통일하려는 지향이 있었다면 고구려국의 군대와 료동지방을 비롯한 압록강, 두만강 이북 각지의 항쟁력량과 손잡고 끝까지 고구려강토에서 침략군을 몰아냈어야 하였을것이다.

애초에 삼국통일*에 대한 지향을 가지고있지 않았던 신라통치배들은 저들의 협소한 계급적리익만 추구하면서 더이상 반침략투쟁을 벌리려 하지 않았다.

* 《삼국사기》 권8 신문왕 12년(692년) 봄조에는 김춘추, 김유신이 《일통삼한(一統三韓)》하였다고 하였고 《삼국유사》 권4 황룡사 9층탑조에는 《삼한위일(三韓爲一)》이라고 하여 신라가 마치도 삼국을 통일한것처럼 썼으나 삼국을 《삼한》이라고 표현한것부터가 잘못이다. 삼국을 《삼한》이라고 표현하기 시작한것은 당 태종이였다. 그는 《진서》에서 고구려전, 백제전을 빼버리고 그대신 삼한전을 넣게 하였는데 그것은 《진서》에 고구려가 370년대에 유주로 진출한것을 쓰지 않게 하려는 목적에서였다. 그가 처음으로 삼국을 《삼한》으로 표현한것은 644년의 일이였다고 볼수 있다〔《구당서》 권80 저수량전, 《책부원귀》 권169 연향 제1정관 18년 10월계묘〕. 이것은 《진서》편찬시기와 맞먹는다. 신라통치배들이 이 그릇된 《삼한》명칭을 삼국대신에 쓴것부터가 사대주의의 표현이였다. 신라가 삼국을 통일한것처럼 가장한것은 민족앞에 저지른 반역행위를 어물쩍 넘기려는 목적을 추구한것이였다. 그후 조선의 력대 봉건통치배들이 우리 나라를 두고 《삼한》이라고도 한것은 당 태종이나 신라통치배들의 잘못을 무비판적으로 답습한것에 지나지 않는다.

비굴한 신라통치배들은 끝까지 고구려사람들과 협력하여 외래침략세력을 물리치게 되면 고구려가 다시 강화되여 신라를 위협하게 될것이라고 타산하였으며 따라서 그렇게 되느니보다 당나라와의 비밀협약대로 대동강이남지역을 확보함으로써 저들의 령토를 얼마간 넓히는것으로 그치려고 한것이였다. 이것은 그들이 당나라에 대한 뿌리깊은 사대주의사상관점의 반영이였으며 협소한 지배계급의 리익을 민족의 리익우에 올려세우려는 리기주의적사상의 산물이였다.

신라통치배들은 한성중심의 고구려국까지도 아주 말살해버리려고 꾀하였다. 그리하여 그들은 전쟁승리후에도 고안승을 고구려국으로 돌려보내지 않고 붙들어두고있다가 680년 2월에 문무왕의 누이동생(잡찬 김의관〈義官〉의 딸이라고도 한다)을 고안승의 처로 삼게 하였으며(《삼국사기》 권7 신라본기 문무왕 20년 3월) 683년 10월에는 안승을 신라 수도에 데려다가 살게 하고 그에게 소관(잡찬. 신라의 제3벼슬등급)을 주고 성까지도 김씨로 바꾸게 함으로써 영영 신라왕족으로 편입시키고말았다(《삼국사기》 권8 신라본기 신문왕 3년 10월). 또한 683년에 고구려군의 일부로써 황금서당을 조직하고 말갈인군대의 일부로써 흑금서당을 조직하여 그것들을 신라군의 구성부분인 9서당의 일부로 편입하여버렸다(《삼국사기》 권40 잡지9 관직 하 9서당). 이것은 고구려국의 군대를 사실상 없애버리려고 한것과 같았다.

신라통치배들이 고구려국을 아예 없애버리려고 책동하는것을 보고 격분한 고안승의 조카벌 되는 고대문(高大文)은 금마저에서 안승을 호위하던 군사들과 함께 신라를 반대하는 폭동을 일으키려고 하였다. 이 계획이 탄로되여 고대문이 죽게 되자 금마저에 있던 고구려사람들은 일제히 들고일어나서 고을을 점거하고 신라관리들을 죽여버리였다. 그러나 투쟁은 신라측의 대대적인 진압작전으로 하여 실패로 돌아갔으며 살아남은 고구려사람들은 남쪽 고을들에 강제이주당하였다(《삼국사기》 권8 신라본기 신문왕 4년 11월). 그리고 686년에 신라는 금마저에 있던 고구려군사들을 벽금서당, 적금서당으로 갈라서 소속시키고말았다(《삼국사기》 권40 잡지9 관직 하 9서당). 이것은 한성중심의 고구려국이 실제상 최종적으로 없어졌다는것을 의미하였다.

그러나 고구려유민들의 투쟁기세에 겁을 먹은 신라통치배들은 오래동안 한성중심의 고구려국의 옛땅에 자기의 군현들을 설치하지 못하였다. 그들은 732~733년 발해-당전쟁이 있은 후인 735년에 당나라로부터 패강(대동강)이남에 대한 령유권을 인정받았으며(《삼국사기》 권8 신라본기 성덕왕 34년 2월, 35년 6월) 757년에 한산주를 한주로 개칭하면서 1주, 1소경, 27군, 46현(계 75 주군현)을 그 산하에 둔다고 하였을뿐이였다.*1 그중 오곡(서흥), 휴암(봉산), 한성(신원), 장새(수안), 지성(해주), 덕곡(곡산)의 6개 고을은 762년(경덕왕 21년)에 비로소 성을 개축, 보수하여 태수(군 장관)를 두었다(《삼국사기》 권9 신라본기 경덕왕 16년 12월, 21년 5월).*2 그후 신라는 782년(선덕왕 3년)에 대곡성(평산)을 중심으로 하는 패강진을 두었다(《삼국사기》 권9 신라본기 선덕왕 3년 2월).*3 이해에 대곡성 두상 대감, 두상 제감 등 패강진 소속의 여러 관직들을 두고(《삼국사기》 권40 직관지 외관 패강진전)*4 이듬해인 783년에 대곡진(패강진)군주(軍主)를 임명하여 통솔하도록 하였다〔《삼국사기》 권9 신라본기 선덕왕 4년(783년) 1월〕.

현덕왕때인 826년에 신라는 패강장성*5 300리를 쌓으면서 비로소 취성(取城)군(황주), 토산(土山)현(상원), 당악(唐嶽)현(중화), 송현(松峴)현(중화)의 4개 고을을 더 설치하여 대동강이남의 일부지역에 신라의 군현을 정식으로 두었다〔(《삼국사기》 권10 신라본기 헌덕왕 18년(826년) 7월, 권35 지리지 취성군〕.

*1, *2 대체로 이때까지의 변화(경덕왕의 개칭 또는 그전 명칭의 고착)가 《삼국사기》(권35 지리지) 한주조에 반영되여있다(한주 주1, 소경1, 군27, 현46 총계 75).

*3 대곡진, 패강진은 같은것이다. 경덕왕때 고구려의 대곡군(오늘의 평산)을 영풍군으로 개칭하였다고 하는데 이때에 와서 다시 대곡진으로 부르게 된것으로 보인다.

*4 패강진산하에는 대곡진, 단계현(고구려의 수곡성. 오늘의 신계), 진서현(고구려의 십곡현, 오늘의 곡산)과 그밖에 아직 군현을 두지 않았던 오늘의 대동강이남 동부지역이 소속되여있었다고 보인다.

*5 《패강장성 300리》는 오늘의 정방산줄기계선에 있었다고 보는 설도 있고 오늘

의 평양시 강남군 간천리로부터 동쪽으로 대동강우안을 따라 축조되였다고 보는 설도 있다. 대동강구역 대동강동쪽에는 20세기 초엽까지도 장성촌이 있었다는것도 하나의 참고로 된다.

이 무렵에 신라는 대동강하구부근에 장구진*[1]을 두었으나 오늘의 신천, 은천, 송화, 안악, 삼천군 등지에는 자기의 군현을 설치할수 없었다*[2].

*[1] 《신당서》 권43 지리지 제3(하) 가탐의 도리기를 인용한 글에 의하면 등주(산동반도)에서 출발하여 오골강(대양하)을 거쳐 남으로 오다가 패강어귀 초도를 지나면 곧 신라의 장구진에 이르며 거기서 다시 진왕석교, 마전도, 고사도를 거쳐 득물도(덕물도－덕적군도)까지 1 000리를 간다고 하였다. 이로 보아 장구진(長口鎭)은 초도에서 얼마 안되는 곳에 둔것으로 볼수 있다. 《신증동국여지승람》(권42) 장련현조에 의하면 오늘의 은률군 장련리에는 리조초기까지도 장명진(長命鎭)이 있었다. 또 같은 책(권43) 은률현조에는 은률은 본래 고구려의 률구현이였다고 하였다. 장련현(장명진) 북쪽 10리에는 대진관(大津關)이 있었다. 한편 같은 책(권43) 풍천도호부 산하 광석산(풍천 서남 25리)조에는 《이 산아래에 당관 옛터가 있는데 옛날 중국사신이 바다를 건너오가던 길이 있었다고 한다》는 기록이 있다. 고구려때나 고려, 리조때에 사신이 이곳을 통하여 왕래할 필요가 없었고 또 해당한 기록도 없는것만큼 이것은 후기신라때에 있었던 일을 기록한것으로 볼수 있다. 옛날에는 은률, 풍천이 합해서 풍률군으로 된 일도 있었고 풍천군이 은률군에 속한 일도 있었다. 따라서 장구진은 오늘의 은률군에 있었다고 볼수 있고 당관도 장구진 관하에 있었다고 볼수 있다.

*[2] 이밖에도 《신증동국여지승람》에는 강령, 옹진일대에도 후기신라때의 군현명이 보이지 않는다. 그러나 장연군은 후기신라때에도 장연군이라고 하였다고 한다. 그러므로 장연보다 북쪽에 위치한 은률군, 송화군, 삼천군, 안악군, 은천군 등지는 장구진소속이였을수 있다.

그러나 오늘의 황해남도의 적지 않은 지역이 후기신라의 마지막시기까지도 일반 지방행정통치단위로서의 군현으로 개편되지 못하고 장구진이라는 군정기구밑에 있었다는것은 고구려유민들의 토착세력이 매우 강하였다는것을 말해준다고 생각된다. 결국 이 지역은 7세기말～10세기초에 발해의 후국으로 있었던 《고려후국》과 신라사이의 완충지대로 되여있었고 그 주민들은 《고려후국》주민들과도 련계를 가지고있었다고 볼수 있다. 이 지역에 대한 후기신라의 통제는 그만큼 약하게 미치였던것이다.

대동강이남지역 고구려유민들의 고국회복투쟁은 신라통치배들의 방해로 말미암아 결국 자기의 목적을 실현할수 없었다. 그후 9세기 말엽에 궁예가 고구려지역 인민들의 지향을 반영하여 《후고구려국》을 선포한것만 보더라도 이 지역 인민들의 투쟁이 그칠새 없었다는것을 알수 있다. 이 지역 고구려인민들의 일부는 대동강이북으로 가서 고국회복투쟁을 계속하였다.

3. 압록강류역과 그 이웃지역에서의 고구려 유민들의 반침략투쟁, 의주 국내성을 중심으로 한 고구려국의 성립

료동지방에서도 고구려인민들은 668년 9월 고구려의 멸망을 인정하지 않고 반침략투쟁을 계속하였다. 앞에서도 본바와 같이 669년 2월 현재 압록강이북에서 투항하지 않고있는 성이 11개, 주민들이 피난가고 없는 성이 7개나 있었고 그밖에도 여러 성들이 당나라 안동도호부의 통제밑에 있지 않았다. 이러한 성들의 주민들은 당나라의 강점을 반대하여 투쟁을 계속하고있었던것이다.

또 압록강이북에서 이미 항복하였다는 성 11개, 적이 무력으로 점령하였다는 성이 3개였는데 그중 당나라가 명목상으로라도 고을을 두었다고 볼수 있는것은 목저성, 남소성, 감물주성이고 그밖의 성들이 주현으로 개편되였다는 기록은 없다. 현같은것은 쓰지 않았다고 할지 모르나 당나라통치배들의 립장으로서는 하나라도 더 많은 주를 두어서 지배를 실현하려고 하였던만큼 크고작은 모든 성들에 다 《주》이름을 붙였으리라는것은 명백하며 《주》아래 《현》이란 사실상 거의나 설치하지 못했다고 인정된다. 례컨대 마미성 같은것은 645년 전쟁때에도 나오지 않고있다가 마지막에 가서 당나라가 점령한 고을가운데 하나로서 나오는 성으로서 보잘것없는 작은 성인데도 《마미주》를 둔것으로 되여있다. 대나주, 려산주 같은것도 어디에 있었는지 다른 력사기록에는 보이지 않는것들이다.

그런데 앞에서도 본바와 같이 국내주(성)는 한때 연남생편에 섰으나 그후 고구려사람들이 차지하고 반침략투쟁을 계속하였기에 당나라의 주현으로는 되지 않았다. 또 남소성이나 목저성도 남소주, 목저주로 개편하였다고 하나 실지로는 점령하지 못하고 다만 그 성출신으로서 연남생편에 붙었던자들이 남소주, 목저주의 이름을 달고 료동지방의 어느 일정한 지역에 있다가 퇴각하는 당나라군대를 따라 료서지방으로 옮겨간것일 가능성이 크다.

그런가하면 671～676년사이에 《아직 투항하지 않고있던 성》들가운데에 있던 료동성주, 안시성 그리고 《주민이 달아나고 없었던 성》들가운데서 적리성, 리(려)산성은 그후 주민들이 되돌아와있다가 적들의 강점하에 들어가서 한때 주를 두었다고 볼수 있다.

요컨대 압록강이북지역에서 당나라군은 고구려성들－고을들의 대부분을 점령하지 못하였고 오직 오늘의 신민(新民), 심양, 료양, 봉성, 개주(건안성)와 그 주변의 일부 지역만을 차지하고있었다고 볼수 있다. 압록강이남지역에서도 668년 8월이후 676년까지의 기간에 당나라군대가 통과한 지역에 《주》를 한때 둔 곳이 있었겠으나 당나라침략군이 쫓겨남에 따라 그것은 다 고구려유민들의 투쟁거점으로 되였다. 결국 666년 연남생의 투항이후 당나라군대가 점령하고 일시적이나마 유지한것은 《점과 선》(몇몇 성들과 도로) 뿐이였다고 할수 있다. 절대다수의 고구려성들은 고구려유민들의 통제하에 남아있었다.

당나라통치배들은 저들의 고구려령토강점정책이 실패하였다는것을 스스로 인정하고 677년 2월에 《기미》(형식적으로 얽매여두는것)정책으로 넘어가서 보장왕을 《료동주도독 조선군왕》으로 임명하여 료동성에 나가있게 하고* 연남생은 《안동도호》로 삼아 신성(료빈탑)에 나가있게 하였다.

* 이때 당나라는 백제 태자였던 부여륭에게도 《웅진도독 대방군왕》의 칭호를 주어 본국에 돌아가서 백성들을 무마하게 하려고 하였으며 먼저 보장왕을 따라 료동지방에 가게 하였으나 그는 본국은 고사하고 료동지방에도 가지 못하고있다가 락양에서 죽었다〔《부여륭묘지명》〕.

그러나 보장왕은 료동지방을 비롯한 옛 고구려땅의 도처에서 세차게 타오르고있던 반침략투쟁에 고무되여 고구려국가를 회복하려고 하면서 사방에 사람을 보내여 그 준비를 서둘렀다. 그러나 그의 기도는 681년에 발각되여 도로 당나라에 련행되여갔으며 이듬해에는 귀양갔던 곳에서 죽었다. 이 무렵에 고구려강점정책이 전면적으로 파탄된것을 안 당나라통치배들은 안동도호부를 료서로 후퇴시켰다.

압록강류역, 료동반도 천산산줄기동부의 고구려사람들은 처음에는 안승의 고구려국에 기대를 걸고있다가 683년에 신라통치배들이 안승을 신라 수도에 데려다가 신라왕족대렬에 편입시켜버린 사실을 알자 더는 그에게 기대를 걸지 않게 되였으며 자기들끼리 모여 새로운 고구려국을 세웠다. 그 중심지도 《국내성》이라고 불렀는데 이 국내성은 후의 의주고을, 오늘의 신의주시 송한동에 있는 서린동고성*이였다.

* 서린동고성은 둘레 10리이상 되는 비교적 큰 성으로서 동서 남북에 각각 옹성이 있는 성문들이 있었다. 그 북동쪽에는 작은 성이 붙어있었는데 성문이 두개이고 역시 옹성시설이 있었다. 북문의 서남쪽 성안에는 큰 건축터가 있는데 그 주추돌은 남북으로 7줄, 동서로 5줄로 되였으며 부근에는 수많은 기와쪼각들이 널려있고 주민들은 이곳을 《궁전터》라고 불렀다. 그밖에도 건축터들이 많았다. 《고려사》 등에 고려 천리장성이 《국내성》지경에서 시작되였다고 한것은 바로 이 성 산하지역을 가리킨것이다〔《고려시대의 옛 성터》(《동경제대문학부 기요》) 1919년, 25~30폐지 참고〕.

684년에 당나라의 미주자사 리경업(李敬業. 리적의 손자)이 측천무후를 반대하는 투쟁을 일으켰다가 실패하였을 때 바다건너 고려(고구려)로 망명하려고 계획하였다는 사실(《자치통감》 권203 광택 원년 11월 경신)로 보아 이 시기까지는 이미 의주 국내성중심의 고구려(고려)국이 성립되여있었다는것을 알수 있다.

이 고구려국은 그후 대조영이 세운 발해국(대왕국)에 속한 《고려후국》으로 되였다.*

* 《신당서》 권220 고려(고구려)전에는 699년에 보장왕의 아들 고덕무가 《안동도독》으로 되였는데 그것이 후에 차차 나라를 이루어서 원화(806~820년) 말

년에 당나라에 악공을 보낸것처럼 썼다.

일부 다른 나라 학자들은 《신당서》의 기록을 추종하면서 료동반도일대에 있던 이 고구려국을 《소고구려국》이라고 부르고있으며 그것은 당나라의 속국, 속령, 기미주인것으로 보고있다. 그리고 이 《소고구려국》이 당나라의 지배에서 벗어난것은 《안사의 란》이 시작된 755년이후이고 그 시기에 이 나라가 발해의 통제밑에 들어갔다고 하였다〔《동양사학론집》(일문) 8권, 91, 304, 355페지 등〕.

앞에서도 본바와 같이 안동도호부는 680년대 초기에 이미 료서지방으로 쫓겨갔으며 696년 영주폭동후 얼마 안되여 장성이남으로 쫓겨들어갔다. 그 산하에는 14개 주, 1 582호밖에 안되는 《피난민》밖에 없었다.

그러므로 당나라는 698년에 안동도호부를 도독부로 내리떨구고 699년에 보장왕의 아들 고덕무를 그 장관인 도독으로 임명하여 그들을 다스리게 하였던것이다. 그보다 앞서 686년(수공 2년)에 보장왕의 손자 고보원을 《조선군왕》으로 임명하고 698년에는 《충성국왕》으로 임명하여 안동도호부산하의 호구들을 다스리게 하였는데 그가 료동지방으로 돌아간다는것은 고구려유민의 투쟁이 강화되고있었던 실정에서 전혀 불가능하였다. 고덕무의 경우도 마찬가지이다. 《신당서》 고려전에도 있는바와 같이 보장왕이 다시 련행되여간 후 안동도호부근에는 가난한 사람들이 좀 남아있었을뿐이였다. 그후 고구려의 옛성(고을)들의 주민들은 흩어져서 돌궐, 말갈(발해) 등지로 떠나갔다. 그리하여 고씨 군장(임금)의 계통이 드디여 끊어졌다고 하였다. 만일 고덕무의 자손이 따로 고구려국을 세웠다면 고씨의 대가 끊어졌다고는 하지 않았을것이다.

의주 국내성중심의 고구려(고려)국은 남북으로는 대략 대동강이북에서 천산산줄기계선까지, 동으로는 압록강구에서 130리 되는 지점까지를 자기의 령역으로 하고있던 나라로서 698년 발해국이 성립되자 얼마후 그 후국으로 된 나라였으며 10세기 초엽까지 오래동안 존재하였다. 의주 국내성중심 고구려국이 성립된것은 압록강좌우지역의 고구려유민들이 당나라침략자들을 반대하는 투쟁을 견결히 벌림으로써 이룩한 성과의 한부분이였다.

4. 고구려의 동북지구유민들의 반침략투쟁과 발해왕국의 성립

고구려때 태백산(백두산)아래에는 본래 북옥저계통의 주민들이 살고있었고 그 서북방 오늘의 북류송화강류역에는 본래의 부여계통주민들이 살고있었다. 이들은 원래 같은 겨레였고 또 고구려의 주권밑에서 오래동안 생활하면서 서로 왕래, 이주하기도 하였으므로 고구려사람들의 한부분으로 되고있었다*. 다만 지방적인 풍습상의 차이, 언어상의 방언이 얼마간 있었을뿐이였다.

* 《수서》나 《당서》에는 이들을 두고 《백산말갈》이니 《속말말갈》이니 하면서 고구려사람이 아닌것처럼 외곡해놓았다. 당나라통치배들은 고구려의 계

승국가인 발해를 《말갈》족의 나라로 허위선전하려고 제멋대로 고구려계통주민들에게도 《말갈》이름을 붙여놓았던것이다.

이 지방주민들도 고구려국가가 종말을 고하고 당나라통치배들이 안동도호부와 그 산하 9개 도독부를 두고 통치하려고 책동한것을 반대하여 처음부터 힘찬 투쟁을 벌리였다.

669년 2월 리적, 연남생이 협의하여 당 고종에게 제출한 문건에 의하더라도 압록강이북지역에서 아직 항복하지 않은 성(고을)들로서 북부여성주, 절성, 풍부성, 다벌악주 등이 있었다. 이것은 당나라침략군이 고구려 각지 인민들의 거세찬 항쟁으로 말미암아 송화강류역이동에는 발도 들여놓지 못하였다는것을 말해준다. 고구려에 부여성주가 따로 있었다는것은 668년 2월에 당나라군이 부여성을 함락시켰을 때 부여천(부여주의 오기)안의 30～40여성이 당나라측에 모두 복종하겠다고 한 기사〔《자치통감》 권201 총장 원년 2월 임오, 《구당서》 권83 설인귀전, 《신당서》 권220 고려전 건봉 3년(총장 원년) 2월〕를 보아도 알수 있다. 그러나 이 부여성이나 부여주는 우에서 든 문건에는 보이지 않는다. 이것은 신성(고이산성)과 마찬가지로 당나라군대가 남으로 나간 다음 다시 고구려사람들이 다 차지하였기때문에 주현설치 후보지목록에도 들지 않았던것이다.

당나라침략군이 들어오지 못하였거나 들어왔다가도 곧 물러간 지방들에서는 인민들이 고구려때와 같은 제도와 질서에 따라 생활을 계속하였으며 군사복무도 그전처럼 진행하고있었다. 다만 그들우에 있던 상층통치기구가 없어졌으므로 당분간은 지방자치의 형식을 취하면서 고국을 되찾기 위한 투쟁을 벌려나갔다. 이 지구에서도 고구려 말기에 수많은 청장년들이 고구려군사로 뽑혀나가서 반침략전쟁에 참가하였고 그들가운데는 희생된 사람들도 적지 않았으며 또 일부는 원쑤들에 의하여 강제로 랍치, 련행되여 당나라나 료서지방에 가있으면서 침략자들의 발굽밑에서 자주성을 유린당하고있었다. 그러므로 부모형제를 구원하기 위하여서도 반침략투쟁은 그들에게 있어서 한시도 미룰수도 멈출수도 없는 중요한 의무로 되고있었다.

옛 고구려의 지방군을 통솔하던 장수의 한 사람인 대조영과 그 아버지 걸걸중상(대중상)은 고구려국가의 멸망당시에는 태백산지구에 있었다. 그들도 고구려 각지 인민들의 투쟁에 발맞추어 하루빨리 고국을 회복하는 투쟁에 나설 준비를 다그치고있었다.

그들의 세력은 급속히 자라나 부근의 넓은 지역을 통제하게 되였으며 고구려 동북지구 항전력량의 중심세력을 이루게 되였다.

이러한 때인 677년 2월에 고구려유민들의 투쟁을 막아낼수 없게 된 당나라통치배들은 보장왕을 내세워 마치도 고구려국가가 재건된듯한 인상을 주려고 책동하였다. 그러나 보장왕은 앞에서도 본바와 같이 료동에 오자 인민들의 반침략투쟁이 도처에서 높아지고있는것을 보고 자신도 이에 편승하여 국권을 회복해보려고 시도하였다. 그가 은밀히 각지에 사람을 보내여 당나라를 반대하여 투쟁할것을 호소한것은 그러한 실례로 된다.

태백산지구에 본거지를 두고있던 걸걸중상과 대조영도 마침내 보장왕과 련계를 가지고 고국회복투쟁을 더욱 세차게 벌리게 되였다고 보인다.

그들은 678년에 태백산아래에서 독자적인 행정통치기구를 세웠으며*[1] 걸걸중상은 《진국공》으로 활동하게 되였다*[2]. 이것은 그가 먼저 진국이라는 소국을 세우고 《진국공》으로 자칭하였다고 볼수 있게 한다. 혹 보장왕이 《말갈》과 내통하였다고 한 사실과 결부시켜보면 걸걸중상(대중상)이 보장왕으로부터 《진국공》칭호를 받았으며 동북지구 고구려인민들의 반침략투쟁을 총지휘하게 된 사실을 반영한것이라고 생각해볼수도 있다.

*[1] 《삼국유사》 권1 기이2 《말갈, 발해》의 주석에는 《삼국사》(구《삼국사》일것이다)에 이르기를 《고종 무인년(678년)에 고려(고구려)의 남은 자손들이 한데 모여 북쪽으로 태백산아래에 의거하여 나라를 세워 〈발해〉라고 하였다》라고 하였다. 또한 같은 주석에는 《신라고기》에 《고구려의 옛 장수 대조영이 남은 무리들을 모아 태백산남쪽에서 나라를 세우고 〈발해〉라고 하였다》라는 기록도 있다. 여기서 《발해》라는것은 대조영세력이 후에 대왕국을 세우고 쓴 국호 《발해》를 적어놓은것이다.

*[2] 《신당서》 권219 발해전에 의하면 696년에 있은 영주폭동이후 영주에 와있던 걸걸중상과 걸사비우는 동쪽으로 가서 나라를 세웠고 그 다음에 당나라의 측천무후가 걸걸중상을 《진국공》으로, 말갈추장 걸사비우를 《허국공》으로 임명하였다고 하였으며 당나라장수 리해고의 추격을 받은 다음 대조영이 남은 사람들을 데리고 동쪽으로 가서 나라를 세워 진국왕으로 자칭하였다고 하였다. 측천무후가 이들에게 《진국공》, 《허국공》의 칭호를 주었다는것은 믿을수 없는 이야기이다.

사실은 고구려왕조 멸망이후 얼마 안되여 태백산지구에는 《진국》이, 말갈국거주지구에는 《허국》이 성립되여있었던것이다. 발해의 첫 국호가 《진국》, 《진단》이였다는 사실은 이것을 더욱 힘있게 뒤받침해준다. 당나라와 한창 싸우고있을 때 적대국가인 당나라로부터 《받은》 《진국공》이라는 칭호에서 따와서 698년에 대조영이 《진국》이라는 나라를 세웠을수는 없는것이다. 더우기 측천무후는 《반란》을 일으킨 사람들에 대해서는 일부러 그 이름을 나쁜것으로 고쳐부르게 하는 버릇이 있던 녀자황제였다. 례컨대 거란족 폭동의 우두머리 리진충은 리진멸, 손만영은 손만참으로 부르는 등 〔《구당서》 권199(상) 거란전〕와 못된 짓을 일삼았으니 그가 《반란자》인 고구려사람에게 《진국공》, 《허국공》 등의 명예칭호를 주었을리 만무한것이다. 《구당서》발해말갈전에도 그런 기사는 없다.

중세기에 처음 나라를 세웠을 무렵에는 《공》, 《군》이라고 부르게 한 실례는 궁예가 894년에 《군》이라고 하였고 견훤이 892년에 《서면도독》, 《개국공》이라고 한데서도 찾아볼수 있다. 《공》이자 곧 《군》이였다. 궁예는 901년에, 견훤은 900년에 가서야 《왕》이라고 불렀다.

《제왕운기》에 의하면 발해는 684년에 즉 고구려멸망후 17년만에 태백산남쪽 성(남책성)에서 나라를 세워 발해라고 하였다고 하였다. 이것은 681년에 보장왕이 도로 붙들려가고 옛 고구려땅 남부지역에서 《고구려왕》을 칭했던 고안승도 683년에 신라왕족으로 편입된 조건에서 684년부터 걸걸중상이 정식으로 왕을 자칭하였던 사실의 반영일것이다*.

* 698년에 대조영이 발해왕(대왕)으로 된것으로 보아 684년에는 아직 《대왕》으로 자칭하지는 않았을것이다.

걸걸중상과 대조영은 나라를 세운 후 국력을 강화하는데 모든 힘을 집중하였다. 그리하여 옛 고구려땅의 동부, 북부, 서부의 넓은 지역들이 통합되여갔다.

696년에 당나라의 영주지방(오늘의 료녕성 조양부근)에서는 당나라의 도독 조홰의 폭정을 반대하는 거란족들의 대규모폭동이 일어났다. 그 일대에는 당나라에 의하여 강제로 련행되여갔던 고구려사람들과 말갈사람들도 적지 않게 살고있었는데 이들도 이 기회에 폭동을 일으켜 당나라군대와 관리들을 반대하는 투쟁을 벌렸다. 그러나 이들은 거란족과는 달리 동쪽으로 나오면서 당나라의 통치기구들을 쳐부시였다. 그들은 이미 680년대 초기에 료서지방으로 옮겨가있던 안동도호부를 들이쳤다〔《자치통감》 권205 만세통천 원년(696년) 9월 정사〕*.

* 이때 안동도호부는 영주동남 270리(오늘의 금현부근)에 있었다. 《자치통감》에는 이 안동도호부를 공격한것이 거란인들이였던것처럼 볼수 있게 써놓았으나 거란인들은 당나라 본토를 향하여 공격의 예봉을 돌리고있었던것만큼 그 반대방향으로 나간 폭동군의 주력은 고구려, 말갈인들의 련합세력이였던것이 명백하다.

이때 영주폭동소식에 접한 걸걸중상과 대조영은 말갈추장인 걸사비우와의 련계밑에 공동으로 출전하여 동족들의 투쟁을 지원하였다*. 이러한 때인 697년 6월 거란의 서쪽에 있던 돌궐의 묵철극한이 거란족의 후방을 기습하여 거란폭동군의 가족들을 몽땅 붙들어가는 사건이 발생하였다. 이 소식을 들은 거란군은 사기를 잃었으며 당나라군과의 싸움에서 크게 패하였다. 이렇게 되자 리해고(거란족출신으로 먼저 투항했던자)가 지휘하는 당나라군대는 다시 영주쪽으로 들어왔으며 고구려, 말갈사람들까지도 《토벌》하려고 덤벼들었다.

* 《구당서》 발해말갈전, 《신당서》 발해전을 비롯한 중국사서들에는 대조영과 그 아버지 걸걸중상이 고구려멸망후 가족들과 함께 영주에 가서 살고있었던것처럼 써놓았으나 이것은 사실과 맞지 않는다. 왜냐하면 조선측 력사기록들에는 그들이 이미 678년 또는 684년에 나라를 세운것으로 되여있기때문이다.

동족을 구원하기 위하여 영주방면으로 출전하였던 대조영은 698년초경에 걸사비우가 전사한 다음에는 말갈인부대들도 자기의 지휘통솔밑에 두었으며 당나라의 추격군과 싸우면서 자기 땅으로 후퇴하였다. 그러다가 천문령(로합하에서 300리 떨어진 곳)에서 매복전투를 벌려 당나라군대에게 섬멸적타격을 주었다. 이 전투에서 적장 리해고는 겨우 목숨을 건지고 달아났으며 그후 더는 추격해오지 못하였다.

동쪽으로 계속 진군하던 대조영은 698년에 계루(고구려)의 옛땅인 동모산(오늘의 길림성 돈화)에 성을 쌓고 그곳을 수도로 정했으며 발해국을 창건하여 그 초대왕(대왕)으로 되였다*.

* 신, 구 《당서》에는 이때 대조영이 《진국왕》으로 되였다고 쓰고있으며 713년에 당나라가 《발해군왕》으로 책봉한 다음부터 《발해말갈》이란 칭호에서 《말갈》을 떼버린것으로 써놓았다.

이것은 스스로 모순되는 말이다. 《발해군왕》이란 칭호자체가 이미 발해라는 나라가 있었다는것을 전제로 하는것이기때문이다. 또 《발해말갈》이란 말은 원래 당나라통치배들이 고구려를 계승한 나라 발해를 두려워하고 증오하던 나머지 제멋대로 지어 부른것인데 713년부터는 정상국교를 가지게 된 조건에서 국가공식문건에서 《말갈》이란 말을 떼여버렸다는것을 의미하기때문이다. 그러므로 발해라는 국호는 이미 8세기초 이전에 사용되고있었던것이 명백하다. 따라서 698년에 대조영이 정식으로 큰 나라를 세우고 대왕(천자)으로 되였을 당시(또는 그 직후)에 《발해》라는 국호를 이미 썼다고 보아야 할것이다.

《발해》라는 국호는 《발》, 《박》 등 우리 나라 고대이래 고구려때에 족명 또는 국명으로 쓰이던 말을 계승한것이다. 동시에 그것은 건국초기부터 이미 발해연안까지를 자기 령토로 삼고있었기때문에 지은 이름으로 볼수 있다.

발해는 그 건국초기에 이미 옛 고구려땅의 대부분지역을 자기 령토로 삼고 있었다. 그것은 대조영이 동쪽으로 나올 때 옛 고구려주민들이 사방에서 모여들었으며 그의 군대에도 많이 참가하여 초기병력이 40만명에 이르렀다(홍석주 《연천집》 발해세가)고 한것을 보아도 알수 있다.

또 앞에서도 본바와 같이 발해대왕국이 창건된 때 또는 그 직후에 료동반도 동남부의 오늘의 평안북도를 비롯한 대동강이북지역에 세워졌던 의주부근 국내성중심의 고구려(고려)국은 발해의 한 후국(고려후국)으로 되였다.

이렇듯 고구려유민들은 고구려왕조 멸망후 30년간의 간고한 투쟁을 거쳐 또다시 옛 고구려국을 모든 면에서 계승한 발해국가를 세움으로써 당나라를 반대하는 반침략고국회복투쟁을 승리적으로 결속하였다.

5. 고구려유민의 민족적귀속문제

일부 다른 나라 사가들은 고구려민족이 따로 있었다고 보았으며 지어는 고구려가 존립하였던 시기 많은 한족인구를 받아들여 새로운 고구려민족을 형성하였다고 주장하기도 한다. 그러면서 고구려민족은 자고로 중국의 《력사적강역》안에서 살고있던 소수민족이며 고구려국가는 중국 력대왕조의 소수민족지방정권 또는 할거정권이였다고 한다. 또 고구려멸망후 그 총인구 70만명가운데 10만명정도는 신라땅에 들어갔고 1만여명은 돌궐로 넘어갔으며 절반이나 되는 30만명은 당나라땅에 이주하였다고 하였다. 그리고 남은 부분은 말갈족이 세운 나라 발해의 주민이 되였으며 그 후예들은 중국왕조들인 료나라, 금나라의 주민으로 되였고 나라가 기울어짐에 가서는 한화(한족화)되였으니 고구려민족의 압도적다수는 한족에 동화되였다고 하면서 고구려민족은 중국의 소수민족들의 구성부분이라고 주장하고있다.

여기서 그들은 두가지 큰 착오를 범하고있다.

무엇보다먼저 고구려사람들은 예로부터 조선민족의 한부분이였고 《고구려민족》이라는 어떤 독자적민족이란 있어본 일이 없다는것을 모르고있다는것이다.

이에 대하여서는 《고구려사》(1) 제1장 제2절에서 고구려초기 5부 5족 초기주민구성에 대하여 밝힌바 있다. 즉 신석기시대부터 조선반도와 료하하류류역, 눈강중류류역, 송화강류역, 수분하류역 및 그 이동지역에 널리 분포되여 살던 조선옛류형사람들은 단군조선(전조선)시기에 이미 하나의 조선민족으로 형성되였으며 B.C. 15세기 중엽이후에 와서 비록 그들이 여러개의 고대국가를 형성하였으나 민족적으로는 하나의 피줄과 언어, 문화를 가진 조선민족에 속하여있었으므로 고구려민족, 고조선민족, 부여민족, 백제민족, 신라민족 등이란 있을수 없다. 그러므로 그들이 말하는 《고구려민족》의 귀속이란 말자체가 성립되지 않는다.

다음으로 고구려국가멸망이후 그 주민들이 산지사방으로 흩어져서 《고구려민족》은 없어지고말았으며 그들가운데 대부분이 한족화되였다고 보는것은 력사적사실과는 전혀 맞지 않는다는것이다.

고구려말기에 인구수가 70만명이라고 본것부터가 중대한 착오이다. 그것은 《신당서》, 《구당서》에 고구려말기 호수가 69만호 또는 69만 7 000호라고 쓴것을 잘못 리해한데서 나온것이다. 69만～70만호라는것은 인구수가 아니라 호수 그것도 자연호수가 아니라 파호수이다. 그것은 고구려말기 660년대의 호구통계수자이며 원래 고구려가 강성하였던 시기에는 그보다 수십만호, 수백만의 인구가 더 있었던것이다*.

* 후기신라때인 816년의 《신라장적》에 의하면 1호당 평균 10.2명의 인구가 있었다. 고구려의 경우 1호당 인구수는 그보다 더 많았으리라고 본다. 왜냐하면 《신라장적》의 호수는 작은 규모의 자연호까지도 포함되여있었기때문이다. 그러므로 70만호의 인구수는 못해도 850만명이상(호당 평균 12명이상)이 되였을것이다. 더우기 고구려전성시기 왕기(수도)의 호구만 하여도 21만 508호였으니 전국의 호수는 100만호이상, 인구수는 1 000만명이상에 달하였을수 있다.

660년 백제국가 멸망당시의 호구수는 76만호에 620만명(정림사탑비)이였다. 그러니 백제보다 수십배의 넓은 령역을 가졌던 고구려의 인구수가 1 000만명이상이였다고 보는것은 조금도 무리한 점이 없는것이다.

고구려가 례성강하류이남 철령－안변이남 중부조선의 넓은 땅을 차지하고 있었을 때 그 서부지역은 인구밀도가 가장 조밀한 곳이며 《삼국사기》 지리지에 반영된 본래의 고구려 주, 군, 현의 총수는 164개였다. 그러나 그중 고구려멸망직전에 고구려에 속해있던 고을수는 40개 정도에 불과하였다. 그러므로 나머지 130여개 성은 660년이전에 신라가 차지하였으니 70만호의 수자에서는 빠지고 없는것이다. 따라서 신라로 넘어간 고구려의 주민수는 10만명이 아니라 수백만명에 달했던것이다.

당나라로 넘어간 고구려사람들의 수가 30만명이라고 본것은 아마도 《삼국사기》 신라본기 문무왕 8년조에 보이는 리적이 668년에 본국으로 돌아가면서 데리고 간 고구려사람이 《20여만인》이라는 기사를 참고한것 같은데 그것은 과장된 기사이다. 《신당서》나 《구당서》에는 그런 말이 없다. 혹시 《당회요》(권 95)에 669년에 2만 8 000호를 강제련행해갔다고 하였으니 그것을 가지고 30만이라고 했는지도 모른다. 그러나 안동도호부산하 14개 기미주의 호수는 1 582호에 불과했으며 그나마도 667년에 보장왕을 료동으로 보낼 때 다같이 보냈다고 하는것이다. 설사 20여만명정도가 당나라로 련행되여 갔다고 하더라도 그것은 고구려사람 총수의 2～3%정도밖에 안되는 적은 수자에 지나지 않는다. 우리는 고구려민족이 따로 있었다고 보지 않으며 따라서 전체 조선민족가운데 당나라로 간것은 1%도 안된다고 간주한다.

다음으로 《구당서》지리지 서문에도 지적한것처럼 고구려멸망후 얼마 안되여 고구려땅은 완전히 탈환되여 당나라의 《제봉(령역)》에는 들지 않았다. 또 고구려땅의 대부분을 자기 령역으로 삼은 발해국가가 성립된것만큼 패강(대동강), 니하(덕지강?)이북의 고구려주민들은 발해의 주민으로 되였다. 발해주민가운데서 고구려사람들은 대부분을 차지하였고 그 수는 수백만명을 헤아렸을것이다.

10세기초에 거란(료)에 의하여 발해국이 종말을 고하게 되자 그 남부지역 인민들은 거의 다 고려로 넘어왔다.

발해의 기본주민을 이루었던 고구려사람들은 발해멸망후 200년이상이나 고국회복투쟁을 벌렸다. 그러다가 료나라의 사민(주민옮기기)정책, 그 뒤를 이은 금나라의 분산정책으로 말미암아 점차 독자적인 민족집단으로서의 존재를 끝마치게 되였다. 12세기초까지도 발해사람(고구려사람)들은 수많이 고려로 이주하여왔다.

압록강, 두만강이북지역에서 살던 고구려의 후예들은 점차 녀진족과 혼융되여 새로운 민족—만주족을 형성하였다. 오늘날 인류학적징표에서 만주족이 조선민족에 가까운 징표들을 가지게 된것은 이때문이다(《조선사람의 기원》 사회과학출판사, 1989년, 300～312페지).

보는바와 같이 고구려사람들의 대부분은 조선민족의 일원으로 남아있었다.

한족들로서 력사적으로 고구려에 망명, 귀화한 사람들도 있었으나 그 수는 얼마되지 않았다. 4세기초 락랑, 대방, 현도군이 료서로 밀려갈 때에도 남아있던 한족사람은 얼마 되지 않았고 612년 고구려—수전쟁때 포로된 인원수가 약 20만명이였으나 그중 일부는 송환되였다. 적은 수의 한족사람들이 고구려땅에서 살게 되였으나 그것은 조선민족의 인류학적특징에 그 어떤 영향도 미칠수 없었다.

이러한 엄연한 력사적사실을 무시하고 많은 고구려사람들이 후에 한족의 일부로 되였기때문에 고구려사람은 결국 한족의 일부로 되였다고 보는것은 과학적립장에 선 견해라고 할수 없다.

조선사람들은 력대로 고구려를 자기 조상의 나라로 인정하여왔다. 고구려국가멸망후 한성중심의 고구려국, 의주부근 국내성중심의 고구려국, 발해(고구려)국, 9세기말 궁예가 세운 후고(구)려국, 918년에 왕건이 세운 고려국은 다 고구려유민이 고국을 회복한다는 뜻에서 지은 국호이다. 《고려》는 그후에도 조선민족의 국가를 가리키는 말로 되여왔다. 이 한가지 사실만 가지고서도 고구려사람들이 다 《한화》되였고 고구려가 《중국의 지방소수민족정권》이였다는 견해가 얼마나 무근거한 주장인가 하는것을 똑똑히 알수 있다.

단일민족으로서의 조선민족의 전통은 세기를 이어 꿋꿋이 전해졌다.

조선단대사 (고구려사 4)

집필 후보원사, 교수, 박사 **손영종**
심사 원사, 교수, 박사 **허종호**
편집 **정혁철** 장정 **조근호** 편성 **리정순** 교정 **전순경**

낸 곳 **과학백과사전출판사**
인쇄소 **평양종합인쇄공장**
인쇄 주체97(2008)년 7월 5일 발행 주체97(2008)년 7월 25일

ㄱ－85115 3 000부

 ISBN 978－9946－1－0052－4
DPR Korea

조선단대사

(고구려사 5)

과학백과사전출판사

차　례

머 리 말

고구려가 동방의 천년강국으로서 높은 명성을 떨칠수 있었던것은 과학과 기술이 발전하고 문화의 여러 부문이 높은 발전수준에 이르고있었던 사실과 떼여놓고 생각할수 없다.

강력한 국력에 의거하여 고구려사람들은 자기의 창조적지혜와 꾸준한 노력으로 당시로서는 매우 발전된 고온제강기술로 여러가지 주강재품들을 생산하였다. 뿐만아니라 기상천문학, 의학, 금속가공, 건축, 요업기술 등은 당시로서는 세계적으로도 선진적인 자리를 차지하였으며 회화, 공예 등 미술의 여러 부문에서도 남다른 성과를 이룩하였다.

고구려인민들은 민족고유의 문화전통을 살려나가면서도 새것을 받아들여 자기의 구미에 맞게 소화하여 더욱 우수한것으로 발전시켜나감으로써 민족문화의 터전을 더욱 튼튼히 다져나가는데서도 동족의 나라들에서 선도자적역할을 담당하였다. 고구려는 자기의 선진문화를 동족의 나라인 백제, 신라, 가야나라들에 전파시켰을뿐아니라 이웃나라인 중국, 일본 등 여러 나라들에도 큰 문화적영향을 주었다.

이 책에서는 주체88(1999)년에 출판한 《고구려사》(3)에 반영된 내용을 기본으로 취급하면서 그 이후에 각 부문사연구에서 새롭게 정립한 내용들을 반영하는데 힘썼다. 특히 방직, 염색기술 항목을 새롭게 설정하였고 고유종교에 대한 서술에서는 조선민족의 원시조 단군에 대한 숭배사상을 포함하여 고구려고유의 신앙대상에 대하여 보다 구체적으로 서술하였으며 새로 알려진 고구려지상천국벽화자료와 10여개나 더 알려진 벽화무덤들에 대하여 새로 상세히 소개하였다.(다만 1990년대 중국 집안일대에서 발견된 9개 벽화무덤들에 대하여서는 자료부족으로 서술하지 못하였다)

이밖에도 직관물들을 해당 내용들에 반영하여 력사적자료들의 과학성을 높여주기 위해 노력하였다.

이와 같이 이 책에서는 지난날 우리 나라 력사에서 가장 강대하였던 고구려의 발전된 문학예술과 과학기술 등을 력사적사실자료들에 기초하여 객관적으로 폭넓게 반영하고있다.

앞으로 학계에서 고구려의 우수한 문화에 대한 연구가 더 한층 심화되리라고 본다.

《조선단대사》(고구려사 5)가 당원들과 근로자들에게 우리 민족의 유구한 력사와 찬란한 문화전통을 옳게 인식시키고 조선민족된 긍지와 자부심을 깊이 심어주며 력사연구에서 주체적립장을 확고히 견지하도록 하는데서 일정한 기여를 하리라고 생각한다.

제 11 장 문 화

제 1 절 과학과 기술

1. 기상천문학

기상천문학은 농업생산, 교통운수의 발전과 밀접한 련관을 가지고 발전하였다. 고구려에서 기상학, 천문학이 발전하였다는것은 《삼국사기》에 남아있는 단편적인 자료들을 통해서도 알수 있다.

우선 이상기후현상에 대하여 많은 관심을 가지고 체계적인 관찰을 진행한 것을 실례로 들수 있다.

왕가물현상은 108년, 272년, 300년, 378년, 388년, 536년, 563년에 있었으며 폭우가 내려 피해를 준 사실은 45년 5월, 48년 8월, 59년 7월, 419년 5월, 535년 5월, 569년 6월에 있었는데 그중 나라의 동쪽 또는 남쪽에서 큰물이 났다고 한 45년, 419년, 535년의 폭우는 그야말로 류례가 드문 큰물이였다.

강한 폭풍이 불어 모래와 돌, 기와장이 날리고 나무뿌리가 뽑아져 나간 사실에 대하여서는 《삼국사기》 고구려본기 49년 3월조, 300년 11월조, 518년 3월조, 542년 3월조에 기록되여있다.

또한 우박, 서리 등으로 곡식이 상하기도 하고 그것으로 하여 백성들이 굶주리게 되기도 한 사실은 41년 3월, 7월, 49년 4월, 118년 7월, 194년 7월, 272년 4월, 298년 9월, 335년 7월, 542년 4월, 546년 4월, 581년 7월, 650년 7월조 등에 보인다.

겨울에 우뢰가 운 현상은 31년, 68년, 153년, 217년, 262년, 299년, 377년, 535년조 등에, 8월에 매화꽃이 핀 현상, 겨울철에 복숭아, 추리 등의 꽃이 핀 현상은 41년, 386년, 494년, 540년조에서 각각 찾아볼수 있다. 눈이 3~6자씩이나 온 현상은 77년 11월, 116년 12월, 190년 9월, 343년 11월, 414년 12월조에 기록되여있다.

이밖에 고온현상으로서 겨울에 얼음이 얼지 않고 눈이 오지 않는 현상에 대하여서도 31년 11월, 46년 12월, 149년 2월, 256년 12월, 334년 12월, 554년 12월조 등에 보인다.

그리고 지진에 대한 기록도 19년 1월, 124년 11월, 142년 9월, 147년 11월, 153년 12월, 217년 10월 등 모두해서 18차에 걸쳐 쓰고있는데 그중에는 이상기후현상과 밀접한 관계가 있는것도 적지 않다.

이러한 기록들을 종합해보면 고구려에서 이상기후현상은 45년~49년, 116년~118년, 298년~300년, 386년~388년, 535년~542년에 특히 뚜렷하게 나타났다는것을 알수 있다.

이상기후현상이 일어나는 경우 고구려봉건국가는 필요한 구제대책을 세움으로써 봉건통치제도의 경제적지반을 유지하려고 노력하기도 하였다. 례컨대 49년 8월, 536년 8월에 국왕이 사신을 보내여 굶주리는 백성들을 돌보아주게 하였다든가, 528년 10월에 나라 창고를 열어 굶주리는 백성들을 진휼하였다든가, 537년 3월에 국왕이 직접 각지를 돌아보면서 굶주리는 백성들을 《구제》하였다든가 한것이 그것이다. 이것은 백성들의 류리현상을 막고 토지의 황폐화, 농업생산의 파탄을 막는데서 다소나마 긍정적인 작용을 하였다.

고구려에서는 천문관측이 체계적으로 진행되였다. 《삼국사기》고구려본기에서는 일식관계기사 11건, 혜성관계기사 10건, 류성관계기사 3건, 행성관계기사 4건, 태양관측기사 1건 등이 기록되여 남아있다.* 류성같은것은 불시에 나타났다가 순식간에 사라지는것이므로 언제나 주의깊게 관측하지 않고서는 포착하기 어려운 대상이다.

* 《삼국사기》 고구려본기에는 모든 부문에 걸쳐 루락된 기사가 남아있는 기사의 수십배나 된다는것을 고려할 필요가 있다.

이것은 고구려에서 천문관측사업이 일찌부터 엄격한 제도와 규률밑에서 치밀하게 진행되였으며 언제나 관측준비가 빈틈없이 되여있었다는것을 보여준다.

46년(민중왕 3년) 11월에 《성발(혜성)이 남쪽하늘에 나타났다가 20일만에 없어졌다》고 한 기록, 158년(차대왕 13년) 2월에 북두칠성부근에 혜성이 나타났다는 기록 등은 해당시기 중국의 각종 기록에도 보이지 않는것으로서 귀중한 자료로 된다. 또한 153년 12월, 299년 9월조의 《객성(나그네별)》에 관한 기록은 그것이 혜성인지 신성(새로 나타난 별)인지 알수 없으나 다른 나라 기록에도 없는것으로서 천문학사적으로 가치있는 기록으로 된다.

《삼국사기》에는 124년(태조대왕 72년) 9월 갑자 그믐날에 일식이 있었다고 하였는데 《후한서》 오행지에서는 9월 경인 그믐날이라고 하였다. 이해의 10월 초하루는 신유일이므로 《삼국사기》 고구려본기의 기록이 더 정확한것이다.

640년(영류왕 23년) 9월조의 《해에 빛이 없어졌다가 사흘이 지나서야 다시 밝아졌다》는 기사는 태양의 흑점을 관측한 기사로서 중요한 의의를 가진다. 이것은 태양에 큰 흑점이 생겨나서 3일동안 계속 보이다가 없어졌다는것을 의미한다. 이것은 물론 한낮의 현상은 아니고 해뜰무렵 또는 해질무렵 해가 감색을 띠고 있을 때 검은 덩어리모양의 반점이 많이 보였다는것을 형상적으로 표현한 것으로 볼수 있다(《우리 나라 중세과학기술사》 과학백과사전종합출판사, 1990년, 40페지).*

* 저자는 640년 9월의 기록이 세계천문학사에서 그 당시의 태양흑점관측에 관한 하나밖에 없는 귀중한 자료라고 강조하고있다. 그 근거는 후세의 기록과 대비해 볼 때 그것이 흑점관측기록이 틀림없다고 보는데 있다.

《고려사》 권47(천문지 1) 태양관계현상을 기록한 기사들을 보면 숙종 10년(1105년) 정월 경인일(21일, 양력 2월 17일)조에 《해의 한가운데에 빛이 없었다》고 하였다. 이것을 같은 책 의종 5년(1151년) 3월 계유, 계미조 등에 보이는 해속에 닭알같은 크기의 흑자(검은 알)가 있었다는것과 공통되는 기사로 보는것이다.

640년 9월조 기사는 세계적으로 놓고 볼 때 579년 4월 3일과 826년 5월 7일 사이의 빈자리를 메꾸어 준다는 점에서 의의가 있는 귀중한 자료로 된다.

고구려에는 천문기상관측을 전문으로 하는 관청이 있었고 일자(日者)라는 전문관리가 있었으며 첨성대(천문대)도 있었다.*

* 《신증동국여지승람》 권51 평양부 고적조에는 평양부의 서남 3리에 첨성대터가 있다고 하였다. 《평양지》 기사에는 《성안에 9묘(사당), 9지(池)가 있었는데 9묘는 9요(해, 달, 행성 등)가 날아드는 곳이며 못 옆에는 첨성대가 있다.》고 하였다.

고구려사람들이 별의 운행에 대한 관측을 자세히 하였다는것은 149년 5월에 《5성(수, 금, 화, 목, 토성)이 동쪽하늘에 모였다》고 한데서도 찾아볼수 있다. 이것은 서로 다른 속도로 태양의 두리를 회전하는 행성들이 하늘의 한곳에 계통적으로 나타나게 된것을 포착하여 써놓은것이다.

고구려사람들은 별자리(성수)에 대한 지식도 비교적 정확히 알고있었다. 고구려벽화무덤들인 안악1호무덤, 복사리벽화무덤, 씨름무덤, 별무덤, 룡산리(구 진파리)4호무덤, 약수리벽화무덤, 춤무덤, 천왕지신무덤, 대안리1호무덤, 덕화리1호, 2호무덤, 장천1호무덤, 덕흥리벽화무덤 등은 천정에 별자리들을 그려놓은 무덤들이다. 그가운데서도 룡산리4호, 덕화리2호무덤의 별자리그림들은 매우 상세하고 정확하다.

덕화리2호무덤의 별자리그림에는 15개의 성수(별자리)가 보이는데 《실성(室星)》, 《벽성(辟星)》, 《위성(胃星)》, 《정성(井星)》, 《류성(柳星)》

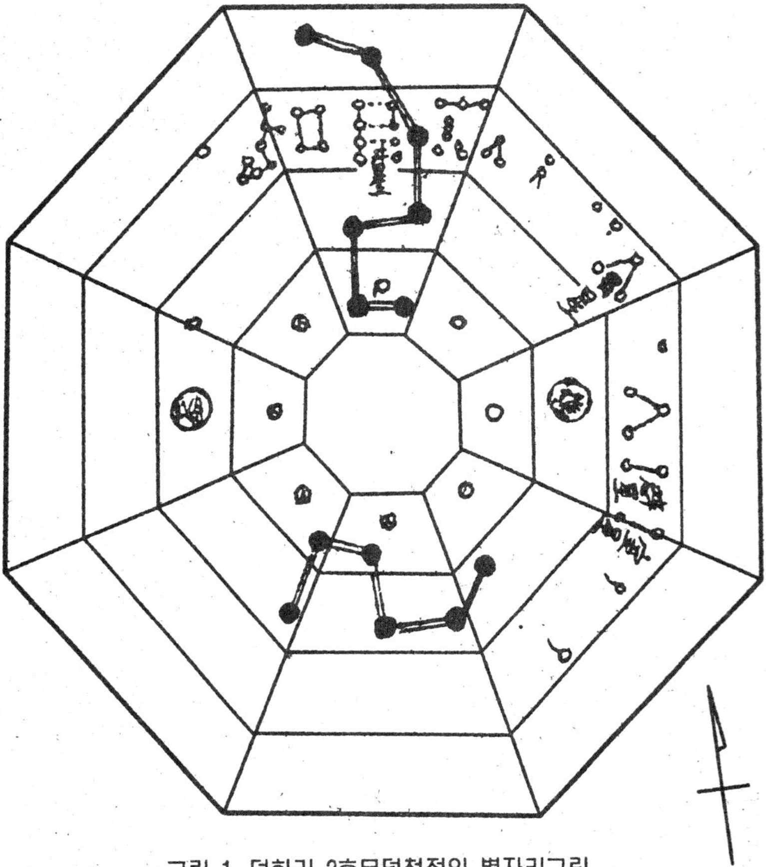

그림 1. 덕화리 2호무덤천정의 별자리그림

등 5개의 성수에는 그 이름까지 씌여있다. 따라서 본래는 28수가 다 그려져 있었다는것을 알수 있다(《조선고고연구》, 사회과학출판사, 1989년, 3호, 17페지).

룡산리4호무덤의 성신도는 금분까지 올려서 화려하게 그렸는데 별수는 총 136개에 달한다. 이 역시 자세히 보면 28수를 다 그린것이다. 고구려사람들은 별을 그리는데서도 그 크기, 색갈 등을 몇가지로 구분하여 표식하였다.

고구려사람들의 높은 천문학지식을 보여주는 대표적인 유물은 석각천문도이다. 조선중앙력사박물관에 전시된 《천상렬차분야지도》는 리조초(1395년)에 제작된것이지만 원래는 평양성에 있던 고구려석각천문도를 찍어낸 원본을 리용하여 만든것이다. 즉 고구려의 석각천문도는 병란(아마도 당나라의 침공)에 의하여 강물속에 빠지고 없어졌으나 거기서 찍어낸 천문도가 보존되여 온것이 14세기말에 발견되였고 그것을 리조 초기의 실정에 맞게 다소 수정하여 석각도를 만들고 인쇄도 한것이다.

이 석각천문도는 세로 약 2m, 가로 약 1.2m 되는 큰 돌판우에 새긴것이였다. 이 천문도는 북극이 중심에 놓이도록 천구(天球)를 평면에 투영한 후 1475개의 별들을 307개의 별자리로 묶어서 제자리에 표시한것이다(《조선기술발전사》 2 과학백과사전종합출판사, 1996년, 255페지 표 참고). 천문도에는 중심원(북극원)과 적도원, 황도원(黃道圓),경도원이 밝혀져있고 은하수도 그려져 있다.

즉 천문도의 한가운데는 북극에 해당하며 북극에서 각거리 약 38° 위치에 중심원이, 각거리 90° 위치에 적도원이, 각거리 약 147° 위치에 경도원이 있어서 3개의 동심원으로 그려져있다. 또 적도원과 약 23°의 사귐각으로 당시의 춘분점과 추분점에서 사귀는 황도원(적도원과 거의 같은 크기의것)이 그려져있다. 황도원우에서 동지점은 적도원에서 가장 멀리 나간 점이고 하지점은 적도원안에 가장 깊이 들어온 점이다.

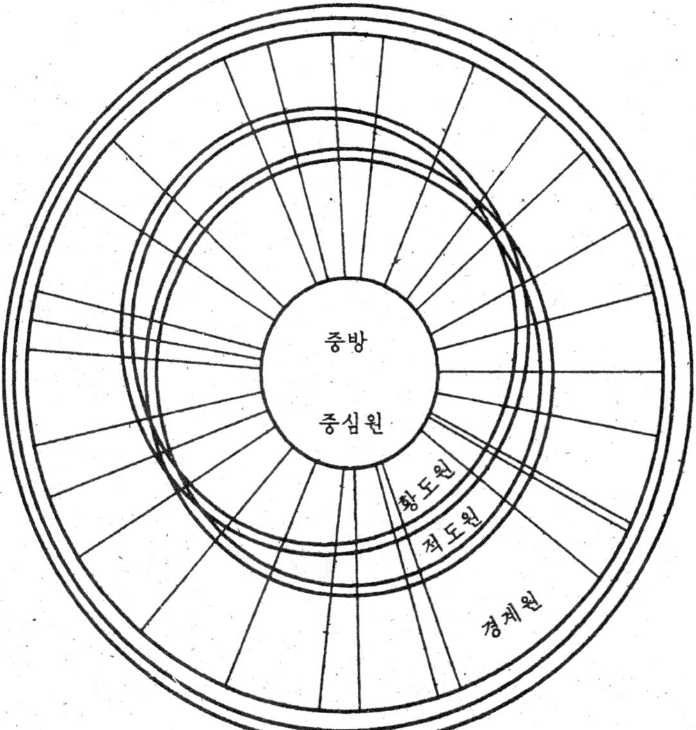

그림 2. 고구려 석각천문도의 황도원, 적도원, 경계원

은하수는 남쪽으로부터 북극권을 지나 동쪽으로 구부러진 모양으로 그렸는데 서쪽끝부분이 두줄기로 갈라졌다가 다시 합쳐지게 그렸으며 또 돌표면을 약간 쓸어 말그대로 은하처럼 흰색줄기가 나타나게 하였다.

이 석각천문도는 하루밤사이에는 다 볼수 없으나 1년 사계절 련속 관측하면 볼수 있는 모든 별들과 은하구역까지 다 들어가게 그린것이다. 이것은 천문관측과 절기*구분에서 언제나 대본으로 삼을수 있게 정교하고 치밀하게 만든것으로서 고구려천문학의 높은 발전수준을 잘 보여주고있다.

* 석각천문도의 웃쪽에는 원을 그리고 그안에 1년 24절기와 이 절기간의 저녁에 천체가 자오선의 남쪽을 지나는 28수의 이름들을 적어놓았고 천문도의 바깥테두리에는 12성차(星次) 12궁을 주었다.

권근, 권중화 등이 쓴 설명문에 의하면 1395년에 별자리표의 위치를 《묘수》(昴宿 11분도)에서 《위수》(胃宿 14분도)로 옮겨놓았다고 한다. 그런데 위수와 묘수의 거성들사이의 각도를 엄밀하게 측정하여 보면 14.5°이다. 지구의 자전(제돌기)축의 방향이 해마다 50.2초만큼(약 71년에 1°씩) 서쪽으로 움직이는 현상(세차현상)에 기초하여 계산하면 본래의 천문도는 1395년보다 약 1 000년전 즉 4~6세기초에 만든것 다 정확하게는 A.D. 355년의것이라고 한다〔《조선기술발전사》(2) 과학백과사전종합출판사, 1996년, 252페지〕.

지난날 제국주의어용학자들은 고구려의 석각천문도가 다른 나라(중국의 삼국정립시기)의 천문도(《三家星圓. 삼가성도》)를 베낀것이라고 하였으나 그것은 무근거한 말이다. 왜냐하면 두 천문도는 가운데부분과 28수의 별그림묶음형식에서 차이가 현저하기때문이다. 《천상렬차분야지도》에서는 북두칠성의 오른쪽으로 좀 떨어진 곳에 5각형의 별그림묶음으로 된 《팔곡 8》이 있고 또 북두칠성에 거의 대칭되는 위치에 부채모양으로 곱게 펼쳐진 7개의 별묶음 《화개 7》이 있으나 《삼가성도》에는 그러한 별묶음이 없다. 또 춘분, 추분점들의 위치를 결정하는데 리용하던 《인성》이라는 별묶음도 《삼가성도》에는 보이지 않는다. 이처럼 고구려의 석각천문도에 새겨진 별묶음들은 그것이 고구려고유의 천문도라는것을 뚜렷이 보여준다.

고구려의 석각천문도는 그에 기초하여 해와 달, 5개 행성, 은하수의 별들의 위치와 운행, 립춘, 하지, 춘분, 추분, 동지 등 계절의 변화, 시간 등과 관련한 천문관측을 진행할수 있도록 즉 언제나 천문관측에서 대본이 될수 있도록 정교하고 치밀하게 만들어졌다〔《조선기술발전사》(2) 과학백과사전종합출판사, 1996년, 251~252페지〕.

1983~2001년사이에 3차에 걸쳐서 조사된 일본 나라현 아스까촌의 기또라무덤에도 사신도와 함께 《일월성신도》가 나타났다. 그중 수백개의 별들과 34개 별자리를 연구한데 의하면 그것은 B.C. 2세기－A.D. 3세기의 북위 38° ~

39°사이의 지점(즉 평양부근)에서 본 별자리그림이라는것이 확증되였다〔《조선고고연구》 사회과학출판사, 주체92(2003)년 2호, 25~26페지〕.

이것은 이미 알려진 다까마쯔무덤과 함께 고구려의 선진적인 과학기술, 문화가 일본땅에 전달되여 큰 영향을 주었음을 립증하고있다.

이상과 같은 자료들은 고구려의 천문학이 단순한 관측과 기록의 단계를 훨씬 벗어나 오래동안의 세밀한 천문관측결과를 종합한 천문도에 기초하고 그밖에 여러가지 과학기술적수단들을 리용하면서 높은 수준에서 발전하고있었다는것을 보여준다.

2. 수학과 력학, 지리학

고구려의 석각천문도는 고구려에서 수학이 높은 수준으로 발전하고있었다는것을 증시하고있다.

이 천문도를 작성하기 위하여서는 광원(光源)을 천구의 남극에 두고 적도면을 투영면으로 하는 정축평사(正軸平射)투영법이 필요하였을뿐아니라 원주를 365.25등분하여야 하였고 28개의 성수들의 거성(去星. 매개 성수의 시발점으로 되는 별)과 구면좌표를 정확히 지적하여야만 하였다.

또 춤무덤의 천정에는 10개의 동심원주와 29개의 별을 그린 성좌도가 있는데 여기서는 원의 중심에서 동쪽 해(삼족오)의 중심을 잇는 축(ox)과 해당 별과 원의 중심을 잇는 선이 축과의 사이에 이루는 각도(φ), 원의 중심으로부터

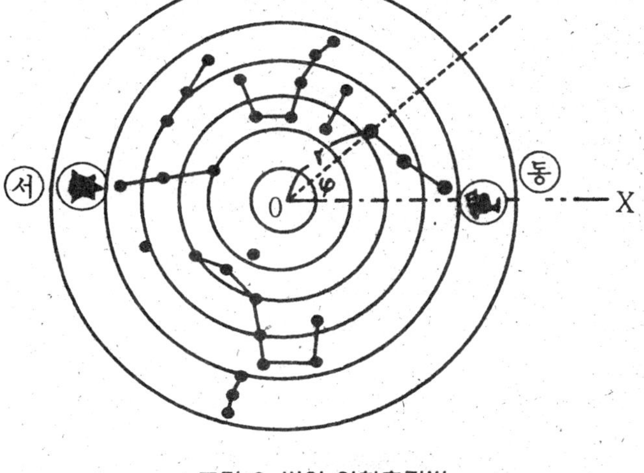

그림 3. 별의 위치측정법

해당 별까지의 거리(r)를 계산하여 별의 위치를 그렸다는것을 알수 있다.

고구려의 건축물이나 벽화무늬들에 원주를 4, 5, 6, 7, 8, 9, 10, 12등분하여 만든것이 보이는것은 곧 수학지식을 리용하였다는것을 말해준다.

평안남도 룡강군 쌍기동무덤(5세기 후반기)의 전실 왼쪽벽에 그려진 기와집지붕을 이루는 곡선은 고구려사람들이 높은 수학, 력학지식을 건축에 도입, 리용하였다는것을 잘 보여준다. 이러한 지붕곡선은 보기에도 아름다울뿐아니라 물매도 특수하여 지붕에 떨어진 물이 다른 형태의 지붕에서보다도 훨씬 잘 굴러 떨어지게 된것이다.

이러한 지붕곡선은 현대과학(물리, 수학)에서 말하는 최속하강선(또는 굴렁선)과 가깝다. 현대물리학에 의하면 동일한 연직선우에 있지 아니한 두개의 점들을 련결하는 곡선우에서 가장 마찰이 적게 물체를 굴러내리게 하려면 굴렁선을 리용하여야 하는데 바로 고구려의 지붕곡선은 그와 매우 가깝게 되여있는것이다.

유럽에서는 1696년에 스위스의 요한 베르누이에 의하여 이것이 처음으로 밝혀졌다. 그에 비하면 고구려사람들은 1 000여년전에 그러한 리치를 도입하고 있었다는것으로 된다.

무덤벽화들에서 배집지붕들은 직선으로 되여있고 우진각, 합각지붕은 다 곡선으로 되여있다. 이것은 건물의 사명에 따라 부차적건물(고기보관간, 창고, 부엌, 회랑, 마구간 등)들에서는 다 지붕처마선이 직선이고 중요기능을 수행하는 궁전, 사원 등의 중심건물들에서는 지붕곡선을 원활하게 적용하였다는것을 의미한다.

이러한 지붕곡선들은 리조시기 민족건축에서도 그대로 리용되였다.

그뿐아니라 룡마루와 추녀마루도 곡선을 지어 건물의 경쾌한 미를 돋구게 하였다.

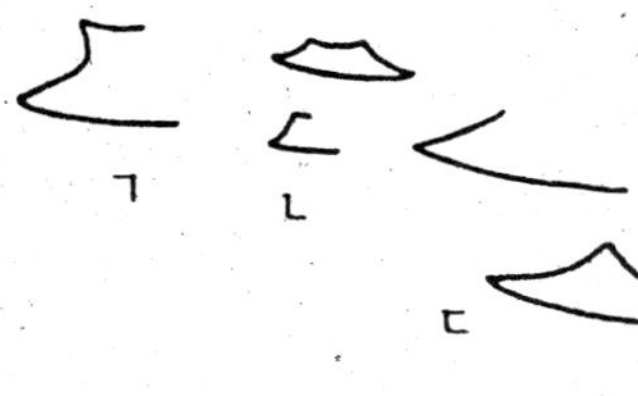

정면에서 본 고구려무덤벽화 건물의 지붕조로곡선
ㄱ－쌍기둥무덤 ㄴ－료동성 무덤 ㄷ－룡강큰무덤

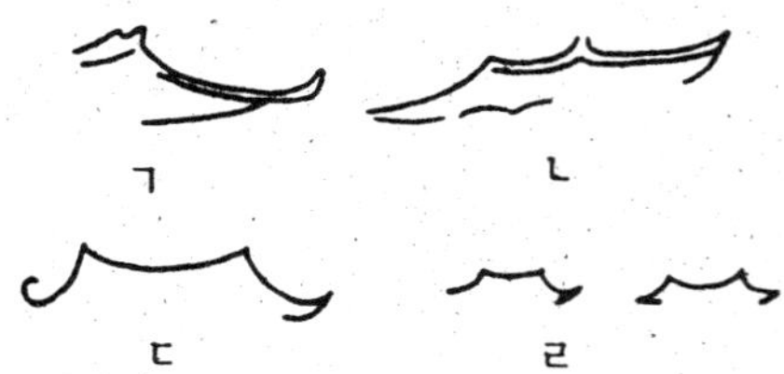

고구려벽화무덤의 지붕룡마루, 추녀마루곡선
ㄱ－약수리무덤, ㄴ－룡강큰무덤, ㄷ－료동성 무덤, ㄹ－약수리무덤

그림 4. 고구려벽화무덤의 지붕곡선

백제의 산경치무늬벽돌에 새겨진 룡마루, 추녀마루, 처마선의 곡선에서 고구려의 쌍기둥무덤 앞칸 서벽에 그려진 지붕과 거의 같은 지붕곡선들이 보인다. 울산시(경상남도) 울주군 농소면 중산리에서 나온 벽돌에 새겨진 건물그림의 지붕곡선도 고구려벽화에서 보는 지붕곡선과 같다.

이처럼 우리 선조들은 예로부터 건축물들에서 직선과 곡선을 옳게 배합하고 곡선을 쓰는 경우에도 우리 인민의 민족적기호에 맞게 진취적이면서도 명랑하고 소박한 미적감정을 잘 나타내였으며 지붕형태를 민족건축형성의 중요부분으로 되게 하였다.

력학지식도 높은 발전수준에 도달하고있었다.

고구려에서 력학지식이 축적되고 실천에 도입되였다는것은 무덤칸들에 설치된 돌문을 보아도 잘 알수 있다. 즉 고국원왕릉(안악3호무덤)의 문칸에서 앞칸으로 들어가는 위치에 설치한 돌문(지금은 서쪽 문만이 온전하게 남아있다)의 제작기술을 보면 육중한 돌문이 손가락 하나로 밀어도 움직이게 만들었는데 이것은 돌다루기기술이 력학지식경험에 기초하여 높이 발전하고 있었음을 보여준다. 이러한 기술은 집안의 장천1호벽화무덤에서도 적용되고있다.

력학지식을 완벽하게 응용한 실례로서는 강서큰무덤의 관대구조를 더 들수 있다. 이 무덤의 안칸에는 두개의 화강석제관대가 있는데 그중 동쪽의것(왕후의 관대)은 지면에 고정되여있지 않고 수평길이방향으로 약간의 힘을 줄때 흔들리는 요람침대형식으로 되여있다.

즉 이 관대는 아래와 웃면이 원호로 된 서로 평행인 두개의 고임돌우에 놓여있기때문에 기구학적으로 고임돌의 굴음각을 변위로 하는 1자유도구조(기구)로 되여있을뿐아니라 균형위치에서 길이방향으로 수평변위시켰을 때 다시 되돌아오는 진동구조로 되여있다. 그리고 북쪽고임돌의 밑면중심에는 관대를 설치할 때 두 고임돌을 평행으로 놓기 쉽도록 자유롭게 회전할수 있게 만든 둥근 《혹》이 있고 그것이 지면에 패워있는 구멍에 들어가게 되여있다. 또한 두 고임돌의 자름면형태는 아래우의 곡률이 같게 되여있다.

이러한 고임돌우에 놓여있는 대돌에 힘을 주면 대돌은 쉽게 움직이며 언제나 안정상태로 되돌아가려는 반력(되돌이힘)이 생기게 된다. 말하자면 오뚜기의 원리와 같다.

관대의 제작은 고구려사람들이 강체동력학의 원리를 알고있었고 실천에 적용하고있였다는것을 증시하고있다〔《조선기술발전사》(2) 과학백과사전종합출판사, 1996년, 120~122폐지〕.

강서큰무덤관대의 구조는 1673년에 후이겐스가 처음으로 만든 흔들이시계, 1788년 라그랑쥬가 확립한 해석력학과 비교해 볼 때 재능있고 슬기로운 우리 선조들은 벌써 6~7세기에 이러한 원리를 알고있었다는것을 보여주는것이다.

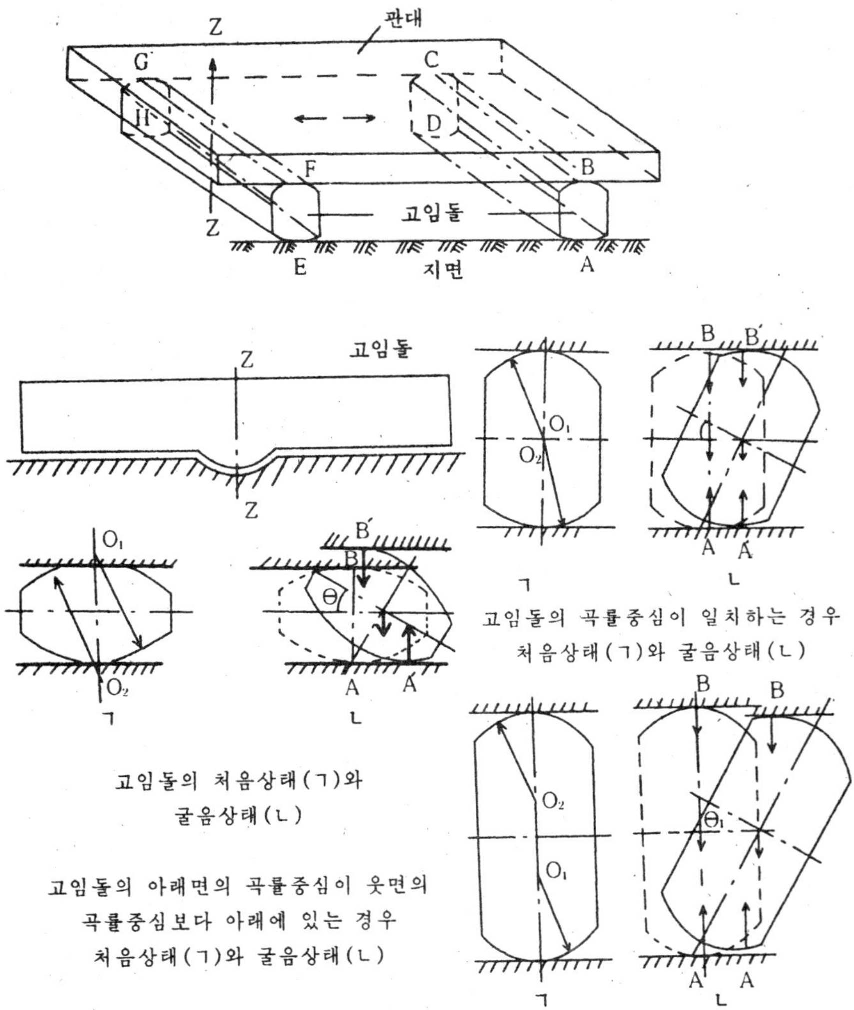

그림 5. 강서큰무덤의 관대구조

고구려에서는 지리학도 일찍부터 발전하였다.

넓은 령토를 통일적으로 다스리며 끊임없이 밀려드는 외래침략세력을 성과적으로 막기 위하여 조밀한 성곽방위체계와 역참체계, 봉수체계를 갖추고있은것은 고구려봉건국가로서는 지리에 대하여 정확히 알고 지리지식을 옳게 활용하였다는것을 보여주고있다.

고구려에서의 지리, 지도학적지식의 수준을 보여주는 기록자료는 거의 없으나 유적유물로서는 료동성무덤(평안남도 순천시 룡봉리)의 《료동성》그림이 있다. 여기에는 내성과 외성, 성문과 치, 옹성, 문루, 성안팎의 중요건물, 탑, 도로 등의 위치가 그려져 있을뿐아니라 성곽주위를 흐르는 하천(대량수－태자하)과 그 부근에 있는 다른 성들의 위치, 크기까지도 뚜렷하게 그려놓았다. 이것은 당시의 지도제작수준을 잘 보여주고있다.

고구려에서는 지진을 비롯한 지리, 지질상의 변화도 체계적으로 관찰하였다. 《삼국사기》 고구려본기에는 18개의 지진기사가 있는데 그것은 때때로 닥쳐오는 이상기후현상과의 관련속에서도 관찰되였다.

그림 6. 료동성도

595년에 왜땅에 가서 615년까지 야마또왜국(일본)의 실권자였던 성덕태자의 스승으로 된 고구려의 중 혜자는 천문학, 지리학에도 밝아서 일본땅에서의 천문, 지리학발전에 기여하였다.

3. 의 학

고구려에서는 의학이 상당한 수준으로 발전하였다.

특히 고구려의 침치료법은 매우 높은 수준에 있었다.

당나라사람 단성식(段成式)이 편찬한 《유양잡조(酉陽雜俎)》에 의하면 고구려사람들이 침을 잘 놓았으며 한치되는 머리카락을 꿰뚫어보고 머리카락속이 비였다는것을 알아냈다고 한다. 또 안작득지(鞍作得志)라는 왜땅에서 온 사람이 고구려의 우수한 침구술을 배워 통달하였다는 이야기도 전한다(《일본서기》 권24 황극기 4년 4월 무술삭).

침구술의 발전은 침에 의한 치료경험이 많이 축적되여있었다는것을 말해준다. 그것은 또한 고구려의 금속가공기술이 높은 수준에 이르러 가늘고 굵은 갖가지 침들을 만들어낼수 있었기때문이기도 하였다.

약재채취와 약물료법도 상당한 수준으로 발전되여있었다. 고구려사람들이 지어서 불렀다는 시 《인삼찬(인삼노래)》은 약재채취법의 한 측면을 보여준다.

이 시는 인삼잎이 다섯이고 가지는 셋이라는 형태적특징과 해를 등지고 그늘에서 자란다는 생리적특성을 잘 밝히고있으며 단나무같은 락엽수밀에서 자라난다는것을 보여주고있다.

인삼은 우리 나라 원산품으로서 병치료와 예방약재로 적극 리용되였다. 고구려에서는 이밖에도 여러가지 효능있는 약재들도 채취리용되였다. 그가운데서 잣, 오미자, 족두리풀(세신), 노랑돌쩌귀(백부자), 다시마 등 식물성약재와 왕지네같은 동물성약재는 다른 나라에까지 널리 수출되였다(《조선전사》3, 과학백과사전종합출판사, 1991년, 284~285페지).

그중 다시마는 갑상선종치료에 쓰이였는데 그것은 이 병에 요드가 들어간 약재를 쓴 기록으로서는 가장 앞선것이다.

약물의 제제와 리용방법도 발전하였다.

당나라사람 손사막(孫思邈)이 편찬한 《천금요방(千金要方)》(권4)에는 고구려에서 위의 아픔에 쓴 처방이 실려있다. 처방은 상산, 대황, 파두 각각 1푼, 궁궁이(천궁) 5푼, 너삼뿌리(고삼), 백미꽃뿌리, 마른생강, 인삼, 족두리풀, 잡신나무싹, 룡담뿌리, 더덕뿌리(사삼), 현삼, 단삼, 함박꽃뿌리(작약), 부자, 쇠무릎뿌리(우슬), 복령(솔풍령) 각각 2푼 등을 꿀로 빚어서 알약을 만들어 먹도록 되여있다.

여기에는 20가지의 약재를 일정한 분량으로 조절하여 합리적으로 배합하고있는데 아는 고구려의 처방과 약물료법의 높은 수준을 보여주는것이다.

고구려에서는 금속제약물도 썼다. 고구려에서는 금을 그냥 먹지 않고 그것을 불에 달구었다가 먹는다고 《본초경집주》에 씌여있다.

고구려에서는 《로사방(老師方)》이란 의서도 편찬되였다. 당나라의 의학책인 《외대비요(外臺秘要)》〔당나라 왕도(王燾) 편찬〕(권4)에는 《로사방》의 처방이 전해지고있다. 그가운데 하나는 오수유 6되에 목과 2개를 넣어 달여 먹으면 각기병의 독기가 심장에 들어가 손, 발의 맥이 끊어져 고치기 어려운것을 치료한다고 씌여있다. 여기서 주목되는것은 각기와 심장을 서로 련결시켜 본것이다. 고대동방의학에서는 여러 장기들의 병이 서로 련관되여 있다고 보았다. 그런데 치료대책에서는 《음양5행설》에 기초하여 도식적으로 설명한 경우가 적지 않았다. 그러나 각기병때 심장에 해가 미친다는것은 림상체험에 기초한것으로서 현대의학적으로도 타당성을 가진다. 이것은 현대의학이 해명한것이지만 고구려때 이미 그것을 경험적으로 리해하고 실천에 받아들이고있었다는 사실을 보여주는것이다. 고구려의학은 백제, 신라는 물론 왜땅에도 많은 영향을 주었다. 《일본서기》에 의하면 왜왕의 요청으로 건너간 고구려의사 덕래는 자기의 의학기술을 전달해주었으며 그의 5대손인 나니와(難波) 약사 혜일(惠日)과 그 후손은 일본의학발전에 크게 기여하였다(《일본서기》 권22 추고기 30년 7월, 《속일본기》 권20 효겸기 천평보자 2년 4월 기사).

그리고 고구려의사 모치(毛治)도 훌륭한 의사로서 일본땅에 널리 알려졌다(《일본서기》권25 효덕기 백치 원년 2월 갑신).

4. 제철제강기술

우리 인민들은 B.C. 10세기이전부터 철을 널리 생산하였다. B.C. 2000년기말~B.C. 1 000년기 초엽에 해당하는 무산 범의구석유적 제5기층에서 드러난 쇠도끼는 1 200℃정도로 녹여 액체로 된 철을 가지고 주조한 물건이였다. 이밖에도 자강도 시중군 로남리 웃문화층, 범의구석유적 제6기층에서는 14종의 주물제품이 발견되였는데 그 대부분은 질좋은 백색주철제품이였다.

높은 온도를 리용하여 액체상태로 만든 철을 주조하는 기술이 발전하는 과정에 B.C. 4~B.C. 3세기에 와서는 주강제품이 많이 나타나게 되였다.

시중군 로남리 남파동유적 웃문화층(B.C. 4세기~B.C. 3세기경)에서 나온 3개의 도끼가운데 하나는 강철제품이였고 그 금속조직은 뻬를리트-세멘티트-흑연이였으며 로동도구로서 가장 적합한 주강제품(탄소함유량 0.72%)이였다.

B.C. 3세기경의 유적인 자강도 위원군 룡연에서 드러난 철기가운데서는 강철제무기인 비수가 발견되였다. 중요한것은 강철생산에서 단조품외에 주조품이 많이 나타난다는 사실이며 또 기물의 사명과 기능에 적응한 여러가지 강재를 생산하였고 소둔, 소결, 소려와 같은 열처리공정을 거쳤다는것이다.

고구려초기에 생산된 강철은 탄소함유량으로 보아 일반구조용강과 탄소공구강으로 갈라서 볼수 있다. 앞에서 든 시중군 로남리 웃문화층에서 나온 도끼(탄소함유량 0.72%)와 심귀리 78호무덤에서 나온 주머니도끼(탄소함유량 0.85%)는 공구강이였고 풍청리 33호무덤과 심귀리 150호무덤에서 나온 쇠창과 넓못은(탄소함유량이 각각 0.31%, 0.52%로서) 일반구조용강이였다.

이러한 자료들은 고구려 초기부터 강철을 만드는 제강로와 쇠탕시설들이 있었다는것을 말해준다. 그리고 철기제품들의 립자가 미세한것은 단조기술이 발전되여있었다는것을 보여준다〔《조선기술발전사》(2) 과학백과사전종합출판사, 1996년, 19폐지〕.

1 540℃를 전후한 고온에서 완전용융상태의 강철을 얻으려면 상당히 발전된 송풍장치를 갖춘 비교적 용량이 크고 키가 높은 제강로와 쇠탕시설이 있어야만 하였다. 로남리 남파동유적 웃문화층의 쇠탕시설자리는 거의다 파괴되였으나 그 쇠탕시설(ㄷ형) 북쪽부분의 길이가 2m였던것으로 보아 그 규모는 상당히 컸던것으로 인정되고있다.

B.C. 3세기이래 고구려의 령역으로 된 자강도, 함경북도 무산 등 압록강, 두만강류역은 전조선적으로 더 나아가서는 세계적으로 볼 때에도 고온야금법에 의한 주강생산의 발상지의 하나였다.

로남리류형유적들에서 나오는 납작한 쇠활촉들, 고리자루쇠송곳, 긴뿌리달린 손칼, 꺾쇠 등의 철기들은 중국관내에서는 그 류례를 찾아보기 어려운것으로서 조선의 철기(강철 및 선철 제품)가 고유한것임을 보여주고있다. 유럽에서는 13~14세기에 비로소 고온야금법에 의한 제철제강법이 개발되였다고 하는것만큼 고구려를 포함한 조선의 그것은 유럽보다 천수백년이상 앞섰다고 말할수 있다(《조선 고대 및 중세초기사 연구》 교육도서출판사, 1992년, 131~140폐지).

고구려에서 금속제련, 가공이 중요한 생산부문으로 되고 사회적으로 중시되였다는것은 집안(통구) 다섯무덤의 4호무덤벽화에 야장신, 수레바퀴 만드는신 등을 그려놓은것을 보아도 알수 있다.

고구려는 그 초기부터 이러한 높은 제철, 제강기술을 가지고있었기때문에 농기구, 공구 등 생산도구들과 쇠뇌, 천보노(千步弩), 고리자루긴칼, 갑옷 등 각종 무기, 장구류들을 훌륭하게 만들어내였다. 평안북도 운산군 룡호동(룡호리)무덤에서 발견된것같은 쇠부뚜막, 각지에서 발견된 수레굴대통과 같은 여러가지 우수한 철제품들은 그 기술을 보여주고있다.

이러한 기술적성과들은 백제, 신라, 가야, 일본 등지에 널리 전달되였다. 례컨대 부산시 동래구 복천동무덤떼, 경상북도 경산군 경산읍 림당동무덤떼,

경상남도 합천군 쌍책면 성산리 옥전무덤떼 등지에서 나온 투구, 갑옷, 경갑(목갑옷), 마면갑(말투구) 등은 이미 고구려에서 나온것과 꼭 같고 일본각지에서 나온 이러한 유물들도 그 연원은 다 고구려이다.

이러한 철제품들은 그 제철, 제강기술뿐아니라 철가공기술이 비상히 발전되여있었기때문에 제조될수 있었다.

5. 금속가공기술

고구려에서는 여러가지 금속가공기술이 크게 발전하였다. 고구려금속가공기술의 우수성은 정밀주조품 특히는 공예품들을 통하여 찾아볼수 있다.

평양부근에서 나온 쇠로 만든 자루달린 세발그릇(초두〈鐎斗〉)은 중간부분에 단을 내고 웃부분이 넓어진 바리모양의 그릇인데 거기에 3개의 긴다리가 달린것이다. 한쪽에는 가늘고 긴 손잡이가 붙어있다.

집안 칠성산96호무덤에서 나온 초두는 손잡이끝이 룡의 머리모양으로 된것이다. 초두와 같이 비교적 복잡하게 생긴 그릇은 거푸집도 정밀하게 만들어야 하고 또 철이나 청동의 용액이 골고루 퍼지게 하여야 하므로 높은 주조기술을 요구하는것이였다.

경주의 호우무덤에서 나온 청동합은 직경 24㎝, 높이 10㎝ 되는것인데 보주모양의 꼭지가 달린 뚜껑을 덮은것이다. 뚜껑에는 3줄의 띠무늬를 돋혔다. 그릇바닥 뒤면에는 《을묘년 국강상 광개토지 호태왕 호우 십(乙卯年国岡上廣開土地好太王壺杅十)》이라는 글자가 새겨져있는데 그 글씨체가 매우 선명하다.*

* 이것은 415년(을묘년 장수왕 3년)에 고구려 광개토왕을 제사지내기 위하여 만든것이고 신라왕자 복호(卜好)가 418년에 고구려로부터 신라로 되돌아 갈 때 가지고 간것이라고 보고있다.

이밖에도 정밀주조기술을 보여주는 물건으로는 집안 칠성산96호무덤, 우산하68호무덤들에서 두귀(손잡이)가 달리고 뚜껑을 덮은 청동세발솥들이 나왔다. 또한 칠성산96호무덤에서 나온 +자형손잡이가 달린 청동합은 경주 봉황무덤에서 나온 《연수(延壽, 고구려년호)》 원년(451년)기년명이 있는 은합과 비슷하게 생긴것으로서 역시 고구려의 금속가공기술이 매우 정밀하였다는것을 보여준다.

금속압연기술도 발전하였다. 금속을 얇은 판으로 만들고 그것을 다시 가공하여 여러가지 공예품을 만드는것은 높은 기술을 전제로 한다.

평양시 대성구역 청암동토성에서 나온 불꽃뚫음무늬금동관(너비 26.5㎝)의 띠는 눌러서 만들었고 구멍은 프레스방법으로 뚫은것이며 주위의 가는 금실은 인발기술을 적용하여 뽑은것이다. 금동관에 달려있는 구슬들은 현대술어로 말하면 용적형단조로 만든것으로 인정되고있다.

평양부근이나 평안북도 룡천군 신암리유적에서 나온 금귀걸이의 내리드리운 장식품은 얇은 금판을 오려서 만든것이다. 금판은 모두 두께가 한결같고 표면이 매끈하다.

금, 은, 동 세공품들은 이밖에도 많은것이 있다. 이것들은 물론 유색금속을 압연, 인발하는것이므로 비교적 쉽게 다룰수 있다. 그러나 선철이나 강철을 압연한다는것은 쉬운 일이 아니다. 그런데 고구려사람들은 쇠(철)의 압연도 능숙하게 하였다. 고구려 국내성(집안)부근에서 나온 패쪽갑옷(찰갑)은 길이 3㎝, 너비 2㎝, 두께 2㎜의 작은 패쪽을 여러개 꿰매여 만든것인데 이것은 주강, 단조기술이 높았다는것을 말해준다.

여러가지 도구로 금속표면에 조각을 하는 조금기술도 발전하였다. 금판 또는 금동판에 좁쌀알만한 금알을 련속적으로 돋혀서 금싸라기무늬를 이루게 하는 루금세공술은 고구려때에 와서 더욱 발전하였다. 평양시 력포구역 룡산리 5호(구 진파리 7호)무덤에서 나온 해뚫음무늬금동장식품(밑길이 27㎝, 높이 14㎝)은 베개모 또는 관모의 한부분으로 인정되는 물건인데 뚫음새김으로 여러가지 정교한 무늬를 나타낸것이다. 많은 부분을 도려내면서도 다른데는 조금도 손실을 주지 않은 기교는 놀랄만한것이다.

고구려에서 금, 금동, 청동가공기술이 발전하게 된 밑바탕에는 금동합금, 청동합금을 합리적으로 조성하였다는 사실이 놓여있다. 고구려사람들이 순금과 함께 금동합금으로 장식품을 만들게 된것은 금을 적게 쓰면서도 제품의 굳기와 세기를 높이고 삭음견딜성을 보장하자는데 그 목적이 있었다. 고구려의 금동합금제품을 분석해보면 Au는 58.3%, Cu 41.7% 또는 Au 91.6%, Cu 8.4%로 합금한것이였는데 이것은 재료학적으로 매우 타당한것이다〔《조선기술발전사》(2) 과학백과사전종합출판사, 1996년, 28페지〕.

발전된 청동주조, 가공기술은 고구려의 불상제작에도 널리 적용되였다.

청동합금으로서 연가7년 명 일광3존불상의 조성을 보면 Cu는 55.74%, Sn 0.4%, Pb 1.26%, Zn 34.16%, Ni 3.14%로 되여있는데 이것은 현대의 미술청동재료의 조성과 비슷하다. 따라서 이러한 합금은 주조용합금으로서의 요구를 충분히 만족시키는것이다. 다시말하여 이러한 합금은 류동성이 좋기때문에 매우 복잡한 주형을 능히 만들수 있게 하며 쇠물이 굳어질 때 수축이 대단히 작으므로 제품의 형태를 원만히 보장할수 있고 삭음견딜성도 높아서 아름다운 색갈을 오래동안 보존할수 있다〔《조선기술발전사》(2) 과학백과사전종합출판사, 1996년, 28~29페지〕.

고구려사람들이 창조한 특기의 하나는 두가지 금속을 맞붙인것이다. 청동

화살촉의 대를 철로 만들고 동과 철이 떨어지지 않게 밀착시키는것은 오늘날에도 쉽지 않는 일로 되고있는데 고구려사람들은 천수백년전에 벌써 이 문제를 해결하였다. 이렇게 만든 활촉은 집안시 동쪽 과수향 협피구문 단애우에서 그리고 패왕조산성에서 나온바 있다(《집안현문물지》 (중문) 1984년, 217페지, 《고구려, 발해의 고고와 력사》 (일문) 가꾸세이샤, 1991년, 48페지, 《고구려의 력사와 유적》(일문) 1995년, 105페지).

금속 또는 비금속의 표면을 금속의 얇은 막으로 씌우는 도금기술도 발전하였다.

고구려에서는 도금기술이 두가지 방법으로 진행되였다. 고대이래로 써오던 도금방법 즉 수은과 금분을 혼합하여 금속표면에 바르고 가열해서 증발시키는 방법외에 고구려때에 와서는 새 방법 즉 금속표면에 먼저 수은을 바르고 거기에 금박을 붙이고 수은을 증발시키는 공정을 두세번 되풀이하여 밀착시키는 방법이였다. 청암동토성에서 나온 금동보관은 이러한 아말감도금법으로 금을 입힌것인데 이 기술은 두 금속이 완전히 밀착되고 도금면이 매끈하며 도금의 두께를 고르롭게 할수 있는 보다 높은 수준의 방법이였다. 여기에 성능이 높은 방부제까지 발랐기때문에 천수백년동안 땅속에 파묻혀있었음에도 불구하고 금동보관은 본래의 상태를 그대로 유지할수 있었다.

쇠, 나무를 얇은 금, 은, 철판으로 씌워 장식하는 방법도 널리 적용되였다. 이것은 칼자루, 말안장의 앞뒤부분장식에 많이 리용되였다.

이상과 같이 높은 금속가공기술은 체철, 제강기술이 일찍부터 발전하였고 유색금속의 성질에 대한 지식이 깊어진 결과 이룩될수 있었다.

6. 건축기술

고구려사람들은 건축기술도 크게 발전시켰다. 《삼국지》(권30)에는 고구려사람들이 《궁실을 잘 지었다.》고 하였으며 고구려건국설화의 한토막에는 동명왕(고주몽)의 아들 유류가 일곱모가 난 주추돌우의 소나무기둥아래에서 부러진 칼을 찾아냈다는 이야기가 있다. 이것은 부여에서 있은 일로 전하지만 B.C. 3세기에 부여나 구려, 고구려에서 다같이 건축술이 발전되여있었다는것을 보여준다.

고구려의 지상건물에서는 주로 나무를 쓴것과 관련하여 목조건축기술이 발전하였다. 벽화들에 의하면 우리 나라 민족건축양식의 많은 부분이 이미 고구려때에 도입, 리용되고있었다는것을 알수 있다. 례컨대 지붕양식도 배집지붕, 우진각지붕, 사아식지붕(모지붕), 합각지붕 등이 이미 다 리용되고있었고 여러 층으로 된 두공이 창안되여 처마를 높이 들어 올려 통풍과 채광을 보장하

게 하였으며 또 지붕에 각종 기와, 치미류, 장식품을 올리고 배부른 기둥을 세워 안전감을 높였으며 각종 칠감을 발라 나무가 부식되는것을 막았다.

고구려건축기술의 발전된 면모를 보여주는 자료들은 왕궁, 절간, 건축, 성곽, 무덤축조 등 여러 부문들에서 찾을수 있다.

고구려에서는 우선 건축물을 견고하게 만드는데 큰 힘을 넣었고 그와 관련된 기술을 발전시켰다. 례컨대 집터를 좋은 자리에 잡고 그것을 자갈과 진흙으로 다져 높였으며 토방 또는 돌로 쌓은 축단을 만들어 건물이 땅속물기로 하여 손상되는것을 미리 막았다. 주추돌을 하나 놓아도 그 자리에 자갈, 진흙을 섞어 다지고 그 우에 막돌을 놓은것이 아니라 원형, 방형, 7릉형 등으로 주추돌을 다듬거나 돌우에 새겨서 든든하고 보기 좋게 만들었다.

건축물을 품을 들여 견고하게 만든 실례의 하나로서 평양시 중구역 모란봉극장부근에서 드러난 고구려 문자리유적의 문짝구조를 들수 있다. 문짝은 좌우두개로 구성되였는데 각각 철제문확과 돌쩌귀를 맞추게 되여있었고 문짝의 둘레는 철판으로 둘러쌌다. 문짝의 두께는 20㎝나 되고 앞뒤에 머리가 둥근 쇠못

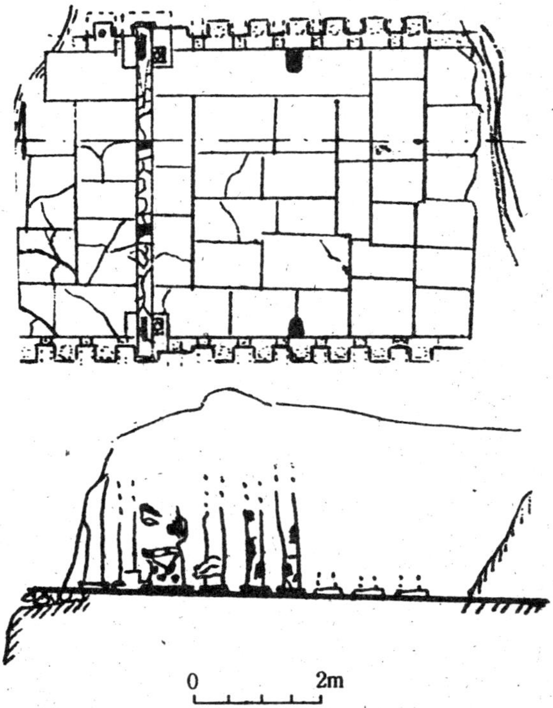

그림 7. 모란봉극장부근 고구려문터실측도

을 서로 교차되게 박아넣어 움직이지 않도록 하였다〔《조선고대유적의 편력》(일문) 록표출판, 1986년, 327~328페지〕. 이것은 아마도 당시 어느 궁전의 문터였을것이다.

고구려사람들은 건물배치를 건물의 성격에 맞게 합리적으로 하였다. 건물 또는 건축물을 웅장하고 보기 좋게 만들기 위하여 대칭 또는 비대칭수법을 썼으며 여러가지 수학적비례를 받아들여 균형미를 돋구도록 하였다.

평양시 대성구역 안학동에 있는 5~6세기 고구려왕궁인 안학궁의 건물배치에서 그 대표적실례를 들수 있다. 안학궁은 총부지면적 약 38만m^2, 총건평 3만 1 458m^2나 된다. 여기서는 먼저 궁전건물배치에서 축을 옳게 설정하였다. 즉 궁성안의 건물들은 크게 5개의 건축군을 이루면서 남북으로 향한 여러개의 축을 따라 정연하게 배치되였다. 궁성남쪽의 가운데문을 지나는 남북축을 중심축으로 하고 궁성남쪽의 동문, 서문을 통과하는 남북축들을 보조적인 축으로 하여 건축물을 차례차례로 앉히였다. 또 중심축우에 놓인 중심궁전들의 몸채와 량쪽 나래채를 합한 크기는 뒤로 가면서 작게 만들었다. 다시말하면 남궁의 제1궁전보다는 중궁의 제1궁전이 작고 북궁의 제1궁전은 또 중궁의 그것보다 작게 하였다. 매개 궁의 제1궁전을 둘러싸고있는 회랑 동서너비도 점차 작게 하였다〔《조선건축사》(1) 과학백과사전종합출판사, 1989년, 75페지〕.

이것은 안학궁의 지형이 남쪽이 낮고 북쪽이 약간 높은것과 관련하여 사람들의 시각적착오를 리용하여 실제 종심보다 더 깊게 보이게 하려는 의도에서 나온것이다.

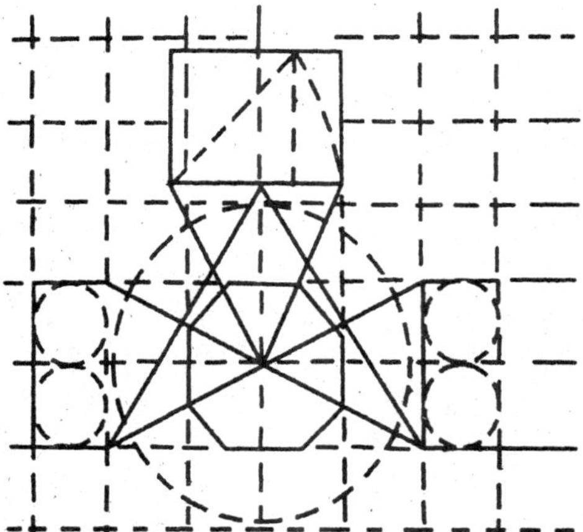

그림 8. 금강사터 평면분석도

국내성(위나암성)의 궁전들도 주추돌의 위치로 미루어 보면 낮은데서 높은데로 올라가면서 크게 석줄이 되게 정연하게 건설되였다.

안학궁은 고구려자 50자를 기준단위로 하고 그 배수인 300자, 450자, 900자, 1 800자 등으로 총평면계획이 이루어졌다.

수학지식을 잘 응용하여 건축물배치를 규모있게 정연하게 한 실례들은 금강사, 정릉사, 황해북도 봉산군 토성리 절터 등 고구려의 1탑3금당식가람배치에서도 찾아볼수 있다. 이 절간들은 일정한 기준크기(례컨대 탑의 한 변의 길이)를 설정하고 탑에서

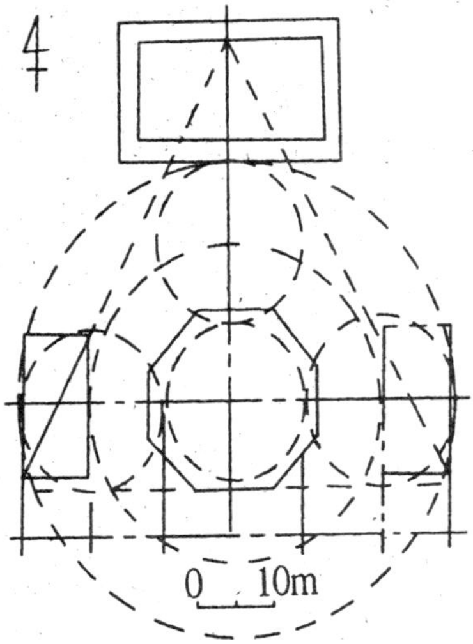

그림 9. 봉산군 《토성리절》평면분석도

문터, 동, 서 금당, 중금당까지의 거리가 그의 배수가 되게 계측하여 건물들을 세웠다.

498년에 세워진 금강사건축평면을 보면 탑의 한변길이 12.25m(고구려자 35자)를 기준으로 하여 탑과 중문, 동금당과 서금당 그리고 중금당 계단남쪽끝까지의 거리가 모두 35자가 되게 하였다. 그리고 중금당의 길이는 87.5자, 너비는 52.5자로, 동금당의 길이(남북)는 70자, 너비는 35자가 되게 하였다. 또 동금당, 서금당의 가로, 세로의 비례는 1:2로, 중금당의 그것은 2:5로 하였으며 탑의 기단은 70자를 직경으로 하는 원에 외접하는 정8각형으로 작도하였다. 금강사탑의 높이를 복원한데 의하면 61.25m가 된다〔《조선건축사》(1), 과학백과사전종합출판사, 1989년, 93~95페지〕.

정릉사도 부지면적이 3만m^2이상이고 5개 구역 18개이상의 건물로 구성되였다. 정릉사도 일정한 기준단위자를 설정하고 정연하게 지었으며 그 중심건축군은 금강사 등과 같은 식으로 가람이 배치되였다.

탑을 가운데에 두고 그 동, 서, 북쪽에 건물을 두는 고구려의 가람배치는 약간의 변화를 동반하지만 백제의 군수리절터(부여), 신라의 황룡사(경주)의 평면배치에 영향을 주었으며 나아가서는 일본의 아스까사(나라)의 가람배치에도 거의 그대로 적용되였다.

고구려절간의 탑들은 4각, 8각으로 된것이 많았다. 탑에는 령탑사탑처럼 돌탑도 있었으나 나무탑이 더 많았다. 평양시 대성구역(상오리)에 있었던 절의 탑은 8각기단우에 4각탑을 세운것이였고 료동성무덤 벽화에 보이는 7층탑도 4각형이였다. 그러나 정릉사, 금강사의 탑 등은 8각탑이였다. 4각, 8각으로 된 높은 목조탑을 세우려면 높은 건축기술이 필요하였던만큼 그것은 고구려에서 발전된 목조건축기술수준을 잘 보여주는것으로 된다.

고구려에서는 건물의 기둥을 든든히 세우기 위하여 흔히 주추돌로 화강석을 골라 썼으며 화강석 웃면을 4각형, 8각형, 원형으로 다듬어 그 미관을 높이였다. 그러나 산속의 절간건설, 성벽축조 등에서는 이미 있는 암반을 그대로 리용하여 주추돌로 삼거나 성벽의 밑돌로 쓰는 일이 많았다. 그런데서는 암반의 생김새에 맞게 기둥밑을 깎아내거나 성돌밑면을 깎아내는 그레질법*을 적용하였다.

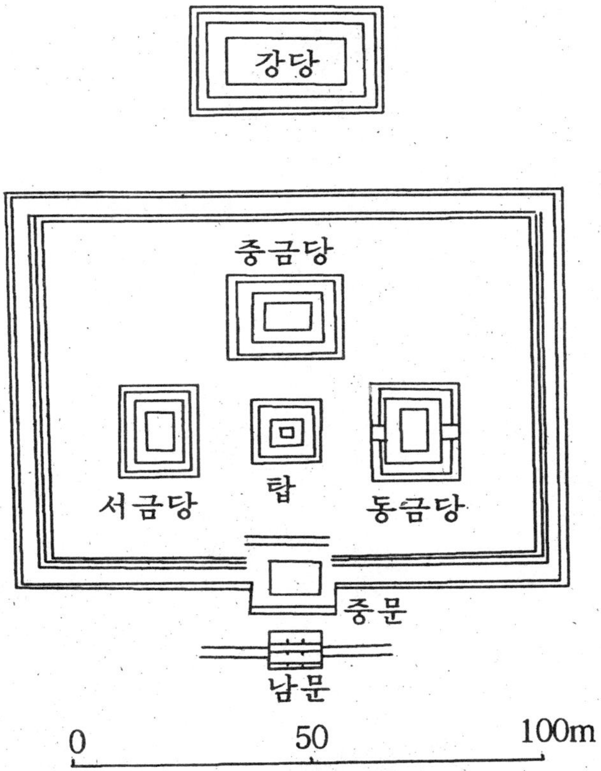

그림 10. 아스까사 건물배치도

* 그레질법이란 기둥이나 성돌을 그것이 놓일 자리(암반)에 꼭 맞도록 따내기 위하여 바위바닥의 높낮이에 따라 그리는 물건인 그레를 가지고 바닥면과 같게 기둥이나 돌에 표식을 하는 방법을 말한다. 그레질을 하면 우아래가 빈틈없이 꼭 맞붙게 되는것이다.

이 방법은 고구려의 성곽축조에도 많이 적용되여 성벽의 공고성을 담보하는 좋은 기술이였다. 그것은 백제와 신라, 가야, 일본렬도에까지 널리 전파된 선진적인 건축기술의 하나였다.

고구려에서는 다리건축기술도 상당한 수준에 있었다. 그것은 평양시 대성구역과 사동구역사이의 대동강가에서 그 터가 발굴된 나무다리를 통해서도 잘 알수 있다.

대동강고구려나무다리는 길이 약 375m, 너비 약 9m의 큰 다리로서 귀틀모양으로 짠 듬직한 지지기둥우에 가로세로 튼튼히 맞물린 지지보를

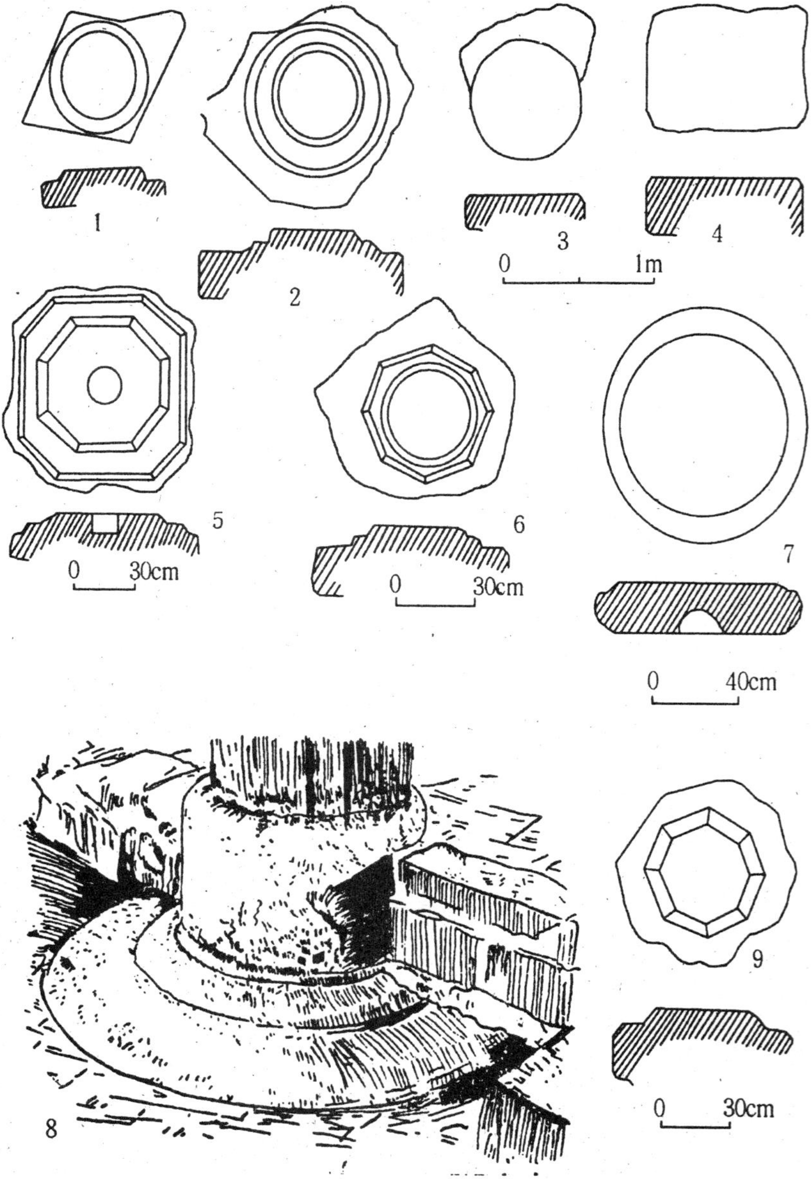

1~4.동대자집자리, 5.천추무덤부근, 6, 9.집안부근 유적,
7.안학궁터, 8.평양 부벽루

그림 11. 고구려 주추돌

놓은 다음 두터운 깔판을 대고 란간까지 설치하였었다. 다리골조로는 대부분 길이 8∼10m, 너비 38㎝, 두께 26㎝되는 굵은 나무각재를 사용하였다.

대동강고구려나무다리는 당시 우리 나라에서뿐아니라 세계적으로 보기드문 가장 오래고 큰 다리의 하나에 속한다.

대동강고구려나무다리의 규모와 부재들의 크기, 사개물림으로 견고하게 조립한 솜씨들은 고구려사람들의 높은 다리건축기술, 목조건축기술을 여실히 보여주고있다.

고구려사람들의 건축기술은 무덤건축에서도 잘 발휘되였다.

우선 돌각담무덤(계단돌칸무덤), 돌칸흙무덤의 천정을 높고 아름답게 만들기 위하여 여러가지 창안을 한것을 들수 있다. 즉 평행고임, 3각고임, 8각고임, 평행3각고임, 궁륭3각고임, 궁륭평행3각고임 등 여러가지 형식으로 천정을 다양하게 만들고있었다.

장군무덤(한변의 길이 34m, 높이 13m)은 계단돌칸무덤가운데서 본래의 상태가 가장 잘 남아있는 유적으로서 고구려석조건축의 우수성을 잘 보여준다.

장군무덤은 큰 화강석을 직4각형으로 다듬어서 모두 7단으로 쌓았다. 맨아래기단은 네돌기를 쌓아서 높이 3m가 되게 하였는데 밑의 돌은 가로세로 1m이상, 길이 6m나 되는 거대한 돌이였다. 제2단이상은 세돌기를 쌓고 그 높이도 점차 낮아지게 하였으며 제3단의 밑변이 모실의 바닥면이 되게 하였다.

꼭대기는 한변의 길이가 약 13m이고 자갈과 흙을 섞어 다졌으며 그 우에 기와를 덮었다고 인정되고있다. 그 두리에 직경 10㎝의 구멍들이 있는데 이것은 나무대를 세우고 철쇄로 둘렀던 자리이다.

기단석의 사방에는 각각 3개씩 큰 자연암석을 기대여 무덤돌이 밀려나지 않도록 하였다. 특히 땅속에 놓이게 되는 기단의 모서리가 밀려나지 않도록 지복석의 안면을 직각으로 파서 기단돌과 맞물리게 하였다. 또한 7층으로 쌓은 매 층의 바깥돌은 각각 안으로 10㎝정도 파서 웃층의 돌과 맞물리게 함으로써 우의 돌이 미끄러져 나오지 못하게 굽도리를 조성하였다. 이러한 굽도리는 고구려의 돌성축조에서 흔히 리용된것이다.

집안의 태왕릉도 장군무덤과 같이 본래는 7단으로 쌓은 방형 계단돌칸무덤이다. 그 한변의 길이는 약 63m인데 지금은 3단정도 그것도 일부가 남아있고 다 파괴되였다. 림강무덤은 이와 비슷한 구조인데 한변의 길이는 동서 60m, 남북 65m나 된다(현재 남은 둘레는 255m). 이밖에도 천주무덤(85×80m), 서대무덤(60×37m), 환인남쪽 약 20㎞ 지점에 있는 앙가정장군무덤(한변 약 43m) 등 큰 무덤들이 있다. 이 무덤들은 거의다 파괴되였다. 그러나 이러한 대규모의 석축무덤들은 고구려에서의 석조건축기술이 높은 수준으로 발전되여있었음을 증시하고있다.

고구려의 석조견축기술은 돌칸흙무덤의 내부시설을 통해서도 찾아볼수

1. 동근무늬무덤 2. 강서중무덤 3. 강서큰무덤
4. 별무덤 5. 산련화무덤 6. 대안리 1호무덤

그림 12. 무덤천정짜임

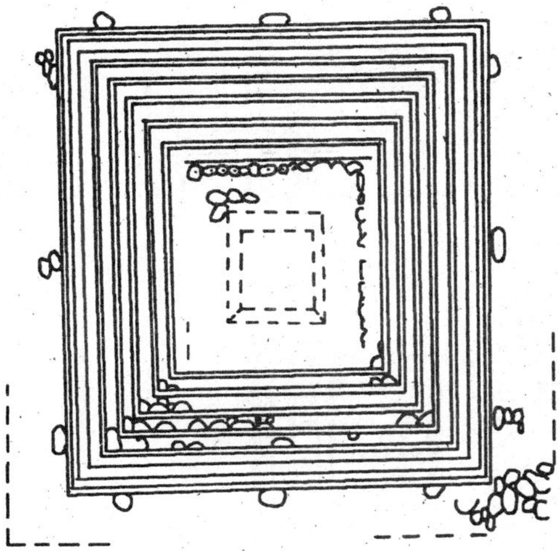

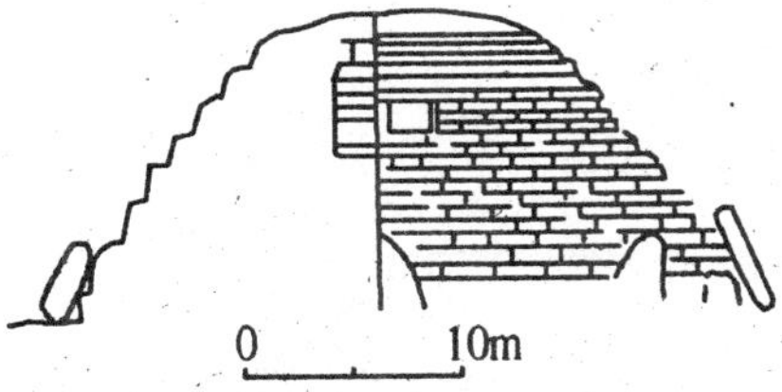

그림 13. 장군무덤의 평면도와 단면도

있다.

고국원왕릉(황해남도 안악군 오국리 안악3호무덤)은 4세기 중엽에 건설된 돌칸흙무덤이다(한변의 길이 남북 약 33m, 동서 약 30m).

이 무덤의 내부구조는 고구려무덤가운데서 가장 복잡하고 또 그 총면적도 제일 넓다. 즉 문칸(남북 2.12m, 동서 2.17m, 높이 3.475m), 앞칸(남북 2.73m, 동서 4.88m, 높이 3.47m), 안칸(남북 3.32m, 동서 3.8m, 높이 2.8m), 서측실(남북 3.13~3.23m, 동서 1.7m, 높이 2.75m), 동측실(남북 2.99m, 동서 1.22~1.27m, 높이 2.97m)이 있고 안칸의 동쪽, 북쪽에는 ㄱ자모양의 긴 회랑이 있다(회랑 동벽에서 동측실 문설주까지의 길이 4.79m, 너비 0.87m, 북벽 길이 5.34m, 너비 0.69m, 높이 2.5m).(총길이 10.13m)

이 무덤내부의 매개 벽면은 한장의 석회암판돌로 되여있다. 또 수많은 벽화들이 그려져있어서 벽화의 풍부성에서도 으뜸가는 부류에 속한다.

이 무덤내부는 아주 집약적으로 계획되면서도 공간의 여유감이 있게 구성되여있다. 무덤안의 평면계획은 1:1.618비례가 적용되고 상사도형계획방법이 도입되고있다. 매 석재는 서로 잘 맞물려있고 매 벽은 잘 다스려져서 그 우에 직접 그림을 그리고있다. 문칸에서 앞칸으로 들어가는 사이의 돌문가운데 서쪽문짝은 본래의 모습대로 남아있으며 손가락 하나로 밀어도 능히 움직일수 있게 고도로 교묘하게 설계, 가공한것이다.

돌을 잘 다듬어서 빈틈없이 맞물리도록 한 실례는 강서큰무덤, 집안(통구) 다섯무덤의 4호, 5호무덤에서도 찾아볼수 있다. 또한 고구려석조건축술의 우수성을 보여주는 다른 례로서는 천왕지신무덤과 쌍기둥무덤을 들수 있다.

이 모든것은 고구려사람들이 돌다루기기술이 뛰여난것이였음을 잘 말해준다.

고구려사람들은 채석(돌캐기)기술도 발전하였다. 주체72(1983)년에 집안

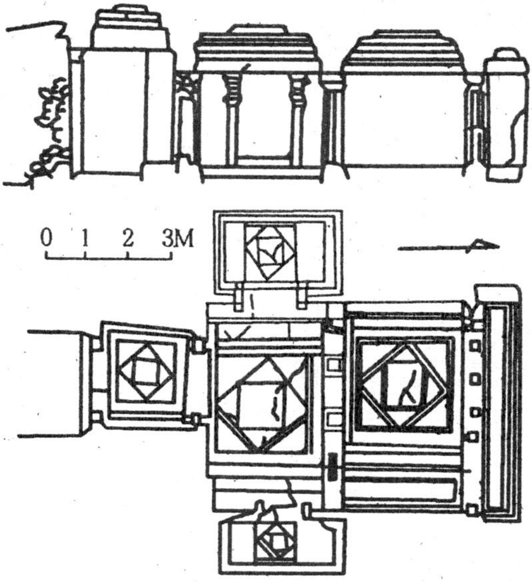

그림 14-ㄱ. 고국원 왕릉 평면도, 측면도

그림 14-ㄴ. 벽화무덤 내부투시도(고국원왕릉)

서북쪽 23km지점에 있는 록수교북쪽 150m되는 곳에서 길이 1 000m, 너비 약 100m되는 범위안에 질좋은 화강석채석장이 발견되였다. 이러한 채석장들에서 고구려의 석공들은 돌을 캐고 가공하여 궁전, 성곽, 무덤들을 축조하는데 리용하였다. 거기에는 지금도 구멍을 뚫어놓은 자리, 채석한채 버려진 판돌 등이 널려있다.

고구려에서 건축기술이 발전한것은 성곽축조에서도 찾아볼수 있다. 성곽축조에는 여러가지 건축기술이 다 동원된다. 고구려사람들은 고조선이래의 오랜 성곽축조기술을 이어받아 발전시켰으며 여기에서도 독창성을 많이 발휘하였다.

다른 나라의 경우 주로 평지에 토성, 벽돌성을 쌓았거나 주로 령주귀족들의 거처만을 견고하게 쌓았다면 고구려에서는 주로 산성을 쌓았고 그것도 돌성이 기본으로 되였으며 또 도시나 고을전체를 둘러싼 성을 쌓은것이 특징이라 할수 있다.

그러므로 성곽축조에서 고구려사람들은 산을 리용하는 실정에 맞게 위치선정부터 적군이 공격하기는 어렵고 아군이 방어하기는 쉬운 자연지형, 천험의 요새지로 된 지형을 골라서 성을 쌓았다.

산성은 거주지근처 또는 적의 침입로정 근처에 있는 산악의 유리한 지세를 리용하여 쌓았다. 이미 고구려 초기에 쌓은 졸본성(오녀산성), 위나암성(산성자산성), 패왕조산성, 흑구산성, 라통산성 등도 다 그러한 산성들이였다. 중요한 성들은 많은 인원들이 들어가 있으면서 방위할수 있게 쌓아야 하였으므로 그 규모가 상당히 커야 하였고 따라서 그에 알맞는 성곽형식은 골짜기를 낀 산등성이를 둘러막은 고로봉형으로 되지 않을수 없었다.

고로봉형식산성*이란 고리짝모양으로 사방의 둘레는 높고 가운데는 우묵하게 들어간 지형지세를 리용하여 쌓은 산성이다. 보통 산성안에 한개 또는 두개이상의 개울이 흐르고있으므로 일명 포곡식산성이라고도 한다.

고로봉식산성의 우월성은 그 부근일대의 가장 높은 산꼭대기를 성벽이 지나 가거나 성벽안에 들어가게 하고 그와 련결된 산등성을 따라 성벽을 쌓아 나갔으며 그리고 성안에 나무가 많기때문에 성을 공격하려는 적들이 성안의 움직임을 알수 없는 반면에 성안에서는 적의 동향을 한눈으로 바라다볼수 있어서 작전수행상 매우 유리하다는 점이다. 또한 성안이 넓고 수원이 풍부하기때문에 일단 유사시에 많은 군대와 백성들이 들어갈수 있고 평상시에 많은 군수물자들을 저축해둠으로써 장기방어전을 할수 있다는 점이다. 고로봉식산성에는 약점도 있다. 즉 대개 개울이 흘러나가는 지점은 낮으므로 거기에 주되는 성문이 있게 되고 적군의 공격을 받게 된다. 그러나 그에 대처하여 성문부근의 성벽을 견고하게 높이 쌓고 또 옹성을 설치하거나 안쪽, 바깥쪽에 2중, 3중으로 방어용 성벽을 쌓으면 이 약점은 쉽게 극복될수 있다.

* 고로봉식산성이란 용어는 신관호의 《민보집월》에서 우리 나라 성들의 형식을 크게 네가지로 분류하여 붙인 이름가운데 하나이다. 즉 그는 고로봉형이외에 《산봉》형(마늘밑모양으로 생긴 산의 웃부분을 리용하여 쌓은 형식), 《사모봉》형(옛날 벼슬아치들이 쓰던 사모처럼 뒤가 높고 앞은 낮은 지형 즉 평지

와 뒤산을 둘러 막은 형식), 《마안봉》형(말안장모양으로 량쪽이 높고 가운데가 낮은 지형, 주로 령길차단용으로 쌓는 성의 형식)을 들면서 그중 고로봉형식이 가장 우월하다고 하였다. 구체적으로는 《산봉》형에도 산우에 평지가 있는 평정산성이 따로 있고 말이 산봉이지 실제로는 큰 산의 높은 지대에 쌓을 때에는 한두개 또는 몇개의 작은 골짜기를 포함하여 쌓기때문에 《고로봉》형에 가까워지는것도 있다. 그리고 순전한 평지성도 있고 약간한 구릉지대의 낭떠러지부분을 리용한 평지성도 있다. 그리고 길목 경비－차단용의 관성도 있고 길을 옆에 두거나 성안을 통과시키게 한 성가운데는 산허리부분까지만을 성벽으로 막은 경우도 있는 등 다양한 형식들이 있다.

고구려성들가운데서 평정식, 마안봉식산성은 그리 많지 못하며 백제, 신라, 가야에 흔한 산봉식산성을 거의나 찾아보기 어렵다.

이것은 삼국시기 축성에서 고구려성의 하나의 특징으로 된다. 이처럼 고구려성곽축조에서의 주요특징의 하나는 자연지세를 최대한으로 리용하면서 쌓은것이 많다는것이다.

고구려성축조에서 낭떠러지나 급경사지를 최대한 리용한것은 산성뿐아니라 차단성(관성), 평지성, 평산성의 경우도 그러하였다.

이러한 지형을 리용하면 험한데는 성벽을 쌓지 않거나 극히 적게 쌓고도 자기의 기능을 원만히 수행할수 있으므로 축조로력, 방어인원수를 많이 줄일수 있었다.

성곽축조기술에서 중요한것은 그 견고성을 보장하는것이였다. 이 면에서 고구려사람들은 오랜 경험과 창발적지혜로 우수한 축조방법을 창조해냈다.

공들여 쌓은 돌성의 경우 성돌을 4각추형으로 다듬고 4각으로 된 앞면을 6합으로 서로 맞물려서 빠져나가지 않게 하였을뿐아니라 그 뿌리가 깊숙이 안으로 박히게 하고 그 사이사이에 긴 돌을 가로 놓고 깬돌, 작은돌, 진흙 등을 다져넣음으로써 성벽의 바깥부분이 파괴되더라도 내부는 무너지지 않도록 하였다.

평양성을 례를 들어보면 지반이 암반으로 된 곳에서는 암반까지 내리파고 그 우에 성돌을 큰것부터 차례차례로 올려 쌓았으며 땅속에 들어가는 부분도 잘 다듬은 성돌을 서로 맞물려 정성들여 쌓았다. 이러한 형식은 평안북도 운전군 청정리 장성터에서도 찾아볼수 있다.

성벽기초의 너비는 대략 4～10m이다. 이것은 후세의 단애들에 비하면 공력을 많이 들여 쉽게 무너지지 않도록 쌓은것이다.

다음 울밀대, 칠성문부근처럼 기초지반이 암석이 아니고 비교적 굳은 지층일 때에는 통선밖 경사면을 거의 수직으로 깎아내고 바닥에 50～60㎝ 두께로 자갈과 진흙을 넣어 다진 다음 큰 돌을 가로놓고 그 우에 다듬은 성돌을 쌓아 올렸다. 일정한 높이까지는 돌기마다 차례로 몇㎝씩 안으로 들여놓으면서 쌓거나

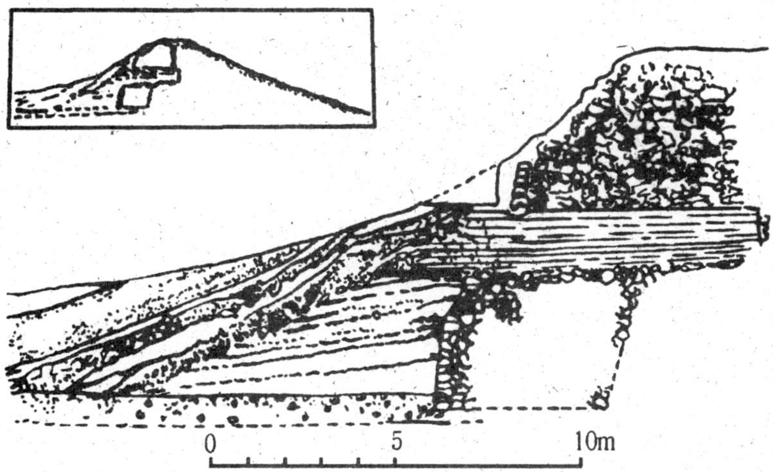

그림 15. 평양성 외성성벽 단면도

아래부분은 그렇게 쌓다가 그 우부터는 거의 수직으로 쌓아올렸다. 이것은 성벽이 밀려나오는것을 막기 위한것이였다. 일부는 성돌에 홈을 파서 굽도리를 조성하였다.

평지대의 진흙지반으로 된곳은 너비 6~7m, 깊이 2.5~3m로 흙을 파낸 다음 맨밑바닥에는 아름드리 큰돌을 놓고 그 우에 다듬은 성돌을 쌓았다. 안산북쪽지구처럼 땅속이 감탕층을 이룬 경우에는 6m너비에 4m깊이로 감탕을 파내고 직경 30cm, 길이 5~6m의 통나무를 1~1.5m간격으로 놓은 다음 그 우에 다시 직경 50cm정도의 통나무를 4m간격으로 세로(성벽이 나가는 방향) 두줄로 놓았으며 자갈과 흙으로 다진 다음 그 우에 성돌을 쌓았다(《고구려 평양성》 과학백과사전출판사, 1978년, 50~56페지). 이것은 동결심도를 고려하여 또 지진에 의한 동요도 막기 위한것이였으며 물속에서 나무가 잘 썩지 않는 리치를 리용한것이였다.

성벽은 량면축조 또는 외면축조방법으로 쌓았는데 보통 평지, 계곡을 낀 부분, 경사가 완만한 릉선부분은 안팎에 다 곧은 성벽을 쌓는 량면축조방법을 썼으며 경사가 급한 곳은 한쪽면만 성벽을 쌓는 외면축조방법을 썼다.

외면쌓기방법에서 내탁을 쌓은것은 성안의 군사들이 성벽으로 오르내리기에 편리하게 완만한 경사가 지도록 한것이기도 하고 또 돌성벽을 쌓는데 필요한 성돌을 쓰지 않는 유리한 점을 고려한것이였다. 그러나 내탁도 단순히 흙을 올려 쌓는 방법으로 축조하는것이 아니라 튼튼하게 쌓음으로써 바깥쪽 성벽이 무너지더라도 내탁은 여전히 성벽구실을 할수 있도록 하였다.

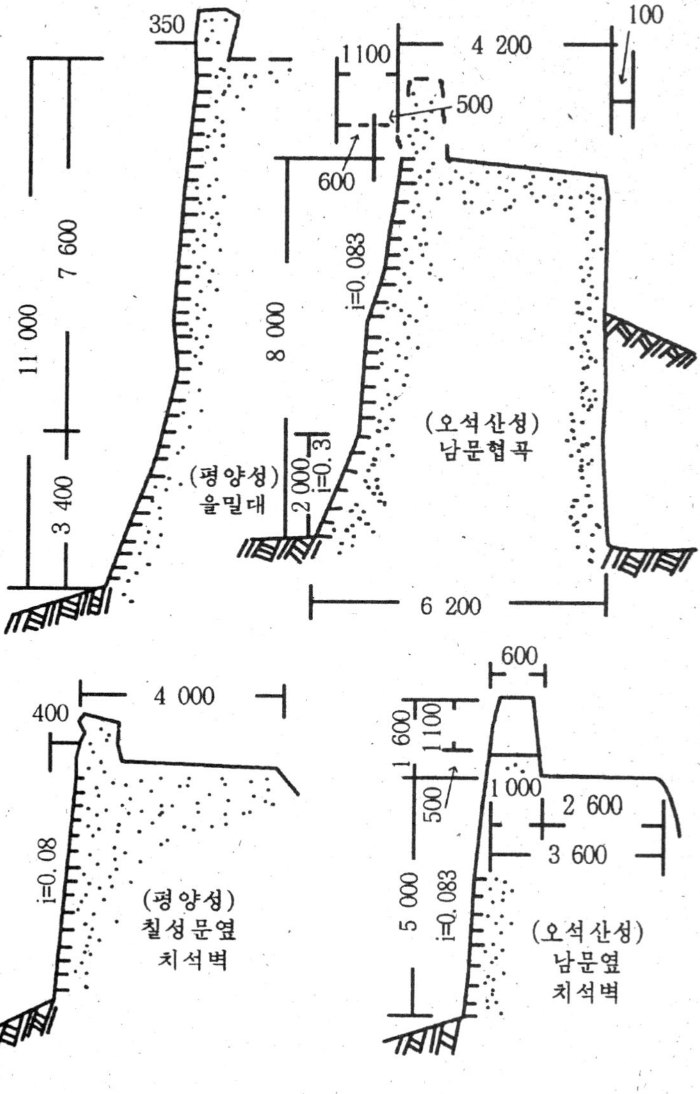

그림 16. 고구려 돌성벽의 단면형태와 그 치수

레컨대 대성산성 남문 안쪽에는 2.8m 두께로 진흙과 돌을 섞어서 다져 쌓았으며 평양성(중성)남쪽의 내탁은 높이 5.5m, 밑너비 7m, 웃너비 5.6m가 되게 진흙과 황토, 굵은 모래(잔자갈)를 가지고 수십번씩 엇바꾸어가면서 다져

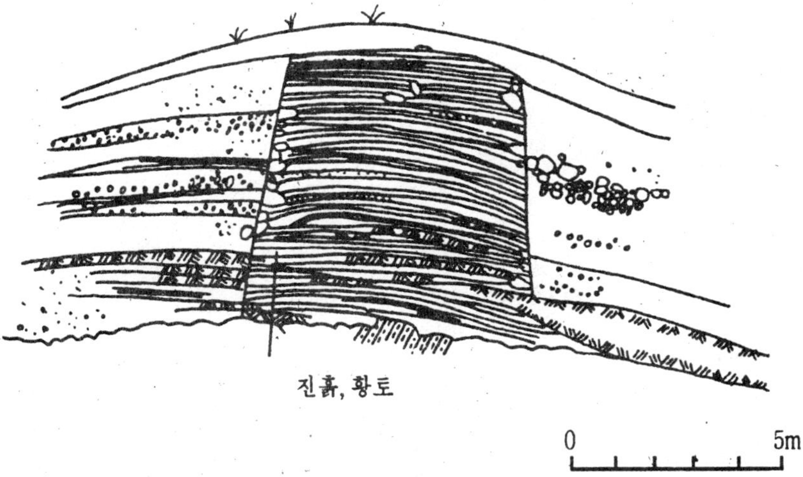

그림 17. 평양성 중성 성벽단면도

쌓았다. 이 내락구간은 천수백년이 지난 다음까지도 나무뿌리가 내리지 못할만큼 굳은 층을 이루고있다.

성벽의 높이는 지형에 따라 다르게 하였다.

평지대에서는 6~9m, 산등성이 릉선부근에서는 4~5m이다. 성벽의 밑너비는 6~8m(최대 17m), 웃너비는 2.5~4m로 하였다. 일반적으로 고구려돌성벽의 웃너비는 3~5m이고 밑의 너비는 6~10m로서 대략 1:2의 비례로 되여있는데 이것은 돌성벽의 안전도를 보장하는데서 합리적인 방법을 쓴것이다.

일부 성벽들은 2중으로 쌓기도 하였다. 대성산성의 일부 구간이 그러하다. 이것은 중요구간에 대한 적의 파괴를 방지하기 위한것이였다.

다음으로 고구려사람들은 돌이 적거나 없는 곳에서는 흙과 자갈 또는 기와쪼각을 섞어 다져서 쌓는 방법을 널리 적용하였다. 이것은 비물 등에 성벽이 쉽게 패워 흘러내리지 않도록 하는 좋은 방법이였다.

평안북도 박천군 삼봉리에서 정주시 신봉리에 이르는 고구려의 장성의 여러 부분에는 여러가지 성쌓기방법이 적용된것을 볼수 있다. 돌성이나 토성의 성벽을 일반적축조형식에 따라 쌓은외에 돌성벽을 안에다 쌓고 그 우를 흙으로 덮은것, 일부 경사지는 토성우에 돌로 포장을 한것*1, 토성을 쌓다가도 개울이 지나는 곳은 돌성을 쌓되 수구문우는 흙을 쓰지 않고 돌로써만 쌓은것 등이 있다. 이러한 축조방법은 적이 성벽을 허물거나 파내지 못하게 하고 또 비바람, 강물에 의한 류실을 막는데서 효과적인 방법이였다.

다음으로 성벽전체에 걸쳐 토성과 돌성을 결합한 형식도 있었다. 즉 토성밑의 일정한 높이까지는 돌로 쌓고 웃부분은 흙으로 쌓는것으로서 안학궁성,

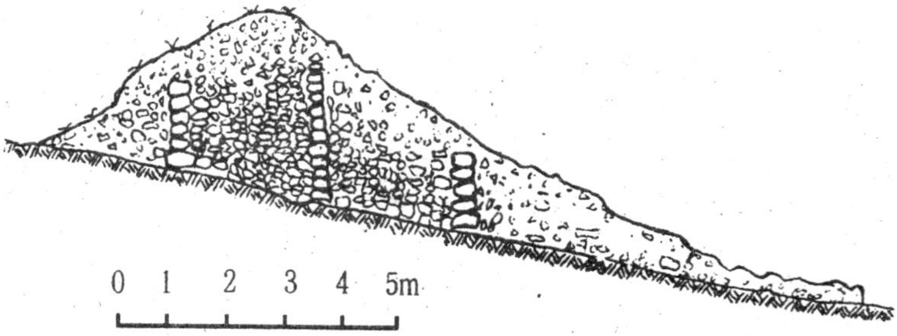

그림 18. 대성산성 소문봉성벽 단면도

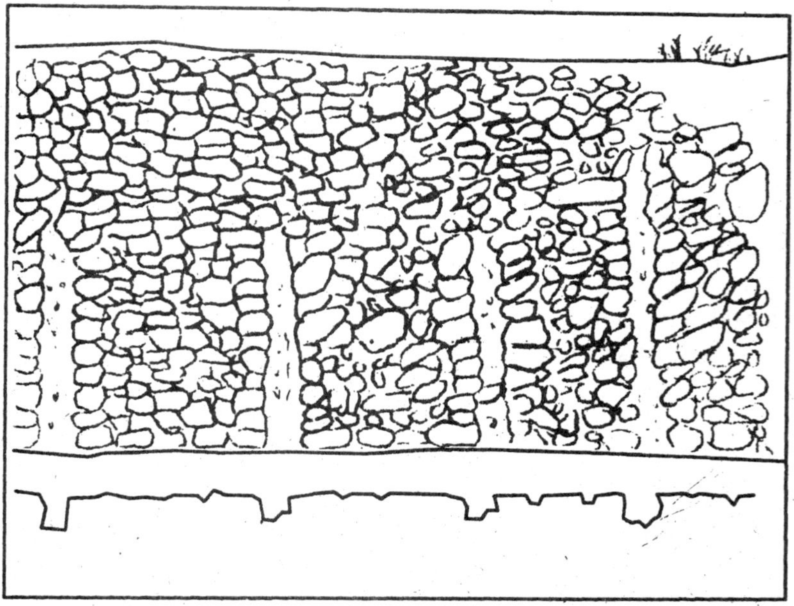

그림 19. 소문봉성벽 중간벽 실측도

청암동토성*[2]의 경우가 그러하였다.

*[1] 평양성의 보통강기슭 여러 지점에도 성벽굽도리밖 30~60m폭으로 지표면에 돌로 포장한 흔적이 있었다(《고구려 평양성》 과학,백과사전출판사, 1978년, 65~66페지).

*[2] 청암동토성은 후세에 돌성벽부분이 대부분 없어졌으므로 흔히 청암동토성으로 불리웠다.

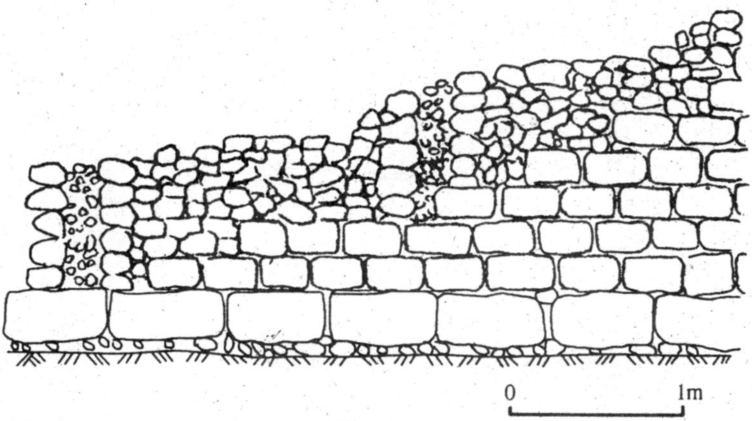

그림 20. 소문봉 성벽 외벽 정면도

성벽쌓기기술에서 또한 중요한것은 수렁지대, 강변의 모래가 많은 곳에 성벽을 쌓을 때 적용한 방법이다. 대동강과 보통강의 합류지점부근에서는 성벽을 쌓기전에 강바닥의 자갈층까지 파내고 견고한 돌벽을 쌓았으며 그 앞과 우는 판축법으로 진흙과 자갈 또는 기와쪼각을 엇바꾸어 다져넣어 쌓아올리였다. 그리고 그 우에 성벽을 6~7m 두께로 쌓아올렸으며 다시 그 우에 흙을 다져서 덮은 곳도 있다.* 또한 성벽과 강바닥사이에도 잔흙층, 자갈층을 엇바꾸어 쌓음으로써 큰물피해를 막았다〔《조선고대유적의 편력》(일문) 룩꼬출판, 1986년, 331~332페지〕.

* 《고구려 평양성》에서는 평양성 외성이 본래 돌성이였는데 후세에 보수하면서 흙을 덮어 방수성이 되게 하였다고 보았다. 이 견해는 기본상 옳은것이다. 그러나 물에 의한 피해가 많을수 있는 지점에서는 처음부터 흙으로 보호한 개소들이 있었다고 볼수 있다(《고구려 평양성》 과학백과사전출판사, 1978년, 69~72페지).

고구려인민들이 창안, 적용한 우와 같은 여러가지 축조방법은 성벽을 견고하게 쌓기 위하여 그들이 얼마나 고심어린 노력을 기울였는가를 잘 보여준다.

고구려성들에는 성문, 암문, 옹성, 성가퀴(녀장), 적대와 치, 각루, 망루, 장대, 병사, 창고, 해자(황), 못, 샘, 우물 등 필요한 여러가지 시설들이 구비되여있었다. 이것은 고구려사람들의 축성기술이 오랜 력사와 풍부한 경험을 토대로 하여 발전해온것임을 말하여준다.

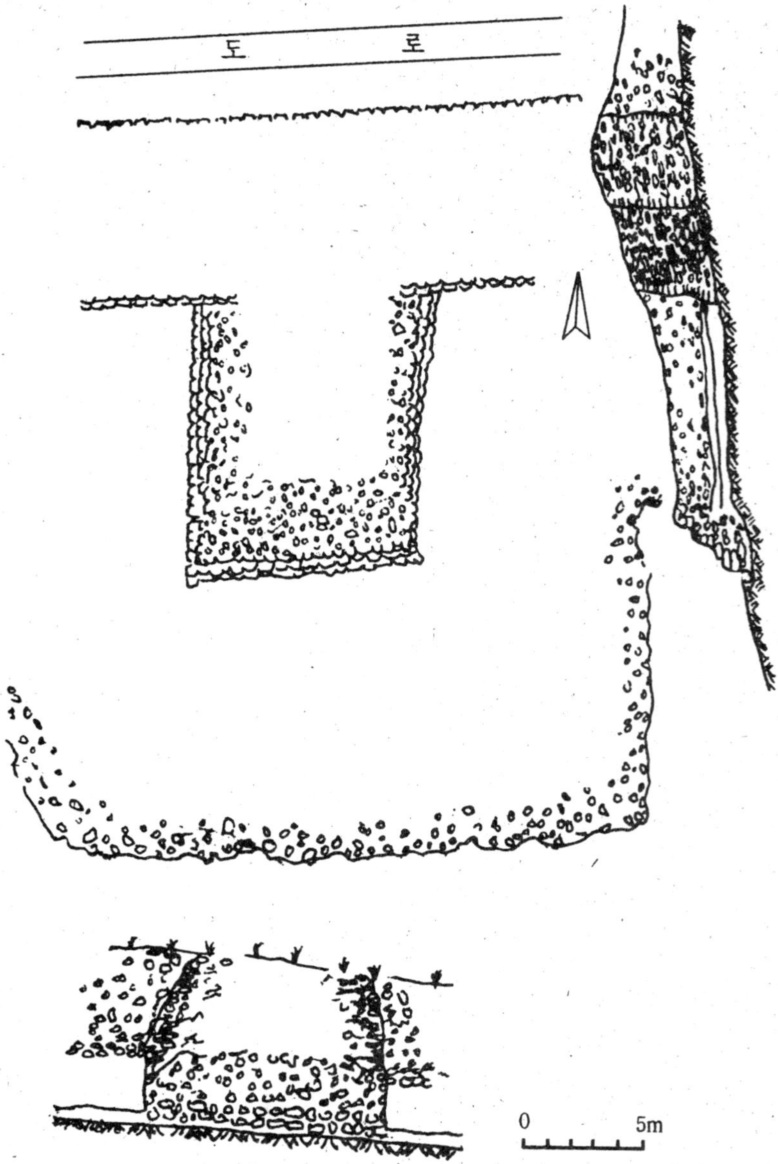

그림 21. 소문봉 치 실측도

시설물가운데서 주목되는것의 하나는 가까이에까지 접근하는 적들을 돌사태로 소멸하기 위한 시설이 여러 성들에 마련되여있었다는것이다(《고구려력사연구》 김일성종합대학출판사, 1985년, 170～186페지, 《조선성곽사연구》 교육도서출판사, 1992년, 164～190페지).

패왕조산성, 산성자산성, 흑구산성 등에는 성벽우에 기둥구멍을 내고 기둥을 세워 그사이에 통나무들을 가로질러놓음으로써 성벽을 더 높이면서 방어력을 강화하였다. 일부 경우에는 그 시설물 안쪽에 돌을 쌓아놓았다가 필요한 때에 매여두었던 바줄을 끊어서 돌사태가 쏟아져내리게 함으로써 적병들을 대량 소멸하기 위한 장치로 삼았다〔《문물》 (중문) 1985년, 2기, 50페지〕.

성곽시설물가운데서 고구려축성술의 높이를 뚜렷이 보여주는것의 하나는 수구문이다. 고구려산성들이 대부분 고로봉식산성으로 된 조건에서 골짜기에서 흘러내리는 물을 큰물이 난 경우에도 제때에 뽑을수 있게 하려면 수구문을 특별히 든든하게 만들어야 하였다. 그러므로 토성이라 하더라도 수구문만은 꼭 큰 돌을 써서 무너지지 않게 하였다.

료녕성 장하연 성산산성의 배수구는 두 남문사이에 돌벽(동서 40m, 높이 약 3m)을 쌓은것이 곧 물길로 되게 한것이다. 다시말하면 돌벽의 웃면은 큰 성안의 평면과 같으므로 성안의 물이 그 우로 흘러나가면서 폭포처럼 떨어지게 되여있다. 이것은 배수시설인 동시에 성벽역할을 하게 한것으로서 매우 견고하여 오늘날까지도 그대로 보존되여있는것이다.

또한 신성(고이산성)의 수구문은 큰 돌은 정밀하게 쌓았고 배수구에도 직경 20㎝가량 되는 나무로 목책을 설치함으로써 적병들이 수구문을 통하여 성안으로 잠입하는것을 막았다. 이 나무에는 주홍색의 칠감까지 발라서 부식을 막았다는것이 알려졌다〔《료해문물학간》(중문) 1989년, 2기, 44페지〕.

고구려사람들은 성의 방어력을 높이기 위하여 흔히 내성, 외성으로 갈라서 성을 쌓았고 필요에 따라서는 몇개의 구획을 더 냈으며 또 신성(고이산성)처럼 철성(凸城), 위성 등을 본성에 붙여 쌓음으로써 방어력을 훨씬 강화하기도 하였다.

고구려성들이 지구별, 전선별로 촘촘히 배치되여 호상 유기적인 련관속에서 적을 막고 또 치기도 하였다는것은 이미 앞에서 보았다.

고구려성곽축조기술은 거의 모든 측면에서 당시로서는 가장 앞선 수준으로 발전한것이였다.

고구려의 근 1000년력사에서 국왕의 전략, 전술이 잘못되였거나 내부에 반역자가 생겨나서 적과 내통하였거나 한 몇몇 경우를 제외한다면 성곽이 잘못 축조된것으로 하여 성이 함락된 실례는 거의나 없었다. 오직 645년의 비사성이나 개모성과 같이 성은 작고 방어하는 군사는 얼마 안되는데 수십, 수백배의 적군이 장기적으로 달려들어 총공격을 한 경우에 함락된 몇개의 실례가 있을뿐이다. 이것은 고구려축성술의 우수성을 뚜렷이 실증해준다.

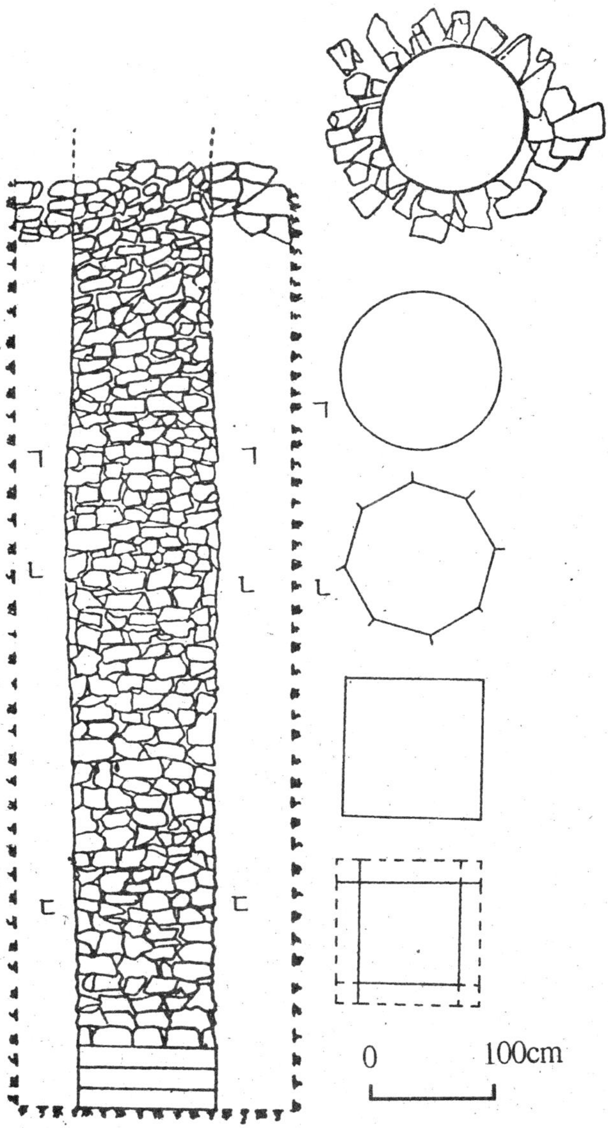

그림 22. 고구려 우물실측도(고산동)

고구려의 건축술에서 특이한 면모를 보여주는것은 우물의 구조이다. 주체74(1985)년에 평양시 대성구역 고산동에서 고구려때의 우물이 발견되였다. 깊이는 9m이상인데 맨밑의 2/9부분은 4각형, 가운데 3/9부분은 8각형, 웃부분 4/9는 원형의 평면으로 되였다. 4각형부분은 평면너비가 1.15m, 8각형부분은 1.2m, 원형부분은 직경 1.05m이고 벽체의 두께는 약 50㎝이다. 4각형부분의 맨아래에는 통나무(직경 13~16㎝ 소나무)로 4각형귀틀(높이 50㎝)을 짰으며 그 우는 사암질의 돌로 견고하게 맞물리도록 쌓아올렸다.

주체81(1992)년에 정릉사뒤에서 깊이 13.5m의 우물이 발견되였는데 그 구조는 고산동우물과 기본적으로 같다.

이렇게 밑으로부터 여러가지 평면도형으로 축조한것은 지압으로 하여 무너지는것을 방지하는 동시에 물저장량을 늘이기 위한것이였다. 이것은 고구려사람들의 우물축조기술의 높이를 잘 보여준다.

고구려에 성곽축조기술, 우물쌓기기술 등은 당시 이웃나라들에 큰 영향을 주었을뿐아니라 후세 조선에서 중요한 본보기로 되였다.

7. 요업기술

고구려의 가마터유적으로서 온전히 남아있는것이 거의나 알려져있지 않고 유물도 적게 알려져있는 조건에서 요업의 발전과정을 정확하게 밝혀내기는 어렵다. 그러나 이미 B.C. 수세기부터 고온용해법에 의한 주강생산에 들어섰던만큼 이른 시기부터 높은 열에 의한 질그릇, 사기그릇, 기와, 벽돌생산에도 넘어갔으리라는것을 짐작할수 있다.

지난 시기 고구려초기의것으로 인정해오던 거치른 질그릇, 돌림판을 쓰지 않고 거치른 흙을 리용하여 손으로 빚어 만든 질그릇은 적지 않은 경우 고구려에 선행한 구려국시기이전의 유물이였다고 인정된다. 물론 농촌에서나 산간벽지에서는 이러한 질그릇을 비교적 오래동안 사용하였을것이다. 그러나 보드라운 바탕흙을 리용하여 돌림판을 쓰면서 만든 모양이 곱고 깨끗한 질그릇도 일찍부터 생산되였다.

고구려의 전형적인 도자기로 보고있는 네귀달린단지는 이미 2세기이전의 무덤들에서 나온다〔《고구려, 발해의 고고와 력사》(일문) 가꾸세이샤, 1991년, 48폐지〕. 일부 질그릇들에는 칠물(유약)을 발라서 방수성을 높이고 미감도 돋군것이 있다. 칠물은 황록유를 비롯한 연(pb)계통의것이 주로 사용되였다.

도기유물로서는 바리, 대접, 보시기, 종지, 접시, 잔, 귀잔, 합, 뚝배기, 옹배기 등과 가마, 시루, 남비, 버치 등 식기 또는 취사용도기들이 있고 동이, 병, 다반, 독, 항아리, 단지, 목긴단지 등 저장용과 운반용도자기들이 있으며 이밖에 실내생활용구로서 벼루, 벼루물통(연적), 꽃병, 화장함, 향로, 초대 등이 있고 또 부뚜막모형, 조각품으로서의 흙부처 등이 있다〔《조선수공업

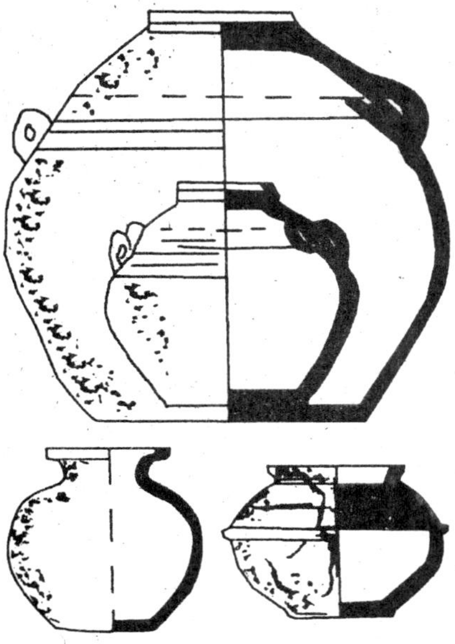

그림 23. 고구려의 단지

사》 (1) 공업출판사, 1990년, 96~97페지〕.

고구려의 도기는 그 바탕흙의 조성에 따라 점토질도기, 경질도기, 석회질도기로 구분된다. 점토질도기에는 점토의 비중이 크고(75~85%) 석영, 모래가 적게 들어있기때문에 굳지 못하고 흡수성이 높은것이 결함이다. 고구려초기, 중기의 도기들은 대부분 연질도기계의 점토질도기였다.

경질도기에는 점토질이 45~65%, 석영이 25~40%, 장석이 5~15% 포함되여있다. 경질도기는 산화철(Fe_2O_3)의 량이 적고 이산화규소(SiO_2), 산화알루미니움(Al_2O_3)이 많은 비중(87~90%)을 차지하고있다. 경질도기는 점토질(연질)도기에 비하여 물흡수률은 절반정도이고 당김세기, 누름세기, 구부림세기는 거의 2배나 높다. 이것은 밀페된 가마에서 1 000℃ 이상의 높은 열로 구워낸것으로서 두드리면 쇠소리가 난다.

석회질도기에는 점토질이 35~55%, 석영이 30~40%, 고회석이 15~20%정도 함유되여있으나 고구려도기가운데 그것이 차지하는 량은 얼마 되지 않았다.

고구려초기의 도기들은 겉면갈기수법을 고대보다 더 많이 리용하였으나 돌림판을 쓰는 기술이 보급됨에 따라 그것은 없어지게 되였다.

고구려도기들은 흡수성을 줄이고 미관을 돋구기 위한것의 하나로 제작리용되였는데 소성과정에 솔잎에서 증발된 탄화된 송진, 탄소알갱이들이 그릇표면에 배여 들어가서 검은색을 띤것이 많다. 검은색도기는 대개가 고구려중기의 것들이고 초기의것은 많지 않다.

고구려사람들은 도기제작에서 여러가지 무늬장식(약 20종)을 적용하였다. 그 수법에는 점무늬, 활등무늬, 4각형무늬 등을 찍어내는 누르기법(인화법), 끝이 뾰족한 도구로 도기의 표면에 줄무늬, 톱날무늬, 곱하기표무늬 등을 그려내는 긋기기법, 줄무늬, 오각별무늬, 노끈무늬, 꽃무늬 등을 도기표면보다 두드러져 나오게 하는 돋힘기법(양각기법)이 있었다. 도기장식기법에서는 그릇표면에 직접 여러가지 색감으로 그림을 그리는 기법도 적용되였다.

칠물(유약)을 바르는 기술도 일찍부터 개발, 적용되였다. 건국 초기의것에는 부분적으로 나타나고있으며 대량적으로 나타나게 되는것은 대략 3세기초이

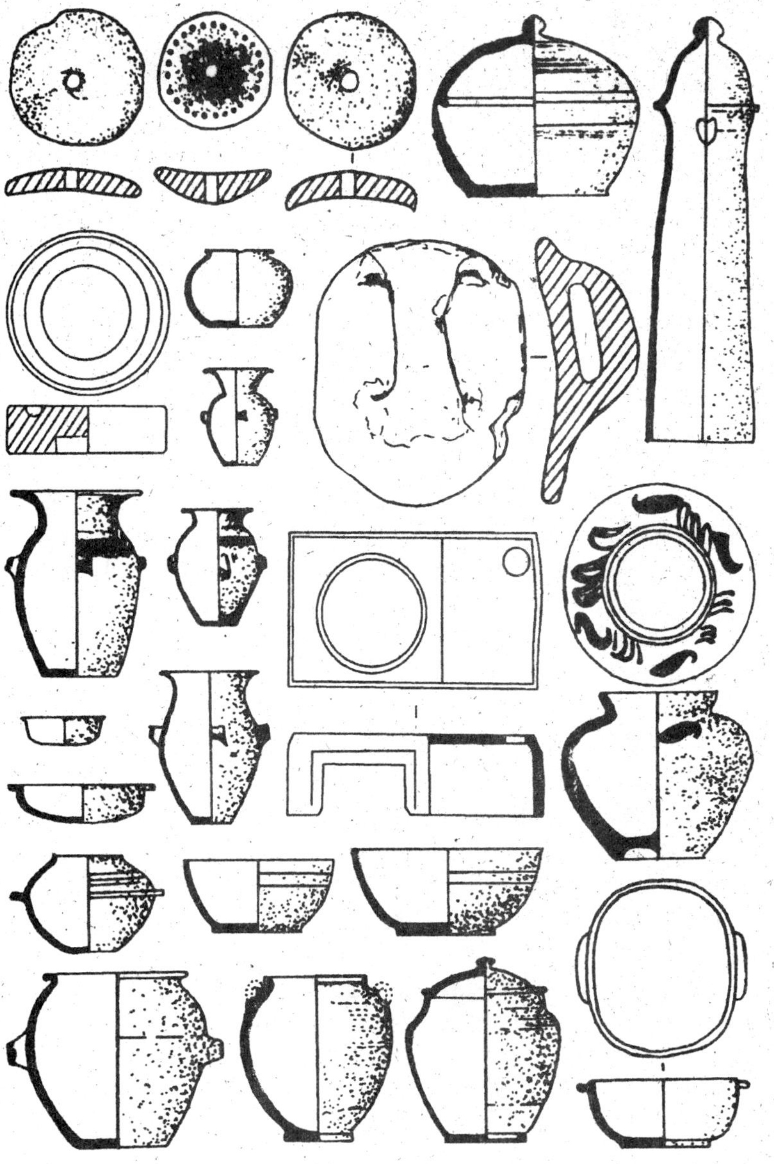

그림 24. 집안일대 고구려의 도기

전이고 그것이 매우 높은 경지에 이르는것은 4~5세기경이다. 유약의 색갈은 누른색, 누른풀색, 풀색, 검은색, 누른감색, 밤색 등 여러가지가 있다. 각종 유약을 바른 도기들로서는 네귀달린 단지, 병, 나팔병, 바리, 보시기, 그릇뚜껑, 귀잔, 대야, 시루, 가마, 부뚜막모형 등이 있다.

고구려의 유약은 저온 연유약으로부터 붕산질유약으로, 다음에는 고온 알카리유약으로 발전하였다고 보고있다. 대략 4세기 중엽에 와서는 저온 연유약단계를 벗어나서 보다 높은 단계인 붕산질유약이나 알카리질유약을 쓰는 단계로 넘어갔다.

실험에 의하면 유약의 풀색은 일반적으로 산화크롬(Cr_2O_3)에 의하여 발색되며 그것은 높은 온도에서도 그 색갈을 잘 유지한다. 거기에 산화칼시움(CaO)을 첨가하면 더 아름다운 풀색이 된다. 산화크롬과 산화동(CuO)을 함께 섞으면 선명하고 화려한 풀색으로 되며 특히 산화코발트를 소량 첨가하면 풀색이 더욱 강해진다. 누른풀색유약은 안티몬을 기본으로 하여 산화동을 첨가하는 방법으로 얻어내였다고 본다.

누른색, 붉은색, 검은색유약은 우라니움유약을 썼다고 인정되고있다. 우라니움붉은색은 소성온도(1 040℃)가 높을수록 밝고 진한것으로 되며 1 050℃ 이상에서 소성하면 누른색으로 변하고 나중에는 검은색이 된다. 환원성분위기에서는 고온, 저온을 가리지 않고 재색, 밤색, 검은색유로 된다. 그러므로 고구려에서 유약의 색은 우라니움산화물과 그 소성에 의한 변화가 주류를 이루었다고 보기도 한다. 이밖에도 소성온도와 물질의 종류에 따라 각이한 색갈을 나타내였다. 고구려사람들은 도기에 쓰는 착색금속산화물과 색감을 많이 개발하여 리용하였을뿐아니라 벽화를 그리는데 쓰는 천연색감도 많이 만들어내여 훌륭한 벽화를 그려냈다.

고구려의 도기에는 련꽃무늬있는 그릇뚜껑, 백호무늬단지 등 우수한 채색기술을 적용한것도 있다. 그릇뚜껑은 8꽃잎을 가진 련꽃무늬를 그린것이다. 백호무늬단지는 내달리는듯한 백호를 그린것인데 백호의 힘껏 들어올린 앞발, 불꽃무늬와 같이 휘날리는 날개털, 힘있게 뻗은 긴꼬리 등 맹수의 특징을 잘 묘사한것으로서 강서중무덤의 백호그림과 매우 흡사하다.

채색기술은 하회장식과 상회장식으로 나뉘는데 하회장식은 유약의 밑그림(때로는 유약의 우에 그릴수도 있다.)으로 장식하는 고온성채색장식이고 상회장식은 소성한 유약면에 장식하는 저온성채색장식이다. 고구려에서는 주로 상회장식을 적용하였는데 그것은 질그릇을 초벌 소성하여 그 우에 천연색감 또는 합성색감으로 그림을 그리고 다시 완전소성하는 방법이다.

이러한 채색장식을 할 때 바탕흙에 먼저 아교나 초(파라핀)를 바르고 그림을 그렸다고 본다. 그렇게 하지 않고 건조한 바탕흙 또는 초벌 소성한 바탕흙에 그림을 그리면 물을 몹시 빨아들이게 되므로 요구하는 장식무늬형상을 제대로 나타낼수 없기때문이다. 고구려사람들은 또한 질그릇에 그림을 그릴 때 청각풀(바다풀의 일종), 느릅나무풀(느릅나무 뿌리껍질을 가루낸 풀), 마늘즙, 파즙 등을 점착제로 썼다고 인정된다. 그것은 점착제 없이 그림을 그리면 하회그림이 물에 풀리면서 그림형태가 이그러지기때문이다. 우에서 든 도기의 그림들은 아주 생동하고 이그러진데가 없는데 그것은 바로 점착제를 리용하였다는 것을 말해준다〔《조선기술발전사》(2) 과학백과사전종합출판사, 1996년, 143~151페지〕.

고구려에서의 요업발전수준을 집중적으로 보여주는것은 이른 시기부터 자기(사기)가 생산되고있었다는것이다. 고령토를 바탕흙으로 삼고 밀폐된 가마에서 높은 온도로 구워낼 때 자기가 얻어지고 자연유로부터 출발하여 각종 칠물(유약)이 발명도입되게 되는것은 자연적인 추세로 된다고 할수 있다.

고구려초기무덤떼가 있는 자강도 만포시 연상리 2호무덤떼의 7호무덤에서는 흰자기쪼각이 3점이나 발견된바 있으며 고구려초기 산성의 하나인 길림성 류하현 라통산성의 서쪽성을 발굴할 때 트렌치 1호의 제2층(지표에서 36~70㎝ 깊이)에서도 흰자기쪼각 3개가 나왔는데 그 바탕이 다소 거칠고 안속부분은 누런빛을 띠고있었다〔《문물》(중문) 1985년 2기, 42~43페지〕.

또한 집안 M195호무덤(방형 계단돌칸무덤)에서는 회백색의 네귀달린 도자기가 나왔는데 원시적자기와 같다고 하였다〔《고고》(중문) 1983년 4기, 《집안고구려묘장발굴간보》〕.

무순 고이산성에서도 백색, 흑색 유약을 바른 자기쪼각들이 나왔고 료양동쪽 연대탄광부근에서는 고구려사람들이 석탄을 리용하여 송요같은 도자기를 구웠다는것이 알려지고있다〔《료해문물학간》(중문) 1987년 2기, 46페지, 《세계지리풍속대계》 1권 (일문) 신꼬샤, 1931년, 217페지〕.

이밖에 집안 우산무덤떼 3 319호무덤에서는 반구청자병이, 같은 무덤떼 2 208호무덤에서는 유백색 자기병이 나왔으며 료양 상왕가촌 벽화무덤에서는 돼지모양 자기변기, 평양시 삼석구역 토포리무덤에서는 모란청자병이 나왔다〔《조선기술발전사》(2) 과학백과사전종합출판사, 1996년, 151페지〕.

더우기 금호지구 오매리절터유적에서는 발해문화층의 맨 아래층 즉 고구려말기문화층의 바로 우의 층에서 상감무늬자기까지 발견되였다.

그리고 황해남도 배천군 원산리1호가마터에서는 나팔형잎큰병, 나팔형아구리단지 등 청자기가 나왔으며 그 부근에서는 백자자배기도 나왔다(《조선고고연구》 4호 사회과학출판사, 1991년, 23~24페지).

봉천군 봉암리에서는 고구려의 도자기가마터 4개가 발굴되였는데 가마터의 웃부분은 무너졌으나 바닥과 벽체구획은 명백히 남아있었다. 가마터들의 길이는 5.4~6.2m정도, 너비는 2.2~2.6m, 소성실바닥의 경사도는 약 10° ~22°였다. 여기서는 여러가지 도기들과 함께 대접, 바래기, 접시, 쟁반형아구리병 등과 갑자, 갑자뚜껑, 밀대 등이 나왔다.

가마터들에서 나온 유물들은 안학궁터와 동명왕릉주변 고구려유적들에서 나온것들과 많은 공통점들을 가지고있다. 이 가마터는 5~7세기의것으로 판명되였다(《로동신문》 1993년 9월 12일).

이 모든것은 고구려에서 2~3세기 또는 그 이전에 자기생산이 시작되였고 고구려말기까지는 여러가지 자기들을 생산하였다는것을 말해주고있다.

고구려요업에서 주요생산물의 하나는 각종 기와, 벽돌이다. 고구려에서는 이미 B.C. 3~B.C.2세기부터 기와가 생산되였다(《사회과학원학보》 주체94(2005)년 1호, 55페지).

기와, 벽돌생산기술도 도자기생산기술과 함께 거의 동시에 발전하였다. 그것은 배천군 원산리, 봉천군 봉암리가마터에서 도기와 자기가 동시에 생산된것을 보아도 알수 있다. 질좋은 기와, 벽돌에 대한 사회적요구가 높아감에 따라 경질도기나 청자기와 같은 질의 기와제품이 생기게 되는것은 필연적현상이라고 볼수 있다. 계단돌칸무덤들에서 나온 기와나 벽돌들을 보더라도 회색 또는 붉은색의 질좋은 굳은 기와, 벽돌류는 늦어도 3세기경부터는 생산되였다고 볼수 있고 청회색기와도 4세기경부터는 생산되였다고 인정된다.*

* 《집안현문물지》(1984년 155~157페지)에 의하면 마선구1호무덤벽화에는 청색기와로 이은 지붕이 보인다고 한다. 이 무덤은 4세기말로 편년되는 벽화무덤으로서 거기에 보이는 청색기와는 청자기와가 아니면 청색경질기와였을것이다. 4세기 말~5세기 초에 건설된 안학궁의 기와의 절대다수는 청회색기와이고 그중에는 두드리면 쇠소리가 나는것도 많다.

고구려에서 붉은기와는 5~6세기까지도 많이 쓰이였지만 고구려후기에 올수록 청회색의 탄탄한 굳은 기와의 비중이 늘어난다. 이것은 요업기술이 시간이 감에 따라 높은 수준으로 발전하였음을 보여준다.

고구려의 우수한 요업기술은 백제, 신라 등 이웃나라들에도 전달되였다.

신라의 흥륜사터(경주)나 백제의 암사동절터(서울시) 등 초기 절터들에서 나온 기와의 무늬가 고구려의것과 류사하다는것은 기와제조기술자체도 고구려에서 전달된것임을 말해준다〔《사회과학원학보》 주체94(2005)년 1호, 57~58페지〕.

발해때 우수한 자기가 대량적으로 생산된것도 그 력사적연원이 고구려에 있었기때문이였다.

고구려요업 특히 기와제조에서 주목되는 점의 하나는 수기와나 암기와의 성형 또는 소성과정에서 서로 붙지 않게 쉽게 분리시키기 위해 기와에 새겨넣은 홈들이 있는것이다. 홈들은 큰 쐐기형으로 된것도 있고 그저 가느다란 나무쪽을 기와장사이에 놓아 생긴 홈도 있고 지어는 끈으로 기와장들을 서로 붙지 않게 만든 홈도 있다. 이러한 홈들은 기와를 만들 때 밑바탕으로 되는 나무쪽재료의 일부 부분이 두드러져나와 있었기때문에 생겨날수도 있다. 기와를 만드는 바탕흙을 모형들의 겉에 붙이는가 안에 붙이는가에 따라 그리고 한번에 여러 장을 겹쳐서 성형하는데 따라 홈의 형태가 달라질수 있었다고 생각된다. 그런데 이러한 홈을 내는 수법은 고구려, 백제, 발해에서만 주로 사용되고 신라나 고려이후로는 사용되지 않았다고 한다.

평안북도일대의 옛 성들에는 아무런 무늬장식이 없는 회청색, 회색기와들이 많은데 그 뒤쪽에는 우에서 본것같은 홈, 줄들이 나있는 경우가 적지 않다. 이것은 무문기와의 제작년대, 시기를 확정하는데서 큰 의의를 가지는것이다.

8. 방직 및 염색기술

1) 방직기술

고구려에서 생산된 천으로서는 삼베, 모시베, 면직물(풀솜실로 짠 직물), 비단, 모직물 등이 있었다. 이러한 천(직물)들은 이미 원시, 고대이래로 생산되여 오던것들이지만 고구려때에 와서 실낳이, 천짜는 기술은 더 한층 발전하였다.

삼베천은 고구려의 전지역에서 가내수공업제품으로 널리 생산되였다. 《수서》 권81 고려(고구려)전에는 백성들이 국가앞에 납부하는 세납현물가운데 한사람당 한해에 베 5필을 들고있으며 또 《노는 사람》(국가앞에 다른 역을 지지 않는 사람 또는 농사짓지 않는 평민 등)들은 10명이 가는베 1필을 3년에 한번씩 바친다고 하였다. 보통 삼베는 리조시기 5승포(다섯새베)와 같이 비교적 굵은 실로 짠 베였으나 가는베는 20새이상 되는것으로서 그것을 짜는데 그야말로 많은 품이 드는것이였고 값도 엄청나게 비싼것이였기에 《10명이 3년에 1필》이라고 규정하였다고 볼수 있다. 이밖에 《한원》에 인용된 《고려기》에는 청포도 있는데 그것도 값비싼 베천이였다. 고구려에서 천을 베틀을 리용하여 짰다는것은 쌍기둥무덤의 벽화, 대안리1호무덤의 《베짜는 녀인》그림에서 찾아볼수 있다.

그림 25. 직녀도 (대안리1호무덤)

모시(저마)베도 많이 생산하였다. 삼실낳이와는 달리 모시실낳이는 매우 섬세하고 균일하게 만들어야 하는만큼 많은 공력이 들었다.

고구려에서는 견방적기술도 발전하

였다. 《고려기》에는 《그 나라사람들이 금(비단)을 만드는데 자지힐문금(보라색바탕에 여러가지 무늬를 놓은 비단)을 상품(좋은 물품)으로 치고 그 다음은 5색금, 운포금이 있다》고 하였다. 옛 기록에 보이는 비단들을 보면 금(두텁게 짠 비단), 라(성글게 짠 비단), 사(얇게 짠 비단), 견(생명주실로 짠 비단), 시(굵은 실로 짠 비단) 등이 있었다.

평양시 대성산성 성벽 돌더미속에서 발견된 천쪼박은 누에고치실로 짠것인데 육안으로도 천오리가 뚜렷하게 보인다. 천은 비교적 성글게 짠 평짜임조직으로 되였으며 실오리가 고르롭고 천의 평활도가 높은데 그것은 당시의 비단천짜기기술수준이 높았다는것을 보여준다. 또 집안시 장천2호무덤에서 나온 비단쪼각은 꽃무늬를 놓은 매우 정교한 제품이였다. 날실은 56올/㎝, 씨실은 32올/㎝이고 날실의 굵기는 직경 0.2~0.3㎝, 씨실의 굵기는 0.2㎝였다〔《중국북방8성시고고론저희편》(중문) 제8분책, 1987년, 1 178페지〕.

이것은 중세비단제품으로서는 매우 우수한것이라고 할수 있다.

모직물도 널리 생산되였으나 대개 고위급 귀족관료들이 리용하였던 고급직물이였다.

털섬유의 종류에는 양털, 소털, 개털 등 여러가지가 있었으나 그가운데서 가장 많이 쓰인것은 양털이였다. 털섬유는 비늘층, 섬유층, 모수층으로 이루어졌다. 비늘층은 섬유층을 보호해주는 역할을 하고 기본은 섬유층이다. 털섬유는 가늘기에 따라 세모와 반세모로, 빳빳한 정도에 따라 조모와 반조모로 구분된다.

양털은 실을 켜고 천을 짜려면 우선 실을 켜기전 꼬치실을 만들때 까지의 1차가공공정을 거쳐야 한다. 여기서는 털속에 있는 풀씨, 검불, 나무가지, 흙, 먼지, 배설물이 붙은것, 털자체에 있는 양지, 비듬, 땀 등과 같은 물질들을 제거해야 한다. 그러므로 먼저 불순물을 제거하는 타모작업을 해야 한다. 즉 싸리가치나 물푸레나무의 잔가지로 된 타모채로 두드려서 잡것들을 없앤다. 다음 재물을 리용하여 세척한다. 털섬유는 알카리에 잘 견디지 못하므로 재물의 농도, 세척온도, 시간을 잘 조절하여야 한다. 그러므로 재물을 푼 뜨거운 용액으로 재벌씻기를 하면서 털의 물리-력학적성질을 잘 보존하는 기술이 요구된다. 이 공정을 제대로 진행하면 이김, 바래기한 식물성섬유와 같이 흰빛갈이 높아진다. 다음 꼭 짜서 헤쳐 말리운다. 채 빠지지 않은 풀씨 잔나무가지, 풀잎 등은 빗으로 긁어내는데 여기서는 두개의 빗질판을 맞대여놓고 그 사이에 솜쪼박을 두고 긁어준다. 그러면 털섬유의 얇은 막(빗질막)이 생기는데 그것으로 솜편꼬치를 만들어 물레질법으로 털실을 뽑아낸다. 물레는 실켜기, 켠 실의 빔주기, 두올이상의 합연(합쳐서 꼬는것) 등 여러가지 용도에 씌였다. 물레로 뽑은 실토리로 작태한 다음 두루마리에 감아 베천 짤 때와 같이 잉아뗌, 바디뗌을 하여 모직천을 짜게 된다. 백첩포는 목면이 아닌 식물의 가는 섬유로서 짠 면직물의 일종이였으나 그 생산에서는 많은 품이 드는 고급직물이였다.

2) 염색기술

고구려에서는 각종 천에 물을 들이고 무늬를 찍어서 옷을 비롯한 각종 직물재료들을 만들어 리용하였다. 고구려건국설화가운데 나오는 고주몽이 부여땅에서 구려땅으로 오던 도중 모둔곡에서 만난 세사람가운데 한사람은 삼베옷을 입었고 다른 두사람은 중의옷(검은옷), 마름옷(풀색옷)을 입었다고 하였는데 검은 옷이나 마름옷은 물을 들여서 지어 입은 옷임이 분명하다.

물들이기는 삼베천뿐아니라 삼실, 모시천, 견(명주)섬유, 털섬유로 된 천이나 실에도 다 적용되였다. 《신당서》 권220 고려(고구려)전에 의하면 고구려왕은 5채(다섯가지 채색을 한 비단)를 입고 대신들은 청라관(푸른 라직천으로 된 관)을 쓰며 그다음급 관료들은 강라관(붉은색 라직천으로 된 관)을 쓴다고 하였다. 5채란 본견비단실을 다섯가지 색갈로 물들여가지고 조화롭고 찬란하게 짠 비단을 의미한다.

고구려벽화를 보면 고구려사람들은 여러가지 무색옷, 여러가지 색갈의 무늬놓은 옷을 입었으며 한가지 옷도 여러가지 색갈의 천으로 지었다는것을 알수 있다.

우선 물감으로서는 홰나무(괴목)의 꽃에서 색소를 추출하여 노란색과 초록색으로 물을 들였다. 식물성물감인 홰나무꽃색소는 매염(색붙이물감)이므로 물들일 때 쓰는 색붙임제의 종류에 따라 색이 다르게 나타난다. 실험적으로 색붙임제로서 중크롬산칼리움과 류산(각각 3%와 1.5%), 알루미니움명반과 포도주산염(각각 5%), 류산동과 싱아산(6%, 3%), 류산철과 젖산(각각 5%), 이염화석과 젖산(각각 5%)을 써서 모섬유를 물들였는데 석화합물을 색붙임제로 썼을 때 얻어지는 색이 제일 선명하고 질었다.

산뽕나무껍질에서 추출한 색소로 물을 들이면 노란색을 얻을수 있고 푸른색은 쪽나무, 계자나무, 보라색은 개암나무, 지치, 비름의 색소로 물들일수 있다. 검은색은 밤껍질, 상수리나무, 불나무, 밤색은 참나무, 측백나무에서, 붉은색은 꼭두선이, 홍화, 돌배나무에서 얻을수 있다. 노란색물감으로는 황경피나무, 채양버들, 지황, 제비꽃의 색소를 리용하여 얻을수 있다.

삼베천, 삼실은 여러가지 색천을 짜는데 리용되였고 말머리장식, 수예품생산에도 리용되였다. 삼(대마)섬유에는 지방질, 랍질, 펙틴질 같은 물질이 있으므로 물감이 섬유깊이에까지 스며들지 못하며 또 리그닌과 같은 물질이 있으면 섬유는 누른색을 띠게 된다. 그러므로 베천, 베실은 물들이기에 앞서 반드시 이기기를 잘하여 우에서 든 물꺼림성 천연협잡물을 제거하고 실낳이할 때 먹인 풀을 빼주어야 물이 잘 들게 되고 섬유의 손맛도 좋아진다.

이기기는 이김가마에서 하는데 벼짚, 콩깍지, 참나무, 말린삼대, 소나무 등 여러가지 나무와 목초를 태운 재를 리용하였다고 인정된다. 이러한 재속에는 칼리움, 나트리움, 규소 등이 들어있으며 그밖에 산화알루미니움, 산화칼시움, 산화마그네시움, 이산화류황 등이 들어있다. 그중 가장 많이 쓰인 재는 벼짚재(태운 재)였다. 이기기에서는 가마에 이김약과 물을 넣은 다음 천, 실을 넣고 삶는데 베천, 베실에는 리그닌을 포함하여 천연협잡물이 많기때문에 재벌이기기를 하였다. 이긴 다음 더운물, 찬물로 씻고 말린다.

다음 물들이기를 하는데 색붙임제를 함께 써서 색효과를 다양하게 하였다.

물들이기방법에는 전매염법, 동시매염법, 후매염법의 세가지가 있었다. 전매염법은 물들이기를 하기전에 색붙임제를 먼저 섬유재료에 먹이고 다음 물감색소를 먹이는 방법이며 동시매염법은 색붙임제와 물감을 같이 써서 물을 들이는 방법이고 후매염법은 물들인 다음에 색붙임제를 쓰는 방법이다.

베천물들이기는 필을 단위로 하여 띠상태로 하였다. 후매염법을 쓸 때에는 먼저 물감을 푼 욕통에 천을 넣고 서서히 가열하면서 골고루 저어준다. 그래야 섬유겉면으로 물감분자들이 쉽게 가붙게 되고 천이 접힌 부분에도 골고루 물감이 들어가서 얼룩이 생기지 않게 된다. 끓이면서 골고루 물들인 다음 꺼내여 색붙임제를 푼 용기에서 물들이여 물감을 섬유에 고착시키며 그 다음 더운물과 찬물에서 씻고 짜서 말리운다. 그러므로 물들이기욕통은 여러개를 놓고 공정순서에 따라 천을 옮겨가면서 가공처리하였다.

실 물들이기도 천 물들이기와 같은 용기와 조건에서 할수 있다. 실 이김방법에는 타래상태로 이기는 방법, 타래를 베자루안에 넣고 이기는 방법 등이 있었다. 자루를 쓰는 경우 한번에 많은 량을 이길수 있으나 이김효과가 균일하지 못하므로 거듭이김법을 적용하였다.

물을 들인 다음에는 더운물과 찬물로 깨끗이 씻고 압착누름법을 써서 두 판자사이에 젖은 천이나 실을 놓고 판자우에 무거운 물체를 놓아서 물을 빼였다. 그 다음 실치기를 하여 말리웠다.

이상과 같은 물들이기방법은 마섬유의 성질, 물감의 제조방법과 특성 및 용도를 알고 물감과 물들이기에 대한 사전연구와 면밀한 기술준비가 없이는 성과를 달성할수 없었다는것을 말하여준다.

고구려에서는 물들이기, 무늬찍기는 견섬유제품에 제일 많이 적용되였다. 견섬유는 앞에서도 본바와 같이 세리신, 랍질, 탄수화물, 무기물질, 색소와 같은 천연협잡물이 많으므로 생견실, 생견천을 잘 이겨두어야 하며 견섬유의 성질에 맞게 가공방법, 물들이기방법을 잘 적용하여야 하였다. 이미 가공한 제품을 물들이기도 하였으나 주로는 고치상태로 물을 들인 다음 솜을 내여 제품을 만드는 방법을 적용하였다. 그래야 공정도 단순하고 품이 덜 들며 색갈도 고르로와지기때문이였다.

모섬유제품에는 천, 목도리, 보료, 모포 등이 있는데 이미 B.C. 1000년기초에 모직천이 생산되였고 삼국시기에도 겉옷, 등거리, 내의, 바지, 버선, 신을 만드는데 쓰이였던만큼 또 그것들이 여러가지 색갈을 띠고있었던것만큼 물들이기방법을 많이 적용하였다는것을 알수 있다 〔《흑룡강문물총간》(중문) 1983년, 1기, 24페지, 《삼국사기》 권33 잡지 복색〕.

털섬유를 물들일 때에는 털—세척—물들이기—세척—물빼기—건조 공정을 거치였고 실이나 천상태로 물들일 때에는 물들이기—세척—물빼기—건조공정을 거치였다. 그중에서도 털상태로 물들이기를 하는 방법이 많이 적용되였다. 그래야 물감이 골고루 들기때문이다.

무늬찍기기술도 높은 수준에서 발전하였다.

무늬찍기방법에는 협힐(夾纈), 판힐(板纈), 랍힐(臘纈), 교힐(絞纈)과 채화법(그림그리는 법) 등이 있었다.

협힐(판힐)법은 똑같은 무늬를 뚫어 새기거나 선새김한 두장의 판자사이에 천을 두고 무늬를 염색하는 방법이다. 잘 연마한 나무판에 희망하는 무늬를 그리고 무늬없는 부분을 따낸 다음 문판에 색풀을 바르고 찍어내게 된다. 벽화들에서 보면 주로 단순한 무늬들을 골고루 찍어내는데 리용되였다. 무늬에는 선무늬, 점무늬, 줄무늬, 물결무늬, 둥근무늬, 삼각형무늬, 사각형무늬 등이 있었다.

흰바탕의 천 또는 물들인 천에 다른 색무늬를 찍어 색조화를 맞추었다. 고구려벽화무덤에 보이는 무늬들가운데 많은것은 협힐(판힐)의 방법으로 찍은 단순한것인데 그것은 우리 인민이 예로부터 복잡하고 조잡한 무늬를 좋아하지 않고 은근하면서도 소박한 무늬와 색을 더 좋아하였던 민족적미감의 소유자들이였다는것을 보여준다.

무늬찍기한 다음에는 물감고착, 풀제거 등 후처리공정을 겪는데 여기에는 증열, 세척 같은 공정이 속한다.

랍힐법은 천우에 랍을 바르고 물들이기를 하여 무늬를 나타내는 방법이다. 이 방법은 랍의 물꺼림성과 낮은 녹음점을 리용하여 천에 랍을 고루 바른 다음 그우에 무늬를 올리고 무늬의 테두리선을 끝이 뾰족한 도구로 긁어주고 물을 들여 긁힌 부분만 물이 들게 하는 방법이다. 여기서 중요한것은 물들이기 온도를 랍의 녹음점보다 낮게 보장하는것이다. 물을 들인 다음에는 열을 가하여 랍을 녹여버린다. 쌍기둥무덤, 세칸무덤벽화에서 보게 되는 귀족녀인들의 웃옷 아래단에 낸 흰구멍무늬, 치마 아래단에 낸 선무늬 같은것은 랍힐법을 쓴것으로 볼수 있다.

교힐법은 끈으로 천의 요소요소를 매여주고 소젖꼭지처럼 도드라진 부분을 염욕에 담그어 색효과를 나타내거나 판자 또는 막대기에 천을 대고 끈으로 매여줌으로써 물을 들여 색효과를 나타내는 방법인데 이 방법을 쓰면 무늬의 색이 주변으로 퍼지면서 약해지므로 종이우에 잉크방울이 떨어져 확산되여 나간것처럼 물이 들여진다.

채화법은 붓이나 새털같은 도구로 물감용액을 천에 묻혀 그림을 그리거나 무늬를 찍는 방법이다.

고구려벽화를 보면 남자들의 바지색갈과 무늬는 다양하면서도 신분에 따라 차이가 있었다.

평민들은 대체로 노란색바탕옷에 점무늬를 찍은것을 입었다. 그밖에 붉은밤색바탕에 검은색무늬를 찍은것도 입었다. 그러나 통치계급의 바지무늬는 방형(정방형, 장방형)무늬와 선무늬(단선 또는 쌍선) 또는 이 두가지를 배합한것, 둥근무늬와 선무늬를 배합한것, 선무늬와 점무늬를 배합한것 등 여러가지가 있었고 바지바탕색도 노란색, 붉은밤색외에 검은색, 푸른색, 연분홍색, 재색, 풀색 등 여러가지가 있었다.

남자저고리의 무늬에는 둥근무늬, 쐐기무늬, 선무늬, 방형무늬, 점무늬 등과 두가지를 배합한것 등이 있었고 또 무늬색에는 검은색, 붉은밤색, 흰색 등이 있다. 또 바탕색에는 노란색, 붉은밤색, 검은색, 검은재색, 검은풀색, 풀색, 푸른색, 붉은색, 재색 등 다양한 색갈이 있다. 이 모든것은 지배계급들에게는 색갈의 제한이 없었다는것을 보여준다.

바탕색과 무늬색을 대조해보면 일반적으로 무늬색을 더 세게 부각시켜 색대조가 뚜렷하게 나타나도록 한것이 특징이다. 이것은 고구려사람들이 색에 대한 시감각적표상뿐아니라 진한색과 연한색, 짙은 색과 얕은 색에 대한 표상도 똑똑히 체득하고 그것을 실생활에 옳게 적용하고있었다는것을 말해준다〔《조선기술발전사》 (2) 과학백과사전종합출판사, 1996년, 55~77페지〕.

제 2 절 사상과 종교

고구려에서는 자주성을 위한 근로인민대중의 투쟁이 강화되고 과학, 문화가 발전함에 따라 진보적인 철학사상, 사회정치사상, 륜리도덕적견해들이 발전하였다. 한편 지배계급의 리익을 대변하는 여러가지 종교, 신앙이 장려되고 그것을 리론적으로 안받침하는 관념론적 및 종교적인 철학사상조류와 륜리도덕적견해들이 류포되였다. 이리하여 직관적이나마 세계를 있는 그대로 보려는 유물론적철학사상과 세계를 외곡되게 보는 관념론적철학사상은 서로 대립되여 투쟁하였다.

1. 진보적사상조류

고구려에서 진보적사상조류로서는 유물론, 무신론, 변증법 사상요소들과 애국사상, 상무정신, 정의와 진리를 사랑하는 정신, 부모에 대한 효성과 벗들에 대한 의리를 지키게 하는 륜리도덕적견해 등을 들수 있고 보수적인 사상으로서는 각종 종교사상, 관념론 등을 들수 있다.

그러나 당시의 력사적조건에서 진보적사상이라 할지라도 종교관념론이나 봉건적륜리도덕의 영향을 적지 않게 받지 않을수 없었다.

진보적인 철학사상, 사회정치적견해가운데서 중요한것은 유물론, 무신론사상이다.

고구려의 진보적사상가들은 세계를 그 어떤 초자연적인 신이나 관념의 산물로 설명하려는 종교사상이나 관념론을 반대하면서 세계가 물질적실체인 기로 형성되여있다고 보았으며 《음기》와 《양기》의 호상 작용과 조화에 의하여 사물현상의 운동, 변화가 이루어진다고 보았다. 고구려사람들은 세계가 물(水), 불(火), 나무(木), 쇠(金), 흙(土)의 다섯가지 성질을 가진 물질들로 이루어져있다고 보기도 하였고 또 흙, 물, 불, 바람의 네가지 요소(4대, 四大)에 의하여 구성되여있다고 보기도 하였다.* 이러한 음양 5행, 4대 사상은 원래는 소박한 유물론사상에서 출발한것이였으나 후에 유교, 불교 등의 관념론, 종교사상과 결합되면서 적지 않게 변질되였다.

* 고구려사람들이 5행설을 알고있었다는것은 《삼국사기》 권14 고구려본기에 북방은 검은색, 남방은 붉은색을 대표한다고 한것. 《후한서》 권115 고구려전에 5부를 방위와 결부시켜 흑부, 적부, 백부, 청부, 황부 등으로 부르기도 하였다고 한것을 통해서도 알수 있다.

4대에 관한 사상은 고구려에서 류포된 불교 성실종학파의 학설에도 나온다.

고구려의 진보적사상가들은 각종 신비주의적인 유신론, 령혼불멸설 등을 반대하면서 무신론적인 사상을 내놓았다.

고구려사람들은 자주의식이 높고 상무정신이 강하였던만큼 초인간적이며 초자연적인 신을 믿지 않고 모든것을 사람자신의 언어, 행동과 관련시켜 보는 관점의 소유자들이 많았다.

그러한 실례로 고복장의 견해를 들수 있다. 142년(태조대왕 90년)에 왕이 꿈을 꾸었는데 표범이 범의 꼬리를 물어뜯었다. 깨여나서 그것이 길한 꿈인지 흉한 꿈인지 신하들에게 물어보니 어떤 사람은 말하기를 《범이란 온갖 짐승의 어른이고 표범은 범비슷한데 작은 짐승이다. 생각컨대 왕의 일족가운데서 대왕의 후대들을 끊어버릴 음모를 꾸미고있는것이 아니겠는가》라고 하였다. 왕이 이 말을 듣고 좋아하지 않았다. 그러나 우보 고복장은 《나쁜짓을 하면 길한것도 변해서 흉한것이 되고 좋은일을 하면 재앙도 오히려 복으로 변하니 지금 대왕이 나라일을 집안일 대하듯 우려하고 백성들을 아들과 같이 사랑하니 비록 자그마한 변고가 있다고 하더라도 무슨 손상될것이 있겠소이까.》라고 대답하였다.

이것은 길흉, 화복이 그 어떤 꿈이나 징조에 의하여 좌우되는것이 아니라 사람이 어떻게 행동하는가에 달려있다는것을 강조하는것으로서 무신론적사상요소를 내포하고있다(《삼국사기》 권15 고구려본기 태조대왕 90년 9월).

고구려사람들속에서는 변증법적사상요소도 적지 않게 알려져있었다. 그것은 《역(易)》의 사상을 해설하는 역학자의 활동에서 찾아볼수 있다. 중국의 왕필(A.D. 3세기 사람)이 《주역》을 해석하면서 흔히 고구려 역학자의 말을 인용하였다고 하는데 고구려에서 변증법적사상요소가 있었다는것은 이 사실을 가지고 명백히 알수 있다〔《삼국지》권28 종회렬전(왕필)〕.

148년(차대왕 3년)에 왕이 사냥을 나갔다가 흰여우를 쏘았는데 맞지 않았다. 왕이 사무(무당우두머리)에게 물어보니 《여우란 놈은 요사스러운 짐승인데 그 색까지 희니 더욱 괴이하다. 하늘은 순순히 말로 타이를수 없기때문에 요괴스러운것을 나타나게 하여 왕이 두려워하고 반성하게 하자는것이다. 왕이 만일 덕을 닦으면 화를 복으로 전환시킬수 있다.》는 내용으로 대답하였다. 이 말을 들은 차대왕은 《흉하면 흉한것이고 길하면 길한것이지 너는 이미 요사스럽다고 하고는 또 복이 된다고 하니 이는 나를 속이는것이 아니냐.》하고 그를 죽여버렸다고 한다.

길흉, 화복의 호상관계에 대한 관점에서 차대왕은 서로 고립적인 개념, 현상으로 보고있으나 사무는 그것이 서로 련관되여있고 서로 전환될수 있다는 견해를 표명하고있다. 이렇게 사물현상이 조건과 환경에 따라 서로 다른것으로 변할수 있다고 보는 사상은 비록 미신적인 현상을 가지고 론한것이기는 하나 일정하게 변증법적사상요소를 가지고있다(《삼국사기》 권15 고구려본기 차대왕 3년 7월).

또한 병법(군사학)분야에서 고구려사람들은 적의 허실을 잘 알고 그것을 능숙하게 리용하였다. 즉 적의 약한 측면과 강한 측면을 옳게 파악하고 강한것을 약하게 만들고 적의 약점을 리용하여 격파하였으며 반대로 우리의 불리한 점은 청야수성전술을 써서 유리하게 전변시켰다. 이 역시 변증법적사고의 발현이며 그것을 실지 전쟁에 적용하여 승리를 보장한 실례로 된다(《조선철학사》(1) 과학백과사전종합출판사, 1981년, 82~83페지).

고구려의 진보적인 사회정치적견해에서 중요한 자리를 차지하는것은 고구려사람들에게 사대주의가 없었다는것이다.

고구려사람들은 높은 민족적긍지를 가지고 남의 힘을 믿으며 남을 맹목적으로 떠받드는 사대주의굴종사상을 철저히 배격하였으며 나라와 민족앞에 나선 문제들을 자기의 지혜와 힘으로 해결하여 나갔다.

고구려사람들은 자기 조국과 민족을 귀중히 여기고 사랑하는 정신이 강하였으며 조국방위에 참가하여 용감히 싸우는것을 가장 신성하고 영예로운 일로 여기고 언제나 만단의 준비를 갖추었다.

고구려사람들은 대외활동에서도 당당한 자세를 가지고 자기 조국과 민족의 리익을 침해하려는 행위에 대하여서는 사소한 양보도 하지 않았으며 조국과 민족의 존엄을 튼튼히 지켜냈다.

고구려사람들은 자기의 독자적인 년호를 사용하였으며 한, 위, 연, 수, 당나라의 침공을 비롯하여 여러차례에 걸치는 외래침략자들의 침공도 자체의 힘과 자기의 전술, 무장으로 용감히 물리쳤다.

고구려사람들은 사대주의가 없었기때문에 일상생활이나 민간오락과 경기, 례의풍습도 자기 민족의 고유한 풍습에 맞게 하였다. 생산도구를 만들어도 그렇고 지어 질그릇제조에 이르기까지 남의것을 본따는것이 아니라 모두 자기의 구미에 맞게 독자적인 형식으로 만들어냈으며 옷차림이나 생활양식도 모두 자기식대로 창조하였다. 다른 나라의 사상이나 문화를 받아들이는 경우에도 그것을 자기의 요구와 리익에 맞게 받아들이였다.

고구려사람들이 지닌 진보적인 사회정치적견해가운데서 중요한것은 또한 상무의 정신 즉 무술을 숭상하고 그것을 익히는것을 의무로 여기는 정신이다.

고구려사람들은 조국방위를 위해 무술을 익히였을뿐아니라 자기의 생활상 요구 즉 사냥이 생업의 중요한 자리를 차지하였다는 사정과 관련해서도 말타기와 활쏘기, 창쓰기, 칼쓰기 등 무술을 숭상하게 되였다. 그리하여 상무정신은 고구려사람들의 특징적인 사상정신적풍모를 보여주는것으로 되였다.

고구려사람들의 상무정신은 봉건사회제도하에서 봉건국가와 봉건군주에 대한 《충성》과 결부되는 등 시대적 및 계급적제한성을 가지지 않을수 없었으나 당시의 력사적조건에서는 민족적리익을 지키고 민족의 력사를 빛내이는데 이바지한 진보적인 사상이였다.

고구려인민들속에서는 정의와 진리를 사랑하고 의리를 굳게 지키는 사상정신이 강하였다.

246년 고구려－위전쟁에서 밀우와 뉴유가 자기희생적인 투쟁으로 적을 물리칠수 있었던것은 봉건적충군사상과 결부된것이기는 하였지만 정의와 진리를 위하여 투쟁하는 정신이 강하였기때문이였다. 또한 폭군인 모본왕을 처단한 두로의 행동이나 백성들의 어려운 생활처지는 돌보지 않고 요란한 왕궁을 건설함으로써 국왕의 권위만을 높이려고 한 봉상왕을 몰아낸 국상 창조리의 정변도 봉건통치를 유지하려는 지배계급의 리익을 반영한 점도 있으나 인민들의 지향도 반영하고있었다. 따라서 그것은 력사적으로 긍정적이며 진보적인 사변으로 되였으며 불의를 반대하고 정의와 진리를 사랑하는 정신의 발현으로 되였다(《삼국사기》 권14 고구려본기 모본왕 6년 11월, 권17 고구려본기 봉상왕 9년 정월).

고구려사람들이 의리를 생명보다 귀중히 여겼던 사실은 노래《연양》의 내용에도 잘 반영되여있다. 거기에는 어떤 사람이 자기를 믿어준 사람에게 끝까지 의리를 지키겠다는것을 나무에 비기면서 결의한 내용이 들어있다(《고려사》 권71 악지 삼국속악 고구려).

이와 같은 진보적인 사상조류, 륜리도덕적견해들은 무엇보다도 고구려인민들속에서 숭상되고 널리 퍼진 사상견해였다. 그렇기때문에 그것은 일부 하층귀족들에게도 영향을 주었고 사회적으로 숭상되는 사상견해로 될수 있었다.

인민들속에서는 이러한 진보적사상에 기초하여 나라에 《충성》을 다하며 자기를 낳아 키워준 부모에게 《효성》을 다하는것을 마땅한 의리로 여기는 사상감정, 이웃간에 화목하고 어려운 때에는 서로 도와주고 이끌어주는 건전한 륜리도덕이 지배하였다.

이것은 봉건통치계급이 유교도덕에 기초하여 강요한 《충효》사상과는 본질적으로 다른것이였다.

고구려인민들은 남녀사이, 벗들사이의 관계에서도 깨끗하고 의리가 있는것을 숭상하였다. 결혼을 할 때에도 남자집에서 술과 고기를 보내왔을뿐 다른 례물을 보내지 않았다는것, 혹 재물을 받으면 그것은 딸을 종으로 팔아먹는 행위라고 하여 사회적비난을 받았다는것 등은 결혼을 재산과 사회적지위를 보아가면서 리해관계를 따지던 지배계급의 결혼방식과는 다른 건전한 도덕관념을 보여주는것이였다.

2. 종교, 신앙, 관념론적사상조류

고구려에서도 봉건통치계급은 자기의 정치적 및 경제적지위를 공고히 하기 위하여 각종 종교와 신앙, 관념론적철학사상과 봉건적륜리도덕을 장려하고 전파시켰다. 통치계급은 봉건적착취와 억압을 반대하는 인민대중의 계급투쟁이 강화되자 그것을 폭력으로 진압하는것과 함께 사상적으로 인민대중의 계급의식, 투쟁의식을 마비시키기 위하여 이미 있던 종교미신, 관념론을 류포시켰을뿐아니라 다른 나라로부터 새 종교를 끌어들이기도 하였다.

1) 고유종교, 신앙

고구려에서 고유종교, 신앙으로서는 하늘신숭배, 시조신숭배를 비롯하여 해와 달, 토지, 산천의 신에 대한 숭배, 신선사상 등이 있었다.

고구려통치계급은 국왕의 권위를 높이기 위하여 시조 동명왕을 《신격화》하였고 그를 하느님(천제)의 아들 또는 손자로 떠받들도록 하였다. 처음에는 동명왕(고주몽)을 하늘(천제)의 아들이며 하백(물맡은 신, 룡왕)의 외손자로 등장시키고 하늘의 명령으로 그가 왕이 되는것은 응당한 일이라고 선전하였다. 그러다가 후에 하늘과의 관계가 너무 직선적이여서 신빙성이 적다고 보면서 동명왕의 아버지로 해모수(천제의 아들)를 더 설정하고 해모수신화*를 창조하여 덧붙임으로써 동명왕을 보다 더 현실적인 인물로 되게 하였다. 해모수는 천왕랑으로서 하늘에서 내려왔고 하늘과 교통하는 존재로 묘사하였으며 신비한 힘의 소유자로서 채찍만 한번 휘둘러도 구리궁전이 솟아나게 하는 재간을 가진것으로 묘사하였다. 그러나 동명왕은 신적인 성격이 거의 없고 특출한 재능이 있고 무술에 비상히 능한 전설적인 인물로 형상하였다.

* 해모수신화는 본래 북부여의 신화였다고 보는 견해도 있다(《조선문학사》1 사회과학출판사, 1991년, 61~63페지).

《삼국유사》(권1 북부여)에 보이는 해모수는 그 자체가 《천제》로서 흘승골성에 오룡차를 타고 내려온것으로 되여있고 그의 아들인 해부루는 후에 수도를 동쪽으로 옮겨서 《동부여》를 세우고 동명왕이 나와서 북부여를 계승하여 졸본주에 수도를 정하고 졸본부여가 되니 곧 고구려의 시조라고 하였다. 이 설화대로 하면 홀승골성(북부여)과 졸본주(졸본부여)는 서로 다른 곳으로 되고 동명왕의 아버지가 누구인지도 알수 없다. 그런데 고구려건국설화에서 홀승골성은 곧 졸본성이다. 따라서 《삼국유사》에 보이는 북부여는 졸본부여가 되여 《삼국사기》 본기 기사와는 어긋나게 된다.

이상에서 보는바와 같이 북부여건국설화의 한 변종으로 해모수설화가 있었다하더라도 그것은 극히 소박한것이였다. 반면에 구《삼국사》를 인용한 리규보의 《동명왕편》에 동명왕의 아버지로 등장하는 해모수는 《천제의 아들》로서 여러가지 재능을 가지고 하늘땅을 오가면서 활약한다. 그러므로 《동명왕편》에 보이는 해모수설화는 역시 고구려때 그것도 광개토왕이후시기에 창조되여 고구려건국설화의 한부분으로 되였다고 보는것이 옳을것이다.

해모수설화가 도입됨으로써 동명왕의 부모들의 성격이 윤색, 신비화되였고 동명왕의 권위도 더 높아졌으며 실재인물로서의 신빙성도 더 강화되였다.

고구려통치계급은 동명왕을 나라를 크게 륭성번영하게 하는 기초를 닦은 신성한 왕으로 내세우면서 그를 《성왕》, 《성제》라고 불렀다. 또 그의 어머니 류화는 신비한 능력을 가진 인물로 묘사하였고 그들을 다같이 제사지냈다.

첫 수도 졸본에 시조묘(사당)를 세우고 력대왕들이 가서 제사를 지냈을뿐아니라 료동성과 같은 중요한 고을에는 《주몽사》(시조사당)를 두고 제사를 지냈다. 일부 력사기록들에 의하면 수도에서는 부여신과 고등신을 제사지냈는데 나무를 깎아서 부인상과 남자상을 만들어놓았다. 그런데 그것이 곧 하백의 딸(류화)과 주몽(동명왕)이라고 한다고 하였다. 류화에 대하여서는 태후묘를 따로 두기도 하였다〔《삼국사기》 권32 제사지, 《신당서》 권220 고려(고구려)전, 《책부원귀》 권369 장수부 공취, 《북사》 권94 고려(고구려)전, 《삼국사기》 권15 고구려본기 태조대왕 69년 10월〕.

시조 동명왕이나 그 어머니 류화에 대한 숭배를 장려한것은 다 왕권이 하늘이 낸 인물에 의하여 계승된다는것을 설득시키기 위한것이였다.

고구려사람들속에서 동명왕설화는 깊이 침투되였으며 하나의 신앙으로 되였다. 고구려사람들은 신비스러운 래력과 특출한 재능을 가진 동명왕이 고구려를 강대한 나라로 만드는데서 큰 역할을 하였다고 보면서 그가 나라의 안녕과 운명을 보살펴주는 신적존재로 되였다고 생각하였다.

다음으로 고구려의 고유신앙가운데는 해와 달에 대한 숭배사상이 있었다. 고구려벽화무덤 천정에는 해와 달을 그린것이 적지 않다. 해는 《삼족오》(세발가진 까마귀)로 형상되고 달은 《섬서》(뚜꺼비) 또는 《약을 찧는 토끼》로 형상된것이 많은데 이것은 옛날 신화, 전설의 내용을 반영하고있다. 해와 달은 곧 《천제》, 하늘의 지배자이며 시조 동명왕의 조상이다. 《삼국지》 권30 고구려전 등에서는 고구려에서 해마다 10월에 하늘을 제사지내기 위하여 수도 동쪽의 큰 굴속에서 나무조각상으로 된 수신을 모셔내다가 제사행사를 하였으며

1. 2. 안악1호무덤
3. 진파리1호무덤
4. 강서큰무덤 5. 6. 쌍기둥무덤

그림 26. 상상의 동물들(벽화)

이 행사를 《동맹, 동명》이라고 하였다고 하였다. 이것은 시조신숭배와 하늘에 대한 숭배가 밀접히 결합되여있었다는것을 보여준다. 3월 3일에도 사냥을 하여 잡은 짐승들을 가지고 하늘과 산천에 대한 제사를 진행하였다. 봄, 가을에 진행한 이러한 제사행사들은 원래 그해 농사의 풍작을 축원 또는 경축하던 민속적행사의 계승이였다.

하늘에 대한 신앙에는 별에 대한 신앙도 있었다. 고구려벽화무덤들에 성수도가 많은것은 해와 달, 별에 대하여 그것이 지상세계의 여러 현상과 깊은 관련이 있다고 믿고있었기때문이기도 하다. 옛 기록에는 고구려에서 령성을 제사지냈다고 하였다. 령성은 천전성(天田星)으로서 농사를 주관하는 별로 알려져있었으므로 령성제사는 농사가 잘되기를 바래서 지냈다고 볼수 있다.

하늘에 대한 숭배와 관련하여 고구려에서 퍼진 또하나의 신앙은 신선에 대한 신앙이다. 고구려사람들은 하늘세계가 따로 있어 그 통치자는 《천제》이고 그 밑에 수많은 신선들이 살고있다고 생각하였다. 무덤벽화에 의하면 신선은 사람으로 형상된것도 있고 인두수신(머리는 사람이고 몸은 짐승)으로 형상된것도 있다[*1]. 여러가지 특이한 모습을 한 나래 돋힌 말(천마), 나래 돋힌 물고기, 머리가 두개인 새 등은 하늘세계에서 신선들에게 복무하는 존재들이거나 신선이 되다가만 존재들이다[*2]. 고구려건국설화의 한부분인 해모수설화에는 해모수를 따라온 사람 100여명이 고니새를 타고 내려왔다고 하였고 또 동명왕이 황룡을 타고 하늘로 올라갔다는 이야기도 있다. 비류국왕 송양이 자신을 《선인의 후손》이라고 자칭한것도 신선에 관한 사상, 신앙이 고대이래로 우리 조상들속에 깊이 침투되여있었다는것을 말해 준다.

*[1] 집안 통구4신무덤, 다섯무덤의 4호, 5호무덤, 춤무덤, 진파리4호무덤, 장천1호무덤 등의 천정부분에는 룡을 탄 신선, 기린을 탄 신선, 학이나 봉황 등 여러가지 상서로운 새들을 탄 신선들이 그려져있다. 안악2호무덤, 덕흥리벽화무덤 등에는 하늘을 나는 비천, 옥녀, 선인 등이 그려져있다.

춤무덤, 세칸무덤, 장천1호무덤, 집안 다섯무덤의 4호무덤 등에는 젓대, 완함, 뿔나팔, 4현금, 5현금, 장고 등을 연주하는 신선들이 그려져있다.

인두수신으로 형상된것은 집안 다섯무덤의 5호무덤에 소대가리에 사람의 몸으로 된 신이 있고 덕흥리무덤에 뱀처럼 생긴 몸의 두끝에 사람머리들이 있는 지축(地軸)신, 머리는 사람인데 몸은 새로 된 하조(賀鳥)신 (앞칸북쪽천정), 천추(千秋)신, 만세(萬歲)신(앞칸서쪽천정)이 있다. 안악2호무덤에는 머리는 사람이고 몸은 소처럼 생긴 상상의 동물 신선그림도 있다.

*[2] 나래돋힌 천마는 안악1호무덤, 춤무덤 등에, 나래돋힌 물고기(비어)는 세칸무덤, 안악1호무덤, 천왕지신무덤, 강서큰무덤, 덕흥리무덤에, 머리가 두개인 새는 덕흥리무덤 앞칸 동쪽 천정에 보이는 청양(靑陽)새 등이다.

그림 27. 옥녀, 선인 및 신선들(천추, 만세)
(덕흥리 벽화무덤 앞칸서쪽 천정)

이러한 신선들가운데는 농사일을 맡은 신선, 야장일이나 수레제작을 맡은 신선, 음악을 맡은 신선 등도 있다. 이들은 단순히 하늘에서 사는 신선이 아니라 지상세계의 해당분야의 일을 주관하는 신이였다. 4신(네개의 방위신)에 대한 신앙도 원래는 하늘의 성수(별자리)를 보고 상상해낸 신이다.

땅의 신, 바다의 신, 산악의 신, 하천의 신을 비롯하여 집을 지키는 신, 부엌신 등에 대한 신앙도 있었다. 391년에 국사(国社)를 세웠는데〔《삼국사기》 권18 고구려본기 고국양왕 9년(8년의 잘못—인용자) 3월〕* 이것은 사직신에게 제사지냈다고 한 《삼국지》 등의 기록과 함께 사(토지의 신), 직(농사일을 맡은 신)에

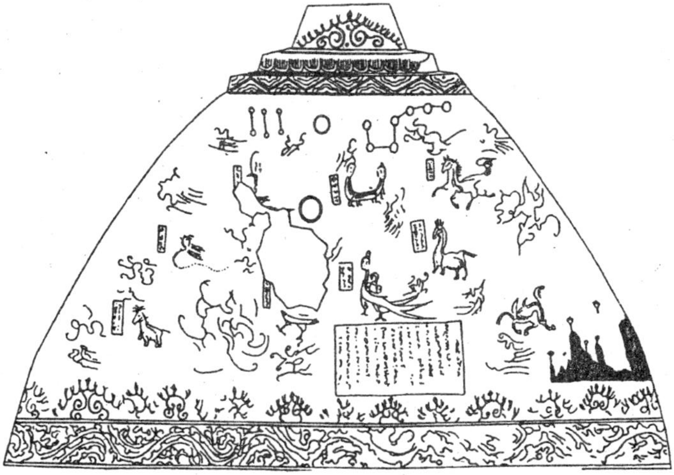

그림 28. 신선사상과 관련된 신앙 대상들의 일부
(덕흥리벽화무덤 앞칸 북쪽천정)

대한 제사도 지냈음을 보여준다.

* 집안 동대자유적에서는 큰집의 가운데부분에 돌(크기 0.8×0.6×1m)을 세워둔 것이 발견되였는데 그것이 사신을 상징하는것이라고 보는 견해도 있다.

백두산은 조종의 산으로서 고구려때에도 숭배의 대상으로 되고있었다. 주체45(1956)년에 백두산천지 달문가까이에서 고구려기와 약 100장이 발견되였다. 그 출토상태로 보아 집을 지으려고 가져다놓은것으로 인정된다. 이렇게 높은 곳에 기와가 있다는것은 틀림없이 백두산 또는 백두산을 매개로 한 하늘신에 대한 제사를 위한 사당을 지으려고 하였다는것을 보여준다.

고구려에서 산천에 대한 제사를 진행했다는것은 《삼국사기》 제사지에도 씌여있다. 이밖에도 아직 세계에 대한 과학적인 인식이 부족하였던 봉건시기에 각종 귀신에 대한 신앙과 제사가 있었으리라는것은 충분히 짐작할수 있다. 민간에서 무당들이 하늘의 의사의 대변자로 되여 천지의 여러 귀신들에 제사를 지냈던 관습도 고대사회에서처럼 오래동안 계승되고있었을것이다.

고유종교신앙가운데서 조상숭배는 고구려국가의 시조신에 대한 숭배외에도 여러갈래의 신앙이 있었다.

고구려는 고대국가였던 고조선의 옛땅을 다 수복한것만큼 고조선의 시조 단군에 대한 숭배와 제사도 널리 보급되여있었다. 고조선의 력사와 문화를 계승한 고구려국가로서는 조선민족의 원시조 단군을 숭상하는것이 당연하였고 또 자기 령역의 주요부분의 하나인 옛 고조선중심지역 주민들을 잘 다스리기 위해서도 단군숭배사상을 장려하는것이 필요하였다. 그러므로 국가적규모에서의 례식도 거행되였다. 평양시 강동군에 고구려식돌칸흙무덤으로 된 옛 단군릉이 있은것도 4~5세기에 개장한것과 관련된다고 보고있다. 단군릉벽화에는 선인, 신장들의 그림이 있었다(《위암문고》 권7 만필 단군묘조). 이것은 고조선이래로 신선사상이 널리 퍼져있었으며 단군도 《하늘신》의 후손이라고 믿고있던것과 관련된다고 볼수 있다.

씨름무덤벽화에는 큰 나무를 가운데에 두고 그 좌우에 범 한마리와 곰 한마리를 그려놓은것을 볼수 있다. 이 그림은 단군신화에 나오는 이야기와 관련이 있다. 이것은 단군신화가 일제의 어용학자들이 말하는것처럼 고려중엽이후 비로소 생겨난것이 아니라 고조선의 건국신화로서 단군이 나라를 세운 이래 창조되여 계승되여왔다는것을 증명해주는것이다.

부여의 경우도 마찬가지였을것이다. 고구려가 부여의 옛땅을 다 통합한 이후에도 부여계통주민들속에서는 부여의 시조에 대한 숭배가 광범히 남아있었을것이고 그들에 대한 통치를 원만하게 하려는 고구려통치계급도 부여가 같은 민족의 국가였던것만큼 그 시조에 대한 제사의식 등도 계속 거행하였을것이다.

개별적인 귀족들도 자기의 조상신을 받들고 숭상하였다. 고구려사람들속에서 후장의 풍습 즉 장례, 제례에 많은 물질적, 재정적힘을 쏟아붓는 풍습이 있었다는것은 물론 그때 사람들의 미숙한 세계관, 죽은 후에도 령혼이 있고 그것이 인간세상에 여러가지 길흉화복을 미친다고 보는 관점의 산물이였지만 지배계급은 그것을 리용하여 자기 조상의 무덤, 자기자신의 무덤을 요란하게 꾸림으로써 래세에 가서도 권세를 쓰면서 잘 살아보려고 한것이였다. 이것은 사회적으로 조상숭배관념을 더 조장시키는 작용을 하였다.

《하늘신》, 《자연신》, 《조상신》에 대한 숭배가운데는 원시시대이래의 소박한 미신, 신앙이 민간에 전승되여 내려온것도 있었으나 지배계급은 인민들에 대한 우매화정책의 일환으로 그것을 리용하면서 일부러 방임하거나 조장시켰다.

2) 외래종교

고구려의 통치계급은 봉건통치에 유리하다고 본 외래종교, 관념론도 끌어들여 전파시켰다.

유교는 부분적으로는 이미 고대에 우리 나라에 들어왔으며 고구려에서는 그 초기부터 유교학설이 지배계급들속에서 일정하게 류포되고있었다.

유교는 중국 춘추시대 로나라사람 공자(이름은 구. B.C. 551－B.C. 479년)가 창시한것으로서 하늘이 인간세계의 모든것을 주재한다고 하면서 주로 봉건적인 정치리론과 륜리사상을 가지고 계급사회의 질서, 통치제도를 옹호하는데 복무하였다. 유교에서는 잡다한 귀신들의 존재를 인정하지 않으며 다른 종교들처럼 어떤 우상을 만들어놓고 그것을 례배하지 않는다고 하였다. 그러나 《하늘》이라는 절대적존재를 설정하고 숭배하였으며 《천명》에 의하여 인간세계의 모든것이 좌우된다고 주장하였다. 또 조상의 령혼에 대한 제사를 비롯한 각종 형식적인 의례를 존중시한점에서는 다른 종교와 별로 다를바가 없었다.

유교는 《천명》을 받아 통치자로 된 왕들에 대하여 무조건적으로 순종하며 3강5륜의 봉건도덕을 어김없이 준수할것을 요구하였다. 그러므로 력대 봉건국가들의 통치계급은 유교학설을 인민들의 반봉건적투쟁의식을 마비시키고 봉건질서에 복종시키기 위한 통치수단으로 널리 장려하였으며 그와 관련된 여러 경전류, 유교사상으로 서술된 력사책 등을 보급하는데 큰 힘을 넣었다.

고구려초기부터 유교사상이 일정하게 류포되였다는것은 《삼국사기》 고구려본기의 일부 서술들을 보아도 알수 있다. 례컨대 《삼국사기》 권14 고구려본기 모본왕 6년 11월조에는 옛사람의 말이라고 하면서 《나를 사랑하면 임금이요 나를 학대하면 원쑤다》는 구절을 인용하고있는데 이것은 《서경》 주서(周書), 태서(泰誓)(하)편에 있는 말이다. 또 《삼국사기》 권16 신대왕 2년 정월조에 왕이 내린 명령서에 보이는 《우우지정(友于之政)》, 《이궐지모(貽厥之謨)》*는 《론어》 위정(為政)편이나 《서경》 하서(夏書) 오자지가(五子之歌)편에 나오는 말들을 요약 인용한것이다.

* 《우우지정》이란 형제간에 서로 사랑하는 정사라는 뜻이고 《이궐지모》란 자손을 위하여 세우는 계책이라는 뜻이다.

고구려에서는 372년(소수림왕 2년)에 유교교육을 위한 최고학부로서 태학을 설치하였다.

덕흥리벽화무덤 묘지명에도 주공, 공자 등이 나오는것은 고구려귀족사회에서 유교경전이 광범히 읽히우고있었다는것을 보여준다. 《주서》 권49 고려(고구려)전, 《구당서》 권199 상 고려(고구려)전에 의하면 고구려에서 5경(《시경》, 《서경》, 《역경》, 《례경》, 《춘추》), 삼사(《사기》, 《한서》, 《후한서》), 《삼국지》, 《진양추(晋陽秋)》, 《문선》 등이 널리 읽히우고있었다. 경당에서도 활쏘기 등 무술훈련과 함께 글을 읽혔다는것도 봉건국가기구의 관리운영을 위하여 유학리론과 문서작성능력을 가진자를 양성하는데 관심을 돌리고있었다는것을 말해준다. 유교에서는 모든 사람이 지켜야 할

도덕규범으로 《삼강오륜》을 내세우고 그것을 지킬것을 요구하였다. 삼강이란 임금과 신하, 아버지와 아들, 남편과 안해사이에 각기 자기 의무를 다하라는것이고 오륜이란 부자간에는 친근해야 하고 군신간에는 의리가 있어야 하며 부부간에는 구별이 있어야 하고 장유(나이 많고 적은자)간에는 차례가 있어야 하며 벗들사이에는 신의가 있어야 한다는것으로서 사람이 지켜야 할 다섯가지 기본도덕규범이라는것이다.

삼강오륜을 지키라는것은 결국 봉건도덕을 엄격히 지키고 봉건질서를 준수하라는것으로서 지배계급의 리익을 옹호하는 사상이였다.

고구려의 통치계급은 봉건유학자들에 의하여 관념론화되고 신비화된 음양5행사상을 자기들의 세계관으로 받아들이였다. 례컨대 왕릉이나 귀족무덤에 사신을 그리기도 하고 천정가운데에 황룡을 그리기도 한것은 5행사상과 밀접히 결부된 방위신들이 저들의 령혼을 지켜준다고 믿었기때문이다. 봉건통치배들은 음양의 대립과 5행의 《상생상극》에 의하여 사회와 개인의 길흉화복이 좌우된다고 보는 신비화된 음양5행설을 믿으면서 모든것이 하늘이 정해준 운명에 의해 결정된다는 숙명론을 퍼뜨림으로써 인민들의 반항투쟁을 억누르려고 하였다.

고구려의 통치계급은 불교도 받아들여 장려하였다.

원래 불교는 B.C. 6세기경에 고대인디아에서 석가에 의하여 창시된 종교이다.

불교는 모든 사물이나 사람은 다 가상적인것이고 실제로는 존재하지 않는것이며 인생은 《고통》에 찬것이므로 거기서 《해탈》하기 위해서는 모든 욕심을 없애고 정신적안정을 얻어야 하며 그러자면 부처를 믿어야 한다고 설교한다. 불교는 사람의 운명은 다 《전세》에서 그가 어떤 선행과 악행을 하였는가에 따라 규정된다는 《인과응보》설을 주장한다. 《인과응보》설은 이 세상에서 좋은 일을 하면 죽은 다음 영원한 안식처인 《극락세계》로 가고 나쁜 일을 하면 《지옥》으로 간다고 하는데서도 표현된다. 불교는 사람을 구원하기 위하여 나타난 석가여래부처를 믿고 불교의 계률을 잘 지키며 불교의 흥성에 도움이 되는 물질재정적공헌을 하면 《극락세계》로 갈수 있다고 선전하였다.

불교는 현존질서를 불가피한것으로 인정하고 그에 순종할것을 요구함으로써 지배계급의 리익을 대변하며 그것으로 하여 국왕과 통치배들의 비호를 받았으며 왕권과 결탁하고 그것을 옹호하는 《호국호왕》종교로 되였다.

고구려에 처음으로 불교가 들어온것은 372년이였다. 이해에 전진왕 부견이 외교사절을 보내면서 중 순도와 함께 불상과 불경을 보내왔다. 2년후에는 중 아도가 왔고 375년에는 초문사와 이불란사를 짓고 순도는 초문사, 아도는 이불란사에서 살면서 불교를 전파하도록 하였다. 이것은 고구려에서 정식으로 즉

국가적으로 불교를 승인한것으로 된다*.

* 《해동고승전》(권1 류통)에 의하면 중 아도는 본래 3세기 초엽에 중국에 가서 불교를 배워왔다고 한다. 중국에서도 4세기말까지 불교가 널리 퍼지지는 않았다. 서진(265—316년)이전에는 중국사람들은 머리를 깎고 중이 되는것을 금지당하고있었다(《구당서》 권79 부혁렬전). 이런 조건에서 3세기 전래설을 믿을수 없고 또 아도와 관련한 이야기가운데는 5세기 초엽과 관련되는것도 있으므로 믿기 어렵다. 그러나 372년이전에 개별적인 중들이 와서 민간에서 불교를 전파한 일은 있을수 있다.

그림 29. 칠보행사 및 태묘행사

(덕흥리벽화무덤 안칸동벽)

372년이후 국가적인 보호를 받는 조건에서 불교는 상당히 빠른 속도로 전파되였다. 408년에 죽은 덕흥리벽화무덤의 주인공 진이 자신을 《석가문불의 제자》라고 부른것, 그리고 그가 불교관계 행사인 7보*1 행사에 참가한것으로 묘사한것*2도 이 무렵에 벌써 귀족들속에서 일부 불교광신자들이 생겨났다는것을 말하여준다.

*1 7보란 《아미타경》에 의하면 《금, 은, 류리(구슬), 파리(수정), 차거, 진주, 마뇌를 가리키고 《법화경》에 의하면 금, 은, 류리, 차거, 진주, 매괴, 마뇌를 가리킨다고 한다. 이밖에도 7보란 불교교설에 전하는 진륜왕이 가지고 나라를 통치하는 《륜, 상, 마(말), 주(구슬), 녀자, 거사, 병사》로 보는 설도 있다. 덕흥리벽화무덤 그림해설문에는 《이 사람은 7보와 더불어 함께 산다. 이 때문에 모두가 먹어보고서 그것을 안다.》라는 글이 있다. 그러므로 7보는 7가지 보배로 된 그릇이란 뜻으로 리해하는것이 옳을것이다. 벽화설명문에는 또한 《이 사람이 중리도독으로 되여 7보를 맡아 관리하니 저절로 음악이 울리고 저절로 음식이 갖추어지며 백가지 맛이 다 …있다.》라는 글도 있다.

여기서 보게 되는 《자연음악》, 《자연음식》이란 극락정토에서 사는 존재(부처, 보살, 아라한)에게는 가만히 있어도 자기가 소원하는 음악이 연주되여 기뻐하게 되며 또 저절로 소원하는 향기롭고 맛좋은 음식들이 앞에 놓이게 되고 보기만 하고 냄새를 맡기만 하여도 배가 부르게 된다는 뜻이라고 한다. 그러나 현실세계에서는 그런 일이 있을수 없으므로 이 그림의 내용은 궁중에서 7보성찬을 갖추어놓고 진행하는 불교행사를 중리도독이 된 무덤의 주인공이 주관하여 진행하는 장면을 그린것으로 볼수 있다. 먹어보고서 그 진미를 안다고 한것도 현실세계에서는 7보 보물그릇에 천하의 진미를 담아 놓고 맛을 본다는것을 형상하는 말일것이다.

*2 덕흥리벽화무덤의 7보행사그림이 미륵불신앙을 나타내는것이 아니라 미륵신앙이 보급되기전의 불교경전 례컨대 《대아미타경》《무량청정평등각경(無量清淨平等覺經)》 등에 보이는 불교신앙을 나타내는것으로 보는 학설도 있다(《조선학보》 제180집 2001년, 1~27폐지).

고국양왕은 391년에 불교를 믿으라는 지시를 내렸고 광개토왕은 393년에 평양에 9개 절을 동시에 짓도록 하였다. 동명왕릉앞에 정릉사가 건설된것도 4세기말, 5세기초의 일이였다. 498년에는 금강사를 지었다.

지금까지 이름이나 유적이 알려진 고구려의 절들을 들어보면 대략 다음과 같다. 평양시의 평천리페사, 락랑동사(락사)터, 남현사터(암사터), 영명사, 중흥사, 령탑사(대보산), 반룡사, 서풍사(로성리), 상오리페사, 청호리페사, 로산리페사, 광법사, 정릉사, 산사(오촌), 금강사, 대왕사, 탑제동페사, 사동페사, 률리페사, 칠불리페사, 류현리페사, 평안남도 평성시의 안국사, 평원군의 원오리페사, 대안사, 황해북도 봉산군 토성리페사, 황해남도 구월산일대의 화장사, 운계사, 사왕사터, 각명사터, 남명암터, 달마암터, 칠정암터, 오진암터, 미타사터, 수정사터, 촉대암터, 례조암터, 함경남도 금호지구의 오매리페사, 강원도 금강산의 신계사, 정양사, 보덕굴, 충청북도 충주의 가금면페사, 제천군 읍리페사, 집안부근에 있었다는 초문사, 이불란사, 료양부근의 육왕사 등이다. 그중에서 그대로 있거나 복구된것은 광법사, 정릉사, 안국사, 정양사, 보덕굴이다.

고구려말기에 도교가 들어오면서 불교가 한때 쇠퇴하였다는 설화들이 전해오지만 고구려때 전국각지에 불교가 전파되여 절간들이 세워졌던것은 금호지구 오매리절터유적(6세기), 함경북도 청진시부근에서 나온 희평(516－518년)기년명이 있는 작은 금동불, 황해북도 곡산지방에서 나온 금동광배, 충청북도 중원군 로은면에서 나온 금동광배 등의 존재, 평안남도 룡강군 쌍기둥무덤, 집안 장천1호무덤 벽화에 불상, 보살상과 공양장면이 그려져있는것 등을 보아도 알수 있다. 따라서 고구려때 불교사원들은 수백개이상 있었다고 볼수 있으며 불교가 고구려사람들의 정신생활에 미친 영향이 결코 적지 않았다는것을 말할수 있다.

고구려에서도 삼론종(三論宗)을 비롯한 각이한 불교리론들이 연구되고 전파되였으며 이름있는 중들이 배출되였다. 그가운데는 다른 나라에 가서 활동하면서 불교교리를 가르쳐주기도 하였으며 어떤 경우에는 그 나라 정치고문역할을 한 인물도 있었다. 례컨대 5세기 고구려중인 도랑(道朗)은 삼론종불교리론을 깊이 연구하여 삼론종의 중흥조로 되였다. 그는 남제 건무년간(494－497년)에 중국 강남(장강이남)땅에 가서 성실종론자들을 누르고 삼론종을 퍼뜨렸으며 량나라 무제때(502－549년)에는 전법사를 비롯한 10명의 중들에게 교리를 가르쳐주었다(《조선불교통사》 하권 신문관 1918년, 949~950페지).

그가 설교한 삼론종*불교철학은 《일체개공》(일체는 다 허무하다)이라는 관점으로부터 출발하여 객관세계의 모든 현실을 부정하는것이였다. 그에 의하면 세계의 모든 사물현상은 다 여러가지 원인과 조건에 의하여 발생한것이기때문에 자기 독자적인 실체는 없다. 따라서 공(허무)으로 보아야 하며 거기에 바로 《진리》가 있다고 한것이다. 다시말하면 어떤 사물현상이든지 다른 사물현상과의 관계속에서만 그 존재를 인정할수 있다, 그러므로 그 자체가 가지고있는 독자적인 고유한 속성(혹은 본체)이란 없으며 우주의 진상은 다만 《공》일뿐이라는것이다.

이러한 관점에서 그들은 인식론에서는 불가지론을 들고 나왔으며 사회현상에 대해서도 사람들의 개체적인 특성이나 신분의 차이, 빈부의 차별과 대립을 다 무시해버리는 거기에 바로 《해탈》이 있다고 주장하였다.

이것은 당시 봉건사회의 모순과 대립을 다 무시해야 한다는것으로서 봉건지배계급의 리익을 대변하는 학설의 하나로 되였다.

* 삼론종이란 《중관론(中觀論)》, 《12문론(十二門論)》, 《백론(百論)》의 3개 불경을 연구하는 불교학설을 말한다. 도랑에게는 《중론소》라는 저서가 있었다.(《중관론소》 권1).

고구려의 중인 실법사, 인법사 등도 삼론종을 깊이 연구하여 6세기경에 중국에 가서 자기 리론을 가르쳐주었다(《조선불교통사》 하권 신문관 1918년, 949~950페지, 《조선철학사》(1) 과학,백과사전출판사, 1981년, 106페지).

고구려의 중 혜관은 625년에 일본에 가서 원흥사(법흥사, 아스까사라고도 한다. 나라현)에 있으면서 불교교리를 강의하였는데 그는 일본불교에서 삼론종의 시조로 되였다. 삼론종이외에 법화종(천태종), 법상종(유식종), 열반종 등의 교리를 연구한 불교학자중들도 있었다.

혜자(?－623년)는 595년에 왜국(일본)에 가서 일본 최초의 절간인 아스까사(법흥사)의 건설에서 중요한 역할을 하였고 그 주지로 있었다. 그는 당시 왜국의 실권자였던 성덕태자(우마야도노 오지)의 스승이 되여 불교경전과 유교경전들을 가르쳐주었다. 그는 《열반경》, 《유마경》, 《법화경》에 대한 조에도 깊어서 《법화경소》(7권)를 저술하였다(《조선불교통사》 중권 신문관 1918년, 66~68페지).

고구려의 중 보덕은 평양 서남 대보산 반룡사에 있으면서 불교를 연구하였는데 《열반경》을 신라의 원효, 의상에게 가르쳐주었다. 또 고구려중 파약(波若)은 중국에 가서 《법화경》을 깊이 연구하였다. 그리고 중 의연(義淵)은 576년에 북제로 가서 석가의 생사년대, 중국에로의 불교의 전래년대, 불경의 한역년대 등에 대하여 고증하고 돌아왔다.

610년에 고구려 중 담징과 법정은 왜국에 초빙되여갔다. 담징은 그림도 잘 그리고 유학에도 잘 통하였으며 각종 기술지식도 많아서 왜국의 기술문화발전에 크게 기여하였다.

이밖에도 승륭(僧隆), 운총(雲聡), 복량(福亮), 도등(道登), 도현(道顯) 등 여러 고구려 중들이 일본땅에서 불교문화활동을 하였다.

4세기말~5세기초이후 고구려에서는 미륵불, 미륵보살에 대한 신앙이 널리 퍼지게 되였다. 미륵불은 제2의 불타(부처, 석가모니)로서 도솔천에 있으면서 설교를 하다가 인간세상에 내려와서 모든 사람들을 《구제》한다고 하는 부처이다. 중으로 되여 엄격한 계률을 지키지 않는 보통사람들도 미륵보살을 믿고 례배하면 도솔천에 올라갈수 있다는것이 《미륵상생(上生)》사상이고 미륵보살이 인간세상에 내려와서 미륵불이 되여 룡화수 나무아래에서 설교하는것을 들으면 《구원》된다고 하는것이 《미륵하생(下生)설》이다(《고대조선불교와 일본불교》 〈일문〉 요시까와고붕깡, 1980년, 77~81페지).

도솔천은 광명이 넘쳐나서 련꽃은 7보나무로 되며 수많은 하늘나라 녀자들이 나타나 시중을 들고 미묘한 음악이 흘러나오는 세상으로 묘사된다.

5세기초이후 미륵신앙이 있었다는것은 덕흥리벽화무덤안칸 동쪽에 7보행사와 음악에 관한 그림과 기사들이 나오는것을 보면 알수 있다. 금호지구 오매리절터에서 드러난 546년(태화 3년)기년명이 있는 금동판 명문(길이 41.5㎝)에도 도솔천에 올라가서 미록을 만날것을 축원하는 글이 보인다. 그리고 평양시 평천구역의 절터에서 나온 금동미륵반가사유상(높이 17.5㎝)은 상대적으로 옛스러우면서 솜씨가 서룬 느낌이 나는것으로서 5~6세기에 제작되였을 가능성이 많다.

미륵신앙 역시 인민대중을 기만하여 현존봉건질서에 복종하게 할 목적을 추구한 종교신앙이였다.

고구려의 불교는 백제, 신라, 중국, 일본 등지에 큰 영향을 주었으며 문화교류에 이바지하였다. 그것은 중들의 활동에 관한 기록들과 불상이나 절간배치, 기와무늬 같은 유물들의 특징 등을 통해서 알수 있다.

고구려에서는 도교도 일정하게 전파되였다.

도교는 A.D. 2세기경에 중국에서 발생한 종교이다. 도교는 처음에 장릉, 장각에 의하여 《태평도》, 《5두미교》*의 형식으로 시작되였다. 그후 후위(

북위)때인 5세기 초엽에 구겸지 등에 의하여 그 교리가 더 완성되였다.

도교의 기본사상과 교리는 《도》를 《조화의 근본》, 《천지의 근원》으로 보고 더 나아가서는 《도》를 인격화하여 신으로 만들고 《도》에 대한 사상리론을 내놓은 로자(로담)를 높이 받들어 신격화하는 종교였다. 도교는 처음에는 교리가 단순하였으나 유교, 불교의 영향을 받아 복잡한 교리의 체계를 형성하였다〔《자치통감》 권119 경평원년(423년) 12월, 《조선륜리사상사》(1) 과학백과사전종합출판사, 1992년, 113~118페지〕.

* 《5두미교》란 도교의 첫 창시자들이 《법술》로 병을 치료해주고 쌀 5말을 내게 한데서 유래하였다고 한다.

도교는 《무위(無為)》를 표방하면서 욕심을 버리고 깨끗한 생활을 하면 《도》를 체득하게 되고 신선이 되여 장생불로하게 된다고 하였으며 후에는 양생-섭생을 잘하거나 《단약》의 복용에 의하여 장생불로하게 될수 있다고도 설교하였다. 그리고 불교의 《극락(천당)》, 《지옥》, 《인과응보》설 등을 받아들였고 현실도피적인 복잡한 계률을 만들어냈으며 유교의 《충효》사상도 받아들여 고취하였다.

그리하여 도교는 금욕주의를 고취하고 근로인민대중을 현존질서에 순종하도록 함으로써 봉건지배계급의 리해관계를 옹호하는 종교의 하나로 되였다.

《삼국사기》에 의하면 624년(영류왕 7년)에 당나라로부터 도사와 천존상(도교의 최고신의 화상) 그리고 도법(도교경전)을 보내왔고 국왕과 나라사람들이 도교의 창시자로 전하는 로담의 저서 《로자》에 대한 강의를 들었다고 한다. 또한 625년에는 고구려에서 당나라에 사람을 보내여 불교와 도교를 아울러 배우게 하였다고 한다(《삼국사기》 권20 고구려본기 영류왕 7년 2월, 8년, 《삼국사기》 권49 개소문전).

643년(보장왕 2년)에는 연개소문이 유, 불, 도의 3교를 다 갖추어야 한다고 하면서 도교를 흥성하게 할것을 제기하였으며 보장왕은 당나라에 사신을 보내여 도사 숙달 등 8명과 《로자도덕경》을 받아왔고 불교절간을 빼앗아 도관(도교의 절간)으로 삼았다. 보장왕은 한때 도사들에 대한 대우를 유사(유학자, 선비)들보다 더 높여주었다고 한다(《삼국사기》 권21 보장왕 2년 3월, 《삼국유사》 권3 보장봉로 보덕이암).

연개소문이 도교를 장려하는 정책을 실시한데는 두가지 요인이 작용하였다고 볼수 있다. 하나는 영류왕을 비롯한 집권귀족들의 비호를 받던 불교사원세력을 꺾으려는데 있었으며 다른 하나는 도교가 불교나 유교처럼 심한 허례허식을 일삼는 종교가 아니였으므로 그것을 장려하는것이 중하층귀족들의 리해관계와 맞는 점들이 있었고 또 일반 백성들에게도 고유신앙인 신선사상과 결부하여 쉽게 접수될수 있는 점이 있었기때문이라고 볼수 있다. 그리하여 고구려말기에 도교는 한때 급속히 전파되여 유력한 종교로 되였다. 봉건통치자들이 불교보다 도교를 더 높이 대우해주는것을 본 반룡사의 중 보덕은 백제의 고대산(전주)으로 자리를 옮기기까지 하였다고 한다.

연개소문의 도교장려정책은 구세력의 사회적지반의 하나로 되고있던 불교사원세력을 억제하기 위한 일시적인 수단이였고 또 침략기도를 드러내고있는 당나라 통치배들의 주목을 딴데로 돌리기 위한 하나의 방편이였다고도 보인다*.

* 《삼국유사》 권3 보장봉로 보덕이암조에는 도사들이 나라의 명맥을 끊어버리기 위하여 명산, 대천의 힘을 억누르려고 하면서 《고(옛)평양성》이 신월(초생달)성이던것을 더 축조하여 만월성으로 만들었는데 이 시기에 옛적 동명성제가 하늘로 오르내리던 때 쓰던 신령스러운 바위－조천석을 깨뜨렸다고 하였다. 《삼국유사》는 불교를 옹호하면서 도교를 내리깎다보니 연개소문도 애초에 다른 나라 대신으로서 죽은 후에 고구려를 해치기 위하여 고구려땅에 태여난 인물인것처럼 외곡하였다. 성을 보축한것은 국방에 리로웠던만큼 《삼국유사》의 이 부분서술은 그가 중으로서 도교를 반대하는데만 주의를 돌리다나니 사실과는 맞지 않는 글들을 쓴것으로 볼수 있다.

7세기 전반기에 한때 국가적으로 도교를 장려했다고 하여 이 시기에 비로소 도교가 들어온것은 아니였다. 그 이전시기에도 고구려고유의 신선사상과 중국 민간의 신선사상사이에는 교류가 있었다고 생각된다.

고구려의 하층인민대중은 주로 자기의 고유종교신앙을 믿고있었으나 지배계급이 퍼뜨리는 유교, 불교 등 외래종교사상의 요소들도 시간이 감에 따라 그들의 사상생활에 영향을 미치게 되였다. 그것은 경당과 같은 교육기관들에서 유교경전들을 읽게 하고 또 4세기말 이후에는 불교가 국가적비호밑에 성행하게 되여 각종 행사들에 불교의식이 많이 도입되면서 눈으로 보고 귀로 듣게 되는 과정에 점차 사람들의 사상관념속에 자리잡게 된것과 관련된다.

고구려에서 외래종교는 지배계급상층속에서 많이 전파되였다. 그들은 유, 불, 도 3교를 다 믿었으며 그것들은 고유종교사상인 신선사상, 여러 자연신을 숭배하는 사상과 함께 그들의 종교신앙의 구성부분으로 되였다. 덕흥리벽화무덤 묘지명에 유교에서 성현으로 이르는 주공, 공자, 무왕이 무덤자리를 잡고 장례시일을 선택했다고 하였으며 또 벽화들에 칠보행사를 비롯한 불교행사, 큰 련꽃송이들을 그렸고 천정에는 신선, 옥녀들을 그린것은 유교, 불교, 도교의 종교사상관념이 무덤피장자의 신앙생활에서 주되는 자리를 차지하게 되였다는것을 보여준다. 그와 함께 고구려고유의 활쏘기련습, 사냥, 태묘행사 그밖의 생활풍속도들은 고구려사람들의 고유한 상무의 기풍, 자기고유의것에 대한 사랑을 표시하고있다. 또 천정에 그려진 천마, 천작, 비어 등 여러 하늘세계의 상상의 동물, 신선들은 대부분 고구려고유의 종교신앙을 나타내고있다.

장천1호무덤의 벽화에서는 불교의 영향이 보다 강하게 보인다. 즉 거기에서는 주인공부부가 부처를 례배하는 장면, 련꽃받침대우에 선 여러 보살들, 련꽃속에서 태여나는 쌍둥이그림들, 비천들, 기악을 연주하는 천인들이 그려져있고 한편으로는 기린, 봉황 등 상서롭다는 상상의 동물들을 그렸는가 하면 고구려귀족들의 일상생활, 사냥, 유희, 음악과 무용 등과 청룡, 백호, 주작, 현무 등 4신도, 해와 달, 북두7성 등도 그려져있다. 이것은 무덤주인공의 신앙세계가 복잡다단하였다는것을 말해준다.

집안 다섯무덤의 4호무덤벽화에서는 4신그림이 기본으로 되여있으나 그 바탕그림가운데 있는 10명의 인물화의 대부분은 유학자의 모습으로 되여있다. 그런가하면 그 벽화가운데는 머리를 깎은 중이 불경을 읽고있는 모습, 도교의 도사를 그린것도 있다. 이렇듯 4호무덤의 벽화들은 유교, 불교,도교사상과 함께 고구려고유의 각종 종교신앙이 복잡하게 엉키여있었다는것을 보여주고있다.

고구려에서는 이상에서 본바와 같이 진보적이며 인민적인 성격을 띤 사상조류도 있었고 반동적통치계급의 리해를 대표한 각종 종교, 관념론적사상조류도 있었으며 량자간의 투쟁은 사상분야에서의 대립과 투쟁의 주되는 내용을 이루고있었다.

제 3 절 교육과 력사편찬

고구려에서도 봉건통치계급은 유교의 통치리론, 륜리사상교육을 강화함으로써 사람들을 봉건적인 계급신분적질서를 존중하게 하고 옹호하도록 하였다. 고구려에서는 일찍부터 남자들에게 무술을 련마하고 숙련하도록 하기 위한 교육이 국가적으로나 사회적으로 조직진행되고있었다. 이와 함께 고구려통치계급은 유학교육에도 적지 않은 관심을 돌리고있었다.

고구려국가는 372년에 태학을 설치함으로써 귀족자식들을 유학과 유교도덕리념을 잘 알고 유교사상에 기초하여 국가관리를 할수 있는 높은급의 인재로 양성하게 하였다. 태학에서는 유교의 경전들과 력사책들이 기본교재로 되였다. 교육과목에는 6예(례, 악, 사, 어, 서, 수)가 포함되여있었다. 따라서 유교경전외에 활쏘기(사), 말타기(어), 글씨쓰기(서), 산수계산(수) 등도 함께 교육하여 관리들이 재정문서에도 밝은 안목을 가질수 있게 하고 또 군대도 지휘할수 있는 능력을 키우도록 하였을것이다.

5~6세기 이후에도 고구려에 국자학, 태학이 있었다는것은 《삼국사기》나 《한원》에 국자박사, 태학박사라는 벼슬이 나오는것을 보면 알수 있다.

《고려사》(권71 악지 삼국속악)에는 고구려의 노래 《명주》가 실려있다. 그 내용에는 고구려에서 《거업》(과거)이 실시되고있었다는것이 반영되여있다. 이것은 지방에도 고려, 리조시기와 같이 《향교》와 같은 관립교육기관이 있었을것으로 생각케 한다.* 중국의 북조나라인 위나라에서도 466년 당시에 지방들에 군학(郡学. 향교)이 있었다고 하였고 남조의 량나라관계기록에도 505년 당시 향교가 있었다고 서술되여있다. 당나라에서도 624년에 주, 현, 향에 각각 교육기관이 설치되여있었다. 이러한 사실들을 참조해보면 문화수준이 매우 높았던 고구려에서도 그러한 교육기관들을 두었다고 볼수 있다. 《주서》나 《신당서》, 《구당서》들에는 고구려사람들이 5경, 3사, 《삼국지》나 손성(孫盛)의 《진양추》, 《자통(字統)》, 《자림(字林)》, 《문선(文選)》 등을 널리 읽고있었으며 공부를 많이 하는것이 사회적기풍으로 되고있었다고 전하고있다. 그런것만큼 봉건국가에서도 각급 교육기관을 세우고 교육, 학문을 장려하였을것이다(《자치통감》 권131 태시 2년 9월 기유, 권190 무덕7년 2월 기유, 《량서》 권48 유림전).

* 이 문제는 앞으로 고구려 고을터들에 대한 조사연구가 심화됨에 따라 해명될수 있을것이다.

자주의식과 창조적욕망과 요구가 당시로서는 높았던 고구려사람들은 민간교육에도 많은 관심을 돌리였다. 《신당서》 권220 고려(고구려)전에는 《사람들이 배우기를 좋아한다. 지어는 궁한 마을의 말먹이군집에서까지도 서로 애써 공부하기에 힘쓰면서 거리곁에다 큰 집을 짓고 경당이라고 부르며 자제가운데 결혼하지 않은자들은 여기에 모여서 경전을 외우고 활쏘기를 익힌다.》라고 하였다.

이것은 고구려사람들속에서 높은 향학열, 교육열이 있었다는것을 잘 말해주고있다. 근로하는 인민들까지도 자체의 교육기관을 만들고 운영하였다는것은 중세기의 조건에서는 보기드문 현상이였다.

경당에서 가르치는 글도 봉건유교사상에 기초한것이였으며 또 무술을 익히는것도 국방상 준비를 하는데서 중요하였던만큼 봉건국가도 경당의 설치운영을 장려하였다.

고구려에서 교육은 불교절간을 통해서도 진행되였다. 고구려의 이름있는 중들가운데는 불교경전뿐아니라 유교경전이나 기술, 문화의 여러 분야의 지식을 소유한자들이 적지 않았다. 이것은 중세기에 종교관념론이 발전하였다는 곳에서 지식분자의 일부가 절간같은데 모여들어 《심오한》 교리를 배우려고 하였던 사정과도 관련된다.

고구려의 교육은 봉건국가통치에 복무하도록 하는 방향에서 장려되였으며 따라서 교육내용은 계급적, 시대적 제한성이 많은것이였으나 당시로서는 과학문화발전과 국방력강화에서 중요한 역할을 하였다.

고구려에서는 력사편찬도 일찍부터 진행하였다.

《삼국사기》에 의하면 고구려에서는 건국초기에 이미 력사책인 《류기》 100권이 편찬되였으며 600년(영양왕 11년)에는 태학박사 리문진이 옛날력사책을 줄여서 《신집》 5권을 만들었다.

봉건통치계급이 력사를 편찬한것은 력대 왕들과 신하의 선악을 가늠해보고 좋고나쁜것을 가려내여 후세에 보여줌으로써 교훈으로 삼게 한다는것으로서 그 기본내용은 봉건유교적견지에서 충군애국사상을 강조하며 인민들을 지나치게 억압, 착취하여 반항투쟁을 불러일으키도록 하지 않게 하는 방도를 가르쳐주는데 그 목적을 둔것이였다.

고구려에는 력사책을 비롯한 옛 기록들이 많았는데 668년 당나라침략자들이 고구려수도를 강점하였을 때 책들을 남겨두면 고구려사람들의 지혜가 더욱 발전하고 고국회복투쟁이 강화되여 저들의 통치에 지장을 줄것이라 하여 다 불태워버렸다고 한다(《매천야록》 권6 460페지).

책이 많았다는것은 고구려의 력사편찬을 포함한 문화의 여러 분야가 매우 높은 수준에서 발전하고있었다는것을 말해주는 유력한 증거이다.

제 4 절 말과 글

우리 인민은 단군조선이래 수천년동안 하나의 피줄을 이어받은 하나의 민족으로서 한 강토우에서 살아오면서 같은 말과 글을 써왔고 하나의 력사와 문화를 이어왔다.

고대조선시기부터 말과 글은 기본적으로 같았다.

첫 봉건국가 고구려는 구려국을 이어 창건되였으나 얼마 안되여 주변의 여러 나라들과 부여까지도 통합하여 넓은 령토를 가진 큰나라로 되였다. 그후 다시 고구려는 고조선의 옛땅을 다 수복하였고 중부조선지역까지도 차지한 더 큰 나라로 되였다. 이것은 고구려로 하여금 말과 글자면에서도 민족적인 통일적발전을 다그치는데서 중요한 역할을 담당하게 하였다. 가장 앞선 봉건국가였던 고구려는 삼국시기 문화의 다른 분야들에서와 같이 우리 말 발전에서도 주도적이며 중심적인 역할을 놀았다.

고구려의 말에 관한 자료는 많지 못하지만 《삼국사기》, 《삼국유사》 등 옛 기록들에 남아 전하는 고장이름, 사람이름, 벼슬이름과 일부 금석문자료들을 통하여 고구려에서의 우리 말의 말소리, 어휘, 문법 등 언어구조와 글자생활에서 이룩된 발전면모를 일정하게 엿볼수 있다.

1. 말 소 리

《삼국사기》 권35, 권37 지리지에 있는 고구려의 고장이름들에는 다음과 같은것들이 보인다.

고장이름	후기신라때 고친 이름
파단(波旦)*	해곡(海曲)
금물노(今勿奴)	흑양 (黑壤)
사열이(沙熱伊)	청풍(淸風)
좌찬(佐贊)	상두(上杜)
한산(漢山)	광주(廣卅)

* 《삼국사기》 권35 지리지에는 파차(波且)로 되여있으나 《차》는 《단》을 잘못쓴것이다.

파단의 《파》의 옛음은 《바》이고 《단》은 옛날 말로는 《다나》로서 《다라》와 통하며 이것들은 받침소리가 생겨나면서 《단》, 《달》로 표기되였다.

《해곡》은 《해풍》으로도 쓰이였다. 그러므로 《곡》은 《풍(豊)》자의 웃부분만 따서 쓴것으로 볼수 있으며 《다라》, 《달》의 뜻옮김으로 볼수 있다.

《금물노》는 《거무루노/거물노》의 표기로서 그 뜻은 《검은 땅》이며 《흑양》은 그 뜻옮김이다.

《사열이》는 고구려에서의 우리 말 《사날이》(서늘한것)에 대한 표기이며 《청풍》은 그 뜻을 옮긴것이다. 왜냐하면 《열》의 원래 옛 소리는 《날, 널》이였기때문이다.

《좌찬》은 고구려의 고장이름 《자다》의 소리옮김이고 《상두》는 《자다》의 변종인 《자도》에 대한 뜻소리옮김이다. 다시말하여 《상》은 옛날 말로 《자》라고도 하였던것이다.

《한산》에서 《한》은 고구려때의 우리 말 《가나/하나》, 《간/한》에 대한 표기에 쓰이였고 《광주》에서 《광》은 그 뜻을 옮긴것이다.

우에서 든 고장이름들에서 쓰인 《바다라/바달》, 《거무루노/거물노》, 《사날이》, 《자다/자도》, 《한》 등과 같은 몇마디들을 통해서도 고구려에서는 자음으로서 《ㅂ, ㄷ, ㄱ, ㅈ, ㅅ, ㅎ, ㄴ, ㄹ, ㅁ》 등과 모음으로서 《ㅏ, ㅓ, ㅗ, ㅜ, ㅣ》 등과 같은 말소리들이 쓰이였다는것을 알수 있다.

《사날이》와 《자다/자도》에서 보는바와 같이 《ㅅ》, 《ㅈ》는 이미 구별되여 쓰이기 시작하였으며 《하나/한》에서 보는것처럼 자음 《ㅎ》가 독자적인 말소리로서 쓰이였다. 이것은 《ㅅ》, 《ㅈ》의 구분이 명백치 않았고 《ㅎ》가 독자적인 말소리로 되지 못하였던 고대조선말과 구별되는 점이다.

이러한 현상은 이 시기 백제, 신라에서도 찾아볼수 있는 현상으로서 삼국시기 우리 말 말소리의 공통적인 발전모습을 알수 있게 한다(《조선전사》 3 과학백과사전종합출판사, 1991년, 303페지).

고구려 말소리에서는 아직 《ㅍ》, 《ㄲ》와 같은 자음은 없었다. 《삼국사기》 지리지에 보이는 다음과 같은 고장이름을 통하여 그것을 증명할수 있다.

고구려때 이름	후기신라때 이름
벌력천(伐力川)	록효(綠驍)
갑비고차(甲比古次)	혈구(穴口)

《벌력천》에서의 《벌력》은 고구려때 우리말 《바라/버러》(《파랗다/퍼렇다》)에 대한 표기이고 《록》은 그 뜻옮김이다[*1]. 또 《고차》는 고구려때 우리 말 《고시》(꽃의 옛 형태)에 대한 표기이고 《화》는 그 뜻의 옮김이다[*2]. 그러므로 후에 《강화》(江華)로 뜻을 쓰게 되였던것이다.

*[1] 《벌력》의 《벌》은 원래 옛 음인 《받/번》이였으나 삼국시기 우리 말에서는 《바라/버러/발/벌》로 쓰이였으며 《력》은 《라/러/리》로 쓰이였다.

*[2] 《고차》의 《차》는 원래의 옛 음이 《치》였으나 삼국시기 우리 말에서는 흔히 《시》로 쓰이였다. 그러므로 《고차》를 《고시(古尸)》로도 썼다.

우에서 본바와 같이 거센소리 《ㅍ》는 아직 사용되지 않았으며 된소리 《ㄲ》도 아직 쓰이지 않았다.

이 시기에는 거센소리 《ㅋ》, 《ㅌ》나 된소리 《ㅃ》, 《ㄸ》, 《ㅆ》 등도 아직 발음되지 않았다. 그렇기때문에 원래 한자음에서는 그 첫 소리가 《ㅋ》, 《ㅌ》, 《ㅊ》 등의 거센소리인 《객》(客), 《탄》(呑), 《적》(赤) 자들이 원래 한자음의 첫소리가 순한소리 《ㄱ, ㄷ, ㅈ》 등인 《각》(各),

《단》(旦), 《적》(積)과 서로 구별되지 않고 쓰이였다. 또 원래 한자음에서는 된소리 《ㄲ, ㄸ, ㅃ, ㅉ, ㅆ》 등에 대응되여 발음되던 《구》(仇), 《도》(道), 《벌》(伐), 《조》(助), 《사》(似)자들이 그 첫소리가 순한소리 《ㄱ, ㄷ, ㅂ, ㅈ, ㅅ》인 《구》(久), 《도》(都), 《부》(富), 《진》(眞), 《사》(史)와 구별되지 않고 쓰이였다.

삼국사기 고구려말에서는 모음과 모음이 겹쳐져서 쓰이지 않고 자음도 마찬가지로 《ㅄ》와 같이 겹쳐져서 발음되지 못하였다.

고구려의 《이벌지》(伊伐支)고을은 후에 《린풍》(隣豊)현으로 대역되던 고장이름이며 또 《부수지》(夫首只)고을은 《자래》(子来)현으로 대역되던 지명이다. 《이벌》은 오늘날의《이웃》의 옛 형태인 《이부루/이불》에 대한 표기이다. 여기서는 《이》, 《우》사이에 《ㅂ》를 더 넣고있다. 《부수지》에서 《부수》는 오늘의 《씨》이고 15세기 조선말인 《ᄡᆞᆯ》에 해당하는 말인데 《ᄡᆞᆯ》를 련이어 발음하지 못하여 중간에 모음 《ㅜ》를 두고있는것이다.

고구려때에는 또한 자음받침소리도 제대로 발음되지 않고있었다. 《횡천》(横川, 엇내)고을은 《어사매》(於斯買)라고 표기한다고 하였다. 이것은 《엇》의 받침이 나오지 못하여 《어서》로 발음하였음을 말해준다.

또 《아리수》(阿利水)가 《압록수》(鴨緑水)로도 표기되고있는데 이것은 《ㅂ》받침이 발음되지 않고있었던것을 말해준다. 또한 《적목》(赤木)고을은 《사비근을》(沙非斤乙)이라고도 표기하고 《적성》(赤城)고을은 《사복홀》(沙伏忽)이라고도 표기하였는데 이것은 《사복》의 받침소리 《ㄱ》가 아직 쓰이지 않았다는것을 보여준다.

또 《홀》과 《성》이 통용되고있는것은 《홀》의 옛 한자음 《곧》이 고구려에서 《성》을 의미하는 《고로/구루》와 대역되였다는것을 보여준다. 말소리분야에서 볼수 있는 이러한 사실은 고구려에서의 우리 말 발전과정에서 나타나는 중요한 현상으로 된다. 이러한 현상은 백제나 신라에서도 찾아볼수 있다*.

* 《삼국사기》 권36 지리지에 의하면 《보성》(寶城)의 백제때 이름이 《복홀》(伏忽)이였다. 또 권34 지리지에 보면 《모산현》(母山縣)은 본래 《아막성》(阿莫城)이였다. 여기서 《복홀》(보고로, 보골)의 《ㄱ》, 《아막》(아마)의 《ㄱ》 받침들은 발음되지 않았다는것을 알수 있다.

2. 어 휘

고구려때의 우리 말 자료는 어휘면에서도 다양하고 풍부한 발전모습을 보여준다.

《삼국사기》 권35, 권37 지리지에 보이는 고구려고장이름에는 자연, 지형, 지물 등에 관한 말마디들이 많이 들어있다.

《나/노》(땅), 《수리》(봉우리), 《다라/달》(산, 높은데), 《고시》(곶), 《어리》(샘), 《마/무루/물》(물) 등은 그러한 례로 된다.

《나/노》는 《노》(奴), 《내》(內)로 표기하고 뜻과 소리를 함께 나타내는 《양》(壤)자로 옮겨놓았다. 또 《수리》는 소리그대로 《술이》(述尔)라고 쓰기도 하고 뜻으로 옮겨써서 《봉》(峯)이라고도 썼다. (례:述尔忽－峯城). 《다리/달》은 《달》(達) 또는 《고》(高)로 썼다. 《고시》는 당시의 한자음으로 《고차》(古次)로 쓰기도 하고 뜻으로 바꾸어 쓸 때에는 《구》(口)로 썼다. 《어리》는 당시의 한자음으로는 《어을》(於乙)로 쓰고 뜻으로는 《천정》(泉井)이라고 옮겨놓았으며 《마/무루/물》은 당시의 한자음으로는 《매/물》(買/勿)로 표기하고 뜻으로는 《수》(水)자를 썼다.

《삼국사기》 지리지에는 동물, 식물, 광물 등의 이름도 고구려의 고장이름으로 다양하게 반영되여있다는것을 찾아볼수 있다.

《수》(소), 《고니》(고니), 《고모》(곰), 《보수/부수/부사》(소나무), 《고시/구시》(구슬), 《나무루/나물》(납) 등이 그러하다. 《수지의》(首知衣)를 《우잠/우령》(牛岑/牛嶺)으로 쓰기도 하였고 《수차약》(首次若)을 《우수주》(牛首州)로 쓰기도 하였다. 또 《공목달(고모다라)》(功木達)을 《웅섬산》(熊閃山)*으로 쓰기도 하였으며 《보소/부수/부사》(소나무)는 음으로는 《부소》(扶蘇), 뜻으로는 《송(악)》(松岳)으로 썼으며 《부사달》(夫斯達)을 《송산》(松山)이라고도 썼다.

또 《고사/구시》는 음으로는 《고사마》(古斯馬)로, 뜻으로는 《옥마》(玉馬)로 썼으며 《나무루/나물》은 음으로는 《내물홀》(乃勿忽), 뜻으로서는 《연성》(鉛城)이라고 쓴것을 보면 그러한 관계를 알수 있다.

* 《웅섬》의 《섬》(閃)은 《문》(問)의 틀림으로 본다.

고구려의 고장이름에는 색갈이름을 리용한것도 적지 않다. 《거무루/거물》(검을), 《사보/사비》(붉은), 《바라/버러》(파라/퍼러), 《나히》(흰), 《고로/골》(누런) 등을 그러한 실례로 들수 있다.

그것은 《거무루/거물》은 《금물노》(今勿奴)를 《흑양》(黑壤)이라고 쓴데서, 《사보/사비》는 《사복홀》(沙伏忽)을 《적성》(赤城)으로, 《사비근을》(沙非斤乙)을 《적목》(赤木)이라고 쓴데서 찾아볼수 있고 《바라/버러》는 《벌력천》(伐力川)을 《록효》(綠驍)로 쓴데서, 《나히》(흰)는 《나혜홀》(奈兮忽)을 《백성》(白城)으로 쓴데서, 《고로/골》(누런)은 《골내근》(骨乃斤)을 《황효》(黃驍)라고 쓴데서 각각 찾아볼수 있다.

고구려의 고장이름에는 수(셈)를 나타내는 말도 쓰이였다. 《미루/밀》

(셋), 《오시/우시》(다섯), 《나나/나노》(일곱), 《더》(열) 등이 그러한 례로 된다.

그것은 《미루/밀》은 《밀파혜》(密波兮)를 《삼현》(三峴)으로도 쓴다고 한데서, 《오시/우시》는 《우차(사)단홀》(于次呑忽)*을 《오곡》(五谷)이라고도 썼다는데서, 《나나/나노》는 《난은별》(難隱別)을 《칠중(七重)이라고도 썼다는데서, 《더》는 《덕돈홀》(德頓忽)을 《십곡》(十谷)으로도 썼다는데서 각각 찾아볼수 있다. 이 수자들은 오늘날의 우리 말에서는 없어졌으나 삼국시기 우리 말에서는 널리 쓰이였으며 오늘 일본말의 《미쯔》, 《이쯔쯔》, 《나나쯔》, 《도》에 남아 전한다.

* 《삼국사기》 지리지에는 《우차단홀》이 《궁차운홀》(弓次云忽)로 되여있으나 《궁(弓)》자와 《운(云)》자의 두 글자는 틀린것으로 본다.

이밖에도 고구려의 고장이름에는 여러가지 사물현상을 반영한것이 많다. 그런데 이러한 어휘들은 대부분 백제나 신라에서도 공통적으로 쓰이고있었다. 백제 지명 《소비포》(所比浦)-《적도》(赤島)에서, 신라 지명 《사보/자포》(紫布)에서(《꽃드리는 노래》) 볼수 있고 또 《고시/구시》(串, 口)는 백제 지명 《고시이》(古尸伊)-《갑》(岬)에서, 신라 지명 《가시/고시》(嘉瑟, 古尸)-《갑》(岬)에서 각각 찾아볼수 있다. 이것은 삼국시기 우리 말이 하나의 민족어로서 공통된 언어였다는것을 말해주고있다.

고구려말의 어휘발전에서 중요한 특징은 우선 고대조선말의 어휘를 그대로 계승하였다는데 있다.

또한 그것은 백제, 신라 말의 어휘와 공통되는 단어가 많고 같은 발전경위를 밟았다는데 있다. 《불》을 의미하는 단어인 《바라/버러/보로/부루》, 《내》, 《강》, 《바다》를 의미하는 단어들인 《마/미》, 《성》, 《고을》을 의미하는 단어들인 《구루/고로》가 공통적이고 이밖에도 《머리》, 《우》, 《술》, 《검은》, 《물》, 《벌판》, 《터》, 《뚝》 등이 공통으로 쓰이였다.

또 고구려말과 백제말이 같은것으로는 《맏이》, 《드무》, 《단지》, 《구슬》, 《못》, 《봉우리》 등이 있고 고구려말과 신라말이 같은것으로는 《털》, 《아이》, 《작은》, 《글》, 《나무》, 《꽃》, 《마디》 등이 있다.

현존하는 기록자료의 제한성으로 하여 공통어의 수는 100여개밖에 찾을수 없으나 실지로는 훨씬 많았을것이다.

고구려말의 어휘발전에서 중요한 특징은 또한 자음이 기본적으로 고착되여있는데 비하여 모음은 《라/러/로/루》 등으로 비교적 잘 바뀐다는것이다. 한 어휘가 여러가지 뜻을 나타낸다는것도 특징의 하나라고 볼수 있다.

이와 같은 점들은 삼국시기 우리 말의 공통된 특성이였다〔《조선말력사》(1) 사회과학출판사, 1990년, 240~248페지〕.

3. 문 법

고구려말은 현대조선말 문법의 기본특징들을 이미 갖추고있었다.

그것은 무엇보다먼저 단어들의 결합이나 문장안에서의 말마디의 차례가 현대조선말과 같았다는데서 찾아볼수 있다. 즉 주어는 술어앞에, 규정어와 보어, 상황어는 그것을 받는 말의 앞에 놓는것이 원칙이였다.

품사체계에서도 이미 현대조선말에서와 같은 체계가 마련되여있었다.

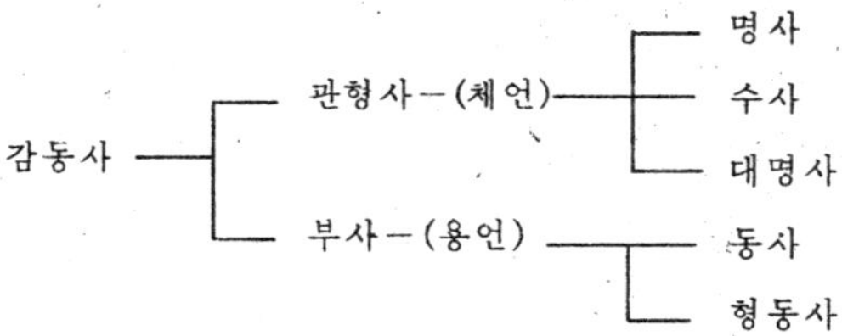

고구려때 조선말의 품사는 오늘날의 규범문법에서 일반적으로 명사, 수사, 대명사, 동사, 형동사, 관형사, 부사 및 감동사의 여덟가지로 가르고있는것과 같다. 그중 명사, 수사, 대명사는 묶어서 《체언》으로, 동사, 형동사는 묶어서 《용언》으로 할수 있다.

또한 다른 나라 말에 흔히 있는 《접속사》, 《관계대명사》, 《관사》 등이 없다는것도 현대조선말과 같은 점이다. 그것은 조선말에 접속사대신에 다양한 이음토가 발전되여있고 관계대명사대신에 불완전명사가 발전되여있으며 관사대신에 관형사와 규정형토가 발전되여있다는 사정과 관련된것이다 〔《조선말력사》(1) 사회과학출판사, 1990년, 252～253페지〕.

4. 리 두

고구려에서는 우리 말이 발전풍부화되였을뿐아니라 한자를 리용하여 우리말을 적어내는 독특한 표기방법이 발전하기 시작하였다.

《리두》란 한자의 음이나 뜻을 빌어 고유한 우리 말을 적어내는 독특한 서사체계를 말한다.

《리두》(吏讀)는 《관리의 글》이라는 말인데 이것은 이 서사체계를 봉건지배계급들이 관청의 문서에 쓰게 한데서 나온 말이다. 《리두》를 《리찰》(吏札) 또는 《리서》(吏書)라고도 하였다.

리두식서사체계를 이미 고대에서도 부분적으로 사용하였다고 볼수 있다. 고대조선에서는 자기의 독특한 글자인 《신지글자》가 쓰이였다. 한자, 한문이 들어오게 된 이후 지배계급이 한자를 많이 리용하게 되면서 한자의 음과 뜻을 빌어서 우리 말을 표기하는 방법이 모색되고 일정하게 쓰이게 되였다.

실례로 《아사달》(阿斯達)은 《아시다라/아사다라》의 표기이고 《개마산》(蓋馬山)은 고대 우리 말 《가마다라/거머다라》의 표기였다〔《조선전사》3 과학백과사전종합출판사, 1991년, 308~309페지, 《조선말력사》(1) 사회과학출판사, 1990년, 92~97페지, 365페지〕.

고구려에서는 리두식표기방법이 일찍부터 도입되였고 백제, 신라 등 이웃나라들에도 전해졌다.

《삼국사기》 지리지에 보이는 몇몇 지명만 보아도 리두식표기방법이 광범히 사용되고있었다는것을 알수 있다. 《수곡성》(水谷城)은 《매단홀》(買旦忽)이라고 하였고 《문현》(文峴)은 《근시파혜》(斤尸波兮)라고 썼다. 《매단홀》은 고구려말 《마다나고로/마단골》(물골성)을 음으로 표시한것이고 《근시파혜》는 고구려말 《거러바호/걸바호》(글바위)라는 말의 표기이다*.

* 삼국시기에 《시》(尸)는 《루/로》로 발음되기도 하였다. 또 《현》(峴)은 《고개》라는 뜻이외에 《바위》라는 뜻으로도 쓰이였다.

이밖에도 여러개의 소리가 같은 말을 리용하기도 하고 비슷한 뜻을 가진 말을 리용하기도 하였으며 뜻옮김법도 리용하였다. 리두사용의 첫 시기에는 소리옮김법이 더 많이 쓰이였다.

고구려사람들은 한걸음 더 나아가서 우리 말문장을 리두식으로 써내는 방법도 생각해내였다.

566년에 새긴것으로 인정되고있는 《평양성돌》의 글은 그 뚜렷한 실례로 된다.

《丙戌十二月中 漢城下後卩(部)小兄文達節 自此西北行步之》

(병술년 12월에 한성 하후부의 소형 문달이 쌓은것은 여기서부터 서북쪽으로 건느는데까지이다.)*

* 뒤부분은 《여기서부터 서북으로 가면서 관여하였다.》라고 읽기도 한다.

이 글에서 《중》은 우리 말의 위격토인 《에》에 해당한다. 또 《절》은 우리 말 《디비》, 《지위》에 해당하는 리두표기이다. 그러나 《자차》나 《섭지》는 한문투의 차례로 되고있다. 그러므로 초기리두에서는 우리 말 말투와 한문투가 섞여 쓰이고있었음을 알수 있다.

고구려사람들은 표현력이 풍부한 우리 말을 리두로 정확히 적기 위하여 원래 한자에는 없는 새 글자를 만들어내여 쓰기도 하였다.

《경》([illegible] 마을, 창고), 《수》([illegible] 국경초소가 있는 변방, 가) 《비》([illegible] 사다리) 등과 같은 새로운 리두식 《한자》를 만들어 썼다.

고구려에서 리두식표기방법을 개척하여 리두발전을 촉진한것은 우리 말의 구조적특징에 대한 고구려사람들의 인식수준이 매우 높았으며 한자의 문자학적특성에 대한 그들의 리해도 매우 깊었다는것을 보여준다.

고구려의 리두는 백제, 신라에도 전달되여 점차 민족적범위에서 리용된 서사체계의 하나로 되였으며 그후 리조말기에 이르기까지 서사생활에서의 중요수단의 하나로 리용되였다.

고구려에서의 리두의 발전은 한자를 리용한 우리 말 서사체계의 수립을 위한 첫 시도로서 우리 인민의 글자생활 력사에서 중요한 자리를 차지한다. 즉 그것은 한자를 리용한것이기는 하나 우리 말의 글말발전에서 중요한 토대를 닦은것으로 되며 따라서 조선말발전에 일정한 작용을 하였다. 그러나 리두는 남의 나라 글자를 빌어서 조선말을 적게 되여있었으므로 그 뜻을 원만히 나타내지 못하는 본질적결함을 가지고있었다. 그뿐만아니라 원래 어렵고 까다로운 한자에 기초한 서사체계이므로 쓰기도 리해하기도 힘들었다.

고구려에서의 말과 글은 삼국시기 우리 말과 글의 발전에서 획기적인 단계를 열어놓았다.

고구려때의 말과 글은 발해와 후기신라 그후 다시 고려에 계승되여 발전하게 되였다.

제 5 절 문학

고구려의 문학은 중세문학으로서의 새로운 특성을 갖추기 시작한 문학이다. 고구려문학은 새로 형성발전되는 봉건적제관계를 반영하고 당대의 각이한 사상조류들과 과학기술 및 문화예술의 밀접한 련관속에서 발전하여나갔다. 고구려문학은 고구려봉건사회의 현실을 생활적바탕으로 하고 선행한 문학의 성과와 경험을 이어받으면서 그것을 봉건사회의 미학적요구에 맞게 개작하고 풍부화시켜나갔다.

고구려의 문학은 그 담당자인 고구려사람들의 생활이 앞선 시기에 비하여 보다 다양해지고 복잡해진것과 관련하여 그 사상주제적범위가 확대되였다. 특히 사회적모순을 반영하고 반침략투쟁을 그린것과 같은 사회현실적주제의 작품들이 적지 않게 나왔다. 또한 형상수준이 세련되였으며 더욱 다양한 형태를 가지게 되였다.

고구려사람들의 슬기와 용맹, 애국심은 고구려문학이 진보적내용과 예술적다양성을 지니게 한 중요한 담보로 되였다. 우리 나라 첫 봉건국가로서 발족한 고구려의 문학은 바로 고구려사람들의 슬기와 용맹, 애국적충성심을 반영한것으로 하여 삼국시기 문학가운데서도 가장 중요한 자리를 차지하게 되였다.

고구려때에 와서 구전문학의 창작과 함께 서사문학의 창작이 활발해지면서 풍부한 문학유산을 남기게 되였다. 유감스럽게도 그중 대부분은 오늘날까지 전해지지 못하였다. 그러나 고구려초기에 벌써 력사책인 《류기》(100권)가 있었다는 사실 하나만 가지고도 재능있는 고구려사람들의 창작활동이 처음부터 활발했으리라는것을 짐작할수 있다. 그것은 옛날 력사책에는 의례히 많은 문학작품들이 실려있는것이 일반적인 현상이기때문이다.

설화문학에서는 건국설화와 함께 력사설화, 세태설화, 우화 등 여러가지 형태의 설화가 나타났으며 시가의 경우에도 구전가요, 서정가요, 서사적가요, 한자시 등 여러 형식의 작품들이 창작되였다.

고구려문학에서의 형상수준의 발전은 민화형태의 설화가 발전하고 신화적환상이 중세기적환상으로 전화된데서도 나타나고있다. 원시적인 신앙과 결부된 신화적환상은 조건적으로 쓰이는 중세기적환상으로 전화되고 의인화의 수법을 비롯한 새로운 묘사표현수법들이 적용되게 되였다. 이것은 봉건사회에 들어서면서 사람들의 자주성에 대한 지향과 요구가 보다 높아지고 자연과 사회에 대한 인식능력, 그것을 개조하기 위한 실천능력이 보다 높아진것과 관련하여 현실을 있는그대로 반영하기에 노력하면서도 사회적문제해결의 중요한 열쇠를 환상적수법에서 찾으려고 한데서 생겨난 현상이다.

고구려의 봉건통치배들은 인민들에 의하여 창조되고 널리 보급된 구전설화들을 자기들의 계급적리익에 맞게 개작하였으며 또 그들이 끌어들인 불교, 유교, 도교와 같은 외래종교의 영향밑에서 일부 문학작품들에는 종교적이며 신비적인 요소가 반영되게 되였다.

1. 설화문학

고구려문학에서 무엇보다 중요한 자리를 차지한것은 설화문학이였다. 이 시기 설화문학에는 전설, 민담, 동화, 우화 등 여러가지 형태들이 있었으며 그중에서도 민화적성격의 이야기가 많았다.

설화문학유산가운데서 대표적인것으로는 건국설화인 《주몽(동명왕)전설》, 애국주제의 설화들인 《을지문덕이야기》, 《온달이야기》, 우화 《토끼와 거부기》 등을 들수 있다.

《주몽전설》은 광개토왕릉비, 《삼국사기》, 《삼국유사》, 《동국리상국집》, 《제왕운기》, 《세종실록》 지리지 등에 기록되여 전한다. 그 내용에는 일정한 차이가 있으나 그중 내용이 가장 풍부하고 세련되여있는것은 《동국리상국집》 권3 고률시 동명왕편 병서(략칭 《동명왕편》)와 《세종실록》 권154 지리지 평안도 평양부 령이조에 실린 설화이다. 이 두 책의 글은 구《삼국사》의 내용을 충실히 전하고있다*.

* 《주몽전설》의 기본률거리에 대해서는 《고구려사》(1) 제1장 제3절 참고. 그러므로 아래에서는 구《삼국사》에 실린 《주몽〈동명왕〉전설》의 내용을 가지고 론의하려고 한다.

구《삼국사》에 실린 주몽(동명왕)전설은 주몽(동명왕)의 부모의 래력과 본인의 출생, 성장과정 그리고 남으로 가서 나라를 세우는 과정, 그의 아들인 유류가 아버지를 찾아와서 태자로 되는 과정을 묶어서 엮어놓은것이다.

우선 주몽은 《천제》의 아들 해모수와 《하백(물을 지배하는 신)》의 맏딸 류화를 부모로 하고있는 신성한 인물이다.*

* 부여의 일부 건국설화에도 해모수가 등장하고있지만 그와 관련된 이야기는 소박하고 단순하며 또 모순이 많은것으로 되여있다. 그러므로 이미 앞에서도 보았지만 그것은 성숙된 설화가 못된다. 이와는 달리 구《삼국사》에 실린 해모수관계설화는 훨씬 더 가공되고 윤색, 풍부화된것이므로 고구려때에 창작된것

으로 보게 된다.

실례로 그가 하늘에서 내려올 때 찬 《룡광검》은 칼집 또는 금바탕의 칼자루에 룡을 새긴 칼로 볼수 있는데 그러한 물건은 고대사회 초기에는 아직 생산되지 않았던것이다.

주몽(동명왕)의 아버지는 《천제》의 아들이라고 자칭하였고 또 그를 따라간 자들이 왕으로 불렀던 인물이지만 실제로는 류화가 살던 청하(압록강)에서 멀지 않은 곳에 있는 어느 한 소국왕 또는 그 왕자쯤 되는 인물이고 《하백》은 압록강중류의 일정한 지역을 지배하고있던 소국왕이였다고 볼수 있다. 주몽의 아버지와 어머니를 《하늘신》과 《물신》의 아들딸로서 비상한 재주를 가진 인물들로 묘사한것은 주몽의 출신을 높이고 그의 성격을 신비화하기 위해서였을것이다.

전설에 의하면 류화는 해빛을 받아 잉태하였고 또 왼쪽겨드랑이에서 다섯되들이만한 큰 알을 낳았는데 그것을 산과 들에 버려도 뭇짐승들이 다 보호하였고 또 구름이 낀 날에도 늘 해빛이 비치고있었다고 한다. 이것은 모두다 현실세계에서는 있을수 없는 꾸며낸 내용들이다. 그러나 이 역시 옛날 세계에 대한 과학적인식이 부족하였던 시기 우리 나라와 세계각지에서 널리 퍼지고있던 《란생설화》, 《일정감생설》(《해의 정기》를 감수해서 났다고 하는 설)의 일종으로서 궁극적으로는 태양숭배신앙의 변종이다. 이 역시 주몽(동명왕)을 보통사람과는 다른 신성한 존재, 하늘의 주재자의 후손으로 꾸며 그 성격을 신비화하려는데서 붙인 이야기이다.

주몽전설은 이밖에도 고기와 자라가 떠올라와서 다리를 놓아주었다든가, 주몽이 사슴을 시켜 비류국땅에 큰 비를 내리게 했다든가 하는 신비한 이야기를 토막토막 끼워넣고있으나 전설중의 인물들의 대부분은 현실세계에서 살며 활동하는 존재로서 거기에는 신비한것이 별로 없다.

주몽이 어려서부터 남달리 영특했고 무술에 능했다는것을 다소 과장하여 태여나서 한달만에 말을 했다느니 갈대로 만든 활과 화살을 가지고 물레우의 파리를 쏘았는데 쏘는족족 맞혔다고 한 구절도 있으나 이것은 그의 비범한 재주를 강조하기 위하여 지어낸 이야기이다. 그러나 그가 말타기, 활쏘기명수로서 혼자서 금와왕의 일곱아들보다 더 많은 짐승을 사냥했다든가 비류국왕 송양과의 무예겨룸에서 백보밖의 구슬가락지를 단방에 명중시켜 박산냈다든가 하는것은 현실적으로 있을수 있는 일에 속한다.

여기에는 사냥을 생활자료획득의 중요수단의 하나로 삼고있었으며 외적을 반대하여 민족적자주권을 굳건히 수호하였던 고구려사람들속에서 리상적인 청년대장부는 어떻게 몸을 단련하고 무술을 련마해야 하는가를 보여주려는 당시 사람들의 상무적기풍, 사상관점이 반영되여있다.

주몽전설에는 또한 주몽이 금와왕의 태자 대소의 참소로 천한 일인 말목

장일을 맡아하는 목자로 떨어졌을 때 그가 로동에 성실하였고 신분이 낮은 계층의 청년들과 사귀면서 새 나라를 세울 포부를 가지게 되였다는것을 보여줌으로써 당시 인민들의 대바른 성격과 근면한 품성, 새것에 대한 지향도 반영하고있다.

주몽의 어머니 류화의 형상에서 그가 지배계급출신의 인물로서 부여의 별궁에서 우대를 받으며 살면서도 부지런히 물레질을 하였고 주몽이 목자로 있을 때에는 준마를 볼줄 알았으며 주몽이 남으로 갈 때에는 오곡씨앗이 담긴 주머니를 주어보내는 등 근로하는 녀성의 특질을 체현하고있었던 인물로 묘사되여있다.

주몽이나 류화의 이러한 긍정적인 측면들은 이 전설의 창작 전과정에 평범한 고구려인민들의 성격과 지향이 많이 반영되여있다는것을 말해준다.

이처럼 주몽(동명왕)전설은 고구려의 건국자 주몽(동명왕)이 신비한 래력을 가진 신성한 인물이라는것을 강조하면서 왕권의 신성불가침설을 내세우고있으나 그와 동시에 당시 고구려사람들의 소박성, 대담성, 진취성, 상무의 정신, 근로정신, 정의와 진리에 대한 사랑 등의 성격과 사상감정을 다양하고 풍부한 형상수법을 통하여 보여주고있다는 점에서 매우 세련되고 째여진 설화작품이라고 말할수 있다.

바로 그렇기때문에 리규보도 지적한것처럼 오랜 후세인 고려시기에 와서까지도 주몽전설이 글을 모르는 일반 백성들에게까지 널리 알려지고 사랑받는 설화로 될수 있었던것이다.

전설에서는 주몽, 류화이외에도 오이, 마리, 협보, 재사, 묵거, 무골, 부분노 등 주몽의 성실한 벗, 부하들과 우유부단한 금와왕과 질투심 많은 그 아들 등 여러 인물들이 등장하고있다. 전설은 그들간의 호상관계도 재미있게 끌고나감으로써 예술적효과를 높이고있다.

주몽(동명왕)전설은 단순히 꾸며낸 이야기가 아니라 고대말기, 봉건초기의 복잡한 사회력사적관계를 반영하고있으며 고구려건국과정에 실지로 있었던 력사적사실을 기본줄거리로 하고있는것으로 하여 귀중한 력사자료로 되고있다. 그것은 또한 비교적 생동한 설화적형상으로 꾸며진것으로 하여 중세설화의 발전과 봉건시기 문학창작에 커다란 영향을 주었다.

애국적주제의 대표적인 설화작품으로는 《온달이야기》, 《을지문덕이야기》를 들수 있다.

《온달이야기》는 고구려인민들의 애국정신, 상무의 기풍과 반침략투쟁사실을 전해주는 인민적인 설화이다.

온달은 사람들로부터 《바보》라고 불리운 당시 사회에서 천한 신분인 평민에 속하는 사람이였다. 그는 어질고 순박하고 성실한 청년이였으나 집이 너무도 가난하여 언제나 람루한 옷차림을 하고 다녔으며 남의 삯일도 못하게 된 때에는 밥을 빌어서라도 눈먼 어머니를 성의껏 봉양하던 지극한 효성을 지닌

사람이였다.

당시 고구려왕이였던 평강왕(평원왕. 통치년간 559-590년)은 어린 공주가 너무도 잘 울기에 시끄럽게 여긴 나머지 입버릇처럼 《울음을 그치지 않으면 바보 온달에게나 시집을 보내겠다》고 말하군 하였다. 그러나 공주가 다 자란 다음에는 그를 상부 고씨라는 귀족집안에 시집보내려고 하였다. 이에 대하여 공주는 보통사람도 거짓말을 하지 않는데 하물며 임금으로서 두가지 말을 할수 있겠는가고 하면서 아버지의 요구를 거절한다. 왕은 너는 내말을 따르지 않으니 내 딸이 아니다고 하면서 어디든지 나가라고 강박하였다. 공주는 하는수없이 보물인 팔찌 수십개를 가지고 온달의 집으로 찾아갔다.

눈먼 어머니는 찾아온 공주에게 자기 아들이 가난하고 루추하여 귀인이 가까이 할 사람이 못된다, 그대의 손을 만져보니 솜보다 부드럽고 향기가 보통이 아니니 필시 천하의 귀인인데 누구의 허튼 소리를 듣고 여기에 왔는가, 내 아들은 느릅나무껍질을 벗기려 산에 가고 없다고 한다.

공주가 온달을 찾아 산으로 가서 산밑에서 지게를 지고 오는 온달을 만나 자기 결심을 이야기하니 온달은 이런 산속으로 다니는 녀자는 필시 사람이 아니라 여우일것이다, 가까이 오지 말라고 하면서 집으로 돌아간다.

공주는 다시 사립문밖에서 밤을 지새웠다. 아침에 다시 온달과 어머니에게 상세한 이야기를 하였다.

온달은 결심을 내리지 못하고있는데 어머니는 내 아들은 지지리 못난 사람이니 귀인의 짝이 될수 없고 우리 집은 루추해서 귀인이 살곳이 못된다고 하면서 반대하였다. 공주는 옛날말에 한말의 곡식도 찧을수 있고 한자의 베로도 기울수 있다고 하였으니 진실로 마음만 맞으면 하필 부귀를 바라겠는가고 한다. 그리하여 끝내 온달과 공주는 가정을 이룬다. 공주는 가지고 온 금팔찌를 팔아서 토지, 집, 노비, 소, 말, 기물들을 사서 살림을 장만하였다.

또 온달로 하여금 무술을 익히는데 전심하도록 하였으며 말도 시장의 장사군의 말이 아니라 나라의 말로서 여윈 말을 사오도록 하여 정성껏 먹임으로써 준마로 되게 하였다.

얼마후 온달은 고구려에서 해마다 3월 3일에 진행되는 락랑언덕에서의 사냥경기에 참가하여 1등을 함으로써 왕을 놀래웠으며 고구려의 장군이 된다.

당시 후주의 무제가 료동으로 침범해오니* 평강왕은 직접 군인들을 이끌고 배산벌에서 대전하였다. 온달은 선봉장이 되여 적병 수십명을 베니 이에 크게 고무된 고구려군사들이 용감하게 싸워 큰 승리를 거두었다. 왕이 크게 기뻐하여 《이 사람이 내 사위로다》라고 하면서 그를 맞아들이고 대형벼슬을 주었다.

그후 왕의 총애를 받은 그의 위세와 권력은 날로 커졌다.

* 후주가 북제를 병합한것은 577년이므로 무제가 료동으로 침공한것은 577~578년사이의 일로 될것이다.

양강왕(영양왕. 통치년간 590~618년)이 즉위하자 온달은 고구려의 국토통일위업을 위하여 출전하였다가 아단성(을아단. 충청북도 단양군 영춘면)아래에서 화살에 맞아 전사하였다.

장례를 치르려 하였으나 목적을 이루지 못한 그의 넋때문인지 관이 움직이지 않았다. 공주가 와서 관을 어루만지며 《사생은 결정되였으니 어서 돌아가사이다.》라고 하니 그제서야 관이 움직이였다고 한다.

《온달이야기》는 《삼국사기》 권45 온달전에 수록되여있다. 그 내용으로 보아 오래동안 인민들속에서 전해오면서 근로하는 인민들의 사상과 지향을 담아 더 잘 째인 이야기로 되였다고 보고있다.

《바보 온달》이라는 별명은 온달이 가난하고 무권리한 근로하는 인민출신의 인물이라는것을 보여준다. 그는 대바르고 순박하고 효성이 지극한 청년이였으며 거짓을 모르고 제힘으로 생활을 개척해나가는 사람이였다.

그는 진실한 사고력과 가식이 없는 인간애를 지닌 참된 인간으로서 공주와 함께 살고 유족해진 다음에도 놀고먹는 건달군이 된것이 아니라 애써 일하고 무술을 닦는 근면한 인간이였다. 상무의 정신이 강하였던 그는 애국심도 남달리 강하였으며 외래침략자들을 반대하는 싸움에서 용맹성을 높이 발휘하여 임금의 칭찬과 신임을 받고 출세하였다. 그러나 그는 수십년후까지도 국토통일위업의 실현을 위하여 한몸을 아끼지 않고 투쟁하다가 불행하게도 전사하였다. 그의 애국충정이 얼마나 높았는가 하는것은 죽은 다음에도 관이 움직이지 않았다는 설화내용에서 강조되고있다.

그의 애국사상은 시대적제한성으로 하여 봉건국왕에 대한 《충성》으로 표현되기도 하였으나 그것은 나라와 겨레를 위하여 옳은 일을 끝까지 해내려고 한 정의감과 겨레에 대한 사랑의 마음에 기초를 둔것이기도 하였다.

설화는 온달의 형상을 통하여 진정으로 나라를 사랑하는 사람은 가난한 인민대중이라는것, 근로하는 인민이야말로 가장 슬기롭고 용감하며 근면하고 성실하다는것을 뚜렷이 보여주고있다.

설화에서 공주는 왕의 딸이지만 그의 형상에는 근로하는 인민의 성격적특성이 체현되여있다고 할수 있다. 즉 공주의 형상에는 권세와 재물보다 도덕과 의리를 더 귀중히 여기는 우리 인민의 감정과 멸시와 천대가 없는 세상에서 화목하고 행복하게 살것을 바라던 당시 인민들의 소박한 지향이 담겨져있다.

당시의 사회력사적조건에서 공주가 온달같은 미천한 계층의 인물과 결합된다는것은 례외적인 일이였을것이다. 봉건사회에서 근로하는 인민들은 자기들의 불행과 고통의 사회적근원을 똑똑히 깨닫지 못하였으며 이로부터 어진 임금이나 귀인을 만나면 행복을 누릴수 있다고 생각하였다. 바로 이러한 견지에서 설화에서는 온달과 공주를 결합시켰을것이다. 그러나 온달이 실재한 인물이였다는것은 부정할수 없는 사실이다. 삼국시기에는 고려, 리조시기와는 달리 신분이 낮은 남자와 신분이 높은 왕의 딸이 혼인한 실례들이 있었다(《삼국사기》 권13 고구려본기 류리명왕 24년 9월조 등).

《온달이야기》는 미천한 출신인물을 긍정적주인공으로 설정하고 피압박, 피착취 근로인민들의 가난한 생활처지와 행복에 대한 지향, 근면성과 소박성, 용감성과 애국심을 구현하고있는것으로 하여 문학사상 중요한 의의를 가지고 있다. 《온달이야기》는 지금 남아있는 력사자료를 통하여 볼 때 조선문학에서 인민출신의 인물이 긍정적주인공으로 나타난 첫 실례로 된다.

《온달이야기》는 주인공 온달이 가난한 백성으로서 지지리도 못살다가 애국적장군으로 자라나는 과정을 별다른 환상없이 실감있게 그린것으로 하여 중세문학사상 묘사의 진실성을 강화하는 면에서 기여한 작품이다.

애국적주제의 설화로서는 《을지문덕이야기》도 있다. 《삼국사기》 권44 을지문덕전에는 그의 래력이 자세치 않다고 하면서 쓰지 않았고 다만 그의 성질이 침착, 용맹하며 지혜와 재주가 있고 글도 잘 지을줄 알았다고 써놓았을뿐이다.

그러나 민간설화에는 그가 석다산(평안남도 증산군 석다리에 있는 산) 아래에서 나서(《평양지》 평양상공사, 1936년, 103~104페지) 어릴 때부터 글읽기와 무술훈련을 많이 하였다는것이 널리 전해지고있다.

을지문덕은 불곡산(평안남도 평원군 화진리)의 동굴속에서 글을 읽었으며 석다산남쪽 마이산으로 말을 타고 다니면서 무술을 익혔다고 한다. 그가 한번은 굴속에서 책을 읽다가 깜박 졸고있었는데 구렁이 한마리가 그를 해치려고 기여들었다. 이상한 기운을 느낀 을지문덕은 문득 깨여나는 순간 검으로 구렁이의 머리를 쳤는데 그때 내리치는 힘이 얼마나 강했던지 돌책상의 모서리가 떨어져나갔다. 지금도 불곡산 동굴속에는 그때 검으로 책상을 친 자리가 그대로 남아있다고 한다.

그는 또한 불곡산동쪽에 있는 대원산(평원군 운봉리)에서 무술훈련을 하였는데 활쏘기할 때 과녁이 잘 보이지 않는다 하여 산발의 수림들을 검으로 쳐서 반반하게 만들었는데 그후로는 지금까지도 이 산의 서남쪽부분에는 바위가 두드러져나오고 나무가 크게 자라지 않는다고 한다(《평양지》 평양상공사, 1936년, 103~104페지).

을지문덕장군은 평양에 와서 한때 룡악산 북쪽 구촌(대동군 원천리)에서 집을 짓고 살았다. 거기에는 세연지라는 못이 있는데 을지문덕이 글을 읽고 쓰고 하면서 그 못에서 벼루를 씻군하였다고 하여 《세연지》라는 이름이 붙었다고 한다.

을지문덕장군은 이렇게 젊었을 때부터 병서를 비롯한 많은 책을 읽고 병법을 달통했으며 또 무술을 익혔기때문에 612년 수나라 300만대군이 쳐들어왔을 때 대신으로서 전선사령관이 되여 살수전투를 비롯한 일련의 전투들에서 적의 별동대 30여만 대군을 교묘한 유인 및 청야수성전술, 대규모포위전술을 배합하여 성과적으로 섬멸할수 있었다.

《을지문덕이야기》에는 전설같은 이야기도 있지만 대부분 실지 있었던 력사적사실을 담고있다.

을지문덕장군과 관련한 이야기로는 《칠불사전설》, 《록족부인전설》 등이 있다. 《칠불사전설》은 살수전투때 7명의 고구려병사들이 중으로 가장하여 깊은 물쪽을 얕은 여울로 보이도록 바지를 걷어올리고 강을 건느는 시늉을 함으로써 적군이 그곳으로 몰려와 강을 건느려하다가 대혼란이 일어났으며 그 기회에 고구려군이 들이쳐서 큰 승리를 거두었다는 내용을 담고있다. 그것을 불교승려들이 부처가 도와준것으로 개작하여 칠불사라는 절간을 세운것으로 만들었다는것이다.*

* 이 전설은 후세에 안주 칠불사와 결부되여 전해졌으나 살수가 료동반도의 소자하인것만큼 안주와 결부시킨것은 잘못이다.

이 전설의 변종으로서 충청남도 론산군에 있는 《은진미륵상이야기》가 있다. 그것은 고구려-당전쟁때 미륵부처가 압록강을 건느는 적병을 깊은 곳에 유인하여 고구려군의 승리를 보장하는데 기여하였다고 하는것이다(《조선금석총람》 하 1154페지, 은진관촉사비).

《록족부인전설》의 내용은 대략 다음과 같다.

옛날 고구려때 발의 생김새가 사슴의 발처럼 생긴 녀성이 있었다. 그는 한꺼번에 여러명의 아이를 낳아 길렀는데 그 아이들도 발이 사슴의 발처럼 생겼다. 어느날 길을 가던 어떤 사람이 아이들을 보더니 아이들이 오래 살게 할수 있고 유명한 인물로 되게 할수 있으나 그대로 키우게 되면 얼마 못가서 다 죽을것이라고 예언하였다. 이 말을 들은 어머니는 아이들을 큰 나무함에 넣어 강물에 띄워보냈다. 그 함이 바다우를 떠다니다가 수나라땅 해안에 표착하였고 아이들은 거기서 자라나 모두 장수들이 되였다. 수양제가 고구려를 침공하였을 때 그들은 양제를 따라 고구려를 치는 싸움에 참가하였다. 그리하여 고구려군영안에서는 적장가운데에 사슴의 발을 가진 형제장수들이 있다는 소문이 돌았다. 어머니는 그들이 분명 자기의 아들일것이라고 생각하고 을지문덕장군을 찾아가서 사연을 이야기하고 자신이 적진에 들어가 아들을 타이르겠다고 자청하여나섰다.

그는 적진속에 들어가 사슴의 발처럼 생긴 장수들을 만나 자기가 어머니라는것을 말하고 어머니의 나라를 치는 반역행위를 하지 말라고 하면서 자기 발을 내보였다. 그들이 그래도 잘 믿지 않자 자기 가슴을 헤치고 젖을 짜니 젖줄기가 여러가닥으로 뿜어나와 장수들의 입으로 흘러들어갔다. 그제서야 자기 친어머니인줄 알게 된 그들이 투구를 벗고 용서를 빌면서 고구려편으로 넘어왔다는것이다.*

* 《록족부인전설》은 오랜 연원을 가지고있다. 평양시 대성산 광법사 사적비에

는 아들이 9명으로 되여있고 고구려-수전쟁때라고 밝힌것은 없다.

민간전설에는 아들이 2명으로 되여있고 고구려-수전쟁때의 이야기로 되여있다.

을지문덕장군과 결부된 설화들은 하나의 련쇄를 이루고있으며 이것은 수나라와의 전쟁에서 고구려군이 거둔 큰 승리가 인민들의 슬기롭고 용감한 투쟁의 결실이였으며 을지문덕장군은 바로 인민들의 지혜와 힘에 의거할줄 알았기때문에 승리할수 있었다는것을 보여준다.

설화 《수양제의 말로》는 고구려-수전쟁시기 고구려측 사신을 따라 수양제가 타고있던 배우에 올라갔던 고구려의 한 애국자가 수양제가 국서를 읽고있는 기회에 품속에 넣어가지고 간 작은 쇠뇌로 수양제의 가슴팍을 겨누어 쏘아맞혔다는 이야기이다. 이때 수양제는 군사를 돌이켜 퇴각하면서 《내가 천하의 주인으로서 작은 나라를 친히 징벌하다가 이기지 못하였으니 만대의 웃음거리가 되였구나!》하고 비명을 질렀다고 한다.*

* 《삼국유사》 권3 보장봉로 보덕이암

여기에는 연개소문의 출생과 관련된 잘못된 전설을 싣고있으나 수양제가 고구려사람이 쏜 화살에 맞아서 부상당했다는것은 당시 고구려사람들의 불타는 적개심을 반영하고있다.

인정세태와 미풍량속을 보여주는 설화의 하나로서 《한씨 미인이야기》가 있다.

《해상잡록》에 실린 그 이야기의 줄거리는 대략 다음과 같다.

고구려의 안장왕(통치년간 519-531년)이 태자(498년에 태자로 됨)로 있던 청년시절에 상인으로 가장하고 백제땅에 들어가서 개백고을(경기도 고양시 행주)을 돌아다니면서 백제의 내부형편을 정찰하다가 그곳의 기찰군에게 발각되였다. 태자는 피해다니다가 그곳 장자(부자)인 한씨의 뒤뜰에 들어가 숨었는데 그 집에는 다 자란 딸인 주(구슬)라는 절세의 미인이 있었다.

한주는 뒤뜰에 나왔다가 뜻밖에 청년을 만나게 된다. 두사람은 한번 만나자바람으로 서로 마음이 통하였다. 그리하여 부모 몰래 청년을 감춰주고 백년을 해로할것을 약속하였다. 청년은 한주에게 자기가 고구려의 태자라는것을 알려주고 귀국한 다음 많은 군사들을 이끌고 와서 그대를 맞이하겠다고 말하고 고구려로 돌아갔다.

그는 왕위에 오른 후 여러차례 백제를 쳤으나 성공하지 못하였고 그자신이 직접 출전하였으나 역시 한주가 사는 곳까지는 나가지 못하였다.

그런데 그사이 새로 부임해온 개백고을의 백제태수가 한주의 미모를 탐내여 그 부모에게 청혼을 하였다. 그러나 한주는 죽기를 결심하고 거절하였다.

태수의 노여움을 사게 된 부모는 딸에게 태수에게로 시집갈것을 강박하였다.

한주는 할수없이 《제가 이미 정을 둔 남자가 있는데 먼곳에 가서 돌아오지 못하였으니 그 사람의 생사나 알아보고 결혼여부를 말하겠소이다.》라고 하였다. 이 말을 들은 태수는 더욱 크게 성을 내여 《그 남자가 누구냐. 어찌하여 바로 말하지 못하느냐. 이는 반드시 고구려의 간첩인고로 말을 못함이 아니냐. 적대국의 간첩과 통하였은즉 너는 죽어도 죄가 남으리로다.》라고 하면서 한주를 옥에 가두었다.

태수는 한편으로는 죽이겠다고 위협하고 다른 한편으로는 온갖 감언리설로 꾀였으나 한주의 마음을 돌려세우지 못하였다. 그래서 태수는 한주를 자기의 생일날에 죽이기로 결정하였다.

안장왕은 한주가 옥에 갇혔다는것을 알고 더욱 안타까와하면서 여러 장수들을 모아놓고 《만일 개백고을을 되찾아서* 한주를 구원하여오는자가 있으면 금 1 000근과 만호후의 벼슬을 주겠다》고 하였으나 응답하는자가 없었다.

* 이에 앞서 396년과 475년에 고구려는 한강이북의 많은 지역을 차지한적이 있었으므로 《되찾는다》는 표현을 쓸수 있다〔《단재 신채호전집》(상) 233~237페지〕.

당시 안장왕의 친누이인 안학 역시 절세미인이였는데 장군 을밀과 서로 사랑하는 사이였다. 그러나 왕은 을밀의 문벌이 높지 못하다 하여 허락하지 않았다. 그래서 을밀은 병을 핑게 삼아 벼슬살이를 그만두고 자기 집에 들어박혀있었다. 그러다가 한주를 구출하는자에게는 많은 상금과 높은 벼슬을 준다는 왕명을 듣고 왕궁에 들어가 국왕을 만났다. 《신은 천금도 만호도 바라지 않소이다. 신의 소원은 안학과 혼인하는것이오이다. 대왕이 만일 신의 소원을 풀어주시면 신은 또 대왕의 소원대로 한주를 구출해오리다.》라고 하였다. 왕이 생각하던끝에 그렇게 하라고 허락하였다.

을밀은 정병 5 000명을 끌고 바다길로 떠나면서 왕더러 륙로로 쳐나오도록 당부하였다. 그는 결사대 20명을 뽑아서 변장을 시켜 개백고을에 들어가게 하고 한주에게도 가만히 기별을 하였으며 자기는 군사들을 데리고 매복, 포위하였다.

태수는 생일이 되자 관리들과 친한 벗들을 모아놓고 큰 잔치를 배풀었다. 그러면서 한주에게 사람을 보내여 《오늘은 나의 생일이다. 오늘 너를 죽이기로 정하였으나 이제라도 마음을 돌리면 살려주리니 그러면 오늘이 너의 생일이라고 해도 될것이다.》고 하였다. 한주는 《태수가 나의 뜻을 빼앗지 않으면 오늘이 나의 생일로 되려니와 그렇지 못하면 오늘이 곧 태수의 사망일로 될것이오.》라고 말하였다.

태수가 대노하여 빨리 형을 집행하라고 명령하니 이때 춤군으로 가장하고

연회장에 들어가있던 을밀의 부하장수들이 하나같이 칼을 빼들어 태수와 손님들을 살상하면서 《고구려병사들이 성안에 들어왔다》고 웨쳤다. 그러자 매복하고있던 을밀의 군사들이 일제히 쳐들어가 옥을 부시고 한주를 구출해놓고 안장왕이 오기를 기다렸다.

이때 부근의 백제고을들이 항복하니 안장왕은 아무 장애없이 개백고을에 이르러 한주와 만났다. 그리고 약속대로 안학을 을밀에게 시집보내였다.

《삼국사기》 권37 지리지 고구려 주군현조에도 《왕봉현, 개백이라고도 하는데 한씨미녀가 안장왕을 맞이한 곳이므로 왕봉이라고 하였다.》, 《달을성현, 한씨미녀가 높은 산에서 봉화를 올려 안장왕을 맞이한 곳이라 하여 후에 고봉이라고 하였다.》라는 기사가 있다. 그러므로 우의 설화와는 다소 다르다고 하더라도 그와 비슷한 사실 즉 안장왕과 한씨사이에 사랑하는 관계가 실제로 있었다고 볼수도 있다.

《한씨미인이야기》는 국왕인 안장왕과 관련시키고있는 점에서 계급적 및 시대적제한성을 가지고있으나 조선녀성의 순결한 사랑과 신의에 대한 고상한 품성, 관점에 대하여 보여주고있다.

인정세태와 미풍량속을 보여주는 고구려설화의 하나로서 세상에 널리 알려진 《견우와 직녀전설》이 있다. 408년에 축조된 덕흥리벽화무덤 앞칸 남벽천정에는 《견우의 모습》, 《직녀의 모습》이 각각 그려져있고 그사이에는 은하수가 놓여있다. 이것은 《견우와 직녀전설》이 이미 4세기경에는 고구려사회에 널리 전파되고있었다는것을 증명해준다. 이 설화는 착하고 부지런한 청춘남녀가 서로 사랑하면서도 통치자의 방해로 서로 만나지도 못하고있는것을 동정하는 인민들의 순박한 인정세태를 보여주고있으며 그들이 까막까치의 도움으로 1년에 한번씩이나마 서로 만나 애정을 나누는것으로 묘사함으로써 행복한 생활에 대한 인민들의 열망을 형상적으로 보여주고있다.

고구려의 우화작품으로서 이름난것은 《토끼와 거부기이야기》이다. 이 설화는 《삼국사기》에 의하면 7세기 중엽에 고구려의 선도해라는 사람이 신라의 김춘추에게 들려준것으로 되여있다. 그러나 이것은 이미 오래전에 창작되여 전승되여온 설화로 볼수 있다.

설화의 줄거리는 대략 다음과 같다.

룡왕의 딸이 병에 걸렸는데 토끼간이 약이라는 의원의 말을 들은 룡왕은 거부기에게 토끼간을 구하러 가게 한다. 륙지에 나와 토끼를 만난 거부기는 달콤한 말로 그를 꾀여가지고 바다로 들어가다가 도중에 자기의 진짜 목적을 실토한다.

그제서야 자기 목숨이 위험하게 된것을 안 토끼는 자기가 신의 후손으로서 가끔 오장을 꺼내여 깨끗이 씻어넣군 하는데 요새 속이 좀 나빠서 간을 꺼내여 바위밑에 두고있던 참이라고 하면서 《도로 나가서 간을 가져와야겠다. 너는 간을 구하게 되니 좋고 나는 간따위는 없어도 일없으니 피차 다 좋은 일이 아니냐.》고 그럴듯하게 꾸며댄다.

어리석은 거부기는 토끼의 말에 속아 그를 업고 다시 륙지에 나온다. 목숨을 건진 토끼는 언덕에 뛰여올라 《이 미련한 놈아! 세상에 간없이 사는 놈이 어디 있다더냐.》라고 하면서 거부기를 놀려주는것으로 끝난다.

이 우화는 거부기에게 잠시 속아 죽을 고비에 들었다가 슬기로운 지혜로써 거부기를 응징한 토끼의 모습을 통하여 그 기지를 찬양하는 한편 그의 경박하고 들뜬 행동에서 교훈을 찾을것을 가르쳐주고있으며 룡왕의 포악성과 잔인성을 폭로하고 거부기의 우둔성을 조소하고있다.

의인화된 룡왕과 그 신하들, 거부기의 형상에는 봉건사회의 왕, 그밑에서 나쁜짓을 일삼는 관료배들이, 토끼의 형상에는 착취와 압박의 대상으로 되고있던 평범하고 선량한 인민들의 성격이 체현되여있다.

이 작품은 의인화의 수법으로 당대의 사회적관계를 보여주고있으나 의인화된 동물들을 통하여 당대 사회의 계급적모순을 뚜렷하게 표현하지 못한 약점을 가지고있다. 이러한 약점은 이 우화에 기초하여 창작된 18세기의 소설 《토끼전》에서 기본적으로 극복되게 된다.

《토끼와 거부기이야기》는 우리 나라 우화가운데서 가장 오랜 작품의 하나로서 중세우화문학발전에 이바지하였다.

2. 국어가요와 시문학

고구려에서는 가요창작과 시작품창작도 일찍부터 발전하였다.

국어가요에는 인민들의 로동생활, 인정세태를 반영한 민요풍의 작품들이 많았다. 《인삼노래》는 한시로 번역되여 전하지만 원래는 삼을 캐는 사람들의 체험을 노래한 가요이다.

가지는 셋 잎은 다섯
해빛을 등지고 음달만 따르네
나를 구하러 오려거든
단나무밑에서 살펴 찾아보라

이 노래는 삼의 형태적특징과 생태적특성을 간단히 요약하여 표현하고있다. 민요 《인삼노래》는 인적이 닿지 않는 밀림속에서도 음달에 숨어자라는 삼을 찾아 험산준령을 넘나들면서 돌아다니는 채삼군들의 심정과 체험을 예술적으로 일반화하고있다.

《고려사》 권71 악지 삼국속악조에는 고구려에 《연양》, 《명주》 등 인정세태를 반영한 개인창작가요들이 있었다는것을 전하고있다.

《연양》이나 《명주》는 그 가사가 전해지지 않고 대략적인 내용이 기록되여 전하고있다.

《연양》은 사람은 신의와 도리를 지켜야 하며 그를 위해서는 목숨도 아끼지 말아야 한다는 내용을 담고있다. 즉 옛날 연양고을에 사는 어떤 사나이가 자기를 알아준 사람에 의하여 선발되여 일하게 된것을 고맙게 여기고 죽음으로써 그 은혜를 갚겠다는것을 결의하면서 자신을 나무에 비겨 나무가 자신을 불태우면서도 빛을 내고 열을 뿜듯이 자기는 불타서 재가루가 되더라도 자기를 알아준 사람을 위해 의리를 끝까지 지키겠다고 하는 내용의 노래였다.

가요 《명주》는 정성과 신의에 넘친 순결한 사랑의 감정과 진취적인 생활감정을 담은 노래였다. 《고려사》에 씌여진 사연을 보면 어느한 글공부하는 서생이 여기저기 돌아다니면서 공부를 하였는데 명주(강원도 강릉) 고을에 갔다가 한 량가(신분이 천하지 않은 집)의 딸이 용모도 아름답고 글도 잘 짓는다는것을 알고 매번 시를 지어 자기 심정을 적어보내군 하였다. 처녀가 말하기를 《녀자란 남자를 따르기 마련임을 잊지 않고있으나 당신이 과거에 합격하기를 기다렸다가 부모가 허락하면 일이 순조로이 될것이다.》고 하였다. 이 말을 들은 서생은 곧 수도로 돌아와서 과거응시준비를 하였다.

처녀의 집에서는 딸이 나이 찬것을 고려하여 장차 사위를 맞아들이려고 하였다. 처녀는 평상시에 못에서 물고기를 기르고있었는데 그의 기침소리만 나도 물고기가 와서 먹이를 받아먹군 하였다. 처녀가 물고기더러 《내가 너를 길러온지도 오래니 너는 나의 뜻을 잘 알것이다.》고 하면서 비단에 쓴 편지를 물속에 던지니 큰 물고기 한마리가 뛰여오르면서 편지를 받아물고 유유히 가버렸다.

서생이 수도에 있으면서 하루는 부모의 식찬을 마련하려고 시장의 가게에 가서 물고기를 사다가 손질하는데 비단편지를 얻어보고 놀라서 자기 아버지에게 말하고 아버지가 보내는 편지와 그 비단편지를 가지고 지름길로 처녀의 집으로 가니 사위될 사람이 이미 문앞에 와있었다.

서생이 편지를 처녀의 집에 내보이고 그 길로 《명주》노래를 부르니 처녀의 부모가 특이한 일이라고 하면서 《이는 정성에 느낀바요 사람의 힘으로 할수 있는 일이 아니로다》고 하면서 사위될 사람을 돌려보내고 서생을 사위로 맞아들이였다.

비록 가사는 전하지 않으나 창작경위와 관련된 이야기를 보아도 노래에 깃든 아름다운 리상, 신의와 의리를 귀중히 여기고 참된 사랑을 꽃피워가려는 고구려사람들의 순결한 마음씨와 진취적인 생활감정을 알수 있다.

가요 《래원성》은 정주(평안북도 의주부근)의 압록강 섬속에 성을 쌓고 먼 다른 나라로부터 귀순한 사람들을 살게 한 내용을 담고있다. 이 노래에는 필경 고구려의 강대성과 다른 민족에 대한 넓은 포용력을 과시한 장한 뜻이 담겨져있었을것이다.

고구려에서는 달거리형식으로 된 장가(긴 노래)도 창작되고있었다.

달거리(월령)란 1년 열두달을 각각 한개의 련(분절)으로 하고있는 노래형식이다.

절가형식의 월령이 구현되여 생겨난 달거리형식은 자연과 인간생활에 대한 사람들의 인식과 리해가 심화되고 새로운 보다 문명한 생활에 대한 지향이 높아지는 과정에 이루어진 창조적산물이라.

현존하는 우리 나라 시가유산가운데서 달거리체형식의 제일 오래된 작품은 《동동가》이다. 《성종실록》 권132 12년 8월 을사조에는 《동동춤》을 고구려때부터 내려오던 춤이라고 한 기록이 있다.

《동동》이란 춤의 장단으로 리용한 북소리를 의미한다. 즉 《동동춤》은 북소리장단에 맞추어추는 춤이였고 거기에는 반드시 가사가 달려있었다고 생각된다. 《악학궤범》에 수록된 현존하는 가사는 력사적으로 내려오면서 변동된것일수 있으나 조흥구인 《아으 동동다리》는 가사의 매 분절을 정서적으로 련결시켜주는 요소로서 고구려때부터 있었을것이다. 또 《동동가》 가사의 일부도 벌써 고구려때에 창조된것이였다고 보아야 할것이다.

《고려사》권71 악지 삼국 속악조에는 《동동놀이는 그 가사에 칭송하거나 기도하는 말이 많은데 대개 선어(선(仙)가의 말)를 본따서 그런것이다. 그러나 가사가 비속하여 싣지 않는다》고 하였다. 《선어》라는 말자체가 오랜 연원을 가진 말로 볼수 있다. 결국 《아으 동동다리》라는 조흥구를 가진 달거리체는 고구려때에 창조되였던 동동가사에서 그 시원이 개척되였다고 볼수 있다.

3. 서사문학

서사문학의 출현은 문학발전의 새로운 단계를 의미한다. 구전문학이 대체로 집체적지혜의 산물임에 비하여 서사문학은 개인창작으로서 최초부터 글로 씌여져 사람들에게 읽혀지고 기록으로 남아 전해온 문학이라 할수 있다. 물론 구전문학은 서사문학의 중요한 원천으로 된다.

서사문학가운데서는 력사책(년대기)편찬이 중요한 자리를 차지하였다. 특히 그가운데서도 개인의 전기, 어떤 사물현상의 래력, 력사적사건의 경위 등을 쓰면서 요령있고 재치나게 쓰는 과정에 문학작품이 나오기 마련이다.

고구려 초기에 편찬되였던 《류기》(100권)나 600년에 편찬된 《신집》(5권) 같은 력사책에는 서사문학작품들이 포함되여있었다고 인정된다. 414년에 광개토왕을 기념하여 세운 광개토왕릉비에는 고구려국가의 건국설화도 들어있고 광개토왕의 업적을 전하는 내용들에는 비록 극히 간략하고 단편적이기는 하

동명왕릉 전경

동명왕릉 제당

동명왕릉 제당(북벽화상)

정릉사 보광전

정릉사 우물

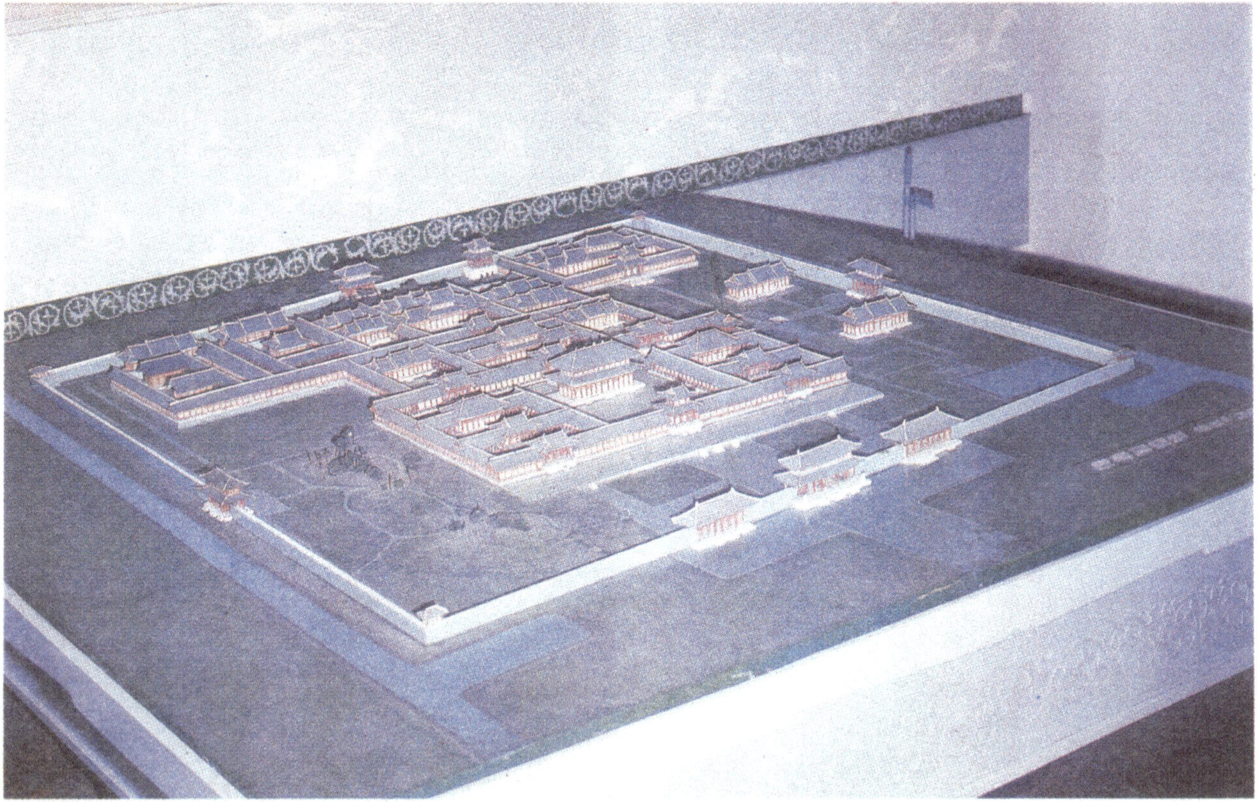

안학궁(복원 모사도)

안학궁(치미)

장군무덤 전경

고구려다리(대동강)

글자새긴성돌(평양성)

대성산성 성벽

평양성

평양성(내성북문-칠성문)

평양성(내성 북장대 을밀대)

황룡산성 전경

고국원왕후 화상

고국원왕 화상

고국원왕릉 앞칸 서벽 장하독(2명)

고국원왕릉 행렬도

덕흥리 벽화무덤 주인공화상

덕흥리 벽화무덤 마사희

감신무덤 녀인상

안악2호무덤(비 천)

수산리무덤(녀주인공, 녀성인물)

씨름무덤(씨 름)

장천1호무덤(풍 속)

춤무덤(사냥)

집안 4호무덤(청룡)

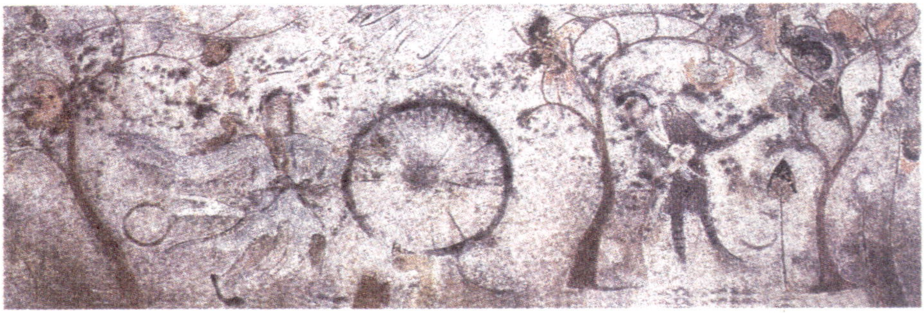

집안 5호무덤(야장신)

집안 5호무덤(해신, 달신)

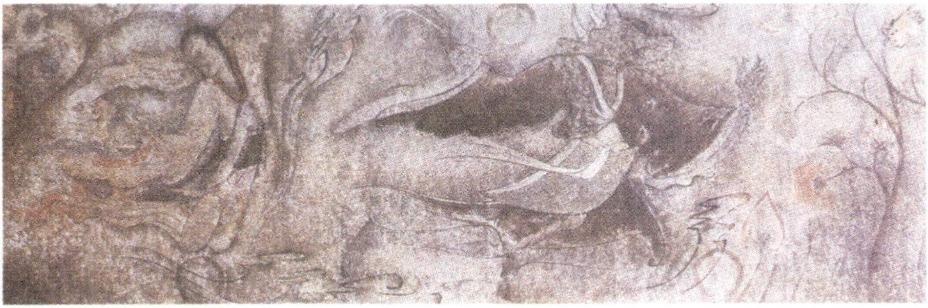

집안 5호무덤(농업신)

강서큰무덤(청룡)

강서큰무덤(현무)

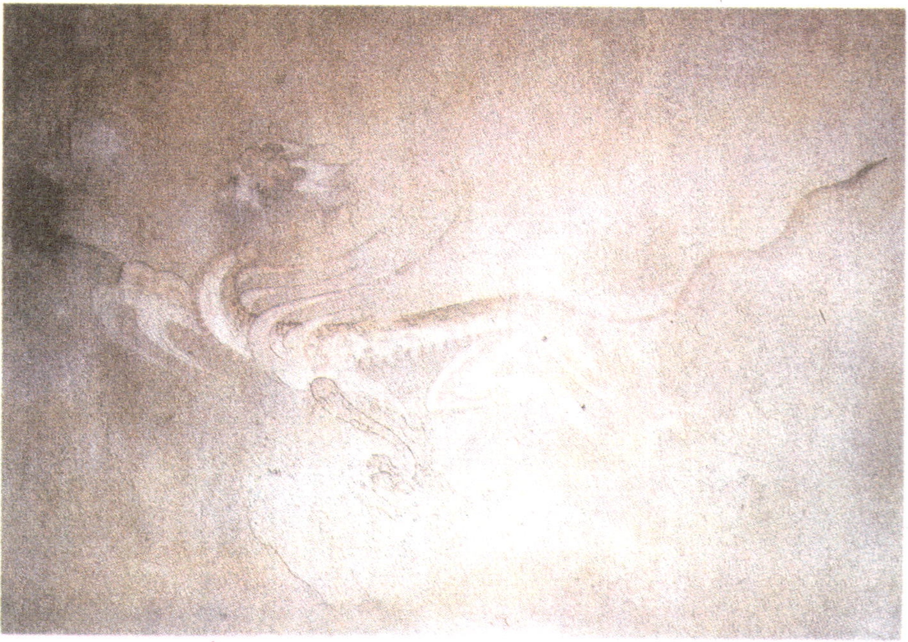

강서중무덤(백호)

강서중무덤(주작)

룡산리(구 진파리) 1호무덤(소나무)

고구려 기와, 벽돌

고구려 수기와

네귀달린 단지

단지

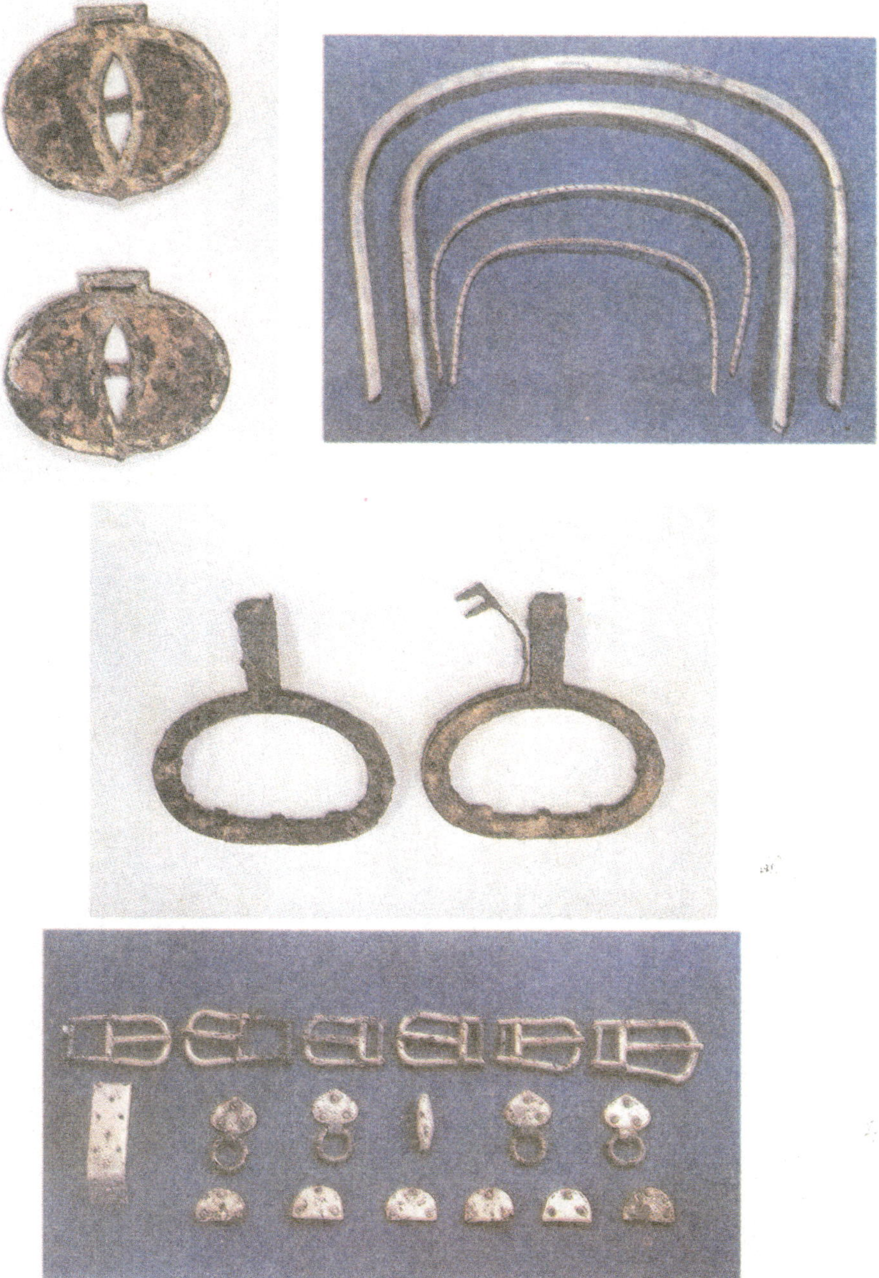

지경리 1, 2호무덤(마구류)

《천상렬차분야지도》

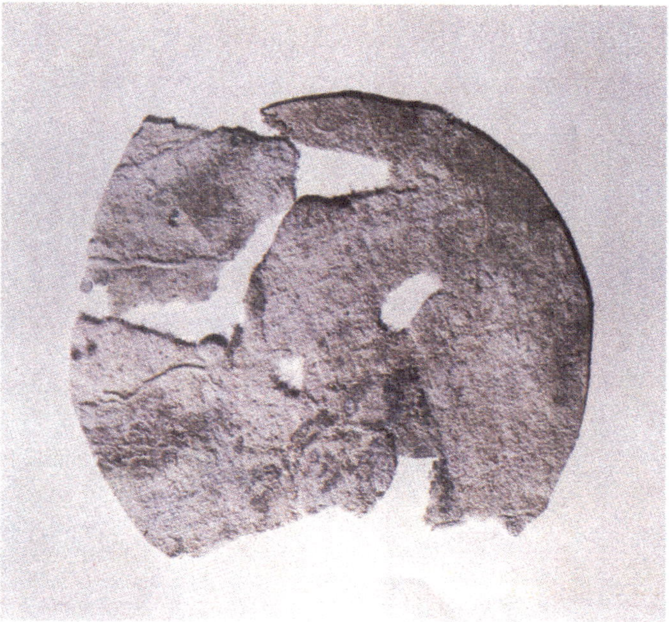

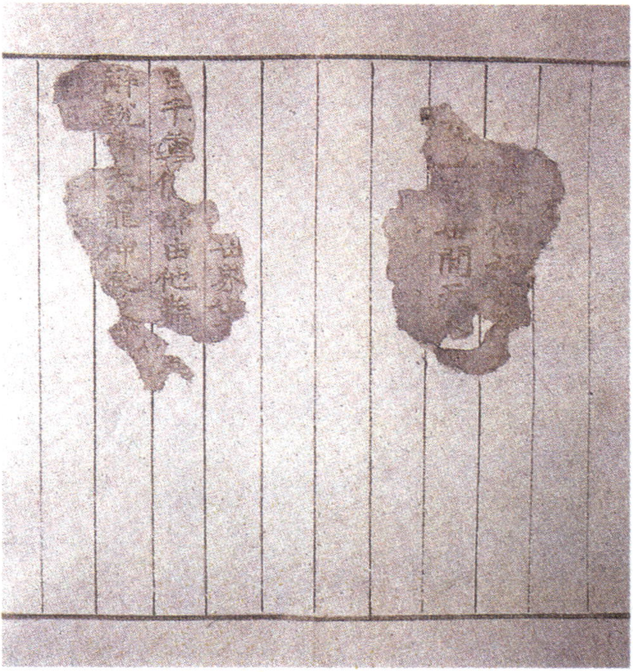

고구려종이

연가 7년명 금동1광 3존불상

금동미륵반가사유상

금귀걸이

해뚫음무늬 금동장식

불꽃뚫음무늬 금동관

원오리 흙부처

대성산에서 나온 조각상

명문있는 금동판(금호지구 오매리)

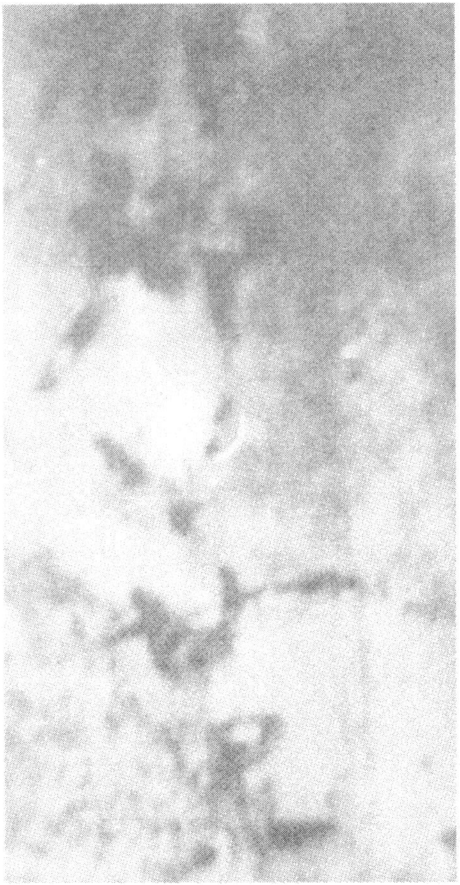

사진 1 중감리

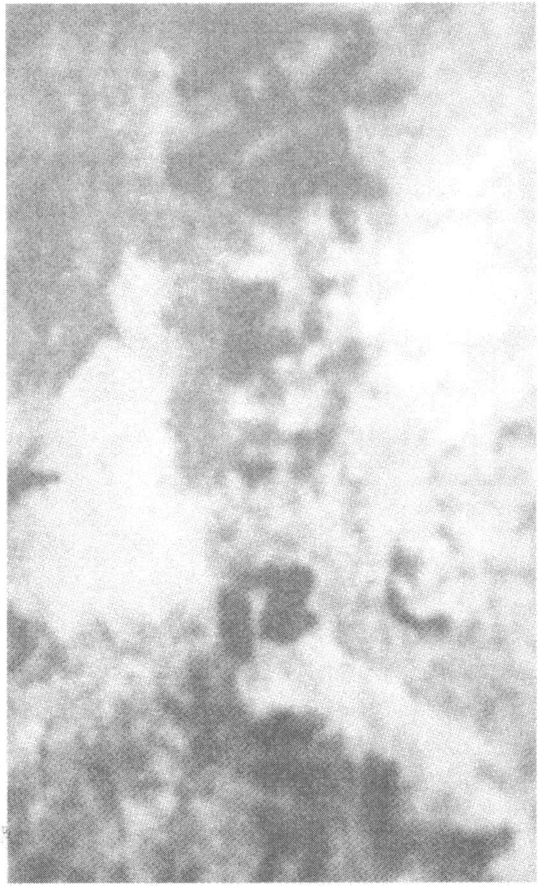

사진 2 수감 또는 수장

사진 3

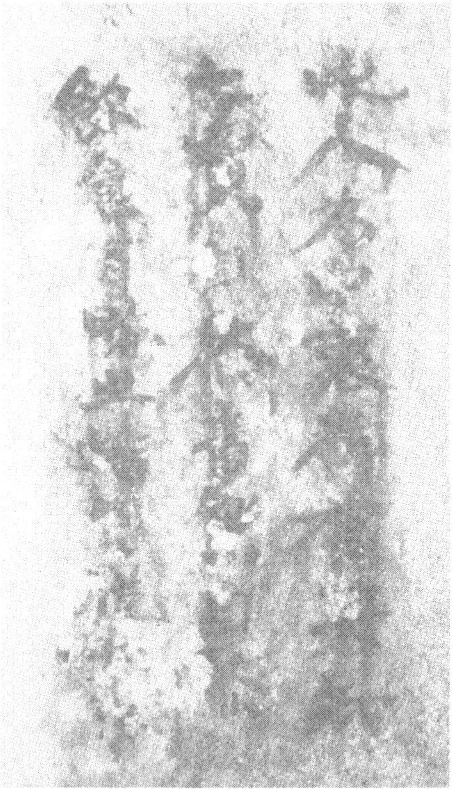

사진 4

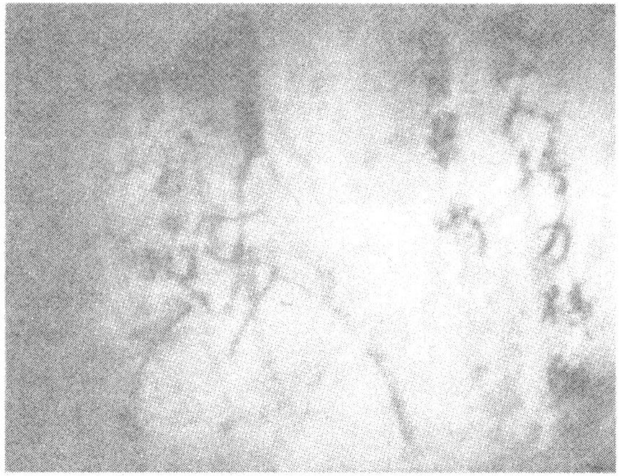

사진 5

사진 6

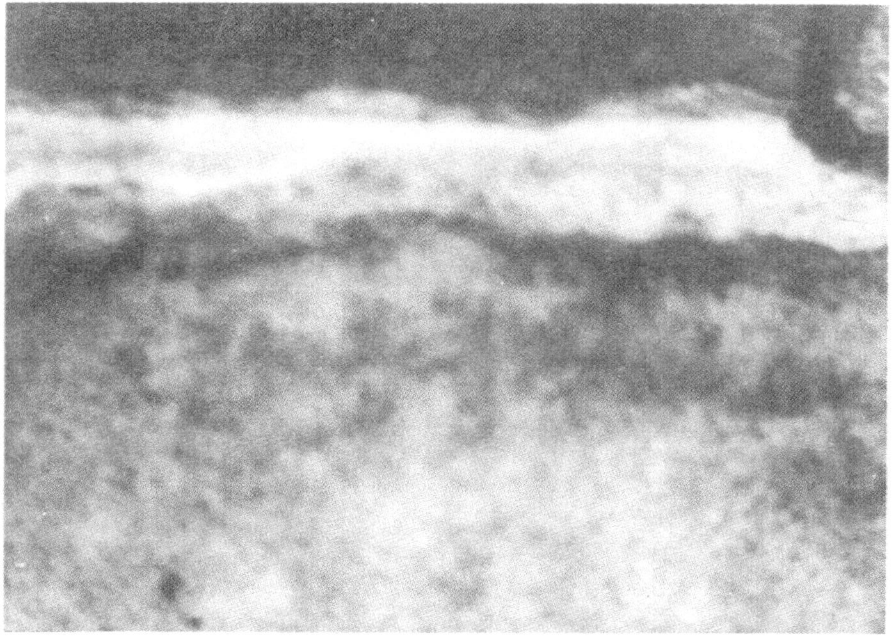

안, 호, 유(고국원왕릉 앞칸서벽 장하독 해설문 일부)

《락랑군 초원 4년(B. C. 45년)현별 호구 다소□□》(복간)

나 문학적으로 보다 째인 표현들도 들어있다. 비문의 내용이 무게있고 세련되고 아름답게 씌여있는것은 그 작성자들의 높은 문학적소양을 보여준다.

4. 한 시

한문의 사용과 함께 이미 고대이래로 부분적으로 창작되여오던 한시는 고구려때에 와서는 한문관계서적들이 널리 읽혀지고 지배계급내부에 한문을 잘 알게 된 인물들이 배출됨에 따라 그전보다 훨씬 많이 창작되게 되였다. 그러나 오늘까지 남아 전하는 작품은 몇편에 지나지 않는다.

고구려의 한시작품가운데서 제일 오래된것은 《꾀꼴이 노래》(《황조가》)이다.

펄펄나는 저 꾀꼴이
짝을 지어 즐기는데
외로울사 이내 몸
뉘와 함께 돌아가랴

이 노래는 《삼국사기》 권13 고구려본기에 의하면 류리명왕(통치년간 B.C. 19년～A.D. 18년)이 부른것으로 전한다. 《꾀꼴이노래》는 비록 왕이 지은 작품으로 전하기도 하지만 주제사상을 명백하고 간결하게 나타내면서도 고구려사람들의 풍만한 서정을 담고있는 작품이다.

6세기 후반기에 정(定)법사가 지은 시 《외로운 돌》은 호수가에 우뚝 솟은 기묘한 바위를 두고 노래한 시이다.

높다란 바위는 창공에 곧추 솟고
평평한 호수는 사방이 틔였어라

바위뿌리 물결에 씻기고 또 씻기는데
나무아지는 바람에 자는듯마는듯

잔잔한 호수우엔 바위그림자 잠겨있고
노을 비낀 바위는 더더욱 붉고나

뭇봉우리밖에 따로 빼여난듯
홀로 흰 구름속에 솟아있구나

시는 호수가의 아름다운 자연풍경을 배경으로 하고 그 무엇에도 구애됨이 없이 하늘높이 우뚝 솟은 굳건한 바위의 장쾌하고도 믿음직한 모습에 대한 생동한 시적묘사를 통하여 씩씩하고 용감한 고구려사람들의 힘찬 기상을 보여주고있다.

한시가운데서 걸작의 하나는 명장 을지문덕이 적장 우중문에게 보낸 작품이다.

신통한 전략은 천문을 꿰뚫었고
기묘한 전술은 지리를 통달했네
싸움에서 이긴 공로 이미 높은듯 하니
만족함을 알거든 돌아감이 어떠하리

이 시는 수나라군대 30여만을 거느리고 고구려의 평양성(북평양성)가까이까지 왔다가 진퇴량난에 빠진 적장 우중문에게 보낸것으로서 적장의 《지략》을 추어주는듯 하지만 실제에 있어서는 곤경에 빠져 허우적거리고있는 침략군의 괴수를 조롱하고 야유하고 질책하는 을지문덕장군의 도고한 감정을 잘 표현하고있다*(《삼국사기》 권44 을지문덕전).

* 고려의 이름있는 시인 리규보는 《백운소설》에서 이 시를 평하면서 을지문덕의 시는 글짓는 법이 기묘하면서도 소박하며 미끈하고 곱게 꾸미려는 버릇이 없으니 요즈음 문인으로서는 따르지 못할바라고 하였다.

을지문덕은 고구려군사들과 인민들의 승리에 대한 확고한 신념과 조국방위에 대한 굳센 의지에 의거하여 이 시를 쓸수 있었으며 적장 우중문은 이 시를 보고 이미 전쟁의 운명이 결정되였다는것을 직감하고 이 시를 퇴각의 핑게로 삼아 황급히 물러가다가 살수에서 섬멸적타격을 받았던것이다.

고구려문학은 우리 나라 첫 봉건국가 고구려의 현실과 고구려사람들의 생활감정을 다양하게 반영하면서 자기 발전의 길을 힘있게 개척해나갔다.

고구려문학의 긍정적성과들 특히 반침략적애국문학은 봉건시대 진보적이며 인민적인 문학의 발전을 힘있게 추동하였다.

제 6 절 미 술

고구려의 미술은 세 나라가운데서 가장 먼저 발전하였다. 특히 인간생활을 주제로 한 기념비적회화와 우수한 건축예술, 정교한 금속공예와 고유한 양식을 갖춘 조각물은 우리 나라 중세 미술발전의 토대로 되였다.

고구려의 조형예술에는 고구려사람들의 정치, 경제, 문화생활이 반영되여 있으며 그들의 사상감정과 생활체험, 정서와 취미가 반영되여있다. 그러므로 그것은 고구려의 력사와 문화, 풍습을 연구하는데서 중요한 자료로 되고있다.

고구려의 미술은 백제, 신라, 가야 등 이웃나라들과 바다건너 왜(일본)땅, 주변나라들에도 전달되여 해당 나라들의 미술발전에 많은 기여를 하였다.

1. 그 림

고구려에서는 종이와 비단같은데에 그린 그림들도 많았고 또 지상건물의 벽이나 기둥, 천정 등에 그린것들도 많았으나 외적의 침입과 파괴, 소각행위로 하여 없어지고 오직 최근에 청암동토성안의 서쪽 낮은 곳에 있는 고구려때의 지상건축터에서 약간의 벽화쪼각이 발견되였을뿐이다.

벽화쪼각들은 건물이 불타면서 굳어진것인데 그중 일부는 그림이 선명하게 남아있다.

너비 20.5cm, 높이 17cm, 두께 7cm인 제일 큰 쪼각을 보면 오른쪽 아래부분에 검은색의 갈구리모양의 그림이 있고 그 우에 검은색의 둥근 고리무늬(8개, 그중 온전한것은 5개)가 그려져있으며 다시 그 우에는 두꺼운 곡선무늬 2개를 평행으로 그렸다. 벽화쪼각의 웃부분에는 금분으로 2개의 직선을 2.2cm 간격을 두고 그리였다. 그우에는 검은 점 8개로 타원형무늬를 그린것이 몇개 련이어있고 그 우에는 다시 금분으로 두 직선을 평행되게 긋고 맨 우에 굵은 검은색띠를 일부에만 그렸는데 이러한 그림들은 무엇을 그렸는지 알수 없는 토막들이다. 이 벽화쪼각 중심부 오른쪽에 치우쳐 금분으로 직선을 내려그은것도 있고 금분으로 쓴 글자모양의 흔적이 있으나 무슨 글자인지 알수 없다.

너비 9cm, 높이 12cm, 두께 9cm 되는 벽화쪼각은 웃부분에 너비 2.1cm가량 되는 검은색띠가 있고 그 아래에는 1.5cm 너비로 흰색바탕에 8개의 타원형 검은 점으로 이루어진 타원형의 무늬 3개가 일정한 간격을 두고 그려져있다. 그 밑에는 1.2㎝ 폭의 갈색띠무늬가 있고 그 끝에는 검은색 둥근무늬 5개가 있으며 맨 아래부분에는 금분으로 수레바퀴살처럼 그린것이 있는데 무엇인지 알수 없다.

벽화쪼각들에는 이밖에도 붉은색으로 원을 그린것, 검은색 또는 검붉은색으로 불길을 형상한것도 있다.

이 벽화쪼각들에 보이는 장식무늬들은 덕흥리벽화무덤을 비롯한 고구려무덤벽화들에서도 찾아볼수 있는것들이다. 그러나 단편적인것들이여서 전체 그림의 주제가 무엇이였는지는 알길이 없다〔《조선고고연구》 주체90(2001)년 2호, 6~8페지〕.

청암동토성안에서 발견된 고구려때의 건물터에서 나온 벽화쪼각들은 비록 한곳에서만 알려졌으나 당시 궁전, 사원 등에는 화려한 벽화들이 그려져있었다는것을 사실적자료로써 보여준데 그 의의가 있다.*

* 이밖에 강서큰무덤, 장천1호무덤 등의 칠관표면에도 넝쿨무늬, 봉황새, 련꽃, 련잎 등을 그린것이 나온바 있다. 이것은 칠화이지만 나무(널)에 그려진 그림이다. 그러므로 나무뿐아니라 도자기에도 그림을 많이 그렸다는것을 알수 있다.

고구려그림의 면모와 그 우수성을 알수 있게 하는것은 수많은 벽화무덤들에 그려진 그림들이다.

고구려의 무덤벽화들은 오늘에 이르기까지도 자기의 선명한 색채를 그대로 유지하면서 당시 사람들의 높은 예술적재능과 굳센 기상, 기호를 잘 보여주고있다.

고구려벽화는 그 생동한 필치, 우수한 화법에 의하여 조선화의 우수성을 보여주는 귀중한 문화재로 되고있다.

대부분의 고구려사람들은 사람이 죽은 다음에도 《령혼》은 살아있다고 믿고있었다. 처음에는 돌무지무덤, 돌곽무덤, 돌상자무덤 등 비교적 간략한 무덤을 만들었기때문에 벽화를 그리지 않았으나 시신이 놓이는 장소로 돌칸을 만들게 되면서 점차 무덤안을 지상의 생활환경처럼 꾸리기 시작하였다.

무덤칸 자체를 기둥, 문 등으로 련결된 지상건물처럼 만들기도 하고 그림을 그려서 지상건물처럼 보이도록 꾸리기도 하였다.

이러한 무덤을 만드는것은 재산이 많고 권력이 강한 국왕과 높은급 귀족들만이 할수 있는 일이였다. 그러므로 고구려무덤벽화는 죽은 다음에도 살아있을 때와 같이 권력을 쓰고 부귀영화를 누리려는 고구려봉건통치배들의 욕망과 신앙관념의 표현이였다. 그러나 그 무덤을 실지로 건설하고 그림을 그린것은 근로하는 인민대중이였다. 그러므로 벽화무덤들은 고구려인민의 창조적지혜와 재능에 의하여 발전하였던 당시의 기술과 예술의 면모를 찾아볼수 있게 한다.

생전에 누리던 부귀영화를 저승에 가서도 그대로 누리려고 생각한 고구려통치배들은 무덤을 크고 호화롭게 만드는데 큰 힘을 기울였다. 그뿐아니라 벽면과 천정의 일부에는 살아있을 때의 생활의 이모저모를 그대로 재현해놓도록 하였고 천정에는 해와 달을 비롯한 천체들과 구름 그리고 신앙과 관련된 환상적인 그림을 그려 무덤안을 하나의 축소된 세계로 형상하게 하였다.

고구려벽화무덤은 최근년간에 발견된것까지 합하면 100여기가 된다. 그것들은 주로 고구려의 수도, 부수도 일대에 집중되여있다. 즉 오늘의 중국 길림성 집안시일대와 환인현에 23기, 평양시와 평안남도, 황해남도 서북부, 황해북도 북부에 75기, 기타 지역에 3기가 분포되여있다.

고구려벽화무덤을 일람표로 보면 다음과 같다.

고구려벽화무덤일람표

№	무덤이름	있는곳	무덤짜임새	벽화류형	년대
1	고산리 1호 무덤	평양시 대성구역	안길, 안칸	인물풍속도 및 사신도	5세기말~6세기초
2	고산동 7호 무덤	〃	안길, 앞칸, 좌우의 곁칸, 사이길, 안칸	안물풍속도	4세기말
3	고산리 9호 무덤	〃	안길, 앞칸, 동서의 두 곁칸, 안칸	인물풍속도 및 사신도	4세기말~5세기초
4	고산동 10호 무덤	〃	안길, 앞칸, 좌우의 감, 사이길, 안칸	인물풍속도	4세기말
5	고산동 15호 무덤	〃	안길, 앞칸, 곁칸, 사이길, 안칸		4세기후반기
6	고산동 20호 무덤	〃	안길, 안칸	인물풍속도	3세기
7	안학동 9호 무덤	〃	안길, 안칸	사신도	3세기
8	안학동 7호 벽화무덤	〃			
9	미산동 벽화무덤	〃	안길, 안칸	인물풍속도 및 사신도	
10	대성동 벽화무덤	〃	안길, 안칸	사신도	

표 계속

№	무덤이름	있는곳	무덤짜임새	벽화류형	년대
11	평양역전 벽화무덤	평양시 중구역	안길, 앞칸, 앞칸 좌우의 감, 사이길, 안칸	인물풍속도	4세기 전반기
12	장산동 1호 무덤	평양시 서성구역	안길, 안칸	인물풍속도	4세기말~5세기초
13	장산동 2호 무덤	〃	안길, 안칸	인물풍속도	4세기말~5세기초
14	개마무덤	평양시 삼석구역	안길, 안칸	인물풍속도 및 사신도	6세기
15	로산동 1호 무덤	〃	안길, 안칸	사신도	
16	내리 1호 무덤	〃	안길, 안칸	사신도	7세기초
17	호남리 사신 무덤	〃	안길, 안칸	사신도	
18	남경리 1호 무덤	〃	안길, 안칸	인물풍속도 및 사신도	
19	진파리 1호 무덤	평양시 력포구역	안길, 안칸	사신도	6세기~7세기초
20	진파리 4호 무덤	〃	안길, 안칸	인물풍속도 및 사신도	6세기
21	동명왕릉	〃	안길, 안칸	장식무늬그림	5세기 전반기
22	청계동 1호 무덤	평양시 룡성구역	안길, 안칸		
23	청계동 2호 무덤	〃	안길, 안칸		
24	청계동 4호 벽화무덤	〃	안길, 안칸		
25	청계동 5호 벽화무덤	〃	안길, 안칸	사신도	
26	화성동 벽화무덤	〃			
27	금옥리 벽화 무덤	평양시 승호구역	안길, 안칸		1~2세기

표 계속

№	무덤이름	있는곳	무덤짜임새	벽화류형	년대
28	단군릉	평양시 강동군	안길, 안칸	선인, 신장그림	4~5세기
29	우산리 1호 무덤	평안남도 남포시	안길, 안칸	인물풍속도 및 사신도	3세기
30	우산리 2호 무덤	〃	안길, 안칸	인물풍속도 및 사신도	
31	우산리 3호 무덤	〃	안길, 안칸	인물풍속도 및 사신도	5세기
32	사냥무덤	〃	안길, 안칸	인물풍속도 및 사신도	5세기
33	별무덤	〃	안길, 안칸	인물풍속도 및 사신도	5세기
34	감신 무덤	〃	안길, 앞칸, 앞칸 동서의 감, 사이길, 안칸	인물풍속도	4세기 전반기
35	강서큰 무덤	평안남도 강서군	안길, 안칸	사신도	6세기 후반기~7세기전반기
36	강서중 무덤	〃	안길, 안칸	사신도	6세기 후반기~7세기전반기
37	약수리 벽화무덤	〃	안길, 앞칸, 앞칸 좌우의 감, 사이길, 안칸	인물풍속도 및 사신도	4세기 말엽~5세기 초엽
38	련꽃무덤	〃	안길, 앞칸, 4개의 감, 사이길, 안칸	인물풍속도	5세기
39	태성리 1호 무덤	〃	안길, 앞칸, 앞칸 좌우의 감, 안칸	인물풍속도	4세기 전반기
40	태성리 2호 무덤	〃	안길, 안칸, 안칸 좌우의 감	인물풍속도	4세기 전반기
41	태성리 3호 벽화무덤	〃	무덤길, 문간, 앞칸, 동서곁칸, 안칸, 회랑	인물풍속도	4세기 중엽
42	덕흥리 벽화무덤	〃	안길, 앞칸, 사이길, 안칸	인물풍속도	408년
43	수산리 벽화무덤	〃	안길, 안칸	인물풍속도	5세기말
44	보산리 벽화무덤	〃	안길, 안칸	인물풍속도 및 사신도	5세기

표 계속

№	무덤이름	있는곳	무덤짜임새	벽화류형	년대
45	대안리 1호 무덤	평안남도 대안군	안길, 앞칸, 사이길, 안칸	인물풍속도 및 사신도	5세기
46	대안리 2호 무덤	〃	안길, 안칸		
47	쌍기둥 무덤	평안남도 룡강군	안길, 앞칸, 사이길, 2개의 기둥, 안칸	인물풍속도 및 사신도	5세기 후반기
48	룡강큰 무덤	〃	안길, 앞칸, 사이길, 사이길 좌우의 벽구멍, 안칸	인물풍속도 및 사신도	5세기
49	룡흥리 벽화무덤	〃	안길, 안칸	인물풍속도	
50	천왕지신 무덤	평안남도 순천시	안길, 앞칸, 사이길, 안칸	인물풍속도 및 사신도	5세기초 중엽
51	료동성 무덤	〃	2개의 안길, 앞칸, 앞칸 좌우의 곁감, 4개의 안칸	인물풍속도 및 사신도	4세기말~ 5세기초
52	룡봉리 벽화무덤	〃	안길, 안칸	사신도	
53	동암리 벽화무덤	〃	안길, 앞칸, 사이길, 안칸	인물풍속도	4세기 후반기
54	마영리 벽화무덤	평안남도 온천군			
55	대보산리 벽화무덤	평안남도 대동군	안길, 안칸		
56	팔청리 벽화무덤	〃	안길, 앞칸, 사이길, 기둥, 안칸	인물풍속도 및 사신도	4세기 말엽~ 5세기 초엽
57	덕화리 1호 무덤	〃	안길, 안칸	인물풍속도 및 사신도	6세기 전반기
58	덕화리 2호 무덤	〃	안길, 안칸	인물풍속도 및 사신도	〃
59	가장리 벽화무덤	〃	안길, 앞칸, 사이길, 안칸		5세기
60	청보리 벽화무덤	평안남도 평원군			
61	운룡리 벽화무덤	〃	안길, 안칸	사신도	6세기

표 계속

№	무덤이름	있는곳	무덤짜임새	벽화류형	년대
62	안악1호 무덤	황해남도 안악군	안길, 안칸	인물풍속도	4세기말
63	안악2호 무덤	〃	안길, 안칸, 안칸 동벽의 감	인물풍속도	5세기 말엽~ 6세기 초엽
64	고국원 왕릉	〃	안길, 문칸, 앞칸, 앞칸 좌우의 곁칸, 안칸, 회랑	인물풍속도	4세기중엽
65	복사리 벽화무덤	〃	안길, 안칸, 안길 좌우벽의 감	인물풍속도	4세기 전반기
66	봉성리1호 무덤	〃	안길, 안칸		
67	봉성리 2호 무덤	〃			
68	로암리 벽화무덤	〃			
69	안악읍 벽화무덤	〃			
70	평정리 벽화무덤	〃	안길, 안칸	인물풍속도	4세기
71	한월리 벽화무덤	〃	안길, 안칸		
72	월정리 벽화무덤	〃	안길, 안칸	인물풍속도	
73	송죽리 벽화무덤	황해북도 연탄군	무덤길, 안길, 앞칸, 사이길, 안칸	인물풍속도	5세기 전반기
74	은파읍 벽화무덤	황해북도 은파군	안길, 안칸	인물풍속도	
75	어수구 벽화무덤	황해북도 사리원시	안길, 안칸	사신도	6세기
76	씨름무덤	중국 길림성 집안시	안길, 안칸, 사이길, 앞칸	인물풍속도	4세기말
77	춤무덤	〃	안길, 앞칸, 사이길, 안칸	인물풍속도 및 사신도	4세기말~ 5세기초
78	통구 12호 무덤	〃	남북에 각각 안길과 안칸, 북쪽안칸에 감	인물풍속도	4세기말

표 계속

№	무덤이름	있는곳	무덤짜임새	벽화류형	년대
79	산련화 무덤	중국 길림성 집안시	안길, 앞칸, 사이길, 안칸	장식무늬그림	4세기말~5세기초
80	세칸 무덤	〃	3개의 안길과 안칸, 사이길	인물풍속도 및 사신도	5세기
81	통구사신 무덤	〃	안길, 안칸	사신도	6세기 후반기
82	만보정 벽화무덤	〃	안길, 안칸	인물풍속도	3세기 중엽
83	거북잔등 무늬무덤	〃	안길, 안칸	장식무늬그림	4세기말~5세기초
84	미인무덤	〃	안길, 안칸	인물풍속도	4세기말
85	산성 밑 무덤떼 332호무덤	〃	안길, 좌우의 감, 안칸 사이길	인물풍속도 및 장식무늬그림	5세기
86	산성 밑 무덤떼 983호무덤	〃	안길, 좌우의 감, 안칸	장식무늬그림 및 사신도	5세기
87	우산 밑 41호 무덤	〃	무덤길, 안칸 (돌칸돌무덤)	인물풍속도	4세기
88	통구 다섯무덤의 4호무덤	〃	안길, 안칸	사신도	6세기
89	통구 다섯무덤의 5호무덤	〃	안길, 안칸	사신도	6세기
90	마선구 1호무덤	〃	안길, 좌우의 곁칸, 안칸	인물풍속도	4세기말
91	둥근(고리) 무늬무덤	〃	안길, 안칸	장식무늬그림	4세기말~5세기초
92	모두루무덤	〃	안길, 앞칸, 사이길, 안칸	묘지명	5세기 전반기
93	하해방31호 무덤	〃	안길, 앞칸, 사이길, 안칸	련꽃무늬	4세기말~5세기초
94	장천 1호무덤	〃	안길, 앞칸, 사이길, 안칸	인물풍속도 및 사신도	5세기 중엽
95	장천 2호무덤	〃	안길, 좌우의 감, 사이길, 앞칸		5세기 중엽

표 계속

№	무덤이름	있는곳	무덤짜임새	벽화류형	년대
96	장천4호무덤	중국 길림성 집안시	안길, 앞칸, 안칸		
97	꺾음천정무덤	〃	안길, 안칸	장식무늬그림	4세기
98	미창구 벽화무덤	중국 료녕성 환인현	안길, 앞칸, 좌우의 곁칸, 안칸	장식무늬그림	3세기~4세기
99	상왕가촌 벽화무덤	중국 료녕성 료양시	앞칸, 안칸, 후실	인물풍속도	4세기
100	다리강가1호 벽화무덤	몽골 쑤흐바따르르		〃	5세기 후반기~6세기
101	다리강가2호 벽화무덤	〃		〃	〃

※ 송죽리(황해북도 연탄군)벽화무덤의 동쪽에는 규모가 비교적 큰 외칸무덤이 있는데 거기서도 벽화의 흔적을 발견하였다. 또한 평안남도 온천군 룡월리(계명동)에도 기둥, 두공만을 붉은색으로 그린 벽화무덤이 있었다. 그러므로 아직 발견되지 못하였거나 확인되지 못한 벽화무덤까지 합하면 그 총수는 110기를 넘을것이다.

벽화의 절대다수는 돌칸흙무덤의 벽에 그려져있으나 우산밑41호무덤처럼 돌칸돌무덤안에 그려진것도 있다(《중국북방8성시고고론저휘편》 제8분책, 1041~1051페지).

벽화는 무덤안길, 문칸, 앞칸, 곁칸, 사이길, 안칸, 회랑의 벽, 천정 등에 그려져있다. 화강석, 대리석, 석회암 판돌로 된 돌벽면에 직접 그린것도 있으나 대부분은 자연돌로 벽을 쌓고 석회, 모래, 황토, 석비레 등을 리용하여 회사무리를 하고 회죽을 곱게 바른 후에 그림을 그리였다.

고구려무덤벽화가 오랜 세월이 지난 오늘날까지도 남아있는것은 광물질안료를 써서 부식되지 않게끔 하였기때문이다. 여기서 고구려사람들이 벽화를 보존하기 위하여 발휘한 창발적지혜를 찾아볼수 있다.

고구려무덤벽화를 분류하는데서는 여러가지 방법이 있다. 례하면 초상화, 인물풍속화, 자연화 등을 포괄하는 형상주제화와 신화, 전설, 환상적동물신 등을 주제로 한 비현실주제화, 장식무늬그림 등으로 나누기도 한다(《조선미술사》 1 과학백과사전출판사, 1987년, 36페지).

이 글에서는 인물풍속도와 사신*도가 각각 가장 중요한 기본주제로 되고 있는 사정을 고려하여 분류하려고 한다. 이런 견지에서 볼 때 고구려무덤벽화

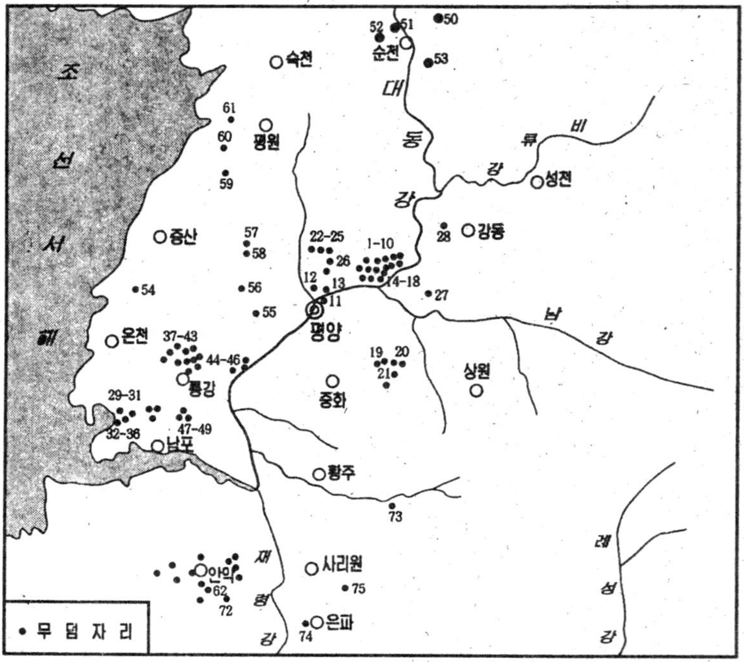

평양시, 평안남도, 황해남북도일대 고구려벽화무덤 분포도

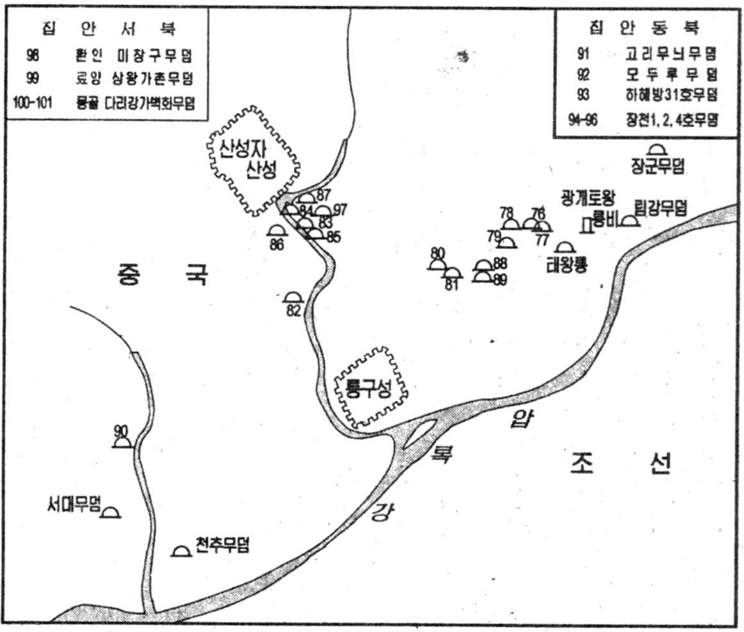

국내성(집안)부근 및 기타 지역 고구려벽화무덤 분포도

는 인물풍속을 그린것, 인물풍속과 사신을 함께 그린것, 사신을 위주로 그린것, 장식그림을 그린것 등으로 나누어진다. 순전히 사신만을 그린것은 호남리사신무덤정도이고 절대다수의 사신도벽화는 사신이 네 벽면을 다 차지한 경우에도 천정이나 그밖의 장소에 여러가지 무늬, 인물, 풍경, 일월, 성신 등을 그리였다. 주제가 인물풍속인 경우에도 사신이 부차적인 자리에 그려진것도 있다. 장식무늬무덤도 순전히 장식그림만을 그린것은 동명왕릉, 동근(고리)무늬무덤 등에 불과하고 부차적인 자리에 다른 그림들이 그려진것도 있다. 또 모두루무덤 같은것은 묘지명(800여자)이 위주이고 벽, 천정모서리에 기둥, 도리를 그려놓았을뿐이다.

* 사신(四神)이란 동서남북의 네방위를 지키는 신적존재로서 청룡, 백호, 주작, 현무라는 상상의 동물로 표사된다.

벽화의 주제내용은 시기와 피장자의 취미와 요구에 따라 서로 달랐다. 지난 시기에는 시기별로 볼 때 《인물풍속도→인물풍속도 및 사신도→사신도》로 변화하였다고 인정되여있었으나 최근년간의 발견 및 연구에 의하면 인물풍속도와 사신도는 벽화발생의 첫 시기부터 병존하였던것으로 보고있다. 그러므로 순 사신도 또는 사신도위주의 벽화라 할지라도 반드시 늦은 시기의것이라고 단정할수 없게 되였다. 그러나 크게 볼 때 인물풍속도는 3~5세기에 주로 그려졌고 순 사신도는 주로 6~7세기에 그려진것으로 보고있다.

대표적인 인물풍속도벽화무덤으로서는 고국원왕릉, 덕흥리벽화무덤, 장천1호무덤을 들수 있다.

4세기 중엽에 축조된 고국원왕릉(안악3호무덤)은 그 규모가 크고 구조가 특이하며 풍부한 벽화를 가지고있는것으로 하여 이름났다.

이 무덤의 문칸에는 문지기장수들이, 앞칸에는 왕에게 복무하는 장하독(호위무관의 책임자), 의장대, 고취악대, 수박희(손치기) 등 궁전뜨락안에서 진행된 행사와 관련한 그림들이 있다. 서쪽 결칸의 서벽에는 주인공인 고국원왕이 5채로 된 옷을 입고 백라관을 쓰고서 장방안 좌상우에 위엄있게 앉아서 관리들에게서 보고를 받고 명령지시를 내리는 장면이 그려져있고 남벽에는 역시 장방안에 풍만한 얼굴을 한 왕후가 호화로운 차림으로 시녀들의 시중을 받으면서 앉아있다. 동벽입구 북쪽에는 왕이 가장 신임하는 호위무관장이 서있다. 북벽과 동벽입구 남쪽에는 벽화가 그려져있지 않다. 서쪽결칸의 인물들의 크기를 서로 다르게 그린것은 그 벼슬등급과 신분의 차이를 나타낸것으로 보인다.

동쪽결칸에는 주인공의 일상생활에 쓰이던 물건들과 여러가지 후방경리관계그림들이 그려져있다. 즉 용드레우물에서 물을 긷는 장면, 부엌에서 음식을 만드는 장면, 고기보관간(육고), 외양간, 마구간, 발방아가 차례로 그려져있다.

이 곁칸그림에서는 다른 칸의 그림들이 공식적인 성격을 띠고 엄숙한 분위기속에서 각각 자기 직무를 수행하고있는 인물들을 그린것과는 달리 음식을 장만하고 물을 긷고 방아를 찧는 등 일상생활에서 보는 로동하는 장면, 소나 말이 구유속의 먹이를 먹는 장면 등 궁전안의 리면생활이 자연스럽게 그려져있어서 당시 부유한 계층의 집안생활의 모습을 엿볼수 있게 하고있다. 그러므로 여기서는 고구려의 풍속이 생동하게 표현되여있으며 민족적정서가 강하게 풍겨오고있다.

안칸동쪽에는 3명의 관현악기수들의 주악에 맞추어 탈춤을 추는 인물 한명이 그려져있고 천정에는 련꽃무늬와 함께 세발까마귀로 상징된 해와 두꺼비로 표현된 달이 그려져있어 하늘세계를 나타냈다.

ㄱ형으로 된 회랑의 벽에는 남쪽으로부터 북쪽으로 가는 250명이 넘는 인원수의 큰 행렬이 그려져있다. 주인공인 고국원왕의 행차도(대행렬도)이다. 주인공은 소수레를 타고 가운데서 가고 국왕의 행차임을 표시하는 《성상번》기발을 든 사람이 그앞에 섰으며 숱한 문무관리들과 개마무사들, 굽은 자루 달린 양산을 든 기마병, 정기를 가지고 가는 기마병, 궁수, 창수, 환도수, 부월수, 등롱수, 큰 규모의 악대, 무용수, 마부 등이 따라가고있다. 행렬에는 원래 1 000명이 넘는 많은 인원들이 참가하였으나 화면의 제약을 받아서 중배앞의 인물들만을 그린데다가 그린 부분도 복잡성을 피하여 대담하게 생략하였기때문에 250명정도만 그려진것으로 본다. 회랑의 마감부분 안칸의 뒤벽아래에는 다락건물이 그려져있다. 그 옆에는 《우전원료(于田苑了)》라는 글이 있다.

이밖에 앞칸과 안칸사이의 기둥 웃머리에는 괴면을 그려놓았고 도리에는 넝쿨무늬를 그렸다.

고국원왕릉의 이러한 벽화배치는 안길에 꾸린 칸은 대문칸을, 앞칸은 앞마당을, 서쪽곁칸은 왕이 여느때 정사를 보기도 하던 편전을, 동쪽곁칸은 궁중의 살림살이를, 안칸은 침전을, 회랑은 큰 길과 뒤뜰, 전원(田苑)을 상징하여 그렸다고 볼수 있게 한다.

이 무덤의 다양한 벽화들은 4세기 중엽 당시 국왕을 비롯한 통치계급상층의 생활을 반영하고있으나 그들에게 봉사하였던 하층인민들의 생활도 일정하게 그리고있는것으로 하여 그리고 주요그림들에 주서 또는 묵서로 한두글자 또는 몇글자, 문장, 명칭 또는 해설문을 달아놓은것으로 하여 당시의 사회생활, 민속을 연구하는데 매우 귀중한 자료를 제공하고있다. 또한 벽화들은 고구려화가들의 능란한 그림솜씨를 잘 보여주고있다.

인물풍속을 위주로 벽화를 그린 대표적인 무덤의 하나는 평안남도 강서군에 있는 덕흥리벽화무덤이다.

이 무덤은 묘지명을 비롯하여 주요벽화대상의 이름 또는 해설문 등 600여자의 글자가 있어서 무덤의 축조년대(408년), 주인공의 이름과 래력, 주인공의 관료생활의 일부 경위, 그의 신앙생활까지도 알수 있게 되여있다. 그러므로 408년을 전후한 시기 고구려의 력사와 문화를 리해하는데서 매우 귀중한 유적으로 된다.

무덤안길의 동서벽면에는 괴물로 형상한 문지기 등을 그리였고 앞칸의 북벽 안칸으로 통하는 문우에는 묘지명이 씌여있다. 북벽의 서쪽에는 화려한 장방안에 청라관을 쓰고 앉아서 정사를 보는 주인공 유주자사 진을 그렸다. 그 옆에는 문무관료들, 장방뒤에는 남녀 시중군들을 그렸다.

앞칸 서벽에는 우, 아래 두 단으로 벽면을 갈라서 웃단에는 유주자사그림쪽에서부터 먼저 유주의 행정 및 군사적구성에 대하여 쓴 글이 있고 6군태수가 왔을 때의 통사리(통역, 안내자)와 연군태수를 비롯한 6명의 태수, 내사들을 그렸으며 아래단에는 여러 군 태수가 왔을 때의 통사리와 북평태수를 비롯한 7명의 태수들을 그렸다. 그림들은 이들이 다 유주에 와서 자사를 만나보고 군, 국의 통치와 관련된 일을 토의하는 장면으로 되여있다.

앞칸 남벽 서쪽부분에는 유주자사 막부소속 관리들을 그렸으며 동쪽부분에는 앞칸 북벽 동쪽에서 시작하여 동벽, 남벽 동쪽부분으로 이어지는 긴 그림으로서 주인공의 행차도를 그렸다. 여기에는 현령, 사마, 어사, 치중별가(治中別駕) 등 문무관료들과 개마무사, 고취악대 등을 그렸다. 어사는 마차를 탔고 자사와 그 부인은 소수레를 타고있다.

앞칸과 안칸의 사이길 동벽에는 웃단에 녀주인공의 나들이행차를 그리고 있는데 소수레뒤에는 색동주름치마를 입은 두 녀인이 서있다. 녀주인공과 그 딸인것 같다. 아래단에는 말을 타고 행차할 준비를 하는 장면을 그린것 같다.

사이길서벽의 웃단은 남주인공의 나들이행차를 그렸고 아래단에는 말을 타고 행차할 준비를 하는 장면을 그렸다.

안칸 북벽에는 가운데에 주인공이 장막안에 앉아있는 그림과 그 시중군들, 좌측(서쪽)에는 무관들과 말, 우측(동쪽)에는 녀자시중군들과 녀주인공의 소수레 등이 그려져있다 (그런데 무슨 사정에 의해서인지 녀주인공의 초상은 그려져있지 않다).

안칸 서벽에는 창고그림과 마사희(말타고 활쏘기 경기)장면, 나무에 말을 매놓은 장면이 그려져있고 안칸 동벽에는 칠보행사, 태묘행사그림과 큰 련꽃들이, 안칸 남벽에는 마구간, 외양간이 그려져있다.

앞칸 천정에는 남쪽, 동쪽, 북쪽 천정의 아래부분을 련결하는 련속그림으로서 긴 사냥그림이 그려져있다. 8명의 사수가 산과 나무사이를 누비며 범, 사슴, 메돼지, 노루, 꿩 같은것을 사냥하고있다.

천정 네면에는 하늘의 신선, 신비로운 짐승, 괴수 등을 그렸고 그중 일부에는 견우, 직녀, 선인, 부귀, 천추, 만세, 지축, 천마, 박위, 천작, 벽독, 하조, 훼원, 령양, 성성, 길리, 비어, 청양, 양광, 옥녀 등의 명칭을 써놓았다. 이는 당시 고구려사람들의 신앙세계를 집중적으로 보여주고있다. 다른 고구려무덤들에도 이러한 신선, 귀신 등이 몇몇 그려진것이 있으나 덕흥리벽화무덤만큼 많은 대상을 취급하고있는것은 없다.

천정 웃부분에는 해와 달 그리고 60여개의 별을 그렸다. 안칸과 앞칸의 천정과 벽면 모서리 그리고 벽면과 천정사이에는 도리와 두공, 불꽃무늬, 구름무늬, 련꽃무늬 등 각종 무늬들을 그렸다.

고국원왕릉, 덕흥리벽화무덤의 실례에서 보는것처럼 인물풍속도벽화들은 실로 풍부한 내용들을 담고있다. 그것은 피장자 주인공의 생전의 생활가운데서 가장 인상깊었던 사실들을 묘사한 동시에 고구려통치계급이 믿은 천상세계의 여러 신들과 천체들을 묘사한것이다. 이는 단순한 풍속그림이 아니라 그들의 사상, 신앙세계까지도 보여주고있다.* 고구려통치계급의 이러한 신앙세계는 거기에 등장하는 인물, 신선들과 신비로운 짐승들의 비호를 받을것을 바라고있었다는 점에서 사신그림과도 사상적으로 공통되는 점이 있다고 말할수 있다.

인물풍속도무덤으로서는 이밖에 평양역전벽화무덤, 평안남도 강서군 수산리벽화무덤, 안악 1호, 2호 무덤, 집안(통구)12호무덤, 만보정벽화무덤 등을 더 들수 있다.

인물풍속도 및 사신도 벽화무덤으로서는 평양시 대성구역 개마무덤, 력포구역 룡산리의 진파리4호무덤, 평안남도 강서군 약수리벽화무덤, 룡강군 쌍기둥무덤, 대동군 덕화리2호무덤, 길림성 집안의 춤무덤, 세칸무덤, 장천1호무덤 등이 있다.

인물풍속도 및 사신도무덤가운데는 시기적으로 매우 이른것도 있으나 전반적으로 보면 순전한 인물풍속도무덤보다는 다소 뒤지며 또 시간이 갈수록 사신의 비중이 점차 커가는 경향성을 보이고있다.

* 일부 견해에서는 고구려벽화무덤의 벽면이나 천정의 아래부분까지는 현실세계주제의 그림이고 그 우는 천상세계, 환상세계를 주제로 한 그림이라고 보기도 한다. 그렇게 구성되였다고 볼수 있는 경우도 있으나 그렇지 않은 무덤들도 적지 않다. 이것은 고구려사람들의 사상생활에서 현실세계와 환상세계가 밀접한 관계속에 있었기때문이라고 볼수 있다.

인물풍속도 및 사신도를 그린 벽화가운데서 사신이 천정고임에 있고 네벽에는 인물풍속을 그린 대표적인 무덤의 하나는 집안 장천1호무덤이다.*

이 무덤은 집안 옛 국내성 동북 약 45리 되는 곳에 있는 서향의 돌칸흙무덤이다. 무덤의 외형은 절첨방추형(웃부분을 잘라버린 4각추형)이고 내부는 무덤안길, 앞칸, 사이길, 안칸으로 된 두칸무덤이다. 무덤내부는 잘 다듬은 큰 돌로 쌓았고 그우에 회죽을 발랐으며 돌짬도 회죽으로 메꾸었다. 안칸으로 들어가는 곳에는 청회색석회암판돌로 된 돌문을 달았다(지금은 일부 손상된 왼쪽문만이 남아있다).

앞칸, 안칸의 네벽과 천정, 사이길의 벽, 돌문의 정면, 관대의 표면에는 다채색벽화들이 있다.

앞칸은 장방형(길이 2.37m, 너비 2.9m, 높이 3.35m)이고 삼각형모서리고임돌과 평행고임돌을 결합시켜 올려쌓고 네모난 천정돌을 덮었다.

사이길은 길이 1.12m, 너비 1.34m, 높이 1.62m이고 안칸은 정방형에 가깝다.(너비 3.2m, 길이 3.3m, 높이 3.05m)(네벽의 높이는 1.83m)

* 장천1호벽화무덤에 대하여서는 벽화세부묘사 특히는 인물들의 복식(관, 머리쓰개, 옷색갈,형태, 무늬 등), 풍속, 산앙대상 등이 자세히 기록되여있다(《집안현문물지》158~162페지, 〈중국북방8성시고고론저휘편〉 제8분책, 1087페지). 그러므로 복식을 통한 계급신분관계 등을 아는데서 중요한 의의가 있다고 본다.

앞칸벽면의 모서리들에는 4포식두공이 얹혀있는 붉은색기둥을 그렸고 천정과의 사이에는 구획선을 긋고 또 벽체의 아래부분, 문들의 두리에도 넓은 띠를 둘렀다. 서벽은 무덤안길의 좌우에 호위무사를 1명씩 그렸다. 그들은 투구, 어깨갑옷, 팔갑옷을 걸치고 짧은칼, 고리자루긴칼을 쥐고있다. 동벽에도 사이길의 좌우에 근엄하게 서있는 문리(문앞을 지켜선 관리)를 1명씩 그렸다. 그들은 높이 솟은 흰색의 책을 쓰고 윈섶에 허리를 묶은 꽃무늬저고리와 통넓은 꽃무늬바지를 입었다. 저고리는 록색(또는 흰색)바탕에 검은 점 또는 검은 릉형무늬가 있고 바지는 누른색바탕에 검은 릉형무늬를 찍었다. 남쪽 문리(키는 1.56m)는 소매를 걷어올리고 두손은 배앞에 모으고있으며 북쪽 문리(키 1.53m)는 가슴앞에 오른손으로 왼손등을 붙잡고있다.

동벽의 사이길 우에는 련꽃우에 불길무늬도안을 그린것과 련꽃속에서 쌍둥이가 화생(化生. 아무것도 없는데서 생겨나는것)하는 모습을 각각 4조씩 엇바꾸어가면서 그렸다. 쌍둥이 얼굴뒤에는 다·둥근 두광(일종의 빛너울)이 있다. 또 사이사이 빈짬에도 꽃잎들을 그리였다.

앞칸 남벽은 본래 4개의 란을 긋고 서로 다른 장면들을 그린것인데 많은것이 벗겨져나갔고 특히 맨아래 셋째란은 거의다 없어졌다. 제일 웃란과 둘째란은 비교적 좁은데 왼편은 두 란을 가르지 않고 파란 기와를 이은 모지붕정자밑에서 높은 등자(등받이 없는 의자)에 앉아서 노래와 춤을 구경하는 무덤의 주인부부를 그렸다. 남자는 검은색 짧은저고리에 흰바탕에 검은점 찍은 꽃바지를 입고 왼손은 턱을 고이고 오른손은 배앞에 놓고있다. 녀자는 남편에게 바투 붙어앉았으나 다 지워지고 흰색의 긴 군(두가닥으로 된 치마)을 입고있다. 어깨걸치개(만또의 일종)와 치마의 변두리에는 검은 선(전)을 둘렀다. 그들의 뒤에는 세로 난 두줄기의 《공(工)》자모양의 붉은색 련속무늬가 있는데 그것은 정자뒤에 담장이나 병풍 같은것이 있었다고 볼수 있게 한다. 정자뒤에는 남녀 시중군이 서있다.

첫째란 가운데부분에는 남녀 가수 10명이 그뒤에 5명의 시녀들이 서있다. 맨앞에는 새깃 꽂은 흰 책을 쓴 남자가 있고 여섯째부터는 녀가수인데 새깃 또는 꽃가지모양의 보요(흔들개)를 머리에 꽂기도 하고 짧은머리, 긴머리에 서로 팔을 이어 서있다.

둘째란에는 모두 11명의 인물이 보이는데 맨앞에는 무용수대렬을 지휘하는 긴 소매옷을 입은 인물이 서있고 7명으로 추측되는 무용수가 모두다 한줄로 서서 긴소매 달린 웃옷을 입고 팔을 뒤로 올려 춤을 추는 장면을 그렸다. 뒤의 무용수(녀자) 2명은 허리에서 줄달린 패물장식을 내려드리우고 있다. 군무대렬의 뒤에는 3명의 남자시중군이 서있는데 역시 패물장식을 드리우고있다.

세번째란에는 음식물을 날라가는 인물들을 그렸으며 화면 오른쪽에는 검은색 룡마루에 록색지붕을 이은 건물이 있다. 그 기둥과 도리는 자색(붉은색)이고 서까래끝에는 부연이 붙어있다. 이 집은 아마도 주방일것이다. 화면 왼쪽에는 수염을 길게 자래운 남자시중군이 흰 책을 쓰고 외섶의 소매 넓은 흰색 짧은저고리에 흰 바탕에 검은점을 찍은 꽃무늬를 새긴 넓은 바지를 입었으며 두 손을 배앞으로 모으고 섰다. 그뒤의 인물은 아래부분밖에 보이지 않고 그 다음 인물은 긴 다리가 달린 상을 받들고가는데 바지는 흰 바탕에 검은 십(十)자무늬를 찍은것을 입었다. 그다음 사람은 안쪽은 붉은칠을 하고 바깥쪽은 검은칠을 한 잔을 올려놓은 작은 반을 받들고있다. 그의 저고리는 노란 바탕에 검은 점무늬를 찍은것이고 바지는 흰 바탕에 검은 십자무늬를 찍은것이다. 그 다음에 선 인물은 거의다 지워지고 선이 달린 저고리의 아래부분만이 보인다. 남벽의 인물들은 대부분 안칸의 주인쪽을 향하고있으며 주인을 기쁘게 해주는 노래를 부르고 춤을 추거나 음식물을 나르고있다.

북쪽벽화는 각이한 야외생활장면을 폭넓게 그린것이므로 나오는 사람과 동물은 매우 작게 형상되여있다. 웃부분은 여러가지 놀이와 기악을 그린것이다. 오른쪽에는 큰 과일나무아래에서 후희(원숭이가면놀이)를 노는것을 주인과 손님이 바라다보면서 즐기고있는 장면을 그린것이다. 붉은색의 큰 줄기를 가진 나무에는 가지마다에 과일이 주렁주렁 달려있고 록색의 넓은잎사귀들이 덮여있다. 오른쪽에는 한마리의 란새가 오른쪽으로부터 나무가지를 향하여 날고있다. 나무줄기에는 한마리의 흰색가면을 쓴 《원숭이》가 거꾸로 매달려있는데 그 목에는 쇠줄이 감겨있다. 또한 《원숭이》는 머리에 흰곰의 가면을 썼는데 몸에는 누른 칠을 하였다. 《원숭이》는 나무뿌리우에 웅크리고 앉아 왼쪽 주인을 향하여 읍(절)을 하고있다. 나무아래 좌우에는 두마리의 《원숭이》가 있는데 왼쪽것은 록색바탕에 검은 점무늬를 찍은 저고리와 바지를 입었으며 오른쪽것은 《암컷》인데 록색바탕에 검은 점무늬를 찍은 긴소매에 허리를 잘룩하게 맨 저고리와 노란바탕에 검은 점무늬를 찍은 두툼한 넓은 꽃무늬바지를 입고있다. 어깨뒤로는 긴 머리카락이 내리덮여있고 몸은 굽히고 팔은 뻗치고서 앞으로 걸어나가는 자세이다.

무덤주인은 나무의 좌측에 있는데 검은 관을 쓰고 누른색의 키높은 등자(등받이 없는 의자)우에 앉아있다. 그는 흰바탕에 검은 십자무늬가 찍힌 넓은 통바지를 입고 앞이 뾰족한 흰 코신을 신고있다. 그의 앞에는 작은 상이 하나 놓여있고 그 우에는 네모난 큰 술잔이 있다. 주인뒤에는 남녀 시중군들이 섰는데 남자는 절풍을 쓰고서 두손으로 일산을 받쳐들고있다. 목뒤로 짧은 머리카락을 날리고있는 녀자는 왼팔에 흰 수건을 걸치고 서있다. 그가 입은 옷은 붉은바탕에 검은 점무늬가 찍힌 왼섶저고리와 노란바탕에 검은 점무늬가 찍힌 넓은 통바지이다.

주인의 아래쪽에는 목에 검은 띠를 두른 누렁개가 엎디여있고 다시 그뒤에는 한마리의 키가 큰 백마의 고삐를 쥔 녀자시중군이 서있다. 백마의 앞가슴에는 붉은색의 끈이 매여있고 등에는 꽃안장이 얹혀있다.

백마의 뒤에는 한쪽 다리를 뻗고 땅우에 앉아있는 이족(다른 민족출신) 로인이 그려져있는데 그는 수염을 자래우고 록색의 책을 쓰고있으며 몸에는 흰바탕에 검은 점무늬 찍힌 저고리와 노란바탕에 검은 점무늬 찍힌 넓은 꽃무늬바지를 입었다. 그는 놀란듯한 표정으로 자기의 뒤에서 말을 타고 달려오는 두사람을 바라보고있는데 그 모습이 해학적으로 형상되였다. 흰 말과 누른 말을 탄 두 인물은 검은 십자무늬 찍힌 꽃바지를 입고 말을 몰아 기운차게 달리고있다. 그 뒤에는 또 한마리의 흰 개가 허덕이며 뛰여온다.

큰 나무의 오른쪽에는 풍만한 얼굴에 수염이 있고 머리에 두가닥의 새깃을 꽂은 절풍을 쓰고 두손을 맞잡은 인물(손님)이 흰색의 높은 등자우에 앉아있다. 그의 옆에는 작은 상이 놓여있고 그 우에는 검은색의 배부른 둥근 단지가 있다. 그가 입은 저고리는 흰바탕에 검은 점무늬가 찍혀있고 주홍색의 선(깃)을 달았으며 검은 아래단을 단것이다. 바지는 붉은 바탕에 검은 점무늬 찍힌 꽃무늬통바지이다. 손님의 뒤에는 두 남자시중군이 섰는데 다 절풍을 쓰고 오른손으로 왼쪽팔을 잡고 경의를 표시하고있다. 앞의 인물은 록색 어깨걸치개를 걸치고 록색바탕에 검은 점 찍힌 꽃무늬저고리와 노란바탕에 검은 점 찍힌 꽃무늬통바지를 입고있다. 뒤의 인물은 노란색 어깨걸치개를 걸치고있는 것이 다르다.

손님의 아래쪽에도 왼쪽을 향한 두 남자시중군이 있는데 앞사람은 두 무릎을 땅에 대고 꿇었으며 뒤사람은 두가닥 새깃 꽂은 절풍을 쓰고 허리에는 검은 띠를 매고 서있다.

후희(원숭이가면놀이)장면의 왼쪽에는 금(고)을 타는 녀인과 혼자서 춤을 추는 남자를 그렸고 그 웃쪽에는 남녀 3명이 5현금의 반주에 맞추어 춤추는 장면이 그려져있다. 녀자는 분을 바르고 눈섭사이, 이마에 붉은 점, 뺨에는 연지, 입에는 구홍을 발랐으며 머리 량쪽에는 련꽃봉오리를 달았고 검은색 어깨걸치개를 착용하였으며 연황색 맞섶에 선이 달린 군(두가닥치마)을 입었다.

북벽 오른쪽(앞에서 볼 때는 왼쪽) 웃모서리에는 록색 짧은저고리에 주홍빛바지를 입고 둥근 공을 평판우로 던져올리는 손재주군과 요술을 하는 교예사를 그렸다. 웃면 중간에는 련차(발을 드리운 가마를 실은 차)의 두 멍에를 잡은 녀인과 그 앞에 뒤를 돌아다보면서 련차안의 인물과 말을 건네는 코가 큰 녀인을 그렸다.

북벽의 왼쪽 웃부분에는 샅바를 쥐고 맞붙어서 씨름을 하는 건장한 두 남자를 그렸는데 그들은 머리에 상투를 틀고 옷은 벗고 맨발로 한창 힘내기를 하고있다. 씨름그림의 오른쪽에는 한사람은 막대기를 들고 쫓아가고 다른 사람은 무엇인가를 안고 뒤돌아보면서 달아나는 모습을 그렸으며 씨름그림아래에는 안장까지도 하얀 백마가 뛰는것을 붙잡은 사람과 말꼬리를 다스리는 사람 등이 그려져있다.

북벽의 아래부분은 산림속에서 몰이사냥, 매사냥을 하는 장면, 말탄 사냥군들 여러명(6명)이 사슴, 큰사슴, 메돼지, 노루, 호랑이를 향하여 활을 쏘는 장면을 그렸다. 범들은 머리나 등에 이미 화살이 박힌채 필사적으로 뛰거나 달려드는 형상으로 묘사되여있다. 북벽 아래그림의 왼쪽끝에는 잎사귀가 다 떨어져가는 큰 나무줄기가 있고 그 밑둥에는 큰 나무구멍이 났는데 그속에는 검은 곰 한마리가 웅크리고있다.

사냥군들은 절풍을 쓰고 누른바탕에 검은점을 찍은 저고리를 입고있다. 말에는 흰말, 노란말, 록색말이 있다. 그밖의 짐승들로는 족제비, 흰토끼 등도 보인다. 사냥군가운데는 페슬(무릎덮개)을 착용한 사람도 있다.

매사냥의 대상은 꿩(까투리)이다.

이밖에 천정고임돌의 모서리 삼각형고임에는 앉아서 두 팔과 머리로 천정을 받들고있는 힘장수들이 그려져있다.

앞칸의 천정부분의 맨아래는 모서리를 받친 고임돌을 제외하면 네벽의 연장이라고 할수 있는데 거기에는 사신도가 있다. 동쪽에는 한가운데 한송이 련꽃을 두고 그 량옆에 주작을, 주작의 뒤에는 각각 기린을 그렸다. 남쪽에는 백호, 북쪽에는 청룡, 서쪽에는 현무를 그렸는데 서로 마주보고있는 두 현무를 그렸다(지금은 거의다 떨어지게 되였다). 이 사신도의 위치는 다른 무덤들의 그림과는 다르다. 즉 일반적으로는 안칸에서 무덤안길쪽으로 향하여 좌(동)청룡, 우(서)백호, 전(남)주작, 후(북)현무로 되였으나 장천1호무덤 안칸벽화의 경우 안칸쪽을 향하여 사신의 자리를 정하였다(그렇게 한 리유는 잘 알수 없다).

동벽우 천정부분에서 첫번째로 앞으로 내민 평행고임돌의 밑부분에는 측면에서 본 련꽃 6송이를 그렸다. 이 고임돌의 정면 凸형으로 된 면에는 한가운데에 수미좌우에 앉은 부처를 그렸고 그 오른쪽에는 머리와 무릎을 바닥에 댄채 절을 하는 무덤주인부부의 모습을, 다시 그 뒤에는 서있는 두명의 시녀들을 그렸다. 수미좌아래에는 박산로, 그 좌우에는 암사자와 수사자를 그렸으며 부처의 왼쪽에는 일산을 받쳐든 두 남자시중군, 그 뒤에는 두 녀자시중군을, 다시 그 뒤에는 련꽃쌍둥이 화생도를 그렸다. 또 주인부부의 우에는 두 비천을 그렸다. 부처, 비천, 쌍둥이의 머리뒤에는 각각 두광이 있다.

남면, 북면 천정부의 같은 위치에는 맨발로 련꽃받침대우에 선 4명의 보살상들을 각각 그렸고 그 좌우에는 련꽃쌍둥이 화생도(좌 2조, 우 1조)를 그렸으며 서면의 같은 위치에는 갑옷을 입고 긴 창을 쥔 기병이 준마를 타고 뛰여가는 장면과 련꽃쌍둥이 화생도를 그렸다.

다음 동면에서는 그 우에 형성된 凸형(면)의 가운데 정면을 향하여 내려오는 비천, 그 좌우 각각 가운데를 향하여 날아드는 두 비천들을 그렸으며 남면에서는 하나의 보주를 가운데 두고 각각 2명의 비천들이 나는 장면을, 북면에서는 4명의 비천들과 백학을 비롯한 새들을 그렸고 서면에서는 역시 4명의 비천들과 세마리의 백학을 그렸다.

맨우의 고임돌 밑면에는 측면에서 본 련꽃 3개를, 정면에는 기악천(기악을 연주하는 천인)을 그렸다. 동면에는 횡적, 완함, 금(고)을 연주하는 천인들을, 남면에는 두손으로 꽃술을 받쳐든 천인, 오른손에 가는 막대기를 든 천인 등을 그렸으며 북면에는 저대, 완함, 긴 뿔나팔을 연주하는 천인들을 그렸다(서면은 다 떨어지게 됨). 네모서리에서 평행고임돌을 받치고있는 삼각형돌에는 앉은 자세에서 머리와 두팔로 천정을 떠받들고있는 힘장수들을 그리였다.

사이길의 남북 두 벽에는 각각 시녀 1명을 그렸다. 남벽 시녀는 흰 바탕에 검은 점무늬가 있는 맞섶겉옷(두루마기)에 붉은띠를 띠고 드림장식을 하였고 두손에 긴 손잡이 달린 둥근 부채를 들고있으며 북쪽 시녀는 숱많은 검은 머리에 분바른 얼굴, 붉은 입술, 눈과 눈섭이 잘 생긴 모습을 하고있고 누른바탕에 검은 점무늬를 찍은 왼섶의 웃팔소매와 옷섶에 검은 띠(선)를 두른 겉옷을 입고 긴 막대기를 두손으로 쥐고있다.

안칸으로 들어가는 곳에 설치된 돌문에는 가운데에 정면으로 본 큰 련꽃, 그 우아래에는 측면으로 본 련꽃 3개를 그렸다.

안칸의 벽화를 보면 네벽과 천정에 다 정면으로 본 련꽃도안을 그렸는데 매 벽에 7렬씩(제1, 3, 5, 7렬은 각각 7송이씩, 제2, 4, 6렬은 각각 6송이씩)을 그렸다. 남벽, 북벽은 동벽보다 7송이씩 적고 서벽은 사이길이 나있으므로 그보다 더 적은 송이들을 그렸다. 그리고 천정에도 우로 올라가면서 6송이, 5송이, 4송이, 3송이, 2송이씩을 그렸다. 천정마감돌에는 동쪽에는 세발까마귀가 들어있는 해를, 서쪽에는 옥토끼와 두꺼비가 들어있는 달을 그렸으며 남쪽에는 북두7성을 실선 또는 점선으로 이어가면서 그렸고 그밖에 5개의 별을 그리였다. 붉은색으로 《북두7청((青)성)》이란 해설문이 씌여있다.

관대의 일부에 남아있는 그림을 보면 주변에는 검은색의 변두리 광(곽)을 그리고 중간에는 노란색, 흰색을 가로세로 엮어만든 편직무늬를 그렸으며 검은 선들로 줄을 표시하였다. 널나무의 남은 일부분을 보면 련꽃넝쿨무늬를 그렸다.

장천1호무덤의 벽화들은 보통 가는 주홍색의 선으로 초보적인 구도를 잡고 그 우에 검은 선으로 완성된 형태를 만들었으며 마지막으로 색칠을 하였는데 그 붓질솜씨가 매우 능란하여 마음 먹은대로 표현하면서 류창하고 힘있는 선을 구사하였다. 주되는 그림이 아닌것은 그저 색칠만 하고 따로 선을 그리지 않았다. 채색은 붉은색, 청록색, 황색, 주홍색, 흰색, 검은색을 썼고 간혹 분홍색, 재색이 나게 색감을 혼합하여 쓰기도 하였다.

이상에서 본바와 같이 장천1호무덤벽화에는 당시 귀족들의 신앙세계, 생활풍습이 여러모로 반영되여있다. 벽화들은 무덤주인인 귀족관료가 생전에 누렸던 계급신분적특권과 안일한 생활을 죽은 뒤에도 계속 누리려는 욕망과 불교를 숭상하는데로부터 죽은 뒤에 극락세계로 가서 영원한 쾌락과 안일을 누리려는 욕망을 표현하고있다. 그러나 화가들은 그속에서도 고구려사람들의 미감에 맞게 100여명이나 되는 각이한 계층의 인물들을 생동하게 형상하였다.

이 무덤의 년대는 춤무덤이나 산련화무덤보다는 좀 뒤인 5세기 초중엽에 해당한다.

다음으로 벽화의 가장 중요한 주제가 사신으로 된 무덤들은 대체로 늦은

그림 30. 장천1호무덤 북쪽벽화 모사도

시기의것들이다. 6~7세기에 이르러 사신*도무덤이 지배적으로 되게 된것은 고구려사회내부에서 계급적모순이 격화되면서 지배계급들이 죽은 다음의 《안녕》, 《영원한 안식》을 위하여 보다 강력한 《수호신》을 가까이에 두려고 하였기때문이라고 볼수 있다.

* 사신이란 앞에서도 본바와 같이 사방의 방위신으로 생각하던 청룡(동쪽), 백호(서쪽), 주작(남쪽), 현무(북쪽)를 아울러 이르는 말이다. 청룡은 푸른빛의 비늘이 덮여있는 룡으로, 백호는 흰털이 돋은 범으로, 주작은 붉은 색갈의 깃을 가진 새로, 현무는 검은 빛갈의 굳은 껍질을 가진 거부기모양으로 형상되였다. 이것들은 옛날사람들이 천체의 움직임에 따라 사람의 길흉화복이 결정된다고 믿은데로부터 하늘에 있는 별자리 28수를 4개 방위별로 7개씩 모아 하나로 묶어서 보고 그 모양이 청룡, 백호, 주작, 현무처럼 생겼다고 생각하면서 그것들을 4개 방위를 수호하는 신으로 본것과 관련하여 생겨났다.

고구려의 사신도벽화무덤가운데서 대표적인것은 평안남도 강서군의 강서큰무덤, 강서중무덤, 평양시 대성구역 호남리사신무덤과 길림성 집안(통구)사신무덤 그리고 집안(통구) 다섯무덤의 4호, 5호 무덤 등이다.

호남리사신무덤을 제외하면 사신도무덤들에도 각종 장식무늬그림들을 비롯하여 신선그림, 동물신그림 등을 동반하고있다. 사신도도 유치한것으로부터 점차 발전하여 나중에는 우수한 회화작품으로 발전하였다.

강서큰무덤의 청룡과 현무, 강서중무덤의 백호와 주작은 사신도가운데서도 가장 우수한 그림으로 손꼽히고있다. 강서큰무덤의 청룡과 강서중무덤의 백호는 달리는 상상의 짐승들을 형상한것으로서 균형잡힌 구도, 힘껏 추켜올린 앞발과 예리한 발톱, 불날개가 달린 앞가슴, 마디마디에 힘이 맺혀있는 구불구불한 꼬리 등으로 하여 맹수의 특성을 실감있게 잘 나타내고있다.

강서큰무덤의 현무는 거부기와 뱀이 서로 얽혀있는 형상으로 된것으로서 빈틈없이 째인 구도와 힘있는 선 그리고 선명한 색의 유기적인 융합, 미끄럽고 윤기흐르는 검은 껍질의 질감으로 하여 신비로운 느낌을 주고있다. 날개를 활짝 펼친 강서중무덤의 주작은 아름답고 슬기로운 새를 형상하고있다.

강서큰무덤, 강서중무덤의 사신도는 고구려사람들의 독특하고 우수한 화법에 따라 창작된 작품으로서 중세 세계미술사에서 대걸작품의 하나로 높이 평가되고있다.

장식벽화무덤으로서는 평양시 력포구역 룡산리 동명왕릉, 길림성 집안의 산련화무덤, 거북잔등무늬무덤, 둥근(고리)무늬무덤, 장천2호무덤 등이 있다. 여기서도 많은 경우 주제가 장식무늬일뿐 다른 그림들도 그려져있는것을 볼수

그림 31. 강서큰무덤 내부투시도

있다.

그러나 동명왕릉의 벽화는 련꽃무늬로 일색화되여있다. 동명왕릉은 앞칸과 안칸에 련꽃무늬를 그렸는데 발굴당시에는 안칸 네벽과 천정에서 107개의 련꽃송이가 확인되였으나 복원하여본바에 의하면 안칸에 685송이, 앞칸에 315송이 도합 1 000개의 련꽃송이가 있었다는것이 알려졌다(《동명왕릉에 대한 연구》 사회과학출판사, 1994년, 67~68페지).

장식그림의 종류에는 크게 풍경화, 식물화, 정물화를 그린 자연화와 각종 장식무늬그림이 있다.

진파리4호무덤 안길에는 련못에 련꽃이 활짝 피고 두리에는 기암괴석들이 서있으며 또 겹겹이 둘러싼 산과 소나무들을 그린 풍경화가 있다. 소나무, 보리수나무, 여러가지 꽃들을 형상한 식물화들도 있는데 진파리 1호, 4호무덤, 집안 다섯무덤의 4호, 5호무덤의 나무그림들은 실지 있는 나무들을 그린 사생화들이다. 그중 진파리1호무덤의 소나무그림은 고구려풍경화의 대표작이라고 할수 있다. 지금도 동명왕릉주변에는 그림과 꼭같은 소나무들이 서있다.

장식무늬는 크게 도안화무늬와 사생적무늬로 나누어진다. 도안화무늬가운데 기하학적무늬는 다시 직선무늬, 곡선무늬, 직선과 곡선의 합성무늬로 갈라진다. 3각형, 정방형, 장방형, 릉형, 6각형 등으로 된 기하학적무늬는 구성에 따라 톱날무늬, 바둑무늬, 거북등무늬, 병풍무늬, 사격무늬 등으로 갈라지며 주로 기둥, 주두, 도리, 벽체 등에 그려져있다. 곡선무늬는 동심원무늬, 물결무늬, 구름무늬 등으로 나타난다. 직선, 곡선을 배합한 무늬는 릉형과 원형, 원형과 직선이 배합된것이다.

도안화무늬가운데 구성적무늬는 홑무늬, 련속무늬, 겹무늬 등으로 갈라진다. 홑무늬는 단독으로 쓰인 무늬로서 대체로 천정막이돌, 활기사이, 삼각고

1

2

3

4

1. 진파리 1호무덤 2. 통구사신무덤 3. 강서중 무덤 4. 강서큰무덤

그림 32. 인동무늬(벽화)

1. 씨름무덤, 2,13. 진파리1호무덤, 3, 12. 약수리벽화무덤, 4. 쌍기둥무덤, 5. 안악1호무덤, 6. 천왕지신무덤, 7. 세칸무덤, 8. 안악2호무덤, 9. 강서중무덤, 10. 거북잔등무늬무덤, 11. 고국원왕릉

그림 33. 구름무늬(벽화)

임, 주두 등에 리용되고있다. 련속무늬는 량쪽으로 또는 원형으로 련속되는 무늬로서 아래우방향으로 반복 련속되는것, 서로 다른 무늬들이 대칭적으로 반복 련속되는것, 물결처럼 흘러가는 선에 인동련꽃무늬 등을 대칭적으로 배렬한것 등을 2방련속무늬라고 한다. 한편 아래우, 좌우, 사방으로 무늬가 뻗어나간것을 사방련속무늬라고 한다. 겹무늬는 본무늬와 바탕무늬를 2중으로 겹쳐 만든것이다.

도안화무늬, 사생적무늬에서 많이 리용된것은 구름무늬, 인동무늬, 련꽃무늬이다.

사생적(회화적)무늬가운데 제일 많은것은 구름무늬인데 그것은 다시 여러개 류형으로 나뉜다. 첫째 류형은 날아가는 새모양을 간략화한것이고 둘째 류형은 새와 구름이 결합된것이며 셋째 류형은 피여오르는 구름무늬이고 넷째 류형은 ∽형무늬가 련속 교차된것으로서 인동넝쿨무늬처럼 만든것이고 다섯째 류형은 ∽형에 낟알이삭이 달린것이다.

련꽃무늬도 다양한데 정면으로 본 활짝 핀 꽃과 측면으로 본 꽃으로 갈라지며 앞의것은 시간이 갈수록 장식성이 강한 도안무늬로 되였다. 련꽃무늬는 불교에서 숭상하는것이지만 불교가 전파되기전의 무덤들에도 씌였다. 인동무늬는 주로 금은화넝쿨을 표현한것으로서 고구려무늬장식에서 많이 리용된것이다. 인동무늬는 주로 문테두리와 도리, 삼각고임 등에 많이 그려졌다. 불꽃무늬도 많은데 불길을 양식화한것과 이글거리는 화염을 형상한것이 있다.

룡무늬와 산호무늬도 도리, 삼각고임에 서로 엉킨 모양으로 된것, 산호무늬와 결합된것 등이 있다.

우와 같은 다양한 장식무늬들은 고구려인민들의 민족적감정, 기호, 진취적기상과 정서를 반영하고있으며 또 상서로운것, 하늘에 대한 숭배관념 등을 표현하고있다. 잘 째인 무늬들은 운동과 균형을 다같이 중시한 고구려화가들의 창조적재능과 예술적기교를 보여주고있다.

장식그림, 장식무늬는 몇몇 례외적인것을 내놓는다면 인물풍속도, 인물풍속도 및 사신도, 사신도 벽화무덤들에도 수많이 그려져있으며 고구려벽화의 떼여낼수 없는 구성부분으로 되여있다.

고구려무덤벽화의 특성은 첫째로, 주제내용이 매우 풍부하고 다양한것이다.

풍부성과 다양성은 우선 인물풍속도들에서 찾아볼수 있다. 인물풍속도에는 정치, 군사, 경제, 문화, 풍습 등 여러 부문의 생활이 여러모로 그려져있다. 즉 정치관계그림으로서는 주인공이 정사를 보는 장면, 상하의 관리들이 서로 만나는 장면들이 있고 군사관계그림으로서는 기마전투, 보병전투장면, 호위무관, 문지기장수, 의장병을 묘사한 그림이 있으며 경제생활을 반영한 그림으로서는 야장일, 베짜기, 말타고 활을 쏘면서 하는 짐승사냥, 매사냥그림, 방아간, 우물, 부엌, 수레, 고기보관간, 외양간, 마구간 등에서 사람과 동물이 일을 하거나 먹이를 먹거나 무엇인가를 보관하고 준비하는 장면 등을 그린것들이 있다. 문화관계그림으로서는 씨름, 수박희(손치기), 활쏘기경기 등의 체육경기, 음악, 무용, 교예 등 예술활동을 그린 그림, 견우와 직녀, 신선, 불의 신, 농사의 신, 수공업의 신, 비천, 괴물, 불교의 칠보행사, 불공을 위한 공양행렬, 태묘제사 등 종교신앙관계그림 등이 있다.

이밖에도 궁전, 성곽, 다락창고를 비롯한 건축관계그림, 구름, 련꽃, 보륜, 넝쿨, 거북잔등무늬 등 각종 장식무늬그림들과 해와 달, 별 등의 천체그림, 련못, 소나무, 산악, 하천 등 자연풍경그림도 있다.

사신도가 위주로 된 무덤벽화의 구성도 결코 단순하지 않다. 강서큰무덤, 강서중무덤의 고임천정과 집안(통구)다섯무덤의 4호, 5호무덤의 벽면과 천정 등에는 룡, 신선, 비천, 산악을 비롯하여 많은 장식무늬들이 그려져있다. 이 역시 풍부하고 다양한 그림내용을 담고있다고 말할수 있다.

이러한 풍부하고 다양한 그림들은 당시의 계급신분관계, 정치, 경제생활의 이모저모와 문화생활, 종교신앙, 의식주생활풍습을 여러 측면에서 보여주고있으며 그것은 고구려의 전반적력사를 리해하는데서 매우 귀중한 자료로 되고있다.

고구려무덤벽화의 특성은 둘째로, 그것이 고구려사람들의 기질과 성격을 잘 반영하고있다는것이다. 다시말하면 벽화들은 고구려사람들의 웅건하고 씩씩하고 용감한 성품과 우아하고 아름답고 락천적이면서도 소박한 풍모와 창조적이고 진취적인 기상을 잘 표현하고있다.

갑옷을 입은 무사들이 갑옷 입힌 말을 타고 창, 칼을 휘두르며 적과 싸우거나 적병의 목을 베는 전투장면, 기를 쓰고 도망치는 사슴과 범, 메돼지 등을 쏜살같이 달리는 말우에서 겨누면서 방금 화살을 쏘려고 하는 장면 등은 다 고구려사람들의 씩씩하고 용감한 성격적특질을 잘 묘사하고있으며 통이 크고 기백에 넘친 고구려사람들의 미적감정을 잘 보여주고있다.

환상적인 동물인 사신을 그리면서도 고구려사람들은 무서운 힘으로 내닫고 날아가는 억세고 사나운 짐승들의 모습을 실감있게 그려냈다. 그러므로 사신도에도 고구려인민의 강의한 의지와 진취적인 기상, 왕성한 패기가 뚜렷이 나타나고있다.

웅장하고 통이 큰 고구려사람들의 성격적특징은 화면처리에서 규모와 구도가 크고 대담한데서도 찾아볼수 있다.

고구려화가들은 벽화를 웅장하고 통이 크게 배치하였으며 능란한 솜씨로 거침없이 그려나갔다. 고국원왕릉의 행렬도는 높이 2m, 길이 6m이상 되는 회랑벽면 전체에 250명이 넘는 인물들을 그렸는데 거기에는 5명으로 구성된 고취악대만 하여도 20여대가 나오고 악기로서는 30여개의 타악기, 관악기들이 리용되고있다. 그리고 말은 50여필, 무장한 호위병은 100명이 넘는다.

그런데 문제는 행렬의 실제인원수가 1 000명을 넘는다는데 있다. 그것을 화가들은 중배보다 앞부분을 그리고 또 수많은 인원을 대담하게 생략하면서 행렬구성의 기본부분만을 두드러지게 그려놓았던것이다.

이러한 실례는 덕흥리벽화무덤을 비롯한 여러 행렬도들에서도 볼수 있다. 덕흥리벽화무덤의 경우 회랑은 없지만 앞칸 남벽의 동쪽에서 동벽을 지나 북벽에 이르는 긴 구간을 리용하여 행렬도를 그리였고 약수리벽화무덤에서도 앞칸 남벽의 절반과 동벽전체에 걸쳐 행렬도를 큰 규모로 그리였다. 여기서도 대담한 생략법이 적용되고있다.

사냥그림들을 보더라도 그 규모가 크고 풍부한 내용을 담고있으며 기백에 차있다. 약수리벽화무덤에서는 20명 가까운 말탄 사냥군들과 몰이군들이 등장하고있으며 동물도 범, 곰, 여우, 사슴 등 각이한 사냥대상들이 그려져있다. 춤무덤, 덕흥리벽화무덤, 장천1호무덤의 사냥그림들도 모두 대담한 필치로 그려져있다.

이 모든것은 상무의 기풍을 무엇보다 중시하였던 고구려사람들의 웅건하고 씩씩하고 활달한 기상을 그대로 그림에 반영하였기때문에 생겨난 특성이라고 할수 있다.

다른 편으로 고구려무덤벽화들에서는 고구려인민들의 우아하고 아름답고 락천적인 기질, 성품을 보여주는 그림들도 많이 찾아볼수 있다. 거문고, 비파, 긴저의 반주에 맞추어 탈춤을 추고있는 장면이라든가 부드러운 률동으로 춤을 추며 방창대가 노래를 부르고있는 장면은 여러 무덤벽화들에서 볼수 있다. 또 손재주, 발재주, 말타기재주, 칼부리기재주 등을 부리는 교예사들, 억센 힘과 날랜 동작으로 상대편을 제압하면서 승부를 겨루고있는 씨름군들과 손치기(수박)군들, 지팽이를 짚고 심판을 보고있는 로인의 모습 그리고 부엌에서 나오는 구수한 냄새에 군침을 흘리면서 바라보고있는 개들, 지붕들에 앉아서 행여나 먹을것이 생길가 하고 내려다보는 까마귀 등을 생동하게 묘사하고있는것은 고구려사람들의 락천적이며 해학을 즐기는 성미를 잘 나타내고있다.

고구려사람들에게 있어서는 이렇게 호탕하고 씩씩하고 패기왕성한것을 좋아하는 기질과 우아하고 락천적인것을 좋아하는 기질이 잘 조화되여있었다. 그것은 강대한 국력에 토대하여 수많은 외세의 침습을 물리치고 자연을 정복하면서 경제와 문화를 발전시켜온 고구려사람들의 사상감정과 기호의 필연적인 산물이였다.

고구려무덤벽화의 특성은 셋째로, 고구려의 고유한 생활풍습을 잘 반영하고있다는것이다.

나라의 힘이 강하고 경제와 문화가 발전되였던 고구려사람들은 사대주의, 다른 나라들에 대한 숭배사상이 없었으며 그림 하나를 그려도 자기의 고유한것을 숭상하고 그것을 그대로 재현하는데서 기쁨과 만족을 찾았다. 무덤벽화들에는 바지와 저고리를 입고 저고리우에 띠를 띠였으며 깃과 소매에 끝동을 달고 아래도리에 전(선)을 단 민족의상을 입은 인물들이 그려져있다. 그들의 머리쓰개인 절풍과 책, 관, 녀인들의 머리꾸밈새 등은 다 고구려의 고유한것들이였다. 벽화에 보이는 생활풍속 역시 고구려고유의 문화와 풍습을 그대로 재현한것이다.

그뿐아니라 악기의 구성, 로부(의장)행렬의 구성도 고유한것이고 개마무사들이 입은 투구와 갑옷, 군사들의 짧은 활과 갈구리창 등의 무기도 다른 나라의것들과는 구별되는 독특한것들이다.

고구려무덤벽화의 특성은 넷째로, 높은 발전을 이룩하여 전통적인 조선화 화법의 기본틀을 마련하였다는데 있다.

우리 인민의 민족적감정과 정서를 풍부히 담고있으며 현실을 생동하게 그려내는 조선화는 이미 고구려때부터 그 힘차고 아름다운 회화형식과 선명하고 간결하고 섬세한 화법을 뚜렷이 보여주고있다. 고구려무덤벽화는 조선화화법의 기본특성들을 다 갖추고있다.

조선화의 예술적형식은 선, 색채, 명암, 용필 같은 표현수단과 그것을 다루는 기법과 수법, 구도, 원근화법 같은 요소들로 이루어진다.

고구려무덤벽화에서는 조선화화법의 기본특징의 하나인 함축과 집중의 조형원리를 잘 살리고있다.

우선 구도를 도형적으로 집약화하고있다. 고구려무덤벽화는 화면을 빈틈없이 색갈있는 그림으로 꽉 채우고 여러 대상들의 원근관계를 하나하나 따져가면서 그려넣는것이 아니라 화면의 공간을 정서적으로 살리면서 대상을 배렬하였으며 형상적초점과 여백을 조성하였다.

춤무덤에 보이는 사냥그림, 덕흥리벽화무덤의 사냥그림과 마사희그림, 세칸무덤의 전투그림과 무사그림, 고국원왕릉의 수박희(손치기)와 씨름무덤의 씨름장면 등은 기본주인공들을 중심형상 초점으로 정하고 그에 따라 주변의 인물과 산, 성곽 등을 배렬하면서 나머지 부분은 대담하게 생략하여 형상대상들을 보다 생동하게 보여주고있다. 이것은 조선화화법의 일반적특성의 하나로서 많은것을 그리지 않고도 강한 정서적인 느낌을 주도록 한것이다.

고구려무덤벽화는 또한 대상의 본색에 맞게 선명하고 부드러운 색채를 쓰고있다. 이것은 조선화의 특성의 하나가 고구려때에 이미 형성되였다는것을 말해준다.

고구려무덤벽화는 푸른색, 흰색, 붉은색, 누런색, 검은색 등과 거기에 청록색, 누런 살색 등을 첨가한 극히 제한된 색채를 사용하면서도 풍부한 색갈을 나타냈다. 그러면서도 여러가지 혼탁된 색채를 쓰지 않고 대상의 고유한 본색을 위주로 사용하였다. 즉 붉은색의 옷이나 누런색의 옷, 검은색의 옷에 맞게 한가지 색을 위주로 입히였고 색채로 명암을 돋구는것이 아니라 기본은 선묘로 하였다. 그러면서도 전체 화폭의 색조를 조화롭게 통일시킬줄 알고있었다.

고구려무덤벽화에는 조선화의 주요화법의 하나인 선묘법이 높은 수준에서 리용되고있는것을 볼수 있다.

고구려사람들은 선 하나만으로도 인간의 풍부한 사상감정과 다양한 움직임을 놀랄만큼 선명하게 그려냈다.

집안(통구) 다섯무덤의 5호무덤의 벽화 《탄금도》, 세칸무덤의 벽화 《기마전투도》, 감신무덤의 벽화 《기마교취악대》 등은 전적으로 선묘법에 의거한 그림으로서 선묘법만 가지고도 대상의 형태, 운동상태를 생동하게 그렸다. 《탄금도》에서는 현악기를 다루면서 공중을 날아가는 신선이 바람에 휘말려 가는듯한 속도감과 률동감을 길고 류창한 선으로 그려냈고 《기마전투도》에서는 말을 몰아 내달리면서 싸우는 무사들을 짧고 굵은 선으로 힘있고 굳세게 묘사하였다. 이러한 선들은 대상의 립체감을 구체적으로 나타내지는 못하지만 전반적형태의 특징을 정확히 표현하고있으며 운동상태를 명백히 보여주고 있다.

고구려무덤벽화에서는 선묘법을 위주로 하면서도 이에 채색법을 옳게 배합하여 실감을 돋구었다. 선을 위주로 하면서 색채를 배합하는 묘사방법은 고구려무덤벽화에서 중요한 비중을 차지하고있다.

고국원왕릉, 덕흥리벽화무덤, 약수리벽화무덤, 장천1호무덤을 비롯한 대다수의 무덤벽화들은 선을 위주로 하고 거기에 색채, 명암을 배합하여 사물의 형태와 립체감, 주위공간을 그려내는 방법을 취하고있다.

고국원왕릉 앞칸 서벽 북쪽 장하독의 얼굴그림 같은것은 얼굴륜곽을 그야말로 단숨에 그린것이지만 그 선묘는 놀라울 정도로 류창하고 선명하다. 거기에 얼굴빛을 부드러운 색채로 줌으로써 인물의 근엄하고 강직한 성격을 부각시켜주고있다.

아직도 묘사대상의 세부에 이르기까지의 색채, 명암처리에서 부족점은 있으나 사물과 주위환경과의 사이에서 이루어지는 전반적음영의 변화는 잘 나타냈으며 형상전체가 간결하고 선명하게 그려졌다. 이것은 4세기경에 이미 조선화의 전통적인 화법의 기초가 이루어졌다는것, 그것이 주되는 묘사방법으로 되고있었다는것을 뚜렷이 보여준다.

고구려후기의 벽화들에서는 선을 위주로 한 조선화의 화법이 완성된 경지에 이르고있다. 특히 강서큰무덤과 강서중무덤의 사신그림, 집안(통구) 다섯무덤의 4호, 5호무덤의 사신그림과 환상적인 인물상들은 선묘법의 고유한 특성, 높고 세련된 기법을 잘 보여주고있다.

사신도들은 선의 방향감과 속도감, 률동감과 같은 특징적인 표현법에다 색채, 명암에 의한 립체감과 량감, 질감을 배합하여 환상적인 동물을 실재하는 사나운 맹수처럼 느끼게 하고있다. 화가들은 단숨에 굵고 강한 선과 가늘고 약한 선 등으로 대상의 형태적특징과 성격, 운동감을 생동하게 표현하였다. 부릅뜬 눈과 휘여든 잔등, 억센 발 등을 굵고 진한 선으로 단붓으로 그렸는가하면 날개, 털, 수염 같은것은 가늘고 예리한 선으로 재치있게 처리하여 가볍고 휘날리는듯한 감을 주고있다.

현무그림에서는 그어진 선에 따라 명암이 첨가되여 동물의 립체감과 함께 주위공간의 넓이도 상상할수 있게 하였다.

이러한 묘사법은 안악2호무덤의 비천도와 진파리1호무덤의 구름무늬를 비롯한 장식무늬들에서도 찾아볼수 있다.

고구려무덤벽화들에서는 선묘법, 색묘법과 함께 몰골법도 리용되였다. 몰골법은 대상의 구조적특징을 구체적으로 그리지 않고 안료의 농담효과로 단번의 붓질로 묘사하는 방법이다.

진파리1호무덤의 소나무그림을 비롯한 풍경그림은 선의 표현력과의 밀접한 련관속에서 바람에 휘날리는 소나무의 형상을 색채, 명암을 기본묘사수단으로 하여 그린 그림이다.

이처럼 선을 위주로 하고 다른 묘사수단들을 배합하는 조선화의 우수한 묘사방법은 고구려시기에 이미 높은 발전수준에 이르렀으며 그중에는 대상을 사실주의적으로 훌륭하게 묘사하는데 이바지한것도 있다. 앞에서도 언급하였지만 진파리1호무덤의 소나무들은 실제로 평양시 력포구역 룡산리 동명왕릉 릉원안의 소나무를 방불케 한다.

이러한 묘사방법은 대상의 형태적특징과 운동상태를 집약적으로 나타내고 그에 기초하여 명암에 의한 립체감과 중량감, 색채의 정서심리적표현력을 살려 구체적인 형상을 생동하게 창조할수 있게 하는 우수한 방법이다.

고구려무덤벽화의 화법에서는 아직 맹아적이기는 하나 준법, 우림법, 담채법 등 여러가지 조선화의 기법들이 적용되고있는것을 찾아볼수 있다.

고구려무덤벽화에서는 벽화구성이 지나치게 복잡해진것, 원근법을 잘 적용하지 못한것 등 일부 부족점들은 있다. 그러나 제한된 벽면에 많은 대상을 그리다보니 산점투시법을 쓰는것이 불가피하였던 사정도 있었고 원근도 먼것은 우에, 가까운것은 아래에 그리는 법을 쓰는수밖에 없었다. 그것은 화가의 수준과도 관련되여있으나 그렇다고 세계 고대 및 중세 회화사에서 고구려벽화가 가지는 특출한 우수성을 결코 가리우지는 못한다.

또한 그것은 봉건사회지배계급의 요구에 맞게 주인공이나 높은 신분층 인물은 크고 잘난것으로 그리고 계급신분이 낮은 인물들은 작게 그린것과도 관련이 있다.

이러한 시대적 및 계급적제한성이 있음에도 불구하고 벽화는 고구려인민들의 훌륭한 기량과 감정세계를 잘 보여주고있으며 고구려인민들의 높은 예술적재능을 시위하고 조선화의 우수한 화법을 창조해놓았다는 의미에서 귀중한 문화유산으로 되고있는것이다.

강한 탐구심과 열정의 소유자들이였던 고구려사람들은 안료제작에서도 자기의 창조적재능을 발휘하였다. 그림창작과정은 안료를 리용하여 사물을 묘사하는 과정이기도 하다. 그림에서 안료와 묘사방법은 불가분리의 관계에 있다.

고구려화가들은 조선화의 고유한 화풍을 살려낼수 있게 훌륭한 안료를 제조하였다. 고구려의 안료는 점착력과 발색, 내구성에서 매우 우수한것이였다. 고구려안료는 그 강한 점착력과 내구성으로 하여 회죽을 바른 벽면은 말할것도 없고 돌벽면에 직접 그린 경우에도 박락되지도, 부식되지도 않고 본래의 모습을 유지하고있다.

고구려무덤벽화안료는 내습성도 강하였다. 오래동안 습기가 심하여 물이 줄줄 흐르는 벽면에 그려져있음에도 불구하고 원래의 색을 잃지 않고 있는것은 그것을 잘 말해준다. 고구려의 안료는 색량과 밝음도가 원만히 보장된것이였다.

이밖에 실물이 남은것이 없어서 잘 알수 없지만 고구려무덤벽화의 높은 표현수법은 붓과 그밖의 그림기재들이 높은 발전수준에 있었다는것을 보여준다.

이처럼 고구려의 그림예술은 화법과 재료, 기재들이 다 우수하였기때문에 고구려사람들의 웅건하고 활달하고 정서적인 성품, 기풍을 선명하고 간결한 필치로 그려낼수 있었던것이다.

이 모든것은 고구려무덤벽화의 독자성과 우수성 그 문화사적의의를 더욱 높여주고있다. 고구려의 벽화들은 그 주제의 풍부성과 다양성, 고구려사람들의 사상정신적특질, 고구려 고유의 풍속 등을 반영하고있는것으로 하여 중세세계회화사상 특출한 자리를 차지하고있으며 우리 민족의 우수한 문화유산으로 되고있다.

고구려벽화를 비롯한 회화예술은 우리 나라 민족회화발전의 기초로, 원류로 되였다. 그것은 당시 동족의 나라들인 백제, 신라, 가야 등과 중국의 여러 나라들, 왜국(일본) 등의 그림미술발전에 큰 영향을 주었다.

백제의 릉산리벽화무덤(충청남도 부여)의 사신그림, 천정의 련꽃그림과 구름무늬는 그 내용과 화풍에서 진파리1호무덤과 내리1호무덤, 강서큰무덤벽화의 그것들과 매우 류사하다. 련꽃을 비롯한 벽화의 내용과 색감, 선묘법의 리용 등에서 그것은 고구려의 화풍을 그대로 본따고있다.

또한 공주 송산리6호무덤의 현무그림도 고구려사신도에서 보는 현무에 가깝다 〔《백제의 고분》(일문) 가꾸세이샤, 1976년, 125~126페지〕.

경상북도 영풍군 순흥면에 있는 어숙지술간무덤의 치마저고리를 입은 녀인상은 장천2호무덤의 미인상과 비슷하며 이 무덤 동쪽 100m 지점에 있는 순흥벽화무덤의 력사그림 등은 고구려벽화의 영향을 받았다는것을 뚜렷이 보여준다.*

* 이 두 무덤은 6세기 말엽의것으로 추정되고있다. 550년경에 이 땅이 신라의 령유로 되기전에는 고구려땅이였다. 고구려가 지방토호들이 가지고있던 신라의 외위(外位)를 그대로 인정해주었다고 보면 그 년대는 6세기 초엽으로 올려볼수도 있다.

경상북도 고령군 고령읍에 있는 대가야의 벽화무덤도 돌칸흙무덤으로서 안칸과 무덤안길에 벽화들이 그려져있다. 그 련꽃무늬는 부여 릉산리벽화무덤의 그것과 류사하고 무덤축조방법은 공주 송산리1호무덤과 완전히 공통된다. 그러므로 이것은 백제를 거쳐 고구려벽화의 간접적인 영향을 받은것으로 볼수 있다.

고구려의 미술은 일본의 고대, 중세 미술발전에 큰 영향을 주었다. 일본의 아스까문화, 나라문화시기의 그림은 고구려의 직접적영향밑에서 발전하였다. 다까마쯔무덤벽화, 법륭사 금당벽화, 옥충주자의 덧창문 등에 그려진 장식그림, 중궁사 천수국수장의 바탕그림 등은 고구려그림의 큰 영향에 대하여 말해주는 뚜렷한 실례들이다.

다까마쯔무덤벽화의 녀인상은 수산리벽화무덤, 덕흥리벽화무덤 벽화들에 보이는 녀인들을 방불케 한다. 녀인들의 맞섶저고리의 짧은 깃과 동정, 색동주름치마는 쌍기둥무덤, 수산리벽화무덤의것과 같고 머리꾸밈새는 안악2호무덤, 대안리1호무덤, 사냥무덤, 쌍기둥무덤, 마선구1호무덤, 장천1호무덤의 벽화와 완전히 공통된다.

바지허리에 띠를 대고 머리에 수건 같은것을 쓴 남자의 형상도 팔청리벽화무덤, 약수리벽화무덤, 집안(통구)사신무덤벽화에서 보는 모습과 공통된다. 다까마쯔무덤의 성수도는 진파리4호무덤, 춤무덤의 그림과 매우 비슷하며 해와 달은 고구려무덤들과 공통하다.

사신도의 현무는 그 형태와 화풍이 고구려의 강서큰무덤의 그림과 비슷하고 청룡, 백호는 평안남도 강서군이나 평양시 력포구역 룡산리에 있는 무덤의 벽화와 같다. 회벽의 조성, 색채의 구사, 능숙한 선의 활용, 힘있고 섬세하고 우아한 필치는 고구려의 화풍을 구현하고있다.

이 모든 사실은 다까마쯔무덤의 벽화가 고구려사람이나 그 후손에 의하여 그려졌다는것을 말하여준다. 벽화대상과 화법, 무덤양식으로 보아 다까마쯔무덤은 6세기말 7세기초에 만들어진것으로 인정된다.

일본 나라현 법륭사부근에서 발견한 후지노끼무덤에서 드러난 마구가운데서 말다래에 그려진 인동넝쿨무늬도 고구려의 강서큰무덤의 천정그림과 완전히 같다.

610년에 일본에 초빙되여간 고구려 중 담징*1은 법륭사금당벽화*2를 그린것으로 이름났다.

*[1] 담징은 화가였을뿐아니라 불교경전에도 밝고 유교의 5경도 통달한 학자였다. 그는 또 채색, 먹, 종이 및 물방아 만드는 기술도 일본에 보급한 유능한 기술자였다.

*[2] 금당벽화는 1949년에 전기고장으로 벽면이 불에 타서 못쓰게 된것을 1958년에 복원하였다고 한다. 법륭사는 670년에 불탄것을 재건하였다고 하므로 담징의 그림이 아니라고 한다. 그러나 법륭사의 기록이나 1888년 일본정부의 보물조사기록에는 분명히 담징의 그림으로 되여있다. 그러므로 설사 사원이 재건되였다고 하더라도 담징이 종이나 천에 그린 원화 또는 모사도가 있어서 그것을 대본으로 하여 금당벽화를 그렸다고 볼수 있는것이다. 고구려의 문화적영향이 강하였다는것은 법륭사경역안에서 나온 암기와막새의 화려한 인동당초문이 강서중무덤 안칸 고임돌에 그려진것과 같다는데서도 찾아볼수 있다.

그림은 흙벽우에 모래와 수사(풀이름)를 섞어바르고 그 우에 아마와 풀을 혼합한것을 바른 다음에 백토를 칠하고 그린것으로서 특히 불교교리를 선전하는 모습을 그린 6폭의 《아미타여래상》은 그 구도가 대칭적이고 매 인물의 성격이 잘 묘사되여있다. 장방안의 련꽃방석우에 앉은 주인공의 형상은 얼굴표정과 형태의 예술적처리가 매우 잘된것으로 알려졌다. 법륭사의 벽화들은 가는 선으로 테두리를 그리고 연두색, 남색, 연한 붉은색과 짙은 재색 등을 칠한것으로 하여 아주 화려하다. 그림이 불교주제의 그림인것만큼 여러가지 제약과 속박을 받았으나 담징의 화법은 그 형상수법이 독특하고 빛갈이 선명하며 인물형상이 생동한것으로 하여 세계 중세회화사에서 걸작으로 널리 알려져있다.

법륭사 금당의 천개 안쪽의 병풍모양으로 된 드림막형문양은 고구려의 진파리4호무덤의 천정부위에 그려진 병풍식무늬와 공통하다〔《반도와 대양의 유적》(일문) 신꼬샤, 1970년, 29페지〕.

또한 법륭사의 다찌바나부인주자에 그려진 련못그림은 진파리1호무덤에 그려진 련꽃과 완전히 공통되는것으로 보아 고구려회화의 직접적영향에 의한것이 분명하다〔《조선고대유적의 편력》(일문) 록고출판, 1986년, 366페지〕.

622년에 만든 천수국수장은 일본에 현존하는 가장 오랜 자수공예품으로서 나라현 중궁사에 보관되여있다. 이 수장의 바탕그림은 고구려사람 가서일을 비롯한 조선의 삼국출신화가들이 그린것이다. 《천수국》이란 불교에서 말하는 극락세계를 가리킨다. 천수국수장은 《천수국》에서의 생활의 이모저모를 형상한 그림에 수를 놓은것으로서 현재 그 일부만이 수복되여 남아있다. 그림에 보이는 인물들의 복식은 고구려벽화에 보이는 인물들의 그것과 공통하며 화법은 강서세무덤, 진파리 1호, 4호무덤 등과도 비슷하다.

이밖에도 고구려화가 자마려(子麻呂)는 일본에 가서 일본회화미술개척의 선구자의 한 사람으로 되였다(《일본서기》 권25 효덕기 백치 4년 6월, 권26 제명기

5년 시세).

604년에 일본에서 화가집단으로 규정한 《기부미노에가끼》는 《신찬성씨록》에 의하면 고구려사람의 후손으로 알려졌다. 일본학자들가운데서는 기부미노무라지 혼지쯔가 다까마쯔무덤벽화를 그렸다고 보는 사람도 있다〔《일본서기》 권22 추고기 12년 9월(주석), 《고구려문화전》(일문) 1985년, 111페지, 《조선문화가 초기일본문화발전에 미친 영향》 사회과학출판사, 1991년, 172페지〕.

중국 료녕성 조양부근에서 발견된 원태자벽화무덤은 전연에 가있던 고구려귀족의 무덤으로 인정되고있는것으로서 이 무덤의 벽화는 역시 고구려의 회화가 전연에 미친 영향관계를 보여주는것이기도 하다.

이처럼 고구려의 회화미술은 당시의 동방문화발전에서 중요한 기여를 하였다.

2. 건 축

고구려의 건축예술은 우리 민족의 건축문화의 독특한 풍격을 훌륭히 갖춘것으로 하여 매우 중요한 의의를 가진다.

고구려건축예술의 특징은 웅장하고 장쾌하며 조화롭고 아름다운것이다. 이것은 고구려사람들의 기질과 성격을 체현하고있으며 발전된 생산력과 건축기술에 그 기초를 두고있다.

고구려의 발전된 건축예술은 산성, 도성, 궁전, 절간, 탑, 무덤 등 고구려인민의 창조적인 로력에 의하여 만들어진 모든 건축물들에 잘 나타나고있다.

고구려사람들은 산성, 도성, 읍성 등 여러가지 성곽의 성벽자체를 보기 좋게 건설하는것과 함께 그 부대시설과 성문, 문루, 망루, 장대 등을 적을 위압할수 있도록 위엄있고 장중하게 건설하였다. 동시에 그것들이 주위의 자연환경과도 잘 어울려 아름답게 보이게 하였다.

또한 안학궁을 비롯한 궁전, 관청 건축도 규모가 크고 웅장화려하게 건설하였다. 지금은 주추자리와 주추돌이 얼마간 남아있을뿐이지만 그것을 기초로 하여 안학궁을 복원해보면 그 건물배치가 질서정연하고 대칭 혹은 비대칭수법으로 용의주도하게 건설되였다는것을 알수 있다.

고구려의 금강사, 정릉사, 상오리절터, 토성리절터 등은 탑의 동, 서, 북에 건물을 배치하는 방식을 취하였는데 주요건물 등은 단위기준수치를 정하고 1:2, 3:5, 1:$\sqrt{2}$ 등 일정한 비례를 이루도록 계획되여 건축물들사이의 조화를 최대한으로 잘 보장하였다는것을 보여준다. 정릉사의 중심구획부분을 보면 당시의 건축가들이 화려하면서도 단정하고 안정감이 나도록 지혜를 썼다는것을 한눈에 알아볼수 있다.

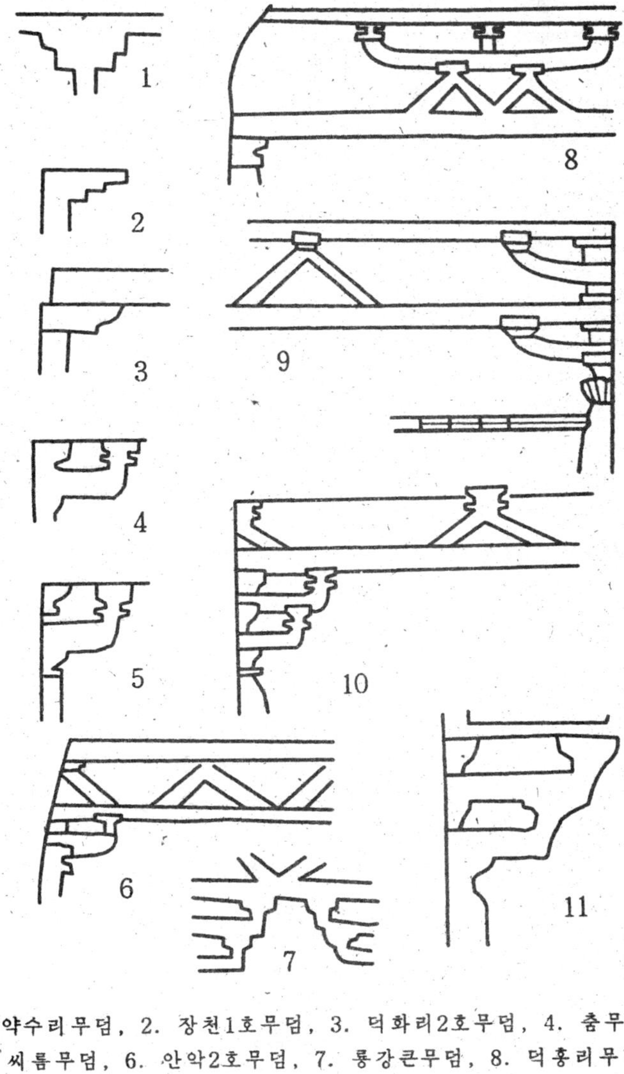

1. 약수리무덤, 2. 장천1호무덤, 3. 덕화리2호무덤, 4. 춤무덤,
5. 씨름무덤, 6. 안악2호무덤, 7. 룡강큰무덤, 8. 덕흥리무덤,
9. 수산리무덤, 10. 쌍기둥무덤, 11. 안악1호무덤

그림 34. 고구려의 두공들(벽화)

고구려의 불탑은 처음에는 나무탑이 기본이였다. 그것은 여러 절간들의 탑터를 보나 《료동성》그림에 나오는 탑그림을 보아서 알수 있다. 고구려 탑들은 8각다층탑형식으로 된것이 많았으나 일부 4각탑들도 있었다. 후기에 세운 절간들가운데는 산속에 자리잡은것도 많았으며 그것들은 다 자기의 립지조건에 맞게, 주위환경과 잘 어울리도록 건설되였다.

고구려건축에서 견고성과 예술성이 잘 결합되여있었다는것은 주추돌만 보아도 알수 있다.

고구려사람들은 우리 민족의 력사적풍습에 따라 주로 목조건축물을 세웠지만 건축물의 견고성과 미관을 돋구기 위하여 주추돌을 굳은 돌로 만들고 아름답게 장식하였다. 주추돌 전체 또는 그 웃부분을 원형,동심원형, 8각형, 7각형, 6각형 등으로 다듬어 썼다.

고구려건축가들은 기둥과 두공을 잘 리용하여 건물의 미관을 북돋우게 하였다. 배부른 기둥을 도입한것은 기둥의 단조로움을 극복하고 또 무거운 지붕을 힘있게 받고있다는 느낌을 주기 위해서였다. 그리고 기둥우에 여러 층의 두공을 짜올린것은 해빛을 잘 받아들이고 통풍이 잘 되게 하는 동시에 건물의 높이를 크게 하고 여러가지 장식적변화를 줌으로써 건축미를 한층 돋구려는데 그 목적이 있다.

무덤벽화들을 통하여 보면 두공은 주두와 소로밑에 장식받침인 접시받침이 있으며 또 주두, 소로, 첨차에도 장식을 도드라지게 한것을 찾아볼수 있다. 또 도리우에 ∧형의 활개를 받치였고 그우에 다시 첨차를 올려놓은것도 있다.

건축물의 미관을 돋구고 부식을 막기 위하여 여러가지 색갈로 단청장식을 하였다. 례하면 기둥은 붉게 칠하고 주두, 첨차, 두공사이받침 등에는 여러가지로 도안화된 구름무늬, 련꽃무늬, 인동넝쿨무늬 등을 그렸다. 주두에는 괴면을 그린것도 있었다. 안료도 붉은색, 누른색, 보라색, 푸른색, 록색, 흰색, 검은색 등을 써서 다채롭게 그렸고 어떤데서는 금분을 칠하고 금, 옥으로 장식하기도 하였다(《조선건축사》1 과학백과사전종합출판사, 1989년, 163페지).

고구려사람들은 목조건물을 더 안정되고 장중하게 또는 경쾌하게 보이도록 하기 위하여 지붕의 형태를 선택하고 지붕을 여러모로 장식하는데도 많은 관심을 돌렸으며 창의창발성을 발휘하였다.

고구려시기에 이미 우리 나라 민족건축의 여러가지 지붕형태들이 다 적용되고있었다. 즉 배집지붕,모지붕, 우진각지붕, 합각지붕* 등이 다 있었다.

* 합각지붕은 우진각지붕과 배집지붕을 배합한것으로서 보기에도 상쾌하고 아름답다. 합각지붕은 쌍기둥무덤벽화에 보이며 또 고구려의 영향을 받았던 백제의 산무늬벽돌그림이나 일본 법륭사의 옥충주자, 중궁사의 천수국수장에서도 찾아볼수 있다.

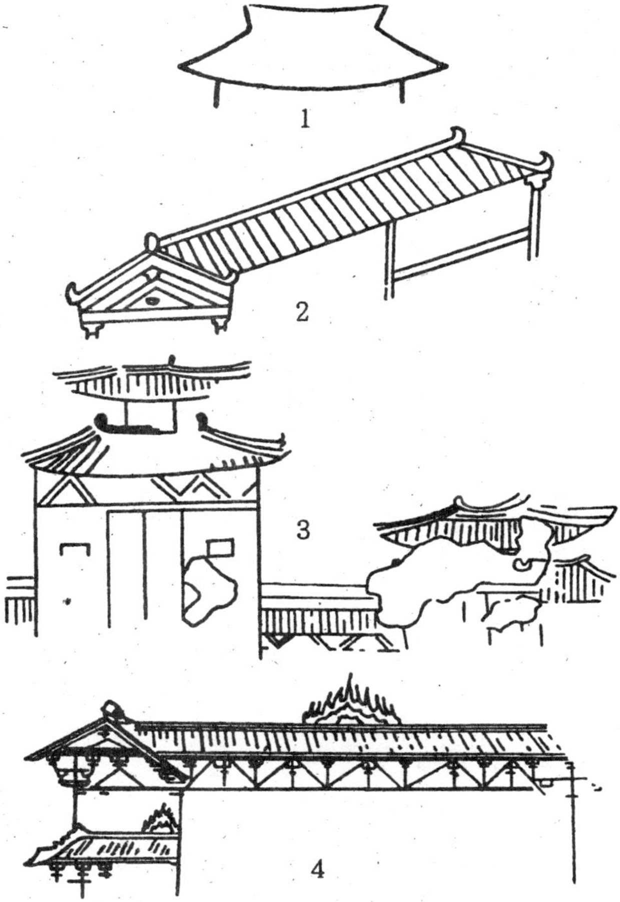

1, 4. 쌍기둥무덤, 2. 고국원왕릉, 3. 룡강큰무덤

그림 35. 고구려건물의 지붕(벽화)

지붕처마에는 부연을 달고 채색단청을 하였다. 처마끝에는 정교하게 만든 수기와막새와 암기와막새를 놓아 미관도 돋구고 락수물에 의한 목재의 부식도 막았다. 지붕 룡마루끝에는 사나운 날짐승을 형상한 치미를 세웠고 박공마루, 추녀마루끝에는 괴면판을 붙임으로써 건물을 더 위엄있고 아름답게 보이도록 하였다. 쌍기둥무덤벽화에는 룡마루우에 불길모양의 장식을 한것이 보이며 일부 지붕에는 푸른 유약을 바른 기와를 이었다.*

* 마선구1호무덤벽화에는 기와를 푸른색으로 그리였는데 이것은 푸른 유약을 바른 기와임을 의미한다. 고구려때 청자를 생산하였던것만큼 왕궁 같은데는 청자기와를 이었을수 있다. 일부 옛 기록에 고구려의 왕궁에는 수정으로 만든 성이 있다고 하였는데 이것은 청자기와, 백자기와, 유리기와 같은 건재를 쓰고 담벽은 옥돌, 유리 등을 리용하여 장식한것을 보고 한 말 같다(《해동역사》 권 29 궁실지 성궐).

벽돌을 리용한 건축물이나 시설물도 있었다. 그중에는 여러가지 기하학적 무늬를 새겨 장식한것도 있었다.

고구려의 석조건축물은 돌다루는 기술과 함께 건축예술적으로도 주목할만한 성과를 담고있다.

적지 않은 돌칸무덤들은 무덤안 공간의 복잡한 짜임새, 정밀한 설계, 아름다운 장식, 치밀한 돌다룸새 등으로 하여 기술과 예술이 밀접히 결합된 창조물로 된다.

계단돌칸무덤인 태왕릉, 장군무덤 등과 돌칸흙무덤인 고국원왕릉, 강서큰무덤, 천왕지신무덤 등은 석조건축물로서는 다 품을 많이 들여 잘 쌓은 무덤들이다.

그중에서도 대표적으로 천왕지신무덤*(평안남도 순천시 북창리)을 들수 있다.

* 천왕지신무덤이란 이름은 벽화에 《천왕》(天王)과 《지신》(地神)의 그림이 그려져있기때문에 붙인것이다.

이 무덤은 목조건물의 부재들처럼 돌을 가공하여 만든 부분이 많은것으로 이름났다. 이 무덤은 앞칸 남벽 중앙에 달린 안길, 앞칸, 안칸, 사이길로 구성되여 있다. 앞칸은 동서로 긴 장방형(6.73×1.56m)평면으로 되였는데 다시 3부분으로 갈라진다. 동쪽 끝부분은 보와 기둥, 두공으로 공간을 구분하고 바닥을 한단 높였으며 천정은 4면궁륭우에 8각고임을 하였다. 서쪽 끝부분은 보와 두공으로 공간을 구분하고 4면궁륭우에 여러 단의 평행고임을 하였다. 가운데부분을 가로지른 3개의 보가 있고 천정은 량면궁륭우에 평천정을 한 구조로 되여있다.

안칸은 약간 긴 장방형(2.83×3.14m)이며 네모서리우에는 활개를 받치고 그우에 두 단으로 된 천정을 꾸미였다. 천정의 아래부분은 8면궁륭이고 그우 좁아진 천정부분은 3각고임을 하였다. 아래 8면궁륭 모서리에는 첨차를 돌출시켜 8면궁륭의 모서리를 받쳐주게 하였고 우의 3각고임밑에는 활개를 +형으로 짜서 뚜껑돌을 받치게 하였다. 첨차와 활개틀에는 모두 접시받침이 있는 소로들을 얹었다. 앞칸의 여러 곳들에 장식무늬를 그렸으며 앞칸 벽면은 모두 거북

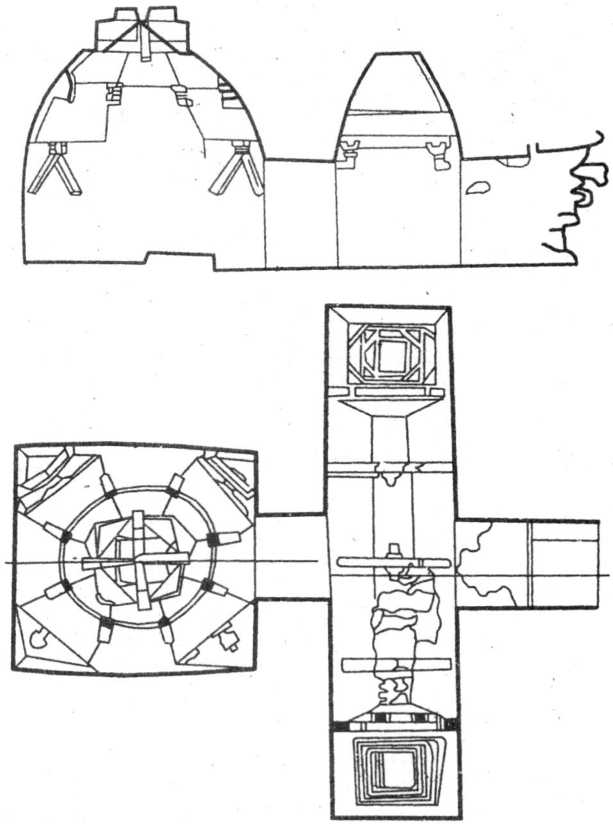

그림 36. 천왕지신무덤의 단면도와 천정도

잔등무늬로 장식하였다. 앞칸 북쪽 웃부분에는 네모난 장식테를 두르고 거기에 무덤주인공부부의 생활도를 그렸던 자리가 있다. 천정에는 해, 달, 별, 구름과 각종 신선들, 이상한 짐승들을 그렸다. 신선들가운데는 《천왕》, 《지신》이란 설명문을 단것이 있다.

천왕지신무덤은 건축기술적으로도 중요한 의의가 있으나 예술적으로도 아름답게 째이고 장식되고있다는 의미에서 특출한 자리를 차지하고있다.

이밖에도 쌍기둥무덤은 앞칸과 안칸사이에 화려하게 장식된 2개의 8각기둥이 있고 안칸 네모서리마다에 기둥, 두공을 그렸으며 도리우에는 ∧형 활개를 그렸고 천정은 평행고임(3단)우에 3각고임을 한것으로 하여 그리고 화려한 그림들을 도처에 그린것으로 하여 건축예술적으로도 시원하고 화려하게 꾸려

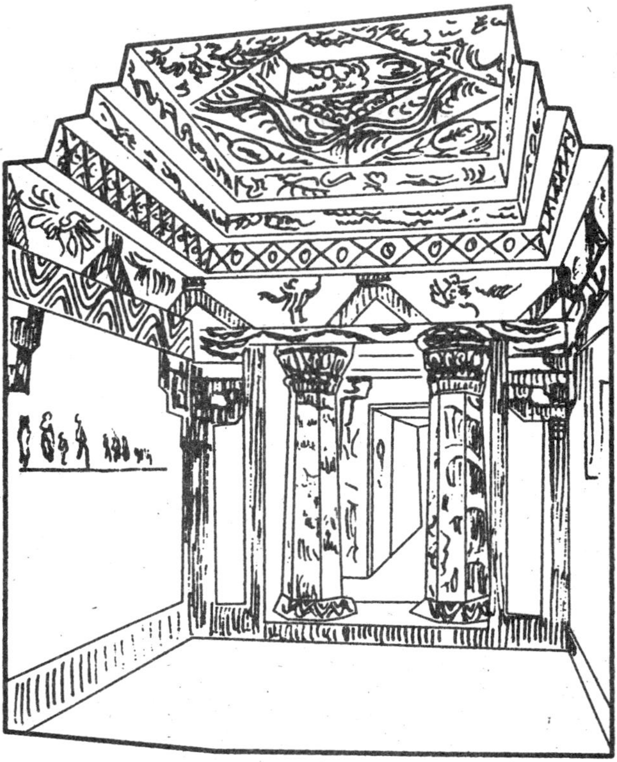

그림 37. 벽화무덤 내부투시도(쌍기둥무덤)

진 무덤으로 알려지고있다.

고구려의 선진적인 건축술은 건축기술의 측면에서뿐아니라 건축예술의 측면에서도 이웃한 나라들에 많은 영향을 주었다. 앞에서 본바와 같이 합각지붕형태가 백제의 그림벽돌에 새겨진 집에도 보이고 일본의 법륭사 옥충주자의 지붕에도 보이는것은 지붕뿐아니라 그것을 설계하고 건설한 사람이 고구려사람이거나 고구려의 건축술을 직접 전수받은 사람이였다는것을 말해준다.

건축물의 미관을 돋구기 위하여 도입된 기와막새의 각종 무늬들도 고구려와 백제, 신라, 일본에 공통되는것이 많은데 그 원류는 언제나 고구려에 있었다.

고구려건축술의 영향을 말해주는 유적으로서 일본 돗도리현 고꾸부정에 있는 《오까마스노 이신도우(岡益石堂)》가 있다. 석당은 돌기단(약 6.2×6.2m, 높이 0.9m)우의 중앙부위에 높이 1.78m, 직경 63~75㎝의 배부른 돌기둥이 서있는 구조로 되여있다. 이 돌기둥우에 중대(높이 약 45㎝, 너비 약 1.8m, 길이 약 1.3m)가 놓여있고 다시 그우에 또 하나의 대석 (높이 약 45㎝, 너비

1.28m, 길이 0.9m)이 놓였다.* 둥근 기둥의 두리에는 높이 2.2m, 두께 48㎝, 너비 1~2.9m의 다듬은 판돌들이 서있어서 천정이 없는 석실처럼 되여있다.

* 대석우에 화대석(불집돌), 개석, 법륜(상륜)이 얹혀있으나 이것들은 다 후세의것이라고 한다.

기둥아래부분과 중대석밑부분에는 련꽃무늬, 인동무늬가 새겨져있는데 설계에 리용된 자는 고구려자이며 본래 고구려형식의 고분이였다고 추측되고있다.

이 기둥은 그 형태와 무늬에서 고구려 건축예술의 강한 영향을 보여주고있다.

3. 공 예

고구려에서는 선행한 구려와 고조선시기의 공예예술을 이어 받고 발전풍부화시켜 나감으로써 이 분야에서도 일찍부터 우수한 예술작품들을 많이 창조하였다.

고구려사람들은 금, 은, 동, 옥 등으로 만든 귀중품, 공예품들을 무덤에 껴묻거리로 묻는 풍습이 있었다. 이것들은 다 도굴을 당하여 거의다 없어졌으나 그래도 일부 공예품쪼각들이 발견되여 그 발전정형을 가늠해볼수 있다.

오늘날 남아있는것으로는 관모부분품, 금귀걸이, 은귀걸이를 비롯하여 금, 은으로 만든 반지, 비녀 등이 있다.

집안에서 나온 금동관모는 가운데에 길죽한 세움장식이 있고 그 량쪽에 새날개모양의 깃이 뒤로 약간 펴져있는것이다. 가운데의 세움장식에는 3개의 보요가, 량쪽 새깃모양장식에는 여러개의 보요가 달려있다. 이것은 고구려사람들이 쓰던 고깔모양의 모자인 절풍에 두개의 새깃을 꽂은것이 금장식품으로 변화된것이다.

금귀걸이는 웃부분의 고리의 형태에 따라 굵은고리형(태환식), 가는고리형(세환식)으로 갈라진다. 귀걸이들은 대체로 얇은 순금판을 오려 꽃바구니모양의 장식물을 만들고 그밑에 살구씨모양의 드림장식을 매단것이다. 꽃바구니모양장식에는 자세한 세공을 더한것도 있다. 신라무덤에서 나온것과 같은 복잡한 장식을 단것은 아직 발견되지 않았으나 그것은 고구려에도 반드시 있었을것이다. 고구려의 비교적 단순한 장식을 한 금귀걸이도 여러 부분들이 잘 조화되고 고상한 미감을 자아낸다.

일본 나라현 법륭사에 있는 손잡이 붙은 금동향로는 총길이 약 39.4㎝, 높이 10.1㎝, 아구리직경 13.5㎝ 되는것으로서 그 형태는 2중으로 된 받침대우에

화로몸체가 있고 화로의 전이 특별히 넓은것이다. 전에는 길이 26.3cm의 자루가 달려있고 그 앞부분에는 반원형의 큰 장식이 2개 있으며 자루끝은 3개 가락(까치꼬리)으로 되여있다. 이 향로의 자루뒤면에 《혜자》라는 고구려중(595년－615년사이에 일본에 가서 성덕태자의 스승이 된 사람)의 이름아 씌여있다. 이것은 금동화로가 고구려에서 전달되였던 물건임을 말하여준다(《조선문화가 초기 일본문화발전에 미친 영향》 사회과학출판사, 1991년, 206페지, 《조선공예사》 1 과학백과사전종합출판사, 1988년, 62～63페지).

집안의 세칸무덤벽화에는 징박은 신을 신고 긴 갑옷바지를 입은 무사가 그려져있으며 유물로 남아있는 징박은 금동신바닥(집안출토)은 그것이 의례용으로 전환된것이다. 후에는 이 금동신의 바닥과 웃부분에 섬세한 무늬를 새겨넣게 되였는데 그것은 하나의 공예품으로서 제작되였다는것을 말해준다.

고구려의 금속공예에서 뚫음무늬수법은 일찍부터 도입되였다.

뚫음무늬제품으로는 해모양, 보관형, 광배형, 4각형, 정방형, 탑형, 꽃잎형 등 여러가지 모양으로 만든것들이 있다.

평양시 력포구역 룡산리에 있는 진파리7호무덤에서 나온 해뚫음무늬금동장식은 그 특이한 형태, 기발한 장식무늬, 딱정벌레의 날개의 리용 등으로 하여 중세 우리 나라의 대표적인 금속공예장식품의 하나로 되고있다.

반원형의 금속판을 한쪽으로 약간 내려 누른 형태로 된 이 장식품은 비교적 넓은 밑띠와 가는 호선띠로 테두리를 만들고 중앙에는 구슬무늬를 박은 두줄로 된 동그라미속에 날개를 한껏 편 세발까마귀를 뚫어새기고있으며 동그라미우에는 봉황이 서있고 동그라미량옆에는 조형화된 룡대가리 같은 무늬를 새겼으며 세발까마귀, 봉황, 룡의 두리에는 활활 타오르는듯한 불길무늬가 형상되여있다.

장식판뒤에는 1cm두께로 된 나무판대기가 붙어있고 테두리 뒤부분에는 딱정벌레(길정충, 옥충)의 날개를 깔았다. 딱정벌레의 날개에는 금록색, 진록색바탕 중심에 붉은 자주색의 가는 줄이 세로 두줄 나있다. 이것은 뚫음무늬장식의 품격을 한층 더 높여주고 화려하게 보이게 한다.

평양시 대성구역 청암동 토성에서 나온 불꽃뚫음무늬금동판도 고구려의 우수한 공예술을 잘 보여준다. 이것은 띠모양의 보관테두리 웃줄에 인동무늬를 새기고 밑줄에는 구슬무늬를 새겼으며 그 사이에 나무잎장식을 하였고 테두리우에는 불길무늬를 새긴것으로서 불길무늬는 우로 쭉 올려 뻗도록 뚫어 새기고 웃고름모양의 드림장식을 길게 늘어뜨린것이다. 모든 무늬의 가장자리에는 자그마한 점선무늬를 주어 움직이는듯한 효과를 내게 하였다. 이것은 그 자체가 보관의 외관으로 되였다고 생각되고있다.

이밖에도 광배형뚫음무늬장식, 인왕상뚫음무늬장식, 영강7년명광배 등도 우수한 공예품이다.

금강사터에서 나온 칠보꽃모양장식(직경 4cm)은 3개의 동심원의 중간원에

5개의 꽃잎을, 바깥원에는 6개의 꽃잎을 돋친것으로서 그 사이사이에 색유리를 부어넣은 특수한 기교를 보여준다.*

* 칠보기법은 금속산화물에 연한 유리질용액을 섞은 유약을 씌워 광택을 내게 하는 장식법이다.

도자기공예도 발전하였다. 초기의 도기들은 아직 바탕흙이 좀 거칠고 소성온도도 높지 못하였으나 3~4세기후에는 거의다 보드라운 바탕흙을 썼고 높은 열에 구워낸 회색도기로서 그 질이 높은것들이 생산되였다. 특히 어깨에 줄무늬, 물결무늬 등을 새겨놓은것으로 하여 실용품인 동시에 공예품으로도 되였다.

황색, 황록색, 황갈색, 록색의 칠물을 입힌 도기들과 채색그릇들도 생산되였다.

이러한 도기공예술의 발전에 토대하여 고구려에서는 자기들이 생산되였다. 청자네귀달린단지를 비롯한 자기유물들이 각지에서 나온것은 그것을 잘 말해주는것이다.*

* 지난 시기 청자네귀달린단지는 중국 동진에서 수입한것이라고 보았으나 아구리가 벌어진 네귀달린도기, 자기가 고구려의 여러 유적에서 나온것만큼 그러한 견해는 시정되여야 할것이다.

그림 38. 고구려 수기와막새무늬들(1)

그림 39. 고구려수기와막새무늬들(2)

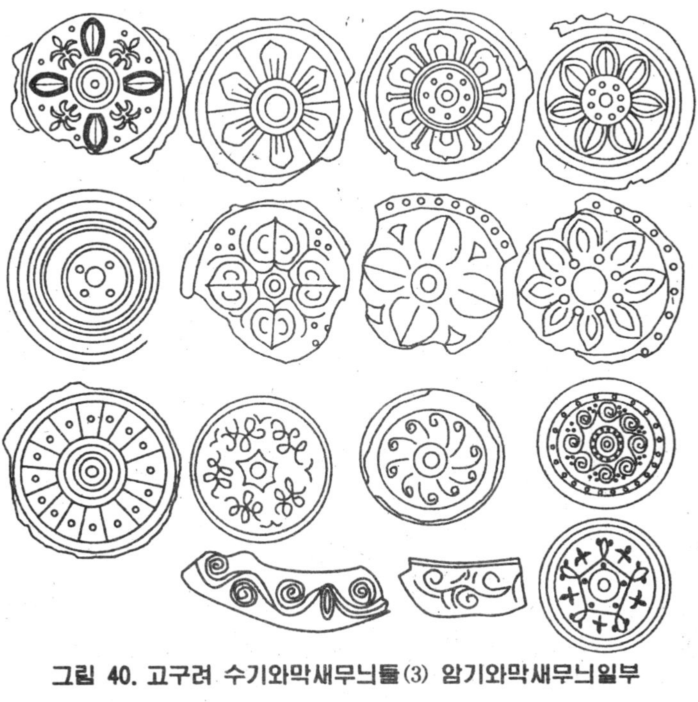

그림 40. 고구려 수기와막새무늬들(3) 암기와막새무늬일부

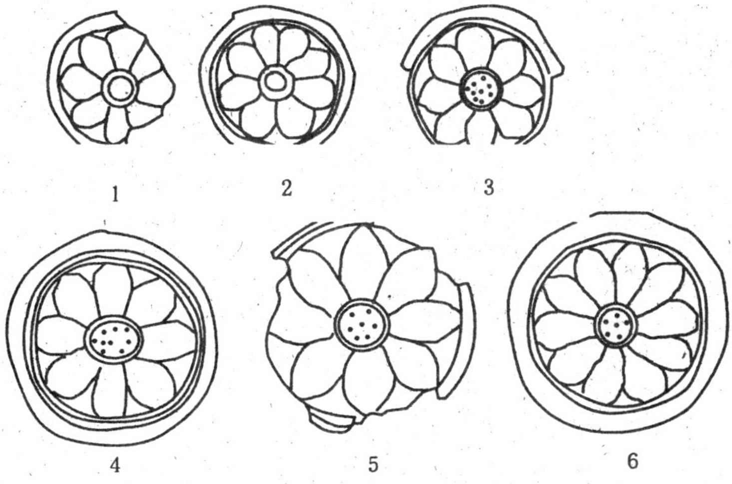

그림 41. 백제, 신라, 일본에 미친 고구려기와무늬의 영향(1)

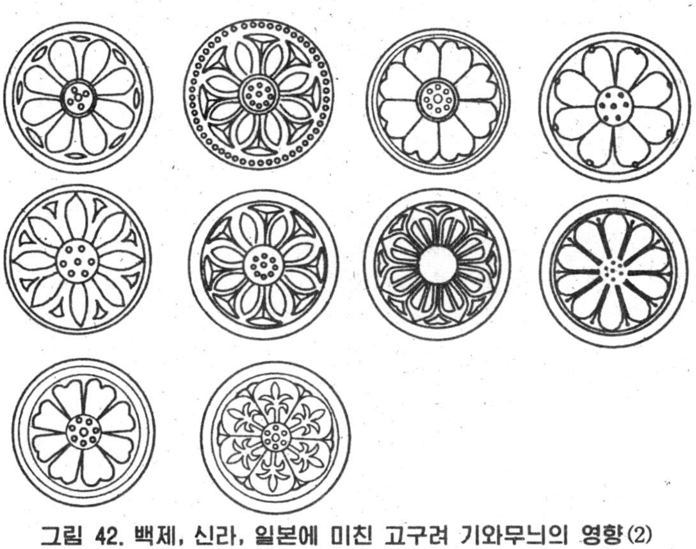

그림 42. 백제, 신라, 일본에 미친 고구려 기와무늬의 영향(2)

고구려사람들은 웅건하고 굳센 형태의 무늬를 새긴 기와막새들도 공예적으로 잘 만들어 건축물들을 장식하는데 리용하였다.

고구려기와에서 예술적으로 특별히 잘된것의 하나는 수기와막새이다. 기와막새의 종류는 실로 수백수천종에 이른다〔《일본의 건축과 예술》(일문)이와나

미서점, 1942년, 584, 593페지〕.

고구려 장공인들은 막새기와제작에서도 굵직굵직한 힘있고 기운찬 무늬를 새겨넣음으로써 패기와 진취성에 넘치는 민족적기상을 훌륭히 형상하였다. 동시에 창조적슬기와 지혜를 발휘하여 다양하고 아름다운 무늬들을 새겨넣음으로써 웅건성과 우아성이 잘 결합되도록 하였다.

처음에는 앞선 시기에 리용되던 회전무늬, 타래무늬, 고사리무늬 등을 썼으나 다음에는 평양시 대성산성, 집안의 장군무덤, 태왕릉, 천추무덤에서 나온것처럼 바깥테두리가 두껍고 높으며 중심에 반구형의 꽃술이 없거나 하나 있는것을 만들었다. 여기에는 꽃술을 중심으로 2개의 평행선을 그어 원을 6등분, 8등분하여 매 구간에 하나의 꽃잎 또는 나무잎새나 열매씨를 넣고 그 량옆에 구슬무늬를 하나씩 돋혀 새겨넣었다. 이러한 막새들은 주로 4~5세기초 중엽에 쓰이였다.

다음으로는 대성산성, 안학궁터, 청암동토성, 평양성(장안성)터에서 나온것처럼 원을 복사선식으로 구분하지 않고 고리무늬, 기하무늬, 꽃잎무늬, 넝쿨무늬, 꽃망울무늬, 괴면무늬 등을 보통 4~8개정도 대칭적으로 새긴것이 막새면에 가득차게 하였다. 꽃술과 테두리에 여러가지 구름무늬를 둔것도 있으며 꽃잎들에 줄기를 표시하기도 하고 꽃잎들의 사이사이에 3각형무늬, 대추잎모양의 무늬들을 더 새긴것도 있다. 4개의 꽃무늬를 줄무늬로 분할한것도 계속 제작되였다. 이러한 막새들은 주로 5세기 초엽~6세기 중엽에 만들어졌다.

마지막 형식은 평양성터에서 주로 나왔다. 그것은 간막이나 꽃잎으로 막새면을 6~8등분 하지 않고 타래무늬, 꽃회전무늬, 넝쿨무늬, 인동련꽃무늬, 바퀴살무늬, 괴면무늬 등으로 장식한것이다.

이러한 무늬들은 주로 6세기 중엽이후에 제작되였다. 그러나 마지막시기까지도 이전에 쓰이던 막새무늬가 다 없어진것은 아니였다.

평양이나 집안일대에서 4세기 중엽이전에 만들어진 수기와막새무늬에는 복숭아씨, 살구씨, 가래씨 등을 도안화하여 넣었거나 여러가지 꽃잎, 풀잎, 나무잎을 도안화하여 넣은것도 적지 않다. 불교가 전래된 이후시기에는 련꽃무늬를 받아들인것이 사실이지만 지난 시기처럼 꽃잎새긴것을 다 련꽃무늬의 변형으로 보는 견해는 잘못된것이다.

불교가 들어온 이후시기에도 인동넝쿨무늬, 각종 식물무늬, 장식무늬가 오히려 우세를 차지하고있으며 련꽃무늬인 경우에도 고구려장공인들이 즐겨 써오던 무늬수법이 많이 적용되여 독특한 무늬를 이루고있는것을 찾아볼수 있다.

암기와막새무늬는 안학궁터, 남평양도시유적, 만포성터 등지에서 발견되였다. 암기와막새무늬는 주로 가운데에 가래씨, 괴면 같은것을 새겨넣고 그 량옆으로 넝쿨무늬, 곡선무늬를 그린것이 많다.

반막새기와(반와당)도 더러 나왔다. 그것들은 반달형의 두터운 테두리안에 괴면, 개구리, 구름무늬, 간단한 넝쿨무늬 등을 새긴것이였다.

기와막새무늬는 크게 나누면 수십가지이지만 자세히 보면 수백수천가지이며 거의나 같은것이 없을정도이다. 이것은 고구려장공인들이 얼마나 고심하여 새로운것을 창안해냈는가를 웅변으로 말하여준다. 고구려장공인들은 기와막새를 하나의 예술품으로 여겼으며 아름답고 조화로우면서도 분방하고 패기있게 만들기 위하여 무진애를 썼던것이다.

막새가 아닌 기와들에도 각종 무늬들을 새겼다. 수기와나 암기와에도 이깔나무잎, 꽃잎, 직선, 사선, 격자, 노끈, 원, 사각, 괴면, 새, 꽃봉오리무늬 등 다양한 무늬를 새겨넣었다. 암기와의 경우 그것은 기와가 미끄러져 내리지 않게 눈에 띄지 않는 부분 즉 지붕우에 놓이는 면에 새겨진것임에도 불구하고 역시 공들여 새긴것이 많다.

이밖에도 용맹한 날짐승을 형상한 치미나 귀면판도 웅장하고 기괴한 모습으로 만들었다.

고구려에서는 방적 및 염색공예도 발전하였다. 《한원》에 의하면 고구려에는 운포금, 오색금, 자지힐문금 등 고급비단들이 생산되여 국왕과 귀족들의 옷감으로 쓰이였고 대외적으로 수출되기도 하였다. 고구려무덤벽화에는 5채(5색비단옷), 백라관, 청라관 등을 착용한 인물들뿐아니라 점무늬, 십자무늬, 구름무늬, 넝쿨무늬, 줄무늬 등 여러가지 무늬들을 염색한 옷들을 입고 앉아있거나 춤을 추거나 일하는 인물들이 보인다. 이것은 각종 실에 여러가지 물을 들여 천을 짜냈을뿐아니라 밀랍으로 무늬를 내는 랍힐, 뚫어새기거나 선새김을 한 두개의 판자사이에 천을 놓고 무늬를 내는 협힐, 실을 옥매여 무늬를 만들거나 판대기나 나무꼬챙이에 천을 감아서 무늬를 내는 교힐 등 여러 염색법을 활용하고있었음을 보여준다.

옻칠공예도 상당한 수준에 이르고있었다. 유물이 얼마 남지 않았으나 강서큰무덤에서 나온 칠관조각에는 검은 옻칠바탕에 흰색, 붉은색 옻으로 그린 그림이 있다. 그 가운데는 구불구불 휘감긴 넝쿨무늬, 나래를 펴고 날아가는 봉황새도 보인다. 이것을 통하여 원래 고구려에서는 칠화도 많이 그려지고 그것은 주로 공예품생산에 리용되였으리라는것을 알수 있다.

고구려에서는 종이공예도 매우 높은 수준에 이르고있었다.

평양시 대성산에서 삼으로 만든 종이가 발굴되였는데 오늘까지도 깨끗한 흰색을 그대로 유지하고있다.

고구려사람들은 닥나무껍질 등으로도 질좋은 종이를 생산하고 여러가지 종이공예품들을 만들어 썼다고 인정된다.

고구려사람들의 생활에서 사냥이나 집짐승기르기가 일정한 비중을 차지하였고 가죽제품이 군사용으로도 많이 쓰이였던것만큼 가죽가공수공업이 발전하였고 그것은 필연적으로 가죽공예도 발전시키게 되였다. 고급가죽신, 털모자, 의복, 화살통 등은 실용품인 동시에 섬세한 공업제품으로도 되였다.

발전된 고구려의 공예술은 백제나 신라, 일본 등지에 전달되여 그 나라들의 공예발전에 큰 영향을 주었다.

전라북도 익산군 립점리에서 나온 관모장식품의 련꽃모양은 고구려무덤벽화에 보이는것과 같고 백제, 신라, 가야의 귀걸이의 기본형태, 꽃바구니모양장식, 살구모양드림장식 등은 다 고구려의 공예를 받아들이고 그것을 변화발전시킨것이라고 말할수 있다*.

* 경주 황남도109호무덤에서 나온 귀걸이는 평양역구내무덤(《동리무덤》)의것과 류사하다.

백제 무녕왕릉이나 일본 규슈 후나야마무덤에서 나온 징박이금동신도 그 원형이 고구려에 있다. 백제 수도였던 공주 송산리1호무덤, 신라 경주 금관무덤에서 나온 허리띠에 달린 돈띠(과대)와 경상북도 성주군 성주면 성산동1호무덤에서 나온 은으로 만든 돈띠는 고구려 고국원왕릉 벽화인물이 패용한것과 신통히도 같다. 일본에서도 이와 꼭같은것이 출토된바 있다〔《고적조사보고》(일문) 1927년, 제2책 도판 제2〕.

자연계에 있는 아름다운것을 리용한 공예로서 대표적인 실례로 되는 딱정벌레날개를 뚫음무늬아래에 붙이는 수법은 신라의 금관무덤의 마구와 옷가지들, 황남동98호무덤(북분)에서 나온 말안장장식에도 보이고 일본 나라현 법륭사의 옥충주자의 기둥, 도리 등에도 적용되고있다.

칠보장식금구에 도입된 금속우에 유리를 씌우는 수법은 일본 나라현 정창원소장 칠보거울에서도 찾아볼수 있다〔《가꾸또오》(일문) 1986년, 9월, 《조선고문화종감》(일문) 4권, 요또꾸샤, 1961년, 22~23페지〕.

도기에 황색갈래의 유약을 바른것도 신라에 전달되였다. 평양시 삼석구역 장수원동의 토포리큰무덤에서 나온 황록색유약 바른 도기는 거기에 달린 보주형꼭지와 물결무늬 등이 경주에서 나온 도기와 매우 류사하다. 또한 금관무덤에서 나온 네귀단지는 고구려의것과 꼭 같다. 백제의 물결무늬있는 도기단지들이나 청자네귀달린단지는 고구려에 연원을 두고있다.

기와막새무늬에 대해서도 지난날 일본학자들은 고구려의것이 중국기와의 영향을 받았다고 주장했으며 백제, 신라의 기와막새는 중국 남조의 영향을 받았고 일본기와막새는 백제의 영향으로 만들어졌다고 하면서 고구려의 영향은 조금도 없었다고 주장하였다. 그러나 그들은 고구려막새기와의 원류를 중국의 남북조 나라들에서 찾을수 있는 그 어떤 증거도 제시하지 못하였다〔《조선고문화종감》(일문)4권, 요또꾸샤, 1961년, 27페지, 《신라 옛기와의 연구》(일문) 1934년, 10~11페지, 《일본의 건축과 예술》(일문) 이와나미서점, 1942년, 12~13, 599페지〕.

고구려의 여러가지 기와막새들을 백제와 신라의것과 대비해보면 이른바 련꽃무늬갈래의 기와막새도 그 이른 형식부터 늦은 형식까지 고구려에 그 원류가 있다는것을 알수 있다. 부여부근에서 나온 련꽃잎이 넓고 꽃술에 련씨가 몇개 있는 막새라든가 군수리절터에서 나온 막새, 공주 대통사터에서 나온 막새는 다 그와 거의 같은것이 고구려에도 있었다. 평양 대왕사터의것(4~6세기)은 공주 대통사의것(6세기)보다 앞서는것만큼 고구려가 백제에 영향을 준것이 분명하다.

신라 수도 왕경(경주) 황룡사터, 림해전터에서 나온 6~8잎 련꽃무늬막새, 취선사터의 벽돌에 보이는 련꽃, 인동넝쿨무늬도 다 고구려에 그 선행형태 또는 같은 형식의것이 있었다는것을 찾아볼수 있다.

일본 나라지방의 법륭사, 법흥사(아스까사), 홍복사, 산전사터들에서 나온 막새무늬들에도 고구려적요소가 많이 보인다.

일본 나라현 정창원(동대사)에 보관되여있는 《고려금(고마니시끼)》은 가운데에 도안화된 련꽃무늬를 두고 그 주변에 꽃무늬를 놓으면서 5색비단실로 정교하게 짠것으로서 탐스럽고 아름답다. 이것은 고구려 방적공예가 고도로 발전되여있었으며 주변나라들에 큰 영향을 주었던 사실을 말해준다.

고구려의 가죽공예, 종이공예 등도 이웃나라, 주변나라들에 전달되였다. 5세기 말에 노류기와 수류기가 왜땅(나라지방)에 가서 가죽이기는 법을 가르쳐 주었다는것은 그 한 실례이다(《일본서기》 권15 인현기 6년 시세). 그들은 일본렬도안의 고구려소국에서 갔을수도 있다.

610년에 일본으로 건너간 고구려중 담징은 채색, 종이, 먹 등의 제조법도 전해주었다. 7세기초까지도 왜땅에서 종이나 먹을 전혀 생산하지 못한것은 아닐것이므로 담징이 전한 기술, 공예는 고급종이, 고급먹을 생산하는 법을 가르쳐준것이라고 볼수 있다. 이밖에도 수많은 실례들을 들수 있다.

참으로 고구려는 언제나 선진국으로서 공예부분을 포함한 기술, 문화의 여러 측면에서 이웃나라들에 커다란 영향을 미치였다.

고구려공예품의 특징은 역시 고구려사람들의 특유한 기질, 성품을 반영하여 웅장하고 기백이 넘쳐나게 하면서도 정교하고 섬세하고 아름다운 예술품을 제작하였다는데 있다.

4. 조 각

고구려의 조각도 중세초기 조각으로서는 높은 수준에서 발전하였다.

이 시기 조각은 건축물의 장식, 공예품제작에 많이 리용되였으며 종교적인 우상물을 제작하는데도 많이 리용되였다. 그것은 국가적례식, 민속적인 행사, 장례풍습과도 결부되여있었다.

조각재료로는 주로 나무, 돌, 흙과 금, 은, 동 등 금속들이 쓰이였으며 그

기법에서도 깎는것, 새기는것, 쫓는것, 형타에 대고 두드리는것, 거푸집에 부어내는것 등 여러가지 방법을 적용하였다.

옛 기록에 의하면 고구려에는 신묘(사당)가 두개소 있었다. 한곳에는 《부여신》이라 하여 나무를 다듬어 녀성상을 만들어 두었고 또 한곳에는 《등고(登高)신》〔《주서》 권49 고려(고구려)전, 《북사》 권94 고려(고구려)전에는 《고등신》〕이라 하여 부여신의 아들의 나무상을 만들어 두었는데 그것은 곧 고주몽의 어머니인 하백의 딸과 고주몽이라고 하였다고 하며 두 신묘에는 그것을 보호관리하는 관청을 두고 지키는 사람을 두었다고 한다.

또한 고구려의 큰 고을마다에는 동명왕의 사당이 있고 거기에 조각상을 두고 때에 따라 제사를 지냈다(《삼국사기》 권21 고구려본기 보장왕 4년 5월, 《책부원귀》 권369 장수부 공취).

이것은 시조를 신격화하여 숭배한데서 유래한것이지만 나무조각이 일찌부터 진행되였고 일정하게 높은 수준으로 발전하고있었다는것을 짐작하게 한다.

집안에서 발견된 사람의 부각상은 3 319호돌각담무덤의 왼쪽에 새긴것으로서 돌의 크기는 길이 104㎝, 너비 54㎝이다. 소박하게 새긴것이고 목부분아래는 간단한 호선으로 어깨, 팔을 상징적으로 나타냈으며 가슴에는 2개의 동심원으로 젖꼭지를 표시하였고 목에서 가슴까지 10여개의 둥근점을 새긴것은 목걸이 같아 보인다. 이 조각은 예술적으로 세련되지 못한것으로서 그 어떤 제사용으로 만든것으로 보고있다.

고구려 전 시기를 통하여 볼 때 후기로 올수록 조각수준은 높아졌다. 후기에 속하는 고구려조각은 굳센 선으로 대담하고 생동하게 형상함으로써 균형이 잘 잡히고 웅건한것이 특징이라고 할수 있다.

지금까지 알려진 조각유물은 많지 않으나 돌사자, 탈(가면), 불상 조각들에 이러한 특징이 잘 나타나있다.

영명사(평양시) 돌계단에 새겨진 동물조각은 소박하지만 굵직굵직한 선들이 힘에 넘쳐있다. 높이 84.5㎝의 영명사돌사자는 웅크리고 앉은 모습이 자연스럽고 아가리를 벌린채 턱을 추켜올린 대가리는 힘이 솟구치는듯이 보인다. 돌사자는 고구려사람들의 억세고 용감한 기상을 잘 보여준다.

372년에 불교가 공인된 후 귀족층속에서 일정하게 전파되면서 불상조각이 적지 않게 제작되게 되였다. 초기의 부처는 일반적으로 형태가 곧고 옷주름과 옷자락은 대칭적으로 처리되였으며 앞면만을 강조한 도식적인것이였다.

최근에 한강 뚝섬에서 드러났다고 하는 소형금동여래상(높이 5㎝)은 량옆에 사자를 형상한 네모받침대우에 두손은 가슴아래에 겹쳐대고 무릎을 틀고앉은 자세로 되여있다. 하늘옷은 두어깨를 덮고 가슴으로부터 배아래로 U형의 옷주름을 형상하였다.

이 불상과 비슷한 자세의것으로는 황해북도 황주에서 드러난 랍석여래좌상(머리부분이 없음, 현존높이 12.5㎝), 평원군 덕포리의 원오리절터에서 나온 일부 소조불상들이 있다.

대성산 국사봉의 돌궤속에 보관되였던 남녀 보살상은 뚝섬에서 나온것보다는 좀 더 세련된것이다. 남자보살상(높이 8.5㎝)은 머리에 두건을 쓰고 산예조각에 련꽃장식을 한 받침대우에 앉아있는 자세이며 받침대와 불상을 통채로 청동으로 주조하고 도금한것이다. 오른손에는 웃부분이 불길무늬모양으로 된 석장을 쥐고 왼손바닥에는 여의주를 들고있는것으로 보아 지장보살상으로 인정되고있다. 풍만한 얼굴을 하고있으나 자못 엄숙한 표정이다.

녀자보살상(높이 5㎝)은 앞면은 순금판, 뒤면은 순은판을 형에 대고 두드려 만들어 붙인것으로서 머리에는 둥근 구슬로 이루어진 수건을 썼으며 얼굴표정은 역시 엄숙하다.

남녀보살상은 그 형식, 표정으로 보아 불교전래이후 얼마 안되던 4세기 후반기~5세기 전반기의 작품으로 볼수 있다.

6세기를 전후하여 제작된 불상조각은 립체성이 뚜렷하여 보다 현실적인 인간에 가깝게 형상되게 되였다.

평원군 덕포리의 원오리절터에서 나온 소조불상가운데서 보살립상과 여래좌상은 그러한 작품에 속한다.

보살립상은 홑잎 련꽃을 새긴 간소한 받침대우에 서 있는데 얼굴이 둥글길죽하고 미소를 띠고있으며 몸체는 좌우 대칭의 두텁고 깊은 옷주름에 덮여있고 두손으로 쥔 하늘옷은 X형으로 교차되고있다. 아직은 정면에만 치중한 조각이기는 하나 미소를 띤 표정에는 인간미가 난다.

여래좌상은 아래로 향한 홑잎련꽃 받침대우에 두손을 배앞에 포개여놓고 똑바로 앉은 자세이다. 여래좌상의 표정은 보살립상보다도 더 부드러워졌고 립체적인 묘사가 이루어졌다. 웃는듯한 얼굴표정과 뒤로 처져 내린 큼직한 귀부리는 여래상의 신비성을 더해주고있다. 옷주름은 역시 엄격한 좌우대칭으로 깊고 선명하게 새겼다.

이러한 소조불상들은 찰흙을 재료로 하여 거푸집에서 틀빼기식으로 만든것이다.

평양시 락랑구역에서는 평안남도 평원군 덕포리(구 원오리)에서 발견된 흙부처와 꼭같은 불상형태가 새겨진 거푸집이 나왔다. 이것은 당시 이러한 불상이 많이 제작되였음을 보여주는것이다. 원오리절터에서 나온 기와막새무늬가 안학궁터, 정릉사에서도 나온것을 고려한다면 그 제작시기는 5세기 중엽~6세기 초엽쯤으로 될것이다(《우리 나라 중세조각》 2, 예술교육출판사, 1992년, 33~34페지).

5세기 중엽경부터는 일광3존상 즉 하나의 광배안에 세 불상을 새긴 불상들도 나왔다.

충청북도 중원군 로은면에서 건흥 5년(476년)명 금동3존상의 광배(높이 13.3㎝)가 나왔고 황해북도 곡산지방(신평군 룡산리)에서 신묘년명 금동3존상이 발견되였다. 또 출토지미상(평양의 고구려 왕궁터로 전함)의 연가7년명 금동일광3존상이 있다.

건흥 5년명 금동광배는 량쪽의 결부처(협시불)만 남았으나 뒤면의 새김글에 의하여 중심부처가 석가여래임을 알수 있다.

신묘년명 금동3존상은 그 광배(높이 11.5㎝)의 새김글에 《백선(?)4년》이라는 년호가 있다.

연가7년명 금동일광3존상의 중심부처인 무량수불(아미타불)은 따로 주조하여 광배에 붙이고 결부처들은 광배에 붙은대로 주조한것이다. 얼굴모양이 풍만하고 부드러우며 고졸(古拙)한 미소를 띠고있고 옷깃은 두 어깨에서 드리워 량쪽으로 뻗었으며 옷주름은 강한 곡선을 지었다. 이 부처는 건흥5년명 금동광배보다는 더 세련된 솜씨를 보이고있으므로 539년 제작으로 보고있다.* 이 불상은 새김글에 의하여 평양 락랑동사(東寺)에서 만든것임을 알수 있다.

* 다만 일부 글자의 판독, 해석에서는 차이가 있다.

연가 7년은 장수왕초기의 년호로서 419년으로 보기도 하나 일부에서는 539년으로 비정하고있다. 연가 7년에 만든 부처가 지금까지 3개, 구체적으로는 7개 불상이 나왔으니 락랑동사에서 현겁(불교에서 말하는 지금의 세계) 천불을 만든것이 사실임을 알수 있고 불상마다 독립불 또는 삼존불로 만들고 그 모습도 서로 다르게 만들면서 불상조각예술도 세련시켜나갔던것으로 볼수 있다.

최근년간에 오동으로 만든 고구려의 《삼존불이 안치된 불당》모형이 알려졌다. 불당의 총 높이는 17㎝이며 기단과 삼존불, 당실의 세 부분으로 구성되여있고 그것들을 조립하게 되여있다. 기단은 길이 15㎝, 너비 10.4㎝이고 3단으로 되여있으며 맨 웃단은 란간을 둘렀는데 그 앞부분－중앙부에는 란간이 없고 불당으로 들어가는 통로로 되여있다. 기단우에는 삼존불을 두었는데 가운데 여래본존은 좌대우에 앉아있는 좌상으로 되여있고 옆에 있는 두 불상(높이 각각 8㎝)은 립상으로 되여있다. 이 불상들은 다 따로따로 주조되였으며 각기 광배를 가지고있다. 좌우의 불상은 기단에 있는 구멍에 꽂게 되여있다. 옆에 있는 불상들도 여래립상인데 높이는 9.5㎝, 광배를 제외하면 7㎝이다. 본존여래상의 좌대밑에서 광배까지는 9.5㎝, 여래상자체는 5㎝, 광배의 높이도 5㎝이다(앞에서도 본것처럼 불당의 총높이는 17㎝이다). 불당의 지붕은 우진각지붕이고 길이 10㎝, 너비 12.5㎝이다. 룡마루좌우에는 치미가 있고 사방 추녀마루에는 잡상이 두개씩 있으며 지붕밑에는 앞에 3개 두공, 옆에 2개 두공이 있다. 불상들은 비록 크지 않으나 풍만한 얼굴로 형상되여있다.

당실은 벽과 지붕으로 되여있는데 앞벽과 옆벽은 들여다 볼수 있게 열려있고 뒤벽은 막고 거기에 다음과 같은 발원문 55자가 적혀있다.

〔工成年歲次己末高丽国樂良東寺主敬弟子僧演師徒卌人, 共造賢劫千佛流布第廿九回, 現世成佛比丘法潁所供養〕

(공이 이룩된 해는 세차 기미년이다. 고려국 락랑동사 주 경, 제자승 연등 스승과 제자 40명이 함께 현겁천불을 만들었는데 그것을 류포시킨지는 제29회째이니 현실세계의 부처로 될것이다. 비구(남자중) 법영이 공양한바이다.)

이 불상이 든 불당모형은 이미 알려진 연가7년명 일광삼존불 등과 그 발원문에서 같은 내용을 담고있으므로 그 제작시기도 같고 불상조각의 성격도 같다고 볼수 있다〔《조선고고연구》 주체87(1998)년 2호, 48~49페지〕.

같은 연가7년명 불상으로서 1963년에 경상남도 의령군 대의면 하촌리에서 나온 금동여래립상(높이 16.2㎝)이 있는데 독립상이다. 그 광배는 둥글둥글한 불꽃무늬를 꽉 채운것이다. 이 불상은 풍만한 홑잎련꽃장식을 한 원형받침대우에 가벼운 웃음기가 어린 길죽한 얼굴을 하고있다. U형의 깊은 옷주름을 새긴것은 신묘년명 금동3존상과 비슷하다.

남조선의 중서부지대에서 나왔다는 금동여래좌상(높이 8.8㎝)은 평원군 덕포리에서 나온 소조불상, 황주에서 알려진 랍석제 여래좌상과 비슷하나 전반적인 형상은 보다 세련된 양상을 띠고있다고 한다. 이것도 그 양식으로 보아 고구려불상으로 인정되고있다(《우리 나라 중세조각》 2, 예술교육출판사, 1992년, 36, 38페지).

충청북도 제원군 청풍면 읍리 절터에서도 랍석으로 만든 여래보살병립상이 나왔는데 머리뒤에 광배가 있고 조각으로서는 고졸한 편이나 배후에 중첩되는 산들이 새겨져있는것이 특이한 점이다. 또한 청원군 북일면 비중리에서는 절반쯤 부각한 여래좌상 3개의 상(돌부처)이 알려졌다. 그중 하나는 머리부분이 없어졌으나 3중으로 된 후광이 있고 표정이 엄숙하고 자세가 단정하다. 그중 하나는 오른쪽에 결부처를 둔 형식으로 되였다. 조각수법은 연가7년명불상과 비슷하다고 한다.

이밖에도 충청북도 중원군의 어느 산중턱에는 8개의 불상조각이 절반돋을새김으로 새겨진것이 있다. 그것들은 여러가지 자세로 되여있는데 그중 6개의 상은 립상이고 한상은 웅크리고 앉은 모습을 하고있다. 이 불상들은 돌조각으로서는 아름답고 우아한 모습을 하고있다〔《고구려, 발해의 고고와 력사》(일문) 가꾸세이샤, 1991년, 51~52페지〕.

중원군일대가 고구려의 공고한 령역으로 되여있던 시기인 5~6세기 전반기의 불상조각일것으로 보인다.

6세기 후반기이후 고구려의 조각들은 인체해부학적지식과 조형적리해가 더욱 깊어지면서 정면위주로 새겨진 이전시기 불상들과는 달리 전신의 조형성을 보장한 환각조각으로서의 면모를 선명하게 보여주기 시작하였다.

특히 6세기이후 미륵신앙이 점차 널리 보급되면서 불상들의 두터운 옷은 점차 없어지고 종래의 평평한 몸체는 둥근 원통형으로 바뀌면서 미소를 띄지 않았으나 조용한 표정을 가진 불상들이 조각되게 되였다.

평양시 평천구역에서 해방전에 알려진 금동미륵반가사유상(높이 17.5㎝)은 광배가 없어지고 오른쪽 팔굽아래로 떨어져나가고 없는것이지만 불상조각에서의 새로운 변화를 보여주고있다.

불상은 머리에 세잎모양의 꽃관을 썼으며 얼굴은 둥글고 애티가 나게 형상되였으며 미륵상이 앉은 원통형의자는 아래로 늘어진 상하 두겹의 평행사선 치마주름으로 뒤덮여있다.

금동미륵반가사유상의 상반신은 머리에 비하면 가늘게 형상되였는데 이것은 속세의 사람모습과는 다른 미륵의 엄숙성을 강조하기 위한 수법으로 인정된다. 머리뒤에는 광배를 꽂을수 있는 축이 달려있다.

해방후 이 부처가 나왔다는곳에서 높이 22㎝의 영강7년*명 금동광배가 드러났다. 이것은 우에서 든 금동미륵 반가사유상과 원래 하나의 조각품이였다고도 하고 서로 다른 불상조각부분품이라고도 한다.

* 영강7년은 종전에 551년(신미년)으로 보았으나 최근 금호지구 오매리절터에서 태화 3년(546년)명 금동판이 발견된것과 관련하여 영강년호는 565년에 제정되였으며 그 7년은 571년으로 보는편이 옳다고 생각된다.

금동광배는 배머리형으로 되여있고 두광과 신광에는 잘 정돈된 련꽃 및 넝쿨무늬장식을 하였으며 광배테두리에는 둥글둥글한 불꽃무늬를 섬세하게 새겼다.

전라남도 호남철도연선지대에서 나왔다고 하는 계미년명 금동일광3존상(높이 17.5㎝)은 그 형상이 연가7년명 금동일광3존상과 같으나 일부 세부표현들에서는 현저히 세련된것이다. 즉 불꽃무늬광배, 두광을 장식한 넝쿨무늬, 받침대의 련꽃잎우에 곁들인 구슬무늬 등이 더 세련되고 정중한 맛을 나타내고있다. 그러므로 이 계미년명 금동일광3존상은 563년에 제작된것으로 보고있다.

강원도(남) 춘천지방에서 나온 금동일광3존상(높이 8.8㎝)은 본존상 좌우의 협시상 그리고 광배와 받침대를 모두 한번에 부어 만든 조각상이며 본존상이 보살상으로 되여있고 좌우의 협시상은 중이 합장하고있는 모습으로 형상한것이 특징이다. 그 시기는 6~7세기로 추정되고있다(《조선유적유물도감》 4권, 1990년, 261페지).

강원도(남) 녕월군 북면 문곡리에서 알려진 금동보살립상(높이 15.1㎝)은 3산(三山)보관을 쓰고 길죽하고 풍만한 얼굴을 하고있으며 뜰가말가한 두 눈과 예리한 코날 등으로 엄숙함을 나타낸것이다. 목에도 3도(3줄)표식이 없으며 앞가슴에는 따로 구슬로 련결된 목걸이가 한줄 드리워있었다. 두 어깨에서 아래로 내려 흐른 옷주름은 둥실한 모양의 굴곡을 이루었으며 하늘옷깃은 허리아래에서 거꾸로 올라와 두 손과 목을 휘감으면서 받침대 량쪽에 이어졌다. 뒤통수에는 광배를 고정시켰던 구멍이 있으며 받침대는 두단으로 된 둥근형태의것이다. 아래단에 12개의 홑잎 련꽃장식을 한것이 원오리절터에서 나온 불상과 매우 비슷하다. 이것은 고구려불상이거나 그를 모방하여 만든 신라의 불상일것이다(《우리 나라 중세조각》 2 예술교육출판사, 1992년, 41페지)..

이밖에도 평양시 평천구역에서 금동광배(높이 12㎝), 평안남도 평원군에서 금동불상받침대 3개가 나온바 있다. 또한 평양시 대동강구역 사동부근에서 나왔다는 금동탄생불상(높이 약 10㎝)은 일본 나라시대의 탄생불과 거의나 같다.

고구려의 불상조각 등 조각예술은 다른 이웃나라들에도 영향을 주었다.

남조선에서 발견된 미륵반가사유상이나 일본 교또 광륭사에 있는 미륵반가사유상은 예술적으로 매우 세련된것인데 그 원형은 바로 평양시 평천구역에서 나온 고구려의 금동미륵반가사유상이다.

일본 아스까시기의 불상에도 고구려의 영향이 뚜렷이 보인다. 605년에 만든 아스까사부처는 2만 3 000근의 동, 750량의 황금을 들여 20년간 만든 석가여래상으로서 곱슬머리우의 큼직한 육계, 어깨까지 처진 두 귀뿌리, 풍만한 얼굴에 어려있는 굳센 표정 등이 연가7년명 금동여래상과 비슷하며 고구려불상양식을 그대로 보여주고있다(《조선고문화종감》 (일문) 4권, 요또꾸샤, 1961년, 58불상류 187에 대한 해설,《고구려문화전》 113페지). 이 불상의 제작을 위해서는 고구려왕이 도금용으로 황금 300량을 보내주었다고 한다(《일본서기》 권22 추고기 14년 4월 신유삭).*

* 《부상략》(제4)에는 320량이라고 함.

623년에 제작된 법륭사의 석가3존상과 606년에 만들어진 미륵상에도 고구려불상의 영향이 보인다.

고구려의 불상조각에서 이룩된 조형예술적성과들은 중세 우리 나라 불상조각의 특출한 면모를 갖추는데서 중요한 역할을 하였으며 그 발전의 터전을 확고히 마련하였다.

제 7 절 음악과 무용, 교예

1. 음 악

고구려사람들은 상무의 기풍이 높고 용감하고 씩씩하였으며 통이 크고 활달한 성품을 가지고있으면서도 우아하고 부드러운것을 좋아하였고 락천적으로 살면서 노래와 춤을 즐기였다.

음악과 무용, 교예와 각종 놀이 등은 고구려사람들에게 있어서 언제나 뗄수 없는 생활의 한 부분으로 되고있었다.

고구려사람들은 선행시기에 이룩된 음악유산을 이어 받고 그것을 더욱 발전풍부화시켰다. 수많은 민족악기들이 새로 창조되여 세계적으로도 악기가 빨리 발전된 나라의 하나로 되였다.

고구려사람들이 노래를 부르고 춤을 추면서 즐기기를 좋아하였다는것은 《후한서》, 《삼국지》의 고구려전에도 씌여있다. 《삼국지》에는 고구려백성들이 노래와 춤을 좋아하며 수도나 마을들에서 저녁이면 남녀들이 모여 무리를 지어 노래하며 즐긴다고 하였다.

고구려에서는 많은 노래들이 창작되여 불리우고있었고 무덤벽화에도 음악연주와 무용장면을 그린것이 많다.

지금까지 알려진 옛 기록들과 무덤벽화에 그려진 그림을 통해서 본다면 고구려에는 약 40종의 악기가 있었다. 즉 뿔나팔(각), 작은 뿔나팔(소각), 두가닥뿔나팔(쌍두대각), 작은 나팔, 긴 저대(장적), 가로저대(횡적), 의취적, 소피리, 대피리, 도피피리, 소, 생황, 호로생, 패(라패), 현금(玄琴), 4현금, 6현금, 완함, 5현, 탄쟁, 추쟁, 와공후, 수공후, 봉수공후, 비파, 5현비파, 세운북(건고), 매단북(현고), 메는북(담고), 말북(마상고), 큰북(대고), 흔들북(도고), 손북, 장고(요고), 제고, 메는종(담종), 요, 징 등이 있었다*.

* 이밖에도 《신당서》 권21 례악지에는 구두고, 철판 등이 더 있다. 우에서 든 악기들가운데는 한가지 악기를 두 이름으로 부른것도 혹시 들어있을수 있으나

그 총수가 40개정도 된다는것은 변함이 없다.

고구려의 관악기가운데서 중요시된것은 뿔나팔(각) 등 나팔종류들이였다. 이것은 봉건국왕의 《위세》를 돋구기 위한 고취악에 많이 쓰이였으며 군대에서는 신호용으로 많이 쓰이였다. 뿔나팔은 짐승뿔모양으로 생겼으나 그 자재로서는 짐승뿔만이 아니라 짐승뼈, 나무껍질 등이 리용되였다. 이밖에 금속관으로도 만들었다. 그 음색은 단순하였으나 기백이 있고 장중하였다. 뿔나팔은 주로 젊은 남자들이 불었으며 크기에는 각이한것이 있었다.

저대(횡적)와 긴저(장적)는 고구려사람들이 매우 즐겨불던 악기였다. 저대는 보통 참대로 만들었으며 웃부분에 바람을 불어넣는 취구와 그 밑으로 6개의 음공(소리구멍)을 가지고있다. 저대는 은은하면서도 독특한 음색을 가지고 있는것으로 하여 독주, 합주에 많이 리용되였으며 오늘까지도 인민들속에서 사랑받는 민족악기의 하나로 되여있다.

저대가운데는 소나무속을 파내고 가운데에 취구를 내였으며 량쪽 우, 아래에 각각 구멍을 낸 특수한것도 있었다. 집안(통구) 다섯무덤의 5호무덤 천정가까이의 경사면에 그려진 천녀가 불고있는 저대는 바로 가운데에 취구가 있는 저대이다. 근년에 일본 나라현 텐리시 호시즈까1호무덤(5세기말)의 주호(주위에 둘러판 해자)에서 그와 같은 유물이 나왔는데 그 음색은 다른 저대보다 더 좋았다고 한다(《마이니찌신붕(오사까)》 1985년 6월 16일).

긴저도 고구려때에 비로소 만들어쓴것으로 퉁소와 같이 세로 부는 관악기로서 길이가 현저히 길다.

고국원왕릉벽화에 보이는 긴저는 부는 사람이 무릎으로 선 자세에서 거의 좌석바닥까지 내려닿았으며 그 길이는 약 90㎝가량 된다. 긴저는 사색적이면서 무엇인가 애원하는듯 하고 사모하는듯 하는 음색을 가진 악기였다. 고려때부터 쓰인 퉁소는 긴저를 개량한것으로 보고있다(《조선음악사》 1, 과학백과사전종합출판사, 1988년, 52페지).

의취적은 저대의 취구에다가 부리를 덧붙인것으로서 오늘날의 저대와 비슷한것이였다. 의취(부리)는 소리를 헐하게 내면서도 음색을 부드럽고 아름답게 하는 작용을 하였다.

소는 16개의 죽관(참대관)을 음의 높고낮은 순서에 따라 나무틀에 배렬해놓고 부는 다관식악기로서 고국원왕릉 대행렬도에는 말을 타고 두손으로 소의 아래부분을 쥐고 부는 모습의 그림이 있다. 소에도 13관으로 된것 등 여러가지가 있었다. 이 악기는 맑고 아름다운 소리를 내므로 꾀꼴새를 비롯한 새소리를 내는데 쓰이였다.

생황은 크고작은 17개의 죽관을 둥그런 나무통에다 한데묶어 세운것으로서 소리나는 원리는 소와 같으나 다만 하나의 취구에 여러개의 관을 련결시키고 부는것이 다르다. 매개 관마다 발음장치 측면에 자그마한 구멍이 뚫어져있는데 그를 막으면 소리가 나고 떼면 소리가 나지 않게 되여있다. 이것은 취구로 바람을 불어넣거나 공기를 들이마셔도 소리가 나게 되여있다. 생황은 그 음색이 맑고 부드러우며 화음악기로서 사용되였다.

옛 기록에 의하면 생황의 종류에는 생, 우, 황 세가지가 있었다고 하나 통털어서 생황이라고 하였다.

고구려 관악기가운데서 피리는 중요한 비중을 차지하였다. 소피리, 대피리는 참대나 갈대로 만든 선률악기로서 독주, 합주에 많이 쓰이였다. 이것은 후세의 향피리로 발전하였다.

도피피리는 주로 복숭아나무껍질을 말아서 만든것으로서 청아한 소리를 내였다.

1. 큰 뿔나팔(춤무덤벽화), 2. 큰 뿔나팔(대안리 제1호무덤벽화),
3. 작은 뿔나팔(고국원왕릉벽화), 4. 두가닥 뿔나팔(강서큰무덤벽화),
5. 긴저(고국원왕릉벽화), 6. 소(고국원왕릉벽화), 7. 저대(춤무덤벽화)

그림 43. 관악기(벽화)

집안(통구) 사신무덤벽화에는 패(라패)가 보이는데 가느다란 소라모양으로 생겼다.

고구려에 현악기로 4현금, 6현금, 5현, 완함, 현금, 비파, 5현비파 등이 있었다.

춤무덤벽화에 보이는 4현금은 긴 장방형의 금판우에 4개의 줄을 걸었으며 금면에는 17개의 패가 있고 제2, 제3선은 패우를 지나게 만든것이였다. 그 연주법은 앉아서 악기를 무릎우에 놓고 왼손으로 줄을 누르고 오른손에 술대를 쥐고서 타게 되여있다.

6현금은 4현금과 연주법에서 비슷하나 현의 구성에서 3줄이 한조로 된 2개조의 현을 나란히 금판에 걸고 그줄을 조단위로 모아 구멍속으로 통하게 한것이 다르다.

완함은 공명통과 4개줄을 맨 지판으로 되여있다. 지판의 끝에는 줄을 감을수 있는 장치가 있어서 음의 높고낮음을 조절하게 되여있다. 그 연주법은 오늘의 기타타는법과 같다. 완함은 독주, 합주에 다 쓰이였으며 아름다운 음색을 가진 악기였다.

5현(금)은 장천1호무덤벽화에 보인다. 5개의 줄을 고정시킨 곧은 지판과 공명통으로 되여있고 지판에는 고정된 패가 있다. 연주법에서 5현비파와 같이 껴안고 타게 된것이 특징이였다(《조선음악사》 1, 과학백과사전종합출판사, 1988년, 54～55페지).

거문고(현금)는 진나라의 7현금을 고구려의 재상이며 음악가인 왕산악이 개조한것이다. 그는 악곡도 100여곡을 지었다 한다. 현금을 《현학금》이라고도 하였는데 이것은 왕산악이 개조한 악기를 타니 검은학이 날아와서 춤을 추었다고 하여 붙인 이름이라고 전한다(《삼국사기》 권32 잡지 음악).

《악학궤범》(권7 향부악기도설)에 의하면 현금은 대현, 문현, 괘상청, 기괘청, 유현의 6개 현으로 되였고 6현아래에는 16개의 패가 있다. 가는 참대로 만든 술대를 오른손가락사이에 끼우고 줄을 내리치거나 뜯어서 소리를 내며 왼손으로는 줄을 눌러서 롱현음을 내게 되여있다. 거문고는 6현금의 일종이지만 앞에서 본 6현금과는 서로 다른 악기이다.

비파는 본래 북방호적의 말타는 사람들이 쓰던 악기로서 우리 나라에서도 이미 고대부터 사용되던 악기이며 기악연주에 쓰이였다.

5현비파는 비파와 비슷하게 생겼으나 그보다 현저히 작은 발탄악기(튕기거나 뜯어서 소리를 내는 악기)였다.

현악기가운데서 와공후, 수공후, 봉수공후는 서양악기의 하프와 같은것으로서 독주, 중주, 합주 등 여러가지 기악연주에 리용되였다.

추쟁, 탄쟁은 12～13줄로 된 가야금과 비슷한 악기였다.

타악기로서는 여러가지 종류의 북과 요, 징 등 금속제악기들이 있었다.

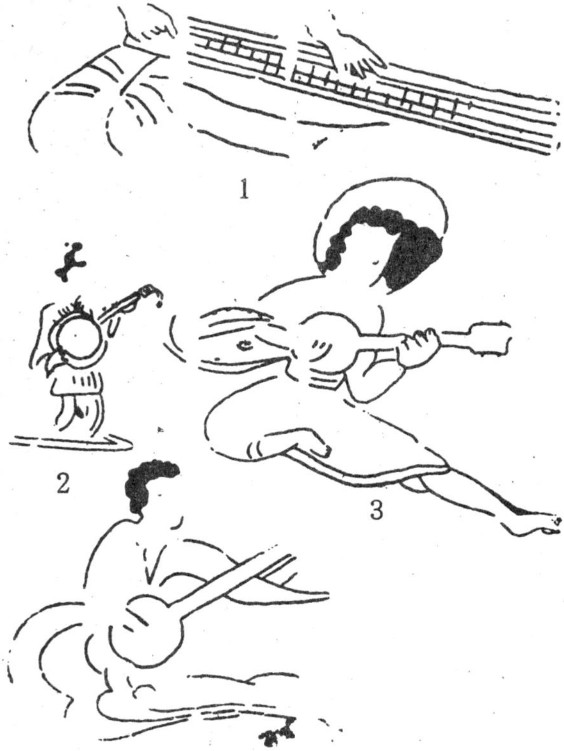

1. 4현금(춤무덤벽화), 2. 완함(고국원왕릉벽화), 3. 완함 (세칸무덤벽화), 4. 완함(강서큰무덤벽화)

그림 44. 현악기(벽화)

세운북(건고)은 받침기둥에 의지하여 세워놓은 북이다. 매단북(현고)은 북틀에 매달아서 치게 된것이고 말북은 말우에서 치는 북이며 메는 북은 사람이 메고 다니면서 치게 된것이다. 매단북과 메는북을 배합한것도 있었다.

흔들북(도고)은 자루끝에 매단 자그마한 북이며 장고는 왼쪽은 채로 치고 오른쪽은 손으로 치는 악기로서 오늘의 장고의 전신이다. 장고는 그 연주법이 풍부한것으로 하여 조선민족음악에서 기본장단악기로 리용되고있다.

큰북(대고)은 멜방으로 몸앞에 드리우고 치는 북이였다.

금속제 타악기의 하나인 메는종(담종)은 종을 소형화하여 메고 다니면서 치게 된것이다. 요는 손에 쥐고 흔드는 악기로서 메는종과 함께 행군고취악에 많이 리용되였다. 징은 전통적인 민족악기로서 농악, 고취악에 많이 쓰이였다.

1. 세운 북(평양역전무덤벽화), 2. 매단 북(안악 제1호무덤벽화), 3. 말북(고국원왕릉 벽화), 4. 메는 북(수산리무덤벽화), 5. 메는 북(약수리무덤벽화), 6. 흔들북(약수리무덤벽화), 7. 장고(집안 다섯무덤 제4호무덤벽화), 8. 메는 종(고국원왕릉벽화), 9. 요(고국원왕릉벽화)

그림 45. 타악기(벽화)

고구려의 악기가 다종다양하였다는것은 곧 고구려의 기악음악이 당시로서는 높은 수준으로 발전하여있었다는것을 말하여준다. 그것은 악기창조분야에서 고구려인민들이 발휘한 창조적탐구와 로력의 결실이였다.

무덤벽화들을 통하여 보면 고구려에서는 기악독주, 중주, 합주형식이 다 발전하였다. 6현금독주, 4현금독주, 피리독주 등은 춤과 노래, 교예의 반주로 되고있는 경우가 많았다. 고국원왕릉 안칸 동벽면에는 관악기의 합주에 맞추어 탈춤을 추는 장면도 있다. 춤무덤벽화에는 나무를 사이에 두고 두사람이 악기를 타는 2중주장면도 있다. 집안(통구) 다섯무덤의 4호, 5호무덤 벽화에는 장고, 징, 4현금으로 편성된 3중주 장면, 소와 저대, 소와 뿔나팔의 2중주 장면도 있다.

이러한 연주장면들은 때와 환경에 맞는 수많은 악곡들과 노래들이 있었다는것을 말하여준다.

《수서》에는 고구려의 기악곡으로서 《지서(芝栖)가》, 《지서무곡》이 있었다는것을 전하고있다(《수서》 권15 음악지 하).

고구려음악에서 고취악은 중요한 비중을 차지하였다. 고취악에는 주로 왕이나 고위급귀족관료들의 행차, 각종 행사의식때에 그리고 군사들의 행진때에 많이 쓰이였다.

고국원왕릉의 대행렬도에는 64명의 고취악대 성원들이 9종의 타악기를 비롯하여 각종 관악기들을 연주하면서 행진하는 장면이 그려져있다. 행렬도는 중배앞부분까지만 그려져있고 또 생략된것이 많으므로 실제로는 고취악대 인원수가 더 많았다.

덕흥리벽화무덤 행렬도의 선두대렬의 중심좌우에도 각각 고취악대가 두줄씩 서있고 약수리벽화무덤에도 3줄의 고취악대가 보인다.

군사대렬 고취악은 감신무덤벽화에서 찾아볼수 있다. 여기서는 타고수와 나팔수들이 말을 타고 북을 치고 뿔나팔을 불면서 행진하고있다. 군대고취악은 공격, 방어, 전투때 사기를 돋구고 신호를 보내는 등의 목적에 많이 쓰이였다.

이처럼 고취악은 왕이나 귀족들의 《권위》를 높이고 군사들의 사기를 고무하는 사명을 가지고있었으므로 씩씩하고 장쾌한 음악으로 되였다.

고구려의 기악을 비롯한 음악발전모습의 일단을 보여주는 자료로서 《수서》, 《구당서》, 《통전》 등에 실려있는 고구려악무에 관한 기록들이 있다. 이것은 고구려의 악무가 수, 당 나라들에 전달되여 연주되였던 사실을 보여준다. 수나라때 연주된 고구려악무에는 탄쟁, 와공후, 수공후, 비파, 5현, 저대, 생, 소, 소피리, 도피피리, 요고, 제고, 담고, 패 등 14종의 악기가 있고 악공수는 18명이였다. 《구당서》에 의하면 고구려악무에는 15개*의 악기들이 참가하고 4명의 무용수가 춤을 추었으며 7세기말 당시 악곡수는 25개가 있었다(《구당서》 권29 음악지 2).

1. 왕의 수레앞에서 가는 타고대 2. 왕의 수레뒤에서 가는 기마고취악대

3. 회랑 북쪽벽에 그려있는 고취악대

그림 46. 고국원왕릉 행렬도의 고취악

* 《삼국사기》 권32에 인용된 《통전》기사에는 17개 악기로 되여있다.

이것은 고구려 왕정내에서는 악기나 악공, 무용수, 가수가 이보다 훨씬 많이 참가하고 다종다양한 악곡들을 연주하는 큰 악단이 있었다는것을 말하여준다.

고구려의 음악은 그 우수성으로 하여 후부여, 백제, 신라, 가야 등 동족의 나라들에 큰 영향을 주었으며 수, 당, 돌궐, 일본 등 나라들에도 널리 퍼져서 그 나라들의 음악발전에 기여하였다.

9세기 중엽 일본에서는 외래악부를 정리하였는데 우리 나라의 삼국, 발해음악을 《우방악》, 당나라, 인디아 등의 음악을 《좌방악》이라고 하였다(《조선음악사》 1, 과학백과사전종합출판사, 1988년, 77페지).

이것은 그후에도 오래동안 계승되여 오늘날에도 일본의 아악가운데서는 우방악인 고려(고구려)악이 기본으로 되고있다.

고대일본에서는 고구려에서 전해진 저대를 《고마부에》라고 하였으며 그것을 궁중음악, 민간음악 할것없이 널리 썼다. 앞에서 본바 있는 한가운데에 취구가 있는 횡적도 고구려에서 전해진 고마부에의 일종이다.

또 일본 현악기의 하나인 《와공》(고도)도 고구려를 비롯한 세나라시기의 현악기를 본따서 만든것이다. 일본의 고전악무가운데서 4인무 《신도소리》, 《사끼네》, 6인무인 《고도소리》, 독무인 《기도꾸》 등은 모두 고구려의 악무들이 전해진것이다(《조선음악사》 1, 과학백과사전종합출판사, 1988년, 77페지).

고구려음악은 북위(386~534년), 류송(420~479년)에 전달되여 이 나라들의 궁중음악에서 연주되였고 그후 수, 당에 이르기까지도 계속 보충하면서 연주되였다. 704년에 당나라의 궁중연회때에 당나라의 내사 양재사는 종이를 잘라 두건을 만들어쓰고 자색도포를 입고 고구려춤을 추었다(《자치통감》 권207 장안4년 7월 병술).

이것은 고구려악이 당나라사람들에게 많은 영향을 주었다는것을 말하여주는 단적인 실례의 하나이다.

고구려측에서도 북위를 통하여 또는 직접 서역(중앙아시아)의 소륵, 안국, 고창 등의 음악을 받아들여 자기의 음악을 풍부히 하였다. 《고려사》 권72 여복지의 의위조에 보이는 안국기, 천축기, 고창기만 하여도 악곡, 무용수 인원이 각각 40명, 18명, 16명으로 구성되여있다. 이것은 물론 고려때의 외국악무를 보여주는것이지만 그 연원은 멀리 고구려에로 소급된다.

고구려음악은 씩씩하고 우람차고 기백이 있는 동시에 아름답고 우아하고 락천적인 고구려사람들의 성품과 기백을 반영하고있었으며 그후 조선음악발전에서 중요한 역할을 하였다.

2. 무 용

고구려사람들은 노래, 기악, 춤을 다 좋아하였다. 고구려인민들은 봉건사회의 여러가지 질곡속에서도 생활을 락천적으로 흥겹게 하기 위하여 여러가지 춤형식들을 창조하였으며 그것으로 자기들의 정서적요구를 충족시키였다.

고구려에서 무용이 발전하였다는것은 우선 그 춤형식이 다양하였다는데서 찾아볼수 있다. 고구려의 무용은 출연인원수에 의하여 독무, 쌍무, 군무로 갈라지며 무용수들이 리용하는 악기와 소도구에 따라 탈춤, 칼춤, 창춤, 북춤 등으로 갈라진다. 또한 무용의 성격을 특징짓는 주제내용과 그에 따르는 동작에 의하여 경무와 연무로 갈라진다.

힘있고 씩씩한 동작으로 추는 경무가운데서 대표적인것은 창춤과 북춤이였다.

쌍기둥무덤의 안길벽화에는 비교적 큰 규모의 창춤, 북춤이 그려져있었다.

동쪽벽에는 남자용 소수레와 녀자용 가마수레, 갑옷입고 말을 탄 사람 1명과 말탄 인물 2명 그리고 남, 녀 30여명이 서있는 모습이 그려져있었고 그 가운데는 북을 치는 사람도 있었다. 서쪽벽에는 소수레, 기마인물과 그밖의 남, 녀 30여명이 그려져있었으며 그 가운데는 북을 치는 사람, 창을 들고 춤을 추는 사람도 있었다*〔《조선의 건축과 예술》(일문) 이와나미서점, 1942년, 393페지〕.

이것은 수십명의 남녀가 노래를 부르고 두사람은 큰북을 치고 한사람은 창을 들고 춤을 추는 장면을 그린것으로 볼수 있다. 창춤은 씩씩하고 용감한 고구려사람들이 적과의 싸움에서 용맹을 떨치는 모습을 형상한것이다.

* 이 그림은 일제어용학자들이 뜯어가고 사진한장 남기지 않았으므로 그 생동한 모습을 볼수 없게 되였다.

약수리벽화무덤의 사냥그림에는 2명의 남자무용수들이 춤을 추는 장면이 들어있다. 무용수들은 흰색의 외섶저고리와 흰바지를 입고 다리에는 줄무늬를 놓은 각반을 치고있다. 이들은 사냥의 분위기를 돋구려고 힘있고 씩씩한 동작으로 춤을 추고있는것이다(《각지유적정리보고》 과학원출판사, 1963년, 147페지).

힘있고 씩씩한 동작으로 추는 춤은 남자들의 춤이였고 부드럽고 우아한 동작으로 추는 춤은 주로 녀자들의 춤이였다.

춤무덤벽화에는 완함을 연주하는 악사와 앞장에 서서 춤을 추는 사람 그리고 5명의 무용수가 보인다. 무용수들가운데서 바지를 입은 사람은 3명이고 치마를 입은 사람은 2명이다. 그들은 앞장서서 추는 사람과 같이 긴 팔소매를 뒤로 펄럭이고있다. 춤은 다리보다 팔을 많이 놀리는 조선민족무용의 특징을 잘 나타내고있다. 춤추는 인물들 앞에는 7명의 남녀가 서있는데 이들은 아마도 구경군들일것이다. 그앞에는 말을 탄 인물이 그려져있고 그의 왼쪽에는 시중군 하나가 섰으며 오른쪽에는 개 한마리가 쭈그리고 앉아있다. 말탄 인물은 무덤의 주인공으로서 그는 춤추는것을 구경하고있는것이다.

이 그림은 반주하는 악기와 춤동작자세로 보아 부드럽고 우아한 춤을 추고있는 장면을 묘사하고있다는것을 쉽게 알수 있다.

《삼국사기》 권32 악지에는 《고려(고구려)》춤에 대하여 소개하였는데 이 춤은 17종의 악기로 편성된 기악의 반주에 맞추어 네사람이 추는것이였다.

악사들은 자색비단모자에 새깃을 장식하고 누런 큰 소매달린 웃옷에 자색비단띠를 띠고 통이 넓은 바지에 붉은 가죽신을 신었으며 오색물을 들인 줄로 장식하였다.

춤추는 무용수는 상투를 뒤에 틀고 이마에는 붉은색을 발랐으며 금구슬로 이마를 장식하였다. 두사람은 누른 치마, 저고리에 붉고 누른 바지를 입었으며 두사람은 붉고 누른 치마, 저고리에 붉고 누른 바지를 입었는데 소매를 매우 길게 하였고 검은 가죽신을 신고 두사람씩 나란히 서서 춤을 추었다.

이러한 복장은 춤무덤 그림에 보이는 무용수들의 그림과 비슷하다. 그러므로 이들이 춘 춤은 부드럽고 우아한 동작의 춤이였다는것을 알수 있다.

장천1호무덤(서향) 앞칸 남쪽벽과 북쪽벽에는 각각 춤추는 사람의 그림이 있다. 여기에는 약 20명의 무용수와 악사가 그려져있는데 독무, 쌍무, 남녀 군무가 다 있다. 이들이 례외없이 긴 소매달린 옷을 입고 또 얼굴치장을 한것을 보면(《중국북방8성시고고론저휘편》 제8분책 1087폐지) 《삼국사기》의 기사에 보이는 악사, 무용수의 장식과 비슷하다.

고구려의 《동동춤》은 부드럽고 우아한 동작의 춤이였을것이다.

《동동》노래가 순결한 마음으로 님을 그리워하는 서정적인 녀인의 감정세계를 형상한 노래였다고 보이는것만큼 《동동춤》도 녀성들의 서정적인 춤으로 되지 않을수 없다.

부드럽고 우아한 동작의 춤은 고국원왕릉 안칸 동쪽벽의 완함, 긴저, 6현금을 연주하는 세 악사들의 반주에 맞추어 한 남자가 추는 탈춤, 집안(통구)12호무덤 남쪽벽에 보이는 한 남자와 두 녀자가 추는 춤, 마선구1호무덤 안칸의

1. 독무(고국원왕릉벽화), 2. 쌍무(통구제12호무덤벽화),
3. 군무(고산동제10호무덤벽화), 4. 군무(춤무덤벽화)

그림 47. 춤

긴 소매달린 옷을 입은 두사람이 추는 춤, 고산동10호무덤의 세사람이 긴 소매옷을 입고 추는 춤 등에서도 찾아볼수 있다.

부드럽고 우아한 동작으로 추는 춤에서 공통적인것은 춤추는 사람들이 관현악에 맞추어 주로 팔을 놀리면서 춤을 추는것이다. 그들의 옷차림도 그에 어울리게 소매긴 저고리, 두루마기를 입고 옷의 색갈도 서로 어기어기 달라지게 맞추었다.

이와 같이 고구려의 춤은 씩씩하고 용감한 춤과 우아하고 부드러운 춤이 있었는데 그것은 고구려사람들의 패기있고 굳세고 완강한 기질과 우아하고 부드럽고 락천적인것을 사랑하는 기질의 반영이였다.

3. 교 예

고구려사람들은 락천적인 성격으로 하여 홍겹고 해학적인것을 좋아하였다. 이것은 고구려에서 교예를 널리 발전시킨 중요한 요인으로 되였다.

팔청리벽화무덤, 덕흥리벽화무덤, 수산리벽화무덤, 고국원왕릉 등에 교예를 하는 장면이 그려져있는것은 고구려사람들의 교예에 대한 기호를 잘 보여주고있다. 무덤벽화들에 보이는 교예그림은 행렬도의 한 부분으로 그린것이다. 그러므로 한자리에 머물러 있으면서 하는 교예종목은 여기에 포함되여있지 않다. 그러나 행렬도에 나타난 교예만 하여도 말타기재주, 손재주, 발재주, 칼부림재주 등 여러가지가 있다*.(《고구려문화》 사회과학출판사, 1972년, 192페지)

말타기재주는 팔청리벽화무덤에 보인다. 두 남자가 말을 타고 큰뿔나팔을 불면서 북치는 주위를 빙글빙글 돌고있다. 고삐를 쥐지 않고 두손으로 뿔나팔을 쥐고 웃몸을 뒤로 돌리고 말을 부리면서 북에 맞춰 나팔을 분다는것은 말타기재주와 고취악을 겸한 동작으로서 교예발전수준이 높았다는것을 말해준다.

손재주는 팔청리벽화무덤, 약수리벽화무덤, 수산리벽화무덤들에서 다 볼수 있다. 교예사는 여러개의 공과 짧은 막대기를 연거퍼 올려던지고 받는 재빠른 손동작을 보여주고있다. 공과 막대기를 동시에 사용하는 교예는 수산리벽화무덤과 약수리벽화무덤에 보이며 공만 던지고 받는것은 장천1호무덤벽화에 그려져있다.

수산리벽화무덤, 팔청리벽화무덤의 벽화의 교예는 한사람이 다섯개의 공과 네개의 짧은 막대기를 단번에 공중에 튕겨올리면서 재빨리 그것들이 떨어지는것을 되받아 올리는 장면을 그린것으로서 그것은 높은 숙련과 민첩한 손동작을 요구하는 교예였다.

발재주에는 사람키만한 높이의 나무다리에 올라서서 춤추며 걸어가는 나무다리재주, 둥근 공우에 서서 공을 바람개비처럼 빨리 돌리면서 그우에서 춤동작을 하는 《호선무》 등이 있었다(《신당서》 권21 례악지).

칼부림재주는 칼을 가지고 여러가지 동작을 신속, 정확히 하는것이다. 팔청리벽화무덤 행렬도에는 두사람이 격검을 하고있는것과 같이 칼을 쥐고 재주를 부리고있는 장면이 있다. 한사람은 상대방의 요진통을 찌르기 위하여 칼을 앞으로 내미는 자세를 하고있고 한사람은 칼을 곧추 세우고있는데 그것은 상대방이 찌르는것을 방어하기 위한 자세이다.

칼부림재주의 동작은 그 자체가 무술동작의 한 부분으로서 무술을 익히는데서 중요한 의의가 있었다. 그것은 용감성과 인내성을 키우는데서도 큰 교육교양적가치가 있었다.

고구려에는 어리광대교예도 있었다. 고국원왕릉행렬도의 아래부분에는 주인공을 향하여 두 팔과 다리로 독특한 기교를 부리고있는 인물이 보인다. 그는 손에 아무런 소도구도 쥐지 않고 몸짓, 손짓, 다리놀림으로 웃음을 자아내는 률동을 하고있다.

1. 팔청리무덤벽화, 2. 약수리무덤벽화,
3. 고국원왕릉벽화, 4. 수산리무덤벽화

그림 48. 교 예

고구려의 교예는 음악반주에 맞추어 진행되였다. 약수리벽화무덤에 보이는 말타기재주나 칼부림재주는 고취악의 반주에 맞추어 진행되고있고 팔청리벽화무덤의 나무다리교예는 완함의 반주에 맞추어 진행되고있다(《고구려사람들의 경기놀이와 예술활동》 예술교육출판사, 1982년, 122~126페지).

고구려교예의 특징은 그 어떤 렵기적인 성질의것이 아니고 락천적이면서도 정신과 육체를 단련하는데 주되는 목적을 두고있다는데 있다.

말타기재주, 칼부림재주, 공받기재주, 나무다리재주 등은 다 육체를 단련하고 중심을 잡으면서 동작하는것으로서 무술훈련의 한 부분으로 진행되였다. 말타기명수라면 의례히 할수 있는 민첩한 동작을 익히는것은 군사들의 전투력을 높이는데 직접적으로 기여하는것이였다.

행진도중이나 야외에서 교예를 많이 하였다는것은 임의의 장소에서 교예를 할수 있게 준비되여있다는것으로서 교예가 하나의 예술인 동시에 체육놀이, 무술훈련이였다는것을 보여준다.

무덤벽화에는 보이지 않으나 이밖에도 줄타기를 비롯하여 옛 기록에 《백회》, 《잡기》 등으로 씌여진 각종 교예종목들도 공연되였을것이다.

제 8 절 생활풍습

고구려는 근 1 000년동안 봉건적국가사회제도를 유지하면서 봉건적제관계를 발전시켜왔던만큼 우리 나라 봉건시대의 생활풍습은 고구려때에 기본적으로 형성되고 공고화되였다.

1. 옷차림풍습

고구려사람들의 옷차림풍습은 무덤벽화들을 통하여 비교적 잘 알수 있다. 옷차림은 일상생활에서 입는 옷, 명절때에 입는 옷, 생산활동과 군사행동을 할 때 입는 옷 등 활동목적에 따라 달랐으며 또 계급신분적차이에 따라 각이하였다.

남자옷은 우리 나라 봉건시기의 옷가운데서 가장 간편하고 실용적이며 보기에도 좋은 옷이였다.

남자옷은 바지, 저고리, 겉옷으로 구성되여있었다. 바지, 저고리밑에는 속옷 같은것들을 입었을것이다.

바지는 크게 궁고와 대구고로 구분되였다. 궁고는 행동에 편리하게 통이 좁은 바지로서 주로 인민들이 입었던 옷이다. 대구고는 주로 지배계급이 저들의 《위풍》을 뽐내기 위하여 입었던 통이 넓은 바지이다.

1 2 3 4
그림 49. 바지, 저고리를 입은 남자의 옷차림

고구려사람들은 사냥이나 전투에서는 계급계층에 관계없이 좁은 바지를 입었는데 그것은 행동의 민활성을 보장하기 위해서였다. 춤무덤벽화의 말탄 사냥군, 약수리벽화무덤벽화의 사냥군, 약수리벽화무덤과 수산리벽화무덤벽화의 교예사들, 고국원왕릉벽화의 무사들은 다 좁은 바지를 입고있으며 그 우에 행전을 치고있다.

저고리는 양복저고리만큼 길고 앞을 터쳤으며 곧은 깃을 달고 소매끝, 깃, 도련에 선(전)을 단것이였다. 허리에는 띠를 띠였다. 옷섶은 왼섶, 오른섶이 다 있었다. 무덤벽화의 년대측정에 의하면 대체로 왼섶이 앞선 시기의것이고 오른섶이 늦은시기의것이다. 일부 맞섶옷도 있었다.

그러나 앞선 시기에도 오른섶옷을 적지 않게 입었고 고구려 후기에도 왼섶옷을 계속 입었으므로 옷섶의 방향만으로 시기를 확연히 구분할수는 없다.

그림 50. 돈띠(고국원왕릉벽화)

저고리에는 또한 팔소매의 통이 좁은것과 넓은것, 선이 단조로운것과 화려한것 등의 구분이 있었다. 인민들은 생산활동에 편리하고 보기에도 좋은 통이 좁은 팔소매에 단조로운 선을 단 저고리를 입었다. 지배계급은 통이 넓은 소매를 달고 선이 화려한 저고리를 입었다.

겉옷은 고구려사람들의 옷차림에서 중요한 자리를 차지하였다. 거의 모든 사람들이 두루마기 같은 긴 겉옷이나 덧저고리 같은것을 입었다. 겉옷에도 어김섶과 맞섶이 있었다.

저고리나 겉옷을 입을 때에는 반드시 허리에 띠*를 띠였다. 띠는 옷이 몸에 잘 붙도록 하고 행동이 간편하게 하며 보기에도 활동적인것이였다. 띠는 흔히 천, 색실, 가죽으로 만들었다. 왕이나 귀족들은 가죽띠우에 금속장식물을 붙이기도 하고 금속의 얇은 판으로 된 띠쪽들을 련결하여 띠를 만들기도 하였다. 이것을 파대(돈띠)라고도 하였다.

고구려에서는 띠에 칼과 숫돌을 차고 다니는 풍습이 있었다. 왼쪽에는 숫돌을 차고 오른쪽에는 칼을 찼다. 고구려유적에서 웃부분에 구멍이 뚫린 숫돌이 나왔는데 그것은 언제든지 필요할 때 차고다니기 위하여 만든것이였다.

* 《한원》에 인용된 량나라때의 《직공도》기록에 의하면 숫돌은 왼쪽 허리에 찼다고 씌여있다. 《삼국사기》 권49 (연)개소문전에 의하면 그는 바깥으로 행차할 때에 몸에 5개의 칼을 차고 다니였다고 한다.

명절때에는 옷꾸밈새를 더 화려하게 하였다. 평민들도 명절때에는 통이 넓은 바지, 저고리에 여러가지 장식을 한 옷가지들을 입었을것이다.

고구려의 남자옷차림풍습은 비교적 추운 지대의 자연기후적조건에 맞게 바람을 잘 막을수 있게 되여있었고 또 끊임없는 외래침략에 대처하여 임의의 시각에 출전할수 있게 준비하기 위하여 생겨난것이라고 할수 있다. 간편한 바지, 저고리차림에 행전을 치고 띠를 맨것은 그러한 목적에 잘 부합되는것이였다.

남자들의 머리꾸밈에서 중요한것은 머리트는 방법이였다. 머리트는 형식으로는 두가지가 있었다. 하나는 큼직하게 하나로 묶는 외상투이고 다른 하나는 쌍상투이다. 무덤벽화에 나오는것을 보면 외상투를 한것이 더 많았다.

례컨대 약수리벽화무덤과 안악2호무덤벽화의 문지기장수, 씨름무덤벽화의 씨름군, 집안(통구)다섯무덤의 4호, 5호무덤의 천정고임벽화의 신인들은 모두 외상투를 하고있고 집안(통구)다섯무덤의 5호무덤벽화의 문지기장수는 쌍상투를 짜올리고있다.

남자머리쓰개에는 머리수건, 두건, 절풍, 책, 관, 패랭이 등 여러가지가 있었다.

머리수건은 대체로 검은 색의 천으로 머리를 완전히 싸고 뒤에다 동여매였다. 그것은 머리쓰개로서는 가장 간편한것이였으며 주로 사냥군들, 심부름군들이 썼다. 귀족관리들도 머리수건을 쓰는 경우가 있었는데 그것은 사냥할 때, 활쏘기경기를 할 때 가장 편리하였기때문이다.

머리에 네모난 두건을 쓰는 경우도 있었다.

장천1호무덤 앞칸 안쪽벽에 그려진 두 인물이 그러한 두건을 쓰고있는것을 볼수 있다.

절풍은 무덤벽화를 보면 흰 머리수건을 쓴 우에 검은색의 천 또는 가죽으로 된 테두리를 만들고 테두리와 같은 재질로 만든 두개의 기둥을 세워 상투를 고정시키고 량옆에 달린 끈으로 묶도록 한것으로 보인다. 그것은 상투를 가리우고 끈으로 잡아맸기때문에 활동에 매우 편리한 머리쓰개로 되였다. 그리하여 절풍은 군사들을 지휘하거나 사냥할 때에 쓰는 일이 많았다(《위서》 권100 고구려전, 《북사》 권94 고구려전). 지배계급은 절풍에 새깃을 2개 또는 그 이상 꽂아서 장식하였다. 이 깃이 꿩깃 등 날짐승의것인가 그렇지 않으면 금동판으로 그 모양을 따서 만든것인가에 따라 신분등급의 차이를 구분하였다.

책은 관모의 한종류로서 절풍보다 웃부분의 장식을 더 단것이다. 달리말하면 높은 모자테에다 웃부분을 덧댄것이다. 뒤부분이 삼각형으로 솟아오르게 한것은 주로 무관들이 쓴것으로 인정된다. 뒤부분이 두가닥으로 갈라져 뻗어올라간것은 주로 문관이 썼던것으로 보인다. 문관이 쓴 책에는 가운데부분에 상투를 덮기 위한 덮개가 따로 있는것도 있었다. 이것은 혹시 책을 쓰기에 앞서 흰색 또는 검은색의 머리수건으로 상투까지도 덮으면서 상투부분이 두드러져나

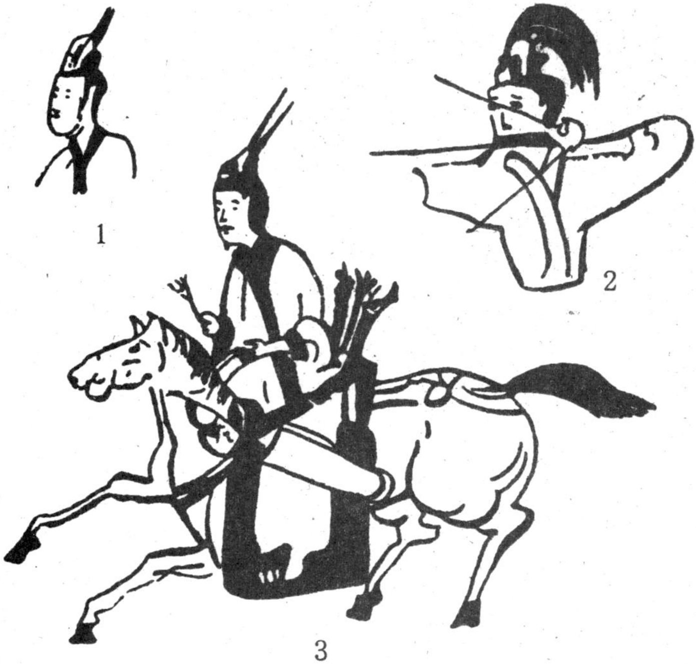

1. 쌍기둥무덤벽화, 2. 춤무덤벽화, 3. 쌍기둥무덤벽화

그림 51. 절풍(벽화)

오게 했던것일수도 있다.

무관의 책에는 검은것도 있고 붉은것도 있으며 또 앞부분에만 붉은 천을 댄것도 있었는데 색갈이 다른것은 부대의 소속관계를 나타낸것일수 있다.

《삼국지》고구려전에는 소가 즉 귀족신분가운데 낮은 자들이 절풍을 쓰고 대가 즉 신분이 높은자들은 책*을 쓴다고 하였다. 이것은 대략 2~3세기경까지의 사실을 반영한것으로 보인다. 《위서》나 《북사》에는 머리쓰개로서 절풍 한가지만 들고있으며 그 장식의 수준에 따라 신분등급의 높고 낮음이 갈라진다고 하였다. 이것은 머리쓰개의 사용풍습에서 시대적차이가 있었다는것을 반영하고있다. 그러나 4-5세기이후에도 여러가지 머리쓰개들이 다 있었다. 국왕이나 고위급귀족의 측근자들은 벼슬등급이 낮더라도 특별조치로 책을 쓸수 있었다고 보인다.

* 《삼국지》에서는 고구려의 책은 중국의 책과 비슷하나 뒤가 없다고 하였다. 이것은 모자의 옆이나 뒤에 뻗침장식, 드림장식이 없다는것을 말한것이다.

관은 국왕이나 대신 등 고위급귀족들이 쓰는 화려하고 정중하게 장식한 머

뿔난책
1. 고국원왕릉
2. 안악2호무덤
3. 약수리벽화무덤

뾰족하게 솟은책
1, 3, 4. 고국원왕릉
2. 약수리벽화무덤
5. 감신무덤벽화

그림 52. 책(벽화)

리쓰개였다. 《구당서》권 199 상 고려(고구려)전에 의하면 국왕은 백라관을 썼고 벼슬이 높은 자는 청라관을, 그 다음은 비라관을 쓰고 두개의 새깃과 금, 은으로 장식한다고 하였다.

머리쓰개에는 감신무덤이나 안악1호무덤벽화에 보이는 사냥군들이 쓴 패랭이 같은것도 있었다.

남자신은 목이 달린것과 달리지 않은것이 있었다. 이 신들은 코가 도드라져나온것이 특징인데 이러한 특징은 그후 력대로 조선사람들의 신발에서 계속 보존되여 내려왔다.

고구려의 남자옷은 조선민족 남자옷의 기본틀을 이루었다. 즉 바지, 저고리, 겉옷, 머리쓰개, 상투, 코신 등은 후세에 이르러 다소 변형되였지만 기본적으로 후세 조선민족의 남자옷차림이나 몸차림과 같았다. 이것은 다 조선사람

1, 2. 고국원왕릉
3. 쌍기둥무덤
4. 팔청리벽화무덤

그림 53. 관(벽화)

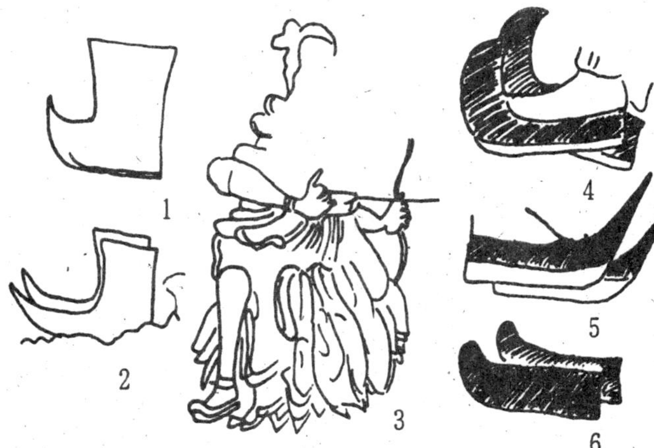

1. 쌍기둥무덤 2. 사냥무덤 3. 집안 다섯무덤중 5호무덤
4. 통구사신무덤 5. 집안 다섯무덤중 4호무덤 6. 춤무덤

그림 54. 남자신
(벽화)

의 기호와 취미, 성격을 반영한것이였다.

고구려남자옷차림의 특징은 전반적으로 간편하고 활동적인것이라는데 있다. 옷소매와 가랭이는 좁은것, 머리에 꼭 맞게 만든 절풍을 쓴것, 목달린 신을 신은것 등은 보기에도 산뜻하고 씩씩한 느낌을 준다. 여기에 허리띠를 매고 행전까지 차면 사냥이나 로동에 매우 편리하였다. 남자옷차림은 모든것을 전투적이며 진취적으로 해나가려는 고구려사람들의 기풍을 반영하고있다.

고구려의 녀자옷차림의 기본구성요소는 바지, 치마, 저고리, 겉옷이였다.

1. 춤무덤, 2. 약수리벽화무덤, 3. 고국원왕릉, 4. 통구사신무덤

그림. 55 행전(벽화)

무덤벽화에 보이는 남자의 머리형식, 머리쓰개, 신

구분	머리형식		머리쓰개					신	
	외상투	쌍상투	머리수건	절풍	책	관	패랭이	목달린 신	목없는 신
무덤이름	약수리벽화무덤(문지기장수) 안악 2호무덤(문지기장수) 씨름무덤(씨름군) 집안(통구) 다섯무덤의 4호, 5호무덤(천정고임벽화의 신선)	집안(통구) 다섯무덤의 5호무덤(문지기장수)	고국원왕릉(마부, 악대) 춤무덤(사냥군) 약수리벽화무덤(사냥군과 말몰이군) 팔청리벽화무덤(교예인물, 심부름군)	춤무덤 씨름무덤 쌍기둥무덤 대안리 1호무덤 개마무덤	고국원왕릉(기실, 성사, 문하-배 등) 약수리벽화무덤(주인공의 측근자) 안악2호무덤(주인공의 측근자)	고국원왕릉(주인공) 쌍기둥무덤(주인공) 팔청리벽화무덤(주인공) 덕흥리벽화무덤(주인공)	감신무덤(사냥군) 안악 1호무덤(사냥군)	쌍기둥무덤(주인공) 사냥무덤(주인공)	집안(통구) 사신무덤(문지기장수) 춤무덤(남자주인공) 집안(통구) 다섯무덤의 4호무덤(거문고타는 인물)

벽화에 보이는 남자바지의 무늬와 색갈

무덤벽화	무늬형태	무늬색갈	바탕색갈
장천제1호무덤(벽화의 문지기)	정방형릉형무늬	검은색	붉은밤색, 노란색
세칸무덤(우산을 전 사람)	장방형	검은색	노란색
세칸무덤(행차인물 귀족)	선(한줄)	적갈색	노란색
장천제1호무덤(사냥군－귀족)	선(두줄)＋자무늬	검은색	연한노란색
춤무덤의 남자들	점	검은색	흰색
약수리무덤(사냥군－귀족)	둥근무늬와 선무늬	검은색	흰색
수산리무덤(남자－귀족)	선무늬와 작은 점무늬	검은색	노란색
춤무덤(주인공)	장방형무늬, 작은 점무늬	붉은색, 검은색	노란색
씨름무덤(주인공)	형태가 다른 두개 점무늬	검은색	재색

무덤벽화에서 웃옷(저고리)의 무늬형태와 색갈

무덤벽화	무늬형태와 색갈	저고리색갈
팔청리무덤벽화(일하는 사람)	무늬없음	검은재색
장천제1호무덤벽화(시중군)	점무늬, 검은색	노란색
수산리무덤벽화(말을 다루는 사람)	무늬없음	흰색
쌍기둥무덤벽화(귀족)	무늬없음	미색
〃	〃	푸른색
개마무덤벽화(귀족)	둥근무늬, 흰색	붉은색
고국원왕무덤(무사)	무늬없음	풀색
세칸무덤(문지기)	쐐기무늬, 검은색	노란색
장천제1호무덤(문지기)	릉형무늬와 쐐기무늬 배합, 검은색	노란색
씨름무덤(주인공)	방형무늬, 붉은색	노란색

띠, 머리쓰개, 신발 등도 옷차림에서 중요한 부분을 이루며 이밖에 머리치장, 옷이나 모자, 신발의 장식 등도 옷차림과 몸단장의 한 부분으로 된다.

고구려 녀자옷에는치마도 있었으나 흔히 활동에 편리한 바지를 입었다. 이것은 봉건시대 후기의 풍습과는 다른 점이다.

고구려녀성들은 치마에 선을 두른것, 주름을 잡은것을 즐겨 입었다. 이밖에 바지처럼 두가닥으로 된 치마도 입었다. 치마에는 무릎아래까지 오는것, 발까지 내려간것, 발을 완전히 덮은것 등 여러가지가 있다.

주름치마와 선을 댄 옷은 계급신분을 크게 가리지 않고 모든 녀성들이 입었다. 다만 천의 질이 높고낮음에 따라 신분을 가렸고 또 치마길이가 길수록 높은 신분임을 표시하였다.

그러한 실례로 수산리벽화무덤의 녀주인공, 감신무덤 앞칸 서벽 남쪽부분

1　2　3　4

1,4. 쌍기둥무덤, 2. 춤무덤, 3. 약수리무덤

그림 56. 저고리, 바지, 치마를 입은 녀자의 옷차림(벽화)

1　2　3

1. 춤무덤 2. 세칸무덤 3. 안악2호무덤

그림 57. 두루마기를 입은 녀자의 옷차림(벽화)

의 너인, 덕흥리벽화무덤의 사이길 동벽 웃단의 두 녀성을 들수 있다.

녀자의 저고리는 남자의 저고리와 비슷하였는데 다만 녀성들의 기호에 따라 색, 무늬가 각이한것을 입었다는 점에서 다르다.

근로하는 녀성들은 짧은 저고리를 입었다. 례하면 고국원왕릉벽화가운데서 발방아를 찧는 녀성은 아주 짧은 저고리를 입고있으며 띠도 띠지 않았다.

조선에서 녀성들의 짧은 저고리는 고려시기부터 널리 일반화된것이지만 그 기원은 고구려시기에 있었다. 이것은 로동하는데서 짧은 저고리가 보다 편리하였기때문이였다.

고구려녀성들은 앞치마도 썼다. 앞치마는 부엌일, 집안일을 하는데 편리하고 옷이 어지러워지는것을 막을수 있게 하였다. 안악2호무덤벽화의 시중드는 녀인들, 감신무덤벽화에 통옷을 입은 녀자들은 앞치마를 두르고있다.

감신무덤벽화의 시중드는 녀성이 입은 통옷은 저고리와 치마가 맞달린것으로서 둥근 깃을 달고 선을 두르고있다. 《후한서》 권115 예전에 남녀가 다 둥근깃으로 된 옷을 입는다고 하였는데 고구려를 비롯한 삼국시기 사람들속에서 둥근깃의 옷은 곧은깃의 옷과 함께 널리 사용되였다고 보인다.

녀자들도 두루마기와 같은 길이가 매우 긴 겉옷을 입었다. 긴 겉옷은 깃이 곧고 소매끝, 깃, 아래단에 선을 댔으며 허리에는 띠를 띠게 되여있었다. 겉옷의 섶은 초기에는 왼섶이 위주이던것이 점차 오른섶으로 변하였다. 소매는 후기로 내려오면서 점차 넓어지는것을 볼수 있다.

겉옷은 색갈, 무늬장식을 아름답게 하려고 애썼다. 즉 흰색, 검은색, 누른색, 연분홍색, 푸른색 등의 겉옷을 입고 거기에 점, 쐐기, 초롱 등의 무늬를 두었다. 무늬들은 바탕색과 조화되게 진홍색, 붉은밤색, 보라색, 검은색 등으로 나타냈다. 무늬를 놓는것은 품이 많이 드는 일이였으므로 신분이 높고 부유한 계층일수록 화려하고 복잡한 째임새의 무늬를 놓은 옷을 입었다.

1. 안악2호무덤 2. 사냥무덤
3. 쌍기둥무덤 4. 춤무덤

그림 58. 고구려녀자의 얹은머리(벽화)

녀성들의 머리꾸밈새는 크게 올린머리와 내린머리로 갈라진다. 올린머리는 틀어올린 모양에 따라 얹은머리와 고리모양으로 올린 머리로 갈라볼수 있다.

고리모양으로 된 올린머리에는 여러가닥의 뿔처럼 올린것도 있고 얹은머리의 량쪽에 삐여져나가게 꾸민것도 있으며 고국원왕릉벽화의 왕후나 시녀들처럼 달무리 같은 체머리(가체)가 붙은 《고계》를 이룬것도 있다.

이러한 머리꾸밈새는 신분의 차이

에 큰 관계없이 리용된것 같다. 그것은 무덤벽화들에 보이는 주인공과 시중드는 녀자들의 머리꾸밈새가 같은 경우가 더러 있는것을 보아서 알수 있다.

그러나 머리장식은 신분에 따라 서로 달랐다. 왕후나 귀족녀성들은 금으로 만든 값진 비녀와 머리꽂이를 여러개 꽂았다. 그런데 신분이 낮은 녀자들은 눅은값의 보잘것없는 비녀나 머리꽂이를 조금씩 썼다.

이렇듯 고구려에서는 옷차림이나 몸차림에서 다같이 계

1~5. 고국원왕릉, 6. 약수리벽화무덤, 7,8. 감신무덤

그림 59. 고구려녀자의 고리모양의 머리(벽화)

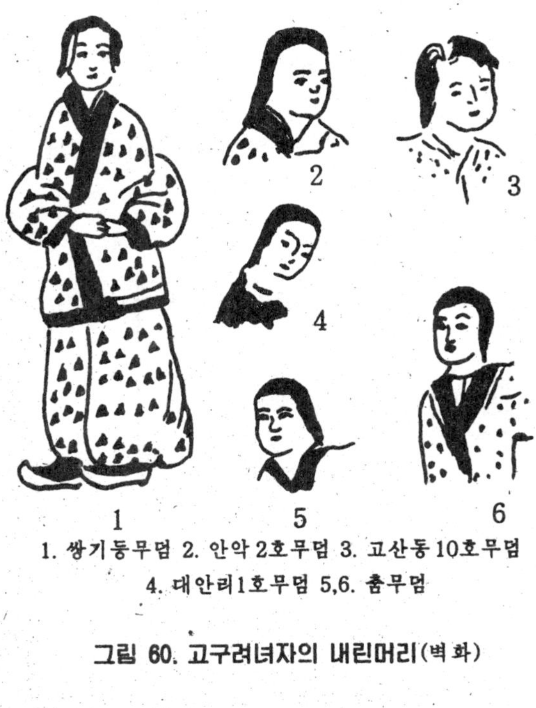

1. 쌍기둥무덤 2. 안악2호무덤 3. 고산동10호무덤
4. 대안리1호무덤 5,6. 춤무덤

그림 60. 고구려녀자의 내린머리(벽화)

급신분적인 규제가 있었다. 무덤벽화들에는 내린머리를 한 녀성들도 많이 보인다. 이것은 우리 나라 력대의 관습으로 볼 때 아마도 처녀들의 머리꾸밈새인것 같다.

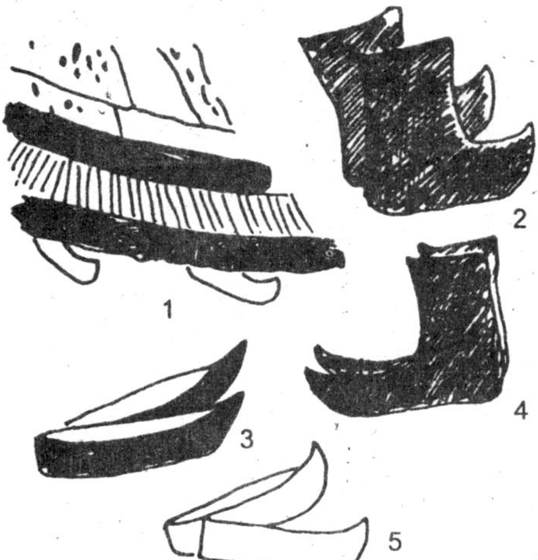

1. 고산동10호무덤 2. 쌍기둥무덤
3. 고국원왕릉 4. 사냥무덤
5. 안악2호무덤

그림 61. 녀자신(벽화)

녀성들의 머리수건에는 머리를 거의다 덮은것과 일부만을 덮는것의 차이가 있었다. 녀성들이 머리수건을 썼다는것은 옛 기록에도 보인다〔《구당서》 권199 상 고려(고구려)전〕.

녀자신은 코가 높은 신이 많았으며 크기가 작고 곱게 만든 점에서 남자들과 달랐다.

고구려의 녀자옷차림새도 남자옷차림새와 함께 조선민족옷차림새의 전통을 이루었다. 즉 조선식치마, 저고리, 두루마기 같은 겉옷, 머리수건, 머리트는 형식, 신발 등에서 후세 조선의 녀자옷차림새와 기본적으로 같았다.

무덤벽화에 보이는 녀자의 머리형식, 머리쓰개, 신

구분	머리형식			머리쓰개		신	
	올린머리		내린머리	머리수건	털모자	목달린 신	목없는 신
	얹은머리	고리모양으로 올린 머리					
무덤이름	·안악2호무덤(녀자주인공과 시중드는 녀자) ·사냥무덤(녀자주인공과 시중드는 녀자) ·쌍기둥무덤(녀자주인공과 시중드는 녀자) ·춤무덤(녀자주인공과 시중드는 녀자)	·안악1호무덤(녀자주인공과 시중드는 녀자) ·고국원왕릉(녀자주인공과 시중드는 녀자) ·약수리벽화무덤(녀자주인공과 시중드는 녀자) ·감신무덤(녀자주인공과 시중드는 녀자)	·안악2호무덤(소녀, 시중드는 녀자) ·쌍기둥무덤(소녀, 시중드는 녀자) ·고산동 10호무덤(춤추는 녀자)	·쌍기둥무덤 ·씨름무덤 ·춤무덤 ·세칸무덤 ·안악1호무덤	·안악 2호 무덤	·쌍기둥무덤(녀자주인공) ·사냥무덤(녀자주인공)	·고국원왕릉

고구려녀자옷차림에서 찾아볼수 있는 특징은 선명하고 단정하고 아름다운 것이다.

목깃이나 소매끝, 아래단, 섶 등에 다른 무색천으로 된 선을 단것은 옷을 더욱 아름답고 깨끗하게 보이도록 하면서 오래동안 더럽히지 않고 입을수 있게 하였으며 옷차림의 단정감을 돋구어주었다.

띠 역시 여러가지 색갈의 천이나 가죽, 금속으로 만들어 씀으로써 활동하기에 편리하게 하면서도 옷차림을 아름답고 단정하게 보이도록 하였다.

이 모든것은 고구려사람들이 옷차림에서 실용성과 장식적효과성을 아울러 고려하였다는것을 보여주고있다. 이것은 합리적인 창안이였다.

고구려녀자옷차림에서 후세와 다소 다른점은 비교적 자유롭게 활동할수 있게 되여있은것이라고 볼수 있다. 고구려의 남녀옷의 기본구성이 비슷하였다는것, 녀자들이 바지를 입고 일할수 있게 된것 등은 녀성들에 대한 봉건유교적 구속이 후세보다 훨씬 적었다는것을 의미한다.

녀성들의 옷차림에서 거치장스럽고 현란한것도 볼수 있는데 그것은 왕실이나 귀족 부녀자들이 저들의 권세와 부귀를 자랑하면서 길고 넓은 옷을 몇겹으로 입고 각종 치레거리들을 요란하게 붙이거나 매달았기때문이다. 이런 옷차림은 소수 봉건통치계급의 사치하고 안일한 생활을 위하여 만들어진것으로서 고구려의 전형적인 옷차림이 아니고 이례적인 특수한 옷차림이라 할수 있다.

고구려사람들의 옷차림풍습은 백제나 신라에도 큰 영향을 미치였다.

《주서》 권49 이역전 백제조에 《그 옷은 남자의 경우 대략 고구려와 같다》고 하였으며 《수서》(권81)에는 《그 의복은 고려(고구려)와 대체로 같다》고 하였다. 《수서》는 신라의 경우에도 옷이나 풍속이 《고구려, 백제와 대체로 같다.》고 하였다. 백제, 신라의 옷차림풍습이 고구려의 그것과 기본적으로 같았다는것은 선진적인 고구려의 영향에 의한것이였다고 볼수 있다.

고구려를 비롯한 삼국의 문화적풍습은 일본렬도에도 전달되였다. 일본 고분시대의 하니와(흙으로 빚어 구워만든 인형)의 복장이나 다까마쯔무덤벽화에 보이는 남녀 인물들의 옷차림은 고구려무덤벽화에서 보는것과 기본적으로 같다. 또 천수국수장에 수놓아진 인물들의 옷차림새도 고구려무덤벽화인물의 그림과 공통된다. 이것은 6~7세기까지 일본렬도 각지의 문화와 풍습이 고구려를 비롯한 백제, 신라, 가야 등 조선의 여러 나라들의 영향을 받고있었다는것을 똑똑히 보여준다.

2. 식생활풍습

어느 시대를 막론하고 인민들의 생활풍습에서 중요한 자리를 차지하는것은 먹고 입고 쓰고사는 생활풍습이다. 그중에서 무엇을 먹고사는가 하는 식생활풍습은 중요한 몫을 차지한다.

고구려의 자연지리적조건은 발작물들인 조, 보리, 수수, 기장, 콩 등이 주요 농작물로 되게 하였다. 따라서 인민들의 주식물은 조였다고 보이며 그밖에 보리, 수수, 기장 등도 먹었다고 인정된다.

조선반도 서북부, 중부지방에서는 기후풍토조건에 알맞는 벼도 상당한 정도로 광범하게 재배되였다. 이러한 지방들에서는 흰쌀이 주식으로 되기도 하였을것이다. 그러나 봉건시기 농민들은 자기가 지은 벼는 대부분 지주나 국가에 바쳐야 하였던만큼 농민들이 흰쌀을 주식으로 하는 경우는 극히 드물었을것이다.

고구려때에는 밥을 시루에서 쪄서 먹기도 한것으로 보인다. 시루의 유물은 각지에서 발견되였다. 또 고국원왕릉이나 약수리벽화무덤에는 솥우에 시루를 얹어놓고 무엇인가를 찌는 장면을 그린것이 보인다. 물론 이것은 떡과 같은 특별음식을 만들기 위해서였다고 볼수도 있으나 세계 일부 지역들에서는 오늘날에도 흰쌀을 쪄서 먹는 풍습이 있는 고장이 있다는것을 참고할 때 고구려에서도 밥가마에서 지은 밥외에 쪄서 지은 밥을 먹는 경우도 있었다고 생각된다.

여러가지 낟알로 죽을 쑤어먹는것은 가난한 인민들에게서는 흔히 있었던 일이고 또 앓는 사람에게도 필요하였으므로 죽도 식생활에서 적지 않은 비중을 차지하였다고 인정된다.

남새로서는 부루, 무우, 아욱 등이 있었다. 부루는 수나라사람들이 비싼 값을 치르고 그 종자를 사갔다고 하여 《천금채》로 불리웠다. 또 《책부원귀》에 의하면 고구려에서는 곤포, 된장과 함께 무우가 주요음식의 하나로 되여있었다.

고구려, 백제, 신라의 의식주풍습이 다 비슷하였다는것은 여러 력사책들에 씌여있다. 그런데 백제, 신라는 곡식, 과일, 남새가 중국과 같다고 하였으니 고구려에도 무우이외에 가지를 비롯하여 배추, 쑥갓, 우웡 등 여러가지 남새들이 재배되고 식생활에 리용되였으리라고 짐작할수 있다(《해동역사》 권26 채류, 《책부원귀》 권 126 레원부 정관 19년 6월, 《주서》 권49 백제전, 《수서》 권81 백제전, 신라전, 《북사》 권94 백제전, 신라전).

고비, 고사리, 수리취, 참취 같은 산나물들도 널리 채취하여 식용으로 리용하였고 바다나물들도 리용하였다.

마늘, 파 같은 양념감도 조미료로 널리 리용되고있었다.

복숭아, 추리, 배, 밤 등 갖가지 과일들도 중요한 식료품의 하나였다. 고구려령역이 남으로 확대되였을 때에는 대추, 감 등도 전국 각지에 운반되였을것이다.

집짐승기르기와 사냥을 중요한 생업의 부분들로 삼고있던 고구려사람들은 고기도 여러가지 방법으로 가공해서 먹었다.

고국원왕릉 동쪽 곁간의 고기보관간그림에는 꿩, 돼지, 노루, 사슴 등이 걸려있는 장면이 그려져있다. 또 마선구1호무덤이나 팔청리벽화무덤의 고기보관간그림에도 여러가지 산짐승, 날짐승들이 보인다. 고구려사람들은 고기류를 삶거나 굽거나 그슬거나 포를 떠서 말리거나 하여 고기그대로 또는 양념들과 함께 식용으로 하였다.

수산업이 발전한 바다가지역, 호수가나 강하천류역에서는 가재미, 새우, 조기, 보가지, 숭어, 잉어, 붕어 등 여러가지 물고기들이 중요한 식료품으로 되고있었다.

고구려사람들도 창고에 곡식이나 짐승고기류, 물고기류 등을 보관하기 위하여 여름철에는 얼음을 썼을것이다.

고구려사람들은 술을 잘 만드는것으로써도 이름이 있었다(《삼국지》 권30 고구려전).

고구려에서 식료품들의 가지수가 많고 조리수준이 발전되여있었다는것은 그것을 직접 만들어낸 인민들의 재능과 기술이 높았다는것을 말해준다. 그러나 계급사회에서 다 그러한것처럼 좋은 음식은 지배계급의 독점물이 되였고 가난한 백성들은 그것을 얻어먹을수 없었다. 고구려무덤벽화에는 연회, 식사장면이 수많이 그려져있으나 그것은 다 귀족관료들의 밥상이나 잔치상에 산해진미들에 속하는 식료품들을 무드기 쌓아놓았다는것을 보여줄뿐이다.

일반인민들은 생활이 어려웠던만큼 음식을 랑비하지 않고 절약하였으며 무엇이나 분한있게 먹는 좋은 생활풍습을 가지고있었다. 다른 나라 사람들도 고구려사람들이 음식을 절약한다(《삼국지》 권30 고구려전)는것을 강조하였다.

이것은 부지런히 일하는것과 함께 음식을 아껴먹는것이 사회적미풍으로 되고있었다는것을 말해준다.

3. 주택생활풍습

우리 나라 봉건시대의 민족주택풍습 역시 고구려때에 이미 기본적으로 형성되였다.

무덤벽화, 유적, 기록 등에 보이는 고구려살림집의 구조와 꾸밈새 등은 근세까지 지어는 일부 측면들에서는 현재까지 전해오는 살림집들의 그것과 공통되는것이다.

고구려사람들은 그 초기에 대체로 높은 대지에 간단히 집을 짓고 살았다. 청원현 하가보 두도성자, 무순시 대추, 신빈현 탕도, 청원현 남전 등지에서는 고구려 초기에 해당한다고 보이는 거주지 유적들이 발견되였다〔《료해문물학간》(중문) 1989년, 1기 138페지〕.

이러한 건축지들은 크지 않은 여러 집들이 한데 모여 마을을 형성하고있었다는것을 보여준다. 마을들은 대체로 높지 않은 산꼭대기의 평평한 지형을 리용하거나 어느 한 부분이 낭떠러지를 이룬 대지를 리용하여 산허리의 비교적 평탄한곳에는 깊은 도랑을 파고 마을 둘레에는 돌과 흙을 섞어 간단한 담벽을 쌓고있었다. 이것은 마을들이 간단한 성곽방위시설안에 있었다는것을 보여준다.

길림 동단산 포자연 등지에는 계단형 대지들이 있는데 거기서 나오는 유물들은 고구려의 마을터에서 나온것과 서로 비슷하였다고 한다. 이것은 부여와 구려, 고구려사람들이 원래 같은 갈래의 주민들이였음을 보여준다.

건축지들은 네모난것도 있으나 타원형 또는 원형으로 생긴 구덩이를 이룬것도 있다. 이것은 살림집 또는 병사들의 휴식터, 식량, 무기들의 저장고용으로 간단한 집들 또는 반지하의 움집들을 지었다고 볼수 있게 한다.

일반 하층인민들의 살림집은 집가운데 한줄로 기둥들을 세우고 그우에 도리를 얹고 량면경사의 지붕을 얹은 집으로서 서까래끝은 담(돌과 흙으로 쌓은 담)우에 베개도리를 올려놓고 거기에 서까래를 걸쳐놓은 간단한 구조로 된 집도 있었다. 또 앞뒤줄에 기둥을 세우고 도리를 건네여 중심도리, 룡마루와 련결하는 서까래를 둔 집도 있었다.

자강도 시중군 로남리에서 발견된 집자리를 보면 4개의 기둥구멍과 2개의 구들이 있는데 4개의 기둥구멍은 동서방향으로 한줄로 놓여있었고 따라서 한 룡마루아래에 두개의 방이 있었다는것을 알수 있다. 이것은 앞에서 든 담벽우에 베개도리를 놓았던 집의 류형에 속하는것이다. 이 유적에서는 기와쪼각이 나오지 않았다. 그러므로 로남리집자리유적은 자그마한 마을유적의 한 부분이였을것이다.

이밖에도 몇개의 마을유적들이 알려졌다.

집안동쪽 장천에서도 고구려때의 마을유적이 발견되였다. 거기에는 아직 돌담장의 흔적이 남아있다. 그것은 동쪽 90m, 서쪽 90m, 남쪽 93.8m, 북쪽 96m 되는 방형에 가까운 평면을 가진 유적이다. 여기서는 얼마간의 오지그릇쪼각이 나왔으므로 평민들이 모여살던 마을이였다고 볼수 있다. 집안중심에서 서남쪽으로 약 50km 내려간 유림향 지구촌의 마을유적에서는 청동가마, 쇠보습, 쇠낫, 오지그릇쪼각이 나왔고 그 북쪽에서도 청동가마, 쇠보습, 쇠낫 등이 나왔다. 이 역시 기와장이 없는것으로 보아 평민들이 주로 살던 고장이였다고 보인다 〔《조선고고학전서》(중세편 1) 과학백과사전종합출판사, 1991년, 50~51페지〕.

고구려에서 일반 인민들은 대체로 초가집을 쓰고 살았다. 그것은 그들이 좋은 집을 쓰고살줄 몰라서가 아니라 봉건적착취와 억압으로 하여 그렇게 할수 있는 경제적여유가 없었기때문이다. 그러나 평민가운데서도 부유한 계층은 기와집을 쓰고살았다. 《구당서》에는 고구려에서 절간과 사당, 왕궁이나 관청에만 기와를 얹었다고 하였으나 이것은 지나친 말이다. 고구려의 어지간히 큰 산성과 그 주변에는 수많은 기와쪼각들이 널려있는데 성곽안의 기와건물은 관청소속건물들의 부류에 속한다하더라도 성안팎에 널린 모든 기와장들이 다 관청의 것일수는 없는것이다. 특히 황해남도 신원군의 남평양유적이나 은률군, 안악군 일대의 도시유적, 마을유적들에는 기와쪼각들이 넓은 범위에 걸쳐있는데 이것은 귀족들이나 비교적 부유한 계층은 기와집을 쓰고살았다는것을 립증해준다.

집안 중심시가지의 동쪽 약 1㎞, 우산 남쪽기슭에는 기상대유적이라는 고구려마을터가 있다. 이곳은 고구려수도의 한부분이였으므로 지배계급, 귀족, 관료들의 집자리들도 있었다. 여기서는 구들시설, 주추돌, 벽돌담, 돌담 등이 드러났고 련꽃무늬기와막새, 수기와, 암기와 등이 나왔다. 지표면아래 30~40㎝ 되는곳에서는 재색벽돌을 깐것도 있었다. 이것은 비교적 부유한 층들도 살고있었다는것을 말해준다 〔《조선고고학전서》 (중세편 1) 과학백과사전종합출판사, 1991년, 51~52페지〕.

지배계급의 살림집은 인민들의 살림집보다도 크고 아름답게 지었다. 특히 고위급귀족들의 집은 화려하고 웅장하게 꾸린것들이였다. 그들의 집은 기초를 튼튼히 다지고 토방 또는 돌로 쌓은 축대우에 주추돌을 놓고 기둥을 세웠다.

고구려의 고위급귀족들의 살림집의 구조를 리해하는데서 참고로 되는것은 고국원왕릉의 내부구조와 벽화들이다. 즉 서쪽곁칸과 안칸은 살림방이고 동쪽곁칸은 부엌, 고기보관간, 외양간, 마구간, 방아간, 우물, 창고, 차고 등 부대시설들에 해당한다. 앞칸은 안뜰, 회랑은 뒤뜰, 무덤안길칸은 대문간에 해당할것이다. 지배계급가운데서도 부유한자들은 부대시설까지도 다 기와를 얹었다. 건물의 용도에 따라 지붕형식은 배집지붕, 모지붕, 우진각지붕, 합각지붕 등 여러가지였고 큰 집은 두공을 써서 집을 높아지게 하고 통풍과 채광이 잘 되게 하였다.

지배계급의 집들은 높은 담장으로 둘러싸여있었다. 그것은 미관을 돋굴뿐아니라 부유한자들이 자기의 재산을 보호하며 인민들과 동떨어진 생활을 하던 리면상을 감추기 위한 시설이기도 하였다.

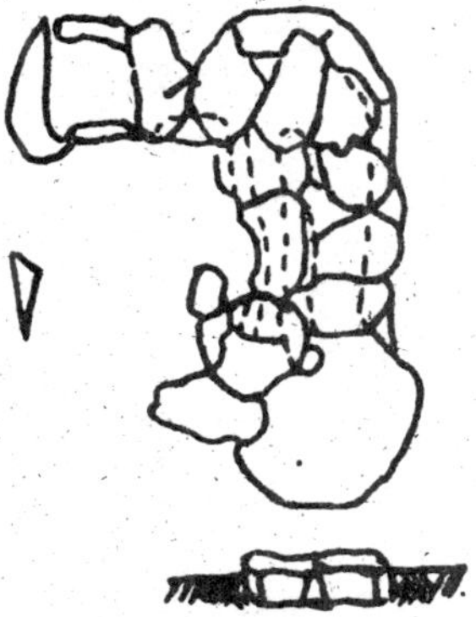

그림 62. 온돌시설(대평리유적)

고구려사람들은 빈부에는 관계없이 구들을 리용하여 방을 덥히였다. 이것은 겨울기후가 추웠던 지방에서 고대이후 우리 조상들이 창안한 온돌난방시설을 그대로 계승한것이였다. 유적들에 보이는 구들시설에는 ㄱ형의 긴 외고래구들과 두고래구들이 있었다. 자강도 시중군 로남리 2호집자리, 길림성 집안시 동태자집자리의 동쪽방은 외고래이고 이 집자리의 서쪽방이나 평안남도 북창군 대평리유적, 평양시 력포구역 정릉사집자리의 구들은 두고래이다. 구들시설은 거의다 동쪽벽과 북쪽벽을 따라서 놓았고 굴뚝은 건물북쪽에 따로 세웠다.

외고래와 두고래는 시기적차이를 보여주는것이 아니라 난방이 요구되는 정도에 따라 설치한것이였다. 두고래온돌이 발열량이 더 많았으며 생활을 보장하는데 더 적합하였다. 또 두고래온돌은 방을 크게 하여 방의 면적을 늘일수 있게 하였다(《조선건축사》 1 과학백과사전종합출판사, 1989년, 68~69페지).

가난한 사람들은 온돌을 놓고 그 우에 노전, 멍석같은것을 깔고 살았으나 상류층은 온돌우에 평상, 좌상을 놓고 생활하였다. 평상은 누울수도 있게 만든 크고 긴것이고 좌상은 주로 앉아서 쓰게 만든것이였다. 평상이나 좌상에는 뒤면에 몸을 기댈수 있게 등받이가 설치되여있는것도 있었다. 평상, 좌상은 온돌이 없는 방에도 놓을수 있고 여름철에는 습기를 막는데도 효과적이였다.*

* 평상은 안악2호무덤, 쌍기둥무덤, 춤무덤벽화 등에 보이고 좌상은 고국원왕릉, 태성리1호무덤, 약수리벽화무덤, 감신무덤벽화 등에서 볼수 있다.

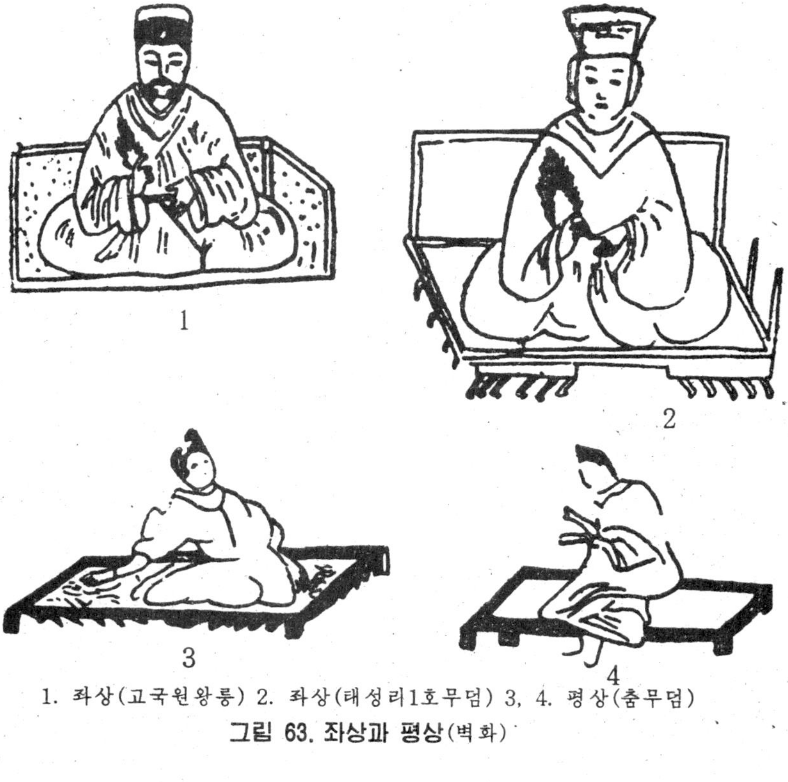

1. 좌상(고국원왕릉) 2. 좌상(태성리1호무덤) 3, 4. 평상(춤무덤)

그림 63. 좌상과 평상(벽화)

신을 벗지 않게 된 곳에서는 책상, 걸상을 놓고 생활하기도 하였다. 춤무덤, 씨름무덤벽화에서 걸상에 앉은 인물들을 찾아볼수 있다.

그림 64. 호화로운 좌상 (고국원왕릉벽화)

고구려 각지 유적들에서는 부뚜막모형이 여러개 드러났다. 이것은 무덤의 껴묻거리로 묻은것으로서 도기에 유약을 바른것도 있고(마선구1호무덤) 쇠로 만든것도 있다(평안북도 운산군 룡호리2호무덤). 벽화그림으로는 고국원왕릉, 약수리벽화무덤 등에서 볼수 있다. 이러한 부뚜막들은 그 구조로 보아 부엌칸이 따로 있는 귀족부유층의 집에서 쓰던것이였다. 이밖에 여름철에 쓰던 부뚜막일수도 있다. 유약바른 부뚜막모형의 존재는 실제로 쓰던 부뚜막도 유약바른 벽돌같은것으로 쌓아서 방수, 방습을 하였다고 볼수 있게 한다. 남평양유적에서 나온 쇠로 만든 아궁틀(길이 97㎝)을 보면 고구려때 부뚜막을 견고하고 위생적으로 만들었다는것을 알수 있다.

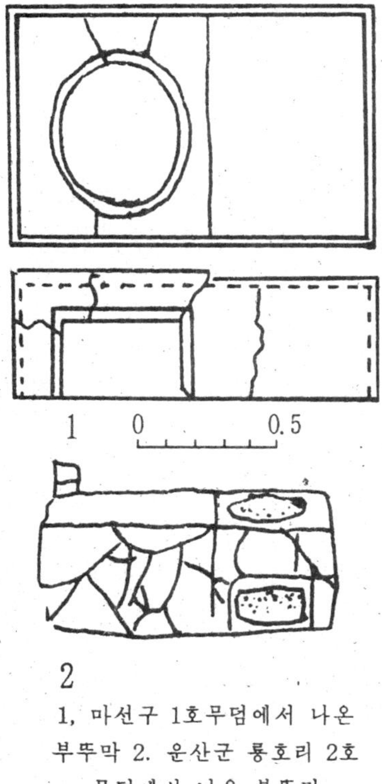

1, 마선구 1호무덤에서 나온 부뚜막 2. 운산군 룡호리 2호무덤에서 나온 부뚜막

그림 65. 부뚜막모형도

고구려사람들은 창고도 잘 지었다. 《삼국지》 권30 고구려전에는 집집마다 작은 창고인 《부경》이 있다고 하였다. 집안 마선구1호무덤벽화에는 밑에 기둥을 받친 다락식창고가 보이는데 창고는 귀틀집형식으로 되여있다. 그 밑에는 발방아시설이 있다. 덕흥리벽화무덤벽화에도 창고그림이 있는데 높은 창고로 오르는 사닥다리가 놓여있다. 팔청리벽화무덤벽

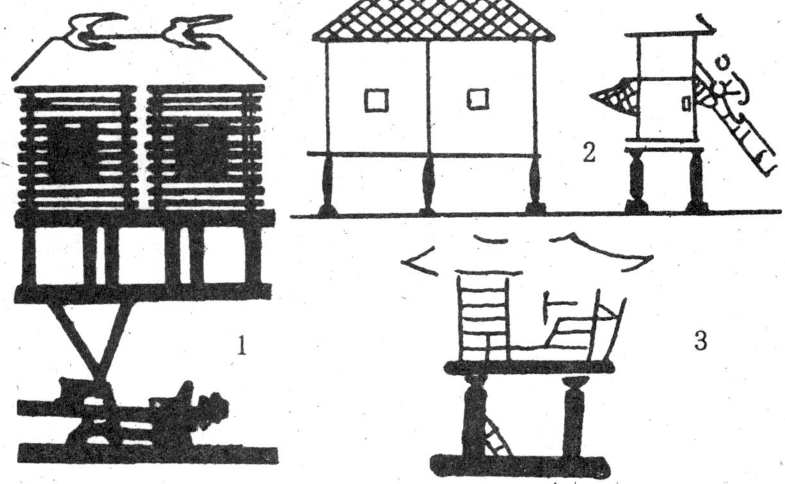

1. 마선구1호무덤 2. 덕흥리무덤 3. 팔청리무덤

그림 66. 창고(벽화)

화의 창고 밑기둥에는 곡식을 해치는 짐승들이 오르지 못하게 둥근 턱을 만들어놓았다. 이것은 고구려의 창고가 습기를 막고 통풍이 잘 되게 설계되고 건설되였을뿐아니라 곡식보관을 잘할수 있게 여러가지 대책을 세우고있었음을 보여준다.

소나 말을 많이 길렀던 고구려의 추운 지방에서는 일반 민간에서도 외양간, 마구간을 살림집의 한 부분으로 부엌칸에 곁달아 마련했으며 그다지 춥지 않은 지방에서나 귀족부유층은 따로 마련하였다.

왕족이나 귀족, 부유한 계층은 집가까이에 우물을 규모있게 파고 용드레로 물을 퍼올리였다. 평민들이 사는 마을에서는 공동으로 우물을 파고 리용하였다. 이밖에 샘물, 박우물같은것도 널리 리용하였다.

우에서 본바와 같이 고구려때에 이미 조선인민의 전통적인 살림집형식이 기본적으로 갖추어졌으며 마을을 형성하는데서도 산간인가 평지인가에 따라 차이가 있었지만 대체로 산기슭의 양지바른곳에 집을 짓는 등 전통적인 풍습이 형성되고있었다. 또한 구들을 놓는 풍습, 용드레로 물을 퍼올리는 풍습, 발방아로 곡식을 찧는 풍습 등도 그후 오래동안 인민들의 생활속에 전해내려왔다.

고구려의 살림집과 관련한 이러한 풍습들은 우리 민족의 살림집풍습의 오랜 연원을 뚜렷이 보여주고있다.

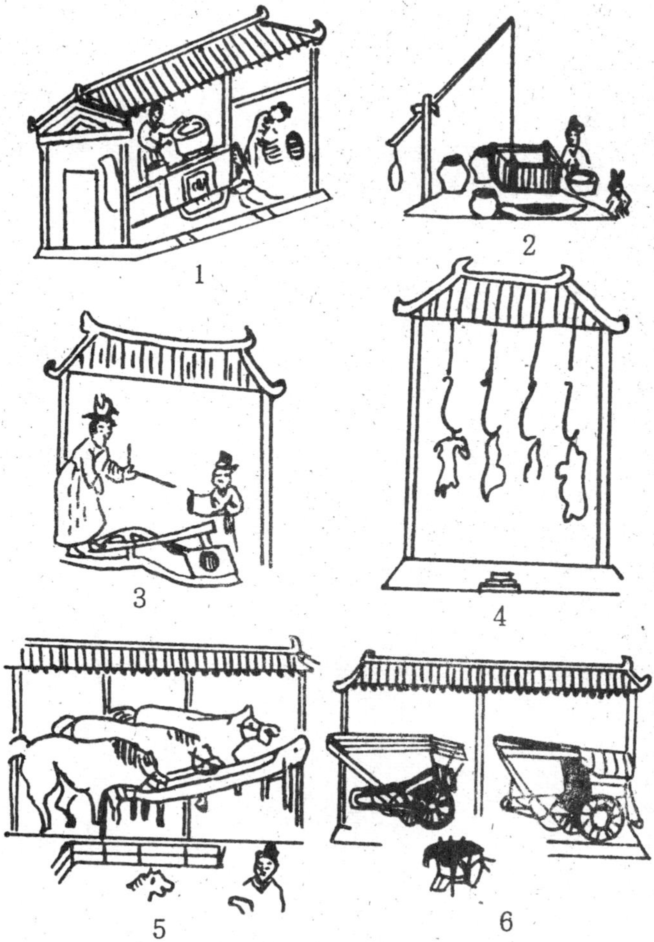

그림 67. 경리시설(고국원왕릉벽화)

4. 로동생활풍습

고구려때의 로동생활풍습에 대한 자료는 거의나 전하지 않는다. 그러므로 극히 단편적인 관계자료들과 벽화자료 등을 통하여 추측하는 수밖에 없다.

고구려에서도 기본생산부문은 농업이였다. 고구려가 처음 나라를 세우던 압록강중류지방, 송화강상류지방은 산이 많고 벌방은 적었다. 《삼국지》에 기록된바와 같이 큰 산과 깊은 골짜기가 많고 비옥한 땅이 얼마 없었다. 그렇기때문에 힘껏 농사지었으나 수확은 많지 못하였다. 제철제강기술은 일찍부터 발전하여 농기구들은 우수하였으나 토지가 원래 척박하여 농업생산성은 높지 못하였다. 이러한 자연지리적조건에서는 대규모경리는 발전하지 못하고 소규모의 자작농경리, 소작농경리가 우세를 차지하고있었다.

고구려에서는 대규모의 관개공사가 농업생산의 필수적전제조건으로 되고있던 지역과는 달리 기후가 온화하고 강수량은 적당하였다. 또한 고구려에서는 외부로부터 온 이민족들이 원주민을 정복하고 노예와 농노로 만드는 현상도 없었다. 이러한 자연지리적조건이나 력사발전의 경위는 고구려농민들의 생산활동에서 대규모적인 관개공사를 위한 집단로동이나 대농장에서 하는 공동로동이 아니라 소농민경리에 기초한 농가단위의 자립적인 로동이 지배적인것으로 되게 하였다.

그리하여 농업로동풍습도 고려나 리조시기와 같이 농가단위의 로동생활을 위주로 하고 농사일이 바쁠 때에는 이웃이 서로 번갈아가면서 도와주는 품앗이나 두레같은 공동로동을 조직하는 로동생활풍습이 성행하게 되였다고 생각된다. 고구려사람들은 노래와 춤을 즐겨하였던만큼 농사일을 서로 돕는 두레같은 것이 운영될 때에는 농악무같은 놀이를 즐기기도 하였을것이다.

이밖에 사냥풍습, 물고기잡이풍습, 제철수공업을 비롯한 수공업로동풍습등 여러가지 생산로동에서도 오랜 세월 내려오면서 풍습으로 굳어진것이 각각 있었겠으나 그러한 풍습들도 고려나 리조시기의 그것과 비슷하였을것이다.

5. 관혼상제풍습

고구려에서 관혼상제풍습은 가정생활풍습 나아가서는 사회생활풍습의 중요한 구성부분을 이루고있었다. 관례(즉 성인이 된다는 의식)풍습이 어떠하였는지에 대하여서는 기록이 없어서 잘 알수 없다. 그러나 봉건유교례절이 침투됨에 따라 귀족들속에서는 관례의식이 진행되였을것이다. 일반 인민들속에서 관례는 따로 진행되지 않고 후세의 풍습에서 보는바와 같이 혼례를 치르면 곧 성인으로 되는것으로 인정되였을것이다. 자식들이 혼인하기전에는 경당에서 무술훈련과 글읽기를 한다는 《신당서》, 《구당서》의 기록은 혼인하기전에는 어른으로서 인정받지 못했다는것을 시사하고있다.

고구려사람들의 혼례풍습은 남녀가 서로 좋아하면 혼인을 하는데 남자집에서는 결혼을 축하하는 의미에서 녀자집에 고기와 술을 보낼뿐이며 례장품을 보내는 일이 없었다. 혹시 녀자집에서 남자집으로부터 재물을 보낼것을 요구한다든가, 재물을 받는 자가 있으면 딸을 종으로 파는것이라 하여 《사람들은 모두 수치로 여겼다》고 한다. 고구려에서는 례장을 갖추는것과 같은 격식이 없었다. 이것은 고구려에서 청춘남녀의 접촉이 비교적 자유로왔으며 까다로운 격식이 강요되지 않았다는것을 보여준다. 물론 모든 경우에 아무런 중매가 없이 남녀가 서로 만나서 좋아해야 결혼이 성립된것은 아니였다. 평원왕이 자기 딸을 상부 고씨에게 시집가라고 강요한 사실을 통하여 알수 있듯이 왕실이나 귀족들속에서는 권세와 재물을 탐내여 보다 유리한 상대를 택하려는 폐풍이 있었다.

기록들에는고구려사람들속에서 처가살이풍습이 있었다는것을 전하고 있다.

《그 풍속에 혼인을 할 때에는 두집사이의 언약이 이루어지면 녀자집에서는 큰집뒤에 작은 집을 지어 〈사위집〉이라고 불렀다. 사위가 저녁에 녀자집 문앞에 와서 스스로 자기 이름을 대면서 무릎을 꿇고 녀자의 숙소에서 잘수 있게 해달라고 요청한다. 이렇게 하기를 두세번 반복하면 녀자의 부모는 작은 집에서 잘수 있다고 허락한다. 그 옆에는 돈이나 비단을 두어둔다. 아이를 낳아서 커지면 안해를 데리고 집으로 돌아간다》고 하였다(《북사》 권94 고구려전, 《삼국지》 권30 고구려전).

신랑이 신부집에 가서 몇해씩 사는 풍습은 물론 고구려 중심부의 일정한 지방에서만 있었던 풍습일수도 있으나 이 풍습은 녀자가 사회적으로 중시되였다는것을 보여준다. 사위집에서 돈이나 비단을 둔다는것도 남자편에서 가져온것이 아니라 녀자편에서 마련해둔것으로 리해된다.

후세에 와서도 결혼후 일정한 기간 사위가 처가살이를 하는 풍습, 외손자가 외가집에서 오래동안 성장하는 풍습은 일부 지방들에 계속 남아있었다.

후세에 와서는 봉건유교사상이 강하게 침투됨에 따라 결혼은 본인들의 의사보다도 부모나 보호자의 의사에 따라 결정되는 일이 많아지게 되였고 또 《출가외인》이라 하여 출가한 다음에는 시집에 가서 살고 시집사람으로 인정되였다. 또 남녀의 집에서 다 례식을 거행하고 례장을 보내는 등 복잡한 허례허식이 생겨나고 성행하게 되였다. 이에 비하면 고구려때의 혼인풍습은 까다로운 격식이 없이 본인들의 의사를 존중시하고 또 쓸데없는 랑비를 극력 피했다는것을 알수 있다. 이것은 아주 좋은 혼례풍습이였다. 평원왕의 공주가 부왕의 명령을 거역하고 온달을 찾아 떠난것이 허용된것으로 전하는것도 고구려사회에서 본인들의 의사가 존중시된 풍습이 있었다는것을 반영하고있다.

상례, 제례는 고구려사람들속에서 중요시된 의례풍습이였다.

《삼국지》고구려전에는 《남녀가 시집가고 장가들면 차츰 죽을 때 입을 옷을 마련하기 시작한다. 장례를 후하게 치르는데 금, 은과 재물을 다 쓴다. 돌을 쌓아 봉분을 만들고 소나무, 잣나무를 줄지어 심는다.》라고 하였다.

고구려사람들은 많은 경우 사람이 죽은 다음 《래세》에도 령혼은 계속 살아있어서 현실세계에서와 같은 생활이 반복된다고 믿고있었다. 그리하여 그들은 죽은 뒤의 영원한 행복을 위하여 모든것을 아끼지 않았다. 그렇기때문에 살아 생전에 죽어서 입을 수의를 준비하고 무덤도 미리 준비하였는데 거기에 막대한 재력을 소모하였다. 물론 가난한 인민들은 구차한 생활때문에 좋은 물건을 구할수도 없었고 큰 무덤을 만들수도 없었다. 그러나 왕실, 귀족들은 인민들로부터 착취해낸 금, 은, 옥, 비단, 식량 등을 아낌없이 장례에 소비하였으며 또 제사도 크게 지냈다. 고구려땅 각지에 훌륭한 벽화무덤이나 큰 무덤들이 있는것은 이와 관련된다.

《북사》 고구려전에는 상례, 장례에 대하여 다음과 같이 쓰고있다.

《죽은 사람은 집안에 빈소를 만들어 안치하고 3년이 지나면 좋은 날을 택하여 장례를 지낸다. 부모와 남편의 상사를 만나면 모두 3년동안 상복을 입으며 형제는 석달을 입는다. 초상날 때부터 장례를 지낼 때까지는 소리를 내면서 곡을 한다. 장례때에는 북을 치고 음악을 울리며 춤을 추면서 죽은 사람을 보낸다. 매장이 끝나면 죽은 사람이 생시에 쓰던 옷가지와 기호품, 수레와 말을 무덤곁에 두었다.》

덕흥리벽화무덤의 묘지명에도 주인공 진이 죽은 다음 그 무덤이 완성되자 옥으로 만든 관널을 거기에 옮겼는데 주공이 땅(매장지)을 고르고 공자가 날자를 선택하였으며 무왕이 시간을 골랐다는것이 씌여있고 무덤 축조에 1만 공수나 되는 로력이 투하되였으며 쌀과 된장, 고기 등이 수없이 많이 들었다는것이 씌여있다.

《북사》나 덕흥리벽화무덤의 기록자료들은 물론 부유하고 권세있는 귀족관료들에게 해당되는 폐풍의 일단을 전하는것이였으나 4세기경에는 봉건유교적인 상례, 장례풍습이 일정하게 형성되여있었다는것을 보여준다.

고구려의 장례에서 중요한것은 성의있게 무덤을 잘 꾸리는것이였다. 그러나 하층인민들은 경제적으로도 힘이 없었기때문에 비교적 간단한 무덤을 만드는수밖에 없었고 노비신분인민들은 그러한 무덤조차도 만들수 없었다.

고구려의 무덤제도는 시기에 따라 계급신분에 따라 달랐다. 또 고구려의 령역이 매우 넓었던만큼 그것은 지방에 따라서도 적지 않게 차이나는 점이 있었다고 보인다.

환인부근에서는 큰돌뚜껑밑에 작은 돌로 무덤을 만든것도 있는데 이것은 고조선의 묘제와 류사하므로 대개 고구려에 선행한 구려국시기의 묘장으로 보인다.

지금까지 알려진 고구려무덤에는 여러가지 형식이 있다. 환인일대, 집안일대 등에서 알려진 무덤들을 보면 돌각담무덤과 돌칸흙무덤이 위주로 되여있다.

돌각담무덤은 ① 무기단돌곽무덤, ② 기단돌곽무덤, ③ 계단돌곽무덤, ④ 계단돌칸무덤, ⑤ 돌칸돌무덤(석실봉석묘)으로 갈라진다.

무기단돌곽무덤은 강돌 또는 막돌을 지면우에 쌓은것인데 평면은 방형 또는 장방형이며 중심에는 수혈식돌곽이 있다. 돌곽이 바닥은 지면과 같거나 그보다 약간 높다. 이 형태의 무덤은 자강도 시중군, 환인, 집안 등 압록강중류일대에서 흔히 발견된다.

* 무기단돌곽무덤에 선행하는 형태로 돌무지무덤이 있다. 그것은 아무런 돌곽시설도 없이 시체를 돌무지속의 일정한 곳에다 두고 돌로 덮는것이다. 이것은 고구려시기에 와서도 일부 평민들의 무덤으로 리용된것 같다.

기단돌곽무덤은 그 내부구조는 전자와 같고 다만 밑두리에 기단이 있는것이 다르다. 기단의 웃면이 곧 돌곽의 바닥이 되게 만들었다.

계단돌곽무덤은 기단우의 돌무지를 계단(보통 3단)모양으로 쌓은것이다. 그리고 돌곽은 횡혈식으로 넘어가는 과도기의것으로서 한쪽에 돌기둥 2개를 세워 문을 표시하였거나 첫 기단의 돌곽입구까지 두줄기의 돌을 놓아 무덤안길모양을 표시한것이다(일부 삼각고임천정도 있다). 무덤칸이 여러개 있는것도 있다. 돌칸흙무덤과 다른 점은 봉토(흙무지)대신 봉석(돌무지로 덮은것)을 한것이다.

돌각담무덤들의 호상관계는 먼저 든것이 대체로 이른 시기의것이라고 할수 있다. 그러나 반드시 시간적전후를 나타내는것은 아니고 두세가지가 동시에 쓰인것도 있다. 또 돌칸흙무덤이 보급된 이후시기 지어는 고구려말기까지도 돌각담무덤이 쓰인곳이 있다.

①부류는 B.C. 3세기－A.D. 4세기, ②부류는 B.C. 2세기－A. D. 4세기, ③부류는 2~4세기경, ④부류는 3~5세기초, ⑤부류는 2~5세기로 편년되고있다. 그러나 자강도 자성군일대의 산자갈돌각담무덤 같은것은 고구려의 마지막시기 지어는 그후까지 계속 쓰이였다〔《조선고고학전서》(중세편 1) 과학백과사전종합출판사, 1991년, 65페지〕.

최근에 와서 돌각담무덤에는 더 많은 부류들이 있다는것이 밝혀지게 되였다. 즉 제단시설을 갖춘 방형 또는 타원형 돌각담무덤, 무덤무지의 네귀를 돌로 보강한 돌각담무덤(사우돌출식방분), 횡혈식돌칸을 가진 무기단돌각담무덤 등이 새로 알려지게 되였다.

방형돌각담무덤(기단돌곽무덤)앞에 네모난 제단시설이 붙은것으로는 자강도 만포시 연하리1호무덤, 미타리5호무덤, 평안북도 벽동군 룡평리1호무덤이 있다.

타원형돌각담무덤앞에 네모난 제단시설이 붙은것으로는 자강도 초산군 운평리 4지구 6호무덤, 자성군 송암리무덤 등이 있다.

돌각담(돌무지)무덤의 네귀를 돌로 보강한 형식의 무덤(사우돌출식방분)으로서는 자강도 초산군 련무리2호무덤을 들수 있다.

횡혈식무기단돌각담(돌무지)무덤으로서는 자강도 만포시 미타리4호무덤을 대표적으로 들수 있다. 이 무덤은 네모난 생김새의 돌로 장방형의 무덤칸(돌칸)을 쌓고 평천정으로 덮은것인데 무덤안길은 서벽중심에 설치되여있으며 웃부분은 막돌무지로 덮은것이다(《조선고고연구》 1989년 4호, 45페지, 1990년 1호, 35페지, 1991년 3호, 41~48페지).

이러한 무덤들은 대개 고구려돌각담무덤으로서는 이른 시기에 해당하는것들이며 앞으로의 연구에 의하여 그 구체적 편년이 진행될것으로 본다.

돌칸흙무덤은 돌칸우에 흙무지를 덮은것이다. 그 시초적형태는 평안남도 성천군 남옥리1호, 2호무덤, 평양시 강동군 문화리 1, 2, 3, 5호무덤, 순창리 진계동 4호무덤, 학교동 돌칸흙무덤과 같은 돌곽흙무덤이라고 볼수 있다. 다른 견해에 의하면 만포시 미타리4호무덤과 같은 무기단횡혈식돌칸돌무지무덤이 돌칸흙무덤의 전신이라고 한다. 이밖에 고조선시기의 변형고임돌에서 그 연원을 찾으려고 하는 견해도 있다〔《대동강 및 재령강류역 고분발굴보고》 과학원출판사, 1959년, 12~13페지, 《조선고고연구》 주체93(2004)년 2호, 30~45페지, 1991년 3호, 43페지〕.

돌곽흙무덤, 돌칸흙무덤은 돌각담무덤의 전통을 이어 돌이 상대적으로 적은 지방에서 또는 선행한 풍습에 무덤무지를 흙으로 만들던 사람들이 살던 지역에서 형성되였다고 볼수 있다.

돌칸흙무덤은 처음에 외칸무덤이던것이 감 또는 곁칸이 있는 무덤으로, 두칸이상의 여러칸무덤으로, 다시 외칸무덤으로 변천되였다. 다만 외칸무덤은 시종일관 존재한것으로 본다(《고구려문화》 사회과학출판사, 1972년, 143페지).

돌칸흙무덤은 중－말기에 와서는 전국 각지에서 흔히 만들어졌다. 작은 돌칸흙무덤가운데는 무덤칸의 높이가 낮고 벽면의 안기울임을 심하게 하여 평천정으로 덮은것도 있고 방형의 무덤칸 벽면을 곱게 쌓아올리고 천정을 약간씩 좁혀나가다가 큰 판돌로 마감을 지은것도 있다.

큰 돌칸흙무덤의 천정은 사아천정, 꺾음천정, 평행고임천정, 삼각고임천정, 팔각고임천정, 궁륭삼각고임천정, 평행삼각고임천정 등 여러가지가 있다. 동명왕릉, 경신리1호무덤, 토포리큰무덤, 호남리사신무덤처럼 돌기단이 있는것도 있으며 벽화를 그린 무덤들도 많다.

무덤칸의 방향은 427년 평양천도이전에는 서향, 서남향이 많고 그이후에는 남향이 많다.

이러한 무덤구조상의 변화들은 벽화주제의 변화와 함께 고구려사람들의 신앙세계의 변화를 일정하게 반영하고있으며 장례풍습의 부분적인 변화를 보여주는것으로 된다.

돌각담무덤이나 돌칸흙무덤이나 큰것은 지배계급의 무덤이고 작은 규모의 것은 하층귀족 또는 평민들의 무덤이였다고 볼수 있다.

이밖에도 고구려땅이였던 료녕성지경안에는 작은 판돌로 벽을 만들고 큰 판돌로 그것을 덮은것(돌상자, 돌널무덤같은것), 판돌 또는 막돌을 쌓아올려 큰 판돌로 덮은것도 있으며 집안시내에서와 같이 돌각담무덤사이에 고구려시기의 돌곽무덤이 여러개 발견된 경우도 있다. 그리고 황해남도 신원군 월당리에서는 붉은기와로 바닥, 널, 덮개를 만든 순 기와널무덤도 알려졌다〔《료해문물학간》(중문) 1989년, 1기, 126페지, 《중국북방8성시고고론저휘편》(중문) 제8분책, 1260~1266페지, 제2분책 647페지, 《조선고고연구》주체93(2004)년 2호, 24페지〕.

이러한 소규모의 돌곽, 돌무덤이나 흙무덤, 돌관무덤, 기와널무덤같은것은 평민들의 무덤이였을것이다. 가난한 인민들이나 노비들의 경우에는 아무런 시설도 없는 움무덤에 묻힌 사람들도 많이 있었을것이다.

고구려묘제에서 주목되는것의 하나는 가족묘 또는 씨족묘로서 이미 있던 무덤의 한벽을 리용하여 무덤칸을 련이어 여러개 만들어 나간것이 있다는것이다. 환인현성 동쪽 고력묘자촌무덤떼에는 남북으로 70m나 서로 이어진 무덤들이 있는데 남쪽무덤에 잇닿게 북쪽무덤을 만들어나간것이였다. 무덤들은 2~4줄로 줄을 지어서 꾸려졌다. 평안남도 룡강군 석천산무덤떼에도 이와 비슷한 무덤들이 있다. 이것은 물론 제한된 지역에서 보게 된다. 그렇지만 부모자식 또는 가까운 일가친척이 공고하게 결합된 사회적집단을 이루고있었다는것을 보여주는것이다〔《중국 북방성8성시고고론저휘편》(중문) 제2분책, 650~660페지〕.

다음으로 고구려의 장례풍습에서 주목되는것은 불교가 들어오기전 일찌부터 화장의 풍습이 있었다는것이다.

무기단돌무지무덤, 무기단돌곽무덤, 기단돌곽무덤, 기단돌계단무덤의 일부에는 불에 탄 사람의 뼈가 발견되였다. 이것은 고구려사람들속에서 무신론은 아니라 하더라도 래세에도 현세와 꼭같은 생활이 계속된다는 관념을 믿지 않았던 사람들도 있었다는것을 보여준다〔《집안현문물지》(중문) 길림성문물지편찬위원회 1948년, 107페지〕.

이상에서 본바와 같이 고구려의 무덤 만드는 풍습에는 시기, 지역, 계급신분에 따르는 각이한 형태, 각이한 장법이 있었다. 그러나 후기에 올수록 점차 풍습이 하나의 형태로 되면서 돌칸흙무덤이 위주로 되였다.

그것은 고구려주민들이 본래 같은 겨레였고 고구려가 선행한 고대국가들의 문화와 풍습을 이어받고 발전시켜나갔기때문이다.

고구려의 무덤 만드는 풍습, 껴묻거리를 넣는 풍습, 벽화를 그리는 풍습등은 주변나라들에 큰 영향을 주었다.

백제를 세운 세력이 고구려로부터 남으로 내려간 온조를 중심으로 하는 집단이였던만큼 그 초기무덤형식이 고구려와 같았다는것은 더 말할것도 없다. 서울시 성동구 석촌동, 경기도 양평군 서종면 문호리 등지에 돌각담무덤들이 많은것은 이러한 사실을 보여준다. 특히 계단돌곽무덤, 계단돌칸무덤은 고구려에서도 2~5세기초의것으로 보는 조건에서 이러한 묘제는 B.C. 3세기에 온조집단이 남쪽으로 옮긴후에도 고구려와의 밀접한 호상교류관계를 유지하고있었다는것을 보여준다.

그뿐아니라 돌칸흙무덤도 두 나라가 공통으로 쓰던 묘제였다. 돌칸흙무덤의 위치, 방향, 무덤안길의 위치, 천정의 구조, 축조방법 등에서 공통적인것은 백제존재의 전기간에 고구려의 문화적영향이 강하게 미치였다는것을 보여준다. 례컨대 무덤앞에 돌문 또는 나무문을 설치한것은 고국원왕릉, 덕흥리벽화무덤과 백제의 부여 릉산리 3호, 5호무덤, 고부군 운선리4호무덤이 서로 공통하며 평천정은 경기도 려주군 매룡리2호, 3호무덤, 궁륭천정은 공주 송산리 1호~5호무덤 등에서 찾아볼수 있다. 무덤축조에서 납작납작한 돌을 벽돌쌓듯한것은 자강도 시중군 심귀리, 로남리무덤떼에서 흔히 보는것으로서 백제의 공주 송산리1호무덤, 부여 릉산리 할석총 등에서도 같은 수법을 볼수 있다. 매 벽면을 큰 판돌을 세워서 만든 실례는 백제의 공주 시목동, 교촌리의 배집지붕형식의 무덤, 부여의 릉산리3호무덤들에서 찾을수 있다. 벽화에서의 공통성 례를 들어 부여 릉산리1호무덤의 사신도, 구름무늬, 련꽃무늬 등이 고구려의것과 비슷하다는것은 앞에서 본바와 같다.

돌칸흙무덤은 신라에도 전해졌다. 신라의 어숙술간지무덤, 순흥벽화무덤, 경주 충효리 8호, 9호, 10호무덤 등은 다 고구려돌칸흙무덤과 많은 공통성을 가지고있다. 가야의 경우 그것은 주로 백제를 통하여 간접적인 영향을 받은것이다. 그러나 백제, 신라, 가야지역에서 4-5세기이후 돌칸흙무덤을 축조하는 풍습이 보급되였던것은 그 원류가 다 고구려에 있었으며 여기서도 선진적인 고구려문화의 영향관계를 명백히 찾아볼수 있다.

고구려의 묘제는 일본에도 전달되였다. 시나노지방(나가노현), 가히지방(야마나시현) 등지에 수많은 돌각담무덤들이 있는것은 주로 고구려사람들의 이주와 관련된것이고 이밖에도 돗도리현 고꾸부정의 《오까마스노 이신도우》, 오사까부 가시하라시의 챠우스무덤, 나라현의 이시부따이무덤, 다까마쯔무덤, 오까야마현의 도쯔끼무덤, 노또반도의 에조아나무덤 등은 다 고구려의 계단돌칸무덤, 돌칸흙무덤을 본딴 무덤들이다.

일본각지에 있는 방분 특히는 네귀가 돌출한 방분(사우돌출식방분), 전방후원분, 전방후방분 등의 원류가 고구려에 있었다는것은 앞에서 든 실례들로 미루어 짐작할만한것이다. 이것은 일본렬도에로의 고구려문화의 영향이 이른 시기부터 넓은 지역에로 미치고있었다는것을 뚜렷이 보여주고있다〔《고분시대의 고고학》(일문) 가꾸세이샤, 1990년, 118~124페지, 《요미우리신붕》 1988년 9월 21일, 《조선고고연구》 1991년 3호, 41~43페지〕.

6. 명절, 민속놀이와 체육경기

《삼국사기》, 《삼국지》, 《위서》, 《북사》, 《구당서》등의 력사기록들에는 고구려의 명절과 민속놀이, 체육놀이 등에 대하여 단편적으로 전하는것들이 있다. 고구려의 명절로서는 3월 3일(삼질), 10월 《동맹》이 명기되여있을뿐이나 설날, 정월대보름, 6월 류두, 8월 한가위(추석) 등 후세에 민간에서 명절로 쇠던 날들은 고구려때에도 이미 명절로 되여있었을것이다.

고구려에서도 사직과 령성 등 농사맡은 신에 대한 제사를 지냈고 백제에서도 해마다 4중월(2, 5, 8, 11월)에 하늘에 대한 제사를 지냈다는 사실등을 미루어보면 고구려에서도 후세봉건국가들에서 제사지낸 천지, 산천의 신 등 여러대상들에 대하여 다 제사를 진행하고있었다고 볼수 있다. 이상과 같은 실례들은 민간에서도 여러가지 제사, 명절놀이* 등이 있었다고 볼수 있게 한다.

* 김매순의 《렬양세시기》에 6월 15일(류두)에 고구려, 신라때에도 나라사람들이 음식을 갖추어 동쪽 내가에 가서 머리도 감고 목욕도 하며 여러가지 놀이도 즐긴다고 한것은 그러한 실례의 하나로 된다.

《수서》 권81 고려(고구려)전에는 고구려에서 해마다 년초에 패수(대동강)에서 물놀이를 하는데 이날에는 왕이 요련을 타고 의장병들을 데리고 와서 구경을 하였고 왕도 옷을 입은채 물속에 들어가서 좌우편으로 갈라져 물을 끼얹고 돌을 던지면서 서로 떠들며 쫓을내기를 한다고 하였다. 이것은 후세의 돌팔매놀이의 시원이 고구려에 있었다는것을 보여준다. 《년초》라고 한것은 정월대보름쯤 되였을것이다. 당시의 기후가 지금보다는 현저히 따뜻하였다고 하더라도 정월보름쯤 되여야 날씨도 좀 풀려서 물속에 들어설수 있었을것이기때문이다.

10월에는 수도안의 사람들이 많이 모여 하늘을 제사지냈는데 이것을 《동맹》(《동명》)이라고 하였다. 이날에는 나라의 동쪽에 있는 큰 동굴*에서 나무조각상인 수신을 모셔내다가 강가에 두고 제사를 지냈다.

* 집안 시가지 동쪽 약 17㎞, 압록강에서 멀지 않은곳에 두개의 동굴이 있는데 그중 《통원동》으로 불리우는 웃동굴은 높이 6m, 너비 20m, 길이 6m 되는 큰 것이고 그앞에는 약 300m^2의 평지가 있다. 이것은 《국동 대혈》로 추측되고있다〔《조선고고학전서》(중세편 1) 고구려 52페지〕.

또한 3월 3일에는 락랑언덕에 모여 사냥을 하여 잡은 짐승으로 하늘과 산천을 제사지냈다. 이날에는 국왕자신이 5부병사들을 데리고 나와서 사냥경기를 조직하고 시상도 하면서 무술에 숙달한 인재를 등용하기도 하였다.

10월이나 3월의 행사들은 국가적규모에서 진행된것이지만 그것은 본래 인민들속에서 그러한 신앙과 풍습이 전해내려오던것을 계승한것으로 볼수 있다. 그러므로 3월이나 10월의 행사는 국가적의례행사이자 민속명절로 되였다. 이러한 행사날에는 남녀로소가 다 떨쳐나서서 술도 마시고 푸짐히 마련한 갖가지 음식을 먹으면서 노래와 춤으로 즐기는것이 하나의 전통적인 민족풍습으로 되고있었다.

그림 68. 씨름(씨름무덤벽화)

돌팔매싸움이나 사냥경기는 그자체가 민속의 한 부분인 동시에 무술을 숭상하던 고구려사람들의 기풍을 과시하며 또 그것을 장려하는 계기이기도 하였다.

고구려에서는 씨름, 수박희(손치기), 그네뛰기, 공차기(축구), 투호, 바둑, 장기 등 여러가지 민속놀이*가 있었으며 그것은 다 다소간에 체육경기, 무술훈련을 겸한것이였다.

씨름놀이는 씨름무덤, 장천1호무덤의 벽화들에 보이고 수박희는 고국원왕릉, 세칸무덤, 춤무덤의 벽화들에 보인다.

* 지난 시기 씨름이 몽골에서 받아들인 놀이라고 보는 견해가 있었으나 고구려벽화에 생동한 씨름그림이 나타남으로써 그것이 고구려고유의 민속놀이라는것이 립증되게 되였다. 수박희도 씨름과 마찬가지로 오랜 연원을 가진 조선의 민속놀이, 체육경기였다.

사냥경기는 실제로 짐승들을 잡는 경기였으나 사격술을 련마하기 위한 체육경기로서의 활쏘기경기도 널리 진행되였다. 덕흥리벽화무덤 안칸 서쪽벽에는 말타고 활쏘기련습－마사희(말타고 쏘기놀이)를 하는 장면이 생동하게 그려져있다. 넓은 뜨락에 목표판(과녁)을 올려놓은 5개의 기둥을 한줄로 세워놓고 4명의 말탄 사수가 말을 달리면서 목표판을 앞뒤로 겨누어 쏘고있다. 그중 1명은 정면으로 쏘고 다른 1명은 뒤로 돌아서 쏘고있다. 력대로 뒤로 돌아서 쏘기는 사격시험에서 기본동작의 하나였다. 뜨락의 한쪽에는 두명의 심판원이 감시하고있으며 다른 한사람은 그 성적을 기입하고있다. 주인공 진의 집안 서쪽

1. 고국원왕릉벽화 2. 춤무덤벽화 3. 《무예도보통지》

그림 69. 손치기(수박)

정원에서 하는 경기이므로 참가인원이 많지 않으나 마을, 고을 단위로 하는 큰 규모의 경기에는 많은 선수들이 참가하였을것이다.

약수리벽화무덤의 사냥그림은 그 자체가 하나의 사냥경기를 련상케 한다.

공차기나 투호(단지속에 화살 등을 던져넣는 경기) 등도 다 무술훈련과 직접적으로 결부된것이고 지능겨루기경기인 장기나 바둑도 병법, 전략전술의 응용과 관련된것이였다.

고구려에서 이러한 무술훈련과 관련된 놀이가 광범하게 진행되였으며 그것이 생활화, 풍습화되고있었다는것은 수도와 지방의 마을마다에 경당을 세우고 결혼전의 젊은이들이 글을 익히며 무술도 훈련했다는 기록을 통해서도 잘 알수 있다〔《구당서》 권199 상 고려(고구려)전, 《신당서》 권220 고려(고구려)전〕.

문화발전수준이 높았던 고구려에서는 그네뛰기, 탈춤놀이, 윷놀이*, 연띄우기, 팽이치기와 같은 민속놀이들도 진행되였을것이다. 《문헌통고》 권325 사예고 2 고려조에는 민속놀이로 그네뛰기를 하였다는것을 전하고있다. 이것은 10세기 고려때의 일을 쓴것이지만 그 연원은 매우 오래다고 볼수 있다. 또 탈춤은 고국원왕릉벽화와 장천1호무덤벽화에 보이는것이고 윷놀이같은것은 백제에서 저포희를 놀았다는 《주서》의 기록을 미루어 풍습이 같았던 고구려에서도 그와 비슷한 윷놀이*를 하였다는것을 알수 있다.

* 최근시기 집안시 우산아래에 있는 소박한 인물상의 몸통부분에 원, 선, 점들의 표식은 고구려의 윷놀이판이라는것이 판명되였다.
이것은 윷놀이의 력사가 매우 오래다는것을 보여준다.

또 《삼국시기》에는 신라에서 연을 띄웠다는것을 전하고있으므로 연띄우기놀이가 삼국에 공통으로 있었다는것을 짐작할수 있다(《삼국사기》 권41 김유신 상).

고구려에서 저녁이면 남녀가 많이 모여 노래부르고 춤을 추는 풍습이 있었다는것을 보면 패를 갈라서 하는 《노래싸움》같은것도 하였다고 생각된다.

고구려의 민속에서 일상적으로 진행하는 놀이경기나 명절때에 진행하는 놀이경기가운데서 많은것은 체력을 단련하고 강의한 의지를 키우는 경기로서 상무기풍의 발현이였다는데 그 특징이 있다.

고구려사람들은 일상생활에서도 씩씩하고 기민하게 행동하는것을 숭상하였고 그것을 생활화하였다. 그것은 절을 할 때 한쪽다리는 뒤로 뻗침으로써 임의의 시간에 다른 동작으로 넘어갈수 있게 준비된 태세를 갖추고있었다든가 걸음걸이자체가 달리듯 하였다고 한데서도 잘 나타나고있다.

총체적으로 볼 때 고구려인민의 생활풍습은 씩씩하고 기백에 넘쳐있는것이 특징이다. 그것은 옷차림으로부터 시작하여 일상생활에서의 행동거지, 경기놀이풍습에서 표현되고있다. 또한 고구려인민의 생활풍습은 허례허식이 적고 녀성들의 사회적지위가 후세보다 훨씬 높았다는데서 그 특징의 하나를 찾아볼수 있다. 결혼에서 값비싼 례물을 보내거나 요란한 의식을 차리지 않은것이라든가 남녀 당사자들의 의사를 존중시한것은 우수하고 아름다운 풍습이였다. 물론 고구려사람들의 생활풍습에는 시대적인 제한성도 있고 계급적인 제한성도 있었으나 전반적으로 볼 때 인민적이며 진보적인 풍습, 우수한 풍습이 많았다. 이것은 고구려인민들이 선행한 고대조선의 미풍량속을 계승발전시켜 우리 인민의 민족적미풍량속의 기초를 마련하여놓았다는것을 말해준다. 실지로 고구려의 미풍량속은 많은것이 후세에 계승되여 전통적인 민족적풍습으로 굳어지게 되였다.

맺 는 말

고구려는 우리 나라의 첫 봉건국가로서 경제와 문화가 가장 앞서 발전한 선진국가였고 또 지난날 우리 민족의 력사에서 가장 강대한 나라였으며 삼국시기 우리 민족을 대표하고 민족의 영예를 떨친 나라였다.

삼국시기 우리 민족사는 고구려의 중심적이며 주도적인 역할에 의하여 발전하였다. 그러므로 고구려사를 중심으로 하여 삼국시기의 력사를 체계화하는 것은 력사적사실에 기초하여 민족사를 옳게 서술한다는것을 의미한다.

지난날 김부식을 비롯한 사대주의사가들은 민족허무주의적립장에서 벗어나지 못한 탓으로 신라통치배들의 협소한 계급적리해관계를 대변하여 신라중심주의적견지에서 력사적사실을 그릇되게 평가하고 진실을 외곡하여 놓았다. 그들은 고구려의 건국년대부터 신라보다 뒤늦은것으로 깎아내렸으며 고구려인민들이 외래침략자들을 반대하는 투쟁에서 이룩한 업적들을 과소평가하고 전도된 다른 나라 기록을 그대로 베껴놓았고 고구려의 정치, 경제, 문화분야의 성과들을 제대로 수록하지 않음으로써 많은것이 없어지게 하였다.

민족적리익을 진정으로 옹호하는 주체적견지에 설 때 《삼국사기》의 기록자료들은 근본적으로 재검토되고 재평가되여야 한다.

《고구려사》(전5권)에서는 고구려의 력사적지위와 역할을 주체적립장에서 정확하게 파악하고 서술하기 위하여 노력하였으나 아직도 적지 않은 부족점들이 있으리라고 보면서 앞으로 좋은 의견들을 많이 받아서 연구를 심화시켜나가려고 한다.

〔부록 1〕

덕흥리벽화무덤의 일부 묵서에 대한 보충적자료

주체65(1976)년말에 평안남도 강서군 덕흥리에서 발견된 고구려벽화무덤은 5세기초 고구려인민들의 슬기로운 문화활동을 다방면적으로 보여주고있는 귀중한 력사유적이다. 여기에는 600여자의 묵서가 있어서 당시 고구려의 대내외정세, 고구려사람들의 사상과 문화를 보다 선명하게 리해할수 있게 해주고있다. 이에 대하여서는 《덕흥리고구려벽화무덤》(과학백과사전출판사, 1981년판)에서 이미 자세한 해설이 주어졌으므로 여기서는 최근시기 다시 진행된 현지관찰과 적외선사진촬영을 통하여 새로 해독되게 된 몇몇 글자에 대하여 간단히 소개하는데 그치려고 한다.

1) 묘지명에서

① 제1행 제9자는 종전에 미확인으로 남아있었는데 이번에 《가운데 중(中)》자로 판독되였다. 그러므로 주인공의 출생지는 《중감리》로 된다. 그리고 제1행 제1자에는 그 웃머리부분에 《면(宀)》이 있다.

② 제6행 제6~7자는 종전에 《죽을 훙(薨)》, 《이끼 언(焉)》등으로 읽던것이지만 제6자는 《목숨 수(壽)》자로 판독되며 제7자는 《구덩이 감(坎)》, 《무덤 석(窀)》, 《무덤 묘(墓)》, 《감출 장(藏)》가운데 어느 한자로 추정된다. 원래 제8행 제3자가 《이룰 성(成)》자인 조건에서 제6행 제6−7자는 무덤을 의미하는 말로 되여야 문장이 순조롭게 통하게 되므로 《수감(무덤)》, 《수장》 등으로 보는것이 옳을것이다.

2) 안칸 동벽의 묵서중에서

① 《此二人持刀侍衛七寶奠時》에서 제7자는 이미 《지킬 위》자로 추측된것이다. 제10자는 《眞》 가까운 글자로 보이는만큼 《드릴 전(奠)》으로 볼수 있다. 그렇게 되면 그 뜻은 《이 두사람이 칼을 가지고 칠보진렬행사를 가까이에서 지키고있는 때》로 리해할수 있을것이다.

② 《此二人持菓薦食時》의 제6자는 종전에 미확인으로 남아있던것이나 자획

으로 보아 《천거할 천(드릴 천)》으로 볼수 있다. 그렇게 되면 그 뜻은 《이 두 사람이 과일(과자)을 가지고 자시라고 드리는 때》로 해석할수 있을것이다.

③ 《此人爲中裏都督 典知七寶 自然音樂 自然飮食 有□之 燔□□□□》으로 읽던 글자가운데서 《有□》은 적외선사진에 의하여 《百味》으로 확인되였다. 그 뜻은 《이 사람이 중리도독이 되여 칠보행사를 맡아보았는데 스스로 울리는 음악을 듣고 스스로 갖춰지는 음식을 먹었는데 백가지 맛이 나는 구이가 …》로 될것이다.

④ 《此人与七寶俱生 是以[貝]喫知之》에서 10자는 《僉》자로 인정된다. 그러므로 《모두가 먹어보고 알것이다》로 읽을수 있다.

3) 안칸 남벽의 묵서에서

종전에 《此是□ 前廐養馬子》8글자로 소개된것인데 이번에 《此是車[蘭]馬廐養馬子》(9자)로 판독되였다. 그림에는 웃쪽에 마구간과 작두질하는 두 사람, 말 뒤에 서있는 한사람을 그렸고 아래쪽에 외양간과 수레 2개를 그렸다. 《차란》의 《란》은 《우리》라는 뜻이다. 그러므로 뜻은 《이것은 수레칸과 마구간, 말먹이군이다》로 리해할수 있다.

4) 무덤안길 동벽의 묵서에서

종전에 마지막 글자를 《아전 리(吏)》로 보았고 따라서 번역도 《…이는 무덤(집)에 큰 복을 가져다주는 아전이다》라고 하였다. 그런데 새 사진자료에 의하면 《리》가 아니라 《어질 량(良)》자임이 분명하다. 그러므로 그 뜻도 《기유년 2월 2일에 이 무덤의 문을 막는 일을 끝내니 아주 길하고 좋은 일이다》로 고쳐보아야 할것이다.

5) 무덤안길 동벽의 묵서에서

본래《童□□端开□道者□□笑》로 본것이다. 이번에는 《童□□曉所遊觀 者[莫][不][服]嘆》으로 판독하였다. 제4자, 제6자는 분명치 않다. 뜻은 보이지 않는 글자가 너무 많아서 알수 없으나 대개 《동…이…한바인데 보는 사람들이…탄복하지 않는자가 없었다》는것으로 새겨볼수 있을것이다. 결국 이 글도 무덤의 위치나 장례의 시간을 잘 맞췄다는것 또는 의례를 훌륭히 치루었다는것을 자랑삼아 말한것으로 생각된다.

이상 10여자가 새로 알려지게 됨으로써 벽화내용과 주인공의 래력의 리해에 다소라도 더 도움을 줄수 있게 되였다.

〔부록 2〕

고국원왕릉 앞칸 서벽 북쪽 장하독의 래력에 대한 묵서자료

주체79(1990)년 10월에 현지조사한데 의하면 고국원왕릉 앞칸 서벽 서측실로 들어가는 입구의 오른쪽(북쪽)에 그려진 장하독의 머리우에 묵서가 있다는것이 확인되였다.

1960년대 중엽에 벽화모사를 하려 들어가서 작업하던 미술가들이 이 장하독의 머리우에서 《홍(興)》, 《렴(濂)》의 두 묵서글자가 있다는것을 발견한바 있었다. 그리고 그 주변에도 글자의 획과 점으로 보이는것이 희미하게 남아있었다. 이 무덤의 다른 그림들의 가까이에도 붉은 글자로 해당 인물의 관직명이나 대상물의 이름을 써놓은것이 있기때문에 이 두글자만으로써는 그것이 그 아래에 그려진 장하독의 이름을 쓴것인지 래력을 쓴것인지 또 그 뜻이 무엇인지 잘 알수 없었다.

그러나 주체79(1990)년 10월 조사때에는 천정 가까운곳에 우로부터 좌로 《안(安)》, 《호(好)》, 《유(遊)》의 세 글자가 나란히 씌여있는것을 발견하였다. 육안으로도 분명히 보이지만 시약을 바른 다음에는 더욱 뚜렷하게 나타났다.

이것은 무덤안의 습기와 락수물에 의하여 석회분이 녹아붙어서 가리워져 잘 보이지 않게 된것을 그사이 관리원이 벽면을 깨끗이 닦아낸것과 관련하여 새로 알려지게 된것으로 인정된다. 유감스러운것은 이 무덤을 손질할 때 그 아래에 있던 《홍》, 《렴》의 두 글자는 없어지고만것이다.

그러나 지금까지 적어도 5자이상의 글자들이 먹글씨로 씌여있었다는것이 확인되였고 또 벽면의 면적공간으로 보아 최소한 25~30여자의 글자가 있었겠다고 추측되는 조건에서 이 묵서는 그 아래의 장하독의 래력을 간단히 쓴것이였음을 더는 의심할 여지가 없게 되였다.

이것은 앞칸 서측실출입문 왼쪽(남쪽)벽에 그려진 또 하나의 장하독의 머리우에 씌여진 동수의 래력에 관한 묵서가 바로 그 아래 그려진 인물－장하독의 래력을 쓴것에 불과하다는것을 명백히 립증해준다.

그러므로 지난 시기 동수의 래력을 쓴 묵서를 가지고 이 무덤의 주인공의 묘지명이라고 보던 일부 학자들의 주장은 그 근거의 마지막 지탱점을 잃게 되였다.

새로 발견된 세 글자 묵서는 이 무덤이 동수(289~357, 69살)가 336년(고국원왕 6년)에 전연으로부터 고구려로 망명해와서 고국원왕밑에서 22년동안 복무하였던 일이 있는 바로 그 고국원왕의 무덤임을 똑똑히 보여주고있다. 다시말하여 동수는 고국원왕의 특별한 신임을 받아 왕궁호위의 책임을 진 장하독의 한사람으로 승진하였던것이다.

〔부록 3〕

락랑군 호구통계 및 기타자료

① 《락랑군 초원 4년(B. C. 45년) 현별 호구다소□□》(목간)에 대해서는 《조선단대사(고구려사1) 120페지에 소개되였다. 그런데 이 (통계표에서 №7 대방현의 인구증가수는 [74]가 아니라 5[74]이다. 또 №1～№6의 총인구수는 110 919가 아니고 110 219이며 №17의 인구수는 8 820이 아니라 8 837의 오자이다. 따라서 범호(凡戶)의 총인구수는 281 261이 아니고 280 561로 된다. 그리고 곤호(輿戶)의 인구수도 242□□□□은 24[2]□□□의 오식이다.

② 조선단대사(고구려사2) 51페지 고구려왕세계표에서 B. C. 236, B. C. 138, B. C. 93은 밑줄을 쳐야 하며 맨 마지막줄에서 밑줄친 년대는 추정년대이다.

같은 책 119페지 청암동성 평면도 해설부문에 《－토성터》, 《⊓⊔⊓⊔⊓ 단애(낭)》으로 보아야 한다.

조선단대사(고구려사2) 118페지 하 1～2행(둘레 5 750m 좀 줄여서 보아도 5 200m정도)→둘레 3 750m 좀 늘여서 보아도 5 000m 정도

같은책(고구려사 3) 70페지 지도이름 석태자산성은 안주성으로 보아야 한다.

조선단대사(고구려사 5)

집필 후보원사, 교수, 박사 **손영종**

심사 원사, 교수, 박사 **허종호**

편집 **리군석** 장정 **조근호** 편성 **리영실** 교정 **전순경**

낸 곳 **과학백과사전출판사**
인쇄소 **평양종합인쇄공장**
인쇄 주체97(2008)년7월5일 발행 주체97(2008)년7월25일

ㄱ－85156 3 000부

© ISBN 978－9946－1－0053－1
DPR Korea